태한동사구문학습

바이블

본 교재는 2018년 정부(교육부 국립국제교육원)
'특수외국어교육진흥사업'의 지원을 받아 수행된 결과입니다.

태한동사 구문학습 바이블

박경은 Supaporn Boonrung
정환승 Parit Yinsen

พจนานุกรมกริยา ไทย-เกาหลี

HU:iNE

이 책을 내면서

한 언어의 문장을 구성하는 여러 성분 중에서 동사는 사람 또는 사물의 움직임이나 작용을 나타내는 말로, 대개는 서술어 기능을 하기 때문에 그 문장의 통해 나타내고자 하는 의미 중에서 가장 핵심적인 부분을 담고 있습니다. 그렇기 때문에 외국어를 학습하면서 동사의 쓰임새에 대해 제대로 학습하는 것은 두말할 것 없이 매우 중요하다고 할 수 있습니다. 태국어는 어형의 변화가 없는 고립어이기 때문에 동사의 활용도 없어 다른 언어에 비해 문법이 비교적 단순해 보입니다. 그러나 실제적인 쓰임새에 있어서는 동사구의 어순과 동사연결구문에 대한 올바른 이해가 수반되지 못할 경우 동사구가 포함된 구문이 표현하는 미묘한 차이를 제대로 이해하지 못하고 그로 인해 전체 문장의 의미 파악이 어려운 경우가 많습니다. 태국어를 좀더 깊이 있게 공부하고자 할 때 이러한 또 다른 차원의 어려움에 봉착할 수 있는 것이 사실입니다.

지난 2016년 발간한 한태동사구문학습바이블에 이어 이번에 태한동사구문학습바이블을 발간하게 되었습니다. 두 권의 책 모두 한국에서 태국어를 연구하고 강의하는 한국인 교수와 태국에서 한국어를 연구하고 강의하는 같은 교수진이 집필진으로 참여했습니다. 모두 네 명으로 구성된 공동집필진은 자신의 전공 언어에 대한 연구와 강의에서 누적된 경험과 지식을 이 책에 담아 내고자 했습니다. 이 책은 태국어 동사 중 사용빈도가 높은 동사를 중심으로 선별하여 각 동사의 다양한 한국어 대응어를 제시하고, 각 표제어 별로 구문에서 사용될 때 주지해야 할 문법 내용을 한국어로 자세히 설명하고 있습니다. 또 한 표제어 당 네 개의 용례를 제공하여 학습자가 다양한 맥락에서 나타나는 의미와 쓰임을 깊이 있고 폭넓게 익힐 수 있도록 했습니다. 더불어 유의어와 복합어 등을 함께 제시하여 학습자의 응용력을 제고하고자 했고, 필요 시 문화적인 설명을 곁들여 언어뿐 아니라 문화적 배경을 함께 이해할 수 있도록 하였습니다. 태국어 각 자음 별로는 색인을 달아 학습자의 편의성을 도모하였습니다.

지난 1958년 한국과 태국이 공식 수교 한 이래 두 나라의 관계는 놀라운 발전을 거듭해 왔습니다. 특히 작년은 한-태 수교 60주년이라는 뜻 깊은 해였습니다. 아세안은 국제무대에서는 물론이고, 최근 우리 정부의 신남방정책으로 그 중요성과 존재감이 더욱 부각되고 있습니다. 그 아세안의 중심국 태국의 언어와 문화에 대한 전반적 관심이 날로 높아지고 있는 상황에서 이번에 펴낸 태한동사구문학습바이블은 전공자들뿐만 아니라 일반인 학습자들의 태국어 학습에 유익한 교재가 될 수 있을 것입니다. 동시에 태국은 한국과 오랜 우방으로써 한류의 중심 소비국이기도 하며, 최근 수능 정식과목으로 한국어를 채택하는 등 한국어 열풍이 이어지고 있습니다. 태국 내 한국어의 위상 제고와 학습자 급증을 고려할 때 이 책이 한국어를 학습하는 태국인 학습자들에게도 유용하게 활용될 수 있으리라 기대해 봅니다.

이 한 권의 책을 준비하고 집필하여 세상에 내는데 꽤 오랜 시간이 걸렸습니다. 특수외국어인 태국어를 편집하는 것이 매우 까다로운 작업인데도 한국외국어대학교 지식출판콘텐츠원 관계자 여러분의 노고로 책이 훌륭하게 엮어졌습니다. 이 책이 나오기까지는 집필 기간 내내 가족들의 격려와 많은 지인들의 응원이 있었습니다. 또한 집필자들에게 가르침의 은혜를 베풀어 주신 한국과 태국의 선학들의 노고가 이 책의 밑거름이 되었습니다. 이 모든 분들께 지면을 빌어 깊은 감사를 드리며, 혹 부족한 부분이 있다면 그것은 온전히 저자들의 몫임을 밝혀둡니다.

2019년 2월

저자 일동

차례

ก

กด

누르다, 억압하다/ 압력: **ความกดดัน, แรงกดดัน, แรงกด, แรงดัน**

태국어의 **กด**은 한국어의 '누르다, 억압하다' 등에 대응됩니다. 의미가 확장되면 '긴장시키다' 등의 의미도 나타낼 수 있습니다. 타동사의 속성을 지니고 있기 때문에 목적어를 동반하여 술어로 기능합니다. 또, '압력'과 같이 명사형으로 사용될 경우에 **ความกดดัน, แรงกดดัน, แรงกด, แรงดัน** 등으로 나타납니다. 예컨대, 기압은 **แรงกดอากาศ**으로 표현됩니다.

1. นางพยาบาลใช้สำลี**กด**บาดแผลเพื่อห้ามเลือด

   간호사가 지혈을 위해 솜으로 상처부위를 누른다.

2. นอกโลกมีแรง**กด**อากาศสูง

   지구 바깥쪽은 기압이 매우 높다.

3. การแข่งขันฟุตบอลครั้งนี้**กด**ดันผู้เล่นทุกคน

   이번 축구 경기는 모든 선수들을 긴장시켰다.

4. เขาทนแรง**กด**ดันไม่ไหวจึงลาออกหัวหน้า

   그는 압박감을 견디지 못해 대표직에서 물러났다.

ก้ม

숙이다 / (어떤 일에) 전념하다, 몰두하다: **ก้มหน้า(ก้มตา)**

태국어의 **ก้ม**은 한국어의 '숙이다'에 대응됩니다. 타동사의 속성을 지니고 있기 때문에 목적어를 동반하여 술어로 기능합니다. 대개는 얼굴을 뜻하는 **หน้า**를 목적어로 동반하여 '고개를 숙이다'의 뜻으로 표현됩니다. **ก้มหน้าก้มตา**는 관용적 표현으로 '전념하다, 몰두하다'의 뜻을 나타냅니다.

1. ฉัน**ก้ม**เก็บเงินที่หล่นอยู่

   나는 몸을 숙여 떨어져 있는 돈을 주웠다.

2. เขา**ก้ม**หน้ายอมรับความผิดที่เกิดขึ้น

   그는 고개를 숙여 잘못을 인정했다.

3. จำเลยนั่ง**ก้ม**หน้ารับฟังคำพิพากษา

   피고는 고개를 숙이고 앉아 판결을 들었다.

4. เขา**ก้ม**หน้า**ก้ม**ตาทำงานทั้งวันทั้งคืนอย่างขะมักเขม้น

   그는 밤낮으로 전념해서 열심히 일만 했다.

กรน

(코를) 골다

태국어의 **กรน**은 한국어의 '코를 골다' 에 대응됩니다. 보통은 누워서 잘 때 코를 골게 되므로 **นอนกรน**의 형태로 나타나 자면서 코를 곤다는 의미가 됩니다. '코를 고는' 또는 '코고는'처럼 형용사형으로 사용되는 경우에는 앞에 **ที่**가 삽입되고 그앞에 오는 선행명사를 수식해주는 구조를 갖습니다. 그러나 문맥에 따라 **ที่**가 생략될 수도 있습니다.

1. พ่อนอน**กรน**เสียงดังมาก

   아버지가 큰 소리로 코를 골며 주무신다.

2. คนนอน**กรน**ส่วนใหญ่มีปัญหาเกี่ยวกับระบบทางเดินหายใจ

   자면서 코를 고는 사람들은 대부분 호흡기 계통의 문제를 가지고 있다.

3. เสียง**กรน**ของเขาดังเหมือนเสียงหวูดรถไฟ

그의 코고는 소리는 기차 화통 소리처럼 크다.

4. การนอนตะแคงช่วยลดปัญหาการนอน**กรน**ได้

한쪽으로 누워서 자는 것은 코고는 문제를 해결하는데 도움을 줄 수 있다.

กรอก

(물을) 붓다, 기입하다, 작성하다 / 양식을 기입하다: **กรอกแบบฟอร์ม**

태국어의 **กรอก**은 '좁은 틈 사이로 뭔가를 밀어넣다' 또는 '물을 붓다'의 의미를 나타내기도 하는데, 주로는 한국어의 '기입하다, 작성하다' 등과 대응됩니다. 한국어 대응어의 의미에서 보듯이 주로 공식적인 문서나 양식을 기입하는 경우에 사용되며 타동사이기 때문에 목적어를 동반합니다. 컴퓨터에 정보를 입력하는 경우에는 **กรอก** 이라는 동사를 사용하기도 하고, 또는(수저 등으로) '떠 먹이다'의 의미를 가진 동사 **ป้อน**을 사용하거나 영어를 그대로 차용하여 **คีย์(ข้อมูล)**를 사용하기도 합니다.

1. เจ้าหน้าที่แนะนำการ**กรอก**เอกสารให้กับลูกค้า

담당자가 고객에게 서류 작성법을 소개한다.

2. เขา**กรอก**ข้อมูลลงในคอมพิวเตอร์

그가 정보를 컴퓨터에 입력했다.

3. ผู้สมัครงาน**กรอก**แบบฟอร์มใบสมัครงาน

지원자가 입사 지원서 양식을 기입한다.

4. แม่**กรอก**น้ำใส่ขวด

어머니가 물병에 물을 붓다.

กระจาย

흩어지다, 분포하다, 배포하다 / 방송하다: **กระจายเสียง**

태국어의 **กระจาย**는 '흩어지다, 퍼뜨리다' 등의 의미를 가진 동사로 자동사와 타동사로 모두 사용될 수 있습니다. 목적어로 '소리'라는 뜻의 **เสียง**이 오면 '방송하다'라는 의미가 되고, '뉴스"나 '소식'이라는 단어인 **ข่าว** 가 목적어로 나타나면 '소식을 퍼뜨리다, 전하다'라는 의미가 됩니다. '별'이라는 뜻의 **ดาว**와 합성어로 **ดาวกระจาย**는 코스모스꽃의 태국어 이름입니다. 동의합성어로 **กระจัดกระจาย**는 '산산이 흩어지다, 확 쏟아지다' 등의 의미를 나타냅니다.

1. เขาทำงานในห้อง**กระจาย**เสียง

   그는 방송실에서 근무한다.

2. ผู้ใหญ่บ้าน**กระจาย**ข่าวนั้นให้ชาวบ้านรู้ทั่วกัน

   이장이 지역주민들 전체에 그 소식을 알렸다/퍼뜨렸다.

3. หัวหน้าชั้น**กระจาย**งานให้แก่เพื่อนๆ

   반장이 급우들에게 업무를 분담해 준다.

4. น้องสาวทำของหล่นกระจัด**กระจาย**

   여동생이 물건을 떨어뜨려 흩어져버렸다.

กระตุ้น

자극하다, 촉진하다

태국어의 **กระตุ้น**은 '자극하다, 촉진하다'라는 의미를 가진 타동사로 목적어를 동반합니다. 명사로 쓰일 때는 '힘'이라는 뜻의 **แรง**과 함께 쓰여 **แรงกระตุ้น**은 '자극'이라는 뜻이며, **สิ่งกระตุ้น**은 '자극제, 자극물질'이라는 의미의 명사입니다.

1. พนักงานขาย**กระตุ้น**ความสนใจของลูกค้า

   판매원이 고객의 관심을(구매욕을) 자극한다.

2. คุณครู**กระตุ้น**ให้นักเรียนสนใจเรียน

   선생님이 학생들에게 학습욕을 자극한다.

3. หมอให้ยา**กระตุ้น**หัวใจคนไข้

의사가 환자의 심장 기능을 촉진하는 약을 처방했다.

4. หมอใช้เครื่อง**กระตุ้น**หัวใจให้คนไข้ฟื้น

의사가 환자가 깨어나도록 심박조율기를 사용했다.

กระโดด 높이 뛰다, 점프하다

태국어의 **กระโดด**은 '뛰다, 점프하다'라는 뜻을 가진 동사로 자동사와 타동사로 모두 사용됩니다. **กระโดด**만 사용하였을 때에는 제자리에서 높이 점프하는 의미를 주며, **กระโดด** 뒤에 **เข้า**(들다) **ออก**(나다) **ขึ้น**(오르다) **ลง**(내리다) 등의 방향동사와 함께 써서 동작의 방향을 나타내기도 합니다. 목적어로 '줄'이라는 뜻의 **เชือก**을 동반하여 **กระโดดเชือก**은 '줄을 넘다, 줄넘기하다'라는 의미로 쓰입니다.

1. กบ**กระโดด**ลงไปในบึง

개구리가 연못으로 뛰어들었다.

2. เด็กๆ **กระโดด**ด้วยความดีใจที่แม่ซื้อขนมมาให้

아이들은 엄마가 과자를 사자 준 것이 기뻐 팔짝팔짝 뛴다.

3. เขา**กระโดด**กอดแม่หลังจากที่ไม่ได้พบกันเป็นเวลาหลายปี

그는 수년 만에 만난 엄마에게 달려 가 안겼다.

4. เขาออกกำลังกายด้วยการ**กระโดด**เชือกทุกวัน

그는 매일 줄넘기 운동을 한다.

กระตือรือร้น

열정적으로 하다, 열심히 하다, 적극적이다

태국어의 **กระตือรือร้น**은 '적극적이다, 열심이다'라는 의미의 동사입니다. 주로 명사 뒤에서 형용사로 쓰입니다. 명사형으로 쓰일 때는 접두어 **ความ**을 붙여 **ความกระตือรือร้น**(적극성, 열정)으로 사용됩니다.

1. นักเรียน**กระตือรือร้น**ในการเรียนวิชาวิทยาศาสตร์มาก

   학생들이 과학 과목 공부에 열정적이다.

2. เขามีความ**กระตือรือร้น**ที่จะออกไปหางานทำ

   그는 일거리를 찾는데 열심이다.

3. มานะเป็นคน**กระตือรือร้น**และมีความพยายามสูง

   마나는 적극적이며 노력파이다.

4. หล่อน**กระตือรือร้น**ที่จะไปหาเขา

   그녀는 그를 찾아가는데 적극적이다.

กระทบ

부딪치다, 부딪히다 / 타격, 영향 **ผลกระทบ**

태국어의 **กระทบ**은 '부딪히다, 타격을 가하다'라는 의미를 가진 동사입니다. '결과'라는 뜻의 **ผล**과 합성어로**ผลกระทบ**은 '타격, 영향'이라는 뜻으로, 주로 부정적인 영향에 사용합니다. **ส่งผลกระทบ**은 '영향을주다, 타격을입히다'라는 동사구이며, 동의합성어로 '영향을 미치다'라는 뜻의 **กระทบกระเทือน**이 사용되기도 합니다. **กระทบกระทั่ง(กัน)**은'(서로) 티격태격하다'라는 의미의 합성어입니다.

1. เขาได้ยินเสียงคลื่น**กระทบ**ฝั่งเป็นระยะๆ

   그는 파도가 간간이 해안선에 부딪히는 소리를 들었다.

2. ข่าวการลอบวางระเบิดในภาคใต้ส่งผล**กระทบ**ต่อเศรษฐกิจของภาคใต้

   남부 폭탄테러 소식은 남부 경제에 타격을 입혔다.

3. เขาประสบอุบัติเหตุจนสมองได้รับความ**กระทบ**กระเทือน

그는 뇌에 영향이 있을 정도의 사고를 당한 적이 있다

4. เขาสองคนมักจะ**กระทบ**กระทั่งกันอยู่เสมอ

그 두 사람은 항상 티격태격한다.

กระแทก

부딪치다, 부딪히다 / 충격: **แรงกระแทก**

태국어의 **กระแทก**은 '부딪치다' 또는 '부딪히다'라는 의미를 가진 동사로 여파가 미칠 정도로 심한 충격이 가해지는 경우에 주로 사용합니다. 주로 타동사로 사용하여 목적어를 동반하며, 서로 충돌하는 경우에는 뒤에 '함께, 서로'라는 의미의 부사 **กัน**을 붙여 **กระแทกกัน**으로 표현합니다. '힘'이라는 뜻의 **แรง**이 선행하여 **แรงกระแทก**은 '충격'이라는 명사가 됩니다. **เดินกระแทกเท้า** 라는 표현은 '(발을 세게 디뎌) 쿵쾅거리며 걷다'라는 뜻입니다.

1. คนงาน**กระแทก**ตู้เสื้อผ้าจนล้ม

일꾼이 옷장에 부딪혀 넘어졌다.

2. รถตกลง**กระแทก**อย่างแรงทำให้มีผู้บาดเจ็บหลายราย

차량이 추락하면서 강하게 충돌하여 여러 명의 부상자가 발생했다.

3. ผลจากแรง**กระแทก**ทำให้ถังดับเพลิงระเบิด

충돌의 결과로 소화전이 폭발했다.

4. น้องสาวมักพูด**กระแทก**เสียงแล้วเดินไปเมื่อไม่พอใจ

여동생은 불만이 있을 때 날카로운 소리로 말하고나서 걸어가곤 한다.

กระหาย

갈증이 나다, 갈망하다

태국어의 **กระหาย**는 타동사로, 주로 뒤에 '물'이라는 뜻의 **น้ำ**이 붙어 '목이 마르다'라는 의미로 사용됩니다. 또는 '배가 고프다'라는 뜻의 **หิว**와 결합하여 **หิวกระหาย** 형태로 '갈망하다, 간절히 원하다'라는 뜻을 나타냅니다. 추상명사로 '갈증'은 **ความกระหาย**로 표현할 수 있으며, '갈증을 해소하다'라는 표현은 '(불을)끄다, 제거하다'라는 뜻의 동사 **ดับ**이 함께 쓰여 **ดับ(ความ)กระหาย**로 나타납니다.

1. นักกีฬา**กระหาย**น้ำมากหลังจากออกกำลังกาย

   운동 선수는 운동 후에 심한 갈증을 느낀다.

2. ฉัน**กระหาย**น้ำมากหลังจากที่ฟื้นไข้

   나는 해열이 되고 나서 심한 갈증을 느꼈다.

3. น้ำเก๊กฮวยช่วยดับ**กระหาย**คลายร้อน

   국화차는 갈증을 해소하는데 도움이 된다.

4. นักกีฬาทีมชาติ**กระหาย**ชัยชนะในการแข่งขันนัดนี้มาก

   국가대표선수가 이번 경기의 승리를 갈망하고 있다.

กราบ

(엎드려) 절하다: **กราบไหว้**

태국어의 **กราบ**은 보통 바닥에 엎드려 절을 하는 동작을 연상케 하는 동사입니다. 태국인들은 발을 천시하기 때문에 상대방의 발 아래 엎드려 절을 하는 것은 깊은 존경을 표하는 것이 됩니다. 이렇게 최고의 경의를 표하며 절하는 것을 **กราบเท้า**라고 합니다. **กราบ**의 뒤에 목적어로 절하는 대상이 오며, 태국식 합장 인사를 뜻하는 **ไหว้**와 함께 동의합성어로 **กราบไหว้**라고도 표현할 수 있습니다.

1. นักเรียนก้มลง**กราบ**คุณครู

   학생이 선생님께 (몸을 숙이고) 엎드려 절을 한다.

2. คุณยายไปทำบุญและ**กราบ**ไหว้พระสงฆ์

할머니께서 시주를 하고 스님께 엎드려 절을 한다.

3. เขา**กราบ**ลาพ่อและแม่ก่อนออกเดินทางไปศึกษาต่อ

그는 유학을 떠나기 전에 부모님께 엎드려 작별 인사를 했다.

4. คนไทย**กราบ**ขอขมาพระแม่คงคาในวันลอยกระทง

태국인들은 러이끄라통 날에 갠지스강의 여신에게 엎드려 절하며 용서를 구한다.

กลม

둥글다, 둥근, 원형의 / 세상 참 좁다: **โลกกลมจริง ๆ**

태국어의 **กลม**은 '둥글다'라는 뜻의 상태성 동사로, 자동사 역할을 하거나 명사의 뒤에서 형용사로 사용됩니다. **หน้ากลม** 하면 '둥근얼굴'이라는 뜻이고, **วงกลม**은 '원'이라는 뜻입니다. 또는 '뚱뚱하다'는 뜻을 가진 **อ้วน** 이나 '크다'라는 뜻의 **โต**와 동의합성어로 사용합니다. 한편, 우리말의 '세상 참 좁다'라는 표현의 경우, 태국어에서는 **กลม**을 사용하여 '세상이 참 둥글다'라고 표현하기도 합니다.

1. เขามีรูปร่างอ้วน**กลม**

그는 통통하고 둥글둥글한 체형이다.

2. ส้มเขียวหวานมีผล**กลม**โต

키아우완 오렌지가 둥글고 크다.

3. ฉันพบผู้ชายคนนั้นอีกแล้ว ครั้งก่อนก็พบเขา โลกนี้ช่าง**กลม**เสียจริงๆ

나 그 남자 또 만났어. 지난번에도 봤는데. 세상 참 좁아!

4. โลก**กลม**

지구가 둥글다(세상 참 좁다).

กลั่น

증류하다, 정제하다 / **กลั่นแกล้ง** 괴롭히다.

태국어의 **กลั่น**은 '걸러내다, 정제하다'라는 의미를 가진 동사로 주로 타동사로 기능하여 **กลั่นน้ำมัน**(정유하다) **กลั่นเหล้า**(술을 증류하다) 등의 표현이 사용됩니다. 또는 '괴롭히다, 장난치다'라는 뜻의 **แกล้ง**과 함께 쓰여 '괴롭히다'라는 뜻의 합성어 **กลั่นแกล้ง**으로 사용되기도 합니다.

1. นักวิทยาศาสตร์ทดลอง**กลั่น**น้ำทะเลให้เป็นน้ำจืด

   과학자들이 해수의 담수화 실험을 한다.

2. ดอกไม้หลายชนิดได้ถูกสกัดเพื่อ**กลั่น**เป็นหัวน้ำหอม

   향수의 원액으로 증류하기 위해 여러 종류의 꽃이 채취되었다.

3. นักเรียนผู้ชาย**กลั่น**แกล้งนักเรียนผู้หญิง

   남학생들이 여학생들을 괴롭힌다.

4. เขาใช้น้ำส้มสายชู**กลั่น**ทำน้ำสลัด

   그는 정유한 식초로 샐러드 소스를 만들었다.

กลับ

돌아가다, 뒤집다

태국어의 **กลับ**은 '돌다, 뒤집다, 돌리다' 등의 여러 가지 의미를 가진 동사입니다. 방향동사를 동반하여 **กลับไป**(돌아가다) **กลับมา**(돌아오다) 등으로 사용하기도 하고, 뒤에 바로 목적어가 와서 **กลับรถ**(차를 돌리다) 또는 장소부사가 와서 **กลับบ้าน**(귀가하다)로 표현하기도 합니다. 추상적인 표현으로 '마음'이라는 뜻의 **ใจ**와 함께 **กลับใจ**로 쓰이면 '회개하다'라는 뜻이 됩니다. 관용구로 **กลับไปกลับมา**는 '이랬다 저랬다하다' 또는 '뒤집었다 매쳤다하다'라는 의미로 사용됩니다.

1. เขารีบ**กลับ**บ้านทันทีที่เลิกงาน

   그는 일이 끝나자마자 서둘러 집으로 돌아갔다.

2. ตำรวจรีบ**กลับ**รถเพื่อตามคนร้ายที่กำลังขับรถหลบหนี

경찰은 차로 도주하는 범인을 쫓아 서둘러 차를 돌렸다. (유턴했다)

3. นักการเมืองพูดจา**กลับ**ไป**กลับ**มาเชื่อถือไม่ได้

정치인들은 말이 왔다 갔다 (이랬다 저랬다) 해서 믿을 수가 없다.

4. **โจรกลับ**ใจเป็น**คนดียอมมอบตัวแล้ว**

강도가 좋은 사람으로 회개하여 자수했다.

กลัว

무서워 하다, 겁내다 / 무섭다, 겁나다 **น่ากลัว**

태국어의 **กลัว**는 '두려워하다'라는 뜻의 타동사로, 목적어를 동반합니다. 예를 들어 **กลัวความสูง**은 '고소공포증'을 의미합니다. 한편, 자동사로 쓰일 때에는 **น่า**를 붙여서 **น่ากลัว**로 표현합니다. 즉, '호랑이가 무섭다'라는 표현은 **กลัวเสือ**(호랑이를 무서워하다) 또는 **เสือน่ากลัว**(호랑이가 무섭다)의 두 가지로 표현할 수 있습니다.

1. ภาพยนตร์เรื่องนี้น่า**กลัว**มาก

이 영화는 아주 무섭다.

2. เด็กนักเรียน**กลัว**ความผิดที่ลอกข้อสอบ

학생이 시험에서 컨닝한 죄를 겁내고 있다.

3. เขาไม่กล้าออกจากบ้านในเวลากลางคืนเพราะ**กลัว**โจร

그는 강도가 두려워 밤에 집 밖에 나가지 못한다.

4. เขา**กลัว**ที่จะบอกแม่ว่าเขาเป็นคนทำแก้วคริสตัลแตก

그는 크리스탈 잔을 깬 것을 어머니께 말 할 것이 겁난다.

กล้า

감히~하다, 강하다 / 용감하다: **กล้าหาญ**

태국어의 **กล้า**는 '용감하다'라는 뜻을 가진 상태성 동사로, 명사형은 **ความกล้า** 입니다. 같은 의미를 가진 **หาญ**과 동의합성어로 **กล้าหาญ**을 자주 사용하며, 남성의 이름으로도 많이 쓰입니다. **กล้า**는 문맥에 따라서 부정적인 의미로 '어려운 줄 모른다, 건방지다'라는 의미로 사용되기도 하므로 주의해야 합니다.

1. ไม่มีใคร**กล้า**เดินไปที่ป่าช้าในเวลากลางคืน

   밤에 묘지에 갈 수 있는 사람은 아무도 없다.
   (그 누구도 감히 묘지에 가지 못한다)

2. เขารวบรวมความ**กล้า**ที่จะยกมือขึ้นสารภาพผิด

   그는 손을 들어 잘못을 고백할 용기를 모았다.

3. ทหารมีความ**กล้า**หาญในการรบกับศัตรู

   군인들은 적들과의 싸우는데 용감하다 (용감히 싸운다)

4. เขา**กล้า**เดินทางไปต่างประเทศเพียงลำพัง

   그는 홀로 외국에 갈 용기가 있다.

กลาย

~가 되다, 바뀌다, 변화해가다 / **กลายเป็น**: ~로 (변화)되다

태국어의 **กลาย**는 '~가 되다, ~로 변하다'라는 의미를 가진 동사로, 주로 **เป็น** (~로) 이라는 전치사를 동반합니다. 한국어의 풀이와는 달리 일반적으로 '커서 ...가 되다' 등의 표현에는 쓰이지 않고, (물질 등의) 상태가 A 에서 B로 변화하는 경우나, 사람의 경우는 부정적인 성향으로 변화하는 경우에 주로 사용하는 경향이 있으므로 주의해야 합니다.

1. น้ำ**กลาย**เป็นน้ำแข็ง

   물이 얼음이 되었다.

2. เขา**กลาย**เป็นคนไม่รับผิดชอบตั้งแต่คบเพื่อนกลุ่มนั้น

   그는 그 무리 친구들을 사귄 이후로 무책임한 사람으로 변했다.

3. ลูกๆ**กลาย**เป็นเด็กเกเรเมื่อไม่มีแม่คอยสั่งสอน

   훈육하는 엄마가 없으면 아이들이 불량하게 변한다.

4. ความรักที่แสนหวานกลับ**กลาย**เป็นขมเมื่อเขาทั้งสองเลิกคบกัน

   달콤하기만 했던 사랑은 그 두 사람이 헤어지자 쓰디쓰게 변했다.

กล่าว

말하다, 언급하다 / **พูด, บอก, เล่า** / **กล่าวหา**: 혐의를 씌우다

태국어의 동사 **กล่าว**는 '말하다, 언급하다'라는 뜻의 타동사로 목적어를 동반하거나, 뒤에 전치사 **ถึง**과 함께 쓰이기도 합니다. 다른 동사와 결합하여 **กล่าวแสดงความยินดี**(축사하다) **กล่าวขอบคุณ**(감사를 표하다), **กล่าวชื่นชม**(치하하다) 등으로도 사용됩니다. 유의어로는 **พูด**, **บอก**, **เล่า** 등이 있습니다. **หา**(찾다)와 함께 쓰인 **กล่าวหา**는 '죄를 묻다, 고발하다'라는 의미를 지닌 합성어입니다.

1. ประธานาธิบดี**กล่าว**ชื่นชมนางอองซาน ซูจี

   대통령은 아웅산 수치 여사를 치하했다.

2. ท่านเอกอัครราชทูต**กล่าว**ปาฐกถาในงานสัมมนา

   대사님이 세미나에서 강연을 하셨다.

3. เอกสารฉบับนั้นไม่มีการ**กล่าว**อ้างถึงข้อเท็จจริง

   그 서류는 사실에 근거하고 있지 않다.

4. เขาถูก**กล่าวหา**ว่าเป็นคนร้ายในคดีฆ่าคนตาย

   그는 고인의 살해 혐의를 받고 있다.

กลิ้ง

굴리다, 구르다

태국어의 **กลิ้ง**은 '구르다'라는 자동사 또는 '굴리다'라는 의미의 타동사로 사용됩니다. **กลิ้ง**의 뒤에 방향동사 가다와 오다가 함께 나타나 **กลิ้งไปกลิ้งมา** 또는 **กลิ้งไปมา**로 쓰이면 '이리저리 굴리다, 구르다'의 의미가 됩니다.

1. ฉันนอน**กลิ้ง**ไปมาบนที่นอน

   나는 이불 위에 누워 이리저리 뒹굴었다.

2. มานีเดินสะดุดจน**กลิ้ง**ตกจากบันได

   마니는 발을 헛디뎌 계단 위에서 굴러떨어졌다.

3. เขาทำลูกแก้ว**กลิ้ง**หล่นลงบนพื้น

   그는 구슬을 바닥에 떨어 뜨려 굴러 내리게 했다.

4. เขา**กลิ้ง**หินก้อนใหญ่ไปตามทาง

   그는 큰 바위를 길을 따라 굴렸다.

กลืน

삼키다 / **กลมกลืน** 어울리다, 동화되다

태국어의 **กลืน**은 목적어를 동반하는 타동사로 '(목구멍으로)삼키다'라는 뜻입니다. 주로 음식물 등이 목적어로 나타나지만, **คำพูด**이 쓰여 '말을 삼키다'의 의미로 사용되기도 합니다. 태국어 관용 표현 중에서 **หวานอมขมกลืน** (단것은 입에 물고 쓴 것은 삼킨다)는 좋든 싫든 어쩔 수 없이 받아들여야 하는 상황을 일컫는 표현입니다. 한편 '둥글다'라는 뜻의 **กลม**과 결합한 형태인 **กลมกลืน**은 주변과 '어울리다, 동화되다'의 의미로 쓰입니다.

1. ฉัน**กลืน**น้ำลายเมื่อเห็นไก่ย่างไม้ใหญ่

   나는 큰 닭꼬치구이를 보고 침을 삼켰다.

2. เขาเจ็บคอมากจึง**กลืน**ข้าวไม่ลง

   그는 목이 너무 아파 밥을 삼킬 수 없다.

3. เขา**กลืน**คำพูดตัวเอง

   그는 자신의 말을 삼켰다.

4. กิ้งก่าปรับตัวให้**กลมกลืน**กับสภาพแวดล้อม

   도마뱀은 주변의 환경과 동화되도록 적응한다.

กลุ้ม

고민하다, 걱정되다 / 기분전환하다: **แก้กลุ้ม** 심란하다: **กลุ้มใจ**

태국어의 **กลุ้ม**은 '고민하다, 걱정하다'라는 뜻의 상태성 동사로 주로 뒤에 '마음'이라는 뜻의 **ใจ**를 동반하여 심란한 감정 상태를 나타냅니다. 또는 '가슴'이라는 뜻의 **อก**과 결합하여 **กลุ้มอกกลุ้มใจ**의 형태로도 쓰입니다. '심란한 기분을 전환하다'라는 의미로 사용할 때는 '고치다'라는 뜻의 동사 **แก้**를 사용하여 **แก้กลุ้ม**으로 나타나기도 합니다.

1. เขานั่ง**กลุ้มใจ**เพราะถูกไล่ออกจากงาน

   그는 회사에서 쫓겨나 심란해하고 있다.

2. แม่**กลุ้มใจ**ที่ลูกสอบไม่ติดมหาวิทยาลัย

   엄마는 아이가 대학 입학시험에서 떨어져서 심란해하고 있다.

3. น้อง**กลุ้มอกกลุ้มใจ**ที่ต้องทำงานร่วมกับคนที่ไม่รู้จัก

   동생은 모르는 사람들과 같이 일하게 되어 마음이 심란하다.

4. เขาแก้**กลุ้ม**ด้วยการไปดูหนัง

   그는 영화로 기분전환을 한다.

กวน

졸이다, 졸여서 굳히다 / 성가시게 굴다, 폐를 끼치다: **รบกวน**

태국어의 **กวน**은 타동사로 액체로 된 음식을 불에 서서히 졸여 젤리로 만든는 것을 의미합니다. 특히 태국에서는 열대 과일을 졸여서 젤리 형태로 만들어 먹는 간식이 있는데, 두리얀 젤리는 **ทุเรียนกวน**, 망고 젤리는 **มะม่วงกวน** 등으로 부릅니다. 한편, '폐를 끼치다'라는 뜻의 **รบกวน**의 축약형으로 볼 수 있는 **กวน**의 또 다른 의미는 '성가시게 굴다, 귀찮게 하다'라는 뜻입니다. 마음을 심란하게 하는 경우 **กวนใจ** 라는 표현이 사용됩니다.

1. แม่**กวน**ขนมบนเตา

   엄마가 불에 단 것을 졸이고 있다.

2. ทุเรียน**กวน**มีรสหวาน หอม อร่อย

   두리안 젤리는 달고 향기롭고 맛있다.

3. เสียงหมาเห่า**รบกวน**เพื่อนบ้าน

   개 짖는 소리가 이웃들에게 폐를 끼치고있다.

4. หวังว่าคงไม่เป็นการ**รบกวน**คุณจนเกินไป

   당신에게 너무 폐를 끼치는 것이 되지 않기를 바랍니다.

กว้าง

넓다

태국어의 **กว้าง**은 '넓다'는 뜻을 가진 상태성 동사입니다. 우리말의 한자어 광(廣)과 음과 뜻이 유사합니다. 단독으로 사용하거나 뒤에 '넓다'는 뜻의 또다른 형태소**ขวาง**, 혹은 '크다'는 뜻의 **ใหญ่**와 결합하여 **กว้างขวาง**, **กว้างใหญ่** 등의 동의 합성어로 사용됩니다. 비교 대상이 오는 경우에는 **กว่า** (~보다)를 사용하여 **กว้างกว่า**...로 표현합니다. 추상명사로 **ความกว้าง**은 '넓이'라는 뜻인데, '넓이가 ...이다'로 표현할 때는 **กว้าง** 뒤에 면적을 나타내는 수사가 바로 뒤따라 나오기도 합니다. 한편, '마음'을 뜻하는 **ใจ**를 앞에 붙어 **ใจกว้าง**은 우리말과 마찬가지로 '마음이 넓다'라는 의미의 관용어입니다.

1. แม่น้ำแยงซีเกียง**กว้าง**กว่าแม่น้ำโขง

   양쯔강이 매콩강보다 넓다.

2. บ้านของเขาสร้างบนเนื้อที่**กว้าง** 2 ไร่

   그의 집은 2라이 넓이의 면적에 지어졌다.

3. เขาเป็นคนใจ**กว้าง**

   그는 마음이 넓은 사람이다.

4. มหาวิทยาลัยนี้มีพื้นที่**กว้าง**ขวาง

   이 대학교 부지는 굉장히 넓다.

กวาด

(빗자루로) 쓸다

태국어의 동사 **กวาด**은 '빗자루로 쓸다'라는 의미로, 목적어를 동반하는 타동사입니다. '집청소를 하다'라는 표현으로는 '집을 쓸고 닦는다'는 뜻의 **กวาดบ้านถูบ้าน**이 사용됩니다. '금메달을 휩쓸었다'와 같은 표현도 **กวาด**을 써서 **กวาดเหรียญทอง**이라고 합니다. 한편, 추상적인 의미로 **กวาด**은 '씻어내다'라는 의미의 **ล้าง**과 함께 쓰여 **กวาดล้าง**(척결하다, 소탕하다)이라는 합성어로 쓰이기도 합니다.

1. แม่**กวาด**บ้านทุกวัน

   엄마는 매일 집안 비질을 한다.

2. คน**กวาด**ถนนตื่นมาทำงานตั้งแต่ตี 5

   환경미화원(길을 쓰는 사람)은 새벽 다섯시부터 일을 한다.

3. เขา**กวาด**ใบไม้แห้งในสนามจนเกลี้ยง

   그는 운동장의 낙엽을 깨끗이 다 쓸었다.

4. รัฐบาล**กวาด**ล้างผู้ก่อการร้ายจนหมดสิ้น

   정부가 테러리스트를 모두 소탕했다.

ก่อ

발생시키다 / 세우다, 개설하다: **ก่อตั้ง** 짓다, 건설하다: **ก่อสร้าง**

태국어 동사 **ก่อ**는 타동사로 '만들다, 유발하다, 생기게 하다' 등의 의미를 가지고 있습니다. 단독으로 쓰일 때는 '문제, 일 등을 유발하다'의 의미로 많이 쓰입니다. 태국의 신년명절인 쏭끄란 축제 때(**เทศกาลสงกรานต์**) 태국인들이 즐겨하는 활동 중 하나로, **ก่อเจดีย์ทราย** 가 있는데, 이는 '모래성 쌓기'입니다. 한편 **ก่อ**는 다른 동사와 합성어로 **ก่อตั้ง**(설립하다) **ก่อสร้าง**(건설하다) 등으로도 사용되며, **ก่อร่างสร้างตัว**는 동의 합성어로 직역하면 '몸을 만들고 짓는다'는 뜻인데 이는 '삶을 일구다' 또는 '기반을 마련하다'의 의미입니다.

1. คนงานกำลัง**ก่อสร้าง**อาคาร

   일꾼들이 건물을 짓고 있다.

2. เขามักจะ**ก่อ**เรื่องวุ่นวายอยู่เสมอ

   그는 늘 문제를 일으키곤 한다.

3. จุฬาลงกรณ์มหาวิทยาลัยเป็นมหาวิทยาลัยที่**ก่อตั้ง**ขึ้นเป็นแห่งแรกของประเทศไทย

   쭐라롱껀대학교는 태국에서 최초로 설립된 대학이다.

4. เขา**ก่อ**ร่างสร้างตัวมาจากลูกชาวนา

   그는 농민의 자식에서 시작해 삶을 일구어냈다.

กอง

쌓다 / 더미

태국어의 **กอง**은 명사와 동사로 모두 사용될 수 있습니다. 동사로 사용될 경우 목적어를 동반하는 타동사로 기능합니다. 한편 명사로 사용될 경우, 물건의 더미 뿐 아니라 집단, 부서, 군대 등을 나타내기도 하는데, **กองทัพ**(군대) **กองบัญชาการ**(지휘부) **กองดุริยางค์**(악대) 등의 표현에서 볼 수 있습니다.

1. พ่อวางสิ่งของ**กอง**ไว้ที่สนามหญ้า

   아버지가 풀밭에 물건을 쌓아 두셨다.

2. เขา**กอง**ขยะไว้ที่หน้าบ้าน

그는 집 앞에 쓰레기를 쌓아 두었다.

3. เขาก่อ**กอง**ทราย

그는 모래더미를 만들었다.

4. ทหารเตรียมจัด**กองทัพ**ไปรบกับข้าศึกที่ต่างแดน

군인들이 외국에서 적과 싸우기 위해 군대를 준비한다.

กอด

끌어 안다, 포옹하다

태국어의 **กอด**은 '품에 안다, 포옹하다'라는 뜻을 가진 타동사로, 명사로 사용하는 경우에는 **การกอด**의 형태로 쓰이며, **อ้อมกอด**은 '품' 또는 '한아름'이라는 명사입니다.

1. แม่**กอด**ลูกด้วยความรัก

엄마가 사랑으로 아이를 품어 안는다.

2. การ**กอด**เป็นการแสดงความรักที่อบอุ่น

포옹은 따뜻한 사랑의 표현이다.

3. คนตะวันตกทักทายกันด้วยการ**กอด**

서양사람들은 포옹으로 인사를 한다.

4. อ้อม**กอด**ของแม่อบอุ่นที่สุดในโลก

엄마의 품은 세상에서 가장 따뜻하다.

กะ

예측하다 / (주야간)교대근무 / ~와 (함께)

태국어의 **กะ**는 다양한 의미를 가진 어휘입니다. 동사로 **กะ**는 '예측하다, 어림짐작하다' 등의 뜻을 나타내며, **กะว่า(จะ)**... (...를 할 참이다)의 형태로 근접 미래 표현에 자주 사용됩니다. **กะ**는 명사로도 쓰이는데, 명사의 **กะ**는 '교대근무'를 의미합니다. 예를 들어 '주간근무'는 **กะกลางวัน**, '야간근무'는 **กะกลางคืน**, '교대근무를 하다'라는 말은 **ทำงานเป็นกะ**, **เข้าเวรกะ**... 등으로 표현할 수 있습니다. 한편 **กะ**는 접속사로도 쓰이는데,이 경우는 **กับ**(~와 함께)에서 종자음이 탈락된 구어식 표현입니다.

1. เขา**กะ**ประมาณจำนวนอาหารที่เตรียมไว้ต้อนรับแขก

   그는 손님 맞이로 준비한 음식양을 가늠했다.

2. เขา**กะ**ว่าจะออกจากที่ทำงานในอีก 10 นาที

   그는 10분 후에 사무실에서 나갈 요량이다.

3. นางพยาบาลเข้าเวร**กะ**กลางคืน

   간호사가 야간 근무에 들어갔다.

4. พนักงานร้านสะดวกซื้อต้องทำงานเป็น**กะ**

   편의점 직원은 교대근무를 해야 한다.

กัก

가두다, 억류하다, 격리하다

태국어 **กัก**은 타동사로 생물이나 사물을 일련의 장소에 가두거나 모아두는 것을 의미합니다. 일반적으로 **ตัว**(몸), **น้ำ**(물) 등의 목적어를 동반할 수 있습니다. 이러한 의미에서 파생된 합성어로 **กักกัน**은 '구금하다', **กักตุน**은 '사재기(매점매석)하다', **กักขัง**은 '감금하다'의 의미로 사용됩니다.

1. ชาวต่างชาติโดน**กัก**ตัวที่ด่านตรวจคนเข้าเมือง

   외국인이 출입국관리사무소에 억류되어 있다.

2. เขาโดน**กักกัน**ในข้อหาลักทรัพย์

그는 금품 탈취 혐의로 구금 중이다.

3. ชาวนา**กัก**น้ำไว้ใช้ทำนาตอนหน้าแล้ง

농부가 건기에 사용할 농업용수를 가두어 둔다.

4. พ่อค้าแอบลักลอบ**กักตุน**สินค้า

상인이 몰래 상품을 사재기했다.

กังวล 걱정하다, 우려하다

태국어 **กังวล**은 '걱정하다, 우려하다'라는 뜻으로 자동사로 기능합니다. '~할 것을 우려하다'는 **กังวลว่า** ~, '...에 대해 우려하다'는 **กังวลเรื่อง**... 등으로 표현됩니다. '걱정거리, 우려'라는 의미의 추상명사는 **ความกังวล**의 형태로 사용되며, 합성어로 **กลุ้มกังวล**이 사용되기도 합니다. 한편, 후아힌에 있는 국왕의 여름별장은 **วังไกลกังวล**으로 '걱정으로부터 먼 왕궁' 즉, '걱정없는 왕궁'이라는 이름을 가지고 있습니다.

1. เด็กนักเรียน**กังวล**ว่าจะสอบผ่านหรือไม่ผ่าน

학생이 시험에 통과할지 여부를 두고 걱정하고 있다.

2. หมอวิตก**กังวล**ว่าคนไข้จะมีภาวะแทรกซ้อน

의사가 환자의 합병증을 우려하고 있다.

3. เขา**กังวล**ใจเรื่องงาน

그는 일 때문에 고민하고 있다.

4. เขา**กังวล**เกี่ยวกับผลการสอบปลายภาค

그는 기말 시험 결과에 대해 걱정하고 있다.

กัด

물다 / 부식되다: **(สนิม)กัด**

태국어의 **กัด**은 '물다'라는 뜻의 타동사입니다. 이러한 의미에서 파생되어 '구두가 발이 까지게 하다"(**รองเท้ากัด**) 라든지 '무좀"(**โรคน้ำกัดเท้า**, 물이 발을 무는 병) 등의 표현에도 사용됩니다. 또한 금속에 녹이 스는 것 역시 **กัด**을 사용하여 **สนิมกัดกร่อน** 등으로 표현합니다.

1. งู**กัด**ที่ขาเป็นแผลลึกมาก

   뱀이 다리를 물어 깊은 상처가 났다.

2. แมววิ่งไล่**กัด**หนู

   고양이가 쥐를 물려고 쫓아간다.

3. สนิม**กัด**กร่อนโลหะ

   금속에 녹이 슬었다.

4. เขาโดนรองเท้า**กัด**จนเป็นแผลเหวอะหวะ

   그는 구두에 발이 까져 상처가 심하게 났다.

กัน

막다 / 방수: **กันน้ำ** 우비: **เสื้อกันฝน** 예방하다: **ป้องกัน**

태국어의 **กัน**은 '막다, 저지하다'라는 뜻을 가진 타동사입니다. **กันน้ำ**은 '방수'의 의미이고, **กันฝน**은 (비를 막는) '우비'나 '우산' 등에 쓰이는 표현입니다. 합성어로 **ป้องกัน**(지키다, 예방하다) **กีดกัน**(저지하다, 방해하다) 등의 표현도 사용됩니다. 이 밖에도, 동음이의어로 **กัน**이 부사로 쓰이는 경우에는 '함께'또는 '서로' 등으로 해석됩니다. 이 경우에 행위자는 보통 복수로 나타납니다.

1. เขาใส่นาฬิกา**กัน**น้ำ

   그는 방수 시계를 찼다.

2. เด็กนักเรียนใส่เสื้อ**กัน**ฝนตอนฝนตก

   학생이 비가 올 때 우비를 입는다.

3. ทหารออกไปรบเพื่อ**ป้องกัน**ประเทศ

군사들이 국가를 지키기 위해 나가 싸운다.

4. ตำรวจวางแผนจับคนร้ายเพื่อ**ป้องกัน**การหลบหนี

경찰이 도주를 방지하기 위해 범인 체포 계획을 세웠다.

กั้น

막다, 저지하다

태국어의 동사 **กั้น**은 '막다, 저지하다'라는 뜻을 나타냅니다. 의미는 **กัน**과 비슷하나, **กัน**이 외부의 어떤 것의 침범을 저지하는 의미라면 **กั้น**은 어떤 것을 분리하거나 구획으로 나눈다는 의미를 갖습니다. 쓰임에 있어 **กั้น**은 동사 **ปิด**(닫다)이나 **ขวาง**(가로막다) 등과 함께 쓰여 **ปิดกั้น** (막다, 폐쇄하다), **ขวางกั้น** (저지하다, 방해하다) 등의 합성어로 나타납니다. 한편, 물을 가둬두는 '보'라는 뜻으로 **ฝายกั้นน้ำ** 이라는 표현도 있습니다.

1. ชาวบ้านช่วยกันทำฝาย**กั้น**น้ำ

주민들이 힘을 모아 보를 만들었다.

2. ชาวนาประท้วงปิด**กั้น**ถนนเพราะราคาข้าวตกต่ำ

쌀 값 저하로 인해 농민들이 길을 막고 시위를 한다.

3. เขาทำรั้ว**กั้น**ไม่ให้ใครบุกรุกพื้นที่

그는 누구도 지역을 침범하지 못하도록 막는울타리를 쳤다.

4. ไม่มีสิ่งใดจะมาขวาง**กั้น**ความรักอันยิ่งใหญ่ของพวกเขาทั้งสองได้

아무것도 그 둘의 위대한 사랑을 막지 못한다.

กาง

치다, 펴다, 벌리다 / 우산을 펴다: **กางร่ม**

태국어의 **กาง**은 타동사로, 접혀져 있던 사물을 넓게 펴는 동작을 의미합니다. 의미에 따라 목적어로 우산, 팔, 책 등을 동반합니다. '십자가' 역시 **กาง**을 사용하여 **ไม้กางเขน**으로 표현하기도 합니다.

1. อาจารย์สั่งให้**กาง**หนังสือหน้า 145

   교수님이 책 145페이지를 펴라고 하셨다.

2. นักเรียน**กาง**ร่มเดินไปโรงเรียนตอนฝนตก

   비가 올 때 학생이 우산을 펴고 학교에 간다.

3. คุณครูทำโทษนักเรียนโดยการให้ยืน**กาง**แขนหน้าห้องเรียน

   선생님은 학생에게 교실 앞에서 팔을 들고 서 있는 벌을 내리셨다.

4. นักเรียน**กาง**เต็นท์นอนเวลาเข้าค่ายพักแรม

   학생들이 캠프에 텐트를 친다.

กำกวม

모호하다, 중의적이다

태국어 **กำกวม**은 '모호하다, 중의적이다'로 해석되는 상태성 동사로 서술어의 역할을 하거나, 명사나 동사를 꾸며주는 수식어로 사용될 수 있습니다. 추상명사형은 **ความกำกวม** 입니다.

1. จำเลยให้การ**กำกวม**วกไปวนมา

   피고의 진술은 모호하고 일관성이 없다.

2. ความหมายของคำศัพท์นี้**กำกวม**

   이 어휘의 의미는 중의적이다.

3. คนส่วนใหญ่ไม่ชอบคนพูดจา**กำกวม**เพราะเข้าใจยาก

   대부분의 사람들은 모호한 말투는 이해하기 어려워 싫어한다.

4. ประโยคนี้มีความหมาย**กำกวม**

이 문장은 중의적 의미가 있다

กำกับ 감독하다

태국어의 **กำกับ**은 '감독하다'로 해석되는 타동사로 뒤에 목적어를 동반합니다. 감독을 하는 사람은 **ผู้กำกับ**으로 표현하며, 주로 극이나 영화의 '감독'이나 '수퍼바이저'를 의미합니다. 한편, **ใบกำกับภาษี**는 세금계산서 즉 영수증을 뜻합니다.

1. ผู้กำกับภาพยนต์เรื่องนี้**กำกับ**การแสดงได้ดีมาก

이 영화의 감독은 연기 감독을 매우 잘 했다.

2. หัวหน้าคอย**กำกับ**การทำงานของลูกน้อง

팀장은 부하직원의 일 처리를 감독하고 있다.

3. แม่เป็นผู้**กำกับ**ภายในบ้านคอยสั่งให้ลูกๆทุกคนทำงานบ้าน

엄마는 집안의 감독으로 자식들에게 집안일을 시킨다.

4. ครูฝ่ายปกครองเป็นผู้**กำกับ**ดูแลความประพฤติของนักเรียน

학생 주임 선생님은 학생들의 행실을 관리감독하는 사람이다.

กำจัด 제거하다

태국어의 **กำจัด**은 '제거하다'라는 의미를 가진 타동사입니다. 노폐물이나 해충, 잡초, 단점 등 주로 부정적인 것을 없앤다는 의미로 사용됩니다.

1. เจ้าหน้าที่กำลัง**กำจัด**ยุงลายในหมู่บ้าน

   (관청) 직원들이 마을의 숲모기를 박멸하고 있다.

2. ชาวสวนให้สารเคมี**กำจัด**วัชพืช

   과수원 인부들이 잡초제거제를 친다.

3. ร่างกาย**กำจัด**ของเสียโดยการขับถ่าย

   몸은 배설을 통해 노폐물을 제거한다.

4. ครูใส่ยา**กำจัด**เหาให้นักเรียนหญิงทุกคน

   선생님은 여학생 모두의 머리에이 제거 약을 치셨다.

กำหนด 규정하다, 제한하다

กำหนด은 '정하다'라는 의미를 가진 타동사로 뒤에 목적어를 동반합니다. 명사형으로 쓰일 때는 **การกำหนด**(규정함, 규정, 제한) 또는 **ข้อกำหนด**(규정, 규칙) 등이 사용됩니다. '스케줄, 일정' 또는 (행사 등의) '식순, 순서'라는 뜻의 명사로 **กำหนดการ**이 쓰이기도 합니다.

1. อาจารย์**กำหนด**ให้ทุกคนส่งรายงานวันจันทร์หน้า

   교수님은 다음주 월요일에 레포트를 일괄 제출하도록 하셨다.

2. สถานบันเทิงส่วนใหญ่**กำหนด**อายุผู้มาเที่ยว

   대부분의 유흥업소는 입장객에 나이 제한을 둔다.

3. หน่วยงานราชการ**กำหนด**ให้วันเสาร์ วันอาทิตย์เป็นวันหยุดราชการ

   관공서는 토요일과 일요일을 공휴일로 정하고 있다.

4. โรงเรียนจัดแข่งขันกีฬาตาม**กำหนด**การ

학교는 일정에 따라 운동회를 개최했다.

กุม

취다, 장악하다 / **จับกุม** 체포하다

태국어 동사 **กุม**은 '쥐다, 장악하다'라는 의미를 가진 타동사입니다. **กุมมือ**는 '손을 쥐다'(손을 잡다)로 해석되며, 추상적인 의미로 '권력을 장악하다'(**กุมอำนาจ**)라는 표현도 사용됩니다. 합성어로 **จับ**(잡다)과 함께 쓰여 **จับกุม**은 '체포하다'라는 의미입니다.

1. พ่อ**กุม**มือแม่เพื่อให้กำลังใจในวันที่แม่ป่วย

어머니가 아픈 날 아버지는 손을 잡고 어머니를 격려하셨다.

2. โจรถูก**จับกุม**โดยเจ้าหน้าที่ตำรวจเมื่อเช้านี้

강도가 오늘 아침 경찰에 의해 체포되었다.

3. เขา**กุม**อำนาจทางการเมืองมาเป็นเวลานาน

그는 오랫동안 정치적 권력을 장악해 왔다.

4. ในที่สุดชายหนุ่มก็สามารถ**กุม**หัวใจหญิงสาวที่เขารักเอาไว้ได้

마침내 남자는 사랑하는 여자의 마음을 사로잡을 수 있었다.

กู้

꾸다, 빌리다 / 회복하다, 복구하다, 살리다

태국어의 **กู้**는 '꾸다'라는 뜻을 가진 타동사입니다. 유의어로 **ยืม**과 **เช่า**를 들 수 있는데, **ยืม**은 '(무상으로)빌리다', **เช่า**는 '(사물, 부동산 등을)대여하다, 임차하다'의 의미라면, **กู้**는 주로 금전을 이자를 물고 일정기간동안 꾼다는 의미를 나타냅니다. 한편, 다른 의미로 '회복하다'의 의미를 나타내는 경우도 있는데, 예를 들어 **กู้ชาติ**은 '나라를 되찾다', **กู้เอกราช**은 '독립을 되찾다'로 해석되며이 경우 합성어로 **กอบกู้**가 사용되기도 합니다.

1. รัฐบาลออกนโยบายให้ประชาชน**กู้**เงินในอัตราดอกเบี้ยต่ำ

   정부는 국민들에게 저금리로 대출을 해주는 정책을 내 놓았다.

2. เขาทำเรื่อง**กู้**เงินจากธนาคารเพื่อซื้อบ้าน

   그는 집을 마련하기 위해 은행에서 대출 신청을 했다.

3. กษัตริย์ได้**กอบกู้**เอกราชจนสำเร็จ

   왕은 독립을 되찾는데 성공했다.

4. เขาสามารถ**กู้**ข้อมูลคืนมาได้ทั้งหมด

   그는 자료를 다 복구할 수 있었다.

เก่ง

잘하다

태국어의 **เก่ง**은 '~을 잘하다'라는 의미로 쓰이는 타동사로, 가령 '컴퓨터를 잘하다'는 **เก่งคอมพิวเตอร์** 로, '태국어를 잘한다'는 **เก่งภาษาไทย**로 표현 가능합니다. 그러나 실제로 **เก่ง**은 주로 부사로 더 자주 쓰여, 동사구의 뒤에 **เก่ง**을 사용하는 경우가 많으며이 경우에는 '잘'로 해석됩니다.

1. เขาเป็นนักกีฬา**ที่เก่ง**จนชนะทุกการแข่งขัน

   그는 모든 경기에서 승리할 정도로 실력있는 선수다.

2. คุณครูคิมชอบนักเรียนที่เรียน**เก่ง**

김선생님은 공부를 잘하는 학생을 좋아하신다.

3. พนักงานทำงาน**เก่ง**จะได้รับการเลื่อนขั้น

일을 잘하는 직원은 승진을 하게 될 것이다.

4. ชาวเกาหลีคนนี้พูดภาษาไทย**เก่ง**มาก

이 한국인은 태국말을 아주 잘 한다.

เกณฑ์ 모집하다, 징집하다

동사로 쓰이는 태국어의 **เกณฑ์**은 '모집하다, 징집하다'의 의미를 갖습니다. 예를 들어 **เกณฑ์ทหาร**은 '군대에 가다(징집되다)'라는 의미이며, 수동태로 **ถูกเกณฑ์**은 '동원되다, 징집되다'로 해석됩니다. 한편, 명사의 **เกณฑ์**은 '기준, 규정' 등을 의미하는데, '법, 규칙'이라는 뜻의 **กฎ**과 함께 **กฎเกณฑ์**(규칙, 규정)으로 사용되기도 합니다.

1. ผู้ชายเมื่ออายุครบ 20 ปี จะต้องไป**เกณฑ์**ทหาร

만 20세 이상의 남자는 군대를 가야한다.

2. เขาถูก**เกณฑ์**ให้ไปร่วมประท้วงที่หน้ารัฐสภา

그는 국회앞에서 벌이는 시위에 동원돼 갔다.

3. เขาฝ่าฝืน**กฎเกณฑ์**ที่มหาวิทยาลัยกำหนดไว้

그는 대학이 정한 규정을 위반했다.

4. คุณครูกำหนด**เกณฑ์**การสอบขึ้นมาใหม่

선생님이 시험 기준을 새로 정하셨다.

เก็บ

줍다, 모으다, 수집하다

태국어의 타동사 **เก็บ**은 다양한 문맥에서 사용될 수 있습니다. 길에 떨어진 것을 줍거나, 열매를 따거나, 빨래를 걷거나, 옷깃을 정리하거나, 무언가를 수집하는 등의 여러 가지 동작에 **เก็บ**을 사용합니다. **เก็บภาษี**에서 처럼 '세금을 걷다'의 의미로도 사용할 수 있습니다. 추상적인 의미로 **เก็บความรู้สึก**은 감정을 드러내지 않는 것을 의미하기도 합니다.

1. เขา**เก็บ**เงินที่หล่นบนพื้น

   그는 바닥에 떨어진 돈을 주웠다.

2. เขาชอบ**เก็บ**สะสมแสตมป์

   그는 우표 수집을 좋아한다.

3. ชาวนา**เก็บ**ผลผลิตเพื่อส่งไปจำหน่าย

   농부가 판매하기 위해서 열매를 딴다.

4. ฉันรีบ**เก็บ**ผ้าที่ตากไว้ก่อนฝนตก

   나는 비가 오기 전에 널어둔 빨래를 서둘러 걷었다.

เกรง

두려워하다, 걱정하다 / 어려워하다, 부담갖다: **เกรงใจ**

태국어 **เกรง**은 동사로 '두려워하다, 걱정하다'는 의미이며로 **กลัว**와 결합하여 합성어로 사용되기도 합니다. 한편, '마음'이라는 뜻의 **ใจ**를 동반하여 **เกรงใจ**는 심리상태를 나타내는 말로, 남에게 폐를 끼칠까 염려하는 마음 또는 남의 호의나 불편에 대해서 미안해하거나 부담스러워하는 마음 등 복합적인 감정을 나타내는 말로, 태국어 중 외국어로 번역이 어려운 말 중 하나로 꼽힙니다.

1. ชาวบ้านต่าง**เกรง**กลัวอิทธิพลของนักการเมือง

   농민들은 정치인의 권력을 두려워한다.

2. ท่าทางขึงขังของพ่อน่า**เกรง**ขามมาก

아버지의 엄한 태도가 매우 두렵다.

3. เขา**เกรง**ว่าจะไปงานเลี้ยงรุ่นไม่ได้เพราะติดธุระ

그는 일 때문에 회식에 참여 못할까 걱정한다.

4. เขา**เกรงใจ**ที่จะต้องขอความช่วยเหลือจากเพื่อน

그는 친구에게 도움을 청하는 것이 부담스럽다.

เกเร

개구지다, 불량기가 있다

태국어의 **เกเร**는 상태성 동사로 말을 잘 듣지 않거나 불량기가 있음을 의미하며 서술어나 수식어로 사용될 수 있습니다.

1. คนที่**เกเร**มักไม่ประสบความสำเร็จ

불량한 사람은 성공하기 어렵다.

2. คุณครูทำโทษนักเรียนที่**เกเร**

선생님이 말을 안 듣는 학생을 처벌한다.

3. เมื่อก่อนเขาเป็นคน**เกเร**มากแต่เดี๋ยวนี้เขากลายเป็นคนช่วยเหลือสังคม

원래 그는 불량한 사람이었으나 현재는 사회에 일조하는 사람이 되었다.

4. เขาเป็นเด็ก**เกเร**มักแกล้งเพื่อนอยู่บ่อยๆ

그는 친구에게 장난을 자주하는 개구장이 아이이다.

เกลียด(ชัง) 싫어하다, 미워하다, 증오하다

태국어의 **เกลียด** 또는 **เกลียดชัง**은 '미워하다'로 해석되는 타동사입니다. 반대말인 좋아하다(ชอบ)의 부정형(**ไม่ชอบ**)보다 강한 의미를 나타내며, 합성어로 **จงเกลียดจงชัง**은 '증오하다'라는 의미입니다. 한편, '~할만하다,~스럽다'의 의미를 가진 접두어 **น่า**를 붙여 **น่าเกลียด**은 '징그럽다, 밉상이다' 등으로 해석할 수 있습니다.

1. ทุกคนต่าง**เกลียด**คนที่เห็นแก่ตัว

   누구나 이기적인 사람은싫어한다.

2. ฉัน**เกลียด**ชังเขามากจนไม่อยากมองหน้า

   나는 그가 마주보기도 싫을 정도로 밉다.

3. ฉันคิดว่างูคือสัตว์ที่น่า**เกลียด**ที่สุด

   내 생각에 뱀은 가장 징그러운 동물이다.

4. เขาถูกแม่เลี้ยงจง**เกลียด**จงชังมาตั้งแต่เด็ก

   그는 어릴 적부터 내내 계모의 증오의 대상이었다.

เก่า 낡다, 오래되다

태국어의 **เก่า**는 상태성 동사로는 '낡다, 오래되다'로 해석되며, 동작성 동사로는 '해지다'로 해석할 수 있습니다. '늙다'라는 동사 **แก่**와 합성어로 **เก่าแก่**(오래되다, 낡다, 옛)로도 쓰입니다. '물건'이라는 뜻의 **ของ**과 함께 쓰여 **ของเก่า**가 되면 오래된 것, 골동품 등을 의미하는 명사입니다.

1. นักสะสมวัตถุโบราณชอบสำรวจของ**เก่า**

   골동품 수집가는 옛날 물건을 찾아보는 것을 즐긴다.

2. บ้านหลังนั้นมีแต่ของ**เก่าๆ**ที่เก็บมานานหลายชั่วอายุคน

   그 집은 조상대대로 물려내려 온 오래된 물건밖에 없다.

3. เสื้อที่ซักบ่อยๆ มักจะ**เก่า**เร็ว

자주 빠는 옷은 금새 해진다.

4. ต้นไม้ต้นนั้นมีอายุ**เก่าแก่**ราว 100 ปี

그 나무는 백년가까이 오래된 나무이다.

เกาะ

매달리다, 들러붙다 / 섬

เกาะ는 동사로 '매달리다'라는 뜻입니다. 새가 나뭇가지에 매달리거나, 누군가의 신체부위를 붙잡고 매달린다는 의미로 사용할 수 있습니다. 은어로 타인에게 '기생해서 생활하다', 즉 '빌어먹다'의 의미로 사용하기도 합니다. 합성어로 **เกาะติด**은 '주시하다, 지켜보다'라는 의미이며 **เกาะกุม**은 '구속하다, 옥죄다' 등으로 해석할 수 있습니다. 한편, 명사로 **เกาะ**는 '섬'을 의미합니다.

1. นักข่าวต้อง**เกาะติด**สถานการณ์ทางการเมืองในช่วงนี้อย่างใกล้ชิด

기자는 최근의 정치적 상황을 긴밀히 예의주시해야 한다.

2. ลูกร้องไห้งอแง**เกาะ**ขาแม่แน่น

아이는 엄마의 다리에 꼭 매달려 떼를 쓰며 울었다.

3. มานีพยายามสะบัดมือออกจากการ**เกาะ**กุมของผู้ร้าย

마니는 범인의 손아귀에서 (벗어나고자) 손을 뿌리치려고 노력했다.

4. ความรู้สึกเลวร้ายเข้ามา**เกาะ**กุมในใจ

나쁜 예감이 들어와 마음속을 옥죄고 있다.

เกิด

출생하다, 발생하다

태국어의 **เกิด**은 동사로 '출생하다, 발생하다'의 의미를 갖고 있습니다. '출생하다'의 의미에서 **วันเกิด**은 '생일'을 의미합니다. 의미상 자동사로 보이지만, 실제 용법에서 '문제, 사건, 지진, 사고 등을 발생시키다'의 경우에는 뒤에 목적어를 동반하는 타동사 형태로 사용됩니다.

1. ลูกสาวคนแรก**เกิด**ก่อนกำหนด2 เดือนแต่ก็แข็งแรงดี
   첫째 딸아이는 예정보다 두달이나 조산했지만 건강하다.
2. **เกิด**เหตุแผ่นดินไหวที่ประเทศญี่ปุ่นเมื่อ 1 ชั่วโมงที่แล้ว
   한 시간 전 일본에서 지진이 발생했다.
3. หลังจาก**เกิด**เหตุการณ์รถคว่ำในวันนั้นเขาก็ไม่กล้าขับรถอีกเลย
   그 날 차 전복사고가 난 이후 그는 더이상 운전할 용기가 없다.
4. เขาจัดงานวัน**เกิด**ร่วมกับเพื่อนอีกสามคนที่เกิดวันเดียวกัน
   그는 날짜가 같은 친구 3명과 같이 생일파티를 했다.

เกิน

넘다, 초과하다 / 지나치게: **เกินไป**

태국어의 **เกิน**은 정해진, 또는 적정한 한계선을 지나거나 초과함을 의미하는 동사입니다. 타동사로 목적어를 동반하거나, 방향동사 **ไป**와 함께 **เกินไป**로 쓰여 '너무, 지나치게'라는 의미의 부사로 사용되기도 합니다. 비슷한 의미로 '남다'라는 뜻의 **เหลือ**와 합성어로 **เหลือเกิน** 역시 '매우, 대단히'라는 의미의 부사로 쓰이는데, 우리말 해석에서 보듯이 **เกินไป**가 부정적인 뉘앙스인 반면 **เหลือเกิน**은 문맥에 따라 부정 또는 긍정적으로 해석할 수 있습니다.

1. เขามักทำงาน**เกิน**เวลาเสมอ
   그는 늘상 초과 근무를 하곤 한다.
2. ความสามารถของนักมายากลคนนั้น**เกิน**กว่าที่ใครจะคาดคิด
   그 마술사의 실력은 그 누구의 예상도 벗어난다.

3. ภาพยนตร์เรื่องนี้ประสบผลสำเร็จที่**เกิน**ความคาดหมาย

   이 영화는 기대 이상으로 성공을 거두었다.

4. เราไม่ควรทำอะไรที่มัน**เกิน**ตัว

   우리는 분수에 넘치는 일은 하지 말아야 한다.

เกี่ยว

베다, 자르다, 걸치다, 연관되다

동사 **เกี่ยว**는 낫 등으로 벼를 베는 동작을 말합니다. 타동사로 **เกี่ยวข้าว** 또는 **เก็บเกี่ยว(ข้าว)**는 '벼를 베다, 추수하다'로 해석할 수 있습니다. 한편, **เกี่ยว**는 '걸다, 걸치다, 관계하다, 연관되다'의 의미를 나타내기도 하는데 이때는 **เกี่ยว** 또는 합성어 **เกี่ยวข้อง**으로 주로 사용됩니다.

1. เกษตรกรใช้เคียว**เกี่ยว**ข้าวเก็บไว้ยุ้งฉ่าง

   농민이 낫으로 벼를 베어 곳간에 모아 둔다.

2. ชาวนาเก็บ**เกี่ยว**ข้าวเมื่อสุกเต็มที่

   농부는 벼가 무르익었을 때 추수를 한다.

3. ฉันไม่มีอะไร**เกี่ยวข้อง**กับเธออีกต่อไป

   나는 앞으로 너와 아무런 관계 없는 것이다.

4. เขาโดนตะปู**เกี่ยว**ขาจนเลือดออก

   그는 못에 걸려 다리에 피가 났다.

แก่

(과일이) 익다, (사람이) 늙다, (색이나 농도가) 짙다

태국어의 **แก่**는 한국어로는 늙다, 여물다/익다, 진하다 등 다양하게 해석될 수 있는 상태성 동사로 서술어나 수식어로 기능합니다. 한편, 전치사로 쓰이는 경우도 있는데이 때에는 '~에게'의 의미를 갖습니다.

1. ดาราคนนั้นไม่**แก่**เลยแม้จะอายุ 50 ปีแล้ว

   그 배우는 오십이 다 되었는데도 늙지를 않는다.

2. ผลไม้สุก**แก่**เต็มที่

   과일이 익을대로 익었다.

3. กาแฟนี้**แก่**มาก

   이 커피는 매우 진하다.

4. เธอท้อง**แก่**ใกล้คลอดแล้ว

   그녀의 배가 불러 출산이 가까워졌다.

แก้

풀다, 끄르다 / 고치다, 해결하다 / 변명하다: **แก้ตัว**
개정하다: **แก้ไข** / 복수하다: **แก้แค้น**

태국어의 **แก**는 다양한 의미를 나타내는 동사입니다. 한자어인의 개(改)와 음과 뜻이 유사합니다. 묶인 매듭을 풀거나, 옷을 벗는 동작, 또는 문제를 해결하거나 틀린 것을 고친다 등으로 해석될 수 있습니다. 목적어를 동반하여 타동사로 사용하는데, '몸, 자신'이라는 뜻의 **ตัว** 가 목적어로 와서 **แก้ตัว**는 '변명하다'라는 의미입니다. 한편 **แก้ไข**(고치다, 수정하다), **แก้แค้น**, **แก้เผ็ด**(복수하다) 등의 합성어로도 쓰이며, **แก้บน**은 (소원을 이루어 준) 신에게 보답한다는 의미로 쓰이는 표현입니다.

1. เขา**แก้**แค้นแทนพ่อกับแม่

   그는 부모의 원수를 갚았다(부모를 대신해 복수했다).

2. เขา**แก้**ตัวแทนเพื่อนเสมอ

그는 늘 친구를 대신해 변명을 해 준다.

3. ช่างกำลัง**แก้**อุปกรณ์ภายในรถให้เธอ

수리공이 그녀를 위해 차 내부의 시설을 고치고 있다.

4. เธอ**แก้**บนพระพรหมด้วยไข่ต้ม100 ฟอง

그녀는 브라만신에 보은으로 삶은 달걀 100개를 보시했다.

แกล้ง

일부러 ~하다, ~인 체하다 / 장난치다, 괴롭히다

태국어 동사 **แกล้ง**은 본동사로 사용하면 '괴롭히다'라는 의미의 타동사로 쓰이는 경우가 많습니다. 예를 들어 **แกล้งเพื่อน**은 '친구를 괴롭히다'라는 뜻이며,이 경우 유사한 의미로 합성어 **กลั่นแกล้ง**이 쓰일 수 있습니다. 그러나 다른 동사에 선행하는 경우, '~인 체하다'로 해석됩니다.

1. เขาชอบ**แกล้ง**คนที่ไม่มีทางสู้

그는 대항하지 않는 사람을 괴롭히길 좋아한다.

2. เพื่อน**แกล้ง**ป่วยเพื่อเลี่ยงงาน

친구는 일을 피하려고 아픈 척 한다.

3. เขา**แกล้ง**ทำเป็นไม่รู้ไม่ชี้กับเรื่องนั้น

그는 그 일을 모른 체 했다.

4. ลูกสาว**แกล้ง**หลับเมื่อแม่เปิดประตูเข้ามาในห้อง

엄마가 방문을 열고 들어왔을 때, 딸은 자는 체 했다.

แกะ

새기다, 조각하다: **แกะสลัก**

동사 **แกะ**는 '새기다'라는 뜻을 가지고 있으며 유의어인 **สลัก**와 결합하여 **แกะสลัก**의 형태로 많이 사용됩니다. 또한 **แกะ**는 '파내다, 뜯다, 풀다' 등으로 해석되기도 합니다. 가령, 피부에 있는 흉터 딱지를 떼거나 매듭을 하나하나 푸는 동작을 의미합니다. 한편, 명사의**แกะ**는 동음이의어로 '양'을 지칭합니다.

1. เธอ**แกะสลัก**ผลไม้ได้รางวัลชนะเลิศ

   그녀는 과일 조각대회에서 우승을 했다.

2. เขา**แกะสลัก**ชื่อแฟนที่สร้อยคอ

   그는 목걸이에 애인의 이름을 새겼다.

3. ช่าง**แกะสลัก**ไม้เป็นรูปลายไทย

   목공이 나무를 조각해 태국 전통문양을 새긴다.

4. **แกะ**เป็นสัตว์สี่เท้าเลี้ยงลูกด้วยนม

   양은 네발 달린 포유 동물이다.

โกน

(털을) 깎다, 자르다 / 면도하다: **โกนหนวด**

โกน은 칼 등으로 머리털이나 수염을 미는 동작을 뜻하는 타동사입니다. 수염이라는 **หนวด**을 목적어로 동반하여 **โกนหนวด**이 되면 '면도하다'라는 뜻이 됩니다. 한편, 태국 전통 중에 **โกนจุก**이라는 것이 있는데, 스님이 5~11세의 아동을 대상으로 홀수 나이에 정수리 부분에만 길러온 머리카락을 잘라주며 건강과 번영을 기원하는 의식입니다.

1. ตอนเช้าก่อนออกนอกบ้านควร**โกน**หนวดโกนเคราให้ดูสะอาดสะอ้าน

   아침에 집을 나서기 전에 면도를 해서 깔끔해 보이게 해야 한다.

2. การ**โกน**หนวดทำให้ผู้ชายดูดีขึ้น

   면도는 남자를 멋져보이게 해 준다.

3. หล่อน**โกน**ขนคิ้วจนโก่งมาก

   그녀는 활처럼 휜 모양으로 눈썹을 밀었다.

4. น้องชาย**โกน**ผมก่อนบวชเป็นพระสงฆ์

   남동생은 승려가 되기 전 머리를 밀었다.

โกรธ

화가 나다, 화를 내다 / **โมโห**

태국어 **โกรธ**은 '화를 내다' 또는 '화가 나다'로 해석될 수 있습니다. 즉, 목적어를 동반하는지의 여부에 따라 자동사와 타동사로 모두 기능할 수 있으며 문맥에 따라 적절히 번역하면 됩니다. 유의어로 **โมโห**가 있으며, 기능도 유사합니다.

1. คุณครู**โกรธ**นักเรียนที่ลอกการบ้านเพื่อน

   선생님은 친구의 숙제를 베껴 쓴 학생에게 화가 났다.

2. เขา**โกรธ**เจ้านายที่ไม่ยอมให้เขาไปทำงานที่ต่างประเทศ

   그는 자신의 외국 출장을 불허한 선임에게 화가 났다.

3. เขา**โกรธ**มากที่ถูกเพื่อนร่วมงานเอาผลงานของเขาไป

   그는 동료에게 자신의 실적을 빼앗겨 대단히 화가 났다.

4. นิดเป็นคน**โมโห**ง่ายหายเร็ว

   닛은 화를 잘 내고 잘 풀리는 사람이다.

โกหก 거짓말하다

โกหก은 '거짓말하다'라는 뜻을 가진 동사로 목적어를 동반할 수 있습니다. 또는 그 자체로 '거짓말'이라는 명사로 쓰이기도 합니다.

1. การ**โกหก**เป็นสิ่งที่ไม่ควรทำเป็นอย่างยิ่ง

   거짓말은 절대로 하면 안되는 일이다.

2. เขามักจะ**โกหก**ภรรยาอยู่เสมอ

   그는 늘상 안사람에게 거짓말을 하곤 한다.

3. เธอเป็นคนที่**โกหก**หน้าตาย

   그녀는 얼굴색도 안 변하고 거짓말을 하는 사람이다.

4. เขา**โกหก**ว่าเขาเป็นนักธุรกิจรายใหญ่

   그는 그가 큰 사업을 한다고 거짓말했다.

ใกล้ 가깝다

ใกล้는 '가깝다'로 해석되는 동사로, 우리말과 마찬가지로 물리적인 거리가 가까운 경우도 사용하지만 인간 관계의 밀접함이나 심리적으로 친근한 경우에도 사용할 수 있습니다. 동의합성어로 **ใกล้ชิด**이 사용되며, '유사하다, 인접하다'라는 의미의 **ใกล้เคียง** 도 자주 사용하는 표현입니다. 전치사가 필요한 경우에는 **กับ**을 사용합니다.

1. บ้านเขาอยู่**ใกล้**มหาวิทยาลัย

   그의 집은 대학교에서 가깝다.

2. ตลาดอยู่**ใกล้**แค่นี้ เดินไปไม่ถึง 5 นาที

   시장이 이리 가까운데. 걸어서 5분도 안 걸린다.

3. ญาติที่**ใกล้ชิด**กับผู้ตายก็เหลืออยู่ไม่กี่คน

망자와 가까운 친척도 몇 사람 남지 않았다.

4. ลูกสาวมีหน้าตา**ใกล้เคียง**กับคุณแม่มาก

딸이 엄마와 많이 닮았다.

ไกล 멀다

가깝다의 **ใกล้**와 철자가 비슷하지만 반대의 의미를 가진**ไกล**는 **ใกล้**와 마찬가지로 자동사로 기능합니다. '멀다, 거리가 있다'의 의미를 지닌 **ห่าง**과 합성하여 동의합성어로 **ห่างไกล**로 사용되기도 합니다. 또 **ไกลหูไกลตา** 라는 표현은 '눈과 귀에서 멀어지다'즉 '자주 만나거나 소식을 접하지 못할 정도로 멀리'라는 의미가 됩니다. 전치사가 필요한 경우에는 **จาก**을 사용합니다.

1. บ้านอยู่**ไกล**จากโรงเรียนมาก

집이 학교에서 상당히 멀다.

2. ลูกแมววิ่งหนีหมาจรจัดไป**ไกล**มาก

고양이가 유기견을 피해 멀리로 도망을 갔다.

3. แพรไม่เคยไปไหน**ไกลๆ** บ้านเลย

프래는 집에서 멀리로는 가 본적이 없다.

4. เมื่อลูกต้องไปอยู่**ไกลหูไกลตา**พ่อแม่ เป็นธรรมดาที่พ่อแม่ต้องเป็นห่วง

자식이 부모로부터 멀리로 가야 할 때, 부모가 걱정하는 것은 당연지사다.

ขจัด

없애다, 제거하다, 추방하다

태국어 동사 **ขจัด**은 타동사로 '없애다, 제거하다' 등으로 해석되는데, 주로 더러운 것 혹은 나쁜 것을 제거한다는 의미로 많이 사용됩니다. 유의어로 **กำจัด**을 들 수 있습니다.

1. เราต้องร่วมมือกัน**ขจัด**คนชั่วออกไปจากสังคม

   우리는 협심하여 저열한 사람을 사회에서 몰아내야 한다.

2. ผงซักฟอกยี่ห้อใหม่**ขจัด**คราบบนผ้าได้สะอาดหมดจด

   새로 나온 세제가 옷에 있는 때를 아주 깨끗하게 제거한다.

3. หมอผี**ขจัด**ปัดเป่าสิ่งชั่วร้ายออกจากบ้านหลังนี้

   무당이이 집에서 악귀를 몰아냈다.

4. เขา**ขจัด**ความคิดที่ไม่ดีออกไปจากสมองของเขา

   그는 그의 머리에서 나쁜 생각들을 몰아냈다.

ขน

옮기다, 운반하다 /(시외버스)운수사: **บริษัทขนส่ง (บขส.)**

태국어의 **ขน**은 '옮기다, 운반하다'의 의미를 가진 타동사입니다. 뒤에 목적어를 동반하거나, '보내다'라는 의미의 **ส่ง**과 결합하면 동의 합성어로 **ขนส่ง**어 되어 '운반하다, 운송하다'의 뜻을 갖습니다. 태국 시외버스 운수업체 중 가장 대표적인 회사의 이름이 **บริษัทขนส่ง**으로 줄여서 버커써(**บขส.**)라고 합니다. 또한 시외버스터미널은 '역'을 의미하는 **สถานี**를 좇여서 **สถานีขนส่ง**... 이라고 하는데, 줄여서 **ขนส่ง**으로 부르기도 합니다. 한편, 명사로 **ขน**은 '털'이라는 뜻입니다.

1. เขา**ขน**ของขึ้นรถ

   그는 물건을 차에 싣는다.

2. เขาทำงานที่บริษัท**ขนส่ง**

   그는 운수업체에서 일한다.

3. พัสดุถูก**ขนส่ง**ไปทางเรือ

   소포가 배편으로 운송되었다.

4. **ขน**ไม่เจริญเติบโต แตกต่างจากเส้นผม

   털은 머리카락과 달리 더 이상 자라지 않는다.

ขม

(맛이) 쓰다

ขม은 상태성 동사로 '쓴 맛'을 나타내며, 그 자체로 서술어의 역할을 하거나 명사를 수식할 수도 있습니다. 추상적인 의미로 **ขม**은 씁쓸한 감정상태를 표현하기도 하는데, 주로 **ขมขื่น(ใจ)**로 표현하여 '고통스럽다, 씁쓸하다'의 감정을 나타냅니다.

1. ยานั้น**ขม**มาก

   그 약은 매우 쓰다

2. ฉันไม่ชอบกินมะระเพราะ**ขม**

   나는 쓴 맛 때문에 마라(여주)를 먹는 것을 안 좋아한다.

3. เธอกินกาแฟนั้นไปได้อย่างไร มัน**ขม**มาก

너 그 커피를 어떻게 마셨니? 엄청 쓰던데.

4. เธอต้องทนอยู่กับคนที่ไม่ได้รักด้วยความ**ขม**ขื่นใจ

그녀는 괴롭지만 사랑하지 않는 사람과 함께있어야 한다.

ข่ม

억누르다, 억압하다 / 협박하다: **ข่มขู่** 강간하다: **ข่มขืน**

태국어의 **ข่ม**은 타동사로 '억압하다'라는 뜻입니다. '마음'이라는 뜻의 **ใจ**와 함께 쓰여 **ข่มใจ**는 '(마음을)억제하다, 억지로 참다'의 표현입니다. 합성어로 **ข่มขู่**는 '협박하다'라는 뜻이고, 4음절 합성어로 **ข่มขู่ข่มเหง**은 '탄압하다'의 의미를 나타냅니다. 비슷한 맥락에서 **ข่มขืน**은 '강간하다'라는 뜻인데, 비슷한 발음으로 **ขมขื่น**(괴롭다)와 혼동하지 않도록 주의해야 합니다.

1. รุ่นพี่คนนั้นมักทำตัว**ข่ม**รุ่นน้อง

그 선배는 후배를 억압하곤 한다.

2. เขา**ข่ม**ใจลืมเธอ

그는 억지로 그녀를 잊었다.

3. เขา**ข่มขู่**ว่าจะฆ่าหญิงสาวถ้าร้องให้คนช่วย

그는 소리를 질러 도움을 청하면 죽이겠다고 여자를 협박했다.

4. ทุกวันนี้มีข่าว**ข่มขืน**เด็กนักเรียนมากขึ้น

요즘 여학생 강간 소식이 늘어나고 있다.

ขโมย 훔치다 / 도둑

태국어 **ขโมย**는 '훔치다, 절도하다'라는 뜻의 타동사로 물질 명사와 추상 명사 모두를 목적어를 동반할 수 있습니다. 또한 그 자체로 명사로 '도둑'을 지칭하기도 합니다.

1. เขาใส่กุญแจประตูอย่างแน่นหนาเพื่อป้องกัน**ขโมย**

   그는 도둑을 예방하기 위해 문에 굳게 자물쇠를 채웠다.

2. น้องชอบ**ขโมย**ของไปเล่นที่โรงเรียน

   동생은 물건을 몰래 훔쳐 학교에 가져가 놀곤 한다.

3. แมว**ขโมย**ปลาบนโต๊ะอาหารไป

   고양이가 식탁 위의 생선을 훔쳐 갔다.

4. เธอ**ขโมย**หัวใจของเขาไปโดยไม่รู้ตัว

   그녀는 자기도 모르게 그의 마음을 훔쳤다.

ขยัน 부지런하다, 열심히~하다

태국어 **ขยัน**은 상태성 동사로 '부지런하다, 근면하다'는 의미를 가지고 있습니다. 서술어로 쓰이거나 명사를 수식할 수 있습니다. 동의합성어로 **ขยันหมั่นเพียร**(근면성실하다)이라는 표현도 자주 쓰입니다. 한편, 다른 동사에 선행하는 **ขยัน**은 '열심히 ~하다'로 해석할 수 있습니다.

1. นักเรียนต้อง**ขยัน**เรียนเพื่ออนาคตที่ดี

   학생은 밝은 미래를 위해 열심히 공부해야 한다.

2. เขาเป็นคน**ขยัน**และมุมานะ

   그는 근면하고 우직한 사람이다.

3. นักเรียนที่ดีต้องมีความ**ขยันหมั่นเพียร**

   좋은 학생이란 근면하고 부지런함이 있어야한다.

4. เขา**ขยัน**ทำงานเพื่อจะเอาเงินมาให้แม่

그는 어머니에게 돈을 가져다 드리기 위해 열심히 일한다.

ข

ขยับ

(조금) 움직이다, 조금 이동하다

동사 **ขยับ**은 작은 움직임을 의미하는데, 목적어를 동반하여 **ขยับตัว**(몸을 움직이다) **ขยับแขน**(팔을 움직이다), **ขยับปีก**(날개짓을 하다) 등의 형태로 자주 사용됩니다.

1. เด็กๆ**ขยับ**ตัวมานั่งในที่ร่มเพราะแดดส่อง

해가 내리쬐어 아이들은 그늘 쪽으로 자리를 옮겨 앉았다.

2. เขา**ขยับ**เก้าอี้เข้ามานั่งใกล้แฟนสาว

그는 의자를 살짝 옮겨 애인쪽으로 가까이 앉았다.

3. ผู้ป่วยเริ่ม**ขยับ**แขนขาได้ดีขึ้น

환자가 팔과 다리를 한결 잘 움직이기 시작했다.

4. ผีเสื้อ**ขยับ**ปีกบินไปอย่างสวยงาม

나비가 아름답게 날개짓을 하며 날아간다.

ขยาย

확대하다, 수식하다 / 사진을 확대하다: **ขยายรูป**
사업을 확장하다: **ขยายกิจการ**

ขยาย는 '늘리다, 확장하다'의 의미를 가진 타동사입니다. 가령 면적을 확대하는 것은 **ขยายพื้นที่**, 시간을 연장하는 것은 **ขยายเวลา**, 사진을 확대하는 것은 **ขยายรูป** 등으로 표현합니다. 사업 확장도 역시 동사 **ขยาย**를 사용하여 표현합니다. 한편 '몸'이라는 뜻의 **ตัว**와 합성하여 **ขยายตัว**는 '성장하다'라는 경제용어로 사용되기도 하며, **คำขยาย**는 '수식어'를 일컫는 말입니다.

1. ตำรวจ**ขยาย**ภาพถ่ายเพื่อที่จะดูหน้าคนร้ายได้ชัดเจนขึ้น

   경찰이 범인의 얼굴을 확실히 확인하기 위해 사진을 확대했다.

2. นักธุรกิจวางแผนจะ**ขยาย**กิจการเพิ่มขึ้นในปีหน้า

   사업가가 내년도 사업 확장을 계획하고 있다.

3. อัตราการส่งออกข้าวไทย**ขยายตัว**เพิ่มสูงขึ้นมากในตลาดโลก

   태국 쌀이 세계 시장에서 매출이 매우 성장했다.

4. ปลานิล**ขยายพันธุ์**ได้เองตามธรรมชาติตลอดทั้งปี

   역돔(틸라피아)은 일년 내내 자연적으로 번식이 가능하다.

ขยิบ

윙크하다: **ขยิบตา**

동사 **ขยิบ**은 '눈을 깜박이다, 윙크하다'의 의미로, 목적어로 '눈'이라는 뜻의 **ตา**를 취하는 것이 일반적입니다. 한편 **ปากว่าตาขยิบ**이라는 속담은 직역하면 '입은 말하고 눈은 깜박인다', 즉 말과 속마음이 다른 표리부동의 사람을 일컫는 표현입니다.

1. เขา**ขยิบ**ตาให้ฉันเพื่อส่งสัญญาณบางอย่าง

   그는 나에게 어떤 신호를 보내기 위해 윙크를했다.

2. ฉัน**ขยิบ**ตาทันทีที่รู้สึกว่ามีสิ่งแปลกปลอมเข้าตา

   나는 이상한 것이 눈에 들어간 것 같다는 느낌에 즉시 눈을 깜박였다.

3. เขาทำตา**ขยิบๆ** เหมือนมีอะไรเข้าตา

그는 눈에 뭔가가 들어간 듯 눈을 깜박거렸다.

4. หล่อนเป็นคนปากว่าตา**ขยิบ**ไม่จริงใจกับใคร

그녀는 겉과 속이 다른 사람으로 누구에게도 진심으로 대하지 않는다.

ข

ขยี้

문지르다, 비비다

동사 **ขยี้**는 손이나 발, 손톱 등으로 비비거나 짓이기는 동작을 일컫습니다. 보통 눈을 비비는 동작이나, 천을 비벼 빠는 동작을 뜻하는데, 추상적인 의미로 **ขยี้ข้าศึก**(적을 짓밟아버리다) 등의 표현도 사용됩니다.

1. เขา**ขยี้**ตาจนแดง

그는 눈이 빨개지도록 비볐다.

2. แม่**ขยี้**แป้งจนเข้าเป็นเนื้อเดียวกัน

엄마는 가루가 한 덩이가 되도록 치댔다.

3. หล่อน**ขยี้**ซักผ้าจนสะอาด

그녀는 깨끗해질때까지 천을 비벼 빨았다.

4. แม่ทัพนำกองทัพบุก**ขยี้**ข้าศึกได้สำเร็จ

사령관이 군을 이끌고 적을 쳐 짓이겨 놓는데 성공했다.

ขรุขระ

평탄하지 않다, 울퉁불퉁하다

ขรุขระ는 상태성 동사로 바닥이나 표면이 평평하지 않은 것을 의미합니다. 서술어의 기능을 하거나 명사를 수식할 수도 있습니다.

1. ถนนแถวบ้าน**ขรุขระ**มากทำให้เดินทางลำบาก

   집 근처의 길이 울퉁불퉁해서 걷기에 불편하다.

2. หลังฝนตกถนน**ขรุขระ**เป็นหลุมเป็นบ่อ

   비가 온 후 길에 물웅덩이가 져서 울퉁불퉁해졌다.

3. หน้าของเขา**ขรุขระ**มากเนื่องจากเป็นสิวอักเสบ

   그의 얼굴은 화농성 여드름으로 울퉁불퉁하다.

4. ดวงจันทร์มีพื้นผิว**ขรุขระ**

   달 표면은 울퉁불퉁하다.

ขลาด

겁이 많다 / 겁쟁이: (คน)ขี้ขลาด

ขลาด은 '소심하다, 겁을 내다'라는 뜻으로 단독으로 쓰이거나 **เขลา**와 함께 **ขลาดเขลา**(겁을 내다, 두려워하다)로 사용되기도 합니다. **ขี้**라는 접두어는 좋은 않은 성향이나 습관을 표현할 때 붙이는데, **ขี้ขลาด**은 '겁이 많은, 겁쟁이'로 해석되며 명사로 '겁쟁이'는 **ขี้ขลาด**을 그대로 쓰거나 **คนขี้ขลาด**으로 표현합니다.

1. พ่อเป็นคนกล้าหาญไม่เหมือนลูกที่ขี้**ขลาด**

   겁이 많은 아들과 달리 아버지는 매우 용감한 사람이다.

2. คนขี้**ขลาด**ไม่กล้ามักจะพลาดโอกาสดีๆ

   겁이 많고 용기가 없는 사람은 좋은 기회를 놓치곤 한다.

3. น้องเป็นเด็กขี้**ขลาด**จึงไม่กล้าทดลองทำสิ่งแปลกใหม่

동생은 겁이 많은 아이라 새로운것이나 이상한것들을 감히 시도해보지 못한다.

4. เขาเป็นคนขี้**ขลาด**มาก

그는 아주 겁쟁이다.

ข่วน

긁다, 할퀴다

동사 **ข่วน**은 손톱이나 가시 등 예리한 것으로 긁거나 할퀴어 자국이 나는 것을 의미합니다. 보통 '고양이가 (나를) 할퀴었다'라는 문장을 태국어로는 수동문을 사용하여 **'โดนแมวข่วน'**으로 표현합니다. 이를 한국어로는 '고양이에게 할큄을 당했다'로 직역할 경우 어색할 수 있습니다. **ข่วน**은 '줄을 긋다'라는 뜻의 **ขีด**과 합성어로 **(รอย)ขีดข่วน**으로 쓰이면 '스크래치'로 해석됩니다.

1. รองเท้าหนังโดนขีด**ข่วน**เป็นรอย

가죽 신발이 긁혀 흠집이 났다.

2. ฉันโดนแมว**ข่วน**ที่แขนเป็นแผลไปหลายวัน

나는 고양이가 할퀴어서 상처가 며칠을 갔다.

3. เขาโดนหนาม**ข่วน**ที่ขา

그는 가시에 긁혀 다리에 상처가 났다.

4. เขาใช้น้ำยาลบรอยขีด**ข่วน**ที่รถ

그는 차의 스크래치를 지우는 약을 사용하였다.

ขวาง

가로막다, 방해하다

태국어 **ขวาง**은 '가로막다, 방해하다'라는 의미의 타동사입니다. **ขวางทาง**은 '길을 막다' 로, **ขวางตา**는 '눈을 막다, 눈에 거슬리다'의 표현입니다. 비슷한 맥락에서 **ขวางโลก**은 일반 사람들의 생각이나 행동, 유행 등과 다른 특이한 행동을 한다는 의미로 이러한 행동을 하는 사람을 **คนขวางโลก**으로 표현합니다. 합성어로 **ขัดขวาง**(방해하다), **ขวางกั้น**(막다, 저지하다)등도 사용됩니다. 그 밖에도 **แนวขวาง**은 '가로, 수평의'라는 의미로 반대말은 **แนวตั้ง**(세로, 수직의) 입니다.

1. ลูกๆ มายืน**ขวาง**ไม่ให้แม่ออกจากบ้าน

   아이들이 엄마가 집에서 나가지 못하도록 막고 섰다.

2. ถนนสายนี้รถวิ่งไปได้ช้ามากเพราะมีรถเสีย**ขวางทาง**อยู่

   이 길은 사고 차량이 길을 막고 있어 차들의 통행이 매우 느리다.

3. เขาทำตัวเป็นคน**ขวาง**โลกจนเพื่อนฝูงเอือมระอา

   그가 세간에 거스르는 행동을 하여 친구들이 질려버렸다.

4. เขาไม่สามารถเดินข้ามฟากได้เพราะมีคลอง**ขวาง**อยู่

   운하가 막고 있어 그는 반대편으로 건너갈 수가 없다.

ขอ

요구하다, 부탁하다, 청하다 / 간청하다: **ขอร้อง**

태국어의 **ขอ**는 '청하다, 요구하다' 등의 의미를 가진 동사입니다. 목적어를 동반하여 '~을 주세요'라는 의미로 사용되거나, 절을 동반하여 '~하기를 요청하다'로 해석될 수 있습니다. '허락'이라는 뜻의 **อนุญาต**이 후행하여 **ขออนุญาต**은 '허락해주세요'라는 의미인데, '자신이 ~을 하겠다"고 양해를 구할 때 자주 사용되는 공손한 표현입니다. 한편, **ขอทาน**이라는 말은 '보시를 구하다'라는 뜻으로, 구걸하는 행위를 지칭하며, **คนขอทาน**은 '걸인, 거지'라는 뜻입니다. 동사 **ขอ**는 합성어로 **ขอร้อง**(간청하다) 으로도 쓰이며, **ขอให้**...는 '...하기를 바랍니다'라는 희망의 표현으로 축원문이나 기원문에 사용됩니다.

1. ชายหนุ่ม**ขอ**หญิงสาวที่ตนรักแต่งงาน

청년은 자신이 사랑하는 여자에게 청혼을 했다.

2. หล่อน**ขอ**อนุญาตพ่อแม่ไปเที่ยวต่างจังหวัดกับเพื่อน

그녀는 친구들과 지방에 놀러가게 해 달라고 부모님께 허락을 구했다.

3. เขา**ขอร้อง**ไม่ให้ฉันฟ้องพ่อที่เขาหนีโรงเรียน

그는 자신이 학교에서 도망친 것을 아버지에게 이르지 말아 달라고 나에게 간청했다.

4. เด็ก**ขอทาน**คนนั้นน่าสงสารมาก

그 거지아이는 너무나 불쌍하다.

ขะมักเขม้น 열심히 하다

동사 **ขะมักเขม้น**은 열성적으로 부지런히 일을 하는 모양을 나타내며, 주로 서술어로 사용되거나, **อย่าง**과 함께 쓰여 부사구로 **อย่างขะมักเขม้น**(열성적으로, 열심히)의 형태로 자주 사용됩니다. 비슷한 표현으로 **ตั้งใจ**, **อย่างขยันพากเพียร** 등이 있습니다.

1. เขาทำงานอย่าง**ขะมักเขม้น**

그는 열성적으로 일을 한다.

2. น้องชายตั้งใจอ่านหนังสืออย่าง**ขะมักเขม้น**ทุกวัน

남동생은 매일 열심히 책을 읽는다.

3. แม่**ขะมักเขม้น**ในการทำเค้กมาก

엄마가 케잌만들기에 열심이시다.

4. เขาทบทวนบทเรียนอย่าง**ขะมักเขม้น**ก่อนสอบ

그는 시험 전 열성적으로 공부한 내용을 복습한다.

ขัง

가두다, 구금하다, 고이다 / 물을 저장하다: **ขังน้ำ** / 고인물: **น้ำขัง**

태국어 **ขัง**은 '고이다, 가두다'라는 뜻으로 의미에서 보듯이 자동사 또는 타동사로 모두 사용됩니다. 가령 '물을 가두다'는 **ขังน้ำ**으로 표현할 수 있으며, 어순이 반대가 되어 **น้ำขัง**은 '고인 물"이라는 뜻입니다. 한편, **ห้องขัง**은 '유치장'을 일컫습니다.

1. ย่าบอกว่าอย่าไปอยู่ในที่ๆ มีน้ำ**ขัง**เพราะมียุงลายเยอะ

   할머니는 고인 물이 있는 곳에는 모기가 많으니 가까이 가지 말라고 하셨다.

2. เจ้าหน้าที่ตำรวจ**ขัง**ผู้ต้องสงสัยชั่วคราว

   경찰관이 피의자를 임시 구금했다.

3. พ่อ**ขัง**เขาไว้ในบ้าน 3 อาทิตย์แล้ว

   아버지가 그를 집에 가둬 둔 지 삼주가 됐다.

4. เขาต้องอยู่ในห้อง**ขัง**หนึ่งคืนเพราะเป็นผู้ต้องหาคดีลักทรัพย์

   그는 절도로 인해 유치장에 하루 있어야만 한다.

ขัด

(허리띠를) 묶다 / 광택을 내다: **ยาขัด** / 거슬리다: **ขัดหูขัดตา**

동사 **ขัด**은 다양한 의미를 가지고 있습니다. '단단히 묶다'의 의미로 **เข็มขัด**은 '허리띠, 벨트'를 뜻합니다. 또한 명령을 어기거나 반론을 제기한다는 의미로도 쓰이는데, **ขัดคำสั่ง**하면 '명령을 어기다'의 뜻이 됩니다. 비슷한 맥락에서 '방해하다, 거슬리게하다'의 의미도 나타낼 수 있는데, 가령 **ขัดคอ**는 '말대꾸를 하다, 트집을 잡다'라는 의미이고, **ขัดหู(ขัดตา)**는 '(심기에)거슬리다, 눈엣 가시같다'는 뜻으로 쓰입니다. 이 밖에도 비비거나 닦아 때를 빼거나 윤을 낸다는 의미를 나타내, **ขัดรองเท้า**는 '구두를 닦다', **ขัดเกลา**는 '말끔히 다듬다'라는 표현입니다.

1. พ่อมักเอาของโบราณมานั่ง**ขัด**บ่อยๆ

   아버지는 골동품을 가져와 앉아서 윤을 내곤 하셨다.

2. ตอนเด็กๆ เขาเคยรับจ้าง**ขัด**รองเท้า

   어릴 적 그는 구두닦이를 한 적이 있다.

3. เขาชอบ**ขัด**คอคนอื่นอยู่เสมอ จนไม่มีใครคบหาสมาคมด้วย

그가 늘상 반론을 하는 통에 아무도 그와 친하게 지내려고 하지 않았다.

4. พ่อไม่ชอบลูกเขยคนนั้น ไม่ว่าเขาจะทำอะไรก็รู้สึก**ขัดหูขัดตา**เสมอ

아버지는 그 사위가 마음에 들지 않아 무엇을 하든 눈에 가시로 여겼다.

ขัน

(닭이) 울다 / (돌려) 조이다/ 웃다

자동사 **ขัน**은 다양한 의미를 가지고 있는데, 자동사로 '닭이 홰치다'라는 의미로 **ไก่ขัน** 이라는 표현이 사용되며, 타동사로 뒤에 볼트, 너트 등의 목적어를 동반할 때는 '돌려 조이다'라는 의미를 나타냅니다. 한편 '웃다'라는 뜻도 있는데,이 경우는 **ขำขัน**(웃다)또는 **ตลกขบขัน**(웃기다, 재미있다)의 동의합성어로 사용되기도 합니다.

1. ไก่**ขัน**ตอนเช้าตรู่

새벽에 닭이 운다.

2. ช่าง**ขัน**น็อตให้เข้าที่หลังจากที่ซ่อมรถเสร็จแล้ว

수리공이 자동차 다 고친에 후 너트를 제자리에 조여 넣었다.

3. ยายชอบอ่านเรื่องตลกขำ**ขัน**บอกว่าคลายเครียดดี

할머니는 스트레스가 해소된다며 코믹한 이야기 읽는 것을 좋아하신다.

4. เขานึก**ขัน**ที่น้องชอบทำท่าทางตลก

그는 동생이 우스운 몸짓을 하는 것을 생각하면 재미있다.

ขับ

몰아내다: **ขับไล่** / 운전하다 운전 면허증: **ใบขับขี่**

태국어의 **ขับ**은 차량 등을 '몰다'라는 의미를 가진 타동사입니다. 비슷한 표현으로 **ขี่**가 있는데 **ขี่**는 말, 자전거, 오토바이 등과 같이 안장이나 의자에 타고 모는 형태라면 **ขับ**은 일반적으로 엔진이 있는 탈 것을 조종하여 움직인다는 의미로 차량, 비행기, 배 등에 모두 쓰이는 표현입니다. 운전면허증은 **ขับ**과 **ขี่**를 합쳐 **ใบขับขี่**를 사용합니다. 한편, **ขับ**은 '몰아내다'라는 의미로도 사용할 수 있는데이 경우 주로 **ขับไล่**라는 합성어가 사용됩니다. 또한 **การขับถ่าย**는 '배변'이라는 뜻입니다. 그 밖에도 **ขับ**은 박자에 맞춰 시를 읊거나 노래를 하는 것을 뜻하기도 하는데, 고전 운문서사시의 **เสภา**의 경우 **ขับเสภา**라고 하면 우리나라의 판소리처럼 이야기를 노래로 부르는 것을 말합니다.

1. เขาไปสอบ**ใบขับขี่**รถจักรยานต์

   그는 운전면허 시험을 보러 갔다.

2. เขาถูกตำรวจจับเพราะ**ขับ**รถเกินความเร็ว

   그는 (주행 중) 속도위반으로 경찰에 잡혔다.

3. พนักงานรวมตัวกัน**ขับ**ไล่ผู้จัดการออก

   직원들이 단체행동을 해 관리자를 몰아냈다.

4. เขาดื่มน้ำในปริมาณมากเพื่อ**ขับ**ของเสียออกจากร่างกาย

   그는 노폐물을 배출해 내기 위해 물을 많이 마신다.

ขาก

(가래 등을) 뱉다

동사 **ขาก**은 (가래, 침 등을) '뱉다'라는 의미의 타동사인데, 의성어에서 동사화된 것으로 추정됩니다. '가래를 뱉다'는 주로 **ขากเสลด** 또는 **ขากเสมหะ**의 형태로 표현됩니다.

1. เขา**ขาก**เสมหะลงข้างถนน

   그는 길에 가래를 뱉는다.

2. เขาแกล้ง**ขาก**น้ำลายใส่เพื่อน

그는 장난으로 친구에게 침을 칵 뱉는 척 했다.

3. คุณปู่**ขาก**เสลดลงในกระโถน

할아버지는 타구에 가래침을 뱉았다.

4. เราไม่ควร**ขาก**ถุยในที่สาธารณะ

우리는 공공장소에 가래침을 뱉지 말아야 한다.

ขาด

끊어지다 / 결여되다

동사 **ขาด**은 '끊다, 끊어지다' 혹은 '부족하다, 결여되다'의 의미를 가지며, 자동사 또는 타동사로 쓰입니다. 가령, **เสื้อผ้าขาด**은 '옷이 찢어지다, 헤지다'라는 표현이며, **ขาดการติดต่อ**는 '연락이 끊기다'라는 표현입니다. 한편, 추상적인 의미로 관계를 절연하다라는 표현으로 **ขาดความสัมพันธ์** 도 쓰입니다. 또한 **ขาด**은 '부족하다'로 해석되기도 하는데, 예를 들어 **ขาดเงิน**(돈이 부족하다) **ขาดน้ำ**(물이 부족하다) 등의 표현이 사용되고, 합성어로 **ขาดแคลน**(부족하다)도 자주 사용되는 표현입니다. **ขาดเรียน** 또는 **ขาดโรงเรียน**은 '학교에 빠지다'라는 의미입니다.

1. เขากับเธอตัด**ขาด**ความสัมพันธ์กัน

그와 그녀는 완전히 절연을 했다.

2. เราทะเลาะกันรุนแรงมากจนต้องตัด**ขาด**ความเป็นเพื่อน

우리는 절교를 해야 할 정도로 심하게 싸웠다.

3. พี่**ขาด**โรงเรียนไปหลายวัน เพราะเป็นไข้หวัด

형은 독감에 걸려 학교를 여러 날 결석했다.

4. ครูมอบทุนการศึกษาให้แก่นักเรียนที่**ขาด**แคลน

선생님은 가난한 학생에게 학자금을 주었다.

ข้าม　　건너다, 넘다

동사 **ข้าม**은 '넘다, 건너다, 건너뛰다'라는 의미의 타동사로 보통 목적어를 동반합니다. 예를 들어 '길을 건너다'는 **ข้ามถนน**, '강을 건너다'는 **ข้ามแม่น้ำ**, '다리를 건너다'는 **ข้ามสะพาน** 등으로 표현할 수 있습니다. **ข้ามแดน** 또는 **ข้ามประเทศ**은 국경을 건너는, 즉 '국가 간, 국제'라는 의미입니다. 또는 물리적인 이동이 아니라 추상적인 이동으로 이야기를 하나의 사안에서 다른 사안으로 넘어간다는 표현에도 **ข้าม**이 사용됩니다.

1. เด็กๆ **ข้าม**ถนนอย่างระมัดระวัง

   아이들이 조심조심 길을 건넌다.

2. เขาเดิน**ข้าม**สะพานลอย

   그는 걸어서 육교를 건넜다.

3. ผมจะ**ข้าม**ไปพูดประเด็นสำคัญเลยเพื่อจะได้ไม่เสียเวลา

   시간 절약을 위해서 중요한 사안으로 넘어가 이야기하겠습니다.

4. ตำรวจขอให้มีการส่งผู้ร้าย**ข้าม**แดนกลับมายังประเทศไทย

   경찰은 태국으로의 국가간 범죄인 인도를 요청했다.

ขาย　　팔다 / 창피당하다, 체면을 잃다: **ขายหน้า**

타동사 **ขาย**는 '(물건을) 팔다'라는 의미로 목적어를 동반합니다. '~에게 ...을 팔다'는 **ขาย... ให้**~로 표현할 수 있습니다. 물건을 파는 사람은 여성의 경우 **แม่ค้า**, 남성의 경우 **พ่อค้า**로 부르며, 물건을 파는 행위 즉 상업은 **การค้าขาย**라고 합니다. 한편, 관용구로 **ขายหน้า**(얼굴을 팔다)는 우리말과 비슷한 표현으로 '체면을 잃다, 창피를 당하다'라는 의미로 쓰이기도 합니다.

1. แม่ค้า**ขาย**ผลไม้ในตลาด

   상인이 시장에서 과일을 판다.

2. แม่ค้า**ขาย**ของที่ระลึกให้แก่ชาวต่างชาติ

장사꾼이 외국인에게 기념품을 판다.

3. คนไทยติดต่อ**ค้าขาย**ข้าวกับต่างประเทศ

태국인이 다른나라와 쌀 매매에 대해 협의한다.

4. เด็กคนนั้นทำฉัน**ขาย**หน้ามาก

그 아이는 나를 무척 창피하게 만들었다.

ข

ขาว

희다, 하얗다

태국어 **ขาว**는 '색이 희다'는 의미를 가진 상태성 동사로 술어의 역할을 하거나 명사의 뒤에서 수식어로 기능하기도 합니다.

1. ฉันมองหน้าอัน**ขาว**ซีดของเขาแล้วใจไม่ค่อยดี กลัวเขาจะเป็นอะไรไป

나는 그의 희고 창백한 얼굴을 보고 그가 어떻게 될까 마음이 좋지 않았다.

2. สมัยก่อน เมื่อมีงานศพ คนเกาหลีแต่งชุด**ขาว**

과거에는 장례에서 한국인은 흰 옷을 입었다.

3. ฉันชอบห้องที่ใช้สี**ขาว**เพราะทำให้ดูกว้างและสะอาด

나는 흰 색으로 장식한 방을 좋아하는데, 넓고 깨끗해 보이기 때문이다.

4. เขายกธง**ขาว**ยอมรับความพ่ายแพ้ในการแข่งขันครั้งนี้

그는 이번 경쟁에서 백기를 들어 패배를 인정했다.

ขี่

(말, 자전거) 몰다, 타다

태국어 동사 **ขี่**는 안장 등에 올라타서 모는 동작을 연상케 하는 타동사로 보통 소, 말, 코끼리, 자전거, 오토바이 등을 목적어로 동반합니다. 합성어로 '운전하다'라는 의미의 **ขับ**과 함께 쓰여 **ขับขี่**는 '운전하다'라는 타동사입니다. '등에 업다'라는 표현 역시 태국어로는 **ขี่หลัง**을 사용합니다.

1. นักท่องเที่ยวชอบ**ขี่**ช้างเที่ยวในป่า

   관광객들은 코끼리를 타고 숲 속을 관광하는 것을 좋아한다.

2. เด็กๆ **ขี่**จักรยานไปมาบนสนามเด็กเล่น

   아이들이 놀이터에서 자전거를 타고 왔다갔다한다.

3. เธอ**ขี่**ม้าได้อย่างคล่องแคล่ว

   그녀는 말을 능숙하게 잘 탄다.

4. คุณตาให้หลาน**ขี่**หลังเล่น

   할아버지가 손자를 등에 업히고 놀아준다.

ขีด

긋다 / 눈금, 획

태국어 **ขีด**은 '금을 긋다'라는 뜻으로, 명사로는 그은 금, 획, 눈금 등을 나타냅니다. 보통 목적어로 '금, 선'이라는 뜻의 **เส้น**을 동반합니다. 한편, 단위로서의 **ขีด**은 약병 등에 있는 눈금을 일컫기도 하고, 저울에서 '100그램'을 지칭하는 말로도 쓰입니다. 그 밖에도 **ขีด**은 '한계선'을 의미하기도 하여 **สุดขีด**은 '극도의'라는 표현으로도 사용됩니다.

1. เขา**ขีด**เส้นตรงด้วยไม้บรรทัด

   그는 자로 직선을 그었다.

2. เด็กเกเรใช้มีด**ขีด**โต๊ะเป็นรอย

   말썽꾸러기 아이가 책상에 칼로 금을 그어 자국이 났다.

3. ช่างไม้**ขีด**เส้นบนไม้เพื่อตัดไม้ให้ตรงตามแนว

목공이 곧게 나무를 자르기 위하여 나무에 줄을 긋는다.

4. คนร้ายทำให้เธอกลัว**สุดขีด**

범죄자가 그녀를 극도로 무서워하게 만들었다.

ข

ขึ้น

오르다, 타다

태국어 동사 **ขึ้น**은 본동사로 '오르다'라는 뜻으로, 주로 방향동사를 동반하여 **ขึ้นไป**(올라가다) **ขึ้นมา**(올라오다) 등의 형태로 사용되고 뒤에는 장소부사구가 따라오는 경우가 많습니다. 비슷한 맥락에서 탈것을 목적어로 동반하여 **ขึ้น**을 사용하기도 하는데, 예를 들어 **ขึ้นรถไฟ**(기차를 타다) **ขึ้นเครื่องบิน**(비행기를 타다) **ขึ้นแท็กซี่**(택시를 타다) 등으로 사용됩니다. **ขึ้น**의 반대말은 **ลง**으로 용법은 비슷합니다. 다만, 배의 경우 선착장에서 방향성이 아래로 내려가 타는 형태이기 때문에 **ขึ้น**과 **ลง**의 사용이 반대가 되어 배를 타는 것은 **ลงเรือ**라고 하고 배에서 내리는 것은 **ขึ้นเรือ**라고 합니다. 한편, **ขึ้น**은 다른 동사에 후행하여 부동사로 사용되는데,이 경우 선행하는 동사가 상태 동사인 경우 양이나 상태가 많아지거나 좋아는 것을 나타내며, 동작 동사인 경우는 발생, 시작 등의 의미를 강화하는 역할을 합니다.

1. เขาเดิน**ขึ้น**บันไดไปชั้นสอง

그는 계단을 올라가 2층으로 갔다.

2. หล่อน**ขึ้น**รถเมล์ไปมหาวิทยาลัยทุกวัน

그녀는 매일 버스를 타고 대학교에 간다.

3. อุทกภัยเกิด**ขึ้น**ทุกปี

수해가 매년 발생한다.

4. เขาแหงนมอง**ขึ้น**ไปเห็นกระต่ายในดวงจันทร์

그는 달에 있는 토끼를 올려다보았다.

ขืน

어기다, 억지로 ~ 하다

동사 **ขืน**은 '어기다, 불응하다'라는 의미를 가진 동사로 목적어를 동반하는 타동사입니다. 주로 '지시, 명령, 법'등의 목적어가 함께 쓰입니다. 한편, 다른 동사에 **ขืน**이 선행하는 경우에는 '억지로~하다'라는 의미가 되는데, 예를 들어 **ขืนกิน**(억지로 먹다) **ขืนสูบบุหรี่**(억지로 담배를 피우다) 등의 표현에서 볼 수 있습니다. 그 밖에도 '마음"이라는 어휘 **ใจ**와 합성하여 **ขืนใจ**라고 하면, '억지도 자신을 속이다'라는 의미가 될 수도 있고, '강제추행하다, 강간하다'라는 의미로 사용되기도 합니다.

1. เขาขัด**ขืน**การจับกุมของเจ้าหน้าที่ตำรวจ

   그는 경찰관의 체포에 불응했다.

2. หล่อน**ขืน**คำสั่งพ่อแม

   그녀는 부모의 지시를 어겼다.

3. น้าชาย**ขืน**ใจหลานสาวมานาน โดยที่พ่อแม่เด็กไม่รู้เรื่องเลย

   이모부는 조카의 부모가 모르게 오랫동안 조카를 겁탈해 왔다.

4. เขาเป็นโรคปอดแต่ยัง**ขืน**สูบบุหรี่

   그는 폐병에 걸렸지만 아직 억지로 담배를 핀다.

ขุด

파다, 발굴하다: **ขุดพบ**

ขุด은 손이나 도구를 이용하여 흙 또는 땅속에 있는 무언가를 파는 동작을 일컫는 타동사입니다. 가령 **ขุดดิน**은 '땅(흙)을 파다', **ขุดศพ**은 '시체를 파내다', **ขุดอุโมงค์**은 '터널을 파다'라는 표현입니다. 한편 '만나다, 발견하다'라는 동사 **พบ**과 합성어로 **ขุดพบ**은 '발굴하다'라는 뜻입니다.

1. นักโบราณคดี**ขุด**พบสมบัติของประเทศ

   고고학자가 국가의 보물을 발굴했다.

2. ชาวนา**ขุด**ดินเพื่อเตรียมเพาะปลูก

   농부가 경작 준비를 위해 땅을 판다.

3. เขา**ขุด**หลุมขนาดใหญ่ไว้หลังบ้าน

그는 집 뒤에 커다란 홀을 팠다.

4. สัปเหร่อ**ขุด**ศพไม่มีญาติขึ้นมาทำพิธีทางศาสนา

장의사가 연고가 없는 시체를 파내 종교 의식을 치러주었다.

ขุ่น

흐리다, 탁하다, / 기분이 우울하다: **อารมณ์ขุ่น / ขุ่นใจ**

동사 **ขุ่น**은 '탁하다, 흐릿하다'는 의미를 가진 상태성 동사로 주로 물이나 술 등 액체가 맑지 않고 탁하다는 의미로 많이 쓰입니다. 이러한 부정적인 내포 의미에서 파생된 추상적인 의미로 **ขุ่น**이라는 동사는 감정상태를 나타내는 어휘에 많이 사용되는데, 가령 **ขุ่นเคือง**(언짢다) **ขุ่นข้อง(หมองใจ)**(기분 나쁘다, 감정상하다) **ขุ่นแค้น**(통분하다, 격분하다, 억울하다) 등의 표현이 쓰이며, **ขุ่นมัว**는 '심란하다, 불투명하다'라는 의미를 나타냅니다.

1. น้ำในแม่น้ำ**ขุ่น**ไปตลอดสายเพราะฝนตกหนักมาตลอดคืน

밤새 내린 폭우로 강 전체의 강물이 탁해졌다.

2. เขารู้สึก**ขุ่น**แค้นคู่แข่งมากที่เอาชนะเขาด้วยกลโกง

그는 속임수로 자신을 이긴 상대방에 통분을 느꼈다.

3. หล่อนไม่อยาก**ขุ่น**ข้องหมองใจกับเพื่อนร่วมงานคนใดเลย

그녀는 자신의 동료 누구에게도 나쁜 감정을 두고 싶지 않았다.

4. เธอไม่ควรอารมณ์**ขุ่น**มัวกับเรื่องไม่เป็นเรื่องเช่นนั้น

너는 그런 일도 아닌 일로 심란해 할 필요 없다.

เข็น

앞으로 밀다, 밀어 옮기다 / 휠체어, 카트: **รถเข็น**

동사 **เข็น**은 우리말로 '밀다' 또는 '끌다'로 해석될 수 있습니다. 인력으로 또는 장비를 이용하여 앞으로 밀거나 끌거나 추진하는 동작을 일컫는데, 목적어로는 차, 수레, 휠체어 등이 올 수 있습니다. 특히 휠체어나 카트 같은 미는 차를 **รถเข็น** 이라고 하는데, 어순을 반대로 하면 **เข็นรถ**이 되어 '차를 밀다' '차를 끌다'의 뜻이 됩니다.

1. พ่อกับพี่ชายลงมาช่วยกัน**เข็น**รถที่สตาร์ทไม่ติด

   아버지와 오빠가 내려와 시동이 안 걸리는 차를 밀었다.

2. แม่ค้า**เข็น**รถขายผลไม้เดินขายทั่วทั้งหมู่บ้าน

   상인이 과일수레를 끌고 온 마을을 다니며 과일을 판다.

3. พ่อประสบอุบัติเหตุต้องนั่ง**รถเข็น**มาหลายปี

   아버지는 교통사고를 당하여 여러해 동안 휠체어를 타셔야 했다.

4. คุณแม่นำของใส่**รถเข็น**ขณะไปช็อปปิ้งที่ห้างสรรพสินค้า

   엄마는 백화점에서 물건 사실 때 카트에 물건을 싣는다.

เข้ม

(색이) 진하다, 강렬하다 / 엄격하다: **เข้มงวด**

동사 **เข้ม**은 '진하다'라는 뜻을 가진 상태성 동사, 즉 자동사입니다. 명사의 뒤에서 '진한'이라는 수식어의 기능을 하기도 합니다. 주로 색이 진하다의 경우에 많이 사용하며 맛이 진한 경우에 사용하기도 하는데,이 때에는 합성어 **เข้มข้น**을 사용하는 경우가 많습니다. 한편, **เข้มงวด**은 '엄격하다'라는 뜻입니다.

1. น้ำส้มแก้วนี้**เข้มข้น**มาก

   이 오렌지쥬스는 매우 진하다.

2. น้องระบายสีภาพน้ำทะเลด้วยสีน้ำเงิน**เข้ม**

   동생은 진한 파랑색으로 바다그림색을 칠했다.

3. ผู้ชายคนนั้นรูปหล่อ**คมเข้ม**

그 남자는 이목구비가 뚜렷하게 잘생겼다.

4. พ่อของฉันเป็นคน**เข้มงวด**มาก

나의 아버지는 매우 엄격한 분이다.

เข้า

들다, 들어가다

태국어 일반동사 **เข้า**는 '들다'라는 뜻으로, 주로 가다, 오다 등의 부동사를 동반하여 **เข้าไป**(들어가다) **เข้ามา**(들어오다) 등으로 사용됩니다. 한편, 새로운 학교나 직장, 단체 등에 들어가는 것 역시 동사 **เข้า**를 사용할 수 있는데, 예를 들어 **เข้าบริษัท**(회사에 들어가다) **เข้าทำงาน**(취직하다) **เข้าโรงเรียน**(학교에 들어가다) **เข้ามหาวิทยาลัย**(대학교에 들어가다) **เข้าชมรม**(동아리에 들다) 등의 표현에서 볼 수 있습니다. 그 밖에도 **เข้า**는 '어울리다'의 의미로 사용되기도 하는데, 예를 들어 '...와 어울린다'는 **เข้ากับ**..., '서로 잘 어울린다'는 **เข้ากัน(ได้)ดี** 등으로 표현됩니다. 이 때 어울린다는 옷, 스타일 등이 어울리는 경우나 사람의 성향이 잘 맞는 경우를 모두 포함합니다. 한편, 동사구의 뒤에 **เข้า** 가 부동사로 쓰여 재촉의 의미를 나타내는 경우가 있는데, 예를 들어 **เร็ว ๆ เข้า**(서둘러!) **พยายามเข้า**(더 노력해!) 등이 그 예입니다.

1. เขาเดิน**เข้า**ไปสัมภาษณ์อย่างมั่นใจ

그는 자신있게 들어가 면접을 했다.

2. รถไฟ**เข้า**มาจอดรับผู้โดยสารที่สถานี

기차가 역에 진입하여 승객을 태우기 위해 정차했다.

3. เขาเพิ่ง**เข้า**ทำงานในบริษัทนี้ได้ 3 เดือน

그는이 회사에 취직한지 이제 겨우 삼개월이 됐다.

4. เด็กๆ **เข้า**กับเพื่อนใหม่ได้ดี

아이들은 새로운 친구들과 금세 어울린다.

เขี่ย

휘젓다, 긁다, 비비다, 떨다 / 재떨이: **ที่เขี่ยบุหรี่**

태국어 **เขี่ย**는 손이나 도구로 휘젓거나 비벼 끄거나 떨궈내는 동작을 일컫는 타동사입니다. 담뱃불을 끄는 동작 담뱃불을 끄는 동작을 **เขี่ยบุหรี่**라고 하고 재떨이는 '담배를 비벼끄는 곳이나 도구'라는 뜻을 가진 **ที่เขี่ยบุหรี่**로 표현합니다.

1. เขาใช้ไม้**เขี่ย**ลูกบอลที่ตกไปในน้ำ

   그는 나무로 물에 빠진 공을 (꺼내려) 휘저었다.

2. เขา**เขี่ย**บุหรี่ลงบนพื้นถนน

   그는 길 바닥에 담배를 비벼껐다.

3. เธอ**เขี่ย**เขาออกจากชีวิตเมื่อเขาหมดทรัพย์สินเงินทอง

   그녀는 그의 재산이 바닥나자 그를 자신의 인생에서 떨궈냈다.

4. นักฟุตบอล**เขี่ย**ลูกบอลให้ฝ่ายตรงข้าม

   축구선수가 공을 상대편으로 넘겼다.

เขียน

쓰다, 그리다

태국어 **เขียน**은 '쓰다'라는 의미의 타동사로, **เขียน**은 글씨를 쓰는 것 뿐 아니라 '글이나 책을 집필하다', '(그림을)그리다', '(곡을) 쓰다'의 의미로도 사용됩니다. 필기구는 '도구'라는 뜻의 **เครื่อง**을 사용하여 **เครื่องเขียน**으로 표현합니다.

1. เขา**เขียน**ชื่อตัวเองลงในสมุดทุกเล่ม

   그는 모든 책에 자신의 이름 써 넣었다.

2. สถาปนิก**เขียน**แบบโครงสร้างของอาคารได้ยอดเยี่ยมมาก

   건축가가 건물 구조도를 훌륭하게 그려냈다.

3. อาจารย์**เขียน**หนังสือไวยากรณ์ภาษาเกาหลี

교수님이 한국어 문법 책을 집필하셨다.

4. โรงเรียนแจกเครื่อง**เขียน**ให้นักเรียนทุกคน

학교는 모든 학생에게 필기구를 지급했다.

เขียว

푸르다, 녹색이다

태국어 **เขียว**는 색채 어휘로 '푸르다'라는 뜻이며, **สีเขียว**는 '녹색'을 의미합니다. 한편 크메르어 어원의 **ขจี**는 유의어로 '싱그럽다, 푸릇하다'는 뜻으로 두 어휘가 합쳐서 **เขียวขจี**는 '신록의, 푸릇푸릇한'이라는 의미를 나타냅니다.

1. เขาหยิบสี**เขียว**มาแต่งเติมบนรูปภาพต้นไม้

그는 초록색을 집어 나무그림에 색을 덧칠했다.

2. ป่าที่เมืองไทย**เขียว**ขจีมาก

태국의 숲은 녹음이 짙다.

3. ฉันชอบมองทุ่งหญ้าสี**เขียว**

나는 푸르른 색 들판을 바라보는 것을 좋아한다.

4. เครื่องดื่มสุดโปรดของฉันคือชา**เขียว**ใส่นม

내가 제일 좋아하는 음료수는 우유를 넣은 녹차(녹차라떼)다.

แข็ง

단단하다, 강하다 / 건강하다: **แข็งแรง**

동사 **แข็ง**은 '단단하다, 딱딱하다, 강하다'라는 뜻입니다. 그 자체로 서술어의 기능을 하거나 명사 뒤에서 수식어로 사용되는데, 예를 들어 **ข้าวแข็ง**(밥이 딱딱하다, 딱딱한 밥), **น้ำแข็ง**(얼음), **ตัวแข็ง**(몸이 굳다) 등의 표현에서 볼 수 있습니다. 한편 '힘'이라는 뜻의 **แรง**과 합성어로 **แข็งแรง**은 몸이 건강하다는 뜻으로 연로자에게 쓰면 '정정하다'라는 의미로 사용할 수 있습니다. 그 밖에도 감정 상태에 관하여 힘든 일을 겪었을 때 위로의 말로 **เข้มแข็งไว้นะ**(힘내) 라는 말을 많이 하는데,이 때의 **เข้มแข็ง**은 '(마음이)강인하다'라는 뜻입니다.

1. โต๊ะนี้**แข็งแรง** ทนทานดีมาก

   이 탁자는 견고하고 매우 단단하다.

2. คุณปู่**แข็งแรง**มาก

   할아버지는 매우 정정하시다.

3. จิตใจหล่อน**เข้มแข็ง**มากหลังจากที่ผิดหวังในชีวิตมาหลายครั้ง

   그녀는 인생에서 여러번의 좌절을 겪었음에도 매우 강인한 마음을 가졌다.

4. น้องชอบกิน**น้ำแข็ง**ใสมาก

   동생은 빙수를 먹는 걸 좋아한다.

แข่ง(ขัน)

겨루다, 경쟁하다

동사 **แข่ง**은 '겨루다, 경쟁하다'는 의미로 주로 **แข่งขัน**의 형태로 많이 쓰입니다. 명사형은 **การแข่งขัน**(시합, 경기)입니다. '~와 경쟁하다'라는 표현에서는 전치사 **กับ**을 사용하여 **แข่ง(ขัน)กับ**~으로 표현할 수 있습니다. 한편 경쟁 상대나 경쟁자는 짝, 쌍이라는 단어 **คู่**를 사용하여 **คู่แข่ง**으로 표현하며, '경쟁이 심하다'라는 표현은 '높다'라는 뜻의 **สูง**을 사용하여 **(มีการ)แข่งขันสูง**으로 표현합니다.

1. เขาลงวิ่ง**แข่งขัน**100 เมตร

   그는 백미터 달리기 경주에 출전했다.

2. ทีมเขา**แข่ง**กันเอาชนะคู่ต่อสู้

그의 팀이 상대팀과 겨뤄 승리했다.

3. บริษัทของเราใส่ใจในคุณภาพสินค้ามากเพราะต้อง**แข่งขัน**กับบริษัท**คู่แข่ง**

우리 회사는 경쟁사들과의 경쟁 때문에 상품의 품질에 신경을 많이 쓴다.

4. ธุรกิจบันเทิงในปัจจุบันมีการ**แข่งขัน**สูง

현재 연예계는 경쟁이 굉장히 심하다.

แขวน 걸다, 매달다

แขวน은 타동사로 '~을 걸다, 매달다'라는 의미이며 목적어를 동반합니다. 옷걸이는 '옷을 거는 나무' 즉 **ไม้แขวนเสื้อ**로 표현합니다.

1. ฉัน**แขวน**เสื้อที่ซื้อมาใหม่ไว้ในตู้เสื้อผ้า

나는 새로 사온 옷을 옷장에 걸어 두었다.

2. พนักงาน**แขวน**ป้ายชื่อไว้ที่คอ

직원이 이름표를 목에 걸고 있다.

3. พ่อตอกตะปู**แขวน**ภาพถ่ายครอบครัวที่ฝาผนัง

아버지가 벽에 못을 박아 가족 사진을 건다.

4. นักโทษ**แขวน**คอตายในเรือนจำ

죄인이 감옥에서 목을 매 죽었다.

ไข　　　　열다 / 풀다

동사 **ไข**는 **ไขกุญแจ**(자물쇠를 돌려 열다) **ไขนอต**(너트를 풀다) **ไขลานนาฬิกา**(태엽을 감다) 등에서 볼 수 있듯이, 고정되어 있거나 잠겨있는 어떤 것을 열거나 풀기 위하여 돌리는 동작을 뜻하는 타동사로 목적어를 동반합니다. 이러한 동작을 하기 위한 도구인 드라이버도 **ไข**를 사용하여 **ไขควง** 이라고 부릅니다. 의미가 좀더 확장되어 문제나 수수께끼의 해답을 찾는 것 역시 **ไข**를 사용하여 **ไขปัญหา**, **ไขปริศนา** 등으로 표현합니다. 그 밖에도 태국의 우체통을 보면 **เวลาไข**라고 씌여 있는데, 이는 '우편물을 수거하는 시간'을 일컫는 말입니다. 한편, 명사로 쓰일 경우 **ไข**는 '기름, 지방'이라는 의미입니다.

1. เขา**ไข**กุญแจห้อง

   그는 방 자물쇠를 열었다.

2. พ่อเอา**ไข**ควงมาไขนอตที่หน้าต่าง

   아버지가 드라이버를 가져와 창문의 너트를 풀었다.

3. เขา**ไข**ปริศนาปัญหาเชาว์นั้นได้อย่างง่ายดาย

   그는 지능 테스트 문제를 너무 쉽게 풀었다.

4. หล่อน**ไข**ลานนาฬิกา

   그녀는 시계 태엽을 감는다.

คง

유지하다, 지속하다

동사 **คง**은 '유지하다, 지속하다'라는 의미의 동사입니다. 이 경우 부동사 **ไว้**와 함께 **คงไว้**(유지해 두다)로 쓰이는 경우가 많으며, **คงที่**는 '고정, 고정적이다'라는 의미의 합성어입니다. 한편, **คง**은 본동사 외에도 조동사로 쓰이는 경우가 많은데,이 경우 다른 동사에 선행하여 '아마~할 것이다'의 의미를 나타냅니다. '가다' 동사의 예를 들어보면, **คงไป**(아마 갈 것이다) **คงไม่ไป**(아마 안 갈 것이다) **คงไปไม่ได้**(아마 못 갈 것이다)등의 표현에서 볼 수 있으며,이 경우 조동사 **คง**은 어느 정도 사전 정보가 있는 상태에서 화자의 비교적 강한 예측을 나타냅니다.

1. ดัชนีราคาหุ้น**คงที่**

   주가 지수가 변동이 없다.

2. น้ำในแม่น้ำ**คง**สภาพเป็นน้ำแข็งตลอดฤดูหนาว

   강물이 겨우내 얼음 상태를 유지했다.

3. เขารักษาความเร็วไว้**คงที่**ที่ 100 กิโลเมตรต่อชั่วโมง

   그는 시속 백킬로미터의 고정 속력을 유지했다.

4. **คง**ไปดูหนังกันไม่ได้

   아마 영화보러 같이 가지 못할 것이다.

คน

뒤섞다, 휘젓다

태국어 **คน**은 '사람"이라는 뜻의 명사로 잘 알려져 있지만, 동사로 쓰이는 경우의 **คน**은 '휘젓다, 뒤섞다'의 의미를 나타냅니다. 주로 커피, 수프, 국 등의 액상의 것을 둥글게 휘저어 섞는 모양을 일컫는 타동사로 목적어를 동반하며, 주어는 유정명사이어야 합니다.

1. แม่**คน**แป้งกับไข่ให้เข้ากัน

   어머니가 밀가루와 계란을 섞으신다.

2. เขาใช้ช้อน**คน**ซุปในถ้วยก่อนกิน

   그는 먹기 전에 그릇에 수프를 수저로 저었다.

3. คุณย่า**คน**แกงบนเตาบ่อยๆ ไม่ให้ไหม้

   할머니는 불 위의 찌개를 타지 않도록 자주 저으셨다.

4. แม่ใช้ทัพพี**คน**โจ๊กในหม้อ

   엄마는 국자로 냄비 안의 죽을 저었다.

ค้น

찾다, 수색하다, 검색하다, 탐사하다

태국어의 **ค้น**은 '찾다'라는 뜻을 가진 타동사로 목적어를 동반합니다. 가령, **ค้นห้อง**은 '방을 수색하다'라는 표현입니다. 동사 **ค้น**은 다른 동사와의 합성어로 자주 사용되는데, 예를 들어 **ค้นหา**(찾다, 검색하다, 탐구하다) **ค้นคว้า**(검색하다, 조사하다) **ค้นพบ**(발견하다) 등의 합성어에서 찾아볼 수 있습니다. 주어는 유정명사가 주로 쓰입니다.

1. นักศึกษากำลัง**ค้นคว้า**หาข้อมูลเพื่อไปทำรายงาน

   대학생들이 보고서를 쓰기위해 자료를 검색하고 있다.

2. ทหารกำลังช่วยกัน**ค้นหา**ซากเครื่องบินตกในป่า

   군인들이 합심하여 밀림에 추락한 비행기의 잔해를 찾고 있다.

3. เขาพยายาม**ค้นหา**ข้อเท็จจริงเกี่ยวกับเรื่องนั้น

그는 그 일에 관한 진실을 추적하려고 노력했다.

4. คริสโตเฟอร์ โคลัมบัส เป็นผู้**ค้นพบ**ทวีปอเมริกา

크리스토퍼 콜럼버스는 아메리카 대륙 발견자이다.

ค

คบ

사귀다, 교제하다

태국어 **คบ**은 '사귀다, 교제하다'라는 의미의 타동사로, 주어와 목적어 모두 유정명사가 오는 것이 보통입니다. **คบ** 뒤에 바로 목적어를 동반하거나 전치사 **กับ**을 사용하여 **คบกับ**... (...와 사귀다)로 표현하기도 합니다. 합성어로 **คบค้า(สมาคม)** 또는 **คบหา(สมาคม)**은 '친교하다, 친분을 쌓다'는 의미로 쓰입니다.

1. ผม**คบ**กับเธอมา 3 ปี

나는 그녀와 삼년간 교제해 왔다.

2. เขาสองคน**คบ**หากันมานาน

그 두 사람은 오랫동안 사귀어왔다.

3. เขา**คบ**หาสมาคมกับคนใหญ่คนโต

그는 높은 사람들과 친분을 쌓았다.

4. เขาเลือก**คบ**เพื่อนที่ไม่ยุ่งเกี่ยวกับยาเสพติด

그는 마약을 하지 않는 친구를 골라 사귀었다.

คม　　　예리하다, 날카롭다

태국어 **คม**은 '예리하다, 날카롭다'라는 의미입니다. 자동사의 속성을 가지고 있어 서술어로 기능하거나 수식어로 명사나 동사를 한정할 수 있습니다. 칼날이나 가위 등의 날이 섰다는 표현으로 사용되며, 반대로 '무디다'는 **ไม่คม** 또는 **ทื่อ**로 표현할 수 있습니다. 비슷한 맥락에서 추상적인 의미로 말투나 사고가 예리하고 날카롭다는 의미로도 사용할 수 있으며,이 때는 주로 합성어 **คมคาย**로 사용됩니다. 또한 얼굴이 이목구비가 뚜렷한 경우에도 **(หล่อ/สวย)คมเข้ม**이라는 표현을 사용합니다.

1. มีดเล่มนั้น**คม**มาก

   그 칼은 날카롭게 날이 섰다.

2. กรรไกรไม่**คม** ตัดกระดาษยังไม่เข้าเลย

   가위가 무디어서 종이도 잘리지 않는다.

3. เขาหน้าตาหล่อ**คม**มาก

   그는 이목구비가 뚜렷하게 잘생겼다.

4. เขาพูดจา**คม**คาย

   그는 촌철살인의 말투를 가졌다.

ครึ้ม　　　기쁘다 / 흐리다

태국어 동사 **ครึ้ม**은 자동사로 '날씨 등이'흐리다'라는 의미를 나타냅니다. 보통 '어둡다'라는 동사 **มืด**과 함께 **มืดครึ้ม**(날이 침침하다)로 자주 쓰이며, 반복하여 **ครึ้มฟ้าครึ้มฝน**(비가 올 듯 우중충하다)으로도 사용됩니다. 한편 감정상태를 나타낼 때 **ครึ้มใจ**는 '기쁘다, 만족스럽다'의 의미로 쓰입니다.

1. ท้องฟ้ามืด**ครึ้ม**เหมือนฝนจะตก

   비가 올 것처럼 하늘이 흐리다.

2. อากาศวันนี้**ครึ้มฟ้าครึ้มฝน**ทั้งวัน

오늘은 날씨가 하루종일 우중충하다.

3. วันนี้ฉันรู้สึก**ครึ้มอกครึ้มใจ**

오늘 나는 너무나 기분이 좋다.

4. พ่อไว้หนวดเคราราก**ครึ้ม**

아버지가 수염을 무성하게 기르셨다.

คล่อง

유창하다, 능숙하다, 원활하다, 민첩하다

태국어 동사 **คล่อง**은 몸놀림이 민첩하거나 말이 유창하거나 능숙하다, 원활하다 등 한국어에 다양하게 대응되는 어휘입니다. 보통 합성어로 **คล่องแคล่ว**로 자주 사용됩니다.

1. เขาเป็นคน**คล่องตัว**มาก

그는 굉장히 민첩한 사람이다.

2. คนนั้นพูดภาษาไทยได้**คล่อง**มาก

그 사람은 태국어가 굉장히 유창하게 한다.

3. เขาขับรถ**คล่อง**มาก ทั้งๆที่เพิ่งขับรถได้ไม่นาน

그 사람은 운전을 하게 된 지 얼마 안 됐는데도 굉장히 능숙하다.

4. หญิงสาวคนนั้นมีบุคลิก**คล่องแคล่ว**

그 여자는 시원시원한 성격이다.

คลาน 기다, 기어가다

태국어 **คลาน**은 '기다'의 의미를 가진 자동사입니다. 방향을 나타낼때는 방향 동사가 후행하여 함께 쓰이기도 합니다. 실제 동작 외에도 추상적인 의미로 서서히 다가오는 의미를 나타낼 수 있습니다.

1. ลูกเริ่ม**คลาน**ได้แล้ว

   아이가 막 기기 시작했다.

2. คนส่วนใหญ่ไม่ชอบสัตว์เลื้อย**คลาน**

   대부분의 사람들은 기어다니는 동물을 싫어한다.

3. ความชั่วร้ายกำลังคืบ**คลาน**เข้ามา

   악의 기운이 서서히 다가오고 있다.

4. น้อง**คลาน**ต้วมเตี้ยมเข้ามาหาแม่

   동생은 느릿느릿 기어서 엄마를 향해 온다.

คล้าย(คลึง) 유사하다, 비슷하다

태국어 동사 **คล้าย(คลึง)**는 '유사하다, 비슷하다'라는 의미를 가진 동사입니다. 우리말로 하면 자동사이지만, **หน้าตาคล้ายแม่**(얼굴이 엄마와 비슷하다)에서 처럼 뒤에 바로 유사한 대상이 후행하여 타동사처럼 쓰이기도 합니다. 유사한 두 대상이 함께 오면 뒤에 '서로'라는 의미의 부사 **กัน**을 붙여 **คล้ายกัน**으로 사용합니다.

1. เธอสองคนนิสัย**คล้าย**กันมากเหมือนพี่น้องกัน

   그 두 사람의 성격은 마치 형제처럼 유사하다.

2. ผู้หญิงสองคนนี้ดูๆ ไปก็**คล้าย**กัน

   이 두 여자는 보면 볼수록 비슷하다.

3. หน้าของเด็กสองคนนี้ละม้าย**คล้าย**คลึงกันมากเหมือนฝาแฝด

이 두 아이의 얼굴은 마치 쌍둥이처럼 닮았다.

4. หล่อนเวียนศีรษะ**คล้าย**จะเป็นลม

그녀는 머리가 어지러워 기절할것 같았다.

ค

คลุม

휘감다, 덮어싸다
애매모호하여 분명치가 않다: **คลุมเครือ**

태국어 동사 **คลุม**은 주로 타동사로 사용되며, 무언가를 사용해서 대상을 '덮다, 커버하다'의 의미를 나타냅니다. 추상적으로는 주로 **คลุมเครือ**의 형태로 쓰여 '모호하다'의 의미를 나타내기도 합니다.

1. พ่อค้า**คลุม**สินค้าด้วยผ้ายางกันฝน

상인은 제품에 비닐을 덮어 먼지를 막았다.

2. ท้องฟ้าตอนนี้ปก**คลุม**ไปด้วยเมฆฝน

지금 하늘은 비구름으로 덮여 있다.

3. หลักฐานนั้นยัง**คลุมเครือ**

증거가 아직 애매모호하다.

4. สาเหตุการตายครั้งนี้ยัง**คลุมเครือ** หลักฐานยังไม่ครบถ้วน

이번 사망원인은 아직 모호하고 증거가 충분하지 못하다.

ควง

회전시키다, 돌리다, (팔장)을 끼다

태국어 타동사 **ควง**은 '돌려 회전시키다'라는 의미이며, 뒤에 '팔'이라는 명사 **แขน** 이 오면 '팔짱을 끼다'의 의미를 나타내기도 합니다.

1. มือกลอง**ควง**ไม้ตีกลองไปมา

   드러머가 나무를 돌려가며 드럼을 쳤다.

2. นักแสดง**ควง**กระบองไฟอย่างชำนาญ

   연기자가 노련하게 경광등을 돌렸다.

3. ฉันเดิน**ควง**แขนน้องชายเข้าไปในงานเลี้ยงปีใหม่

   나는 남동생의 팔짱을 끼고 신년행사에 들어갔다.

4. คู่**ควง**ของเขาในงานนี้เป็นนักแสดงสาวชื่อดัง

   이번 행사에서 그의 팔짱을 낀 여자는 굉장히 유명한 여배우이다.

ควบ

합치다, 결합하다, 병행하다, 관리하다, 조종하다

태국어 동사 **ควบ**은 '결합하다, 병행하다, 관리하다' 등 다양한 의미를 나타내는 동사입니다. 다양한 합성어의 형태로 사용되는데, **ควบคุม**은 '통제하다, 관리하다'의 의미를, **ควบคู่(ไป)**는 '병행하다, 함께 하다'의 의미를 나타냅니다.

1. เขาทำงาน**ควบ**สองตำแหน่งในบริษัท

   그는 회사에서 두가지 직책의 일을 병행하고 있다.

2. เขา**ควบคุม**ธุรกิจทั้งหมดของครอบครัว

   그는 가족의 모든 일을 관리한다.

3. เขาเดิน**ควบคู่**มากับประธานบริษัท

   그는 회사의 사장과 같이 관리해왔다.

4. เขา**ควบ**ม้าเข้าไปในป่าอย่างรวดเร็ว

그는 말을 몰아 숲 속으로 재빨리 들어갔다.

ค

คอย 기다리다

태국어 동사 **คอย**는 타동사로서 '기다리다'의 의미로 쓰입니다. 유의어인 **รอ**와는 상호 대체 가능한 경우도 많으며, 유의어인 **รอ**와 결합하여 **รอคอย**로 사용하기도 합니다.

1. ฉัน**คอย**เพื่อนที่หน้าร้านอาหาร

나는 음식점 앞에서 친구를 기다린다.

2. แม่นั่ง**คอย**ลูกกลับบ้าน

엄마는 앉아서 아들이 집에 오기를 기다린다.

3. เขารอ**คอย**การกลับมากของภรรยา

그는 그의 부인이 돌아오기를 기다린다.

4. แม่ค้ารอ**คอย**ลูกค้าที่มาซื้อของ

어머니가 물건을 사러 오는 손님을 기다린다.

ค่อย

소리가 작다 / 천천히 = **ค่อยๆ**
그다지 ~하지 않다: **ไม่ค่อย**
점차적으로 되다: **ค่อยเป็นค่อยไป**

태국어 동사 **ค่อย**는 다양한 의미를 나타내는데, **เสียงค่อย**는 '소리가 작다'라는 뜻이고, 부정소와 함께 쓰여 **ไม่ค่อย**는 동사구가 후행하여 그다지 ~ 하지 않다는 뜻을 나타냅니다. 한편 반복하거나 관용구에서 **ค่อย ๆ**, **ค่อยเป็นค่อยไป** 등으로 쓰이면 '조금씩, 천천히, 점차적으로'의 의미를 나타냅니다.

1. เด็กนักเรียน**ค่อยๆ** เดินผ่านอาจารย์ใหญ่ไปอย่างเรียบร้อย

   학생들은 교장선생님을 지나칠 땐 천천히 질서정연하게 걷는다.

2. เธอ**ค่อยๆ** รินน้ำลงในแก้ว

   그녀는 천천히 물을 잔에 따랐다.

3. ฉันไม่**ค่อย**ชอบกินเผ็ด

   나는 매운것을 그다지 좋아하지 않는다.

4. เขาทำงานอย่าง**ค่อย**เป็น**ค่อย**ไป

   그는 점차적으로 일을 하였다.

คัด

베끼다, 고르다

태국어 동사 **คัด**은 '베껴 쓰다'의 의미로 **คัดลายมือ**라고 하면 '습자하다'라는 뜻을 나타냅니다. 한편 이보다 더 자주 쓰이는 의미로는 '뽑다, 고르다, 선발하다' 등의 뜻이 있는데 단독으로 쓰이기도 하지만, **คัดเลือก**, **คัดสรร**에서 처럼 합성어로도 많이 쓰입니다. 다른 의미로 '(코가) 막히다'라는 뜻으로 **คัดจมูก**으로 쓰이기도 합니다.

1. พนักงาน**คัด**สินค้าที่มีตำหนิออก

   직원은 결함이 있는 물건을 골라 냈다.

2. เขาผ่านการ**คัดเลือก**รอบสัมภาษณ์

그는 면접 선발심사를 통과했다.

3. กองประกวดนางงาม**คัดเลือก**สาวงามเพื่อเข้าประกวดในรอบสุดท้าย

미인대회경연에서 최종결선에서 경선할 미인을 선발한다.

4. แม่ค้า**คัด**สรรผักสดคุณภาพดีจากไร่มาขาย

상인은 밭에서 양품의 채소를 골라 판매를 한다.

คัน 가렵다

자동차나 우산 등을 셀 때 쓰이는 분류사로 잘 알려진 태국어 **คัน**은 동사로 하면 '가렵다'의 의미를 나타냅니다. 한국어 의미로는 자동사처럼 보이지만, 태국어의 **คัน**은 타동사처럼 뒤에 가려운 부분이 목적어로 오는 경우가 많아, **คันหู**(귀가 가렵다), **คันปาก**(입이 근질거린다) 등으로 주로 쓰입니다.

1. เขา**คัน**เพราะถูกยุงกัด

그는 모기에 물려서 가렵다.

2. ฉัน**คัน**หนังศีรษะอยู่บ่อยๆ เพราะไม่ชอบสระผม

나는 머리감는걸 좋아하지 않아서 자주 머리가 가렵다.

3. เขาแพ้จนเกิดอาการ**คัน**ไปทั้งตัว

그는 온몸이 가려울 정도로 알레르기 증세를 일으켰다.

4. เขา**คัน**ปากอยากบอกความลับให้ทุกคนรู้ทั่วกัน

그는 모두에게 비밀을 알리고 싶어 입이 근질거렸다.

คั้น 짜내다

태국어 동사 **คั้น**은 대상을 쥐어 짜서 그 즙을 얻는 동작을 의미합니다. 그래서 주로 주스를 만드는 과일 재료 등이 목적어로 후행하는 경우가 많습니다. 그 외에도 역시 '비틀어 짜다'라는 의미의 동사 **บีบ**과 함께 합성어로 사용하여 **บีบคั้น**은 추상적인 의미로 '쥐어짜다, 억누르다'의 의미를 나타내기도 합니다.

1. แม่**คั้น**น้ำส้มให้ลูกก่อนไปโรงเรียน

   엄마는 아들이 학교가기 전에 오렌지를 짠다.

2. เขา**คั้น**น้ำกะทิขาย

   그는 야자즙을 짜서 판다.

3. เขาถูก**บีบคั้น**ให้ลาออกจากงาน

   그는 회사에서 나가도록 압박을 받았다.

4. เหตุการณ์เลวร้ายนี้**บีบคั้น**หัวใจของเขาเหลือเกิน

   이 최악의 사건은 그의 가슴을 쥐어짜듯 아프게 한다.

คับ 좁다, 꽉 끼다

태국어 동사 **คับ**은 '꽉 끼다'의 의미를 나타냅니다. 단독으로 사용되면 옷이 꽉 끼거나, 장소가 비좁다는 의미를 나타냅니다. 종종 유의합성어로 **คับแคบ**(비좁다)으로 쓰이기도 하며, 사람이 밀집하다의 의미로 **คับคั่ง**으로도 사용됩니다. 감정 상태를 나타낼 때는 **คับข้องใจ**로 쓰여 갑갑하다, 답답하다로 해석되기도 합니다.

1. เสื้อที่เขาใส่**คับ**มาก

   그가 입은 옷은 꽉 낀다.

2. เขาอ้วนขึ้นมากจนเสื้อผ้าที่มีอยู่**คับ**มาก

   그는 살이 많이 쪄서 가지고 있는 옷이 다 꽉 낀다.

3. สนามกีฬา**คับคั่ง**ไปด้วยผู้คนเพราะมีการแข่งขันกีฬาระดับประเทศ

국가대표 경기 때문에 경기장이 많은 사람들로 꽉 들어찼다.

4. เขารู้สึก**คับข้อง**ใจอยากรู้เหตุผลที่ถูกไล่ออก

그는 자신이 해고된 이유를 알고 싶어 마음이 답답했다.

ค

คั่ว

(기름없이) 볶다, 덖다, 굽다

태국어 동사 **คั่ว**는 타동사로 재료를 기름을 넣지 않고 불에 볶거나 덖거나 굽는 행위를 의미합니다. 주로 깨, 땅콩, 커피 등에 열을 가해 바싹 볶는 경우에 사용하는 동사입니다.

1. เขา**คั่ว**กาแฟจนหอมไปทั่วร้าน

그는 온 가게가 커피향으로 찰 때까지 커피를 볶았다.

2. คนไทยชอบกินเกาลัด**คั่ว**มากกว่าต้ม

태국인은 삶은 밤 보다는 구운 밤을 더 좋아한다.

3. แม่**คั่ว**งา

어머니가 깨를 볶는다.

4. แม่**คั่ว**ถั่วลิสงแล้วเอามากินกับก๋วยเตี๋ยว

어머니가 땅콩을 볶아서 쌀국수와 같이 먹는다.

ค้า

팔다, 장사하다

태국어 동사 **ค้า**는 사고팔다, 장사하다의 의미를 나타냅니다. 명사형으로 쓰일 때는 앞에 **การ**을 붙여 **การค้า**로 표현합니다. 주로 '팔다'의 의미를 가진 동사 **ขาย**와 결합하여 **ค้าขาย**(상업하다, 매매하다, 장사하다)의 형태로 사용되는 경우가 많습니다. 매매의 상대, 교역상대는 **คู่ค้า**로 표현합니다.

1. พ่อ**ค้า**ขายผักในตลาด

   아버지는 시장에서 야채를 판다.

2. คนจีนมา**ค้า**ขายในเมืองไทยเป็นเวลานาน

   중국인은 태국에서 상업을 한지 오래되었다.

3. เขาทำการ**ค้า**จนมีฐานะร่ำรวย

   그는 상업을 하여 결국 부자가 되었다.

4. จีนเป็นคู่**ค้า**ทางธุรกิจกับไทยมาเป็นเวลานาน

   중국은 태국의 오랜 교역상대국이었다.

คาด

예측하다, 기대하다, 예상하다

태국어의 **คาด**은 동사로 예측하다, 기대하다, 예상하다의 의미를 나타냅니다. 유의합성어로 다른 동사와 함께 **คาดคะเน, คาดคิด, คาดเดา** 등의 형태로 쓰여 예측하다, 예상하다의 의미를 나타내기도 합니다. 또한 뒤에 절을 받아서 **คาดว่า** ~라고 하면 '~라고 예상하다'의 의미가 됩니다.

1. เขา**คาดคะเน**เรื่องนั้นผิดไปมาก

   그는 그 일을 매우 잘못 예상했다.

2. นักลงทุน**คาดการณ์**ว่าราคาทองจะลดลง

   투자자들은 금 시세가 내려갈 것으로 예측했다.

3. หล่อน**คาด**ว่าจะได้รับโบนัสปลายปีนี้แน่นอน

그녀는 올 연말에 확실히보너스를 받을 것으로 예측했다.

4. ฉันไม่**คาดคิด**มาก่อนว่าเขาจะมาในวันนี้

나는 그가 오늘 안으로 올 것이라고 예측하지 못했다.

ค้าน

반대하다, 이의가 있다

태국어 동사 **ค้าน**은 반대하다, 맞서다의 의미를 나타냅니다. 주로 합성어로 **คัดค้าน**의 형태로 쓰입니다. 한편, 반대측이라는 표현은 **ฝ่ายค้าน**이라하며, 정부 야당의 경우도 **พรรคฝ่ายค้าน**으로 표현합니다.

1. พ่อ**ค้าน**ไม่ให้ลูกไปเรียนต่างประเทศ

아버지가 자식이 해외 유학 가는 것을 반대한다.

2. ฝ่ายค้าน**ค้าน**นโยบายของรัฐบาล

야당이 정부의 정책을 반대한다.

3. พนักงาน**คัดค้าน**การมาทำงานในวันหยุด

직원들은 휴일에 나와서 일하는것에 반대하였다.

4. การตัดสินของกรรมการ**ค้าน**สายตาคนดู

위원들의 결정은 보는 사람들의 시선에 반하는 것이었다.

คาบ

입으로 물다 / 반도: **คาบสมุทร**

태국어 동사 **คาบ**은 주로 사람이나 동물이 입으로 무언가를 무는 것을 가리키는 말입니다. 합성어로 **คาบสมุทร**은 '대양을 물고 있는'이라는 직역에서 보듯이, '반도'를 의미하여 한반도는 **คาบสมุทร**, 인도차이나반도는 **คาบสมุทรอินโดจีน**이라고 부릅니다.

1. แมว**คาบ**ปลาทูไปกินหลังบ้าน

   고양이는 생선을 물고 집 뒤로 가서 먹었다.

2. แม่นก**คาบ**อาหารมาป้อนให้ลูกที่รัง

   어미새는 먹이를 물고 둥지로와 아이들에게 준다.

3. นักเรียนถูกลงโทษโดยการให้**คาบ**ไม้บรรทัดหน้าชั้นเรียน

   학생들을 교실 앞에서 자를 입에 물고 서는 벌을 받았다.

4. ประเทศเกาหลีตั้งอยู่บน**คาบสมุทร**เกาหลี

   대한민국은 한반도에 위치하고 있다.

ค้ำประกัน

(채무를) 보증하다

태국어 **ค้ำประกัน**은 '보증을 서다'라는 뜻을 나타내는 동사입니다. 명사형은 **การค้ำประกัน** 이며 보증인은 **ผู้ค้ำประกัน**으로 표현합니다.

1. เขาช่วย**ค้ำประกัน**ให้เธอเพื่อซื้อบ้าน

   그는 그녀가 집을 사도록 보증을 서 주었다.

2. เธอเซ็นเอกสาร**ค้ำประกัน**ให้เขา

   그녀는 서류에 사인하여 그의 보증을 섰다.

3. เขาใช้บ้านเป็นหลักทรัพย์ในการ**ค้ำประกัน**

그는 집을 보증의 담보로 하였다.

4. ผู้**ค้ำประกัน**ต้องรับผิดชอบแทนผู้กู้ทุกกรณี

보증인은 어떤 경우든 채무인을 대신해서 책임을 져야 한다.

ค

คำนวณ 계산하다, 셈하다

태국어 동사 **คำนวณ**은 '계산하다, 셈하다'의 의미를 갖고 있습니다. 목적어로 '숫자'라는 뜻의 **ตัวเลข**이 오기도 하지만 굳이 쓰지 않아도 상관은 없습니다. 주로 '~비용을 산출하다'라는 뜻으로 많이 씁니다.

1. เขา**คำนวณ**ค่าใช้จ่ายคร่าวๆ ในแต่ละเดือน

그는 생활비를 월별로 대략 산출하였다.

2. เครื่องคิดเลขช่วย**คำนวณ**ตัวเลขได้เร็วมาก

계산기는 셈을 빨리 할 수 있도록 도와준다.

3. เขา**คำนวณ**ตัวเลขได้แม่นมาก

그는 계산이 굉장히 정확하다.

4. เขา**คำนวณ**ว่าการลงทุนครั้งนี้จะทำกำไรเพิ่มเป็นสิบเท่า

그는 이번 투자가 10배의 이익을 가져다 줄 것으로 계산하였다.

คิด

생각하다 / (가격을) 계산하다
먼저 앞뒤를 잘 생각해라: **คิดหน้าคิดหลังก่อน**

태국어 동사 **คิด**은 생각하다라는 의미를 나타냅니다. 명사형으로 쓸 때는 동작성의 경우 **การคิด**(생각하는 것, 생각하기), 추상성의 경우는 **ความคิด**(생각)으로 나타나며, 뒤에 절이 와서 **คิดว่า**~의 형태로 나타나면 '~라고 생각하다'의 의미를 갖습니다. 한편, '계산하다'의 의미로도 사용되며 그 때는 주로 뒤에 '수'라는 의미를 가진 **เลข**이 목적어로 옵니다. 합성어로 **คิดถึง**은 '그립다, 보고싶다'의 의미를 나타냅니다.

1. เขาชอบ**คิดถึง**อดีตที่ผ่านไปแล้ว

   그는 지나간 과거를 자주 생각한다.

2. ฉัน**คิด**ว่าจะไม่กลับไปทำงานที่บริษัทเดิมอีกแล้ว

   나는 예전 회사로 다시 돌아가 일을 하지는 않을 생각이다.

3. แม่ค้า**คิด**ราคาผิด

   상인은 가격 계산을 잘못했다.

4. ก่อนจะลงมือทำอะไรควร**คิดหน้าคิดหลัง**ให้ดีเสียก่อน

   무슨 일이든 착수 하기 전에 먼저 앞뒤를 잘 생각해야 한다.

คีบ

끼우다, 집다

태국어 동사 **คีบ**은 집게 등으로 집거나 끼우는 동작을 나타냅니다. 합성어로 도구를 나타내는 어휘 **ที่**가 선행하여 **ที่คีบ**은 집게 라는 뜻의 명사가 됩니다.

1. เขาใช้คีม**คีบ**เหล็ก

   그는 클립으로 끼웠다.

2. อาหารร้อนต้องใช้**ที่คีบคีบ**ออกมา

   뜨거운 음식은 집게로 집어 내야 한다.

3. หมอใช้เครื่องมือ**คีบ**ก้างปลาที่ติดคอออกมา

의사가 장비를 이용해 목에 걸린 가시를 집어 냈다.

4. เขาใช้ตะเกียบ**คีบ**อาหารอย่างคล่องแคล่ว

그는 젓가락질을 숙련되게 잘 한다.

ค

คืน

반납하다, 돌려주다 / 화해하다: **คืนดี**

태국어 타동사 **คืน**은 빌리거나 꾼 것을 돌려준다는 의미를 나타냅니다. 한편, 뒤에 동사 **ดี**가 함께 오면 합성어로 화해하다의 의미가 됩니다.

1. นักศึกษา**คืน**หนังสือที่ห้องสมุด

대학생이 도서관에 책을 반납한다.

2. รัฐบาล**คืน**ภาษีรถคันแรกให้ประชาชนแล้ว

정부는 첫 차에 대한 세금을 국민들에게 환급해 주었다.

3. ลูกหนี้**คืน**เงินให้เจ้าหนี้

채무자가 채권자에게 빚을 갚았다.

4. เขา**คืนดี**กับหล่อนแล้ว

그는 그녀와 이미 화해하였다.

คือ ~이다 / 즉

태국어 동사 **คือ**는 지정사인데 뒤에 명사가 와서 주어와 보어를 동급으로 만들어 주는 기능을 합니다. 한국어로 해석하면 '~이다'의 의미를 나타냅니다. 일반적으로 많이 사용되는 지정사 **เป็น**과 비교할 때 **คือ**를 사용하면 조금 더 지시적인 의미를 주기 때문에 한국어로 번역하면 주로 '바로~이다'정도의 어감을 갖게 됩니다. 부정형은 **เป็น**과 마찬가지로 **ไม่คือ**가 아닌 **ไม่ใช่**를 사용합니다. 그 외에도 문장과 문장을 연결하면서 부연하는 역할을 하기도 하는데 이런 경우는 '즉, 이는' 정도로 해석할 수 있습니다.

1. ความรัก**คือ**สิ่งที่สวยงาม

   사랑은 아름다운 것이다.

2. เธอ**คือ**คนที่ฉันรักมากที่สุด

   그녀는 내가 제일 사랑하는 사람이다.

3. เขา**คือ**คนที่มาปรากฏตัวในงานวันนั้น

   그가 바로 그날 행사에 나타났던 사람이다.

4. คนที่รักฉันอย่างจริงใจไม่หวังผลตอบแทน**คือ**พ่อกับแม่

   어떠한 대가도 바라지 않고 진심으로 나를 사랑하는 사람은 바로 부모님이다.

คุ้น(เคย) 익숙하다, 낯익다

태국어 동사 **คุ้น**은 '익숙하다, 낯익다'의 의미를 나타내며 타동사와 같이 뒤에 바로 목적어가 와서 **คุ้นหน้า(คุ้นตา)** (얼굴이 낯익다), **คุ้นทาง**(길이 익숙하다) 등과 같이 쓰입니다. 한편 합성어로 **คุ้นเคย, คุ้นชิน** 등도 '익숙하다'라는 의미입니다.

1. ฉัน**คุ้น**หน้าเขามาก

   나는 그의 얼굴이 매우 낯익다.

2. ฉันไม่**คุ้นเคย**กับอากาศหนาวเลย

나는 추운 날씨가 익숙하지 않다.

3. เขา**คุ้นเคย**กับที่นี่มาก

그는 이곳이 매우 익숙하다.

4. เขาไม่**คุ้น**ชินกับสถานที่แห่งนี้

그는이 장소가 익숙하지 않다.

คุม

관리하다, 감독하다

태국어 동사 **คุม**은 '관리하다, 감독하다'의 의미를 나타냅니다. 단독으로도 쓰이지만 합성어로 **ควบคุม**(관리하다, 통제하다)으로도 많이 쓰입니다.

1. ตำรวจ**คุม**ตัวผู้ต้องหาไว้ในห้องขัง

경찰은 용의자를 유치장에 가두어 감독한다.

2. คนงานดูแล**ควบคุม**เครื่องจักรที่โรงงาน

근로자는 공장 내 설비를 돌보고 관리해야 한다

3. เยาวชนที่ทำความผิดถูก**คุม**ตัวไว้ที่สถานพินิจ

잘못을 저지른 청소년은 소년원에 수감된다.

4. ในอดีตรัฐบาลส่งเสริมให้มีการ**คุม**กำเนิด

과거에는 정부가 피임을 권장했었다.

คุ้ม

보호하다, 가치가 있다, 수지가 맞다, 본전을 뽑다

태국어 동사 **คุ้ม**은 다양한 의미를 나타내는데, 크게 두 가지의 의미로 자주 쓰입니다. 첫째로 '보호하다'의 의미로 쓰일 경우는 주로 합성어로 **คุ้มกัน**(보호하다, 예방하다), **คุ้มครอง**(보호하다, 예방하다)의 형태로 쓰이며, **ภูมิคุ้มกัน**은 '면역력', **คุ้มครองสิทธิ**는 '권리보호'라는 뜻입니다. 둘째로 **คุ้ม**은 '가치가 있다, 수지가 맞다' 등의 의미로도 쓰이는데이 경우 단독으로 쓰여 **มาเที่ยวครั้งนี้คุ้มมาก** (이번 여행은 정말 본전을 뽑았다) 등처럼 쓰이기도 합니다.

1. วันนี้ขายของได้**คุ้ม**ทุนแล้ว

   오늘 판매는 수지가 맞았다.

2. นายกรัฐมนตรีมีเจ้าหน้าที่**คุ้มกัน**มากมาย

   총리는 수많은 경호원을 거느리고 있다.

3. ตำรวจมีหน้าที่**คุ้มครอง**ประชาชน

   경찰은 국민을 보호할 의무가 있다.

4. การลงทุนครั้งนี้ได้กำไร**คุ้มค่า**มาก

   이번 투자는 충분한 수익을 거두었다.

คุย

이야기를 나누다, 대화하다

태국어 동사 **คุย**는 자동사로써 둘 이상의 사람이 서로 대화를 나눈다는 의미를 나타냅니다. '말하다'라는 뜻의 동사 **พูด**과 함께 합성어 **พูดคุย**(이야기 나누다)로도 자주 쓰입니다.

1. เขากำลัง**คุย**กับผู้จัดการอยู่

   그는 팀장과 이야기하는 중이다.

2. เขา**คุย**งานให้พนักงานฟัง

   그는 직원들에게 일 이야기를 해준다.

3. อาจารย์**พูดคุย**อยู่กับเพื่อน

교수님은 친구와 대화 중이시다.

4. เธอ**คุย**เก่งที่สุดในกลุ่ม

그녀는 그룹 내에서 이야기를 가장 잘한다.

ค

เค็ม

(맛이) 짜다

태국어 자동사 **เค็ม**은 맛을 나타내는 동사로 '짜다'라는 의미입니다. 흥미로운 점은 한국어와 유사하게 태국어의 '짜다' 역시 '인색하다, 구두쇠이다'의 의미를 나타내기도 한다는 것입니다.

1. อาหาร**เค็ม**มาก

음식이 너무 짜다.

2. ฉันชอบรส**เค็ม**

나는 짠 맛을 좋아한다.

3. แกงเผ็ดนี้**เค็ม**ไปหน่อย

이 껭펫은 좀 너무 짜다.

4. แม่ค้าคนนี้**เค็ม**มากไม่ลดราคาของให้เลย

이 상인은 가격할인도 전혀 안해주고 굉장히 짜다.

เคร่ง(ครัด) 엄격하다

태국어 동사 **เคร่ง** 또는 **เคร่งครัด** 엄격하다라는 뜻입니다. 혼자 쓰일때는 주로 **เคร่งใน...**의 형태로 쓰여 '…를 엄격히 받든다, 따른다'의 의미를 나타냅니다. 부사형은 **อย่างเคร่งครัด**입니다.

1. หัวหน้าเป็นคน**เคร่งครัด**มาก

   팀장은 굉장히 엄격하다.

2. เขาทำงานอย่าง**เคร่งครัด**

   그는 일에 있어 엄격하다.

3. เธอ**เคร่ง**ในธรรมเนียมประเพณีมาก

   그녀는 관습, 관례를 엄격히 받든다.

4. เขาปฏิบัติศาสนกิจอย่าง**เคร่งครัด**

   그녀는 종교적 사무를 엄격하게 수행한다.

เครียด 긴장하다, 진지하다, 스트레스받다

태국어 동사 **เครียด**은 자동사로 '긴장하다, 진지하다, 스트레스를 받는다' 등의 의미를 나타냅니다. 혼자 쓰여 **เครียดมาก** 하면 '너무 스트레스를 받는다'는 의미로 사용할 수 있으며, '당기다, 팽팽하다'라는 뜻의 **ตึง**과 함께 쓰여 **ตึงเครียด**은 '긴장하다'라는 의미로 주로 상황이나 분위기 등에 사용합니다.

1. เธอเป็นคน**เครียด**และจริงจังกับการทำงาน

   그녀는 업무에 있어 긴장하고 진지하게 임한다.

2. เขามีสีหน้า**เครียด**เวลาทำงาน

   그는 일할 때에 진지한 얼굴 표정을 한다.

3. สถานการณ์ทางการเมืองเริ่มตึง**เครียด**ขึ้นทุกวัน

정치의 형세가 매일매일 긴장감이 더해진다.

4. นักร้องดัง**เครียด**จนต้องฆ่าตัวตาย

유명한 가수는 자살할 정도로 스트레스에 시달렸다.

ค

เคลื่อน

움직이다, 이동하다

태국어 동사 **เคลื่อน**은 '움직이다, 이동하다'의 의미로써 타동사로 단독으로도 사용하지만 합성어 **เคลื่อนไหว**(움직이다), **เคลื่อนที่**(이동하다) 로도 사용됩니다.

1. เขา**เคลื่อน**ตัวไปมาช้าๆ

그는 천천히 몸을 움직인다.

2. รถ**เคลื่อน**ที่ไปช้าๆ

차가 천천히 움직인다.

3. ขบวนประท้วง**เคลื่อน**ไปถึงรัฐสภาแล้ว

시위행렬이 이동하여 국회에 도달했다.

4. ข่าวคราวความ**เคลื่อนไหว**เรื่องการสร้างสนามบินใหม่ยังไม่คืบหน้า

신공항 건설의 움직임에 대한 뉴스가 아직 진전이 없다.

เคลือบ 바르다 / 코팅하다

태국어 동사 **เคลือบ**은 '겉표면에 액체를 발라 코팅하다'의 의미를 나타내는 타동사입니다. 코팅에 사용하는 재료가 목적어 자리에 바로 오거나 전치사 **ด้วย**로 연결되는 경우가 많습니다.

1. เค้ก**เคลือบ**ช็อกโกแลตร้านนี้อร่อยมาก

   이 가게의 초코렛 케익은 굉장히 맛있다.

2. พื้นไม้**เคลือบ**ด้วยน้ำยาเงาวาวมาก

   나무바닥을 코팅하여 윤기가 반짝반짝한다.

3. คนสมัยก่อนจะจับต้องอะไรต้องระวังมากเพราะอาจจะมีสิ่งของ**เคลือบ**ยาพิษอยู่

   독약이 묻은 것이 있을 수 있기 때문에 옛날 사람들은 뭔가를 잡을 때 주의해야 했다.

4. เขาทำชามกระเบื้อง**เคลือบ**แตก

   그는 코팅된 도자기 그릇을 깼다.

เคารพ 존경하다

태국어 동사 **เคารพ**은 존경하다, 존중하다의 의미로 쓰이는 타동사입니다. 합성어로 **นับถือ**(존경하다, 신봉하다)와 함께 쓰여 **เคารพนับถือ**의 형태로도 많이 씁니다. 한편, 국기에 대한 경례를 하는 행위를 **เคารพธงชาติ** 이라고 표현합니다. 취향을 존중한다고 표현할 때에 **เคารพรสนิยม**으로 표현하기도 합니다.

1. เขาเป็นที่**เคารพ**ของลูกน้อง

   그는 후배들의 존경을 받는다.

2. อาจารย์น่า**เคารพ**นับถือ

   교수님은 존경할 만 하다.

3. เด็กๆ ยืน**เคารพ**ธงชาติตอน 8 โมงเช้าทุกวัน

어린이들은 매일 오전 8시에 국기에 대한 경례를 한다.

4. พระสงฆ์วัดนี้น่า**เคารพ**เลื่อมใส

이 절의 승려들은 존경받을만 하다.

ค

เคาะ

두드리다, 노크하다

태국어 동사 **เคาะ**는 가볍게 두드리다, 노크하다의 의미를 나타냅니다. 주로 목적어로 **ประตู** 가 옵니다. 한편, 자동차가 사고로 움푹 파이거나 했을 때 두드려 수리하는 것도 동사 **เคาะ**를 사용합니다.

1. เขา**เคาะ**ประตูเสียงดังมาก

그는 문을 아주 시끄럽게 두드린다.

2. หล่อนมา**เคาะ**เรียกเขาที่หน้าห้อง

그녀는 문 앞에서 노크하여 그를 부른다.

3. เด็กๆ **เคาะ**จานชามเสียงดังเอะอะ

아이들이 접시를 시끄럽게 두드린다.

4. เขานำรถเข้าอู่เพื่อ**เคาะ**พ่นสี

그는 자동차를 판금하고 도색하기 위해 정비소에 맡겼다.

เคียง

가깝다, 인접하다

태국어 동사 **เคียง**은 가깝다, 인접하다, 근처에 있다 라는 의미로 사용됩니다. 주로 뒤에 '옆, 곁' 이라는 뜻의 **ข้าง**이 함께 옵니다. 한편 관용구로 **เคียงบ่าเคียงไหล่**는 우리말의 '어깨를 나란히 하다'라는 의미와 일치합니다.

1. เขาอยู่**เคียง**ข้างเธอเสมอ

   그는 그녀의 옆에 항상 가까이 있다.

2. เจ้าบ่าวเดิน**เคียง**ข้างเจ้าสาวขึ้นเวที

   신랑은 신부 옆에서 함께 걸으며 무대위로 올라갔다.

3. ตากับยายอยู่**เคียง**คู่กันมาจนแก่เฒ่า

   할아버지와 할머니는 늙을 때까지 서로의 곁에 있었다.

4. เขาปลูกบ้านอยู่**เคียง**น้ำ

   그는 물가에 집을 지었다.

เคี้ยว

씹다

태국어 동사 **เคี้ยว**는 이로 '음식물 등을 씹다'라는 의미를 가진 타동사입니다. 주로 씹는 음식 등이 목적어로 옵니다. 한편 '꽉물다'라는 뜻의 동사 **ขบ**과 함께 합성어로 쓰여 **ขบเคี้ยว**는 역시 '꼭꼭 씹다'라는 의미를 나타내며 **ขนมขบเคี้ยว**는 스낵류를 일컫습니다.

1. เด็กๆมัก**เคี้ยว**อาหารไม่ละเอียด

   아이들은 음식을 잘 씹지 않는다.

2. การ**เคี้ยว**อาหารให้ละเอียดดีต่อสุขภาพ

   음식을 꼭꼭 씹어먹으면 건강에 좋다.

3. การ**เคี้ยว**หมากฝรั่งไม่ดีต่อสุขภาพ

껌을 씹으면 건강에 좋지 않다.

4. วัวนอน**เคี้ยว**เอื้องอย่างสบายใจ

소가 누워서 편하게 되새김질을 한다.

ค

แค้น

분개하다, 앙심을 품다, 원한을 갖다 / 원수: คู่แค้น

태국어 동사 **แค้น**은 '원한을 품다, 분개하다'라는 의미를 나타내는 동사입니다. 의미상 자동사로 보이지만 원한을 느끼는 대상이 뒤에 목적어처럼 바로 오기도 합니다. 감정을 나타낼 때는 **ใจ**가 후행하거나 합성어로 **คับแค้นใจ**(원한을 품다, 원망하다)로 사용합니다. **แก้แค้น**은 '원한을 갚다' 또는 '복수하다'라는 의미를 가진 동사입니다.

1. เขา**แค้น**เพื่อนคนนั้นมากที่ถูกเขาหักหลัง

그는 배신당한 친구에게 앙심을 품었다.

2. ฉันคับ**แค้น**ใจมากที่ต้องทนอยู่ในสภาพแบบนี้

나는이 상황을 참아야만 하는것에 울화가 치민다.

3. เขาสองคนเป็นคู่**แค้น**กันมานาน

그 둘은 원수지간이 된지 오래 되었다.

4. สองคนนี้เป็นเพื่อนรักเพื่อน**แค้น**กันมาตลอด

이 둘은 항상 사랑하는 사이기도 하고 원수지간이기도 하다.
(오랫동안 미운정 고운정이 많이 들었다)

แคบ
좁다, 협소하다

태국어 자동사 **แคบ**은 '좁다'라는 뜻입니다. 공간이 좁을 때에도 사용하고, 한국어와 마찬가지로 마음이 좁을 때에도 사용할 수 있습니다. 유의합성어로 **คับแคบ**(비좁다)이 많이 쓰입니다.

1. ห้องนี้**แคบ**มาก
   이 방은 매우 좁다.

2. เขาเป็นคนใจ**แคบ**
   그는 마음이 매우 좁다.

3. ถนน**แคบ**มากจนรถคันใหญ่ไม่สามารถผ่านไปได้
   길이 좁아 큰 차는 지나갈 수 없을 정도이다.

4. บ้านของเขา**แคบ**มากจนไม่มีที่เดิน
   그의 집은 좁아서 걸어다닐 수 없을정도이다.

แคะ
(귀를)후비다, 파다

태국어 타동사 **แคะ**는 후벼 파는 동작을 나타냅니다. 보통은 신체부위 코나 귀를 후빌 때에 사용하는 동사입니다. 추상적으로 '빗대어 욕하다'라는 의미의 동사 **ค่อน**과 함께 쓰여 **ค่อนแคะ**의 형태로 사용하게 되면 동사로 '속을 긁다, 비아냥대다, 시비걸다'의 의미가 됩니다.

1. การ**แคะ**จมูกบนโต๊ะอาหารเป็นการกระทำที่ไม่สุภาพ
   식탁에서 코를 파는 것은 단정하지 못한 일이다.

2. แม่**แคะ**หูให้ลูกๆ
   엄마가 아이들의 귀를 파준다.

3. น้องชอบแอบ**แคะ**กระปุกออมสินของพี่
   동생은 형의 저금통을 자주 판다(훔친다).

4. เขา**ค่อนแคะ**ว่าทรงผมใหม่ของน้องไม่สวย

그는 동생의 새 머리스타일이 예쁘지 않다고 비아냥됐다.

โค้ง

(모양이)굽다, 커브

태국어 동사 **โค้ง**은 굽다의 의미를 나타내는 자동사입니다. 종종 명사 **ตัว**가 후행하여 몸을 숙이다라는 의미를 나타내기도 합니다. 합성어로는 '인사하다'라는 의미의 **คำนับ**이 함께 쓰여 '몸을 숙여 인사하다'의 의미를 나타냅니다.

1. สุภาพบุรุษ**โค้ง**ขอสุภาพสตรีเพื่อขอเต้นรำ

   신사가 숙녀에게 춤을 청하려 몸을 숙여 인사한다.

2. เขา**โค้ง**คำนับอาจารย์หลายครั้ง

   그는 교수님께 여러번 머리를 숙여 절을 했다.

3. เขา**โค้ง**ตัวได้สวยมากเวลาเต้นบัลเล่ต์

   그는 발레춤을 출때 몸이 예쁜 곡선이 된다.

4. สายรุ้ง**โค้ง**พาดขอบฟ้าสวยงาม

   하늘에 걸린 무지개가 아름답다.

ใคร่

원하다, 희망하다, 욕구하다

태국어 동사 **ใคร่**는 '원하다, 희망하다, 욕구하다'의 의미를 지닌 동사입니다. 보통 '사랑하다'라는 동사 **รัก**과 함께 쓰여 **รักใคร่**(사랑하고 아끼다)의 의미를 나타냅니다. 또는 '~하고자 한다'는 의미의 공식적인 표현으로 **ใคร่(ที่)จะ** ~의 형태로 쓰이기도 합니다. 한편, **ครวญ**과 결합하여 **ใคร่ครวญ**의 형태로 쓰면 '심사숙고하다'라는 의미입니다.

1. นักวิจัยที่**ใคร่**จะนำเสนอบทความในงานสัมมนาวิชาการนั้น ควรรีบส่งหัวข้อบทความ

   그 학회에서 논문 발표하고자 하는 연구자는 발표 주제를 빨리 송부해야한다.

2. เขาคิด**ใคร่ครวญ**ถึงการกระทำที่ผ่านมา

   그는 지난 일에 대해 사색한다.

3. ท่านใด**ใคร่**จะบริจาคเงิน เชิญติดต่อด้านใน

   기부금을 내실 분들은 안으로 들어가시기 바랍니다.

4. คนที่รัก**ใคร่**ชอบพอกันย่อมจะให้สิ่งดีๆแก่กัน

   서로 아끼고 사랑하는 사람들은 서로에게 좋은 것을 준다.

ฆ

ฆ่า

죽이다

태국어 **ฆ่า**는 '죽이다, 살해하다'라는 의미를 지닌 타동사입니다. 명사로 '살인자'는 **ฆาตกร**을 사용합니다. 합성어 **ยาฆ่าแมลง**은 '벌레를 죽이는 약' 즉, 살충제 또는 농약을 의미합니다.

1. โจรใต้**ฆ่า**ผู้บริสุทธิ์ในพื้นที่ 3 จังหวัดชายแดนใต้

   남부 말레이시아 접경3개주 지역에서 강도가 무고한 사람을 살해했다.

2. เขา**ฆ่า**ภรรยาตัวเองด้วยความโมโห

   그는 화가 나서 자신의 부인을 죽였다.

3. วัยรุ่น**ฆ่า**คู่อริอย่างโหดเหี้ยม

   청소년이 원한의 대상을 흉악하게 살해했다.

4. เกษตรกรใช้ยา**ฆ่า**แมลงฉีดต้นมะม่วง

   농부가 망고나무에 농약을 친다.

เฆี่ยน

회초리로 때리다, 채찍을 가하다

태국어 **เฆี่ยน**은 '채찍질을 하다, 회초리질을 하다'라는 뜻을 지닌 동사입니다. 맞는 대상이 목적어로 옵니다. 합성어로 '때리다'라는 뜻의 동사 **ตี**와 함께 **เฆี่ยนตี**로 사용되기도 합니다.

1. เขาถูกพ่อ**เฆี่ยน**ตีเป็นประจำเวลาทำผิด

   그는 매번 틀릴때마다 아버지에게 회초리로 맞았다.

2. แม่**เฆี่ยน**ลูกต่อหน้าเพื่อนๆ

   엄마는 친구들이 보는 앞에서 아이를 매질했다.

3. ในปัจจุบันการ**เฆี่ยน**เด็กในโรงเรียนมีความผิดตามกฎหมาย

   현재 학교에서의 아동 체벌은 불법이다.

4. เขาใช้แส้**เฆี่ยน**ให้ม้าวิ่ง

   그는 말을 채찍질하여 달리게 했다.

ง

งก 인색하다

태국어의 자동사 **งก**은 '인색하다, 구두쇠다, 욕심을 내다'의 의미를 나타냅니다. 앞에 나쁜 습관을 나타내는 접두어 **ขี้**와 결합하여 **ขี้งก**의 형태가 되면 '구두쇠이다'라는 서술어가 되거나 '구두쇠'라는 명사가 됩니다.

1. เขาเป็นคน**งก**มาก

   그는 굉장히 인색한 사람이다.

2. หล่อนมักจะ**งก**ไม่ให้ใครใช้ของตัวเอง

   그녀는 인색해서 자기 물건을 사용하지 못하게 한다.

3. ลุงเป็นคนขี้**งก**

   아저씨는 구두쇠이다.

4. เขา**งก**กินทั้งๆที่ยังกินไม่หมดกลับหยิบขนมชิ้นใหม่มาเก็บไว้อีกแล้ว

   그는 식탐이 많아서 아직 다 먹지도 않고 새 과자를 집어온다.

งง 헷갈리다, 어리둥절하다

태국어 자동사 **งง**은 '헷갈리다, 어리둥절하다'라는 의미를 갖고 있습니다. 단독으로 쓰거나 **งงๆ** 에서처럼 반복하여 사용하기도 합니다. 합성어로 **งงงวย**(혼미하다), **มึนงง**(몽롱하다) 등의 형태로도 사용합니다.

1. เขามักเกิดอาการ**งง**เวลาได้รับมอบหมายให้ทำงานใหม่ๆ

   그는 새 일에 대한 책임을 부여 받을 때 마다 종종 헷갈려 한다.

2. เด็กๆ ทำหน้า**งง**เมื่ออาจารย์อธิบายโจทย์คณิตศาสตร์นั้น

   아이들이 선생님의 수학문제 설명을 들을때 헷갈리는 표정을 짓는다.

3. ฉัน**งง**กับคำพูดของเขาจริงๆ

   나는 그의 말이 무슨말인지 당췌 모르겠다.

4. เขารู้สึกมึน**งง**หน้ามืดคล้ายจะเป็นลม

   그는 몽롱하여 기절할 것 같은 느낌이었다.

งด 중지하다, 끊다, 취소하다

태국어 동사 **งด**은 '끊다, 중지하다, 금하다, 그만두다' 등 다양한 의미를 나타냅니다. 특히 목적어로 **อาหาร**이 오면 금식하다의 의미가 됩니다. 그 외에도 다양한 명사들을 목적어로 동반하여 '취소하다, 끊다' 등의 의미로 사용될 수 있습니다.

1. เขาต้อง**งดน้ำงดอาหาร**ก่อนผ่าตัด

   그는 수술 전 금식 해야한다.

2. ผู้สูงอายุต้อง**งดอาหาร**ที่มีไขมันสูง

   고령자는 기름기가 많은 음식을 먹지 말아야 한다.

3. แม่ลงโทษน้องโดยการ**งด**ค่าขนมสัปดาห์นี้

엄마는 동생에게 이번주 용돈을 중단하는 것으로 벌을 주었다.

4. เขา**งด**อาหารเย็นเพื่อลดน้ำหนัก

그는 다이어트를 위해 저녁을 먹지 않는다.

ง

งดงาม 아름답다, 수려하다

태국어 자동사 **งดงาม**은 '곱다, 아름답다, 수려하다' 등의 의미를 나타냅니다. 사람에게도 쓰지만 풍경이나 자연, 또는 마음씨 등에도 사용할 수 있습니다.

1. เธอเป็นผู้หญิงที่**งดงาม**มาก

그녀는 아름다운 여자이다.

2. ความ**งดงาม**ของธรรมชาติทำให้สุขภาพจิตดี

자연의 아름다움은 정신을 건강하게 해 준다.

3. หล่อนกำลังชื่นชมความ**งดงาม**ของดอกไม้

그녀는 장미의 아름다움을 감상하고 있다.

4. เขาเป็นคนจิตใจ**งดงาม**มีน้ำใจต่อทุกคน

그는 모두를 배려하는 아름다운 마음을 가지고 있다.

งอก
싹이 나다, 발아하다 / 무성하다: **งอกงาม**

태국어 동사 **งอก**은 '싹이 나다, 발아하다'라는 의미입니다. 동사성 합성어로 **งอกงาม**은 '무성히 자라다'라는 의미입니다. 한편 명사성 합성어로도 많이 쓰이는데, 예를 들어 숙주는 **ถั่วงอก**(싹이 난 콩)이라고 하고, 종양은 **เนื้องอก**(돋아 난 살점) 이라고 합니다.

1. กล้วยไม้เจริญเติบโต**งอกงาม**มาก

   난꽃이 무성하게 자랐다.

2. ต้นไม้หลังบ้านแตกหน่อ**งอก**ออกมาหลายต้น

   집 뒤의 나무에 싹이 나고 여러 갈래의 줄기가 났다.

3. ดอกทิวลิป**งอกงาม**ได้ดีในพื้นที่ที่มีอากาศเย็น

   튤립은 날씨가 시원한 토지에서 무성하게 잘 자란다.

4. ต้นกล้วยแทงหน่อ**งอก**ออกมาจากพื้นดิน

   바나나나무 줄기의 싹이 땅바닥부터 움터서 자라났다.

งอน
토라지다, 삐치다

태국어 동사 **งอน**은 '토라지다, 삐치다'의 의미를 나타냅니다. 주로 여성이 토라지는 경우에 많이 사용하는 말입니다.

1. เขา**งอน**เธอตั้งแต่เมื่อวาน

   그는 그녀에게 어제부터 삐쳤다.

2. แม่**งอน**พ่อที่กลับบ้านช้า

   엄마는 아빠가 집에 늦게 들어오는 걸로 토라졌다.

3. ผู้หญิงบางคนชอบ**งอน**และเอาแต่ใจ

   어떤 여자들은 토라지기를 잘 하고 제멋대로 한다.

4. เธอ**งอน**จนเกินงามทำให้คนรักเบื่อ

그녀는 토라짐이 지나쳐서 사랑하는 사람을 지치게 만든다.

งาม

아름답다

태국어 자동사 **งาม**은 '아름답다, 수려하다'라는 의미를 나타냅니다. 유의어와 함께 **สวยงาม** 또는 **งดงาม** 등의 형태로 쓰이기도 합니다. **งอกงาม**은 '무성하다, 잘 자라다'라는 의미입니다.

ง

1. ช่อดอกไม้นั้น**สวยงาม**มาก

그 꽃다발은 매우 아름답다.

2. หล่อน**งาม**มากจนเป็นที่หมายปองของชายหนุ่ม

그녀는 남자들이 다들 점 찍었을 만큼 아름답다.

3. สร้อยเพชรเส้นนั้น**งาม**มากดูมีราคาแพง

그 다이아몬드 목걸이는 매우 아름답고 비싸 보인다.

4. ต้นไม้เจริญงอก**งาม**เพราะเขาหมั่นรดน้ำพรวนดิน

그가 열심히 물을 주고 써레질을 해 준 덕에 나무가 아름답게 자랐다.

ง่าย

쉽다, 단순하다

태국어 자동사 **ง่าย**는 '쉽다, 단순하다'라는 의미입니다. **ง่ายดาย**의 형태의 합성어로 사용되기도 합니다. 반복하여 사용하기도 하고 **เรียบง่าย**와 같은 합성어로 사용하게 되면 '소박하다'의 의미를 갖게 됩니다.

1. ข้อสอบวิชาภาษาไทย**ง่าย**มาก

   태국어 시험은 매우 쉬웠다.

2. เขาชอบทำอะไร**ง่ายๆ** สบายๆ

   그는 뭐든 쉽고 편하게 하는걸 좋아한다.

3. งานวันนี้**ง่าย**เกินความคาดหมาย

   오늘 일은 예상보다 쉬웠다.

4. เขาชอบทำเรื่องยากให้เป็นเรื่อง**ง่าย**

   그는 어려운 일을 쉽게 하곤 한다.

เงียบ

조용하다

태국어 자동사 **เงียบ**은 '조용하다, 고요하다'는 의미를 나타냅니다. 명사형으로는 **ความเงียบ**이 사용됩니다. 뒤에 부동사로 **ไป** 가 와서 **เงียบไป**로 사용되면 '조용해지다'의 의미가 됩니다. 합성어로는 유의어인 **สงบ**을 함께 써서 **เงียบสงบ**(고요하다)의 형태로 사용하기도 합니다.

1. เขาเป็นคน**เงียบ**

   그는 조용한 사람이다.

2. ความ**เงียบ**มักทำให้เราสงบ

   침묵은 우리를 고요하게 하곤 한다.

3. เขา**เงียบ**หายไปนาน ไม่รู้ว่าเป็นอย่างไรบ้าง

그는 오래 동안 조용히 있어서 어떻게 지내는 지 모르겠다.

4. เขาปล่อยให้เรื่อง**เงียบ**ไปเองไม่กล้ารื้อฟื้น

그는 감히 다시 꺼내지 못하고 그저 그 일이 조용해지도록 두었다.

โง่

어리석다, 멍청하다, 우둔하다

태국어**โง่**는 '어리석다, 멍청하다, 우둔하다'의 의미를 지닌 자동사입니다. 사람에게 쓰면 비하하는 표현이 되므로 주의해야 합니다. **โง่เขลา**(어리석다)의 형태의 합성어로도 쓰입니다.

1. เขาดูเป็นคน**โง่**เขลาเบาปัญญา

그는 어리석고 지혜가 부족해 보인다.

2. เขาดู**โง่**ในสายตาของคนอื่น

그는 다른 사람 눈에는 어리석어 보인다.

3. ถ้าเราไม่รู้จักเขาดีพออย่าคิดว่าเขาเป็นคน**โง่**

우리가 그를 제대로 알지 못한다면 그가 우둔하다고 생각하지 말자.

4. คนมักบอกว่าควาย**โง่**ทั้งๆที่มันไถนาเก่ง

사람들은 물소가 논일을 잘 하는데도 불구하고 어리석다고 말한다.

จงรักภักดี 충성하다

태국어**จงรักภักดี**는 '충성하다'의 의미를 지닌 동사입니다. 주로 충성하는 대상은 뒤에 전치사 **ต่อ**로 연결됩니다. 명사형은 **ความจงรักภักดี** 입니다.

1. เขารักและ**จงรักภักดี**ต่อเธอมาก

   그는 그녀에 대해 많은 애정과 충정을 가지고 있다.

2. สุนัขเป็นสัตว์ที่**จงรักภักดี**ต่อเจ้าของ

   개는 주인에게 충성하는 동물이다.

3. ประชาชนชาวไทยมีความ**จงรักภักดี**ต่อพระเจ้าอยู่หัว

   태국 국민은 국왕에게 충성한다.

4. เราต้อง**จงรักภักดี**ต่อชาติบ้านเมือง

   우리는 국가에 충성해야 한다.

จด

적다, 기록하다, 메모하다 / 편지: **จดหมาย** 명심하다 **จดจำ**

태국어 **จด**은 '적다, 기록하다, 메모하다'의 의미를 가진 타동사입니다. 주로 뒤에 적는 대상이 목적어로 옵니다. 동사성 합성어로 **จดจำ**은 '기억하다, 명심하다'라는 뜻이며, 명사성 합성어로 **จดหมาย**는 직역하면 '의미를 적다'라는 뜻인데 '편지'라는 의미로 사용되는 단어입니다.

1. นักศึกษา**จด**บันทึกที่อาจารย์สอนอย่างตั้งใจ

   대학생이 교수님께서 가르치시는 내용을 열심히 적는다.

2. อาจารย์**จด**ชื่อนักเรียนทุกคนบนกระดานดำ

   교수님이 칠판에 학생들 모두의 이름을 적는다.

3. เขา**จดจำ**เรื่องราวของเธอได้เสมอ

   그는 그녀의 이야기를 항상 명심하고 있다.

4. เขาเขียน**จดหมาย**ถึงแม่ที่อยู่ไกลกัน

   그는 멀리 계시진 어머니께 편지를 쓴다.

จน

가난하다 / ~할 정도로, ~할 때까지

태국어 동사 **จน**은 '가난하다'라는 의미를 가진 자동사입니다. 단독으로도 쓰이고 '어렵다'라는 뜻의 동사 **ยาก**과 결합하여 **ยากจน**의 형태로도 많이 씁니다. 한편 전치사로는 '~할 정도로, ~할 때까지'의 의미를 나타내기도 합니다.

1. ครอบครัวนี้**จน**มากไม่มีแม้กระทั่งที่ซุกหัวนอน

   이 가족은 너무 가난한 나머지 머리를 뉘어 잘 곳도 없다.

2. คน**จน**มักไม่เป็นที่ยอมรับในสังคม

   가난한 사람은 사회 내 소외계층으로 분류되곤 한다.

3. นักเรียนคนนี้**จน**มากทางโรงเรียนจึงให้ทุนเรียนต่อ

이 학생은 매우 가난하여 학교에서 학비를 주고 학업을 계속시킨다.

4. เขาเป็นคน**จน**แต่รวยน้ำใจ

그는 비록 가난하지만 인정은 많다.

จบ

마치다, 끝나다 / 졸업하다: **เรียนจบ, จบการศึกษา**

태국어 동사 **จบ**은 '마치다, 끝나다'의 의미를 나타냅니다. 보통 완결 동사로서 주어나 동사구의 뒤에 나타나는데, '완전히 종결되다'의 의미를 갖습니다. 예를 **อ่านหนังสือจบ**은 '책을 완독했다'의 의미가 됩니다. 한편 **เรียนจบ**은 '졸업하다'의 의미를 나타내는데 다른 더 공식적인 표현으로 **จบการศึกษา, สำเร็จการศึกษา** 등이 쓰입니다.

1. เสียดายที่ไม่ได้ดูละครตอน**จบ**

드라마 종영편을 못 봐서 너무 아쉽다.

เขา**จบ**การศึกษาด้านออกแบบเสื้อผ้าจากต่างประเทศ

그는 해외에서 옷 디자인 분야를 졸업했다.

3. เธอเรียน**จบ**มหาวิทยาลัยได้เกียรตินิยมอันดับ 1

그녀는 수석으로 대학을 졸업하였다.

4. เขาเรียน**จบ**เป็นคนที่ 3 ของครอบครัว

그는 가족에서 세번째로 학업을 마쳤다.

จม

(물에) 잠기다, 가라앉다, 몰두하다, 심취하다

태국어 동사 **จม**은 '(물에) 잠기다, 가라앉다, 몰두하다, 심취하다' 등의 의미를 갖습니다. 물리적으로 물이나 진흙구렁 등에 빠지는 것을 의미할 수도 있고, 추상적으로 어떤 상태나 생각 등에 얽매여 빠져나오지 못하는 상태를 나타낼 수도 있습니다.

1. น้องชาย**จม**น้ำตายเมื่อปีที่แล้ว

   남동생은 작년에 물에 빠져 죽었다.

2. เขา**จม**อยู่กับความทุกข์หลังเลิกกับแฟน

   그는 애인과 헤어진 이후로 고통 속에 빠져 있다.

3. เขา**จม**ปลักอยู่กับอดีตมากเกินไป

   그는 과거에 지나치게 얽매여 있다.

4. เขาโดนโคลนดูดจนเท้า**จม**ลงไปในโคลน

   그는 발이 진흙에 빨려 들어가 진흙에 잠겼다.

จริง

진실이다, 진심이다 / 진지하다: **จริงใจ จริงจัง**
진지하게 하다: **เอาจริงเอาจัง**

태국어 자동사 **จริง**은 '진실, 진심이다'의 의미를 나타냅니다. 단독으로 쓰기도 하고 반복해서 **จริง ๆ**의 형태로 사용하기도 합니다. 합성어로는 **จริงจัง**(진지하다), **เอาจริงเอาจัง**(진지하다), **จริงใจ**(진심이다) 등이 사용됩니다.

1. เขา**จริงใจ**กับเพื่อนทุกคน

   그는 모든 친구들을 진심으로 대한다.

2. เธอ**จริงจัง**กับงานที่ได้รับมอบหมาย

   그녀는 위탁받은 일에 대해서 진지하다.

3. เขา**เอาจริงเอาจัง**กับการอ่านหนังสือสอบปลายภาค

그는 진지하게 기말시험 공부를 한다.

4. เขาเป็นคน**จริงจัง**กับชีวิต

그는 삶에 진지한 사람이다.

จอง

예약하다, 잡다

ㅈ

태국어 동사 **จอง**은 타동사로 '예약하다'라는 뜻입니다. 예약할 대상이 목적어로 뒤따라 옵니다. 예컨대 **จองตั๋วเครื่องบิน**(항공권을 예약하다), **จองที่นั่ง**(좌석을 예약하다), **จองโรงแรม**(호텔을 예약하다) 등입니다. 합성어로는 '잡다'라는 뜻의 동사 **จับ**과 결합하여 **จับจอง**의 형태로 쓰이게 되면 '선취하다, 자리를 잡다'의 의미를 나타냅니다.

1. เรา**จอง**ห้องพักสำหรับคืนนี้แล้ว

우리는 오늘 묵을 방을 예약했다.

2. ร้านอาหารนั้นมีลูกค้าเยอะมาก ก่อนไปจะต้อง**จอง**ที่นั่งไว้เสมอ

그 식당은 손님이 굉장히 많아 가기 전 항상 예약을 해야 한다.

3. เพื่อนๆ มาจับ**จอง**ที่นั่งหน้าเวทีการแสดง

친구들은 연극 무대 앞 자리를 예약했다.

4. มีคน**จอง**รีสอร์ทเต็มหมดแล้ว

리조트 예약한 사람이 가득 찼다.

จ้อง

응시하다, 바라보다 = **มอง / เห็น / จ้อง / ดู / ชม**

태국어 **จ้อง**은 타동사로 일반적인 '보다'의 동작과는 달리 뚫어지게 바라보는 동작을 의미합니다. 합성어로는 **จ้องมอง**(바라보다)의 형태로 사용됩니다.

1. ผู้ชายคนนั้น**จ้องมอง**เธอตลอดเวลา
   저 남자는 그녀를 계속 바라보고 있다.
2. เขา**จ้อง**พวกเราเหมือนเราทำอะไรผิด
   그는 우리가 뭘 잘못한 것 처럼 바라본다.
3. พ่อ**จ้อง**ดูการถ่ายทอดสดชกมวยอย่างใจจดใจจ่อ
   아버지는 온 신경을 몰두하여 권투 생중계를 본다.
4. เขา**จ้อง**นางแบบที่อยู่บนเวทีไม่วางตา
   그는 무대 위 여자들에게서 눈을 떼지 못하고 바라본다.

จอด

세우다, 주차하다

태국어 동사 **จอด**은 '세우다, 주차하다'의 의미로서 주로 차나 비행기, 오토바이 등 교통수단에 사용합니다. 세우는 대상을 목적어로 동반하는 타동사입니다. 합성어로 **ที่จอดรถ**은 '주차장'이라는 의미입니다.

1. พ่อ**จอด**รถรอเด็กๆ อยู่ข้างนอก
   아버지는 밖에 주차하고 아이들을 기다리고 있다.
2. เครื่องบินลง**จอด**ที่สนามบินตรงเวลา
   비행기가 공항에 정시에 착륙하여 섰다.
3. เวลา**จอด**รถควรปลดเบรกมือทุกครั้ง
   주차할 때 핸드브레이크는 항상 풀어야 한다.

4. เขาเอารถไป**จอด**ที่โรงจอดรถของโรงแรม

그는 차를 가지고 호텔의 주차타워에 주차하였다.

จัด

장식하다, 주최하다, 분류하다 / 심하다 / (맛이) 강하다: **รสจัด**
처리하다, 관장하다: **จัดการ** / 설립하다: **จัดตั้ง**

태국어 동사 **จัด**은 동사와 부사로 사용되며 다양한 의미를 나타냅니다. 먼저 타동사로 사용되면 '장식하다, 주최하다, 분류하다' 등의 의미로 사용됩니다. **จัดการ**(처리하다), **จัดตั้ง**(설립하다, 세우다) 등에서 보는 바와 같이 합성어로 사용되기도 합니다. 한편, 부사로 동사구의 뒤에 오는 경우는 주로 어떤 정도가 '지극히 강하다, 자극적이다'의 의미를 나타냅니다.

1. พวกเรา**จัดตั้ง**ชมรมฟุตบอลมานานแล้ว

   우리들은 축구 모임을 만든지 오래되었다.

2. พ่อ**จัดการ**เรื่องโรงเรียนใหม่ของน้องได้แล้ว

   아버지는 동생의 새 학교 일을 처리 완료하였다.

3. วันนี้อากาศร้อน**จัด**

   오늘 날씨가 굉장히 덥다.

4. แกงเผ็ดรส**จัด**มากจนเด็กๆ กินไม่ได้

   껭펫의 맛이 아이들이 먹을 수 없을 정도로 자극적이다.

จ

จับ

잡다, 쥐다 / 악수하다: **จับมือ**

태국어 동사 **จับ**은 '잡다, 쥐다'의 의미를 나타내는 타동사입니다. 의미에 따라 주로 목적어로 **มือ** 가 와서 **จับมือ**는 '손을 잡다, 악수하다'의 의미입니다. 그 외에도 다양한 목적어가 올 수 있는데, 한국어의 '택시를 잡다'라는 표현의 경우는 **จับแท็กซี่**가 아닌 **เรียกแท็กซี่**를 사용합니다.

1. เขาเดิน**จับ**มือกับเธอเหมือนคนรักกัน

   그는 그녀와 사랑하는 사이처럼 손을 잡고 걸었다.

2. ตำรวจ**จับ**โจรขโมยรถได้แล้ว

   경찰은 차량 도둑을 잡았다.

3. เขาถูก**จับ**ข้อหาเมาแล้วขับ

   그는 음주운전으로 붙잡혔다.

4. แม่ให้หมอนวดมานวด**จับ**เส้น

   엄마는 안마사를 불러 혈을 짚는 안마를 하게 하였다.

จาก

떠나다, 이별하다 / ~로부터

태국어 동사 **จาก**은 동사로 '떠나다, 이별하다'의 의미를 나타냅니다. 은유적으로 **จากไป**(떠나가다)는 죽음의 의미를 나타내기도 합니다. 이러한 동사의 의미에서 비롯되어 전치사로는 '~로부터'의 의미를 나타냅니다.

1. เขาได้รับจดหมาย**จาก**แม่

   그는 엄마로부터 편지를 받았다.

2. เขา**จาก**บ้านเกิดมาเรียนต่อที่กรุงเทพฯตั้งแต่เด็ก

   그는 태어난 집을 떠나와 어릴적부터 방콕에서 학교를 다녔다.

3. พ่อ**จาก**เราไปตั้งแต่เรายังเด็ก

아버지는 우리와 어릴적부터 헤어졌다.

4. เขานั่งรถ**จาก**เพชรบุรีไปถึงกรุงเทพฯ

그는 펫부리부터 방콕까지 차를 타고 갔다.

จ้าง

고용하다 /고용주: **นายจ้าง** 피고용인: **ลูกจ้าง** 고용되다: **รับจ้าง**

จ

태국어 동사 **จ้าง**은 '고용하다, 채용하다'의 의미를 나타냅니다. 고용주와 피고용인은 **นายจ้าง**과 **ลูกจ้าง**으로 표현하고, 고용하는 사람의 입장에서는 **ว่าจ้าง**, 고용 되는 사람의 입장에서는 **ถูกจ้าง** 또는 **รับจ้าง** 이라는 표현을 씁니다. 명사형으로 사용할 경우 고용은 **การจ้างงาน**의 형태로 사용하고 실업은 **การว่างงาน**으로 표현합니다.

1. เขา**รับจ้าง**ร้องเพลงตอนกลางคืน

그는 밤에 노래 부르도록 고용되었다.

2. พ่อ**จ้าง**คนสวนมาตัดหญ้า

아버지는 정원사를 고용해 풀을 깎았다.

3. **นายจ้าง**ทำสัญญา**จ้าง**งานกับลูกจ้าง

고용주는 피고용인과 고용계약을 맺었다.

4. เขาเป็น**ลูกจ้าง**ร้านอาหารไทยในเกาหลี

그는 한국에 있는 태국음식점의 피고용인이다.

จ่าย

(돈을) 내다, 지불하다

태국어 타동사 **จ่าย**는 '돈을 내다'의 의미를 나타냅니다. 의미에 따라 주로 **เงิน**(돈), **ค่า**(비용, 값) 등의 명사가 목적어로 따라옵니다. 예외적으로 **จ่ายตลาด**은 시장에서 지출하는 것으로 '시장을 보다'의 의미가 되며, **จ่ายบอล**은 '공을 패스하다'의 의미를 나타내기도 합니다.

1. วันนี้**จ่าย**เงินค่าหนังสือไป 200 บาท

   오늘 책값을 200바트 지불하였다.

2. แม่ออกไป**จ่าย**ตลาดทุกวันตอนเช้า

   엄마는 매일 아침 나가서 시장을 본다.

3. เธอ**จ่าย**ค่าเช่าบ้านทุกเดือน

   그녀는 매월 집세를 낸다.

4. นักฟุตบอลคนนั้น**จ่าย**บอลให้เพื่อนยิงเข้าประตู

   그 축구선수는 친구에게 패스하여 슛을 하게 했다.

จำ

기억하다 / 추억, 기억: **ความทรงจำ**

태국어 동사 **จำ**은 타동사로 기억하다 라는 뜻입니다. 기억하는 대상이 뒤에 목적어로 옵니다. 명사로 '기억'은 **ความจำ**, '추억'은 **ความทรงจำ**으로 표현하며, **ความจำดี**는 '기억력이 좋다', **ความจำเสื่อม**은 '기억력이 감퇴하다'의 의미를 나타냅니다.

1. เขา**จำ**เธอได้ตั้งแต่แรกเห็น

   그는 그녀를 처음 봤을 때부터 기억했다.

2. พ่ออยู่ในความทรง**จำ**ของเราเสมอ

   아버지는 우리의 기억 속에 항상 존재한다.

3. คุณปู่เป็นโรค**ความจำ**เสื่อม

할아버지가 치매에 걸리셨다.

4. ครู**จำ**ศิษย์เก่าไม่ได้เพราะโตขึ้นมาก

학생들이 많이 자랐기 때문에 선생님이 기억을 하지 못한다.

จำกัด

제한하다, 한정하다

태국어 동사 **จำกัด**은 '제한하다, 한정하다'라는 뜻입니다. 제한하는 대상이 뒤에 목적어로 옵니다. 명사성 합성어로 **ข้อจำกัด**은 '제약, 조건', **ขีดจำกัด**은 '한계, 한도'를 의미합니다.

1. บริษัทรับพนักงานใหม่**จำกัด**คุณวุฒิตั้งแต่ปริญญาตรีขึ้นไป

회사는 신입직원의 학력을 학사 이상으로 제한했다.

2. ประเทศเกาหลีใต้**จำกัด**ประเภทสินค้านำเข้า

남한은 수입제품의 종류를 제한한다.

3. โรงเรียนสอนภาษาอังกฤษ**จำกัด**จำนวนนักเรียนเข้าเรียนในแต่ละครั้ง

학교는 매회 영어수업 받는 학생수를 제한하고 있다.

4. การออกกำลังกายเป็นสิ่งดีแต่ต้องมี**ขีดจำกัด**

운동은 좋은 것이지만 일정 한도 내에서 해야 한다.

จำนอง
저당잡다

태국어 동사 **จำนอง**은 '저당 잡다'라는 의미로 주로 집이나 땅을 저당잡고 은행 대출등을 받는 경우에 쓰입니다. '저당이 잡혀 있다'는 표현은 **ติดจำนอง, ถูกจำนอง** 등으로 표현합니다.

1. ที่ดินผืนนี้ถูก**จำนอง**อยู่กับธนาคาร

   이 땅은 은행에 저당 잡혀 있다.

2. พ่อ**จำนอง**บ้านไว้กับธนาคาร

   아버지는 집을 은행에 저당 잡았다.

3. นายหน้ารับ**จำนอง**ที่ดิน

   중개인이 땅 저당을 잡는다.

4. ที่นาผืนนั้นติด**จำนอง**อยู่

   그 논은 저당 잡혀 있다.

จำนำ
저당잡다, 담보하다

태국어 동사 **จำนำ**은 **จำนอง**과 유의어로 주로 어떤 물건을 전당포 등에 저당 히고 현금을 받아 사용하는 경우에 사용합니다. 전당포는 **โรงรับจำนำ**이라고 부릅니다. 한편, 저당을 잡혔다가 대출을 갚지 못하여 물건이 처분되는 경우는 **หลุดจำนำ** 이라고 표현합니다.

1. ร้านทองรับ**จำนำ**ทองรูปพรรณ

   금은방은 금장신구를 저당 잡는다.

2. เขา**จำนำ**ทะเบียนรถไว้กับไฟแนนซ์

   그는 파이낸스에 차번호판을 저당 잡았다.

3. เขาเอานาฬิกาไป**จำนำ**ที่โรงรับจำนำ

   그는 전당포에 시계를 저당 잡았다.

4. สร้อยเพชรราคาแพงของแม่หลุด**จำนำ**ไปแล้ว

저당 잡힌 엄마의 값비싼 다이아몬드 목걸이가 처분됐다.

จำแนก

분류하다 / 구분하다

태국어 동사 **จำแนก**은 '구분하다, 분류하다'의 의미를 나타내는 타동사입니다. 분류하는 대상이 목적어로 뒤에 옵니다.

จ

1. บรรณารักษ์กำลัง**จำแนก**หนังสือเป็นหมวดหมู่

사서가 범주별로 책을 분류하는 중이다.

2. อาจารย์ให้นักเรียน**จำแนก**ประเภทของสัตว์ในเมืองไทย

교수님은 학생에게 태국 내 동물을 종류별로 분류하게 하였다.

3. เขา**จำแนก**ราคาเสื้อผ้าก่อนวางขาย

그는 옷을 팔기 전에 가격별로 구분하였다.

4. น้อง**จำแนก**หมวดหมู่พยัญชนะไทยได้ถูกต้อง

동생은 태국어 자음을 범주별로 맞게 분류했다.

จำหน่าย 판매하다, 팔다

동사 **จำหน่าย**는 '판매하다, 팔다'라는 뜻으로, 유의어 동사 **ขาย** 에 비해서 더 문어적인 표현입니다. 합성어로 **ตัวแทนจำหน่าย**는 '판매대행'이라는 의미로 사용됩니다.

1. ห้าม**จำหน่าย**สุราให้แก่เด็กอายุต่ำกว่า 18 ปี

   18세 이하의 청소년에게 술을 판매하지 마시오.

2. ร้านค้านี้**จำหน่าย**อาหารสัตว์ทุกประเภท

   이 가게는 모든 종류의 동물 사료를 파는 가게이다.

3. เขามีอาชีพ**จำหน่าย**อาหารทะเล

   그는 해산물 음식을 파는 일을 한다.

4. ร้านนี้ไม่มีบุหรี่**จำหน่าย**

   이 가게는 담배를 팔지 않는다.

จิ้ม 찍다, 쑤시다

태국어 타동사 **จิ้ม**은 주로 손가락으로 대상을 찍거나 쑤시는 행위를 의미합니다. 태국 음식에는 다양한 소스에 찍어먹는 것들이 많은데, 이런 소스를 통틀어 **น้ำจิ้ม** 이라고 부릅니다. 한편 이쑤시개는 **ไม้จิ้มฟัน** 이라고 합니다.

1. คุณยายชอบกินผักลวก**จิ้ม**น้ำพริก

   할머니는 데친 채소를 남프릭에 찍어 먹는 것을 좋아하신다.

2. เด็กๆ **จิ้ม**ขนมเค้กเล่นจนเลอะเสื้อ

   아이들이 케익을 찍으며 장난을 쳐서 옷이 더러워졌다.

3. เขาแคะฟันด้วยไม้**จิ้ม**ฟัน

   그는 이쑤시개로 이를 쑤신다.

4. พี่ใช้นิ้ว**จิ้ม**แก้มน้อง

형은 손가락으로 동생의 볼을 찍는다.

จืด

(맛이) 심심하다, 싱겁다

태국어 자동사 **จืด**은 '간이 덜 되어 싱겁다'의 의미를 나타내기도 하고 '맛이 심심하고 담백하다'는 의미를 나타내기도 합니다. 이러한 의미에서 발전하여 밍밍하다, 밋밋하다 등의 의미를 나타내기도 하여, **หน้าจืด** 하면 이목구비가 뚜렷하지 않아 얼굴이 밋밋하다는 의미가 됩니다.

1. ผู้ชายคนนั้นดู**จืด**ชืดมาก

그 남자는 꽤나 싱거워 보인다.

2. ชาวต่างชาตินิยมอาหารรส**จืด**

외국인은 싱거운 맛을 선호한다.

3. วันนี้แม่ทำกับข้าว**จืด**มาก

오늘 엄마의 반찬이 매우 싱겁다.

4. เธอหน้า**จืด**มากเพราะไม่ได้แต่งหน้า

그녀는 화장을 하지 않아서 얼굴이 밋밋하다.

จุด

점화하다, 불을 붙이다 / 점
목표, 목적: **จุดมุ่งหมาย** / 강점: **จุดเด่น** 약점: **จุดอ่อน**

태국어 동사 **จุด**은 불을 '붙이다, 점화하다'의 의미입니다. 의미에 따라 주로 목적어는 **ไฟ**(불), **เทียน**(초), **ธูป**(향) 등이 쓰입니다. 한편, 명사로 쓰이는 경우 **จุด** '점'이라는 뜻을 나타내, **จุดเด่น**(장점) 또는 **จุดแข็ง**(강점), **จุดอ่อน**(약점) 등으로도 사용되며, **จุดมุ่งหมาย**(목표) 등의 합성어로도 많이 쓰입니다.

1. คุณปู่**จุด**ไฟเผาหญ้าแห้ง

   할아버지는 건초에 불을 붙여 태우신다.

2. เขาไม่มี**จุดมุ่งหมาย**ในชีวิต

   그는 삶에 어떤 목표도 없다.

3. **จุดเด่น**ของเขาคือการมีอัธยาศัยดี ยิ้มเก่ง

   그의 장점은 성격이 좋고 항상 미소를 짓는 것이다.

4. หล่อนมี**จุด**ด่างดำบนใบหน้า

   그녀는 얼굴에 검은 점이 있다.

จูง

이끌다, 손을 잡고 데리고 가다 / 설득하다: **จูงใจ, ชักจูง**

태국어 동사 **จูง**은 원래 '끌고 가다'의 의미로 사용됩니다. 사람의 경우에는 주로 손을 잡고 데려가다의 의미로 목적어 **มือ** 가 따라 나옵니다. 한편 마음이라는 뜻의 **ใจ**와 함께 쓰이면, '누군가의 마음을 이끌다'는 의미로 사용되기도 합니다. '힘'이라는 뜻의 **แรง**이 함께 쓰여 **แรงจูงใจ**는 '동기'라는 뜻입니다. 합성어로 **ชักจูง**은 '꾀다, 권유하다, 이끌다'의 의미로 쓰이며, **จูงจมูก**은 '코를 꿰어 이끌다'라는 뜻으로, 은유적으로 '억지로 끌려가다'의 의미를 나타냅니다.

1. เขาเดิน**จูง**มือคุณยายข้ามถนน

   그는 할머니의 손을 잡고 길을 건넌다.

2. พ่อ**จูง**ใจให้ลูกๆ ตั้งใจเรียนโดยการเพิ่มเงินค่าขนมให้

아버지는 아들의 용돈을 올려줘서 열심히 공부하게 동기 부여한다.

3. เขาถูกเพื่อนชัก**จูง**ไปในทางที่ไม่ดี

그는 친구들에게 이끌려 나쁜 길로 갔다.

4. เขาจะไม่ยอมให้ใครมา**จูง**จมูกเขาได้ง่ายๆ

그는 자신이 다른 사람에게 쉬이 끌려다니도록 놔두지 않을 것이다.

จ

จูบ

입을 맞추다, 키스하다

태국어의 **จูบ**은 타동사로 '키스하다'라는 의미입니다. 의미에 따라 목적어로는 주로 **ปาก**(입)이 오거나 입을 맞추는 대상이 옵니다. 입을 맞추다라는 다른 표현으로는 **จุมพิต**이 있습니다.

1. เขา**จูบ**เธอ

그는 그녀에게 입을 맞춘다.

2. แม่**จูบ**แก้มลูกก่อนนอน

엄마는자기 전 아이 볼에 뽀뽀한다.

3. คู่บ่าวสาว**จูบ**กันในงานแต่งงาน

신랑신부가 결혼식에서 키스를 한다.

4. เธอคิดถึงรอย**จูบ**ที่คนรักประทับไว้ให้

그녀는 사랑했던 사람이 남긴 키스의 흔적을 그리워한다.

เจ็บ 아프다

태국어 자동사 **เจ็บ**은 '아프다'라는 뜻입니다. 아프다를 나타내는 동사는 다양한데, 대표적인 **เจ็บ**은 찌르는 듯한 통증이나 국소적인 부위의 통증을 의미한다면 **ปวด**은 주로 근육통 등 욱신거리는 느낌의 통증을 일컫는 경우가 많습니다. 두통, 치통, 복통 등은 각각 **ปวดหัว ปวดฟัน ปวดท้อง**이라고 합니다. 통증을 개선하기 위해 먹는 진통제는 **ยาแก้ปวด**이라고 합니다. 또 합성어로 두 어휘를 함께 쓰기도 합니다. 마음이라는 뜻의 **ใจ**와 함께 사용할 경우에 의미가 달라지는데 **เจ็บใจ**의 경우는 (배신, 배반을 당해) 속이 쓰리거나 속이 상하다, 분개하다의 의미라면 **ปวด(ร้าว)ใจ**의 경우는 상심하여 고통스러운 경우를 주로 나타냅니다.

1. พ่อ**เจ็บ**ขาจนต้องไปโรงพยาบาล

   아버지는 병원에 가야 할 정도로 다리가 아프다.

2. เขา**เจ็บ**ใจมากที่ถูกผู้หญิงหลอก

   그는 여자에게 속은 것이 너무나 속이 쓰리다.

3. เขา**เจ็บ**ตัวจากการซ้อมมวยไทย

   그는 무에타이 연습으로 인해 몸이 아프다.

4. เขา**เจ็บปวด**ที่ถูกเพื่อนรักหักหลัง

   그는 사랑하는 친구에게 배신을 당해 고통스럽다.

เจริญ 발전하다, 번영하다

태국어 동사 **เจริญ**은 '발전하다, 번영하다'라는 의미의 자동사입니다. 명사형은 주로 **ความเจริญ**이 사용됩니다. 합성어로도 많이 사용되는데, 대표적으로 **เจริญรุ่งเรือง**(번영하다), **เจริญเติบโต**(성장하다), **เจริญงอกงาม**(번창하다), **เจริญก้าวหน้า**(발전하다) 등이 있습니다.

1. ประเทศเกาหลีใต้เป็นประเทศที่**เจริญ**ด้านเทคโนโลยีมากประเทศหนึ่งในเอเชีย

   대한민국은 아시아에서 기술면으로 매우 발전한 나라중 하나다.

2. ชนบทขาดความ**เจริญ** กำลังรอรัฐบาลเข้ามาช่วยพัฒนา

시골은 발전이 덜 되어 정부의 개발을 기다리는 중이다.

3. ต้นไม้ที่เขาปลูกไว้เมื่อปีที่แล้ว**เจริญ**เติบโตขึ้นมาก

그가 작년에 심어두었던 나무가 엄청나게 자랐다.

4. ความ**เจริญ**ก้าวหน้าทางเทคโนโลยีทำให้โลกไร้พรมแดน

기술의 발전은 국경 없는 세계를 만들었다.

จ

เจอ

만나다 / **พบ**

동사 **เจอ**는 '만나다'의 비격식체 표현입니다. 격식체 표현인 **พบ**과 마찬가지로 '만나다' 또는 '발견하다'의 의미를 나타내기도 합니다. '만나다'라는 의미로 쓰일 때는 주로 참여자가 복수임을 나타내는 부사 **กัน**이 함께 쓰입니다.

1. ฉันนัด**เจอ**เขาที่หน้าห้างสรรพสินค้า

나는 백화점 앞에서 그를 만나기로 약속했다.

2. เขา**เจอ**แฟนเก่าที่ไม่ได้พบกันมานานด้วยความบังเอิญ

그는 우연히 안만난지 오래된 예전 애인을 만났다.

3. ตำรวจ**เจอ**หลักฐานในการสืบสวนเพิ่มขึ้น

경찰은 추가 수사에서 증거를 발견했다.

4. เขาหาบัตรประชาชนไม่**เจอ**

그는 주민등록증을 찾지 못했다.

เจาะ

뚫다 / 구멍을 뚫다: **เจาะรู**

태국어 **เจาะ**는 '(구멍을) 뚫다'라는 의미를 나타내는 타동사로, 목적어는 의미에 따라 주로 **รู**(구멍) 등이 뒤에 옵니다. 합성어로는 **ขุดเจาะ**(파서 뚫다), **(เฉพาะ)เจาะจง**(특정하다) 등이 쓰입니다.

1. หนู**เจาะ**รูสร้างบ้าน

   쥐가 구멍을 뚫어 집을 짓는다.

2. ช่าง**เจาะ**ผนังบ้านเสียงดังมาก

   기술자가 엄청 큰 소리로 벽을 뚫는다.

3. หล่อน**เจาะ**หู

   그녀는 귀를 뚫었다.

4. สามีของหล่อนเป็นวิศวกรขุด**เจาะ**แท่นน้ำมันกลางทะเล

   그녀의 남편은 바다의 한 가운데에서 기름을 채굴하는 기술자이다.

เจียว

(음식) 지지다, 부치다, 볶다

태국어 동사 **เจียว**는 조리방법을 나타내는 타동사로서, 튀김에 비해 비교적 기름을 조금 넣고 재료를 지지거나 부쳐내는 것을 의미합니다. 태국의 가장 일반적인 음식 중 하나인 **ไข่เจียว**는 계란을 부침개처럼 넓게 부쳐낸 것으로 속에 돼지고기나 새우 다진 것 등을 넣기도 합니다.

1. แม่**เจียว**ไข่อร่อยมาก

   엄마의 계란 부침은 매우 맛있다.

2. น้องชอบกินไข่**เจียว**หมูสับ

   동생은 '카이찌아우무쌉'을 좋아한다.

3. ก่อนเอาเนื้อลงไปผัดต้อง**เจียว**กระเทียมให้เหลืองหอมก่อน

고기를 넣기 전에 우선 마늘을 노랗고 향기롭게 볶아야 한다.

4. แม่**เจียว**หัวหอมเก็บเอาไว้โรยใส่ซุปหางวัว

엄마는 소꼬리 곰탕에 고명으로 올리기 위해 양파를 볶아 두셨다.

เจือจาง

희석하다, 묽다, 옅게 하다, 흐려지다

태국어 동사 **เจือจาง**은 한국어의 여러 가지 어휘에 대응되는 자동사입니다. 본래 **เจือ**는 '타다, 섞다, 희석하다'는 의미고, **จาง**은 '옅다, 흐리다'의 의미로 두 형태소가 결합하여 합성어로 사용하면 '묽다, 희석하다, 흐려지다, 옅게하다' 등으로 해석할 수 있습니다. 옅어지는 변화를 나타내기 위해 보통 부동사 **ลง**이 뒤에 따라나오는 경우가 많습니다.

1. รอยแผล**เจือจาง**ลงเพราะเธอทายาทุกวัน

그녀가 매일 약을 발라서 상처자국이 흐려졌다.

2. ปูนขาวจะทำให้กรดในดิน**เจือจาง**ลง

석회분은 땅의 산성을 희석시켜줄 것이다.

3. ความสัมพันธ์ของเราดู**เจือจาง**ลงไป

우리의 관계가 소원해진 것 같다.

4. เขาใส่น้ำลงไปในกรดน้ำส้มเพื่อทำให้**เจือจาง**ลง

그는 희석시키기 위해 오렌지주스의 산에 물을 넣었다.

แจก 나누다, 분배하다

태국어 동사 **แจก**은 '나누다, 분배하다'의 뜻이 있습니다. 나눠주는 물건이 목적어로 뒤에 오며, 수혜자가 간접목적어로 나타나는 경우 **ให้** 뒤에 오고 '~에게 나누어 주다'로 해석됩니다. 예컨대 **แจกหนังสือให้นักเรียน**이라는 문장은 '학생들에게 책을 나눠 주다'는 뜻이 됩니다. 합성어로 **แจกจ่าย** (나눠주다) 로도 쓰입니다.

1. เขา**แจก**เสื้อให้กับเด็กยากจน

   그는 가난하고 빈곤한 아이들에게 옷을 나눠 주었다.

2. ผู้อำนวยการโรงเรียน**แจก**ทุนการศึกษาให้แก่นักเรียนที่ขาดแคลนทุกปี

   학교 이사장은 어려운 학생들에게 매년 장학금을 나눠 준다.

3. เขาเดิน**แจก**ใบปลิวข้างทาง

   그는 길에서 걸으며 전단지를 배포하였다.

4. เขาได้รับ**แจก**ของช่วยเหลือผู้ประสบภัยจากน้ำท่วม

   그는 수해로 인한 구호 물자를 배분 받았다.

แจ้ง 알리다, 통보하다 / 신고하다: **แจ้งความ**

태국어 동사 **แจ้ง**은 '공지하다, 알리다, 통보하다'의 의미를 갖습니다. 보통은 공지하는 내용에 해당하는 명사가 목적어로 옵니다. '내용'이라는 의미의 명사 **ความ**이 뒤따라 와서 **แจ้งความ**의 형태로 사용하게 되면, '신고하다'라는 의미가 됩니다.

1. ฉันเรียน**แจ้ง**เรื่องนั้นให้อาจารย์ทราบแล้ว

   나는 교수님께 그 일을 알려 드렸다.

2. รัฐบาล**แจ้ง**ประกาศเตือนอุทกภัย

   정부는 수해를 경고하는 공지를 하였다.

3. เขาถูก**แจ้ง**ความข้อหาลักขโมย

그는 절도 용의자로 신고당했다.

4. เธอ**แจ้งความ**ให้ตำรวจดำเนินคดีกับโจรที่กระชากกระเป๋า

그녀는 경찰에 신고하여 가방 소매치기범 조사를 진행하게 했다.

แจ่ม(ใส) 맑다, 청초하다, 청량하다

จ

태국어 자동사 **แจ่ม**은 '밝다, 환하다'라는 의미를 가진 상태성 동사로서 비슷한 의미의 **ใส**와 함께 사용하면 마찬가지로 '맑다, 밝다, 청량하다, 청초하다'의 의미를 나타냅니다. 자동사이므로 목적어를 필요로 하지 않습니다.

1. วันนี้ท้องฟ้า**แจ่มใส**เหมาะแก่การเล่นน้ำทะเล

오늘 하늘이 맑아 바다에서 물놀이 하기에 적합하다.

2. เธอหน้าตา**แจ่มใส**มาก

그녀의 인상이 매우 밝다..

3. คุณย่าดู**แจ่มใส**ขึ้นมากหลังจากมาพักฟื้นที่ต่างจังหวัด

할머니는 지방에 오셔서 요양하신 이후로 얼굴이 많이 밝아 지셨다.

4. เขาทาปากสี**แจ่ม**มาก

그는 매우 밝은 색 립스틱을 발랐다.

โจมตี

공격하다, 습격하다

태국어 동사 **โจมตี**는 '공격하다, 습격하다'의 의미를 나타냅니다. 피동형으로 '공격을 받다'라고 표현하는 경우에는 **ถูก** 뒤에 위치합니다.

1. บริษัทถูก**โจมตี**จากคู่แข่ง
   회사가 경쟁 업체로부터 공격을 받는다.
2. ทหารถูกข้าศึก**โจมตี**
   군인이 적에게 공격을 받았다.
3. รัฐบาลถูกฝ่ายค้าน**โจมตี**อย่างหนัก
   정부가 야당에게 심하게 공격을 받는다.
4. หลายประเทศถูก**โจมตี**กรณีช่วยเหลือผู้ก่อการร้าย
   테러리스트를 원조한 건으로 많은 나라가 공격을 받았다.

ฉลอง 경축하다

태국어 타동사 **ฉลอง**은 '축하하다, 경축하다'의 의미를 나타냅니다. 합성어로는 **เฉลิมฉลอง** (경축하다) 가 사용됩니다.

1. วันนี้ที่บ้านของฉันจะจัดงาน**ฉลอง**วันเกิด
   오늘 내 집에서 생일축하파티를 열 예정이다.
2. รัฐบาลจัดงานเฉลิม**ฉลอง**ครบรอบ 60 ปีความสัมพันธ์ทางการทูตระหว่างประเทศไทยและสาธารณรัฐเกาหลี
   정부는 한-태 수교 60주년 경축행사를 열었다.
3. เขา**ฉลอง**ที่ได้รับเลื่อนตำแหน่ง
   그는 승진을 경축했다.
4. เรา**ฉลอง**ส่งท้ายปีเก่าต้อนรับปีใหม่ที่บริษัท
   우리 회사에서 송년회를 열었다.

ฉลาก

추첨하다, (제비)뽑다 / 상표, 라벨

태국어 **ฉลาก**은 동사로 '추첨하다'라는 뜻을 나타냅니다. **จับฉลาก**(제비뽑기하다, 추첨하다)의 형태로 사용되기도 합니다. 또한 명사로 '상표, 라벨' 등의 의미를 나타내는 경우가 많습니다.

1. เขาจับ**ฉลาก**ได้รางวัลที่ 1

   그는 추첨해서 1등 상품을 받았다.

2. แม่อ่าน**ฉลาก**สินค้าก่อนตัดสินใจซื้อ

   엄마는 제품을 사기로 결정하기 전 라벨을 읽어본다.

3. **ฉลาก**สินค้ามีรายละเอียดครบถ้วน

   제품 라벨에 충분한 상세설명이 있다.

4. เขาซื้อตู้เย็นที่มี**ฉลาก**ประหยัดไฟเบอร์ 5

   그는 절전 5등급 라벨이 있는 냉장고를 샀다.

ฉลาด

영리하다, 총명하다, 현명하다

태국어 자동사 **ฉลาด**은 '똑똑하다, 영리하다, 총명하다, 현명하다' 등의 의미를 나타냅니다. 단독으로도 많이 쓰이며, 합성어로는 주로 **เฉลียวฉลาด**(총명하다)가 많이 쓰입니다. 관용구로 **ฉลาดแกมโกง**은 직역하면 '사기가 섞인 총명함'이라는 뜻으로 '교활하다, 간교하다' 등의 부정적인 의미를 나타냅니다.

1. เขาเป็นคนที่**ฉลาด**ที่สุดในกลุ่ม

   그는 그룹 내에서 가장 총명한 사람이다.

2. สุนัขเป็นสัตว์ที่**ฉลาด**มาก

   개는 매우 영리한 동물이다.

3. เขา**ฉลาด**แกมโกงในการทำธุรกิจ

그는 사업에서 교활한 수법을 썼다.

4. เด็ก**ฉลาด**ชาติเจริญ

어린이가 총명하면 국가가 발전한다. ,

ฉาบ

피막을 입히다, 겉칠하다, 도금하다

태국어 타동사 **ฉาบ**은 '겉에 칠을 하다, 막을 입히다, 도금하다' 등의 의미로 사용되는 어휘입니다. 주로 뒤에 칠을 하는 대상이나 재료가 목적어로 옵니다.

1. ช่าง**ฉาบ**ปูนเรียบเนียนสวยมาก

기술자가 회칠을 세밀하고 깔끔하게 잘 했다.

2. พวกเราช่วยกัน**ฉาบ**ผนังห้องกันจนเสร็จ

우리들은 서로 도와 방 벽 칠을 끝냈다.

3. กล้วยฉาบถูก**ฉาบ**ด้วยน้ำตาล

끌루어이찹은 설탕이 입혀져 있다.

4. หน้าของหล่อน**ฉาบ**ด้วยรอยยิ้มแต่ภายในใจมีแต่ความอิจฉา

그녀의 얼굴은 미소가 덧씌워져 있어지만 마음속은 부러움으로 가득찼다.

ฉีก 찢다

태국어 동사 **ฉีก**은 타동사로 '찢다' 또는 자동사로 '찢어지다'의 의미로 해석 됩니다. 관용적으로 **ฉีกหน้า**(얼굴을 찢다)는 '모욕을 주다, 창피를 주다'라는 의미로 유의어로는 **หักหน้า**(얼굴을 부러뜨리다)가 있습니다.

1. เขา**ฉีก**รูปถ่ายเก่าๆ ทิ้งจนหมด

   그는 예전 사진을 모두 찢어버렸다.

2. เด็กๆ **ฉีก**กระดาษเพื่อทำงานศิลปะ

   아이들은 공예 작업을 위해 종이를 찢었다.

3. เขาพูดจา**ฉีก**หน้าเธอในที่ประชุม

   그는 회의에서 그녀의 면전에 창피를 주는 언사를 했다.

4. เขาเดินสะดุดประตูจนเล็บเท้า**ฉีก**

   그는 문에 발이 걸려 넘어지면서 발톱이 찢어졌다.

ฉีด 주사놓다, 분사하다, 뿜다

태국어 동사 **ฉีด**은 '분사하다, 투여하다, 뿜다' 등의 뜻을 나타냅니다. 의미에 따라 주로 **ฉีดน้ำ**(물을 뿌리다), **ฉีดยา**(주사를 놓다, 투약하다) 등의 목적어가 후행하여 쓰입니다. 합성어로 **สูบฉีด**은 '빨아들여서 뿜다', '펌핑하다'의 의미가 됩니다.

1. หมอ**ฉีด**ยาแก้ปวดให้คนไข้

   의사는 환자에게 진통제를 주사했다.

2. หมอบอกว่าเลือดในร่างกายเขาสูบ**ฉีด**ดีมาก

   의사가 그의 몸의 혈액이 순환이 잘 된다고 한다.

3. คนสวน**ฉีด**น้ำรดต้นไม้ทุกวัน

정원사는 매일 나무에 물을 뿌려 준다.

4. หัวใจของเรามีหน้าที่สูบ**ฉีด**โลหิต

우리의 심장은 혈액을 공급하는 역할을 한다.

ฉุก(เฉิน)　갑자기 발생하다, 위급하다

태국어 동사 **ฉุก**은 '갑자기 발생하다'의 의미입니다. 단독으로 쓰이는 경우도 있지만 주로 합성어 **ฉุกเฉิน**의 형태로 쓰여 '위급하다'의 뜻을 나타냅니다.

1. เขามีเหตุ**ฉุกเฉิน**เลยต้องลางานกะทันหัน

그는 위급한 상황이 생겨서 갑자기 병가를 내야 했다.

2. ไฟ**ฉุกเฉิน**แจ้งเตือนไปทั่วอาคาร

비상등이 온 건물에 경고를 울렸다.

3. รัฐบาลออกพระราชบัญญัติ**ฉุกเฉิน**

정부가 긴급 조례 칙령을 발표했다.

4. เขา**ฉุก**คิดได้ทันท่วงทีว่านี่คือกลลวง

그는 문득 이것이 영락없는 사기라는 것을 깨달았다.

เฉย

가만히 있다, 덤덤하다, 그저 그렇다.

태국어 동사 **เฉย**는 '무덤덤하다, 가만히 있다, 그저 그렇다' 등의 뜻을 나타내는 단어입니다. 주로 동사 뒤에서 부사의기능을 하게 되면 반복을 해서 쓰는 경우가 많습니다. 합성어로는 **เมินเฉย**(무시하다, 모른체 하다), **นิ่งเฉย**(가만히 있다), **เฉยชา**(무관심하다, 차갑다) 등이 쓰입니다.

1. เขานั่ง**เฉยๆ** บนเก้าอี้

   그는 의자에 그냥 앉아있다.

2. เขาทำท่าทาง**เฉย**มากเวลาที่โดนพ่อดุ

   그는 아버지께 꾸중을 들을때 아주 무덤덤한 모습이다.

3. เธอ**เฉย**ชากับเขามากเกินไป

   그는 그에게 지나치게 무관심하다.

4. เขาทำเป็นนิ่ง**เฉย**แต่ในใจครุ่นคิดเรื่องนี้ตลอดเวลา

   그는 아무렇지 않은 척하지만 마음속으론이 일을 항상 고민한다.

เฉลย

해답하다, 설명하다, 해설하다

태국어 타동사 **เฉลย**는 '해답하다, 설명하다, 해설하다' 등의 의미를 지닙니다. 문맥에 따라 목적어는 주로 '해답, 문제, 숙제' 등의 어휘가 따라 옵니다.

1. เพื่อน**เฉลย**ปริศนาอักษรไขว้ข้อนั้น

   친구가 그 낱말맞추기 해답을 알려 주었다.

2. คุณครู**เฉลย**การบ้านให้นักเรียนตอนท้ายชั่วโมง

   선생님께서 수업시간 끝날 때 쯤 학생들에게 숙제를 설명하신다.

3. เขา**เฉลย**เหตุผลที่แท้จริงให้เพื่อนๆฟัง

그는 친구들에게 진짜 원인을 설명해 주었다.

4. เธอไม่อาจ**เฉลย**ความในใจที่มีต่อเขาได้

그녀는 그에 대해 가지고 있는 속마음을 보여줄 수 없을 것이다.

เฉลิม 축하하다, 경축하다

태국어 동사 **เฉลิม**는 '축하하다, 경축하다'라는 의미를 지닌 어휘로서 단독으로는 거의 사용하지 않고 주로 유의어 동사 **ฉลอง**과 함께 **เฉลิมฉลอง**의 형태로 쓰입니다.

1. พวกเรา**เฉลิม**ฉลองกันอย่างสนุกสนาน

우리들은 아주 재미있고 즐겁게 축하했다.

2. เขา**เฉลิม**ฉลองหลังจากที่ได้เลื่อนตำแหน่ง

그는 승진을 하게 되어 축하를 나눴다.

3. เทศกาลปีใหม่เป็นเทศกาลแห่งการ**เฉลิม**ฉลอง

새해 명절은 축하의 명절이다.

4. บริษัทจัดงาน**เฉลิม**ฉลองในโอกาสทำกำไรเพิ่มขึ้นอีก 100 %

회사는 추가 이익 100% 달성을 기념하는 경축행사를 했다.

เฉลี่ย

평균하다, 고르게 나누다

태국어 동사 **เฉลี่ย**는 '평균하다, 고르게 나누다라'는 의미를 나타냅니다. '돈' 등의 목적어가 뒤따라오기도 하는데 주로는 수사 앞에서 '평균'이라는 수식어로 많이 사용됩니다. 한편 합성어로 '평균값'은 **ค่าเฉลี่ย**로 표현하며, 부사구로 '평균적으로'의 경우는 **โดยเฉลี่ย**로 표현합니다.

1. วันนี้อุณหภูมิ**เฉลี่ย** 28 องศาเซลเซียส

   오늘의 기온은 평균 섭씨 28도이다.

2. ทุกคน**เฉลี่ย**เงินเพื่อจ่ายค่าอาหาร

   식사비용을 내기 위해 모두 돈을 고르게 나눴다.

3. เขามีรายได้**เฉลี่ย**วันละ 400 – 500 บาท

   그의 일 수입은 평균 400~500바트이다.

4. เทอมนี้น้องเรียนได้เกรด**เฉลี่ย** 4. 00

   이번 학기 동생은 평점 4.00을 받았다.

เฉียง

경사지다, 기울다

태국어 동사 **เฉียง**은 '경사지다, 기울어지다'라는 의미입니다. 주로 동사구의 뒤에서 부사로 '기울어지게, 사선으로, 삐딱하게'의 의미로 많이 사용됩니다. 한편, 방위를 나타낼 때 정방향이 아닌 경우 **เฉียง**을 사용합니다. **ภาคตะวันออกเฉียงเหนือ**는 '북동부', **ภาคตะวันตกเฉียงใต้**는 '남서부'가 됩니다. 동남아시아는 **เอเชียตะวันออกเฉียงใต้**로 표현합니다.

1. เขาเดิน**เฉียง**ไป**เฉียง**มา

   그는 지그재그로 걷는다.

2. คนสมัยก่อนห่มสไบ**เฉียง**

   옛날 사람들은 싸바이천을 사선으로 몸에 둘렀다.

3. เขาวิ่ง**เฉียง**ไป**เฉียง**มาทำให้เวียนหัว

그는 지그재그로 뛰어 머리를 어지럽게 했다.

4. เขายืน**เฉียง**ไปทางทิศเหนือ

그는 북향으로 기울어 섰다.

เฉียบ

예리하다, 뾰족하다

태국어 동사 **เฉียบ**은 '예리하다, 뾰족하다'라는 의미를 가지고 있습니다. 여기에서 비롯된 합성어로는 **เฉียบแหลม**(예리하다, 날카롭다), **เฉียบขาด**(단호하다, 엄격하다, 단연코), **เฉียบพลัน**(재빠르다, 신속하다, 급성의) 등이 있습니다.

1. เขาเป็นคน**เฉียบแหลม**มาก

그는 굉장히 예리한 사람이다.

2. เขาตัดสินใจ**เฉียบพลัน**เกินไป

그는 너무 성급히 결정했다.

3. หัวหน้า**เฉียบ**ขาดมากในการทำงาน

팀장은 일에 있어서 매우 단호하다.

4. ฝีมือการชกมวยไทยของเขา**เฉียบขาด**ที่สุด

그의 무에타이 실력은 단연코 제일이다.

ชก

(주먹으로) 때리다, 치다

태국어 동사 **ชก**은 '(주먹으로) 때리거나 치다'의 의미를 나타냅니다. 주로 권투를 하듯이 펀치를 때리는 동작을 나타내는 말로, 목적어는 권투라는 말이 오거나 맞는 대상이 옵니다. 관용구로 **มัดมือชก**은 직역하면 '손을 묶고 주먹으로 때리다'라는 뜻으로, 선택권을 주지 않고 어떤 일을 하도록 강요하는 것을 빗대어 사용하는 표현입니다.

1. เขา**ชก**เพื่อนจนสลบ

   그는 친구를 기절할 정도로 때렸다.

2. นักมวยคนนั้น**ชก**คู่ต่อสู้ล้มกลางเวที

   그 권투 선수는 무대 위에서 상대 선수를 K.O. 시켰다.

3. เขา**ชก**มวยเก่งมาก

   그는 권투를 매우 잘한다.

4. เขาถูกมัดมือ**ชก**ให้เป็นหัวหน้า

   그는 선택의 여지없이 팀장을 맡게 돼 버렸다.

ชง

(커피를) 타다, (약을) 달이다 / 상극이다

태국어 동사 **ชง**은 타동사로 커피나 약을 타거나 달이는 것을 의미합니다. 한편, 자동사로 쓰이는 경우 '(남녀가 서로)상극이다', 또는 '안좋은 운이 들다'라는 의미를 나타내기도 하는데, 예를 들어 **ปีชง**은 우리말의 '삼재'에 해당하는 표현입니다.

1. เลขาคนนี้**ชง**กาแฟอร่อยมาก

   이 비서가 커피를 아주 맛있게 잘 탄다.

2. หล่อนกำลังเรียนวิธี**ชง**ชา

   그녀는 차를 달이는 방법을 배우고 있다.

3. แม่**ชง**นมให้ลูก

   엄마가 아기에게 우유를 타 준다.

4. แม่**ชง**น้ำมะนาวกับเกลือให้ลูกดื่มแก้ไอ

   엄마가 아이의 기침을 멎게 하기 위해 라임주스에 소금을 타 먹인다.

ชด

배상하다, 보상하다: **ชดเชย**

태국어 동사 **ชด**은 '보상하다', '배상하다'의 의미를 나타냅니다. 단독으로도 쓰이지만, 주로는 합성어 **ชดเชย**(보상하다, 보충하다), **ชดใช้**(손해를 배상하다) 등으로 더 많이 쓰입니다. 타동사로 목적어가 따라 나옵니다.

1. เขา**ชดเชย**ค่าเสียหายให้กับคู่กรณี

   그는 상대방에게 손실비용을 배상했다.

2. บริษัทประกันชีวิตต้อง**ชดเชย**ค่าเสียหายให้กับผู้ทำประกัน

   보험회사는 보험가입자에게 손실비용을 배상해야한다.

3. เธอ**ชดใช้**ค่าเสียหายให้กับบริษัท

그녀는 회사에 손해비용을 배상했다.

4. พรุ่งนี้เป็นวันหยุด**ชดเชย**วันขึ้นปีใหม่

내일은 신년 대체 휴무일이다.

ชน

부딪치다, 충돌하다 / 건배: **ชนแก้ว**

태국어 동사 **ชน**은 '부딪치다, 충돌하다라'는 의미입니다. 보통 목적어가 바로 뒤따라와 쓰이기도 하고, 전치사 **กับ**으로 연결 되기도 합니다. 잔과 잔을 부딪힌다는 의미로 **ชนแก้ว**라고 하면 우리말의 '건배' 에 해당하는 표현이 됩니다.

1. รถแท็กซี่**ชน**กับรถเมล์มีผู้ได้รับบาดเจ็บหลายคน

택시와 버스가 충돌하여 많은 부상자가 발생했다.

2. เขาเดิน**ชน**ประตูหัวแตก

그는 걷다 문에 부딪혀 머리가 깨졌다.

3. แขกในงาน**ชน**แก้วฉลองความยินดีให้กับคู่บ่าวสาว

예식에 참석한 손님들은 신랑신부를 축하하며 건배를 했다.

4. รถไฟ**ชน**กันจนตกราง

기차가 충돌하여 탈선했다.

ชนะ

승리하다, 이기다 / 우승하다: **ชนะเลิศ**

태국어 동사 **ชนะ**는 '승리하다, 이기다'라는 의미로 뒤에 목적어가 따라 나옵니다. '탁월하다'의 의미를 가진 **เลิศ**과 함께 쓰이면 '우승하다'의 의미를 나타내며, '마음'이라는 의미의 **ใจ**와 함께 쓰면 '환심을 사다, 선호를 받다', '마음을 사다' 등의 의미가 됩니다.

1. เขาได้รับรางวัล**ชนะเลิศ**ในการแข่งขันวาดภาพ

   그는 그림 그리기 경기에서 대상을 받았다.

2. ทีมชาติไทย**ชนะ**การแข่งขันฟุตบอลอาเซียน

   태국팀이 아세안 축구대회에서 승리하였다.

3. เขา**ชนะ**พนัน

   그는 도박에서 이겼다.

4. บทบาทการแสดงของนักแสดงคนนั้น**ชนะ**ใจคนดูทั่วโลก

   그 배우의 역할은 전세계 시청자의 마음을 샀다.

ชม

보다, 구경하다 / 칭찬하다: **ชมเชย**

태국어 동사 **ชม**은 '구경하다, 보다'의 의미를 나타내는 타동사입니다. 단독으로 쓰이기도 하고, '보다'라는 의미를 가진 동사 **ดู**와 함께 **ชมดู**로 사용하는 경우가 많습니다. 한편, 다른 의미로 '칭찬하다'의 의미를 나타내기도 하는데이 경우 역시 단독으로 쓰이기도 하지만 합성어로 **ชมเชย**(칭찬하다), **ชื่นชม**(흐뭇하다) 등으로 사용되기도 합니다. 역시 타동사로 목적어가 후행합니다.

1. อาจารย์**ชมเชย**นักเรียนที่ประพฤติตัวดี

   교수님은 품행이 바른 학생을 칭찬하였다.

2. พวกเราเข้า**ชม**นิทรรศการภาพถ่าย

   우리들은 사진 전시회에 들어가 구경했다.

3. เขา**ชม**เธออยู่บ่อยครั้งว่าเธอสวย

그는 그녀가 아름답다고 여러번 칭찬을 해 왔다.

4. ดอกกล้วยไม้บานน่า**ชม**

난꽃이 피어서 볼만하다.

ชวน

권하다, 권유하다

태국어 동사 **ชวน**은 '권하다, 권유하다'라는 의미를 나타내는 타동사입니다. 주로 이중 목적어 동사 구문과 같이 사용되면서 직접 목적어는 권하는 내용이 절의 형태로 나타날 수 있습니다. 한국어로는 보통 '~하자고 하다'로 해석됩니다.

ช

1. เขา**ชวน**เธอไปเที่ยวภูเก็ต

그는 그녀에게 푸켓에 놀러가자고 권한다.

2. พ่อ**ชวน**เด็กๆไปเล่นน้ำทะเล

아버지는 아이들에게 바다에 물놀이 하러가자고 했다.

3. แม่บอกว่าอย่าไปหลงเชื่อโฆษณา**ชวน**เชื่อ

엄마는 현혹성 광고에 속아 믿지 말라고 말했다.

4. เธอตอบรับคำ**ชวน**ให้ไปเที่ยวประเทศเกาหลีใต้

그녀는 한국 여행을 권하는 초대장에 회신하였다.

ช่วย

돕다, 도와주다

태국어 동사 **ช่วย**는 타동사로 돕다의 의미를 지닙니다. **ชวน**과 마찬가지로 구문은 주로 이중 목적어 동사 구문처럼 사용되면서 직접 목적어는 돕는 내용이 절의 형태로 나타날 수 있습니다. 간략하게는 주어와 대상이 생략되는 경우도 많아서 맥락을 보고 해석해야 하는데, 주로 동사구 앞에서 **ช่วย** 가 쓰이면 '~해 주세요'의 의미로 쓰이는 경우가 많습니다. 대표적인 합성어로는 **ช่วยเหลือ**(돕다, 원조하다) 가 있습니다.

1. เขา**ช่วย**คนตกน้ำ

   그는 물에 빠진 사람을 도왔다.

2. สมศรี**ช่วย**แม่ทำกับข้าวทุกวันตอนเย็น

   쏨씨는 매일 저녁 엄마가 밥하는 것을 돕는다.

3. เด็กๆ **ช่วย**กันทำความสะอาดห้องเรียนหลังเลิกเรียน

   아이들은 방과 후 서로 도와 교실을 청소하였다.

4. พวกเรารวบรวมเงิน**ช่วยเหลือ**ผู้ประสบภัยน้ำท่วม

   우리들은 돈을 모아 수해 이재민을 도왔다.

ชอบ

좋아하다 / 부합하다 / 책임지다: **รับผิดชอบ**
합법적이다: **ชอบด้วยกฎหมาย** 정당하다: **ชอบธรรม**

태국어 동사 **ชอบ**은 매우 빈번히 사용되고 다양한 의미를 나타내는 동사입니다. 대표적으로 '좋아하다'의 의미로 사용되는 경우 타동사로서 명사구가 목적어로 오거나, 동사구가 목적절로 바로 올 수도 있습니다. 예컨대, **ฉันชอบอาหารไทย**(나는 태국 음식을 좋아한다)와 **ฉันชอบกินอาหารไทย**(나는 태국 음식을 먹는 것을 좋아한다) 모두 맞는 표현입니다. 또한 '자주~한다'의 의미로, **เขาชอบเป็นหวัด**(그는 감기에 잘 걸린다) 등으로도 사용됩니다. 한편 또 다른 주요 의미로 '정당하다, 옳다'의 의미가 있는데이 경우 주로 합성어로 **รับผิดชอบ**(책임지다), **ชอบธรรม**(정당하다, 정의롭다) 등과 같이 사용됩니다.

1. น้อง**ชอบ**ไปเที่ยวทะเล

   동생은 바다에 놀러가는것을 좋아한다.

2. เขา**รับผิดชอบ**ต่อสิ่งที่ทำเสมอ

그는 언제나 자신의 일에 책임을 진다.

3. ตุลาการเป็นผู้ที่ประพฤติ**ชอบ**ด้วยกฎหมาย

법관은 법에 맞게 올바로 행동하는 사람이다.

4. เขาเป็นผู้**ชอบ**ธรรมตามกฎหมาย

그는 법에 따라 정당한 사람이다.

ชักชวน 권하다 / 꾀다

태국어 타동사 **ชักชวน**은 '권하다, 꾀다'라는 뜻입니다. '확 끌어당기다'라는 의미의 **ชัก** 이라는 동사가 **ชวน**(권하다)과 결합한 합성어입니다.

1. เขา**ชักชวน**พวกเราไปเที่ยวต่างประเทศ

그는 우리들에게 해외에 놀러가자고 권했다.

2. เจ้าหน้าที่ของรัฐ**ชักชวน**ให้ประชาชนออกมาใช้สิทธิเลือกตั้ง

정부 관리들이 국민이 선거권을 행사하도록 권유한다.

3. คนนั้นหลอกล่อ**ชักชวน**เพื่อนให้ลองเสพยาเสพติด

그 사람은 친구에게 마약을 하도록 유혹하였다.

4. เราจะไม่ยอมให้ใคร**ชักชวน**ไปในทางที่เสื่อมเสีย

우리는 그 누구도 우리를 타락의 길로 유혹하지 못하도록 할 것이다.

ช

ชัง

싫어하다, 미워하다

태국어 동사 **ชัง**은 '싫어하다, 미워하다'의 의미로 주로 '미워하다'라는 의미의 동사 **เกลียด**과 함께 사용됩니다. 타동사로 목적어를 동반합니다. 앞에 **น่า**를 붙여서 **น่าชัง**은 '밉살맞다'의 의미를 갖게 되는데, **น่าเกลียดน่าชัง** 또는 **น่ารักน่าชัง** 이라고 하면 아이들에게 써서 '귀엽다, 사랑스럽다'의 의미를 나타내기도 합니다.

1. ฉันรู้สึก**ชัง**เขามากที่เขาแสดงกิริยาเช่นนั้นออกมา

   나는 그의 그런 행동거지가 나올 때마다 그가 싫어진다.

2. เขาเกลียด**ชัง**เพื่อนร่วมงานที่คดโกงบริษัท

   그는 회사에서 부정을 저지르는 동료가 밉다.

3. เด็กคนนี้น่าเกลียดน่า**ชัง**มาก

   그 아이는 아주 귀엽다.

4. พ่อเลี้ยงใจร้ายมองลูกเลี้ยงด้วยความชิง**ชัง**

   마음씨 나쁜 계부가 의붓자식을 미워한다.

ชั่ง

(무게를) 재다, 달다

태국어 동사 **ชั่ง**은 '무게를 재다'라는 뜻입니다. 의미에 따라 주로 목적어로는 '무게' 또는 무게를 재는 대상물을 뜻하는 명사가 옵니다. 한편 '마음'이라는 뜻의 **ใจ**와 함께 쓰여 **ชั่งใจ**라고 하면 '(마음을 이리 재고 저리 재듯 신중히) 심사숙고하다'라는 의미가 되며, **ยับยั้งชั่งใจ**는 '마음을 억제하고 다스린다'는 의미를 나타냅니다.

1. ฉัน**ชั่ง**น้ำหนักตัว

   나는 몸무게를 잰다.

2. แม่ค้า**ชั่ง**ผลไม้ให้ลูกค้า

   상인이 손님에게 과일의 무게를 달아준다.

3. เขา**ชั่งใจ**อยู่ว่าจะไปเที่ยวทะเลหรือน้ำตก

그는 여행을 바다로 갈 것인지 폭포로 갈 것인지 숙고하고 있다.

4. เขาต้อง**ยับยั้งชั่งใจ**ไม่ทำความชั่ว

그는 악행을 피하기 위해 마음을 다스려야 한다.

ชัด(เจน) 분명하다, 명백하다

동사 **ชัด** 또는 **ชัดเจน**은 '분명하다, 명백하다'라는 뜻입니다. 자동사로 사용되기도 하고, 부사로도 자주 사용됩니다. 합성어로 **คมชัด**(선명하다, 뚜렷하다), **เด่นชัด**(명확하다) 등이 사용되기도 합니다.

ช

1. หล่อนพูดจา**ชัด**ถ้อย**ชัด**คำ

그녀는 한마디 한마디 분명히 말한다.

2. โทรทัศน์เครื่องนี้ภาพ**คมชัด**มาก

이 텔레비전은 화면이 매우 선명하다.

3. เขาติดสินใจอย่าง**ชัดเจน**ว่าจะไม่ทำงานนั้น

그는 그 일을 하지 않겠다는 결정을 분명히 했다.

4. คนสายตาสั้นจะมองสิ่งที่อยู่ไกลไม่**ชัด**

근시안인 사람은 멀리있는 사물이 잘 보이지 않는다.

ชัย(ชนะ) 승리하다, 이기다

동사 **ชัย**는 '승리하다, 이기다'의 의미로, **ชนะ**와 동의어입니다. 주로 **ชัยชนะ**의 형태로 많이 쓰이며 단독으로 쓸 때는 명사로 '승리'라는 의미로 **มีชัย**(승리가 있다)와 같은 형태로 나타납니다.

1. ฝ่ายพันธมิตรได้รับ**ชัย**ชนะในสงครามโลกครั้งที่ 2

   연합군은 2차 세계대전에서 승리하였다.

2. ทีมฟุตบอลไทยได้รับ**ชัย**ชนะในการแข่งขันครั้งนี้

   태국 축구팀이 이번 경기에서 승리하였다.

3. ผู้เข้าแข่งขันทุกคนต้องการ**ชัย**ชนะในการแข่งขัน

   대회에 참여한 모든 사람은 경기에서 승리하기를 원한다.

4. ผู้อำนวยการอวยพรให้นักเรียนโชคดีมี**ชัย**ในการแข่งขัน

   이사장은 대회에서 학생들의 행운과 승리에 대해 덕담을 했다.

ชั่ว 악하다, 나쁘다

태국어 자동사 **ชั่ว**는 '악하다, 나쁘다'의 의미를 가지며, 서술어, 부사로 쓰이거나 명사를 수식할 수 있습니다. 불교의 주요 가르침 중에서 태국인들이 생활에서 항상 새기는 말로 **ทำดีได้ดี ทำชั่วได้ชั่ว** 가 있는데 이는 '선행을 하면 선업을 받고, 악행을 하면 악업을 받는다', 즉 인과응보라는 뜻을 나타냅니다. 한편, '기간, 시대'라는 의미도 있는데 **ชั่วโมง**(시간), **ชั่วชีวิต**(평생), **ชั่วนิรันดร์**(영원히), **ชั่วอายุคน**(세대) 등의 표현에서 볼 수 있습니다.

1. เขา**ชั่ว**มากที่ฆ่าพ่อของตัวเอง

   그는 자신의 아버지를 살해한 패륜아다.

2. คน**ชั่ว**มักได้รับผลกรรมในภายหลัง

   악한 사람은 후에 업보의 결과를 받는다.

3. เขาเป็นคน**ชั่ว**ช้า

그는 비열한 사람이다.

4. เขารอเธอมา**ชั่ว**ชีวิต

그는 그녀를 평생 기다려왔다.

ช้า

느리다, 늦다 / 꾸물대다: **ชักช้า** 머지않아: **ในไม่ช้า**

태국어 자동사 **ช้า**는 '느리다, 늦다'의 뜻으로 서술어로 쓰이거나 부사로 쓰입니다. 그 외에 합성어로는 **ชักช้า**(꾸물대다), **เฉื่อยช้า**(굼뜨다), **เชื่องช้า**(느릿느릿하다) 등이 있습니다. 부사구로 **ในไม่ช้า**는 한국어 '머지 않아'에 대응됩니다.

ช

1. รถของเขาวิ่ง**ช้า**มาก

그의 차는 매우 느리다.

2. เขาจะมาถึงในไม่**ช้า**

그는 머지 않아 도착할 것이다.

3. เธอทำงาน**ชักช้า**มาก

그녀는 엄청 꾸물대며 일한다.

4. นักเรียนมา**ช้า**ไป 10 นาที

학생이 10분 늦게 왔다

ชาญ

능숙하다, 숙련되어 있다 / 전문가: **ผู้เชี่ยวชาญ**

태국어 자동사 **ชาญ**은 '정통하다, 능숙하다, 숙련되다'의 의미를 나타냅니다. 단독으로 쓰이기 보다는 주로 합성어로 **เชี่ยวชาญ**의 형태로 많이 쓰입니다. 전문가는 **ผู้เชี่ยวชาญ**으로 표현합니다.

1. เขาเป็นหมอ**ผู้เชี่ยวชาญ**ด้านหัวใจ

   그는 심장 전문의이다.

2. เขา**เชี่ยวชาญ**ด้านการลงทุน

   그는 투자 전문가이다.

3. หล่อนอธิบายประวัติศาสตร์เกาหลีได้อย่าง**เชี่ยวชาญ**มาก

   그녀는 한국역사를 능숙하게 설명하였다.

4. เขา**เชี่ยวชาญ**ในการรบ

   그는 전투에 정통하다.

ช้ำ

멍들다

태국어 동사 **ช้ำ**은 '멍들다'의 의미를 나타냅니다. 단독으로 쓰이기도 하지만 합성어의 형태로, **เจ็บช้ำ**(상처받다) **ชอกช้ำ**(멍들다) **บอบช้ำ**(곪다) **บวมช้ำ**(붓고 멍들다) 등의 형태로 나타날 수 있습니다.

1. ขา**ช้ำ**เพราะเดินชนโต๊ะ

   걷다 책상에 부딪혀 다리에 멍이 들었다.

2. เขาบอบ**ช้ำ**ไปทั้งตัวเพราะรถจักรยานยนต์ล้ม

   그는 오토바이가 넘어져 온몸에 멍이 들었다.

3. หญิงสาวตาบวม**ช้ำ**มาจากการร้องไห้อย่างหนัก

여자는 심하게 울어서 눈이 부어서 왔다.

4. เขาชอก**ช้ำ**หัวใจที่ถูกคนรักบอกเลิก

그는 사랑하는 사람에게 차여 가슴이 멍들었다.

ชำนาญ 전문성이 있다, 숙련되다, 노련하다

태국어 동사 **ชำนาญ**은 '전문성이 있다, 숙련되다, 노련하다'의 의미를 나타냅니다. 단독으로 서술어로 쓰기도 하지만, 주로 격식체에서 **มีความชำนาญ(ใน)ด้าน...**의 형태로 써서 '…방면에 전문성이 있다'의 의미로 사용됩니다.

ช

1. เธอเป็นผู้**ชำนาญ**ด้านภาษาไทย

그녀는 태국어 숙련자이다.

2. อาจารย์มีความ**ชำนาญ**ในเรื่องประวัติศาสตร์

교수님은 역사학 방면 전문가시다.

3. เขา**ชำนาญ**ในการแกะสลักไม้

그는 나무 조각 전문가다.

4. พ่อขับรถอย่าง**ชำนาญ**เส้นทาง

아버지는 길을 잘 찾으며 운전하였다.

ชำร่วย

사례하다, 선물하다 / 답례품: **ของชำร่วย**

태국어 동사 **ชำร่วย**는 '사례하다, 선물하다'의 의미로, 주로 결혼식 등의 행사에 참석한 손님들에게 주는 답례품을 일컬을 때 사용되는 말입니다. 명사로 답례품은 **ของชำร่วย**로 표현합니다.

1. แขกผู้ร่วมงานได้รับของ**ชำร่วย**ในงานแต่งงาน

   결혼식에 참석한 하객들은 결혼식 답례품을 받았다.

2. คู่บ่าวสาวให้ตะเกียบเป็นของ**ชำร่วย**ในงานแต่งงาน

   신랑신부는 결혼식 답례품으로 젓가락을 주었다.

3. เธอเปิดร้านขายของ**ชำร่วย**

   그녀는 답례품 판매 가게를 열었다.

4. ของ**ชำร่วย**งานนี้เป็นกระเป๋าราคาแพง

   이 행사의 답례품은 비싼 가방이다.

ชำระ

지불하다 / 깨끗하게 씻다 / 휴지: **กระดาษชำระ**

태국어 동사 **ชำระ**는 '돈이나 세금 등을 지불하다'의 의미를 나타내기도 하고 '정화하다, 깨끗이 씻다'의 뜻으로 쓰이기도 합니다. 단독으로도 쓰이지만 씻다 라는 의미의 동사 **ล้าง**과 함께 쓰이기도 합니다. **กระดาษชำระ**는 '닦는 종이'라는 뜻인데 주로 화장실에서 사용하는 두루말이 휴지를 지칭합니다.

1. พ่อ**ชำระ**ค่าไฟ

   아버지는 전기세를 지불하셨다.

2. น้องชาย**ชำระ**ล้างโคลนที่เปื้อนตามตัว

   남동생은 몸에 묻은 진흙을 깨끗하게 씻었다.

3. เขาใช้กระดาษ**ชำระ**เช็ดปากหลังรับประทานข้าว

그는 식사를 한 후 휴지로 입을 닦았다.

4. เขา**ชำระ**สิ่งสกปรกออกจากร่างกาย

그는 신체에서 나온 노폐물을 깨끗하게 씻었다.

ชิง

다투다, 경쟁하다

태국어 동사 **ชิง**은 '다투다, 경쟁하다, 경합하다'의 의미를 나타내는 타동사로, 단독으로 쓰이거나 **แย่งชิง**(쟁탈하다), **ช่วงชิง**(쟁탈하다, 강탈하다) 등의 합성어 형태로도 쓰입니다.

ช

1. โจรบุกเข้า**ชิง**ทรัพย์ในร้านขายทอง

강도가 금은방에서 금품을 훔쳤다.

2. ภาพยนตร์เรื่องนี้ได้รับเข้า**ชิง**รางวัลในเทศกาลภาพยนตร์ที่พูซาน

이 영화는 부산영화제에서 경쟁부문에 진출했다.

3. เขาถูกโจร**ชิง**ทรัพย์

그는 강도에게 금품을 빼앗겼다

4. ลูกๆ แย่ง**ชิง**ขนมที่พ่อซื้อมาให้จากต่างประเทศ

아이들이 아버지가 해외에서 사온 과자를 가지고 다툰다.

ชิด

붙다, 접하다, 접근하다

태국어 동사 **ชิด**은 '붙다, 접하다, 접근하다'의 의미를 나타내며 자동사 또는 타동사로 쓰입니다. 예컨대 **ตัวชิดกัน**(몸이 서로 밀착하다)에서는 자동사로 사용되었으나 **ชิดซ้าย**(왼쪽으로 붙다) **ชิดขวา**오른쪽으로 붙다) 등에서는 타동사로 사용된 것을 볼 수 있습니다. 한편 **ยืนชิด ๆ กัน**(서로 붙어 서 있다)에서 처럼 동사구 뒤에 와서 부사로 쓰일 수도 있습니다. 합성어로는 **ใกล้ชิด**(가깝다, 인접하다, 친하다) 등이 있고, 비슷한 말로 **ประชิด**(붙다, 밀착하다)이 있습니다.

1. เขาเดินเข้ามา**ประชิด**ตัวเธอ

   그는 그녀의 몸에 딱 붙어서 걸어 들어 왔다.

2. กรุณาเดิน**ชิด**ขวา

   오른쪽으로 붙어서 걸으세요.

3. พวกเขานั่ง**ชิด**กันเกินไป

   그들은 너무 붙어 앉아 있다.

4. ความใกล้**ชิด**ระหว่างคนทั้งสองกลายเป็นความรัก

   둘 사이의 친근함이 사랑으로 발전했다.

ชิน

익다, 익숙하다, 습관이 되다

태국어 자동사 **ชิน**은 '익다, 익숙하다, 습관이 되다' 등의 의미를 나타냅니다. 단독으로도 자주 쓰는데, 보통 **ชินกับ**...의 형태로 써서 익숙해진 내용이 전치사 뒤에 옵니다. 혹은 어떤 사람이 비슷한 행동이나 실수를 자주 할 때 **ชินแล้ว**라고 하면 '이젠 익숙하다, 쟤 원래 그래'의 의미를 나타냅니다. 합성어도 다양하게 나타나는데 유의어인 **เคย, คุ้น** 등과 함께 쓰여 **เคยชิน, คุ้นชิน** 등도 '익숙하다'의 의미를 나타냅니다. 합성어 **ชินชา**는 '너무 익숙해서 냉담해 지다', 즉 '타성에 젖다, 심드렁하다, 무관심하다'의 의미입니다.

1. ผมเริ่ม**ชิน**กับอากาศหนาว

   나는 추위에 익숙해지기 시작했다.

2. เขาเป็นคน**ชินชา**มาก

그는 심드렁한 사람이다.

3. แม่**ชิน**กับการที่ลูกชายกลับบ้านช้า

엄마는 아들이 집에 늦게 귀가하는것에 익숙하다.

4. เขาไม่**คุ้นชิน**กับการเดินทางในทะเลทราย

그는 사막 여행이 익숙하지 못하다.

ชิม

맛을 보다, 시식하다

ช

태국어 동사 **ชิม**은 맛보다, 시식하다의 의미를 나타냅니다. 타동사로 맛보는 대상이 목적어로 뒤에 따라옵니다. 일반적으로 음식이나 음료의 맛을 보는 경우에 사용을 합니다. 격식체로는 **ลิ้มลอง**이 사용됩니다.

1. แม่ครัว**ชิม**อาหารทุกครั้งก่อนเสิรฟ

주방아줌마는 음식을 내기 전 항상 맛을 본다.

2. เขาเป็นนัก**ชิม**อาหารชั้นหนึ่งของเมืองไทย

그는 태국 최고의 미식가이다.

3. หล่อน**ชิม**ขนมที่พนักงานแจกให้ก่อนซื้อ

그녀는 사기 전 직원이 나눠주는 과자를 시식했다.

4. อาหารร้านนี้อร่อยระดับเชลล์ชวน**ชิม**

이 집 음식은 쉘추언침(태국의 미슐랭이라 불리는 유명 미식프로) 급으로 맛있다.

ชี้

(손가락으로) 가리키다 / 삿대질 하다: **ชี้หน้า**
해명하다, 설명하다: **ชี้แจง**

태국어 동사 **ชี้**는 '가리키다'라는 의미입니다. 손가락 중에서 가리키는데 쓰이는 검지 손가락을 **นิ้วชี้**라고 합니다. **ชี้แจง**(설명하다, 해명하다, 해석하다), **บ่งชี้**(지시하다, 나타내다) 등과 같은 합성어 사용되기도 합니다. 이 밖에도 **ชี้ให้เห็น(ถึง)**...은 '…를 나타낸다'는 의미로 자주 쓰이는 구문입니다.

1. ฉันเดินไปตามทางที่ลูกศร**ชี้**

   나는 화살표가 가리키는 길을 따라 걸어 갔다.

2. หมอ**ชี้แจง**ถึงสาเหตุการป่วยของพ่อ

   의사는 아버지의 병환 원인을 설명했다.

3. เขา**ชี้**หน้าว่าหัวหน้าอย่างไม่มีมารยาท

   그는 예의 없이 팀장의 얼굴에 대고 삿대질을 했다.

4. การที่น้ำแข็งขั้วโลกละลาย**บ่งชี้**ว่าเป็นผลกระทบจากภาวะโลกร้อน

   극지방의 얼음이 녹는 것은 지구 온난화의 영향을 보여준다.

ชื่น

상쾌하다, 즐겁다 / 개운하다, 후련하다: **ชื่นใจ**

태국어 자동사 **ชื่น**은 '상쾌하다, 기쁘다'의 의미입니다. **ชื่นใจ** 또는 **ชื่นอกชื่นใจ**(기쁘다, 마음이 후련하다, 개운하다), **สดชื่น**(개운하다, 상쾌하다), **ชื่นชม**(애호하다, 좋아하다) 등의 다양한 합성어로 사용됩니다.

1. พ่อแม่**ชื่น**ใจในความสำเร็จของลูก

   부모님은 아이의 성공에 기뻤다.

2. วันนี้ฉันรู้สึกสด**ชื่น**มาก

   오늘 나는 매우 상쾌하다.

3. แม่**ชื่นชม**การแสดงนั้นมาก

엄마는 그 연극을 매우 애호하신다.

4. เขายิ้มอย่างหน้า**ชื่น**ตาบานที่ลูกรักเรียนจบ

그는 사랑하는 자식이 졸업을 한 것에 흐뭇하게 웃었다.

ชื้น

습하다, 축축하다 / 습도: **ความชื้น**

태국어 동사 **ชื้น**은 '습하다, 축축하다'의 의미를 나타냅니다. 습도는 명사형으로 **ความชื้น**으로 표현합니다.

1. อากาศที่เกาหลีค่อนข้าง**ชื้น**

한국의 날씨는 비교적 습하다.

2. ผ้า**ชื้น**เพราะฝนตก

비가 와서 옷이 눅눅하다.

3. อากาศในป่า**ชื้น**ทำให้พันธุ์พืชอุดมสมบูรณ์

숲 속의 날씨는 습해서 다양한 식물종이 자라날 수 있게 한다.

4. ภาคใต้ของประเทศไทยมีสภาพอากาศร้อน**ชื้น**

태국 남부는 기후가 덥고 습하다.

ชุก

매우 많다, 풍부하다 / 비가 많이 내리다: **ฝนชุก**

태국어 동사 **ชุก**은 '매우 많다, 풍부하다, 들끓다'의 의미로 쓰이는 동사입니다. 주로 행사가 많다(**งานชุก**), 비가 많이 오다(**ฝนตกชุก**), 망고가 많이 나다(**มะม่วงชุก**) 등의 형태로 쓰입니다. 유의어인 **ชุม**(모이다, 끓다)와 함께 **ชุกชุม**(많다)의 형태로 쓰이기도 합니다.

1. จังหวัดระนองเป็นจังหวัดที่ฝนตก**ชุก**ตลอดทั้งปี

   라넝 주는 일년 내내 비가 많이 내리는 지방이다.

2. เดือนมิถุนายนฝน**ชุก**เกือบทั้งเดือน

   6월은 거의 한달 내내 폭우가 내린다.

3. ยุง**ชุกชุม**มากในช่วงหน้าฝน

   우기에는 모기가 아주 들끓는다.

4. มะม่วง**ชุก**ช่วงเดือนกุมภาพันธ์- เดือนเมษายน

   2~4월은 망고가 매우 풍부하다.

ชุบ

(가루를) 묻히다 / 도금하다

태국어 동사 **ชุบ**은 가루를 묻히거나 표면을 도금하는 동작을 나타내는 동사입니다. 타동사로 목적어를 동반합니다. **ชุบแป้งทอด**은 전분을 묻혀 튀긴 음식을 가리키는 말로, 앞에 재료가 와서 **ปลาหมึกชุบแป้งทอด**하면 오징어 튀김을 의미합니다.

1. น้องชอบกินกุ้ง**ชุบ**แป้งทอด

   동생은 새우 튀김을 좋아한다.

2. แม่เอาผ้า**ชุบ**น้ำเช็ดตัวให้ลูก

   엄마는 천에 물을 적셔 아이의 몸을 닦았다.

3. ช่างเอาแหวน**ชุบ**ทอง

기술자는 반지에 금으로 도금했다.

4. น้อง**ชุบ**ตัวด้วยโคลน

동생이 머드로 몸에 팩을 한다.

ชุม

모여들다, 운집하다 / 공동체: **ชุมชน**

태국어 동사 **ชุม**은 '모이다, 모여들다'라는 의미의 자동사입니다. 유의어인 **ชุก** 과는 달리, 주로 사람이나 동물, 곤충 등이 다수가 한 곳에 밀집해 있는 상황을 표현하는 말입니다. 합성어로는 **ชุกชุม**(모이다, 모여들다), **ชุมนุม**(집회하다) 등이 있습니다. 명사로 **ชุมชน**은 '커뮤니티, 공동체'라는 의미로 쓰입니다.

1. พนักงานออกมา**ชุมนุม**ประท้วง

직원들이 나와 항의 집회를 했다.

2. เขาอาศัยอยู่ในเขต**ชุมชน**แออัด

그는 슬럼가에 살고 있다.

3. ในทะเลอ่าวไทยมีปลา**ชุกชุม**

타이만에 물고기가 모여 있다.

4. เราควรหลีกเลี่ยงสถานที่ที่มียุง**ชุม**

우리는 모기가 모이는 장소는 피해야 한다.

ช

ชุ่ม(ชื้น)

젖다, 적시다

태국어 동사 **ชุ่ม**은 주로 자동사로 '젖다, 축축하다'의 의미를 나타내며, 합성어로는 **ชุ่มชื้น**(촉촉하다) **ชุ่มฉ่ำ**(촉촉하다) **เปียกชุ่ม**(흠뻑젖다) 등이 있습니다. 때때로 타동사의 형태로 쓰여 **ชุ่มคอ**(목을 적시다) 등으로 나타날 수도 있습니다.

1. เธอมีผิวที่**ชุ่ม**ชื้นมาก

   그녀의 피부는 매우 촉촉하다.

2. เสื้อของเขา**ชุ่ม**ไปด้วยเหงื่อ

   그의 옷은 땀으로 젖었다.

3. ฝนตกทำให้อากาศเย็น**ชุ่ม**ฉ่ำ

   비는 날씨를 시원하고 축축하게 한다.

4. ลูกอมชนิดนั้นอมแล้วเย็น**ชุ่ม**คอ

   그 사탕을 빨고나면 목이 시원해진다.

ชู

들어 올리다, 현양하다 / 보신하다
강장제: **ยาชูกำลัง** 구명하다: **ชูชีพ** 조미료: **ผงชูรส**

태국어 동사 **ชู**는 '들어올리다, 고양하다' 등의 의미를 나타내는 타동사입니다. **ชูมือ**는 '손을 들다'라는 동사구인데, **ยกมือ**와는 조금 다르게 손을 가지런히 모아 높여 올리는 동작을 의미합니다. 동사성 합성어로 **เชิดชู**는 '드높이다, 찬양하다'의 의미입니다. **เสื้อชูชีพ**은 생명을 고양하는 옷, 즉 '구명조끼'를 뜻하고, **ผงชูรส**은 맛을 드높이는 가루, 즉 '조미료'를 의미합니다.

1. เขา**ชู**แขนขึ้นโบกไปมา

   그는 팔을 들어 흔들었다.

2. เขาใส่เสื้อ**ชู**ชีพ

   그는 구명조끼를 입었다.

3. คนงานดื่มเครื่องดื่ม**ชู**กำลัง

일꾼이 강장 음료를 마신다.

4. แม่ครัวทำอาหารโดยไม่ใส่ผง**ชู**รส

주방아줌마가 조미료를 쓰지 않고 음식을 한다.

เช็ด

닦다, 훔치다, 문지르다

태국어 동사 **เช็ด**은 주로 손이나 천 등을 이용해서 물기 등을 닦는 동작을 의미합니다. 타동사로 목적어를 동반합니다. 합성어로 **ผ้าเช็ดหน้า**는 얼굴을 닦는 천, 즉 '손수건'이라는 뜻입니다.

1. เด็กๆ ช่วยกัน**เช็ด**โต๊ะหลังกินอาหารกลางวัน

아이들이 점심식사 후 함께 상을 닦는다.

2. เขายกแขน**เช็ด**เหงื่อบนหน้าผาก

그는 팔을 올려 이마의 땀을 훔쳤다.

3. แม่**เช็ด**คราบสกปรกในครัว

엄마는 주방의 더러운 자국을 닦았다.

4. เขาใช้ผ้า**เช็ด**หน้าซับเหงื่อ

그는 손수건을 사용하여 땀을 닦았다.

เช่า

임차하다, 세들다 / 세를 주다: **ให้เช่า**

태국어 동사 **เช่า**는 '임차하다, 세들다'의 의미입니다. 집이나 가게의 경우, 태국은 우리나라처럼 전세의 개념이 없기 때문에 **เช่า**는 주로 월세를 의미합니다. 유의어 **ยืม**과 달리 **เช่า**는 돈을 내고 빌리는 것을 의미합니다. 세를 놓는 것은 **ให้เช่า**로 표현합니다. 한편, 태국에서 불교도들이 목에 걸고 다니는 불상의 경우, 믿음을 돈으로 거래하는 것을 불경시 여기기 때문에 '사다'라는 표현 대신 '빌리다'라는 표현을 써서 **เช่าพระ**라고 합니다.

1. หล่อนมา**เช่า**หนังสือที่นี่ทุกวัน

   그녀는 매일 이곳에 와서 책을 빌린다.

2. เขามีบ้านให้**เช่า**หลายหลัง

   그는 집 여러 채를 세 놓고 있다.

3. พวกเรา**เช่า**รถตู้ไปเที่ยวเชียงใหม่

   우리들은 밴을 빌려 치앙마이에 놀러갔다.

4. เธอ**เช่า**ตึกทำร้านตัดผม

   그녀는 건물을 임차하여 미용실을 하고 있다.

เชิญ

초청하다, 초대하다

태국어 동사 **เชิญ**은 '초청하다, 초대하다'의 의미를 나타냅니다. 단독으로도 사용하는 경우 **เชิญ**은 맥락에 따라 '드세요, 앉으세요, 하세요' 등 다양한 의미를 나타낼 수 있습니다. 타동사로 뒤에 목적어가 바로 오기도 하고, 사역절을 연결해서 '누가 ~하도록 청하다' 의미로 사용하기도 합니다. 청첩장은 주로 **การ์ดเชิญ** 이라고 합니다. 그래서 **แจกการ์ดฯ**(청첩장을 나눠주다)라는 말로 '결혼하다'의 의미를 표현하기도 합니다.

1. เขาได้รับจดหมาย**เชิญ**ให้ไปนำเสนอผลงานวิจัย

   그는 연구결과를 발표하라는 세미나 초청장을 받았다.

2. เจ้าภาพ**เชิญ**แขกผู้มีเกียรติเข้าไปในงาน

주최자는 귀빈을 행사장 안으로 모셨다

3. อาจารย์ได้รับ**เชิญ**ให้ไปบรรยายที่มหาวิทยาลัย

교수님은 대학 강의에 연사로 초청 받으셨다

4. รัฐบาลไทย**เชิญ**ชวนให้ทุกคนมาท่องเที่ยวทั่วไทย

태국 정부는 국민들에 국내 여행을 권유했다.

เชย

촌스럽다(เชย), 유치하다

태국어 동사 **เชย**는 '촌스럽다, 유치하다'의 의미를 나타냅니다. 주로 자동사로 쓰입니다. **เชยชม** 또는 **ชมเชย**로 등과 같이 합성어로 사용하는 경우에는 '칭찬하다, 칭송하다' 또는 '몸을 어루만지다, 애무하다'의 의미를 나타냅니다.

1. เขาแต่งตัว**เชย**มาก

그의 옷을 굉장히 촌스럽게 입는다.

2. เขาเป็นคน**เชย**แต่น่ารัก

그는 촌스럽지만 사랑스러운 사람이다.

3. ครู**ชมเชย**ว่าเขาเป็นเด็กดี

선생님은 그가 좋은 아이라 칭찬하였다.

4. ผู้หญิงที่ดีจะไม่ปล่อยให้ใครมา**เชย**ชมได้ง่ายๆ

행실이 바른 여자는 아무나 와서 자신에게 손을 대도록 하지 않는다.

เชื่อ

믿다: **เชื่อถือ**
말을 듣다: **เชื่อฟัง** 자신을 갖다: **เชื่อมั่น**

태국어 동사 **เชื่อ**는 '믿다'의 의미를 나타내는 타동사로 목적어를 동반합니다. **เชื่อถือ**(신뢰하다), **เชื่อมั่น**(확신하다, 자신하다), **เชื่อฟัง**(믿고 따르다, 말을 잘 듣다) 등과 같이 다양한 합성어로 쓰입니다.

1. อาจารย์ท่านนี้เป็นที่**เชื่อถือ**ของนักศึกษามาก

   이 교수님은 대학생들의 높은 신뢰를 받는 분이시다.

2. หัวหน้า**เชื่อมั่น**ในตัวเขาว่าจะทำงานนี้ได้

   팀장은 그가이 일을 할수 있다고 확신하고 있다.

3. เด็กๆ**เชื่อ**ฟังคุณครูในเวลาเรียน

   아이들이 수업시간에 선생님을 잘 따른다.

4. เขา**เชื่อ**ว่างานนี้ต้องมีผู้บงการอยู่เบื้องหลัง

   그는이 일을 배후에서 조종하는 사람이 있는 게 분명하다고 믿는다.

เชื่อง

길들이다, 온순하다
길들여 지지가 않다: **เลี้ยงไม่เชื่อง**

태국어 동사 **เชื่อง**은 '길들이다'의 의미를 나타내는 동사입니다. 일반적으로 단독으로 사용해서 '동물이 길이 잘 들었다, 온순하다'의 의미를 나타냅니다. '길들여지지 않는다'는 표현은 부정소를 **ไม่**를 써서 **ไม่เชื่อง**으로 표현합니다. 합성어 **เชื่องช้า**는 '느릿느릿하다'의 의미를 나타냅니다.

1. สุนัขตัวนี้เลี้ยงไม่**เชื่อง**มักกัดเจ้าของบ้าน

   이 개는 도통 길들여 지질 않고 종종 집주인을 문다.

2. แมวตัวนี้**เชื่อง**มาก

   이 고양이는 잘 길들여 졌다.

3. เขาสามารถสอนเสือให้**เชื่อง**ได้

그는 호랑이를 길들일 수 있다.

4. เสือเคลื่อนตัวอย่าง**เชื่องช้า**เพื่อไม่ให้เหยื่อไหวตัวทัน

호랑이가 먹잇감이 움직여 도망가지 못 하도록 천천히 움직인다.

เชื่อม(ต่อ) 잇다, 접합하다, 연결하다

태국어 동사 **เชื่อม**은 '잇다, 접합하다, 연결하다'의 의미를 나타냅니다. 물리적으로 물체를 잇거나 접합, 용접하는 경우에도 쓰이고, 추상적으로 연결하는 경우에도 사용할 수 있습니다. 유의어인 **ต่อ**와 함께 **เชื่อมต่อ**(연결하다)의 형태로도 자주 씁니다.

1. คอมพิวเตอร์เครื่องนี้**เชื่อมต่อ**อินเตอร์เน็ตไว้แล้ว

이 컴퓨터는 인터넷을 연결해 두었다.

2. ช่างไฟฟ้ามา**เชื่อม**สายไฟที่บ้าน

전기공이 집에 전선을 연결하러 왔다.

3. เขาพยายาม**เชื่อมต่อ**สัญญาณโทรศัพท์

그는 전화기의 신호를 잡기 위해 노력한다.

4. ช่าง**เชื่อม**เหล็กให้เป็นเนื้อเดียวกัน

기술자가 철을 한 덩어리로 용접한다.

ช

แช่

담그다, 절이다 / 차게 하다: **แช่เย็น**

태국어 동사 **แช่**는 '담그다, 절이다'라는 의미를 가진 타동사입니다. 주로 절이는 대상이 목적어로 오거나, **แช่เย็น**(냉장하다) **แช่แข็ง**(냉동하다) 등의 형태로 사용합니다. 한편, **ข้าวแช่**는 태국 전통 음식 중의 하나로 고슬하게 한 밥을 차갑게 식힌 꽃잎 우린 물에 말아 반찬과 함께 먹는 여름철 음식입니다.

1. ที่ร้านสะดวกซื้อมีอาหาร**แช่**แข็งขาย

   편의점에 냉동식품이 있다.

2. แม่**แช่**ผักกาดขาวในน้ำเกลือก่อนนำไปทำกิมจิ

   엄마가 김치를 하기 전 배추를 소금물에 절였다.

3. อาหารทะเลถูก**แช่**เย็นไว้เพื่อนำไปส่งออก

   시푸드는 수출하기 위해 냉장을 한다.

4. ข้าว**แช่**ชาววังเป็นอาหารที่เหมาะจะรับประทานในฤดูร้อน

   "카우채차우왕'은 여름에 먹기 적합한 음식이다.

แช่ง

저주하다

태국어 동사 **แช่ง**은 '저주하다'라는 뜻입니다. 저주의 대상이 목적어로 오기도 하고, **แช่งด่า, สาปแช่ง** 등의 합성어로 쓰이기도 합니다.

1. ชาวบ้าน**แช่ง**ด่าเธอและครอบครัวที่ทารุณสัตว์

   이웃은 동물을 학대하는 가족과 그녀를 비난하고 저주했다

2. โจรชั่วคนนั้นถูกชาวบ้าน**สาปแช่ง**

   그 나쁜 도둑은 이웃의 저주를 받았다.

3. เขา**แช่ง**เพื่อนที่หักหลังเขา

그는 그를 배신한 친구를 저주했다.

4. ชาวบ้านรุม**สาปแช่ง**คนร้ายที่ฆ่าคนตาย

이웃들이 사람을 살해한 범인을 둘러싸고 저주했다.

ใช่

맞다, 옳다

태국어 동사 **ใช่**는 자동사로서 '맞다, 옳다'의 의미를 나타냅니다. 주로 단독으로 쓰이며, 부정할 경우에는 **ไม่ใช่**의 형태로 쓰여 지정사 **เป็น** 이나 **คือ**를 부정하는 경우에도 사용됩니다. 한편, **ใช่ว่า**... 또는 **ใช่จะ**...의 경우는 '반드시…한 것은 아니다'의 의미를 나타냅니다.

1. **ใช่**แล้ว เธอพูดถูกแล้ว

맞아. 네 말이 맞아.

2. **ใช่** คำพูดของเขาถูกต้อง

맞아. 그의 말이 옳아.

3. บางทีผู้ใหญ่ก็**ใช่**จะทำอะไรถูกต้องเสมอไป

어른들이라고 해서 무엇이든 다 옳게 하는 것은 아니다.

4. คนที่**ไม่ใช่**เนื้อคู่กันก็คงอยู่ด้วยกันไม่ได้

진정한 연분이 아닌 사람은 아마 함께 살기 힘들 것이다.

ใช้

(물건을) 쓰다, 사용하다 / (사람을) 고용하다 /
(법안을) 공포(시행)하다 / (빚을) 상환하다 / 생활하다: **ใช้ชีวิต**

태국어 동사 **ใช้**는 다양한 의미를 나타냅니다. 대표적으로 '사용하다, 쓰다'의 의미를 나타내며 목적어를 동반합니다. **ใช้เวลา**(시간을 소요하다) **ใช้ชีวิต**(삶을 살다, 생활하다) 등에서와 같이 추상적인 것에도 쓸 수 있습니다. 또한 **ใช้หนี้** 에서 처럼 '빚을 갚다' 등의 의미로 쓰이기도 합니다.

1. คนเกาหลี**ใช้**ช้อนและตะเกียบในการรับประทานอาหาร

   한국인은 식사 할 때 숟가락과 젓가락을 사용한다.

2. เขา**ใช้**หนี้ให้เจ้าหนี้หมดแล้ว

   그는 채권자에게 빚을 전부 갚았다.

3. เธอ**ใช้**เงินเก่งมาก

   그녀는 매우 돈을 잘쓴다.

4. เขา**ใช้**ชีวิตอย่างหรูหรา

   그녀는 화려하게 삶을 산다.

ซน

개구지다, 장난치다 / 개구쟁이: **เด็กซน**

태국어 자동사 **ซน**은 '개구지다, 장난치다'의 의미를 나타내며 **ซุกซน**(개구지다)과 같이 합성어의 형태로도 쓰입니다. 명사 뒤에서 바로 수식하여 **เด็กซน** 하면 '개구쟁이 아이'라는 의미입니다.

1. คุณครูดุเด็ก**ซน**

   선생님이 개구쟁이를 꾸짖는다.

2. น้องวิ่งเล่น**ซน**มาก

   동생이 개구지게 뛰어다니며 논다.

3. ลูกของเขาเป็นเด็ก**ซุกซน**มาก

   그의 동생은 장난이 심한 아이이다.

4. เด็กที่**ซุกซน**อยู่ไม่นิ่งอาจเป็นโรคสมาธิสั้น

   장난이 심하고 가만있지 못하는 아이는 주의력 결핍 장애일 수 있다.

ซวย

재수없다

태국어 동사 **ซวย**는 '재수가 없다'는 뜻입니다. 자동사로 주로 단독으로 쓰입니다. 의미적으로 실제로 운이 안 좋거나 일진이 안 좋은 경우를 표현하는 것으로 사람을 대상으로 사용하지는 않습니다.

1. ฉันไม่เคย**ซวย**เท่านี้มาก่อน

   나는 이렇게까지 재수 없었던 적은 없다.

2. วันนี้เป็นวัน**ซวย**ของฉันจริงๆ

   오늘은 나에게 있어 정말 재수 없는 날이다.

3. ช่วงนี้ผมดวง**ซวย**มาก ทำอะไรนิดหน่อยก็ได้รับบาดเจ็บอยู่เสมอ

   요즘 정말 재수가 없다. 뭘 좀 하면 상처를 입는 일의 연속이다.

4. เขาคิดว่าเพราะความ**ซวย**แท้ๆทำให้เขาถูกล้วงกระเป๋า

   그는 순전히 자신이 재수가 없어서 소매치기를 당했다고 생각한다.

ซ่อน

숨다, 숨기다

태국어 동사 **ซ่อน** '숨다' 또는 '숨기다'라는 뜻을 나타냅니다. 주로 타동사로 쓰이며 의미상으로 목적어는 주로 숨기는 대상 또는 몸이라는 뜻의 **ตัว** 가 사용됩니다. 합성어로 **เล่นซ่อนหา**는 숨고 찾는 게임, 즉 숨바꼭질을 뜻하는 말입니다.

1. พ่อแอบ**ซ่อน**เงินแม่

   아버지는 어머니 몰래 돈을 숨겼다.

2. โจร**ซ่อน**ตัวหนีการจับกุมจากตำรวจ

   도둑은 경찰의 체포에서 도망쳐 몸을 숨겼다.

3. เด็กๆ ชอบเล่น**ซ่อน**หากันเวลาหลังเลิกเรียน

아이들은 방과 후 숨바꼭질 하기 좋아한다.

4. คนร้าย**ซ่อน**ตัวอยู่ในป่าเพื่อรอโอกาสแก้แค้น

범인은 복수의 기회를 노리며 숲에 몸을 숨겼다.

ซ่อม

고치다, 수리하다 / 보충하다 /보궐선거: **เลือกตั้งซ่อม**

태국어**ซ่อม**은 '고치다, 수리하다'라는 의미를 가진 타동사입니다. 고치는 대상이 목적어로 옵니다. **อู่ซ่อมรถ**은 차를 고치는 자동차 정비소를 뜻하고 **ศูนย์ซ่อม**은 다양한 기기를 수리하는 수리센터를 의미합니다. 한편, 다른 의미로 '보충하다'의 의미도 나타낼 수 있습니다. 예컨대 **สอบซ่อม**은 '보충시험을 치다'라는 뜻이고, **เลือกตั้งซ่อม**은 '보궐선거를 하다'라는 의미입니다.

1. พ่อ**ซ่อม**จักรยานให้น้อง

아버지가 동생 자전거를 고쳐 주셨다.

2. อาจารย์สอบ**ซ่อม**ให้นักศึกษาที่สอบไม่ผ่าน

교수님이 시험에 떨어진 학생들에게 보충시험을 치게 해 주셨다.

3. วันอาทิตย์นี้มีการเลือกตั้ง**ซ่อม**นายกเทศมนตรีเมืองภูเก็ต

이번 일요일에 푸켓 시장 보궐선거가 있다.

4. บรรณารักษ์**ซ่อม**หนังสือที่ชำรุดในห้องสมุด

사서가 도서관에서 파손된 책을 수리한다.

ซ

ซอย

(머리를) 다듬어 주다 / 골목길

태국어 동사 **ซอย** 는 기본적으로 큰 것의 일부를 잘게 자르는 것을 의미합니다. 칼질을 할 때 얇게 채를 써는 동작을 가리킵니다. '자르다' 라는 뜻의 동사 **หั่น**과 함께 써서 **หั่นซอย** 로 표현하기도 합니다. 비슷한 맥락에서 머리카락을 자를 때 끝 부분을 다듬는 행위를 의미하기도 합니다. 한편, 명사로는 큰 길에서 나뉘어져 나온 작은 샛길, 즉 골목길을 **ซอย**라고 표현합니다.

1. แม่**ซอย**หัวหอมใส่ยำวุ้นเส้น

   엄마가 양파를 얇게 썰어 얌운센에 넣었다.

2. ช่างตัดผมร้านนี้**ซอย**ผมเก่งมาก

   이 가게의 미용사는 머리를 잘 다듬는다.

3. **ซอย**แถวนี้ค่อนข้างเปลี่ยว

   이 골목은 비교적 왕래하는 사람이 없다.

4. พ่อ**ซอย**ห้องใหญ่ในบ้านให้เป็นสองห้อง

   아버지가 집의 큰방을 방 두개로 나눴다.

ซัก

빨다, 세탁하다 / 세제: **ผงซักฟอก**, 세탁하여 지우다 **ซักออก**
세탁하여 다리다: **ซักรีด** 드라이 크리닝: **ซักแห้ง**
물세탁: **ซักน้ำ**

태국어 타동사 **ซัก**은 '빨다, 세탁하다'의 의미를 가지고 있습니다. 물에 빠는 것은 **ซ้าน้ำ**, 드라이클리닝은 **ซักแห้ง** 이라고 부릅니다. 손으로 빠는 것은 **ซักมือ**, 기계로 빠는 것은 **ซักเครื่อง**으로 표현할 수 있습니다. 세탁을 하고 다림질을 해 주는 세탁소는 **ร้านซักรีด** 이라고 부르며, 세제는 **ผงซักฟอก** 이라고 합니다. 한편, 동사 **ซัก** 에는 세탁하다의 의미 외에도 '묻다, 질문하다'의 의미도 있습니다. **ถาม**과 결합하여 **ซักถาม**의 형태가 되면 '묻다'라는 뜻입니다.

1. เขาเปิดร้าน**ซัก**รีด

   그는 세탁소를 열었다.

2. พ่อส่งเสื้อสูท**ซัก**แห้งที่ร้านนี้เป็นประจำ

아버지는 정장을 항상이 집에 드라이클리닝을 맡긴다.

3. แม่ใช้ผง**ซัก**ฟอก**ซัก**ผ้า

엄마는 세제를 사용하여 세탁한다.

4. หล่อน**ซัก**ผ้าด้วยมือ

그녀는 손빨래를 한다.

ซัด

내던지다 / 뿌리다, 살포하다 / (책임을) 전가하다

태국어 동사 **ซัด**은 '내던지다, 끼얹다, 뿌리다' 등의 의미를 지닌 타동사 입니다. 구체적인 의미에서 추상적인 의미로 확장되어, '책임을 전가하다' '의 의미를 나타내기도 합니다. 합성어로 **ซัดทอด**(책임을 전가하다)의 형태로 사용되기도 합니다. 한편, **ซัดเซพเนจร**은 '방황하다, 방랑하다, 헤매다'의 의미를 나타내는 동사성 합성어입니다.

1. คลื่น**ซัด**ลูกปลาโลมามาเกยตื้นที่ชายหาด

파도에 새끼 돌고래가 밀려와 해안에 올라 앉았다.

2. เขา**ซัด**ทอดความผิดให้เพื่อนร่วมงาน

그는 잘못을 동료에게 전가했다.

3. กระแสน้ำ**ซัด**จนตลิ่งพัง

조류가 밀어 닥쳐 제방이 파손됐다.

4. เขา**ซัดเซพเนจร**มาจากไหนไม่มีใครรู้

그가 어디를 헤매다 온 것인지 아는 사람이 없다.

ซับ

흡수하다, 빨아들이다

태국어 동사 **ซับ**은 액체 등을 '흡수하다, 빨아들이다'의 의미로, 목적어는 주로 액체류 예컨대 **น้ำ**(물), **เหงื่อ**(땀), **น้ำตา**(눈물), **น้ำมัน**(기름) 등이 옵니다. 기름종이는 **กระดาษซับมัน**(기름을 흡수하는 종이)로 표현합니다. 한편, 다른 의미로 '안감을 대다'의 의미를 지니고 있어, **ซับใน**는 속에 댄 '안감'을 의미합니다.

1. เขาส่งผ้าเช็ดหน้าให้เธอ**ซับ**น้ำตา

   그는 그녀에게 수건을 주어 눈물을 닦게 했다.

2. ผ้าขนหนูผืนนี้**ซับ**น้ำได้ดีมาก

   이 타올은 물 흡수가 매우 잘된다.

3. ลูก**ซับ**เหงื่อให้พ่อ

   아이가 아버지의 땀을 닦아 주다.

4. กระโปรงของเธอขาดทำให้เห็นกระโปรง**ซับ**ใน

   그녀의 치마가 찢어져 속치마가 보인다.

ซาบ

스며들다, 베다
감동하다: **ซาบซึ้ง = ประทับใจ**

태국어 동사 **ซาบ**은 '스며들다, 베어들다'라는 의미를 가진 자동사입니다. **ซึมซาบ**과 같이 합성어로 사용하게 되면 '스며들다, 익숙해지다'의 의미가 됩니다. 그래서 **ซึมซาบวัฒนธรรม**은 '문화에 스며들다'로 해석될 수 있습니다. 또한 감정상태를 나타낼 때 **ซาบซึ้ง** 또는 **ซาบซึ้งใจ**라고 하면 '감동하다'라는 의미입니다. 명사형은 **ความซาบซึ้ง** 입니다.

1. เขารู้สึก**ซาบซึ้ง**จากการช่วยเหลือของหล่อน

   그는 그녀의 도움에 감동을 느꼈다.

2. ราษฎร**ซาบซึ้ง**ในพระมหากรุณาธิคุณของพระบาทสมเด็จพระเจ้าอยู่หัว

   백성들은 국왕의 은혜에 감동하였다.

3. หล่อน**ซาบซ่าน**ไปทั้งตัวเมื่อเขาเดินเข้ามากอด

그가 걸어와 안았을 때 그녀의 온 몸에 전율을 느꼈다.

4. หล่อนดูละครแล้วร้องไห้ตามด้วยความ**ซาบซึ้ง**

그녀는 드라마를 본 뒤 감동에 눈물을 흘렸다.

ซ้ำ

되풀이 하다, 반복하다

태국어 동사 **ซ้ำ**은 '되풀이하다, 반복하다'의 의미입니다. 단독으로 쓰기도 하지만 주로 동사구의 뒤에서 부사로 사용합니다. **ซ้ำ** 이나 반복형 **ซ้ำ ๆ**의 형태로 사용하거나 **ซ้ำไปซ้ำมา** 또는 **ซ้ำแล้วซ้ำอีก, ซ้ำแล้วซ้ำเล่า** 등의 다양한 형태로 사용할 수도 있습니다.

ซ

1. เขาพูด**ซ้ำ**อีกครั้ง เพราะเพื่อนๆไม่ได้ฟังเขาเลย

그는 친구들이 그의 말을 듣지 않았기 때문에 재차 말했다.

2. อาจารย์พูด**ซ้ำไปซ้ำมา**จนทำให้เด็กสับสน

교수님이 아이들이 헷갈릴 정도로 말을 반복하여 되풀이 했다.

3. เขาชอบดูหนัง**ซ้ำๆ**จนจำบทได้

그는 영화를 반복해 보는걸 좋아해서 대사를 기억할 수 있을 정도다.

4. เขาฟังเพลงโปรด**ซ้ำไปซ้ำมา**ไม่มีเบื่อ

그는 좋아하는 노래는 몇번이고 반복하여 들어도 싫증나지 않는다.

ซีด

창백하다, 핏기가 없다

태국어 동사 **ซีด**은 자동사로 '창백하다, 핏기가 없다'는 의미를 나타냅니다. 주로 얼굴이 창백하다(**หน้าซีด**), 몸이 핏기가 없다(**ตัวซีด**) 등의 형태로 사용할 수 있습니다. **ซีดเซียว**(창백하다)와 같이 합성어로 사용하기도 합니다.

1. สามีหน้า**ซีด**มากเมื่อภรรยารู้ความจริงเกี่ยวกับเรื่องนั้น

   아내가 그 일과 관련된 진실을 알았을 때 남편은 얼굴이 새하얗게 질렸다. .

2. เสื้อตัวนี้สี**ซีด**มาก

   이 옷은 매우 창백한 색 이다.

3. ใบหน้าของเธอ**ซีด**เซียวจนผิดสังเกต

   그녀의 얼굴은 이상할 정도로 창백했다.

4. คนที่เป็นโรคเลือดมักมีอาการตัว**ซีด**หมดเรี่ยวแรง

   혈액 질환이 있는 사람은 대개 기력이 없고 몸에 핏기가 없는 증상이 있다.

ซื่อ

솔직하다, 정직하다 / 정직한: **ซื่อสัตย์**

태국어 동사 **ซื่อ**는 '솔직하다, 정직하다'의 의미를 나타냅니다. 단독으로 쓰기도 하고 **ซื่อ ๆ**와 같이 반복 형태로 나타나 부사로 기능하기도 합니다. 한편 다른 동사와 합성하여 다양한 합성어로도 쓰이는데, 예컨대 **ซื่อสัตย์**(정직하다, 청렴하다), **ซื่อตรง**(올곧다, 정직하다), **ซื่อบื้อ**(우직하다, 우둔하다) 등에서 나타날 수 있습니다.

1. เขามีความ**ซื่อสัตย์**ต่อตัวเองมาก

   그는 자기 자신에게 굉장히 정직하다.

2. เธอดูเป็นคน**ซื่อ**มาก จึงทำให้ถูกหลอกอยู่บ่อยครั้ง

   그녀는 굉장히 순박해 보이는 사람이라, 자주 사기를 당한다.

3. ข้าราชการต้องมีความ**ซื่อตรง**ในหน้าที่

공무원은 자신의 직무에 청렴함이 있어야 한다.

4. เขาเป็นคน**ซื่อบื้อ**จนน่าเบื่อ

그는 너무 우직해서 지겨울 정도이다.

ซื้อ

사다, 구입하다

태국어 동사 **ซื้อ**는 '사다, 구입하다'의 뜻을 나타내는 타동사입니다. 반댓말은 **ขาย** 입니다. '사고팔다'의 의미로 사용할 때는 **ซื้อขาย**로 붙여 쓰기도 합니다. 공식적인 맥락에서는 '구매하다'의 경우 **จัดซื้อ, สั่งซื้อ** 등의 표현을 쓰기도 합니다.

1. แม่**ซื้อ**ปลาที่ตลาด

엄마는 시장에서 생선을 구입했다.

2. เขาชอบ**ซื้อ**เสื้อผ้าราคาแพง

그는 비싼 옷을 사길 좋아한다.

3. พ่อหา**ซื้อ**อุปกรณ์ซ่อมคอมพิวเตอร์

아버지는 컴퓨터를 수리할 장비를 구입했다.

4. แม่ค้ารอลูกค้ามา**ซื้อ**ขนมอย่างใจจดใจจ่อ

주방장은 손님이 와서 과자를 사가기를 이제나 저제나 기다린다.

เซ่น(ไหว้) 제사 지내다

태국어 동사 **เซ่น** 또는 **เซ่นไหว้**는 '제사를 지내다'의 의미입니다. 제사를 지낼 때 바치는 음식이나 물품은 **เครื่องเซ่น** 또는 **ของเซ่น** 이라고 합니다. 태국에서는 조상에 제를 지내는 것 외에도 지신을 비롯한 다양한 신들에게 제를 올리는 것이 일상화 되어 있습니다. 이 런 제사 때에도 **เซ่น**을 사용하며 그냥 **ไหว้**라고 표현하기도 합니다.

1. พรุ่งนี้เป็นวัน**เซ่น**ไหว้บรรพบุรุษ

   내일은 조상님 제사날이다.

2. ลูกหลานจะนำหมูเห็ดเป็ดไก่ไป**เซ่น**ไหว้บรรพบุรุษที่ฮวงซุ้ยเป็นประจำทุกปี

   후손들은 매년 묘소를 찾아 돼지, 버섯, 오리, 닭으로 제사를 지낸다.

3. เขานำพวงมาลัยมา**เซ่น**ไหว้สิ่งศักดิ์สิทธิ์

   그는 화환을 가져와 신물에 제를 지낸다.

4. เขานำหัวหมูมา**เซ่น**เจ้าที่ที่บ้าน

   그는 집에서 돼지머리로 고사를 지낸다.

เซ็น 서명하다, 날인하다: **เซ็นชื่อ, ลงชื่อ**

태국어 타동사 **เซ็น**은 '서명하다, 사인하다'의 의미입니다. 주로 '이름'이라는 뜻의 명사 **ชื่อ**가 목적어로 나옵니다. '사인, 서명'이라는 의미의 명사로 사용할 때는 **ลายเซ็น**으로 표현합니다. '서명하다'의 더 공식적인 표현으로는 **ลงนาม**이 있습니다.

1. พนักงานต้อง**เซ็นชื่อ**ก่อนเข้างานและหลังเลิกงานทุกครั้ง

   직원들은 매번 직장에 출근 및 퇴근 시 서명을 해야한다.

2. เขาเข้าไปขอ**ลายเซ็น**อาจารย์ที่ปรึกษา

   그는 지도교수에게 서명을 받으러 들어갔다.

3. ประธาน**เซ็น**เอกสารอนุมัติโครงการนั้น

사장은 그 기획안 서류에 결제를 했다.

4. ดาราดังแจกลาย**เซ็น**ให้แฟนคลับที่มารอกันอย่างล้นหลาม

유명 연예인이 어마어마한 인파의 팬클럽에게 사인을 해 주고 있다.

แซว

놀리다, (장난으로) 괴롭히다

태국어 동사 **แซว**는 '놀리다, 장난을 치다'라는 의미로 주로 상대방이 부끄러워할 주제에 대해서 놀리는 것을 말합니다. 타동사로 목적어를 동반합니다. 장난치다라는 유의어 **เล่น**과 함께 **แซว เล่น**으로 사용하기도 합니다.

ซ

1. เขา**แซว**เพื่อนที่กำลังจะแต่งงาน

그는 결혼을 앞 둔 친구를 놀렸다.

2. วัยรุ่นผู้ชายชอบ**แซว**สาวๆที่ป้ายรถเมล์

남자 아이들은 버스정류장에서 소녀들을 놀리는 것을 좋아한다.

3. เขา**แซว**เธอจนทำให้เธออาย

그는 그녀가 부끄러워 할 정도로 그녀를 놀렸다.

4. หนุ่มสาวคู่นั้น**แซว**กันไปมาจนกลายเป็นแฟนกัน

그 남녀는 서로 놀리다가 결국 애인사이가 됐다.

ดม

냄새를 맡다 / 냄새 맡는 약: **ยาดม**

태국어 타동사 **ดม**은 '냄새를 맡다'라는 뜻입니다. 냄새를 맡는 대상이 목적어로 옵니다. 비슷한 말로 **ได้กลิ่น**이 있는데 이는 '냄새가 나다' 에 가까운 표현입니다. 이에 비해 **ดม**은 의식적으로 냄새를 맡는 행위를 의미합니다. 명사로 **ยาดม**은 '냄새를 맡는 약'이라는 뜻으로, 태국인들이 속이 안 좋거나 정신이 혼미할 때 각성을 위해 냄새를 맡는 멘솔 성분의 약을 지칭합니다.

1. คุณยายนั่ง**ดม**ยาดม

   할머니는 앉아서 야돔의 향을 맡는다.

2. หล่อน**ดม**ดอกกุหลาบ

   그녀는 장미의 향을 맡는다.

3. สุนัข**ดม**กลิ่นยาเสพติดในสนามบิน

   개가 공항에서 마약 냄새를 맡는다.

4. วิสัญญีแพทย์ให้คนไข้**ดม**ยาสลบก่อนเข้าห้องผ่าตัด

   마취 의사가 수술실에 들기 전 환자에게 전신 마취약을 흡입시킨다.

ด่วน

급하다

태국어 동사 **ด่วน**은 자동사 또는 부사로 쓰입니다. 결제 서류 중에서 긴급을 요하는 경우 **ด่วน** 이나 **ด่วนพิเศษ** 이라는 도장이 찍힌 경우를 볼 수 있습니다. 또한 기차나 배 등의 경우에도 급행의 경우에는 **ด่วน**을 사용합니다. 예컨대 **เรือด่วน** 하면 급행 배편을 뜻합니다. 또한 명사로 **ทางด่วน** 하면 고속도로를 의미합니다.

1. งานนี้เป็นงาน**ด่วน**

   이 일은 급한 일이다.

2. เจ้านายสั่งให้ไปส่งของให้ลูกค้าโดย**ด่วน**

   보스가 급히 물건을 손님에게 배달하도록 지시했다.

3. เขาขับรถบนทาง**ด่วน**

   그가 고속도로를 운전한다.

4. เขานั่งรถไฟขบวน**ด่วน**พิเศษกลับบ้าน

   그가 급행열차를 타고 집으로 돌아간다.

ดอง

절이다, 담그다 / 절인 채소: **ผักดอง**

태국어 동사 **ดอง**은 '절이다, 담그다'의 의미를 나타냅니다. 타동사로 목적어를 동반 하기도 하고, 명사의 뒤에서 선행 명사를 수식하기도 합니다. 유의어인 **หมัก**과 합성어로 **หมักดอง** 으로도 자주 사용하는데, '발효하다'의 의미입니다. **หมัก**이 비교적 짧은 기간 동안 양념에 재어두는 것을 의미한다면, **ดอง**은 **หมัก** 에 비해 긴 기간동안 액체류에 담그는 것을 의미합니다. '김치를 담그다'의 경우 주로 **ดองกิมจิ**로 표현합니다.

1. เขาไม่ค่อยชอบรับประทานอาหารหมัก**ดอง**

   그는 발효 음식을 별로 안 좋아한다.

2. แม่ทำผัก**ดอง**ไว้ทานเองในบ้าน

엄마가 집에서 채소를 절여서 드신다.

3. คุณแม่ไปตลาดซื้อผักกาด**ดอง**

어머님이 시장에 가서 절인 배추를 사신다.

4. มะม่วง**ดอง**ร้านนี้มีรสชาติดี

이 가게의 망고절임은 맛이 좋다.

ด้อย

열등하다, 못하다, 뒤떨어 지다
우월감: **ปมเด่น** 열등감: **ปมด้อย**

태국어 동사 **ด้อย**는 '못하다, 뒤쳐지다, 열등하다'의 뜻을 갖습니다. 단독으로 자동사로 사용하기도 하고 다양한 합성어로 나타나기도 합니다. 예컨대 **ปมด้อย**는 '열등감'이라는 의미이며, **ด้อยโอกาส**은 '기회가 부족한', 즉 '불우한'이라는 의미입니다. 또한 **ประเทศด้อยพัฒนา**는 발전이 덜 된 나라, 즉 후진국이라는 표현입니다. 그러나 **ด้อย** 에 내포된 부정적인 뉘앙스때문에 최근에는 잘 쓰지 않는 표현으로 **ประเทศกำลังพัฒนา**(개발도상국) 등으로 순화해서 사용합니다.

1. เขาเป็นคนมีปม**ด้อย**

그는 열등감이 있는 사람이다.

2. ผู้หญิงคนนั้นเป็นคน**ด้อย**โอกาส

그 여자는 불우한 사람이다.

3. ประเทศหลายประเทศในทวีปแอฟริกาเป็นประเทศ**ด้อย**พัฒนา

아프리카 대륙의 여러 나라들은 후진국이다.

4. เขาชอบช่วยเหลือเด็ก**ด้อย**โอกาส

그는 불우한 아이들을 잘 도와준다.

ด

ดัก

매복하다, 덫을 놓다

태국어 동사 **ดัก**은 '덫을 놓아 목표물을 잡는다'는 의미를 나타냅니다. 대상이 목적어로 옵니다. 명사로 **กับดัก**은 '덫'이라는 뜻입니다.

1. ชาวประมงวางลอบ**ดัก**ปลาในแม่น้ำ

   어부가 강에 고기를 잡을 덫을 놓았다.

2. พ่อวางกับ**ดัก**หนู

   아버지가 돼지 덫을 설치했다.

3. กลางคืนผู้ร้ายลอบ**ดัก**ผู้หญิงไปข่มขืน

   밤에 흉악범이 여자를 납치해 강간했다.

4. ผู้ร้าย**ดัก**ตีเหยื่อที่เดินทางไปมาตอนกลางคืน

   범인은 야밤에 오가는 희생자를 몰래 때렸다.

ดัง

(소리가) 크다 / 유명하다: **ดังมาก**

태국어 어휘 **ดัง**은 원래 '소리가 크다'라는 뜻의 자동사입니다. 여기에서 유명하다라는 의미가 파생되었습니다. 단독으로 사용하기도 하고, **โด่งดัง, ชื่อดัง, มีชื่อเสียงดัง** 등 다양한 합성어 형태로 사용하여 '유명하다'라는 뜻을 나타내기도 합니다.

1. เด็กๆ ส่งเสียง**ดัง**เอะอะ

   아이들이 요란하게 떠든다.

2. นักร้องเกาหลีมีชื่อเสียงโด่ง**ดัง**มากในประเทศไทย

   한국 가수들은 태국에서 매우 유명하다.

3. คุณครูบอกให้นักเรียนอ่านเสียง**ดังๆ**

   선생님이 학생으로 하여금 큰 소리로 읽게 했다.

4. เขาเป็นคน**ดัง**ที่ใครๆต่างรู้จักและให้ความสนใจ

그는 누구나 알고 관심을 갖는 유명한 사람이다.

ดัด

교정하다, 바로잡다, 구부리다 / 반듯하게 펴다: **ดัดให้ตรง**
감화시키다: **ดัดสันดาน** 각색하다: **ดัดแปลง**

태국어 타동사 **ดัด**은 원래 자신이 원하는 모양대로 구부리거나 펴는 동작을 의미합니다. 예시로 태국 전통무용을 위해서 필수적인 손동작을 위하여 연습 때 손가락을 손등쪽으로 구부리는 행위를 **ดัดนิ้ว**라고 합니다. 또는 구부러진 것을 펴는 것도 **ดัด**으로 표현할 수 있습니다. 한편 물리적인 동작 외에 추상적인 경우도 사용할 수 있는데, 예컨대 **ดัดนิสัย** 나 **ดัดสันดาน**은 잘못된 습관이나 성격, 본성 등을 올바르게 교화, 감화하는 것을 의미합니다. 또 **ดัดแปลง**은 '개정하다, 각색하다'의 의미를 나타냅니다.

1. หล่อนใส่เหล็ก**ดัด**ฟัน

그녀는 치아교정기를 했다.

2. คุณปู่ชอบเอาเหล็กที่งอมา**ดัด**ให้ตรง

할아버지는 구부러진 철을 반듯하게 펴는 것을 좋아하신다.

3. เด็กคนนั้นถูกส่งไป**ดัด**สันดาน

그 아이는 교화를 위해 보내졌다.

4. อาจารย์สั่งให้นักศึกษาไป**ดัดแปลง**ข้อมูลมาใหม่

교수님이 대학생들에게 자료를 새로 각색하라고 시켰다.

ด

ดัน

밀다, 누르다 / 압력: **แรงดัน**

태국어 동사 **ดัน**은 힘을 가하여 무언가를 밀거나 누르는 것을 의미합니다. 타동사로 목적어를 동반합니다. 명사로 **แรงดัน**은 누르는 힘, 즉 '압력'이라는 뜻입니다. 단독으로 쓰이기도 하고 합성어 형태로 나타나기도 하는데, **กดดัน**은 '압박하다'라는 뜻이며, **ผลักดัน**은 '떠밀다, 추진하다'의 의미입니다.

1. เขา**ดัน**ประตูจนเปิดออก

   그는 문이 열릴 때까지 밀었다.

2. เขาได้รับแรง**กดดัน**จากครอบครัว

   그는 가족으로부터 압력을 받았다.

3. อาจารย์**ผลักดัน**ให้นักศึกษาคนนั้นเข้าประกวดการแข่งขัน

   교수님은 그 학생이 대회에 나가도록 밀어 주셨다.

4. วันนี้เรียนวิชาวิทยาศาสตร์เรื่อง**แรงดัน**อากาศ

   오늘은 과학에서 기압에 대해 공부했다.

ดับ

꺼지다, 끄다 / 불을 끄다: **ดับเพลิง** 정전: **ไฟดับ**

태국어 동사 **ดับ**은 자동사와 타동사로 모두 쓰이는 동사입니다. 자동사로 사용하게 되는 경우에는 주어 다음에 위치하여 '꺼지다'의 의미를 나타내고, 타동사로 사용할 경우에는 목적어가 동반하면서 '(불을)끄다'의 의미를 나타냅니다. 즉 **ดับไฟ**는 '불을 끄다', **ไฟดับ**은 '불이 꺼지다', 정전되다'의 의미입니다. **พนักงานดับเพลิง**은 합성어로 소방관을 의미합니다.

1. ไฟที่ลุกไหม้**ดับ**ลงแล้ว

   타올랐던 불이 꺼졌다.

2. พนักงาน**ดับ**เพลิงช่วยกัน**ดับ**ไฟจนหมด

   소방수들이 서로 도와 불을 완전히 껐다.

3. เมื่อคืนที่บ้านไฟ**ดับ**

어제밤 집에 정전이 있었다.

4. อนาคตการเป็นนักแสดงของเขา**ดับ**ลงแล้วเพราะยาเสพติด

배우로서의 그의 미래가 마약으로 인해 꺼져버렸다.

ด่า

욕하다, 꾸짖다

태국어 어휘 **ด่า**는 타동사로서 '욕하다, 꾸짖다'의 의미를 나타냅니다. 유의어인 **ดุ**와 비교해 보면, **ดุ**는 혼내다, 사납다에 대응되고, **ด่า**는 욕하다에 대응됩니다. 또 다른 유의어인 **นินทา**와 비교할 때, **นินทา**는 험담하다, 헐뜯다에 해당한다면 **ด่า**는 더 심한 말로 '누군가를 욕하다'에 해당하는 표현이 됩니다. 유의어와 함께 **ด่าว่า**(혼내다, 욕하다) 또는 **ดุด่าว่ากล่าว**(혼내다, 욕하다) 등의 합성어로 사용되기도 합니다.

ด

1. คุณครูดุ**ด่า**ว่ากล่าวนักเรียนเพราะความรักและหวังดี

선생님이 사랑과 좋은 의도를 가지고 학생을 꾸짖는다.

2. เขาถูกแม่ค้า**ด่า**เพราะต่อของแล้วไม่ซื้อ

그는 흥정을 해 놓고 사지를 않아 상인에게 욕을 먹었다.

3. หล่อน**ด่า**เพื่อนด้วยคำหยาบคาย

그녀가 친구들에게 비속어로 욕을 한다.

4. คนปากจัดคือคนที่**ด่า**เก่ง

입이 거친 사람은 욕을 잘하는 사람을 말한다.

ดาย

베다 / 제거하다

태국어 동사 **ดาย**는 다양한 의미를 나타냅니다. 단독으로 쓰이는 경우는 주로' 베다, 제거하다' 의 의미로 쓰여 목적어로 **หญ้า**(풀) 등이 오는 경우가 많습니다. 한편 그 외에도 '쉽다'의 의미로 **ง่ายดาย**'홀로'의 의미로 **เดียวดาย**, '모른체 방관하다'의 의미로 **ดูดาย**등 다양한 합성어 형태로 나타나기도 합니다.

1. คนสวนใช้มีด**ดาย**หญ้า

   정원사가 칼로 제초를 한다.

2. เขา**ดาย**หญ้ารอบบ้าน

   그가 집 주변 제초를 한다.

3. เขาใช้จอบ**ดาย**หญ้าจนเตียน

   그가 모종삽으로 풀을 싹 베었다.

4. เมื่อเขาเห็นเพื่อนถูกทำร้ายก็ไม่อาจนิ่งดู**ดาย**อยู่ ต้องลุกขึ้นมาช่วย

   그가 친구의 나쁜일 당하는걸 보고 가만히 있을 수 없어 일어나 도왔다.

ดำ

잠수하다 / (벼를) 심다 / (색이) 검다 / 인색하다: **ใจดำ**

태국어 동사 **ดำ**은 '잠수하다, 담그다'의 의미를 나타냅니다. 타동사로 **ดำน้ำ**은 '잠수하다', **ดำนา**는 직역하면 '논을 물에 잠기게 하다'라고 해석되는데 이는 '모내기 하다'라는 의미입니다. 한편, 색채어로 '검다'의 의미를 나타내기도 하는데, 관용어로 **ใจดำ**은 직역하면 '마음이 검다'로 해석되지만 실제로는 '인색하다, 인정머리가 없다'라는 의미입니다.

1. เขาชอบ**ดำ**น้ำ

   그는 잠수를 좋아한다.

2. ชาวนาเริ่ม**ดำนา**ในช่วงนี้

   농민들은이 시기에 모를 심기 시작한다.

3. แต่งชุด**ดำ**ไปงานศพ

검은 옷을 입고 장례식에 가라.

4. เขาเป็นคนใจ**ดำ**

그는 인색한 사람이다.

ดำเนิน

진행하다, 집행하다 / 생활하다: **ดำเนินชีวิต**

태국어 동사 **ดำเนิน**은 '진행하다, 집행하다, 운영하다' 등으로 해석됩니다. 타동사로 다양한 목적어가 올 수 있습니다. 예컨대 **ดำเนินชีวิต**(삶을 영위하다, 살아가다), **ดำเนินงาน**(일을 진행하다), **ดำเนินคดี**(사건의 사법처리를 진행하다) 등이 있습니다. **ดำเนินการ**은 합성어로 '진행하다, 집행하다'의 의미로 사용됩니다.

1. เขากำลัง**ดำเนินการ**ขอวีซ่าไปศึกษาต่อต่างประเทศ

그는 외국 유학에 필요한 비자 요청을 진행 중이다.

2. งานนั้น**ดำเนิน**ไปได้ด้วยดี

그 일은 잘 되어 간다.

3. เขา**ดำเนิน**ชีวิตด้วยความไม่ประมาท

그는 진지하게 삶을 살아간다.

4. ตำรวจกำลัง**ดำเนินคดี**กับผู้ค้ายาเสพติดรายใหญ่

경찰은 거물급 마약판매상 사건의 사법처리를 진행 중이다.

ด

ดำรง 유지하다, 보존하다 / 맡다, 담당하다

태국어 동사 **ดำรง**은 타동사로 '유지하다, 보존하다'의 의미를 나타냅니다. 주로 직위를 나타내는 **ตำแหน่ง**(~직) 등의 명사가 목적어로 옵니다. **ดำรงชีวิต** 이라고 하면 '삶을 영위하다'의 의미가 됩니다. 그 외에도 전통이나 어떠한 가치를 '수호하다, 보전하다'의 의미로도 사용할 수 있습니다.

1. ประเพณีไทยจะ**ดำรง**สืบไปถ้าคนไทยช่วยกันส่งเสริมและรักษาไว้

   태국의 전통은 태국인들이 함께 진흥하고 보존할 때 이어나갈 수 있을 것이다.

2. เขา**ดำรง**ตำแหน่งเป็นนายกรัฐมนตรี

   그는 국무총리직에 보임했다.

3. เขา**ดำรง**ตำแหน่งประธานาธิบดีสองสมัย

   그는 대통령직을 2기 연임했다.

4. ศาลย่อม**ดำรง**ไว้ซึ่งความยุติธรรม

   사법부는 반드시 정의를 수호해야 한다.

ดิบ 날것이다, 덜익다

태국어 자동사 **ดิบ**은 '날 것의', '덜 익은'의 의미입니다. 대표적으로 **ปลาดิบ**은 '날 생선', 즉 생선회를 지칭합니다. 또한 과일의 경우도 **ดิบ**을 쓰면 익지 않거나 여물지 않은 과일을 지칭합니다.

1. คนญี่ปุ่นชอบกินปลา**ดิบ**

   일본사람은 생선회 먹는걸 좋아한다.

2. การกินอาหารสุกๆ **ดิบๆ** อาจทำให้เกิดท้องร่วง

   설 익은 음식을 먹는것은 설사를 유발할 수 있다.

3. การกินอาหาร**ดิบ**มีความเสี่ยงต่อการติดเชื้อในลำไส้

날 것을 먹으면 장내 병균에 감염될 가능성이 있다.

4. คนไทยชอบกินมะม่วง**ดิบ**จิ้มน้ำปลาหวาน

태국사람들은 덜 익은 망고를 남쁠라완에 찍어 먹는것을 좋아한다.

ดี

좋다 / 쓸개 잘먹고 잘산다: **อยู่ดีกินดี** 훌륭하다: **ดีงาม**
뛰어나다: **ดีเด่น**

태국어 자동사 **ดี**는 '좋다, 선하다'의 의미입니다. 동사 **ดี**는 단독으로 서술어나 수식어, 부사 등 다양한 기능을 하며 여러 가지 형태의 합성어로 나타나기도 하는 기본 동사 중 하나입니다.

1. บริษัทส่วนใหญ่มักจะเลือกคนที่มีฝีมือ**ดี**เข้าทำงาน

대부분의 회사는 기술이 뛰어난 사람을 선발해 입사시킨다.

2. เขาป็นคน**ดี** มีเมตตาต่อเด็กและคนชรา

그는 노인과 아이들에게 인자하고 좋은 사람이다.

3. คนเราควรมีมารยาทที่**ดี**งาม

우리는 아름다운 예의 범절이 있어야 한다.

4. อาจารย์ท่านนั้นได้รับรางวัล**ดี**เด่นด้านการวิจัย

그 교수님께서는 학술연구분야 우수상을 받으셨다.

ด

ดีด

튕기다, 튀다, (타이핑)치다 / 타자를 치다: **ดีดพิมพ์ดีด**

태국어 동사 **ดีด**은 현이 있는 악기의 줄을 튕기며 타는 동작, 또는 무언가를 빠르게 눌렀다가 손을 떼는 동작을 일컫는 말입니다. 누른 대상이 반동으로 튀어오르는 동작까지를 포함하는 의미입니다. 타자기를 사용하던 시절 주로 '타자 치다'의 의미로 많이 사용했으나 현재는 컴퓨터로 타자를 치는 경우 주로 **พิมพ์** 만을 사용합니다.

1. เลขานุการกำลัง**พิมพ์ดีด**เอกสารให้ประธาน

   서기는 회장에게 줄 문서 타자를 치는 중 이다.

2. เครื่อง**พิมพ์ดีด**เสีย

   타자기가 고장났다.

3. ดัชนีหุ้น**ดีด**ตัวสูงขึ้นจากเมื่อวาน

   주가지수가 어제보다 껑충 뛰었다.

4. ว่าง ๆ เขาชอบ**ดีด**กีตาร์เล่น

   시간이 날 때 그는 기타를 퉁기며 논다.

ดึง

당기다, 끌다 / 끌어 당기다: **ดึงดูด**

태국어 동사 **ดึง**은 '당기다, 끌다'의 의미입니다. 출입문에 붙어있는 표지로 **ดึง**은 '당기시오'를 의미하고 반대로 '미시오'는 **ผลัก** 이라고 표시된 것을 볼 수 있습니다. 물리적인 동작 외에도 **ดึงดูด** 이라는 합성어에서 나타나면 '마음 등을을 끌어 당기다'의 의미로도 사용될 수 있습니다.

1. เขา**ดึง**ประตู

   그는 문을 당겼다.

2. สินค้านี้ได้รับความ**ดึงดูด**ใจจากลูกค้ามาก

   이 제품은 손님들의 큰 관심을 받았다.

3. สิ่งมีชีวิตบนโลกอยู่ได้เพราะแรง**ดึงดูด**

지구 위의 생물은 인력으로 인하여 존재할 수 있다.

4. เขา**ดึง**มือเธอไว้ก่อนจะจากไป

그는 떠나가기 전에 그녀의 손을 당겨잡았다.

ดื่ม

마시다 / 음료수: **เครื่องดื่ม**

태국어 어휘 **ดื่ม**은 타동사로 마시다'의 의미입니다. 명사로 **เครื่องดื่ม**은 음료를 총칭하는 표현입니다. 한편, 합성어로 **ดื่มด่ำ**은 '도취하다, 와닿다, 만끽하다'의 의미이며, **ดูดดื่ม**은 '황홀하다'의 의미를 나타냅니다.

1. เด็ก**ดื่ม**นม

아이가 우유를 마신다.

2. หล่อนซื้อ**เครื่องดื่ม**ที่ร้านสะดวกซื้อ

그녀가 편의점에서 음료수를 산다.

3. พวกเรากำลัง**ดื่มด่ำ**กับบรรยากาศอันแสนโรแมนติก

우리는 너무나 로맨틱한 분위기에 한껏 취해있다.

4. คู่รักคู่นั้นกำลังจุมพิตกันอย่าง**ดูดดื่ม**

그 커플이 달콤하게 입맞추고 있다.

ดื้อ(ด้าน) 고집하다, 고집세다

태국어 자동사 **ดื้อ**는 '고집이 세다'라는 뜻입니다. 고집쟁이는 **หัวดื้อ** 또는 비슷한 의미로 **หัวแข็ง**으로 표현하기도 합니다. **ดื้อด้าน**(고집스럽다, 완고하다), **ดื้อดัน**(고집이 세다), **ดื้อรั้น**(집요하다), **ดื้อดึง**(고집하다) 등과 같이 합성어로는 사용하기도 합니다.

1. น้องชายเป็นคน**ดื้อ**ด้าน

   남동생은 고집이 센 사람이다.

2. ใครๆ ก็บอกว่าฉันเป็นคนหัว**ดื้อ**

   다들 나를 고집쟁이라고 한다.

3. เด็กผู้ชายมักจะ**ดื้อ**กว่าเด็กผู้หญิง

   남자아이는 보통 여자아이들보다 고집이 세다.

4. น้อง**ดื้อ**มากไม่ยอมทำตามคำสั่งของแม่

   동생은 고집이 세서 엄마가 시키는 대로 하지 않는다.

ดุ(ดัน/ร้าย) 사납다, 흉악하다, 혼내다

태국어 동사 **ดุ**는 자동사와 타동사로 모두 사용됩니다. 예컨대, **เสือดุ** 하면 '호랑이가 사납다'라는 뜻인데 자동사로 사용된 경우이며, **ดุน้อง** 하면 '동생을 혼내다'라는 의미로 타동사로 사용된 경우입니다. **ดุร้าย**(흉악하다, 사납다), **ดุดัน**(사납다, 퉁명스럽다) 등과 같이 합성어로도 사용할 수 있습니다.

1. เสือเป็นสัตว์**ดุ**ร้าย

   호랑이는 포악한 동물이다.

2. แม่เป็นคน**ดุ**

   엄마는 무서운 분이다.

3. พ่อมักจะ**ดุ**ลูกๆ เมื่อทำผิด

아버지는 아이들이 잘못하면 혼을 내곤 하신다.

4. เขาทำหน้าตา**ดุ**ดันเมื่อได้ยินคำพูดไม่ถูกใจ

그는 마음에 안 드는 말을 들었을 때 사나운 얼굴을 했다.

ดู

보다, 보이다
무시하다: **ดูถูก** 돌보다: **ดูแล** 구분하다: **ดูออก**
점치다, 운세를 보다: **ดูดวง** 볼만하다: **น่าดู**

태국어 동사 **ดู**는 한국어 보다, 보이다에 대응되는 동사입니다. 주로 타동사로 목적어가 뒤에 오는 경우가 많은데, 예외적으로 **ดูไม่สบาย**(몸이 안 좋아 보인다)에서 처럼 동사구가 뒤에 와서 '~해 보이다'의 의미를 나타내기도 합니다. 별이라는 뜻의 **ดวง**이 목적어로 와서 **ดูดวง**은 '점을 보다'의 의미이고, 점을 보는 점쟁이는 **หมอดู**라고 부릅니다. 한편, 다양한 합성어의 형태로 나타나는데 **ดูแล**(돌보다), **เลี้ยงดู**(양육하다, 돌보다), **ดูหมิ่น**(무시하다, 모욕하다), **ดูถูก**(무시하다, 아래로 보다) 등이 그 예입니다.

1. น้อง**ดู**โทรทัศน์

동생이 티비를 본다.

2. คนเกาหลีจำนวนไม่น้อยชอบ**ดูดวง**

적지 않은 한국인들이 점 보는 것을 좋아한다.

3. เขา**ดูแล**พ่อแม่เมื่อไม่สบาย

그는 편찮으실 때 부모님을 돌본다.

4. ยายสอนว่าไม่ควร**ดูถูก**คนที่ต่ำต้อยกว่า

할머니가 신분이 낮은 사람을 무시하면 안된다고 가르치셨다.

ด

ดูด

들이 마시다 / 빨아 들이다

태국어 동사 **ดูด**은 주로 입을 통해서 '빨다, 빨아 들이다, 들이 마시다'의 의미를 나타냅니다. '당기다'라는 뜻의 동사 **ดึง**과 결합하여 **ดึงดูด** 이라는 합성어가 되면 '끌어당기다'의 의미를 가집니다.

1. เขา**ดูด**น้ำจากแก้วจนหมดเกลี้ยง

   그는 컵의 물을 전부 들이 마셨다.

2. ผึ้ง**ดูด**น้ำหวานจากดอกไม้

   벌이 꽃의 단물을 빨아들인다.

3. เด็ก**ดูด**อมยิ้มอย่างเอร็ดอร่อย

   아이가 맛있게 막대사탕을 빨아 먹는다.

4. ทารก**ดูด**นมแม่อย่างมีความสุข

   아기가 행복하게 엄마의 젖을 빤다.

เด็ด

(꽃을) 따다, 뜯다, 채취하다 / 절대로: **โดยเด็ดขาด**

태국어 타동사 **เด็ด**은 '식물이나 열매 등을 따다, 뜯다, 채취하다'의 의미입니다. 주로 식물이 목적어로 옵니다. 한편 다른 의미로 '탁월하다' 또는 '단호하다'의 의미를 나타내기도 해서, **รสเด็ด**은 '탁월한 맛', **เด็ดขาด**은 '단호히, 절대로'의 의미를 갖습니다.

1. แม่**เด็ด**ดอกไม้หน้าบ้าน

   엄마가 집앞의 꽃을 딴다.

2. แม่นั่ง**เด็ด**ก้านพริกอยู่ในครัว

   엄마가 주방에 앉아 고추의 꼭지를 따고 계신다.

3. เขาตั้งใจจะเลิกสูบบุหรี่โดย**เด็ดขาด**

그는 반드시 담배를 끊기로 결심했다.

4. น้ำพริกของยายรส**เด็ด**มาก

할머니의 남프릭은 굉장히 맛있다.

เด่น(ชัด) 두드러 지다, 눈에 띄다

태국어 자동사 **เด่น**은 '눈에 띄다, 두드러지다, 현저하다'의 의미입니다. 단독으로 서술어나 수식어, 부사 등으로 쓰이기도 하고, **เด่นชัด**(확연하다), **ดีเด่น**(우수하다), **โดดเด่น**(뛰어나다, 걸출하다) 등과 같은 합성어로 사용하기도 합니다.

1. สินค้าตัวนั้นมีลักษณะ**เด่น**กว่าสินค้าอื่น

그 제품은 다른 제품에 비해 눈에 띄는 특성이 있다.

2. หล่อนใส่ชุดสีแดง**เด่น**ในงานเลี้ยง

그녀는 회식에서 눈에 띄는 빨간옷을 입었다.

3. พนักงานทำสัญลักษณ์**เด่นชัด**จนลูกค้าหาร้านได้ง่าย

직원들은 손님이 가게를 찾기 쉬울 정도로 눈에 띄는 표시를 하였다.

4. เธอทำตัว**เด่น**ที่สุดในงาน

그녀는 행사에서 가장 튀게 행동을 했다.

เดา

추측하다, 상상하다

태국어 동사 **เดา**는 '추측하다, 예측하다, 상상하다'의 의미입니다. 단독으로 사용하는 경우가 많으며, **เดาไม่ออก** 또는 **เดาไม่ถูก** 이라고 하면 도저히' 추측이 안된다, 모르겠다'의 의미를 나타냅니다. 한편 유의어 **คาด**과 결합하여 **คาดเดา**와 같은 합성어로 사용하기도 하는데 마찬가지로 '예측하다, 추측하다' 의 의미를 갖습니다.

1. วันนี้ฉัน**เดา**ข้อสอบไปหลายข้อ

   오늘 나는 시험문제 여러 개를 찍었다.

2. ฉัน**เดา**ใจเขาไม่ถูกจริงๆ

   나는 그의 마음을 도저히 알 수가 없다.

3. เธอลอง**เดา**ดูว่าฉันจะเลือกเสื้อตัวไหน

   내가 어떤 옷을 고를 지 네가 한번 맞춰 보렴.

4. ฉันไม่อาจคาด**เดา**เหตุการณ์ในอนาคตได้

   나는 미래에 상황이 어떻게 될지 상상할 수 없다 .

เดิน

걷다 / 작동하다
이동하다, 여행하다: **เดินทาง** 산책하다: **เดินเล่น**

태국어 동사 **เดิน**은 '걷다'의 의미를 나타내는 자동사입니다. 주로 방향동사 **ไป มา** 등이 함께 사용됩니다. 실제 인간이나 동물이 걸어가는 동작 뿐 아니라, 시계나 기계 등이 '작동하다'의 의미로 사용하기도 합니다. 합성어로 **เดินทาง**은 '이동하다, 여행하다' 에 대응하는 동사이며, **เดินเล่น**은 산책하다의 의미입니다.

1. แม่**เดิน**ไปตลาดทุกวัน

   엄마는 매일 걸어서 시장에 간다.

2. ฉัน**เดินทาง**ไปต่างจังหวัดทุกอาทิตย์

   나는 매주 다른 지방으로 여행을 간다.

3. พวกเราไป**เดิน**เล่นที่สวนสาธารณะ

우리들은 공원으로 산책하러 갔다.

4. นาฬิกาหยุด**เดิน**

시계가 멈췄다.

เดือด

(물이) 끓다 / 곤란하다, 난처하다: **เดือดร้อน**

태국어 동사 **เดือด**은 물 등이 '끓다'의 의미를 나타냅니다. 자동사로만 사용되는 동사입니다. 타동사로 '끓이다'의 경우 **ต้ม** 이라는 별개의 동사를 사용합니다. '끓다'는 의미와 연관되어 **เดือด**과 결합하여 **เดือดร้อน**이 되면 '곤란하다', 곤란을 겪다'의 의미를 나타냅니다. 상황이 난처하거나 곤란한 경우 뿐 아니라 경제적으로 어려운 경우에도 사용할 수 있습니다.

ด

1. น้ำ**เดือด**

물이 끓는다.

2. เขากำลัง**เดือดร้อน**เรื่องเงิน

그는 돈 문제로 곤란한 상황이다.

3. เพื่อนคนนั้นทำให้ฉัน**เดือดร้อน**เสมอ

그 친구는 항상 나를 난처하게 한다.

4. ข้าวในหม้อกำลัง**เดือด**ควันกรุ่น

밥솥의 밥이 연기가 자욱하게 끓는 중이다.

แดง　붉다, 빨갛다 / 누설되다, 발각되다

태국어 자동사 **แดง**은 색채어로 '붉다'는 의미를 나타냅니다. 단독으로 서술어로 쓰거나, 명사나 동사의 뒤에서 수식어로 사용할 수 있습니다. 한편, 동사로 '누설되다, 발각되다'의 의미로 사용되는 경우도 있는데,이 경우에는 숨겨져 있던 어떤 일이 수면 위로 드러 나는 것을 뜻하는데 주로 뒤에 부동사 **ขึ้นมา** 혹은 **ออกมา** 가 함께 쓰입니다.

1. น้องใส่ชุดสี**แดง**ไปงานเลี้ยง

   동생은 파티에 빨간색 옷을 입고 갔다.

2. น้องเป็นตา**แดง**

   동생은 눈이 빨갛다.

3. เขากินเหล้ามากจนหน้า**แดง**

   그는 술을 많이 마셔서 얼굴이 빨갛게 됐다.

4. ในที่สุดเรื่องนั้นก็**แดง**ออกมา

   마침내 그 일도 드러나게 되었다.

(กระ)โดด　뛰다, 도약하다 / (수업을) 빼먹다, 땡땡이 치다: **โดดร่ม**

태국어 동사 **โดด** 또는 **กระโดด**은 주로 제자리에서 껑충껑충 뛰거나 점프하는 동작을 뜻합니다. **กระโดดเชือก**은 '줄넘기 하다'의 의미입니다. 방향동사가 뒤따라와 **กระโดดขึ้น** 하면 '뛰어오르다', **กระโดดลง**하면 '뛰어내리다'의 의미가 됩니다. 속어로 **โดดร่ม**은 직역하면 '낙하산을 타다'인데 해야할 일을 하지 않는 경우를 빗대는 말로 **โดดเรียน**은 학교 '수업을 땡땡이치다', **โดดงาน**은 '회사일을 빼먹다' 에 해당하는 표현이 됩니다.

1. เด็ก**กระโดด**ลงมาจากเก้าอี้

   아이는 의자에서 뛰어내렸다.

2. เขายอม**โดด**งานเพื่อจะไปเที่ยวกับแฟน

그는 애인과 놀러가기 위해서 일을 빼먹었다.

3. เขาชอบ**กระโดด**ร่ม

그는 땡땡이 치길 좋아한다.

4. เด็กกลุ่มนั้น**โดด**เรียนเป็นประจำ

그 아이들은 밥 먹듯이 수업을 땡땡이 친다.

โดน

부딪치다, 접촉하다, 명중하다, 당하다
그러다가 당한다: **เดี๋ยวโดน**

태국어 동사 **โดน**은 '부딪치다, 접촉하다, 명중하다, 당하다' 등의 의미를 나타냅니다. 목적어를 받아서 '~에 부딪치다, 명중하다'의 의미를 나타내는데 **โดนขา** 하면 '다리에 부딪히다', **โดนเป้า** 하면 '표적에 명중하다' 등의 표현으로 사용될 수 있습니다. 한편, 수동형을 나타낼 때 **ถูก**과 마찬가지로 목적어가 절의 형태로 옵니다. 그러나 목적절에서 행위자가 생략되는 경우가 많기 때문에 **โดน** 다음에 바로 동사구가 오는 경우도 있습니다. 한편 마음이라는 뜻의 **ใจ**와 함께 쓰이면 **โดนใจ**로 '마음에 와닿다'의 의미가 됩니다.

1. เขา**โดน**แฟนทิ้ง

그는 애인에게 버림받았다.

2. แรงงานต่างชาติ**โดน**หลอกให้ไปทำงานต่างประเทศ

외국인 근로자가 속아서 외국에 와서 일한다.

3. เดี๋ยว**โดน**ตีนะ ถ้ารังแกเพื่อนอีก

친구를 또 못살게 굴면 맞을 줄 알아.

4. ละครเรื่องนี้**โดนใจ**เขามาก

이 드라마는 그의 마음에 굉장히 와닿았다.

ด

โดยสาร (교통수단 등을) 타다

태국어 동사 **โดยสาร**은 주로 '교통수단을 타다'의 의미를 나타냅니다. 타동사로 사용되며 탈것이 뒤에 목적어로 옵니다. **ค่าโดยสาร**(차비) **ผู้โดยสาร**(승객) **เรือโดยสาร**(여객선) 등과 같이 다양한 형태의 합성어로 사용되기도 합니다.

1. เขานั่งรถ**โดยสาร**ไปทำงานทุกวัน

   그는 매일 대중교통을 타고 일하러 간다.

2. วันนี้ฉันเสียค่า**โดยสาร**แท็กซี่ 100 บาท

   오늘 나는 택시 이용요금 100바트를 썼다.

3. เขา**โดยสาร**เรือไปทำงาน

   그는 배를 타고 일하러 간다.

4. **ผู้โดยสาร**รอขึ้นรถไฟฟ้าอย่างมีระเบียบ

   승객들이 지상철에 오르려고 질서있게 기다린다.

ได้ 얻다, 취득하다

태국어 동사 **ได้**는 매우 다양한 의미기능을 하는 대표적 동사 중 하나입니다. 우선 본동사로 쓰일 경우 **ได้**는 '얻다, 타다, 획득하다, 취득하다'의 의미를 나타냅니다. 예를 들어 **ได้เงินเดือน**은 '월급을 타다', **ได้รางวัล**은 '상을 타다', **ได้รับจดหมาย**는 '편지를 받다'로 해석됩니다. 두번째로 동사구에 선행하는 **ได้**는 긍정문에서는 주로 '기회를 얻다'의 의미를 나타내어 **เขาได้ไปเรียนต่อ**는 '그는 유학을 가게 되었다'로 해석되고, 부정문에서는 주로 기회의 상실 혹은 완료상을 나타내어 **เขาไม่ได้เข้าประชุม**은 '그는 회의에 못 갔다' 또는 '안 갔다'의 의미가 됩니다. 한편, 동사구의 뒤에 오는 **ได้**는 '~할 수 있다'는 가능의 의미를 나타냅니다.

1. บริษัท**ได้**กำไรหลายร้อยล้านบาทต่อปี

   회사는 해마다 수 억 바트의 수익을 얻는다.

2. เขา**ได้รับ**รางวัลชนะเลิศในการประกวดสุนทรพจน์ภาษาเกาหลี

   그는 한국어 말하기 경시대회에서 우승을 했다.

3. หล่อน**ได้**เลื่อนตำแหน่งเป็นผู้จัดการ

   그녀는 승진하여 팀장이 되었다.

4. วันนี้ ผมดื่มเหล้าไม่**ได้**เพราะเอารถมา

   저는 오늘 차를 가져와서 술을 못 합니다.

ต

ตก

떨어지다, 추락하다 / 놓치다, 빠지다

태국어 동사 **ตก** 은 자동사로 '떨어지다, 추락하다'의 의미를 나타냅니다. 한국어 '비가 오다' 라는 표현에 대응표현으로 태국어에서는 **ฝนตก**(비가 떨어지다) 이라는 표현을 사용합니다. 해가 떨어지다(**พระอาทิตย์ตก**), 가격이 떨어지다(**ราคาตก**), 시험에 떨어지다(**สอบตก**) 등의 표현은 한국어와 태국어에서 비슷하게 나타나는 것을 볼 수 있습니다. 한편, 차를 '놓치다'의 의미로도 **ตก**을 사용해서, **ตกเครื่องบิน**은 '비행기를 놓치다'라는 뜻입니다. 그러나 **เครื่องบินตก**은 '비행기가 추락하다'라는 뜻을 나타냅니다. 또한, 합성어 **ตกหล่น** 또는 **ขาดตกบกพร่อง**은 '빠뜨리다'라는 표현입니다.

1. เขา**ตก**จากต้นไม้

   그가 나무에서 떨어졌다.

2. ฝน**ตก**หนักมาก

   비가 거세게 내린다.

3. วันนี้ฉันเกือบ**ตก**รถเมล์

   오늘 나는 거의 버스를 놓칠뻔 했다.

4. อาจารย์สั่งให้นักเรียนตรวจสอบเอกสารว่ามีอะไร**ตกหล่น**หรือไม่

   교수님은 학생들로 하여금 문서에 뭔가 빠진게 있는지를 검토하게 하였다.

ตกลง

찬성하다, 동의하다 / 합의사항: **ข้อตกลง**

태국어 동사 **ตกลง**은 '찬성하다, 동의하다, 합의하다 '라는 뜻입니다. 대화에서 '동의한다', '그렇게 하자'라는 의미로 답변을 할 때 단독으로 **ตกลง**을 사용하기도 하고, '~한 내용에 대해서 합의했다'라는 표현으로 **ตกลง(ที่)จะ...**로 표현하기도 합니다. 합의서는 **ข้อตกลง**으로 표현합니다.

1. ฉัน**ตกลง**จะไปร่วมงานเลี้ยงรุ่นกับเขา

   나는 그와 동창회에 가기로 했다.

2. บริษัทสองบริษัททำข้อ**ตกลง**

   두 회사는 합의서를 체결했다.

3. เขา**ตกลง**เซ็นสัญญากับบริษัทนั้น

   그는 그 회사와의 계약에 서명을 했다.

4. เขาตอบ**ตกลง**ไปเที่ยวเกาะเชจูกับเพื่อนๆ

   그는 친구들과 제주도에 가기로 했다.

ตบ

(손뼉을) 치다, 두드리다

태국어 동사 **ตบ**은 손바닥을 이용해서 무언가를 치는 동작을 일컫는 말입니다. 주로 치는 대상이 목적어로 오는데 손이 오면 손뼉을 치다(**ตบมือ**), 얼굴이 오면 뺨을 때리다(**ตบหน้า**), 어깨가 오면 어깨를 두드리다(**ตบไหล่**)로 해석이 됩니다. 태국어 속담에 **ตบหัวแล้วลูบหลัง**(머리 때리고 등 쓰다듬는다)는 우리 말의 '병주고 약 준다'에 해당하는 표현입니다.

1. เธอ**ตบ**หน้าเขาด้วยความโกรธ

   그녀는 화가 나서 그의 뺨을 때렸다.

2. ผู้ชม**ตบ**มือให้นักแสดง

   관객은 연기자에게 박수를 보냈다.

3. ประธาน**ตบ**โต๊ะเสียงดังด้วยความโมโห

사장님이 화가 나서 큰소리로 책상을 내리쳤다.

4. เขา**ตบ**ไหล่เพื่อนเบาๆเพื่อให้กำลังใจ

그는 격려하기 위해 친구의 어깨를 가볍게 두드렸다.

ต้ม

끓이다, 익히다

태국어 동사 **ต้ม**은 타동사로 '끓이다'라는 뜻입니다. 뒤에 끓이는 대상이 목적어로 오기도 하고, 앞에 와서 그 대상을 수식하기도 합니다. **ไข่ต้ม**(삶은 계란), **มันต้ม**(삶은 고구마), **ข้าวต้ม**(죽) 등 각종 음식 이름에서 볼 수 있습니다. 한편 합성어 **ต้มตุ๋น**은 우리말로 '구워 삶다'에 대응될 수 있는 속어로서, '사기치다'라는 의미입니다.

1. ฉัน**ต้ม**น้ำชงกาแฟ

나는 물을 끓여 커피를 탔다.

2. แม่**ต้ม**ข้าวต้มให้ลูก

엄마는 죽을 끓여 아이에게 주었다.

3. ถั่ว**ต้ม**สุกแล้ว

땅콩이 다 쪄 졌다.

4. เขาถูกนัก**ต้มตุ๋น**หลอกลวงให้ร่วมทำธุรกิจ

그는 사기꾼에게 함께 동업을 하도록 사기를 당했다.

ต

ตรวจ

검사하다, 조사하다 / 검진하다: **ตรวจโรค**
측량조사하다: **ตรวจวัด** 검사하다: **ตรวจสอบ**

태국어 동사 **ตรวจ**은 여러 맥락에서 '검사하다, 조사하다, 검진하다, 검토하다' 등 다양한 의미를 나타냅니다. 또한 **ตรวจตรา**(검사하다) **ตรวจทาน**(검토하다) **ตรวจสอบ**(조사하다) **ตรวจแก้**(교정하다) **ตรวจพิจารณา**(검토하다) 등과 같이 매우 다양한 합성어 형태로 사용됩니다.

1. พ่อ**ตรวจ**สุขภาพทุกปี

   아버지는 매년 건강검진을 받으신다.

2. พนักงาน**ตรวจสอบ**คุณภาพสินค้า

   직원들이 제품의 품질을 검사한다.

3. เนื้อสัตว์จะต้องผ่านการ**ตรวจ**โรคก่อนส่งออก

   육류는 수출 전 반드시 검역을 통과해야 한다.

4. แม่ไป**ตรวจ**วัดระดับความดันโลหิตที่โรงพยาบาล

   어머니가 병원에서 혈압 수치를 재신다.

ตระหนี่

인색하다

태국어 동사 **ตระหนี่**는 '인색하다, 구두쇠이다'의 의미입니다. 단독으로 자동사나 수식어로 쓰여 성격을 나타내기도 하고, **ตระหนี่ถี่เหนียว** 또는 **ตระหนี่ถี่ถ้วย** 등 합성어 형태로 쓰여 '인색하다'의 의미를 나타내기도 합니다.

1. เขาเป็นคน**ตระหนี่**

   그는 인색한 사람이다.

2. เพื่อนคนนั้นเป็นคน**ตระหนี่**ถี่เหนียวมาก

   그 친구는 매우 인색한 사람이다.

3. คน**ตระหนี่**ย่อมวิเคราะห์ข้อได้เปรียบเสียเปรียบอย่างถี่ถ้วน

인색한 사람은 유불리를 자세히 분석한다.

4. คน**ตระหนี่**ถี่เหนียวมักไม่ซื้อของใช้ราคาแพง

인색한 사람은 비싼 물건을 사지 않는다.

ตรึง

(끈으로) 묶다, 고정시키다

태국어 동사 **ตรึง**은 '묶다, 고정하다'의 의미입니다. 물리적으로 어떤 장소나 물체에 묶어 고정하는 경우에도 사용하고, 추상적으로 마음을 사로 잡거나(**ตรึงใจ**) 매료된다는 의미로 사용하기도 합니다.

1. พระเยซูถูก**ตรึง**บนไม้กางเขน

예수는 십자가에 묶였다.

2. เขาถูกผูก**ตรึง**ด้วยเชือก

그는 줄로 묶였다.

3. ความสวยของเธอนั้น**ตรึงตาตรึงใจ**ผมมาก

그녀의 아름다움은 나의 마음을 사로잡았다.

4. เสียงร้องอันไพเราะของเธอ**ตรึง**ผู้ฟังให้เงียบสนิท

감미로운 그녀의 목소리는 청중을 매료시켜 조용하게 만들었다.

ต

ตลก

재미있다, 익살맞다

태국어 동사 **ตลก**은 '재미있다, 익살맞다'라는 뜻의 자동사입니다. 단독으로 써서 '웃기다, 재미있다'라는 의미로 쓰기도 하고, **ตลกขบขัน** 등 합성어 형태로 쓰기도 합니다. 사람에게 쓸 경우 **เขาเป็นคนตลก** 이라고 하면 그는 '웃기는 사람이다'라는 뜻이 됩니다. 어른에게 쓰기에는 적절하지 않은 표현이므로, **มีอารมณ์ขัน**(유머러스하다, 재미있다) 등으로 사용하는 것이 좋습니다.

1. เขาเป็นคน**ตลก**

   그는 재미있는 사람이다.

2. พ่อมักพูดจา**ตลก**ให้แม่หัวเราะ

   아버지는 종종 익살맞은 말투로 엄마를 웃게 한다.

3. น้องชอบดูหนัง**ตลก**

   동생은 코미디 영화 보는것을 좋아한다.

4. ดารา**ตลก**ที่โด่งดังมีอยู่หลายคน

   유명한 코미디언이 여럿 있다.

ต่อ

잇다, 연결하다, 연장하다

태국어 동사 **ต่อ**는 타동사로 원래 '잇다, 연결하다'의 의미입니다. 물리적으로 어떤 물체를 연결하거나 추상적으로 전화 등을 연결(**ต่อสาย**)하는 경우에도 사용됩니다. 여기에서 의미가 확장되어 '늘리다, 연장하다'의 의미가 되는데 **ต่อเวลา** 하면 '시간을 연장하다'로 해석됩니다. 한편 합성어 형태로 사용하여 **ต่อไป** 하면 '계속해서, 다음'이라는 뜻이 되고, **ต่อรอง**은 흥정하다, **เป็นต่อ**는 유리하다의 의미를 나타냅니다.

1. ฉัน**ต่อรอง**ราคานาฬิกากับแม่ค้า

   나는 상인과 시계 가격을 흥정했다.

2. เขาเอาเชือกหลายๆ เส้นมา**ต่อ**กันทำราวตากผ้า

그는 줄을 여러개 연결하여 빨랫줄을 만들었다.

3. กรุณาช่วย**ต่อ**สายถึงผู้จัดการหน่อยครับ

과장님에게 전화를 좀 연결해 주세요.

4. คดีนี้เขาเป็น**ต่อ**ฝ่ายตรงข้ามอยู่มาก

이 사건에서 그는 반대측보다 매우 유리하다.

ต้อง

닿다, 접촉하다 / 맞다, 명중하다
만지다: **แตะต้อง** 원하다: **ต้องการ**

태국어 동사 **ต้อง**은 본래 '닿다, 접촉하다, 만지다'의 의미입니다. 또는 '맞다, 명중하다'의 의미로도 쓰입니다. 합성어의 형태로 사용하여 **แตะต้อง** 하면 '만지다, 접촉하다'라는 뜻이 됩니다. 또, **ต้องตาต้องใจ**는 '눈에 들다, 마음에 들다'의 의미입니다. 조동사로 사용되는 경우에는 의무와 필연의 의미를 나타냅니다. **ต้องไป**는 '가야만 한다'는 뜻입니다. 이밖에도 (형벌에) 처하다 **(ต้องโทษ)**, 원하다**(ต้องการ)** 등 다양한 쓰임이 있습니다.

1. มนุษย์เราจำเป็น**ต้อง**ใช้ชีวิตร่วมกับผู้อื่น

우리 인간은 타인과 함께 살아가야만 한다.

2. ผู้ร้ายคนนั้น**ต้อง**โทษสถานหนัก

그 범인은 중형에 처해졌다.

3. เขา**ต้องการ**การยอมรับจากเพื่อนร่วมงาน

그는 동료로 부터 인정받기를 원한다.

4. เขา**ต้องตาต้อง**ใจผู้หญิงคนนั้นมาก

그는 그녀가 매우 마음에 든다.

ต

ตอน

거세하다: **ตัดตอน**

태국어 동사 **ตอน**은 동물을 '거세하다', 또는 식물을 '접붙이다'의 의미를 나타내는 타동사입니다. 명사로는 절, 단락, 부분 등을 나타내어 **ตัดตอน**은 '발췌하다'라는 의미입니다.

1. แม่ชอบข้าวมันไก่**ตอน**

   엄마는 거세한 수탉으로 만든 카우만까이를 좋아하신다.

2. พ่อ**ตอน**กิ่งต้นไม้

   아빠가 나뭇가지를 접붙이기 하신다.

3. ข้อความนี้ตัด**ตอน**มาจากหนังสือวรรณคดีไทย

   이 내용은 태국 고전문학 책에서 발췌됐다.

4. แม่พาแมวไป**ตอน**ที่โรงพยาบาลรักษาสัตว์

   엄마가 고양이를 데리고 동물병원에 가서 중성화수술을 했다.

ต้อนรับ

환영하다

태국어 동사 **ต้อนรับ**은 '환영하다'의 뜻을 나타냅니다. 타동사로 환영하는 대상이 목적어로 옵니다. 보통 '환영합니다'의 표현은 **ยินดีต้อนรับ** 이라고 합니다.

1. ประธานในพิธีกล่าว**ต้อนรับ**แขกผู้มีเกียรติ

   행사의 주관장이 내빈에 환영사를 했다.

2. คู่บ่าวสาวยืน**ต้อนรับ**แขกอยู่หน้างาน

   신랑신부는 식장 앞에서 손님들을 환영했다.

3. ที่บ้านของเราจัดงานเลี้ยง**ต้อนรับ**พี่สาวที่เรียนจบกลับมาจากต่างประเทศ

   우리 집에서는 해외 유학을 마치고 돌아온 누나의 환영회를 열었다.

4. คนไทยยินดี**ต้อนรับ**นักท่องเที่ยวจากทุกมุมโลก

태국인은 전 세계로부터 온 관광객을 환영한다.

ตอบ

답하다 / 보답하다: **ตอบแทน**

태국어 동사 **ตอบ**은 '답하다, 대답하다'의 뜻을 나타냅니다. **ตอบคำถาม, ตอบโจทย์, ตอบจดหมาย, ตอบอีเมล** 등에서 보는 바와 같이 다양한 목적어가 올 수 있습니다. 답이 맞은 경우는 **ตอบถูก**, 답이 틀린 경우는 **ตอบผิด**이라고 합니다. 한편, **ตอบแทน**은 '보답하다'라는 뜻으로, 주로 목적어로 '은혜'라는 뜻의 **บุญคุณ** 또는 **พระคุณ**이 옵니다.

1. นักเรียน**ตอบ**คำถามของคุณครูได้ถูกต้อง

   학생이 선생님의 질문에 옳게 대답했다.

2. ฉันกำลัง**ตอบ**จดหมายของแม่

   나는 엄마의 편지에 답장을 쓰는 중 이다.

3. ลูกๆควร**ตอบ**แทนพระคุณของพ่อแม่

   아이들은 부모님의 은혜에 보답해야 한다.

4. นักเรียน**ตอบ**แบบสอบถามของคุณครู

   학생은 선생님의 설문지에 답변한다.

ต

ต่อย (주먹으로) 치다, 때리다 / 덤비다

태국어 동사 **ต่อย**는 '벌이 쏘다' 또는 '주먹으로 때리다'의 의미를 나타냅니다. 맞는 대상이 목적어로 나옵니다. 유의어인 **ชก**과 결합하여 합성어로 **ชกต่อย**의 형태로 쓰기도 합니다.

1. เขาชอบมีเรื่องชก**ต่อย**กับเพื่อนเป็นประจำ

   그는 늘 친구와 싸움을 하고 다닌다.

2. น้องโดนผึ้ง**ต่อย**ที่สวนหลังบ้าน

   동생이 집 뒤 공원에서 벌에 쏘였다.

3. นักมวย**ต่อย**คู่ต่อสู้จนน็อก

   권투선수가 상대를 때려 넉다운시켰다.

4. วินัย**ต่อย**สมชายจนคิ้วแตก

   위나이가 쏨차이를 때려서 눈썹이 찢어졌다.

ตะกุกตะกัก (말을) 더듬거리다 / (길이) 울퉁불퉁하다

태국어 동사 **ตะกุกตะกัก**은 '말을 더듬다', 길이 울퉁불퉁하다', 또는 '기계 등이 덜커덕 거리다' 라는 의미를 나타냅니다. 주로 동사의 뒤에서 부사로 기능하는 경우가 많습니다.

1. เขาพูด**ตะกุกตะกัก**ต่อหน้าคนจำนวนมาก

   그는 많은 사람들 앞에서는 말을 더듬거렸다.

2. น้องอ่านหนังสือ**ตะกุกตะกัก**

   동생은 책을 더듬거리며 읽었다.

3. พ่อพูด**ตะกุกตะกัก**มีพิรุธ

   아버지는 이상하게 말을 더듬는다.

4. เครื่องยนต์เดิน**ตะกุกตะกัก**เพราะถูกใช้งานมานานแล้ว

기계가 하도 오랫동안 사용을 해서 덜커덕거리며 돌아간다.

ตะโกน

소리지르다, 외치다, 고함치다

태국어 동사 **ตะโกน**은 '소리를 지르다', '외치다', '고함치다'라는 뜻을 나타냅니다. **ตะโกนเรียก, ตะโกนร้อง, ตะโกนใส่, ตะโกนพูด** 등 다른 동사와 결합하여 사용하는 경우가 많습니다.

1. แม่**ตะโกน**เรียกน้อง

엄마가 동생을 소리쳐 부른다.

2. ฉันต้อง**ตะโกน**พูดกับเพื่อนเพราะในห้องเสียงดังมาก

나는 방 안이 매우 시끄러워서 친구에게 소리쳐 말해야 했다.

3. แฟนเพลง**ตะโกน**เรียกชื่อนักร้องขวัญใจ

팬들이 사랑하는 가수의 이름을 소리쳐 부른다.

4. เขา**ตะโกน**ร้องบอกลูกชายให้หนีไฟที่กำลังลุกไหม้

그는 아들에게 불이 났으니 도망치라고 소리쳐 말했다.

ต

ตัก

뜨다, 푸다, 떠내다 / 시주하다: **ตักบาตร** / 무릎

태국어 동사 **ตัก**은 수저나 용기 등으로 '뜨다, 푸다' 등의 의미를 갖습니다. 주로 뜨는 대상 즉 물이나 음식 등이 목적어로 옵니다. 불교인인 태국인들의 경우 아침마다 탁발 승려들에게 음식을 시주하는데, 이를 **ตักบาตร** 즉 '발우에 떠 넣다'로 표현합니다. 한편, 명사로는 무릎이라는 뜻도 있습니다.

1. แม่**ตัก**น้ำใส่โอ่ง

   엄마는 물을 떠 항아리에 넣었다.

2. แม่ค้า**ตัก**แกงใส่ถุง

   상인은 갱을 떠서 봉지에 담았다.

3. คุณย่า**ตัก**บาตรตอนเช้าทุกวัน

   할머니께서는 매일 아침 시주를 하신다.

4. พ่อให้ลูกนั่ง**ตัก**

   아버지는 아이를 무릎에 앉혔다.

ตั้ง

서다, 세우다 / 맞추다, 설정하다 / 결심하다: **ตั้งใจ**
설치하다: **ติดตั้ง** 정신차리다: **ตั้งสติ** 기반을 잡다: **ตั้งหลักฐาน**

태국어 동사 **ตั้ง**은 자동사와 타동사로 모두 쓰이는 동사입니다. 예컨대, **ตั้งเต้นต์** 은 '천막을 세우다'의 의미로 타동사로 쓰인 경우이며, **ประเทศเกาหลีตั้งอยู่บนคาบสมุทรเกาหลี** 에서는 '한국은 한반도에 위치하고 있다'로 자동사로 쓰인 경우입니다. 다양한 합성어를 통해 구체적, 추상적 의미를 나타낼 수 있는데, **ตั้งใจ**(결심하다, 열심히 하다), **ก่อตั้ง**(설립하다, 창립하다), **ติดตั้ง**(설치하다), **แต่งตั้ง**(임명하다), **เลือกตั้ง**(선거하다), **ตั้งสติ**(정신을 차리다), **ตั้งหลัก(ปัก)ฐาน**(기반을 잡다) 등이 그 예입니다. 또한 **ตั้งท้อง** 또는 **ตั้งครรภ์**하면 '아이가 들어서다, 임신하다'의 의미가 됩니다.

1. แม่นำกระถางต้นไม้มา**ตั้ง**ในบ้าน

   엄마는 화분을 가져다 집에 세워 두었다.

2. เขา**ตั้งใจ**เรียนจนสอบได้ที่หนึ่งทุกปี

그는 열심히 공부하여 매년 시험에서 1등을 했다.

3. หล่อน**ตั้ง**ท้องได้ 3 เดือน

그녀는 임신 3개월이다.

4. เขา**ตั้ง**สติก่อนเข้าประชุม

그는 회의에 들어가기 전 정신을 가다듬었다.

ตัด

베다 / 단절하다 / 재단하다 / 단념하다: **ตัดใจ**
삭제하다: **ตัดออก, ตัดทิ้ง** 수술하다: **ผ่าตัด** 판정하다: **ตัดสิน**

태국어 동사 **ตัด**은 '자르다, 베다'의 의미입니다. 천을 잘라 옷을 재단하거나(**ตัดชุด**), 신체를 칼을 사용해 수술을 하는 행위(**ผ่าตัด**)에도 사용합니다. 물리적으로 자르는 행동 외에도 그만두다, 단념하다(**ตัดใจ**), 결단하다, 판정하다(**ตัดสิน**) 등의 추상적 의미에도 사용됩니다.

1. พ่อ**ตัด**แต่งกิ่งไม้ในสวน

아버지는 정원에서 나무의 가지를 손질했다.

2. เธอควร**ตัดใจ**จากเขาให้ได้

너는 그를 단념해야만 한다.

3. เขาได้รับการ**ผ่าตัด**เปลี่ยนไตเมื่อปีที่แล้ว

그는 작년에 신장 이식 수술을 받았다.

4. ศาล**ตัดสิน**ให้เขาจำคุก 1 ปี

판사는 그에게 징역1년의 판결을 내렸다.

ตัน

속이 막혀 있다, 막히다

태국어 동사 **ตัน**은 '막히다'라는 뜻입니다. **ทางตัน**은 '막다른 길'이라는 뜻이 됩니다. 자동사로 사용되며, 합성어로는 **อุดตัน** 하면 '꽉 막히다'라는 뜻이 되고 **ตื้นตัน(ใจ)** 하면 '감격해 목이 메이다'라는 의미가 됩니다.

1. พ่อแม่**ตื้นตันใจ**มากที่เขาสอบเข้ามหาวิทยาลัยได้

   부모님은 그가 대학 입학시험에 붙은 것에 감격했다.

2. การบริโภคไขมันมากเกินไป อาจทำให้เส้นเลือด**อุดตัน**ได้

   과다한 양의 지방 섭취는 혈관 경색을 초래할 수 있다.

3. เขาขับรถไปเจอทาง**ตัน**

   그는 막다른 길을 만났다.

4. ตอนนี้ฉันรู้สึกสมอง**ตัน**มาก คิดอะไรไม่ออก

   지금 내 머릿속이 완전히 막힌 느낌이라 아무 생각도 안 난다.

ตาก

(햇볕에) 쬐다, 널다, 말리다 / (비에) 젖다, (비를) 맞다

태국어 동사 **ตาก**은 무언가에 지속적으로 노출되는 것을 기본 의미로 하여, '햇볕을 쬐다' 혹은 '비를 맞다'라는 뜻을 나타냅니다. 그 외에도 빨래나 어떤 대상을 '햇볕에 쬐어 말리다'라는 의미를 나타내기도 합니다. 타동사로 목적어를 동반합니다.

1. แม่**ตาก**ผ้าไว้ที่ราว

   엄마가 난간에 빨래를 말린다.

2. เขานั่ง**ตาก**แดดมา 2 วันเต็มๆ

   그는 이틀 내내 앉아서 햇볕을 쬐었다.

3. ฉันชอบกินกล้วย**ตาก**

나는 말린 바나나 먹는걸 좋아한다.

4. เขาเดิน**ตาก**ฝนกลับบ้าน

그는 비를 맞으며 집에 걸어 돌아갔다.

ต้าน

막다, 차단하다 / 저항하다
ต่อต้าน: 저항하다, 반항하다

태국어 동사 **ต้าน**은 '막다, 저항하다', '항거하다'의 의미를 나타내는 동사입니다. 타동사로서 저항하는 대상이 목적어로 따라 나옵니다. 단독으로도 쓰지만 **ต่อต้าน**(저항하다), **ต้านทาน**(항거하다) 등과 같이 합성어의 형태로도 쓰입니다. 명사성 합성어로 **ภูมิต้านทาน**은 **ภูมิคุ้มกัน**과 같은 의미로, '면역력'이라는 뜻입니다.

1. กองกำลังไม่สามารถ**ต้าน**ข้าศึกไว้ได้

병력이 적을 방어할 수 없었다.

2. ประชาชนร่วมกัน**ต่อต้าน**การคอรัปชั่น

국민들은 협심하여 부패에 저항하였다.

3. เขามีภูมิ**ต้านทาน**ดี

그는 면역력이 좋다.

4. ครูจัดโครงการ**ต่อต้าน**ยาเสพติดให้นักเรียน

선생님은 학생들에게 마약에 반대하는 프로젝트를 마련했다.

ต

ตาม

따르다, 뒤쫒다, 추적하다 / 불러오다 / ~를 따라
/ 편한대로: **ตามใจ** 여전히, 변함없이: **ตามเคย**

태국어 동사 **ตาม**은 '따르다'라는 뜻을 가진 타동사에서 시작되어 의미가 다양하게 확장됩니다. 동사로는 '지켜보다', '추적하다다(**ติดตาม**)', '불러오다(**ตาม...มา**)' 등과 같이 사용되며, 전치사로 '~에 따라'라는 의미를 나타내기도 합니다. '마음대로 하다'는 **ทำตามใจ** 또는 **ตามอำเภอใจ**로 표현합니다.

1. ลูกๆ เดิน**ตาม**หลังพ่อ

   아이들이 아버지 뒤를 따라 걷는다.

2. หล่อนมักทำอะไร**ตามใจ**ตัวเองเสมอ

   그녀는 항상 자기 편한대로 행동한다.

3. ตำรวจติด**ตาม**คนร้ายไปจนถึงป่าทึบ

   경찰이 범인을 밀림까지 추적했다.

4. พนักงานทำ**ตาม**คำสั่งหัวหน้า

   직원은 팀장의 지시에 따른다.

ตาย

죽다 / 자살하다: **ฆ่าตัวตาย**
(감각이) 마비되다: **ตายด้าน** 고정되다: **ตายตัว**
/เสียชีวิต, สิ้นชีพ, ถึงแก่กรรม, มรณภาพ, สวรรณคต

태국어 동사 **ตาย**는 '죽다'라는 의미를 가진 단어입니다. **ฆ่าตัวตาย**는 '자기 자신을 죽도록 죽이는 것' 즉, '자살하다'라는 뜻입니다. 다른 언어와 마찬가지로 태국어 에서도 **ตาย**는 피하고 싶은 주제 이므로 완곡표현을 사용합니다. **เสียชีวิต**(생명을 잃다, 사망하다), **สิ้นชีพ**(생이 끝나다), **ถึงแก่กรรม**(업에 도달하다), **มรณภาพ**(입적하다), **สวรรณคต**(승하하다) 등이 '죽다'의미를 나타내는 완곡 표현들입니다. 그 외에도 **ตายตัว**(고정되다), **ตายด้าน**(마비되다, 냉담하다) 등과 같이 합성어의 형태로 사용되는 경우가 있습니다.

1. พ่อของเขา**ตาย**ด้วยโรคมะเร็งตับ

   그의 아버지는 간암으로 돌아가셨다.

2. หล่อนฆ่าตัว**ตาย**เพราะถูกแฟนทิ้ง

그녀는 애인에게 버림받은 이유로 자살했다.

3. ฉัน**ตายด้าน**ในเรื่องความรักเสียแล้ว

나는 사랑의 감각이 고장나 마비되어 버렸다.

4. ราคานี้**ตายตัว** ลดไม่ได้อีกแล้ว

이 가격은 고정되어 더 깎을 수 없다.

ตำ

찔리다, 찌르다 / 찧다

태국어 타동사 **ตำ**은 '찧다', '빻다' 또는 '(가시 등에) 찔리다, 찌르다'라는 의미를 갖고 있습니다. 예를 들어 **หนามตำ**은 '가시가 찌르다' 또는 '가시에 찔리다'로 해석할 수 있고, **ตำน้ำพริก**은 '남프릭을 찧다'로 해석할 수 있습니다. 태국어 속담 중 **ตำน้ำพริกละลายแม่น้ำ**(남프릭을 찧어서 강물에 녹인다)은 아무런 이득을 보지 못하는 헛된 투자를 일컫는 말입니다. 태국의 대표적인 음식 중 하나인 **ส้มตำ**은 '새콤하다'는 의미의 어휘 **ส้ม**과 '찧다'라는 뜻의 **ตำ**이 결합한 명사성 합성어로 파파야 샐러드를 가리키는 말입니다.

1. ชาวนาใช้ครกกระเดื่อง**ตำ**ข้าวเปลือก

농민이 디딜방아로 벼를 찧는다.

2. น้องโดนเสี้ยนไม้**ตำ**เท้า

동생의 발에 나무 가시가 찔렸다.

3. แม่**ตำ**น้ำพริกกะปิ

어머니가 남프릭까삐를 찧으신다.

4. คนอีสาน**ตำ**ส้มตำอร่อย

동북부 사람들이 쏨땀을 맛있게 빻는다.

ต

ต่ำ

낮다, (키가) 작다, (신분이) 비천하다

태국어 자동사 **ต่ำ**은 '높이가 낮거나 키가 작다'라는 뜻입니다. 태국은 전통적으로 머리를 귀하게 여기고 발은 천하게 여기는 존두사상이 강하며, 이에 낮은 것은 천한 것이라는 개념이 있기 때문에 **ต่ำ** 이라는 동사는 '천하다'라는 의미를 내포하고 있어 사람에게 쓰면 심한 욕이 됩니다. 합성어 **ต่ำต้อย, ต่ำช้า** 등도 '비천하다'라는 의미를 나타냅니다.

1. เมื่อเดินผ่านหน้าผู้ใหญ่ต้องย่อตัวให้**ต่ำ**ลง

   윗 사람 앞을 지나갈때는 몸을 숙여서 낮춰야 한다.

2. คุณย่าสอนว่าอย่ามองคนขอทานเป็นคน**ต่ำ**ต้อย

   할머니가 거지라해도 신분이 비천한 것으로 여기지 말라고 가르치셨다.

3. แม่เป็นโรคความดันโลหิต**ต่ำ**

   엄마는 저혈압이다.

4. คนไทยถือว่าเท้าเป็นของ**ต่ำ**

   태국사람이 발은 천하다고 믿는다.

ติ

지적하다, 트집잡다

태국어 동사 **ติ**는 '결점을 지적하다, 비방하다, 트집잡다'의 의미를 나타냅니다. 보통 지적을 받는 대상이 목적어로 옵니다. 합성어로는 **ติเตียน**(지적하다), **ติชม**(비평하다) 등이 있습니다.

1. คุณครู**ติเตียน**นักเรียนที่ไม่ส่งการบ้าน

   선생님이 숙제를 내지 않은 학생들을 나무라신다.

2. เขาถูกหัวหน้า**ติเตียน**ที่ทำงานไม่เรียบร้อย

   그는 일을 말끔히 하지 않아 팀장에게 지적을 당했다.

3. อาจารย์**ติเตียน**เขาเรื่องเข้าเรียนสาย

교수님이 그가 수업에 늦게 들어온 것을 지적하셨다.

4. นักเขียนหน้าใหม่ยอมรับคำ**ติชม**จากผู้อ่าน

신인작가는 독자들의 비평을 수용하였다.

ติด

달라 붙다 / 달다, 걸다, 설치하다 / 전염되다(옮다)
연락하다, 전염되다: **ติดต่อ**
교통이 막히다: **รถติด** 목이 메이다(걸리다): **ติดคอ**

태국어 동사 **ติด**은 함께 결합하는 형태소에 따라 한국어로 다양한 대역이 가능한 다기능 동사입니다. 그 예로, **ติดรูป**(사진을 걸다/ 붙이다), **ติดเข็มกลัด**(브로치를 달다), **ติดโบว์**(리본을 달다), **ติดตัว**(휴대하다), **ตัวติด(กัน)**(밀착하다), **ติดหวัด**(감기에 옮다), **รถติด**(차가 막히다), **ติดยา**(약에 중독되다), **ติดหนี้**(빚이 있다), **ติดคอ**(목에 걸리다) 등이 있습니다. 한편 합성동사로 **ติดต่อ**는 '연결하다, 연락하다'의 의미도 있고, '병'을 의미하는 **โรค**과 함께 **โรคติดต่อ**로 쓰면 '전염되다'의 의미를 나타내기도 합니다.

ต

1. พ่อ**ติด**รูปภาพครอบครัวที่ผนังบ้าน

아버지는 집 벽에 가족사진을 걸었다.

2. โรคเอดส์เป็นโรค**ติด**ต่อทางเพศสัมพันธ์

에이즈는 성관계로 전염되는 질병이다.

3. กรุงเทพฯรถ**ติด**มาก

방콕은 차가 매우 막힌다.

4. น้องก้างปลา**ติด**คอ

동생은 생선가시가 목에 걸렸다.

ตี

치다, 때리다, 두들기다

태국어 타동사 **ตี**는 손이나 도구를 사용해서 치거나 때리는 행위를 의미합니다. 사람을 때리는 경우에도 사용할 수 있고, 스포츠나 악기 등에서 치는 동작을 하는 경우에도 사용할 수 있습니다. **ตีเทนนิส**(테니스를 치다), **ตีแบดมินตัน**(배드민턴을 치다), **ตีกลอง**(북, 드럼을 치다) 등이 그 예입니다. 관용구로 **ตีฝีปาก**은 '입을 놀리다, 설전을 벌이다'의 뜻이 됩니다.

1. พ่อ**ตี**น้องเพราะแอบขโมยเงิน

   아버지는 몰래 돈을 훔친 이유로 동생을 때렸다.

2. เขาโดนแม่**ตี**

   그는 엄마에게 맞았다.

3. เขา**ตี**กลองเก่งมาก

   그는 드럼을 매우 잘친다.

4. เขาทำเป็นเก่งมา**ตีฝีปาก**กับครู

   그는 잘난체 하며 선생님 앞에서 입을 놀렸다.

ตึง

팽팽하다, 긴장하다

자동사 **ตึง**은 '팽팽하다, 긴장하다'라는 뜻을 나타냅니다. 단독으로 사용하기도 하지만 **เต่งตึง**(팽팽하다, 딴딴하다), **บึ้งตึง**(뾰루퉁하다), **ตึงเครียด**(긴장하다) 등 다양한 합성어의 형태로 쓰기도 합니다. **หูตึง**은 '귀가 먹먹하다'라는 뜻입니다.

1. หน้าของดาราคนนั้นเต่ง**ตึง**มาก

   그 배우의 얼굴은 매우 팽팽하다.

2. น้องชอบทำหน้าบึ้ง**ตึง**เวลาโกรธ

   동생은 화났을 때 뾰루퉁한 얼굴을 잘 한다.

3. เราควรดำเนินชีวิตทางสายกลางไม่**ตึง**หรือหย่อนจนเกินไป

우리는 너무 팽팽하거나 늘어지지 않게 중용의 삶을 살아야 한다.

4. ฉันเริ่มรู้สึก**ตึง**เครียดเมื่อได้ยินเรื่องนั้น

나는 그 이야기를 들었을 때 긴장되기 시작했다.

ตื่น

깨다, 각성하다 / 흥분하다: **ตื่นเต้น**

자동사 **ตื่น**은 '깨어나다'의 의미입니다. 주로 '잠에서 깨다'의 의미로 **ตื่น(นอน)**의 형태로 쓰입니다. **หลับ ๆ ตื่น ๆ**은 '선잠을 자다'의 의미입니다. **ตื่น**은 정신이 깨는 것을 의미하기 때문에 **ตื่นตัว**는 '각성하다, 자각하다'의 의미를 나타냅니다. 한편 긴장하거나 '흥분되다'의 의미인 **ตื่นเต้น**, '놀라 흩어지다'의 의미로 **แตกตื่น**등의 합성어가 사용되기도 합니다.

1. คุณยาย**ตื่น**เช้าทุกวัน

할머니는 매일 아침 일찍 일어나신다.

2. หล่อน**ตื่นเต้น**มากเมื่อต้องออกไปรายงานหน้าชั้นเรียน

그녀는 교실 앞에 나가 발표해야만 했을때 매우 떨렸다.

3. เขา**ตื่นตัว**อยู่ตลอดเวลา

그는 항상 자각하고 있다.

4. ฝูงวัว**แตกตื่น**เมื่อมีรถวิ่งผ่านมา

차가 지나가자 소떼가 놀라서 우르르 흩어졌다.

ต

ตื้น

(물이) 얕다, (생각이) 가볍다

동사 **ตื้น**은 '물이 얕다'라는 의미의 자동사입니다. 우리말과 비슷하게 '생각이 깊지 못하다'라는 의미로 **คิดตื้น** 이라는 표현이 사용될 수 있습니다. **ตื้นตันใจ**는 앞에서 살펴 본 바와 같이 '감격하여 목이 메이다'라는 뜻입니다.

1. คลองนี้**ตื้น**มาก

   이 수로는 굉장히 얕다.

2. เขามักคิดอะไร**ตื้นๆ** เสมอ

   그는 무엇을 생각하던 항상 가볍다.

3. แม่**ตื้น**ตันใจที่เห็นลูกสาวแต่งงาน

   엄마는 딸의 결혼식을 보고 감격에 겨워 목이 메었다.

4. นกนางนวลมักวางไข่บริเวณแอ่งหิน**ตื้นๆ**

   갈매기는 주로 얕은 바위웅덩이 근처에 알을 낳는다.

เต้น

뛰다, 펄떡이다, 고동치다, 춤추다

동사 **เต้น**은 '펄떡거리다'라는 의미로 **ปลาเต้น**(물고기가 펄떡이다), **กุ้งเต้น**(새우가 펄떡이다, 음식이름) 등에 사용됩니다. 사지를 움직이며 펄떡이는 의미에서 '춤을 추다'의 의미로도 사용되며, '심장이 뛰다'의 의미로도 사용됩니다. '깨어나다'라는 뜻의 **ตื่น**과 결합하여 **ตื่นเต้น**이 되면 '긴장하다, 흥분하다, 기대하다'의 의미가 됩니다.

1. น้องกระโดดโลด**เต้น**ด้วยความดีใจ

   동생은 기뻐서 펄쩍펄쩍 뛰었다.

2. ฉัน**เต้นรำ**กับเขา

   나는 그와 춤을 추었다.

3. ตอนคุณครูประกาศผลสอบหัวใจของฉัน**เต้น**ไม่เป็นจังหวะเลย

선생님이 시험결과를 공지할 때 내 심장은 불규칙하게 뛰었다.

4. หล่อน**เต้น**เร่าๆเหมือนนางอิจฉาในละครเวลาไม่พอใจ

그녀는 불만이 있는 드라마 악역처럼 화가 나서 발을 동동굴렀다.

เต็ม

가득하다, 꽉 차다
기꺼이, 흔쾌이: **เต็มใจ** 전력을 다해서: **เต็มที่**

동사 **เต็ม**은 '가득차다, 꽉 차다'라는 뜻입니다. 가득차는 대상이 목적어로 따라와 **เต็มห้อง**(방을 가득채우다), **เต็มบ้านเต็มเมือง**(나라를 가득채우다) 등의 형태로 사용될 수 있습니다. '가득' 이라는 의미의 부사로 동사 뒤에 뒤에 위치하기도 합니다. 합성어로 **เต็มใจ**는 '흔쾌히', **เต็มที่**는 '충분히, 기꺼이, 실컷'이라는 의미로 사용됩니다.

1. แม่ตักน้ำจน**เต็ม**โอ่ง

엄마는 물동이가 가득 찰 때까지 물을 길었다.

2. เขาสอบได้คะแนน**เต็ม**ทุกวิชา

그는 모든 과목의 시험에서 만점을 받았다.

3. ฉัน**เต็ม**ใจที่ช่วยเหลือเพื่อนคนนั้น

나는 흔쾌히 그 친구를 돕겠다.

4. เขาตั้งใจทำงานอย่าง**เต็มที่**

그는 전력을 다해 열심히 일한다.

ต

เตรียม

준비하다, 마련하다

타동사 **เตรียม**은 '준비하다, 마련하다'의 의미로 단독으로도 사용되고, 다양한 합성어 형태로도 사용됩니다. **ตระเตรียม, จัดเตรียม, เตรียมการ, เตรียมพร้อม** 등은 모두 '준비하다'의 의미를 지닌 합성어입니다.

1. แม่**เตรียม**ทำกับข้าวมื้อเย็น

   엄마가 저녁 식사 만들 준비를 한다.

2. พวกเรา**เตรียมพร้อม**ที่จะออกเดินทาง

   우리들은 여행을 떠날 만반의 준비를 마쳤다.

3. บริษัท**เตรียมการ**ใหญ่ในการซื้อหุ้นในต่างประเทศ

   회사는 해외 주식을 사는 데에 대규모 준비를 했다.

4. เขา**ตระเตรียม**อุปกรณ์ไปปีนเขา

   그는 등산 장비를 준비했다.

เตะ

(발로) 차다, (향기가 코를) 찌르다

타동사 **เตะ**는 발로 차는 동작을 가리키는 말로 주로 '축구를 하다, 발로 차다'라는 뜻으로 사용합니다. 또한, 아래 예문에서 처럼 눈이나 코에 강하게와 닿는 시각적, 후각적 자극을 표현할 때도 사용할 수 있습니다.

1. เด็กๆ เล่น**เตะ**ฟุตบอล

   아이들이 축구를 하며 논다.

2. พี่ใส่เสื้อสีแดง**เตะตา**

   언니가 눈에 띄는 빨간색 옷을 입었다.

3. กลิ่นน้ำหอม**เตะจมูก**

향수냄새가 코를 찌른다.

4. เขาถูก**เตะ**เพราะชอบพูดขัดคอเพื่อน

그는 친구에게 자꾸 말대꾸를 해서 발로 차였다.

เติบ(โต) 크다, 자라다, 성장하다

자동사 **เติบ**은 '크다, 자라다'라는 뜻입니다. 주로 유의어 **โต**와 결합하여 **เติบโต**의 형태로 사용합니다. 한편, **มือเติบ**이라고 하면 '손이 크다'라는 뜻으로, 한국어의 '손이 크다'와 같이 인심이 좋아 잘 베풀다, 또는 낭비하다의 의미로 사용되는 관용구입니다.

1. ต้นไม้ที่พ่อปลูกเจริญ**เติบโต**ดี

아버지가 심은 나무가 잘 자랐다.

2. เขา**เติบโต**มาในสังคมที่ไม่ดี

그는 좋지 않은 사회에서 성장해 왔다.

3. พ่อแม่เลี้ยงดูเรามาจน**เติบ**ใหญ่

부모님은 우리가 크게 성장할 때까지 길러주셨다.

4. บริษัท**เติบโต**และมีกำไรมาก

회사가 성장해서 수익이 많아졌다.

ต

เติม

채우다, 더하다 / 충전하다
돈을 충전하다: **เติมเงิน** / 기름을 넣다: **เติมน้ำมัน**

타동사 **เติม**은 넣다, 채우다, 더하다, 보충하다, 충전하다 등에 대역될 수 있습니다. 채우는 내용물이 목적어로 옵니다. '가득차다'라는 뜻의 동사 **เต็ม**과 결합하여 **เติมเต็ม**이 되면, '가득차도록 채우다' 즉, '충만하게 하다'의 의미를 나타낼 수 있습니다.

1. แม่**เติม**น้ำใส่ขวด

   엄마가 병에 물을 넣었다.

2. พ่อแวะปั้มน้ำมัน**เติม**น้ำมันรถ

   아버지가 주유소에 들러 기름을 넣었다.

3. เขา**เติม**เงินในบัตรโดยสารก่อนขึ้นรถไฟใต้ดิน

   그는 지하철에 타기 전 승차권에 돈을 충전했다.

4. แม่คอย**เติม**เต็มความอบอุ่นให้ลูกๆ เสมอ

   어머니는 항상 자식들에게 따스함을 채워 주신다.

เตี้ย

(키가) 작다, 낮다

자동사 **เตี้ย**는 사람, 나무, 사물 등이 '키가 작다'의 의미로 사용합니다. 반복하여 의미를 강조하는 경우도 있습니다.

1. น้องเป็นคนค่อนข้าง**เตี้ย**

   동생은 비교적 키가 작은 편이다.

2. เขา**เตี้ย**ที่สุดในห้องเรียน

   그는 교실에서 키가 가장 작다.

3. แม่ชอบโต๊ะ**เตี้ยๆ** มากกว่าโต๊ะสูงๆ

엄마는 높은 책상보다 낮은 책상을 좋아한다.

4. กล้วยหอมพันธุ์**เตี้ย**ที่เขาปลูกไว้ออกเครือแล้ว

그가 재배한 키작은 품종의 바나나가 열매를 맺었다.

เตือน

경고하다, 충고하다, 주의를 주다, 타이르다 / 일깨우다: **ตักเตือน**

동사 **เตือน**은 '경고하다, 주의를 주다'의 의미를 가진 타동사로 경고를 받는 대상이 목적어로 옵니다. 명사로 **คำเตือน**은 '주의, 경고'라는 뜻입니다. **เตือนสติ**(정신 차리도록 경고하다), **ตัดเตือน**(경고하다, 경각심을 주다) 등과 같이 합성어로도 사용되며, **คติเตือนใจ**(지언) 하면 마음에 새기는 문구나 교훈 등을 말합니다.

1. เจ้าหน้าที่**เตือน**ไม่ให้เข้าไปในเขตอันตราย

직원이 위험구역에 들어가지 말라고 경고한다.

2. เขา**เตือน**เพื่อนไม่ให้ลืมนัดวันพรุ่งนี้

그가 친구에게 내일 약속을 잊지 말라고 환기해 주었다.

3. พนักงานโดน**ตักเตือน**เพราะมาทำงานสาย

직원이 지각을 한 이유로 경고를 받았다.

4. คติ**เตือนใจ**ของเขาคือการทำวันนี้ให้ดีที่สุด

그의 좌우명은 오늘 최선을 다하자는 것이다.

ต

แตก

깨지다, 부서지다, 파열하다/ 결렬하다, 분열하다
다르다: **แตกต่าง** 정통하다: **แตกฉาน**

자동사 **แตก**은 '깨지다, 부서지다, 파열하다, 찢어지다' 등으로 해석되는 동사입니다. 단독으로도 쓰이고 **แตกแยก**(분열하다), **แตกกระจาย**(산산조각나다), **แตกต่าง**(차이가 있다, 다르다), **แตกฉาน**(정통하다) 등과 같이 합성어로도 쓰입니다. 또한, 관용적으로 **ใจแตก**은 직역하면 '마음이 부서지다' 이지만 아는 '상심했다'는 뜻이 아니라, '나쁜 물이 들다' 또는 '바람 들다' 가까운 표현입니다.

1. น้องทำแก้ว**แตก**

   동생이 컵을 깨뜨렸다.

2. ฉันกับพี่สาวนิสัย**แตกต่าง**กันมาก

   나와 언니는 성격이 판이하게 다르다.

3. เขามีความ**แตกฉาน**ในวิชาประวัติศาสตร์

   그는 역사학에 정통하다.

4. เราควรสมานสามัคคีกันไว้ไม่ควร**แตกแยก**กัน

   우리는 분열하지 말고 일치 단결해야만 한다.

แต่ง

단장하다, 장식하다, 분장하다 / 임명하다: **แต่งตั้ง**
결혼하다: **แต่งงาน** / 화장하다: **แต่งหน้า**

타동사 **แต่ง**은 '단장하다, 장식하다'의 의미입니다. **แต่งหน้า**는 화장하다, **แต่งตัว**는 옷을 입다(몸을 단장하다)로 해석됩니다. 집을 장식하는 것은 **ตกแต่งบ้าน** 이라 하고, **แต่งงาน**은 '결혼하다'의 의미입니다. 또, **แต่งตั้ง**은 '임명하다'라는 뜻입니다. 다른 의미로 **แต่ง**은 '시, 글 등을 짓다, 저작하다'의 의미도 가지고 있습니다.

1. หล่อน**ตกแต่ง**บ้านได้สวยมาก

   그녀는 매우 이쁘게 집 장식을 했다.

2. วันนี้หล่อน**แต่งหน้า**สวยกว่าทุกวัน

오늘 그녀는 화장을 평소보다 예쁘게 했다.

3. พี่สาวจะ**แต่งงาน**อาทิตย์หน้า

언니는 다음주에 결혼할 것이다.

4. เขาได้รับการ**แต่งตั้ง**ให้เป็นรองประธานบริษัท

그는 회사의 부사장으로 임명되었다.

แตะ(ต้อง)

접촉하다, 닿다, 손대다 / 슬리퍼: **รองเท้าแตะ**

타동사 **แตะ**는 '접촉하다, 닿다, 만지다, 손대다'의 의미를 나타냅니다. 단독으로도 쓰이지만 주로 유의어 **ต้อง**(만지다)과 결합하여 **แตะต้อง**이 되면 '접촉하다, 닿다, 손대다'의 의미를 나타냅니다. 4음절 합성어 **แตะเนื้อต้องตัว**는 '몸에 손을 대다'의 의미를 갖습니다. 한편, 슬리퍼 라는 뜻의 **รองเท้าแตะ** 에서의 **แตะ**는 의태어 **เตาะแตะ**에서 온 것으로, '덜렁 거리는 신발'이라는 뜻입니다.

1. เราไม่ควรไป**แตะ**ต้องสิ่งของที่ไม่ใช่ของเรา

우리는 우리의 것이 아닌 물건에 손을 대지 말아야 한다.

2. หล่อนไม่ยอมให้ใคร**แตะ**เนื้อต้องตัวเด็ดขาด

그녀는 누구도 자신의 몸에 손대는 것을 절대 용납하지 않는다.

3. เจ้าหน้าที่ห้ามนักท่องเที่ยว**แตะ**ต้องของในพิพิธภัณฑ์

관리인은 여행객들이 박물관 내 물건을 만지는 것을 금지했다.

4. ฉันชอบใส่รองเท้า**แตะ**

나는 슬리퍼 신는 걸 좋아한다.

ต

โต

자라다 / 크다 / 거대하다: **ใหญ่โต**

자동사 **โต**는 '크다' 또는 '자라나다'의 의미를 나타냅니다. 단독으로도 쓰여 **ตาโต** (눈이 크다), **เด็ก ๆ โตเร็ว**(아이들은 빨리 자란다) 등의 다양한 의미를 나타냅니다. **เติบโต** (자라다, 성장하다) **ใหญ่โต**(거대하다, 크다) 등과 같이 합성어 형태로도 쓰입니다.

1. บ้านของเขา**ใหญ่โต**มาก

   그의 집은 거대하다.

2. น้องบอกว่า**โต**ขึ้นเขาอยากเป็นนักแสดง

   동생은 크면 연기자가 되고 싶다고 말했다.

3. เขาใส่เสื้อตัว**โต**

   그는 큰 옷을 입었다.

4. น้องชายตัว**โต**กว่าพี่สาวมาก

   남동생은 누나보다 몸집이 훨씬 크다.

ถ

ถนอม

소중히 여기다, 아끼다 / (물건을)아껴쓰다: **ทะนุถนอม**

ถนอม은 타동사로 '아끼다, 소중히하다'라는 뜻입니다. **ถนอมอาหาร**은 직역하면 '음식을 소중히 여기다' 인데, 김치, 염장생선 등 음식을 두었다 먹기 위해 보존하는 것을 의미합니다. 합성어로는 주로 **ทะนุถนอม**의 형태로 쓰입니다.

1. แม่ใช้ของอย่างทะนุ**ถนอม**มาก

   엄마는 물건을 매우 아껴쓴다.

2. อาจารย์สอนวิธีการ**ถนอม**อาหารให้นักเรียน

   교수님은 학생들에게 음식을 보존하는 법을 가르친다.

3. เราควรพูดจา**ถนอม**น้ำใจเพื่อน

   우리는 친구의 인정을 소중히 하는 언행을 해야 한다.

   (친구의 기분이 상하지 않도록 말을 가려 해야 한다)

4. แม่เลี้ยงดูลูกอย่าง**ทะนุถนอม**

   엄마가 아이를 소중히 키운다.

ถนัด

숙련되다, 능숙하다

동사 **ถนัด**은 '숙련되다, 능숙하다'의 뜻으로 의미상으로는 자동사로 보이나, **ถนัดพูดมากกว่าเขียน**(쓰는 것 보다 말하는 게 능숙하다) 등에서와 같이 뒤에 동명사나 명사구가 따라오기도 합니다. 한편 **ถนัด(มือ)ซ้าย**는 왼손잡이, **ถนัด(มือ)ขวา**는 오른손잡이를 말합니다.

1. ฉัน**ถนัด**ร้องเพลงมากกว่าเต้น

   나는 춤보다 노래에 더 능숙하다.

2. คนส่วนใหญ่**ถนัด**มือขวา

   대부분의 사람들은 오른손잡이다.

3. แม่**ถนัด**ทำอาหารไทย

   엄마는 태국음식을 더 능숙하게 만드신다.

4. เขาเดินไม่**ถนัด**เพราะเจ็บขา

   그는 다리가 아파 걷는 게 수월치 않다.

ถวาย

봉헌하다, 헌상하다, 바치다

타동사 **ถวาย**는 우리말로는 봉헌하다, 바치다에 해당하는 표현으로 일반인이 왕족이나 승려 등 신분이 매우 높은 상대에게 무언가를 줄 때에 사용하는 동사입니다. 목적어가 따라오며, 받는 대상의 앞에는 '~께'에 해당하는 전치사가 오는데 **แก่** 대신 **แด่**를 사용합니다.

1. คุณย่า**ถวาย**เงินสร้างวัด

   할머니는 사원 건설에 돈을 시주했다.

2. เขา**ถวาย**ภัตตาหารแด่พระสงฆ์

   그는 승려들에게 음식을 보시했다.

3. คณะรัฐมนตรี**ถวาย**สัตย์ปฏิญาณต่อองค์พระเจ้าอยู่หัว

   내각의원들이 국왕에 충성서약을 바쳤다.

4. ประชาชนพร้อมใจ**ถวาย**พระพรในวันเฉลิมพระชนมพรรษา

   국민들은 다 함께 국왕의 탄신일을 기념하며 축복을 바쳤다.

ถอด

벗다 / 뽑다 / 해임하다 / 해석하다
분해하다

타동사 **ถอด**은 함께 나타나는 목적어에 따라 다양한 한국어에 대응될 수 있는 동사입니다. **ถอดเสื้อ**(옷을 벗다), **ถอดปลั๊กไฟ**(코드를 빼다), **ถอด(ถอน)ออกจากตำแหน่ง**(해임하다), **ถอดแบบ**(배끼다, 모방하다) 등의 다양한 예가 있습니다. 한편, **ถอดใจ**는 '좌절하여 포기하다'라는 의미를 나타냅니다.

1. น้อง**ถอด**เสื้อผ้า

   동생은 옷을 벗었다.

2. เขากำลัง**ถอด**รหัสลับ

   그는 암호를 해독하는 중이다.

3. หล่อน**ถอด**ใจจากการเรียนหมอแล้ว

   그녀는 의학 공부를 포기했다.

4. หมอ**ถอด**เครื่องช่วยหายใจออก

   의사는 산소호흡기를 벗겼다.

ถ

ถอน

뽑다 / 철회하다 / 인출하다: **ถอนเงิน**
한숨짓다: **ถอนใจ**

타동사 **ถอน**은 '뽑다, 철회하다' 의미를 지니고 있습니다. **ถอด**과 매우 유사한 뜻을 가지고 있으나 쓰임이 약간 다릅니다. **ถอด**과 마찬가지로 함께 나타나는 목적어에 따라 한국어의 다양한 어휘에 대응될 수 있는 동사입니다. **ถอนตัว**(ออกจากตำแหน่ง) (사임하다) **ถอนเงิน**(돈을 뽑다), **ถอนฟัน**(이빨을 뽑다), **ถอนหมั้น**(약혼을 파혼하다) 등의 예가 있습니다. 한편, **ถอนใจ**는 '한숨을 쉬다'의 의미입니다.

1. พ่อ**ถอน**หญ้าข้างบ้าน

   아버지가 집 옆의 잡초를 뽑는다.

2. ฉัน**ถอน**เงินจากธนาคาร

   나는 은행에서 돈을 인출했다.

3. แม่**ถอน**ใจเรื่องเรียนของลูก

   엄마가 아이의 공부 건으로 한숨짓는다.

4. เขา**ถอน**หมั้นหล่อน

   그는 그녀와의 약혼을 파혼했다.

ถ่อม(ตัว)

겸손하다

동사 **ถ่อม**은 '겸손하다'라는 뜻으로, 주로 **ตัว** 나 **ตน**이 뒤따라 나옵니다. **อ่อนน้อมถ่อมตัว**, **นอบน้อมถ่อมตน** 또는 **ถ่อมเนื้อถ่อมตัว** 등과 같이 합성어의 형태로 사용하기도 합니다.

1. เด็กๆ ควรอ่อนน้อม**ถ่อม**ตนกับผู้ใหญ่

   아이들은 어른에게 겸손하고 공손해야 한다.

2. เขามักพูดจา**ถ่อม**ตนเสมอ

   그는 말할 때 항상 겸손하게 말한다.

3. หล่อน**ถ่อม**ตัวกับพนักงานเสมอๆ ทั้งๆ ที่เป็นลูกสาวของประธานบริษัท

그녀는 사장의 딸임에도 직원들에게 항상 겸손하게 대한다.

4. แม่สอนให้ลูกเป็นคน**ถ่อม**เนื้อถ่อมตัว

엄마가 아이에게 겸손한 사람이 되라고 가르친다.

ถอย

후퇴하다, 물러나다

동사 **ถอย**는 '뒤로 물러나다, 후퇴하다'의 의미를 나타내며 주로 '뒤'라는 뜻의 **หลัง**이 뒤에 나옵니다. 군대가 후퇴하는 것은 **ถอยทัพ**으로 표현합니다. 단독으로도 쓰이지만 **ถดถอย**(후퇴하다) **ถอยหลัง**(후진하다) **ท้อถอย**(낙담하다, 위축되다) 등과 같이 합성어로도 쓰입니다.

1. น้องเดิน**ถอย**หลังจนไปชนประตู

동생은 문에 부딪힐 때 까지 뒷걸음질 쳤다.

2. เขา**ถอย**รถไปชนกำแพงบ้าน

그는 후진을 하다가 집 담벼락을 박았다.

3. การเรียนของเธอ**ถอย**หลังลงทุกวัน

그녀의 학업은 매일 퇴보하고 있다.

4. เขายอม**ถอย**ให้เพื่อนในการแข่งขันครั้งนี้

그는 이번 시합에서 친구에게 양보했다.

ถ

ถาม

묻다, 질문하다

타동사 **ถาม**은 '묻다, 질문하다'라는 뜻으로, 단독으로도 쓰이고 **ซักถาม**에서 처럼 유의 합성어로도 쓰입니다. 합성어로 **คำถาม**은 질문 이라는 뜻입니다.

1. นักเรียนยกมือขึ้น**ถาม**คำถามคุณครู
   학생들이 손을 들어 선생님께 질문을 한다.
2. อาจารย์**ถาม**ว่าทำไมมาเรียนสาย
   교수님이 왜 수업에 지각했는지 물으신다.
3. เขาเป็นคน**ถาม**คำตอบคำ
   그는 말을 단답형으로 하는 사람이다.
4. นักเรียนตอบคำ**ถาม**ถูกต้องทุกข้อ
   학생이 모든 질문에 다 맞게 대답을 했다.

ถ่าย

(사진을) 찍다 / 갈아타다 / 배출하다/ 중계하다: **ถ่ายทอด**
설사하다: **ถ่ายท้อง** / 배수하다: **ถ่ายน้ำ** /
복사하다: **ถ่ายเอกสาร** / 수혈하다: **ถ่ายเลือด**

타동사 **ถ่าย**는 맥락에 따라 다양한 우리말에 대응될 수 있습니다. **ถ่ายรูป**(사진을 찍다)에서 처럼 '찍다'의 의미를 나타내기도 하고, '탈것 등을 갈아타다', '혈액을 갈다(수혈하다)', '대소변을 배출하다(**ขับถ่าย**)', '복사하다(**ถ่ายเอกสาร**)', '중계하다(**ถ่ายทอด**)' 등 다양한 쓰임새가 있습니다.

1. สถานีโทรทัศน์ทุกช่องกำลัง**ถ่าย**ทอดสดการแข่งขันกีฬาโอลิมปิค
   모든 방송 채널이 올림픽 경기를 생중계 하고 있다.
2. พนักงานกำลัง**ถ่าย**เอกสาร
   직원이 서류를 복사 중이다.

3. หมอ**ถ่าย**เลือดให้คนไข้

의사가 환자에게 수혈한다.

4. ของหมักดองอาจทำให้**ถ่าย**ท้อง

발효식품은 설사를 유발할 수 있다.

ถึง

도착하다, 도달하다 / ~에 대하여 말하다: **พูดถึง** / ~까지: **จนถึง**
돌아가시다: **ถึงแก่กรรม**

동사 **ถึง**은 본래 '도착하다, 도달하다'라는 의미를 가진 동사로써 장소부사구가 뒤따라 나오는 이동동사입니다. 여기에서 의미가 확장되어 '~까지'라는 뜻의 전치사로 기능하여 동사구 뒤에 위치하기도 합니다. 은유적으로 사용하는 **ถึงแก่กรรม**은 직역하면 '업보에 다다르다'로 해석되는데 이는 '서거하다, 작고하다'에 대응되는 의미로 죽음에 대한 완곡표현입니다.

1. รถไฟมา**ถึง**สถานีตรงเวลา

기차가 정시에 도착했다.

2. อาจารย์อธิบาย**ถึง**สาเหตุของการเกิดแผ่นดินไหว

교수님이 지진의 발생원인에 대해 설명하셨다.

3. จนถึงตอนนี้ฉันก็ยังไม่รู้ว่าเขาอยู่ที่ไหน

지금에 이르도록 나도 그가 어디에 있는지 모른다.

4. อาจารย์ท่านนั้นได้**ถึงแก่กรรม**อย่างสงบเมื่อวาน

그 교수님께서는 어제 편안히 작고하셨다.

ถือ

들다 / 믿다 / ~로 간주하다 / 건방지다, 오만하다: **ถือตัว**

타동사 **ถือ**는 '들다'의 의미를 지닙니다. 대표적으로 **โทรศัพท์มือถือ**는 '손으로 드는 전화' 즉, 휴대폰을 가리킵니다. 한편 추상적으로 **ถือโอกาส** 하면 '기회를 빌다, 기회로 삼다'의 의미가 되며, **ถือตัว**는 '잘난 체를 하다, 건방지다'의 의미입니다. **เชื่อ**와 결합하여 **เชื่อถือ** 가 되면 '신뢰하다'라는 뜻입니다.

1. เขา**ถือ**กระเป๋าให้แฟน

   그는 여자친구의 가방을 들어 주었다.

2. เขาเป็นคน**ถือ**ตัวว่ามาจากครอบครัวที่มีฐานะร่ำรวย

   그는 자신이 부유한 가정 출신이라고 잘난 체하는 인물이다.

3. ฉัน**ถือ**โอกาสนี้เข้าไปทักทายนายจ้างเก่า

   나는이 기회를 빌어 예전 보스에게 가서 인사했다.

4. เขาเป็นคนน่า**เชื่อถือ**

   그는 신뢰가 가는 인물이다.

ถูก

닿다, 접촉하다 / 어울리다 / (값이) 싸다 / 맞다, 명중하다
올바르다: **ถูกต้อง** / 마음에 들다: **ถูกใจ**

타동사 **ถูก**은 원래 '닿다, 접촉하다'라는 뜻입니다. 비슷한 의미의 **ต้อง**과 함께 쓰여 **ถูกต้อง**은 '맞다, 옳다'의 의미가 됩니다. 목적어에 따라 **ถูกใจ**는 '마음에 들다', **ถูกปาก**은 '입에 맞다', **ถูกคอ(กัน)**은 '서로 사이가 좋다, 잘 어울린다'는 의미로 쓰입니다. 상태성 동사로 '값이 싸다'라는 의미로도 사용합니다.

1. เสื้อผ้าร้านนี้ราคา**ถูก**

   이 옷가게는 가격이 저렴하다.

2. อาหารเกาหลี**ถูก**ปากคนไทย

   한국음식은 태국인 입에 맞다.

3. คำตอบของเขา**ถูกต้อง**

그의 대답은 올바르다.

4. พี่สาว**ถูกใจ**ลิปสติกที่เพื่อนซื้อมาฝาก

누나는 친구가 사다준 립스틱을 맘에 들어한다.

เถียง 논쟁하다, 언쟁하다 / 말대꾸하다

동사 **เถียง**은 '언쟁하다, 말대꾸하다'의 의미를 가진 동사입니다. 주로 말대꾸를 하는 대상이 뒤에 나오는데 **เถียงพ่อ**는 '아버지에게 말대꾸하다', **เถียงครู** '선생님에게 대들다 등'의 의미를 나타냅니다. 합성어로는 **ถกเถียง**(논쟁하다) **โต้เถียง**(말대꾸하다) 등이 쓰입니다.

1. น้อง**เถียง**แม่เมื่อตัวเองไม่ได้ทำผิด

동생은 자신이 잘못하지 않았을 때는 엄마에게 말대꾸한다.

2. หล่อนมักมีเรื่อง**ถกเถียง**กับคนอื่นอยู่ตลอดเวลา

그녀는 항상 다른 사람과 언쟁에 휘말리곤 한다.

3. เพื่อนคนนั้นพูด**เถียง**อาจารย์หน้าตาเฉย

그 친구는 태연스럽게 교수님께 말대꾸한다.

4. เขา**เถียง**ไม่ออกเมื่อเห็นหลักฐานที่บ่งชี้ว่าเขากระทำความผิด

그는 그의 행동이 잘못임을 나타내는 증거를 보자 차마 대꾸를 못했다.

ถ

ไถ

쟁기질하다, 갈다, 밀다 / 쟁기

ไถ는 명사로 '쟁기'라는 뜻이며, 동사로는 '쟁기질하다, 논이나 밭을 갈다, 밀다' 등의 의미를 나타냅니다. 또한 '협박해서 돈을 갈취하다'라는 의미로도 쓰입니다.

1. ชาวนากำลัง**ไถ**นา

   농민이 논을 갈고 있다.

2. น้องนั่งไม้กระดานลื่น**ไถ**ลงมา

   동생이 나무 판자에 앉아 밀려 내려왔다.

3. นักเลงรีด**ไถ**เงินจากชาวบ้าน

   건달이 이웃들로부터 금품을 갈취했다.

4. ควาย**ไถ**นาเก่งมาก

   물소는 논을 아주 잘 간다.

ท

ทด

보답하다 / 시험하다
시험하다: **ทดสอบ**　실험하다: **ทดลอง**　보상하다: **ทดแทน**

타동사 **ทด** 은 물을 막다, 관개하다(**ทดน้ำ**), 보답하다, 갚다, 보충하다(**ทดแทน**), 시험하다(**ทดสอบ**), 실험하다(**ทดลอง**) 등 다양한 의미로 사용됩니다. 또한 수학에서 '올림하다'의 의미로도 사용됩니다.

1. นักวิทยาศาสตร์**ทดลอง**สารเคมีกับหนูทดลอง

   과학자가 실험쥐로 화학물질 실험을 한다.

2. ลูกๆ ควร**ทดแทน**บุญคุณของพ่อแม่

   아이들은 부모님의 은혜에 보답해야 한다.

3. วันนี้จะมีการ**ทดสอบ**ความรู้ด้านภาษาเกาหลี

   오늘은 한국어 능력 시험이 있을 예정이다.

4. เขา**ทดสอบ**ความเป็นกรดเป็นด่างด้วยกระดาษลิตมัส

   그는 리트머스 종이를 가지고 산성 알칼리성을 시험했다.

ทน

참다 / 견디다: **อดทน** / 오래쓰다: **ทนทาน**

자동사 **ทน**은 '참다, 견디다'의 의미를 나타냅니다. 단독으로도 쓰지만 유의어와 합성어로 **อดทน**(참다, 견디다), **ทนทาน**(견고하다, 오래가다), **คงทน**(견고하다, 내구성이 강하다) 등의 형태로도 자주 쓰입니다.

1. เขาเป็นที่มีความ**อดทน**สูง

   그는 참을성이 아주 높다.

2. เพชรเป็นเครื่องประดับที่มีความ**ทนทาน**มาก

   다이아몬드는 견고함이 높은 장신구이다.

3. ฉันต้อง**ทน**กับการกระทำของเขาไปอีกนานแค่ไหน

   나는 그의 행동을 얼마나 더 견뎌야 하는가.

4. กระเบื้องหลังคายี่ห้อนี้**ทนทาน**นานปีจริงๆ

   이 브랜드의 기와 지붕은 정말 년 이상 오래 쓴다.

ทบ

접다, 개다 / 복습하다, 되풀이 하다: **ทบทวน**

동사 **ทบ**은 '접다, 개다'의 의미에서 '겹겹이, ~겹, ~배'의 의미를 갖게 됩니다. 여기서 더 확장되어 '되풀이하다, 복습하다'의 의미를 지닌 합성어 **ทบทวน**이 사용됩니다. 그 밖에도 **กระทบ**은 '영향을 주다'의의 동사로, **ผลกระทบ**은 '영향(의 결과)'라는 명사로 사용됩니다.

1. ประเทศจีนได้รับผลกระ**ทบ**จากแผ่นดินไหว

   중국은 지진의 영향을 받았다.

2. ฉันจะอ่าน**ทบทวน**เนื้อหาที่เรียนมาทั้งหมด

   나는 배워 온 모든 내용을 복습할 것이다.

3. พ่อเอาเชือกมาผูก**ทบ**กันเพิ่มอีกเส้นหนึ่งเพื่อให้แน่นขึ้น

아버지는 단단히 연결하기 위해 끈 하나를 더 가져와 묶었다.

4. เขากู้เงินแต่ไม่ยอมใช้จนดอกเบี้ย**ทบ**เพิ่มขึ้นอีกหลายเท่า

그는 돈을 빌리고 갚지 않아, 결국 이자가 몇 배로 불어났다.

ทรมาน

괴롭다 / 괴롭히다 / 고문하다

동사 **ทรมาน**은 '괴롭다, 고통스럽다'라는 의미의 자동사 또는 '괴롭히다, 고문하다'라는 의미의 타동사로 사용될 수 있습니다. 유의어인 **ทุกข์**과 결합하여 **ทุกข์ทรมาน**(고통스럽다, 고문하다)과 같은 합성어로 사용되기도 합니다.

1. เขาทน**ทรมาน**จากการถูกไฟไหม้

그는 화재의 고통을 견뎠다.

2. ฉันเห็นคนโดนเหล็กปักมือร้องครวญครางอย่าง**ทรมาน**มาก

나는 손에 쇠가 박혀 고통스럽게 울부짖는 사람을 보았다.

3. ผู้ร้าย**ทรมาน**ตัวประกันให้ตำรวจยอมเปิดทางหนี

범인은 경찰이 도주로를 확보해 주도록 인질을 고문했다.

4. การตัดงาช้างถือเป็นการ**ทรมาน**สัตว์

코끼리의 상아를 자르는 것은 동물학대이다.

ท

ทราบ　　　알다

자동사 **ทราบ**은 **รู้**(알다)의 격식체로서 공손표현입니다. 타인 뿐 아니라 자기자신에게도 쓰면 더욱 공손함을 나타냅니다. 어떠한 업무나 특정 사안을 '인지하다' 또는 '알겠습니다'와 같은 표현은 주로 **รับทราบ**을 사용합니다.

1. คุณ**ทราบ**ที่อยู่ของเขาหรือเปล่า

   당신은 그의 주소를 아십니까?

2. พนักงานในบริษัท**ทราบ**หมดแล้วว่าบริษัทจะล้มละลาย

   회사의 직원들은 모두 회사가 곧 파산할것을 알고 있다.

3. ตำรวจ**ทราบ**เบาะแสที่อยู่คนร้ายแล้ว

   경찰은 범죄자 위치의 단서를 알아냈다.

4. ฉันรับ**ทราบ**ความเป็นไปของเด็กในปกครองมาตั้งแต่แรก

   나는 처음부터 돌봐주는 아이의 내력을 알고 있었다.

ทลาย　　　무너지다, 붕괴하다

동사 **ทลาย**는 '무너지다, 붕괴하다' 또는 '무너뜨리다'의 의미이며 자동사와 타동사로 모두 기능할 수 있습니다. 자동사로 사용하는 경우 주로 유의어 **พัง**과 함께 **พังทลาย**(무너지다)로 사용되며, '무너져 내리다'의의 의미를 더하는 부동사 **ลง**이 뒤따라 오는 경우가 많습니다.

1. ตลิ่ง**พังทลาย**ลงมาเพราะโดนน้ำเซาะ

   물의 침식으로 제방이 무너져 내렸다.

2. ความฝันของเขา**พังทลาย**ลงในพริบตาเมื่อพ่อเสียชีวิต

   그의 꿈은 그의 아버지가 돌아가시면서 한순간에 무너졌다.

3. พวกเขา**ทลาย**ตึกเก่าหลังนั้น

그들은 그 오래된 건물을 붕괴시켰다.

4. ต่อให้ฟ้าถล่มดิน**ทลาย**เขาก็จะไม่เลิกรักเธอ

하늘이 무너지고 땅이 꺼진다해도 그는 그녀에 대한 사랑을 멈추지 않을 것이다.

ทวน

되풀이 하다, 반복하다, 거스르다 / 역류하다: **ทวนน้ำ**

동사 **ทวน**은 '되풀이 하다, 반복하다'의 의미를 나타냅니다. 단독으로도 쓰이고, 유의어 **ทบ**과 결합하여 **ทบทวน**의 형태로도 자주 쓰입니다. 한편'거스르다, 역류하다'의 의미를 나타내기도 해서 **ทวนกระแสน้ำ**(물길을 거스르다), **ทวนกระแส**(시류에 역행하다) 등의 형태로도 쓰입니다.

1. ประเทศญี่ปุ่นกำลัง**ทวน**กระแสโลกที่จะจัดตั้งโรงไฟฟ้านิวเคลียร์

일본은 핵발전소를 지으려는 세계의 조류에 역행하고 있다.

2. ปลาว่าย**ทวน**กระแสน้ำขึ้นไปวางไข่

물고기가 물살을 거슬러 올라 가서 알을 낳았다.

3. ฉัน**ทบทวน**บทเรียนทุกครั้งก่อนเข้าเรียน

나는 수업에 들어가기 전 매번 복습을 한다.

4. เขานั่งอ่าน**ทวน**ชื่อลูกค้าไปมาหลายรอบ

그는 앉아서 고객의 이름을 여러 번 반복해 읽었다.

ท่วม

넘치다, 범람하다 / 가득차다, 충만하다 / 홍수: **น้ำท่วม**

동사 **ท่วม**은 '넘치다, 범람하다'의 의미를 나타냅니다. 홍수는 **น้ำท่วม**으로 표현합니다. **ท่วม**은 '물이 가득 차 넘친다'는 의미이기 때문에 **ท่วมตัว**는 '몸이 잠기다', **ท่วมหัว**는 '머리까지 잠긴다'라는 표현이 됩니다. 합성어로 **ท่วมท้น**은 마찬가지로 '넘치게 많다, 무척 많다'는 의미를 나타냅니다.

1. ชาวนาบางคนมีหนี้สิน**ท่วม**หัว

   일부 농민들은 부채가 산더미처럼 많다.

2. งานนิทรรศการครั้งนี้คนมาอย่าง**ท่วมท้น**

   이번 전시회는 사람이 넘치도록 많이 왔다.

3. กรุงเทพฯ เกิดน้ำ**ท่วม**ครั้งใหญ่เมื่อปีที่แล้ว

   작년에 방콕에서는 대홍수가 발생했다.

4. เขาร้องไห้น้ำตา**ท่วม**เมื่อรู้ว่าถูกฟ้องล้มละลาย

   그는 파산으로 고소당했음을 알았을 때 펑펑 울었다.

ท้วม

풍만하다, 포동포동하다, 살찌다

자동사 **ท้วม**은 '통통하다'는 뜻을 나타냅니다. 단독으로 서술어나 수식어로 쓰이거나, 유의어 **อ้วน**과 함께 **อ้วนท้วม**으로 사용되기도 합니다.

1. เขามีรูปร่าง**ท้วม**

   그는 몸매가 포동포동하다.

2. ผู้หญิงคนนี้**ท้วม**

   이 여자는 풍만하다.

3. หล่อน**ท้วมๆ** พอประมาณ

그녀는 적당히 오동통하다.

4. แม่ของเขาผิวขาว ร่าง**ท้วม** ท่าทางใจดี

그의 엄마는 살결이 희고, 몸집이 통통하며, 착해 보인다.

ทอ

짜다, 직조하다/ 비치다, 비추다 / 배합하다 / 들이받다

타동사 **ทอ**는 '천을 짜다, 직조하다'의 의미를 나타내기 때문에 주로 '천'이라는 뜻의 **ผ้า** 가 목적어로 옵니다. 그 외에도 빛이 비추다(**ทอแสง**), 배합하다(**ทอสี**), 소나 물소 등이 들이받다(**ควายทอคนตาย**: 물소가 사람을 들이받아 죽었다) 등의 의미로도 쓰입니다.

1. เกษตรกรใช้เวลาว่างจากการทำสวนมา**ทอ**ผ้าไหม

농민들이 과수원일을 하는 중 남는 시간에는 비단을 짠다.

2. แม่นั่ง**ทอ**ผ้านุ่งไว้ให้ลูกสาว

엄마는 앉아서 딸아이에게 줄 파눙(전통치마)을 짠다.

3. ผ้าปูที่นอนผืนนี้ใช้เส้นด้ายในการ**ทอ** 500 เส้น

이 침대보는 무명실 500줄을 써서 짰다.

4. แม่ชอบผ้า**ทอ**มือเพราะสวยงามมีเอกลักษณ์

엄마는 독특하고 아름다워서 수제로 직조한 천을 좋아하신다.

ท

ท้อ(ใจ)

낙심하다, 주눅들다

동사 **ท้อ**는 의지가 꺾여 의기소침하고 좌절감에 빠진 상태를 일컫는 말입니다. 심리 상태를 나타내므로 **ท้อใจ** 로도 사용하며, **ท้อแท้**(좌절하다, 풀이 죽다), **ย่อท้อ**(낙담하다, 전의를 상실하다) 등의 합성어로도 사용합니다.

1. คนเราต้องไม่**ท้อ**หากเราทำอะไรไม่สำเร็จ

   우리들은 만약 우리가 성공을 하지 못해도 낙심하면 안된다.

2. เขา**ท้อแท้**กับงานนั้นมาก

   그는 그 일로 매우 풀이 죽어 있다.

3. ฉันรู้สึก**ท้อใจ**มาก

   나는 정말 좌절감이 든다.

4. ถึงจะอยู่อย่างลำบากแต่เขาก็ไม่เคยย่อ**ท้อ**

   생활은 곤란한 지경일지언정 그는 마음이 꺾인 적이 없다.

ท่อง

거닐다, 배회하다 / 암기하다 / 여행하다: **ท่องเที่ยว**

타동사 **ท่อง**은 크게 두 가지의 의미를 나타냅니다. 첫째는 '돌아다니다, 물을 건너다, 여행하다'의 의미를 나타내는데 이때는 주로 **ท่องเที่ยว**의 형태로 사용합니다. 둘째는 '암기하다, 외우다, 암송하다'의 의미를 나타내며 주로 **ท่อง(จำ)**의 형태로 사용합니다.

1. ครูสั่งให้นักเรียน**ท่อง**สูตรคูณตอนเช้าทุกวัน

   선생님은 학생들에게 매일아침 구구단을 암기하도록 지시했다.

2. เด็กๆ นั่ง**ท่อง**หนังสือในห้องเรียน

   아이들은 교실에 앉아 책을 암기한다.

3. นัก**ท่องเที่ยว**เดินทางมาเที่ยวเมืองไทย

여행객들이 태국으로 여행왔다.

4. เขา**ท่องเที่ยว**ไปทั่วทุกภาคของประเทศไทยแล้ว

그는 태국의 모든 지역을 여행했다.

ทอด

튀기다 / 던지다 / (신체부위를) 내밀다, 내뻗다

타동사 **ทอด**은 가장 많이 쓰이는 의미로는 '기름에 튀기다'의 뜻입니다. 주로 식재료가 목적어로 따라 옵니다. 또는 식재료의 뒤에서 선행 명사를 수식할 수도 있습니다. 그 외에도 **ทอดสายตา** (시선을 보내다)에서와 같이 '신체 부위 등을'내밀다, 내뻗다'의 의미로 사용하기도 하고 **ทอดแห** (그물을 내던지다)에서 처럼 '내던지다'의 의미로도 사용되는 동사입니다.

1. แม่**ทอด**ปลาอยู่ในครัว

엄마는 주방에서 생선을 튀기고 계신다.

2. น้องชอบกินหมู**ทอด**

동생은 돼지고기 튀김을 좋아한다.

3. ลุง**ทอด**แหลงในคลองเพื่อจับปลา

아저씨가 물고기를 잡기 위해 수로에서 그물을 던진다.

4. เขานั่ง**ทอด**สายตามองไปข้างหน้า

그는 앉아서 시선을 앞으로 보냈다.

ทอน

자르다, 찍다 / 줄이다, 삭감하다, 단축하다
거슬러 주다 / 약분하다, 환산하다

타동사 **ทอน**은 '자르다, 줄이다, 거스르다' 등의 의미에 대응될 수 있습니다. **เงินทอน**은 '거스름돈'을 뜻하고, 어순이 반대로 **ทอนเงิน**이 되면 '돈을 거슬러 주다' 가 됩니다. 한편 '줄이다, 삭감하다, 단축하다'의 의미로는 **ลดทอน, บั่นทอน** 등의 합성어가 주로 사용됩니다.

1. เขา**ทอน**เงินผิด

   그는 돈을 잘못 거슬러 주었다.

2. แม่ค้า**ทอน**เงินให้กับลูกค้า

   상인이 손님에게 돈을 거슬러 준다.

3. บุหรี่บั่น**ทอน**สุขภาพ

   담배는 건강을 약화시킨다.

4. เขาให้เงิน**ทอน**แก่พนักงานเสิร์ฟ

   그는 서빙 직원에게 거스름돈을 주었다.

ทะเบียน

등기(등록)하다

ทะเบียน은 '등기' 또는 '등록하다'의 의미를 나타냅니다. 단독으로 쓰일때는 주로 명사로 사용되는 경우가 많습니다. 동사형으로 사용해서 '등록하다, 등기하다'의 의미로 쓸때는 **ขึ้นทะเบียน, ลงทะเบียน, จดทะเบียน** 등과 같이 주로 다른 동사와 함께 쓰입니다. 사업자등록은 **ทะเบียนการค้า**, 주민등록은 **ทะเบียนบ้าน**, 혼인신고하다는 **จดทะเบียนสมรส** 등으로 표현합니다.

1. นักศึกษา**ลงทะเบียน**เรียนวิชาภาษาไทย

   대학생들이 태국어 수업을 등록한다.

2. โรงพยาบาล**ลงทะเบียน**ผู้ป่วยไว้ในคอมพิวเตอร์

   병원이 환자를 컴퓨터에 등록해 둔다.

3. คู่บ่าวสาว**จดทะเบียน**สมรส

신랑신부가 혼인신고를 한다.

4. เขาย้ายชื่อเข้า**ทะเบียน**บ้าน

그는 주민등록등본 이전을 했다.

ทะลุ　관통하다, 꿰뚫다

동사 **ทะลุ**는 '관통하다, 뚫다, 꿰뚫다'의 의미를 나타냅니다. **มองทะลุ**는 '꿰뚫어 보다'의 의미입니다. 합성어로 **ทะลุปรุโปร่ง**는 '훤히 다 들여다 보다, 간파하다'라는 의미가 됩니다. **ทะลุเป้า(หมาย)**는 '목표치를 관통했다', 즉 '목표를 넘어섰다'는 의미입니다.

1. หม้อเป็นรู**ทะลุ**

솥에 구멍이 뚫렸다.

2. เราควรทำความเข้าใจเรื่องนั้นให้**ทะลุ**ปรุโปร่ง

우리는 그 일에 대해서 간파를 해야 한다.

3. ยอดขายซีดีเพลง**ทะลุ**เป้ากว่าล้านแผ่นในเวลาอันรวดเร็ว

노래 CD판매고가 단기간에 목표치를 넘어 백만장을 돌파했다.

4. เขาแคะหูอย่างแรงจนแก้วหู**ทะลุ**

그는 고막이 뚫릴 정도로 귓밥을 심하게 판다.

ท

ทะเลาะ　말다툼하다, 다투다, 싸우다

자동사 **ทะเลาะ**는 '다투다, 싸우다라'는 뜻으로 행위자가 복수이므로 주로 부사 **กัน**(서로, 같이)이 함께 사용됩니다. 합성어로는 **ทะเลาะวิวาท, ทะเลาะเบาะแว้ง** 등이 사용되기도 합니다.

1. นักเรียน**ทะเลาะ**กัน

   학생들이 다툰다.

2. คู่สามีภรรยา**ทะเลาะ**กันเสียงดังมาก

   부부가 매우 큰 소리로 싸운다.

3. แม่ห้ามไม่ให้ลูกๆ **ทะเลาะ**กัน

   엄마가 아이들이 싸우지 못하게 말린다.

4. เราทุกคนต้องเลิก**ทะเลาะ**กัน บ้านเมืองจะได้สงบ

   우리 모두가 서로 싸우지 말아야 국가가 평안해질 것이다.

ทัก　인사하다: **ทักทาย** / 반박하다, 이의를 제기하다

동사 **ทัก**은 '인사하다'라는 의미를 나타냅니다. 단독으로도 쓰지만 합성어로 **ทักทาย**(인사하다)도 많이 사용합니다. 한편 다른 의미로 '반박하다' 또는 '우기다'의 의미도 있는데, 주로 합성어 **ทักท้วง**(이의를 제기하다, 반박하다), **ทึกทัก**(우기다, 억지를 쓰다) 등의 형태로 사용됩니다.

1. การไหว้เป็นการ**ทักทาย**ของคนไทย

   와이(합장인사)는 태국인의 인사이다.

2. เขา**ทักท้วง**ขึ้นในที่ประชุม

   그는 회의에서 이의를 제기하였다.

3. เพื่อนๆ **ทัก**ว่าฉันอ้วนขึ้น

친구들이 내가 살쪘다고 한다.

4. เขา**ทึกทัก**เอาเองว่าเธอเป็นเพื่อนเก่าของเขา

그는 그녀가 그의 예전 친구라고 우긴다.

ทัน

제 때에, 따라잡다: **ไล่ทัน** / (정해진 시간에) 대다: **ทันเวลา**
즉각, 곧바로: **ทันที**

자동사 **ทัน**은 '제때에, 시간에 맞춰 대다, 따라잡다' 등의 의미를 나타냅니다. **มาทันเวลา**는 시간에 맞춰서 온 것이고, **มาไม่ทัน**은 늦어서 못 왔거나 왔는데 늦었다는 의미입니다. 비슷한 맥락에서 **ฟังไม่ทัน**은 때를 놓쳐서 또는 말이 너무 빨라서 제때 듣지 못했다는 의미입니다. **ทันที**는 '즉시, 바로'라는 의미이며, **ทันใจ**는 '(기대하는 바 대로) 신속하게, 재빨리'라는 의미가 됩니다.

1. ตำรวจวิ่งไล่ไม่**ทัน**โจร

경찰은 도둑을 따라잡지 못했다.

2. เขามาได้**ทันเวลา**รถไฟออกพอดี

그는 기차가 떠날 시간 바로 전에 맞춰 왔다.

3. เมื่อได้รับคำสั่ง คนงานก็เริ่มทำงาน**ทันที**

지시를 받으면 근로자는 즉시 일을 시작한다.

4. เขาทำงานได้อย่างรวดเร็ว**ทันใจ**

그는 일을 아주 신속히 처리한다.

ทับ

덮다, 포개다, 누르다, 겹치다 / 사선부호 '/'

타동사 **ทับ**은 '덮다, 포개다, 누르다, 덮치다, 겹치다' 등 다양한 의미를 나타냅니다. 또한 비스듬하게 내려 긋는 사선부호도 **ทับ** 이라고 부릅니다.

1. รถ**ทับ**คนตาย

   차가 사람을 위로 덮쳐서 죽었다.

2. ต้นไม้ล้ม**ทับ**บ้าน

   나무가 쓰러져 집을 덮쳤다.

3. คุณครูนำก้อนหินสวยๆ มา**ทับ**กระดาษ

   선생님은 예쁜 돌을 가져와 종이를 눌렀다.

4. กล้วย**ทับ**ร้านนั้นอร่อยมาก

   그 집 '끌루어이탑'은 아주 맛있다.

ทา

바르다, 칠하다

타동사 **ทา**는 '바르다, 칠하다'의 의미입니다. 바르는 대상이나 바르는 재료가 목적어로 뒤따라 올 수 있습니다.

1. แม่**ทา**ยาให้น้อง

   엄마가 동생에게 약을 발라준다.

2. พี่**ทา**เล็บสีน้ำตาล

   언니는 갈색 매니큐어를 칠했다.

3. พ่อ**ทา**สีบ้าน

   아버지가 집을 도색했다.

4. พี่**ทา**ปากสีแดงสด

누나는 입술을 빨간색으로 칠했다.

ท้า(ทาย) 도전하다, 제안하다

동사 **ท้า**는 '도전하다, 내기를 걸다, 제안하다' 등의 뜻을 나타내는 동사로, 주로 도전을 하는 대상이 목적어로 옵니다. 단독으로 쓰기도 하고 합성어 **ท้าทาย**의 형태로 쓰기도 합니다.

1. รุ่นน้อง**ท้า**ทายรุ่นพี่ให้เล่นบาสเก็ตบอลแข่งกัน

   후배는 선배에게 농구시합을 도전했다.

2. เขามักชอบ**ท้า**พนันเพื่อนๆ

   그는 종종 친구들에게 내기 걸기를 좋아한다.

3. เขา**ท้า**แข่งรถกับเพื่อนคนนั้น

   그는 그 친구와 자동차 경주를 제안했다.

4. แม่ไม่ให้**ท้าทาย**สิ่งศักดิ์สิทธิ์

   엄마는 신성한 성물에 도전하지 말라고 하셨다.

ท

ทาน

먹다, 드시다 / 저항하다, 견디다 / 교정하다: **ตรวจทาน**

동사 **ทาน**은 다양한 의미가 있는데 타동사로 '먹다'의 의미를 **ทาน**을 쓰면 **กิน**보다 더 공손한 표현이 됩니다. 화자와 청자 모두에게 쓸 수 있습니다. 다른 의미로 '저항하다, 견디다'의 의미를 나타내는데 주로 **ต้าน**과 결합하여 **ต้านทาน**의 형태로 사용됩니다. 마지막으로 '교정하다, 감수하다'의 의미로는 주로 **ตรวจ**과 결합하여 **ตรวจทาน**의 형태로 나타납니다.

1. พ่อกำลัง**ทาน**ข้าว

   아버지는 식사를 하시는 중이시다.

2. เขาไม่สามารถ**ต้านทาน**พิษบาดแผลได้

   그는 상처의 독을 막을 수 없었다.

3. ลมพัดแรงมากจน**ต้านทาน**ไม่ได้ กลายเป็นพายุหมุน

   바람이 막을 수 없을 정도로 강해 결국 회오리가 됐다.

4. นักเรียน**ตรวจทาน**การบ้านก่อนส่งอาจารย์

   학생들이 교수님께 보내기 전에 숙제를 감수한다.

ทาย

예언하다, 점치다, 알아 맞추다

동사 **ทาย**는 '예언하다, 예견하다, 알아맞추다'라는 뜻으로, 파생어인 **ทำนาย**의 형태로 사용하기도 합니다. 주로 '~라고 예언하다'의 의미를 **ทายว่า... ทำนายว่า...** 등의 형태로 쓰는 경우가 많습니다. 잘 알아 맞춘 경우는 **ทายถูก**, 못 알아 맞춘 경우는 **ทายไม่ถูก** 이라고 표현합니다.

1. หมอดู**ทำนาย**ว่าฉันจะแต่งงานปีหน้า

   점쟁이는 내가 내년에 결혼할 것이라 예언했다.

2. เขา**ทาย**ใจฉันถูกว่าฉันชอบสีแดง

   그는 빨간색을 좋아하는 내 마음을 잘 알아맞췄다.

3. น้องชอบเล่นเกม**ทาย**ปัญหากับพวกพี่ๆ

동생은 형들과 문제를 맞히는 게임 하는걸 좋아한다.

4. ฉันขอ**ทาย**ล่วงหน้าไว้ก่อนว่าเธอจะได้เป็นครูในอนาคต

내가 미리 예견하건데 너는 미래에 선생님이 될 것이다.

ทำ

하다, 행하다 / 만들다 / 마음을 가라앉히다: **ทำใจ**
처신하다: **ทำตัว** ~인 체하다: **ทำเป็น**

타동사 **ทำ**은 '~을 하다, 만들다'의 의미로 다양한 목적어를 동반할 수 있습니다. 예컨대, **ทำงาน**(일하다), **ทำกับข้าว**(반찬하다, 요리하다), **ทำการบ้าน**(숙제하다), **ทำสัญญา**(계약하다), **ทำผม**(머리하다), **ทำไร่ทำนา**(논밭을 일구다) 등은 명사구를 목적어로 동반하면서 다양한 의미를 나타내고 있습니다. 그 외에도 **ทำตัว**는 처신하다, **ทำใจ**는 마음을 진정하다, 가라앉히다, **ทำเป็น**…는 …인 체 하다 등의 추상적인 의미를 나타냅니다. 또한 **ทำ**은 목적어로 절을 동반하면서 사동의 의미를 실현하는데 의미적으로는 우연이나 실수에 의한 비의도성 사동을 표현합니다. 예컨대 **เขาทำน้องร้องไห้**는 '그는 (의도치 않게) 동생을 울렸다'의 의미를 나타냅니다.

1. นักเรียน**ทำ**การบ้าน

학생들이 숙제를 한다.

2. แม่ชอบ**ทำ**อาหาร

엄마는 요리하는 것을 좋아한다.

3. คุณย่านั่งสมาธิ**ทำ**ใจให้สงบ

할머니는 앉아서 마음의 상태를 평안하게 가라앉혔다.

4. น้องแกล้ง**ทำ**เป็นป่วย

동생은 아픈 척했다.

ทำลาย
파괴하다 / (기록을) 깨다

타동사 **ทำลาย**는 '파괴하다, 파손하다, 기록을 깨다(갱신하다)'의 의미를 나타냅니다. **ทำลาย กำแพง** (벽을 허물다)에서와 같이 물리적으로 '허물다, 파괴하다'의 의미로 쓸 수 있고, **ทำลาย ชีวิต**(삶을 파괴하다)에서와 같이 추상적으로 '파괴하다'의 의미로도 쓸 수 있습니다. '기록을 깨다'의 의미로는 **สถิติ**(기록, 통계)가 목적어로 옵니다.

1. เราไม่ควร**ทำลาย**ข้าวของสาธารณะ

   우리는 공공기물을 파손하지 말아야 한다.

2. ผู้ร้าย**ทำลาย**หลักฐานเพื่อไม่ให้ตำรวจตามจับได้

   범죄자가 경찰에게 잡히지 않기 위해 증거를 파괴했다.

3. นักว่ายน้ำทีมชาติไทยสามารถ**ทำลาย**สถิติได้หลายรายการ

   태국 수영팀은 여러 종목의 기록을 갱신해 냈다.

4. เขา**ทำลาย**ชื่อเสียงวงศ์ตระกูล

   그는 가문의 명예를 실추시켰다.

ทิ้ง
버리다, 포기하다, 남기다

태국어 **ทิ้ง**은 '버리다, 포기하다, 남기다' 등의 의미를 나타내는 타동사입니다. 단독으로 쓰면서 목적어가 따라나오거나 **ละทิ้ง, ทอดทิ้ง** 등의 형태로 쓰기도 합니다. 한편 합성어로 **ทิ้งทวน**은 직역하면 '창을 버리다'라는 뜻으로, '전력투구하다, 혼신을 다하다'라는 의미를 나타냅니다. **ทิ้งข้อความ**은 '메시지를 남기다'로 해석할 수 있습니다.

1. นักเรียน**ทิ้ง**ขยะลงในถังขยะ

   학생이 쓰레기통에 쓰레기를 버린다.

2. เขายอม**ละทิ้ง**มรดกแล้วออกจากบ้านไปตัวเปล่า

   그는 유산을 모두 포기하고 빈손으로 집을 떠났다.

3. เด็กทารกถูกแม่ใจร้าย**ทอดทิ้ง**ไว้ข้างถนน

신생아가 모진 엄마에 의해 길가에 버려졌다.

4. เขา**ทิ้งทวน**ทางการแสดงก่อนไปเรียนต่อต่างประเทศ

그는 유학을 가기 전 전력을 다해 공연에 임했다.

ทุจริต

부패하다, 나쁜 행위를 하다, 불법 행위를 하다

동사 **ทุจริต**은 '부패하다, 부정부패를 저지르다, 불법행위를 하다'라는 뜻입니다. 동사로도 쓰이고 명사로도 쓰입니다. 동사로 쓰이는 경우 주로 **ทุจริตใน...** 형태의 구문이 많이 쓰입니다. 반의어는 **สุจริต**으로 '정직하다, 성실하다, 청백하다' 등의 의미를 갖습니다.

1. เขา**ทุจริต**ในการสอบ

그는 시험에서 불법 행위를 했다.

2. พนักงานที่ดีต้องไม่**ทุจริต**ในการทำงาน

훌륭한 직원은 업무에 있어서 불법 행위가 없어야 한다.

3. นักการเมืองคนนั้น**ทุจริต**ในหน้าที่

그 정치인은 직무에서 부패를 저질렀다.

4. พ่อของฉันไม่เคย**ทุจริต**ในหน้าที่การงาน

나의 아버지는 직무에서 부정부패를 저지른 일이 없다.

ทุบ

두드리다, 때리다

타동사 **ทุบ**은 주먹이나 망치, 방망이 등으로 내려치거나 두들기는 동작을 일컫는 동사입니다. 단독으로 써서 때리는 대상이 목적어로 오기도 하고, 유의어와 결합하여 **ทุบตี**(때리다, 두들기다) 등의 합성어로 사용되기도 합니다.

1. พ่อใช้ค้อน**ทุบ**อิฐให้แตก

   아버지는 망치로 벽돌을 두드려 깨뜨렸다.

2. เด็กคนนั้นเอากำปั้น**ทุบ**หลังเพื่อน

   그 아이는 주먹으로 친구의 등을 때렸다.

3. ผู้จัดการเอามือ**ทุบ**โต๊ะด้วยความโมโห

   지배인은 화가 나서 책상을 내리쳤다.

4. เด็กถูกแม่เลี้ยงทารุณกรรมโดยการ**ทุบ**ตีอย่างหนักหน่วง

   아이는 계모에게 심하게 맞으며 학대를 당했다.

เท่า

동등하다, 같다 / 정도 / 배 / 단지: **เท่านั้น** ~하는 한: **เท่าที่~**

동사 **เท่า**는 '(수가) 같다, 동등하다'의 의미를 나타냅니다. 같은 대상은 둘 이상이므로 주로 뒤에 부사 **กัน**이 함께 쓰입니다. 본래 의미에서 확장되어, '~정도, ~배(곱절)'의 의미를 나타내기도 하고, **เท่านั้น**은 '단지 그 정도, 그 뿐'의 의미가 됩니다. 구문으로 **เท่าที่**...라고 하면 '…하는 정도, … 하는 한'의 의미가 됩니다.

1. ฉันกับน้องน้ำหนัก**เท่ากัน**

   나와 동생은 몸무게가 같다.

2. ปีนี้เขาได้โบนัส 2 **เท่า**ของเงินเดือน

   올해 그는 월급의 2배에 해당하는 보너스를 받았다.

3. ฉันจะตั้งใจทำงานนั้นให้สุดความสามารถ**เท่า**ที่จะทำได้

나는 그 일을 할수 있는 한 최선을 다해 열심히 할 것이다.

4. ผู้ป่วยคนนั้นกินข้าวไม่ได้ กินได้แต่น้ำ**เท่านั้น**

그 환자는 밥을 먹을수 없고, 단지 물만 먹을 수 있다.

เทิด(ทูน)

숭배하다, 받들다

동사 **เทิด**은 '숭배하다, 경배하다, 받들다'의 의미를 나타냅니다. 단독으로 써서 뒤에 목적어가 오기도 하고, 유의어 **ทูน**(머리에 이다, 존경하다)와 결합하여 **เทิดทูน**의 형태로 쓰기도 합니다.

1. ประชาชนชาวไทย**เทิดทูน**พระบาทสมเด็จพระเจ้าอยู่หัว

태국 국민은 국왕 폐하를 숭배한다.

2. พระนเรศวรมหาราชเป็นที่**เทิดทูน**ของคนไทยทุกคน

나레쑤안 대왕은 모든 태국인의 숭배를 받는 왕이다.

3. ลูกๆ ควร**เทิดทูน**พ่อและแม่

아이들은 부모님을 받들어야만 한다.

4. เขาแสดงละคร**เทิด**พระเกียรติในหลวง

그는 국왕에게 경배하기 위한 기념 공연에 참여했다.

ท

เที่ยว 여행하다 / 놀러가다

동사 **เที่ยว**는 '돌아다니다, 여행하다, 놀러가다' 등으로 해석될 수 있습니다. 주로 동사 선행어 **ไป** 나 **มา** 가 선행하여 **ไปเที่ยว**(놀러가다) **มาเที่ยว**(놀러오다) 등의 형태로 사용하거나 **ท่องเที่ยว**(여행하다, 관광하다)의 형태로 사용합니다. 뒤에는 장소를 나타내는 어휘가 주로 옵니다. 그 밖에도 '회, 횟수, 편'의 의미를 나타내기도 하여, **เที่ยวแรก**(첫 차), **เที่ยวบิน**(항공편) 등으로 쓰이기도 합니다.

1. ฉันไป**เที่ยว**เชียงใหม่กับครอบครัว

   나는 가족과 치앙마이에 놀러간다.

2. ฉันอยากไป**เที่ยว**เกาหลี

   나는 한국에 놀러가고 싶다.

3. เขาเดินทาง**ท่องเที่ยว**รอบโลก

   그는 세계 일주를 한다.

4. รถไฟ**เที่ยว**แรกออกเวลาประมาณ 6 โมงเช้า

   기차의 첫차 출발 시간은 오전 6시이다.

แท้ 진실이다

자동사 **แท้**는 '진실이다, 진정이다'라는 의미입니다. **ของแท้**는 진품이라는 뜻입니다. **แท้**는 단독으로 쓰기고 하고, 반복하여 **แท้ ๆ**로 쓰기도 하며, 유의어와 결합하여 **แท้จริง**(진실이다, 진정하다)의 형태로 쓰기도 합니다.

1. ความสวยจากจิตใจคือความงามที่**แท้จริง**

   마음으로부터의 아름다움이 진정한 아름다움이다.

2. คนนั้นเป็นพี่สาว**แท้ๆ**ของฉัน

   그 사람은 우리 친언니이다.

3. กระเป๋าใบนั้นเป็นของ**แท้** ราคาแพงมาก

그 가방은 진품이라 매우 비싸다.

4. เขาช่างโชคดี**แท้**ที่ได้พบคนดีคอยช่วยเหลือ

그는 늘 도와주는 사람을 만났으니 진실로 운이 참 좋다.

แท้ง 유산하다

동사 **แท้ง**은 '유산하다'라는 의미입니다. 주로 자연 유산이 되는 경우를 의미하며, 임의로 낙태를 하는 경우는 동사 **ทำ**을 써서 **ทำแท้ง**으로 표현합니다. 의미에 따라 목적어는 주로 **ลูก**이 옵니다.

1. หล่อน**แท้ง**ลูก

그녀는 아이를 유산했다

2. ผู้หญิงตั้งครรภ์ในระยะแรกต้องระวังเรื่องการ**แท้ง**ลูก

임신 초기의 여성은 아이 유산에 주의해야 한다.

3. เด็กคนนั้นไปทำ**แท้ง**

그 아이는 낙태를 하러 갔다.

4. อัตราการทำ**แท้ง**ของหญิงไทยอยู่ในระดับสูง

태국 여성의 낙태 비율은 높은 수준이다.

ท

แทน

보답하다: **ตอบแทน** / ~ 대신에 / 대리인, 대표: **ตัวแทน**
~하기는 커녕, ~는 하지 않고: **แทนที่จะ**

동사 **แทน**은 크게 두 가지의 의미로 사용됩니다. 첫째는 '보답하다'라는 의미의 타동사로 주로 **ตอบแทน** 이라는 합성어의 형태로 사용됩니다. '은혜'라는 뜻의 목적어 **คุณ, บุญคุณ** 또는 **พระคุณ**이 뒤따라 오는 것이 보통입니다. 두번째로는 '대신하다'의 의미로, '~를 대신하다'의 의미구조에서 대신하는 대상이 명사구로 따라 옵니다. 명사로 '대리인, 대행인'은 **ตัวแทน**으로 표현합니다. 부사의 형태로 동사구의 뒤에서 쓰이기도 합니다. **แทนที่จะ...**는 '…하기는 커녕, …는 하지 않고, …하는 대신에'의 의미를 나타내며 절을 이끕니다.

1. ลูกๆ ตอบ**แทน**บุญคุณพ่อแม่โดยการเป็นคนดี

   아이들은 좋은 사람이 되는 것으로 부모님의 은혜에 보답한다.

2. เขาได้รับคัดเลือกเป็น**ตัวแทน**นักกีฬาทีมชาติ

   그는 국가대표팀 선수로 발탁되었다.

3. **แทนที่**พ่อจะไปหาหมอ กลับซื้อยามากินเอง

   아버지는 병원에 가기는 커녕 혼자 약을 사 와서 먹었다.

4. ฉันทำงาน**แทน**เพื่อนที่ป่วย

   나는 아픈 친구를 대신해서 일한다.

แทรก

끼어들다, 삽입하다, 혼합하다
말 참견하다: **พูดแทรก** 개입하다, 간섭하다: **แทรกแซง**

동사 **แทรก**은 끼어들다, 삽입하다, 혼합하다, 관여하다 등 다양한 한국어로 대역할 수 있습니다. **แทรกตัว**는 '몸을 비집고 들어간다'는 의미이고, **พูดแทรก**은 '말하는데 끼어든다'는 의미입니다. **โรคแทรก(ซ้อน)** 또는 **ภาวะแทรกซ้อน**은 합병증을 의미합니다. 한편 **แทรกแซง**은 '간섭하다, 개입하다'라는 뜻이며 **แทรกแซงการเมืองภายใน**는 내정간섭을 의미합니다.

1. เขาพูด**แทรก**ขึ้นระหว่างที่ผู้ใหญ่กำลังสนทนากัน

   그는 어른들이 대화를 나누는 도중에 끼어들었다.

2. เขาเป็นโรคหัวใจและยังมีโรค**แทรก**ซ้อนอีกมากมาย

그는 심장병인데다가 여러 가지 합병증도 있다.

3. รัฐบาลเข้า**แทรกแซง**ราคาข้าว

정부가 쌀 가격에 개입한다.

4. คนร้ายพยายาม**แทรก**ตัวเข้าไปในกลุ่มคนมากๆ เพื่อหนีการจับกุมจากตำรวจ

범죄자가 경찰의 체포에서 벗어나기 위해 사람이 많은 곳으로 몸을 숨기려 한다.

โทร

전화하다
텔레비전: **โทรทัศน์** / 전화기: **โทรศัพท์** / 전보: **โทรเลข**

동사 **โทร**는 본래 단독으로는 영어의 'tele'와 같이 '원격의'라는 의미이지만 여기서 동사로 **โทร**는 **โทรศัพท์** 에서 줄인말로, '전화하다'의 의미입니다. 주로 뒤에 방향동사가 와서 '전화를 걸다'(**โทรไป**) 또는 '전화가 오다'(**โทรมา**)의 의미로 구분해서 사용합니다. '~에게 전화하다'는 **โทรถึง**~의 표현을 쓰기도 합니다. 태국어에서는 전화나 편지 등 원격 소통의 경우에는 한국어와 달리 청자 중심의 표현을 쓰기도 하는데, 즉 **ฉันจะโทรมา**는 '내가 전화할게'라는 뜻입니다. 최근에는 다양한 메신저가 발달하여 **เดี๋ยว(ฉัน)ไลน์ไปหา** (내가 라인으로 연락을 할게) 같은 표현도 생겨났습니다.

1. น้อง**โทร**ไปหาเพื่อน

동생이 친구에게 전화한다.

2. แม่ซื้อ**โทรศัพท์**เครื่องใหม่

엄마가 새 전화기를 샀다.

3. น้องๆ กำลังดู**โทรทัศน์**

동생들이 텔레비전을 보고 있다.

4. เขารีบ**โทรเลข**แจ้งข่าวให้ที่บ้านทราบ

그는 서둘러 전보를 보내 집에 소식을 전했다.

โทรม

쇠퇴하다, 낡다, 망가지다
집단강간 하다: **โทรมหญิง**

동사 **โทรม**은 자동사로 쓰면 '낡다, 쇠퇴하다, 쇠약하다' 등의 의미를 나타냅니다. 사람의 신체에 쓰기도 하고 집, 차 등 물체에 쓰기도 합니다. 합성어로 주로 **ทรุดโทรม**(쇠약하다, 쇠퇴하다, 쇠망하다), **เสื่อมโทรม**(쇠퇴하다, 몰락하다, 황폐하다) 등이 쓰입니다. 부사의 형태로 **แต่งตัวโทรม ๆ**은 차림을 '누추하게 하다'의 의미가 됩니다. 한편, 타동사로 쓰면 '윤간하다'의 의미를 나타내기도 합니다.

1. บ้านหลังนี้**โทรม**ไปมาก

   이 집은 매우 낡았다.

2. ร่างกายคนเราทรุด**โทรม**ตามวัย

   사람의 신체는 나이가 듦에 따라 쇠약해 진다.

3. รถเก่าทรุด**โทรม**มากจนไม่สามารถขับได้

   오래된 차가 너무 낡아서 운전할 수가 없다.

4. คนร้ายรุม**โทรม**หญิง

   범인들이 여자를 윤간했다.

นวด

안마하다 / 타작하다: **นวดข้าว**

타동사 **นวด**은 '안마하다, 손을 짓무르다' 등의 의미를 나타냅니다. 예컨대 **นวดตัว**는 전신마사지, **นวดเท้า**는 발마사지를 뜻하며 안마사는 **หมอนวด** 이라고 부릅니다. 주무르는 동작에서 **นวดแป้ง**은 '주물러 반죽하다'의 의미가 됩니다. 목적어로 **ข้าว** (쌀)가 오면 '벼를 타작하다'라는 뜻입니다.

1. คุณยายให้น้อง**นวด**หลัง

   할머니가 동생에게 등 안마를 시켰다.

2. เธอไปลงคอร์สเรียนวิชา**นวด**แผนโบราณที่สำนักวัดโพธิ์

   그녀는 왓포의 전통맛사지 수업을 신청했다.

3. ชาวนาจะลงมือ**นวด**ข้าว

   농민이 벼를 타작할 것이다.

4. แม่**นวด**แป้งไว้ทำขนม

   엄마가 과자를 만들기위해 밀가루 반죽을 해 놓았다.

นอน

눕다, 자다

자동사 **นอน**은 '눕다'라는 의미입니다. 눕는 행위는 종종 자는 것으로 연결되기 때문에 '자다'의 의미를 내포하는 경우가 많습니다. **นอนไม่หลับ** 이라고 하면 '누웠으나 잠들지는 않았다' 즉, '잠이 안 온다'의 의미입니다. **เข้านอน**은 '잠자리에 들다', **ตื่นนอน**은 '잠에서 깨다'의 의미입니다. **นอนซม**은 의식불명으로 누워있는 상태를 말합니다. 합성어에서 **นิ่งนอนใจ**는 '좌시하다, 가만히 두고 보다'의 의미를 나타냅니다.

1. พ่อ**นอน**ดูโทรทัศน์

   아버지는 누워서 텔레비전을 보신다.

2. คุณปู่เข้า**นอน**เร็ว

   할아버지는 일찍 들어가 주무신다.

3. เขา**นอน**ซมมาหลายวันเพราะไม่สบาย

   그는 아파서 며칠째 의식 불명이다.

4. เขา**นอน**ลงอย่างหมดแรง

   그는 녹초가 된 듯 몸을 뉘었다.

นอบ

몸을 굽혀 예를 표하다
겸손하다, 공손하다: **นอบน้อม**

동사 **นอบ** 몸을 숙여 예의를 표하는 동작을 말합니다. 유의어인 **นบ น้อม ไหว้** 등과 함께 **นบนอบ, นอบนบ, นอบน้อม, นอบไหว้** 등의 형태로 쓰여 몸을 굽혀 공손히 예를 표함을 의미합니다. **นอบน้อมถ่อมตน**은 4음절 합성어로 '공손하다, 예의바르다, 겸손하다'의 뜻입니다.

1. เด็กๆ ควรนบ**นอบ**ผู้ใหญ่

   아이들은 어른에게 공손해야 한다.

2. คนไทยควรรักษามารยาทและ**นอบ**น้อม

   태국인은 공손하고 예의범절을 유지해야 한다.

3. หล่อนไหว้อย่าง**นอบ**น้อม

그녀는 공손하게 합장인사를 한다.

4. เขา**นอบ**ตัวลงไหว้อย่างสวยงาม

그는 아름답게 몸을 굽혀 합장인사를 한다.

น้อย 적다

자동사 **น้อย**는 '양이나 수가 적다'는 뜻을 나타냅니다. 단독으로 쓰이기도 하고 다른 동사 뒤에 위치하여 부사로 기능하면서 '덜, 적게'의 의미를 나타내기도 합니다. **พูดน้อย**(말을 적게 한다, 말수가 적다), **กินน้อย**(적게 먹는다), **นอนน้อย**(잠을 적게 잔다) 등이 그 예입니다. **เด็กน้อย**는 '어린 아이'라는 뜻이며, 감정을 나타낼 때 **น้อยใจ**라고 하면 '서운하다'라는 의미가 됩니다.

1. เขาได้เงินเดือน**น้อย**กว่าพนักงานคนอื่น

그는 다른 직원보다 월급을 덜 받는다.

2. เขาเป็นคนพูด**น้อย**

그는 말수가 적은 사람이다.

3. หล่อน**น้อยใจ**เพื่อนๆ ที่ลืมวันเกิด

그녀는 생일을 잊은 친구들이 서운했다.

4. เด็ก**น้อย**คนนั้นน่ารักมาก

그 어린 아이가 굉장히 귀엽다.

นั่ง

앉다

자동사 **นั่ง**은 '앉다'라는 뜻입니다. **นั่งเก้าอี้**(의자에 앉다), **นั่งตัก**(무릎에 앉다)에서 처럼 앉는 장소를 나타내는 부사가 동사 **นั่ง**의 뒤에 바로 붙어서 목적어와 같이 쓰이기도 합니다. 합성어로 **ที่นั่ง**은 '자리, 좌석'이라는 뜻입니다.

1. ฉัน**นั่ง**บนเก้าอี้

   나는 의자에 앉았다.

2. เด็กๆ **นั่ง**เล่นที่สวนสาธารณะ

   아이들은 공원에 앉아서 논다.

3. เขา**นั่งๆ** นอนๆ ทั้งวัน

   그는 하루종일 앉았다 누웠다 했다(빈둥댔다).

4. ผู้ป่วยสูงอายุในโรงพยาบาลต้อง**นั่ง**รถเข็น

   병원에서 고령 환자는 휠체어를 타야 한다.

นัด

약속하다 / 약속 / 파업하다: **นัดหยุดงาน**

동사 **นัด**은 '약속하다'라는 뜻으로, 주로 시간 약속을 의미합니다. 약속을 하는 대상이 목적어처럼 바로 뒤에 와서 **นัดเพื่อน**(친구와 약속하다) **นัดหมอ**(의사와 진료예약을 하다) 등으로 표현하기도 합니다. 동사 외에도 **นัด**은 명사형으로 쓰기도 해서 **มีนัด**은 '약속이 있다'라는 뜻입니다. 합성어로 **นัดหมาย** 역시 '약속하다'라는 뜻으로 쓰입니다.

1. ฉันมี**นัด**กับเพื่อนสุดสัปดาห์นี้

   나는이번 주말에 친구들과 약속이 있다.

2. เพื่อนๆ **นัด**กันไปเที่ยวทะเล

   친구들은 바다에 놀러가기로 약속했다.

3. หมอ**นัด**คนไข้ให้มาตรวจอาการอีกครั้งอาทิตย์หน้า

의사는 환자에게 다음 주 중에 한번 더 상태를 진단하기로 예약을 잡아주었다.

4. คนงาน**นัด**หยุดงานเพราะไม่พอใจค่าจ้าง

근로자들은 임금에 대한 불만으로 파업을 했다.

นับ

세다, 헤아리다 / 존경하다, 믿다: **นับถือ**

타동사 **นับ**은 '세다, 헤아리다'의 뜻을 나타냅니다. 주로 수를 헤아리는 대상인 돈(**เงิน**), 수(**จำนวน**), 점수(**คะแนน**) 등의 목적어를 동반합니다. **นับวัน**은 '날을 세다'로 직역할 수 있는데, '날이 갈수록'의 의미가 됩니다. 한편 **นับ**은 '존경하다'의 의미를 나타내기도 하는데 주로 합성어인 **นับถือ**로 사용합니다. 종교 등을 '신봉하다'의 의미로 **นับถือศาสนา**...로 쓰기도 하고, '존경하다'의 의미로 **เคารพนับถือ**의 형태로 사용하기도 합니다. **นับถือจริง ๆ** 이라고 하면, '정말 존경스럽다!'라는 감탄의 표현입니다.

1. แม่ค้ากำลัง**นับ**เงิน

상인이 돈을 세고 있다.

2. เจ้าหน้าที่**นับ**คะแนนหลังจากปิดหีบเลือกตั้ง

선거 투표상자를 닫은 후 담당자가 개표를 한다.

3. คนไทย**นับ**ถือศาสนาพุทธ

태국인은 불교를 믿는다.

4. **นับ**วันเขายิ่งเหมือนคนบ้าเข้าไปทุกที

날이 갈 수록 그는 점점 미친 사람처럼 되어간다.

นาน

오래다, 길다

자동사 **นาน**은 '오랜 시간이 경과하다'의 의미를 나타냅니다. 단독으로 동사로 쓰기도 하지만 주로 동사구의 뒤에서 부사의 역할을 하는 경우가 많습니다. **รอนานไหม** (오래 기다렸어?) 등의 예에서도 볼 수 있습니다. **ยาวนาน**(오래다), **เนิ่นนาน**(유구하다) 등의 합성어 형태로도 사용합니다. 부사구로는 **เป็นเวลานาน**(오랫동안)이 많이 쓰입니다.

1. ไม่ได้เจอกัน**นาน** เป็นอย่างไรบ้าง

   못 만난지 오래 되었네(오랜만이네). 어떻게 지내?

2. ครอบครัวของเราอยู่ที่บ้านหลังนี้มา**นาน**หลายชั่วอายุคน

   우리 가족은이 집에서 여러 대를 거쳐 살고 있다.

3. ฉันนั่งรอรถประจำทาง**นาน**มาก

   나는 여기 앉아 버스를 기다린지 오래 되었다.

4. เขาจากกันเป็นเวลา**นาน**จนแทบจะจำกันไม่ได้

   그가 떠나간 지 너무 오래 되어서 서로 기억이 잘 안날 정도다.

นำ

인도하다, 유도하다 / 선도하다, 앞장서다: **นำหน้า**
지도자: **ผู้นำ**

타동사 **นำ**은 '이끌다, 인도하다, 유도하다, 주도하다'의 의미를 나타냅니다. 목적어가 따라 나오고 그 뒤에 방향동사 **ไป/มา** 가 오기도 합니다. 지도자, 리더는 **ผู้นำ** 이라고 부릅니다. 리더십은 **ภาวะผู้นำ**, **ความเป็นผู้นำ** 등으로 표현합니다. **นำหน้า**는 '선도하다, 앞장서다'의 의미를 나타냅니다.

1. ผู้ถือป้ายชื่อประเทศไทยเดิน**นำหน้า**ขบวนพาเหรด

   태국 명패를 든 사람이 대열을 선도하여 걷는다.

2. เขาเป็นมัคคุเทศก์**นำ**เที่ยว

   그는 여행 가이드이다.

3. คุณครู**นำ**สวดมนต์ตอนเช้า

선생님은 매일 아침 독경을 인도한다.

4. เขานั้นไม่เหมาะที่จะเป็น**ผู้นำ**ครอบครัว

그는 가족의 지도자가 되기에 부적합니다.

นิ่ง

조용하다, 잠자코 있다, 꼼짝 않고 가만히 있다, 침묵하다

자동사 **นิ่ง**은 '조용하다, 잠자코 있다'는 뜻입니다. 단독으로도 쓰지만 주로 동사구의 뒤에서 부사의 형태로 사용합니다. **นอนนิ่ง**은 '가만히 누워있다'는 뜻입니다. 태국어 속담에 **น้ำนิ่งไหลลึก**은 '고요한 물은 깊이 흐른다'로 직역할 수 있는데 내포 의미는 '말이 없는 사람은 깊이 생각하고 계교가 뛰어나므로 조심해야 한다'는 뜻을 품고 있습니다.

1. พ่อนั่ง**นิ่งๆ** มานานนับชั่วโมง

아버지는 몇 시간을 가만히 앉아만 계신다.

2. ผู้จัดการยืน**นิ่ง** มองออกไปนอกหน้าต่าง

지배인이 가만히 서서 창문 밖을 바라본다.

3. หล่อน**นิ่ง**เงียบไม่กล้าตกปากรับคำอะไร

그녀는 감히 어떠한 승낙도 하지 못한 채 잠자코 있다.

4. เขา**นิ่ง**อึ้งไปนานเมื่อได้ยินคำตอบจากหล่อน

그는 그녀에게서 대답을 듣고는 한동안 말문이 막힌 채 조용히 있었다.

น

นิด(หน่อย) 적다, 작다

상태성 동사 **นิด**은 '적다, 작다'라는 의미입니다. 사람의 닉네임에 많이 사용하는 말이기도 합니다. 일반적으로는 서술어로 사용하기 보다는 주로 부사로 '조금, 좀'의 의미로 동사 뒤에 오는 경우가 많습니다. 주로 **นิดหน่อย, น้อยนิด, นิด ๆ** 등의 형태로 사용합니다.

1. ฉันพูดภาษาไทยได้**นิด**หน่อย

   나는 태국말을 조금 할 수 있습니다.

2. อาหารนี้เค็ม**นิด**หน่อย

   이 음식은 조금 짭니다.

3. เขามีเงินอยู่น้อย**นิด**

   그는 돈이 조금 있습니다.

4. ผมขอข้าวเพิ่มอีก**นิด**

   밥 조금만 더 주세요.

นิเทศ 전시하다, 설명하다, 분류하다

신문방송학과: **นิเทศศาสตร์**

동사 **นิเทศ**은 '전시하다, 설명하다, 감독(장학)하다' 등의 의미를 나타냅니다. **นิเทศศาสตร์**은 신문방송학을 의미하며, **เรียนนิเทศฯ** 이라고 하면 신문방송학을 전공한다는 의미가 됩니다. 또한 어떠한 업무나 학업을 시작하거나 끝날 때 하는 설명회를 지칭하기도 하는데, 사전 설명회는 **ปฐมนิเทศ** 으로, 마무리를 위한 설명회는 **ปัจฉิมนิเทศ**으로 표현합니다.

1. พี่สาวเรียนคณะ**นิเทศ**ศาสตร์

   누나는 신문방송학을 공부한다.

2. อาจารย์ปฐม**นิเทศ**นักศึกษาใหม่

   교수님께서 신입생을 오리엔테이션하신다.

3. นักศึกษาชั้นปีที่ 4 เข้าร่วมงานปัจฉิม**นิเทศ**

4학년(졸업반) 학생들이 마무리 모임에 참여했다.

4. อาจารย์ที่ปรึกษามา**นิเทศ**การสอนของนักศึกษาฝึกประสบการณ์

지도교수가 와서 실습하는 학생들의 수업을 장학했다.

นินทา

흉보다, 비난하다, 비방하다

타동사 **นินทา**는 '비방하다'의 의미로 흉을 보거나 고자질을 하거나 뒷담화를 하는 경우에 많이 씁니다. 유의어와 비교해 보면 **ถูกนินทา**는 '욕을 먹다', **ถูกดุ**는 '혼이 나다', **ถูกว่า**는 '야단 맞다, 한 소리 듣다', **ถูกด่า**는 '(심한 말을 사용한) 욕설을 듣다'로 조금씩 차이가 있습니다.

1. หล่อนชอบ**นินทา**เพื่อนให้เขาฟัง

그녀는 그에게 친구들 흉보는 것을 좋아한다.

2. เขาโดนเพื่อนร่วมงาน**นินทา**

그는 동료들에게 욕을 먹었다.

3. แม่**นินทา**เพื่อนบ้านให้พ่อฟัง

엄마는 아버지에게 이웃의 흉을 봤다.

4. ไม่มีใครเกิดมาแล้วไม่ถูก**นินทา**

태어나서 한번도 욕을 먹지 않는 사람은 없다.

น

นิ่ม

연하다, 부드럽다

상태성 동사 **นิ่ม**은 '연하다, 부드럽다, 부들부들하다, 말랑말랑하다' 등의 의미를 나타냅니다. 유의어 **นุ่ม**과 쓰임이 매우 비슷해서 대체하여 사용되는 경우도 많습니다.

1. เค้กชิ้นนั้น**นิ่ม**มาก

   그 케이크는 굉장히 부드럽다.

2. สุนัขบางตัวมีขน**นิ่ม**

   어떤 개는 털이 부드럽다.

3. แม่ชอบใส่ผ้าเนื้อ**นิ่ม**

   엄마는 부드러운 천으로 된 옷 입는걸 좋아한다.

4. หล่อนใช้ครีมนวดผมทำให้ผม**นิ่ม**น่าจับ

   그녀는 트리트먼트를 해서 만지고 싶을 정도로 머리가 부드럽다.

นิยม

좋아하다, 선호하다 / ~주의 / **สมัยนิยม**: 유행, 풍속도, 시류

타동사 **นิยม**은 '좋아하다, 선호하다'의 의미입니다. 목적어로 선호하는 내용이나 대상이 옵니다. **นิยมกระแสเกาหลี** (한류를 좋아한다)에서 처럼 명사구가 오기도 하고, **นิยมอ่านข่าวบนมือถือ**(휴대폰으로 뉴스 읽는 것을 선호한다)에서 처럼 동사구가 오기도 합니다. … **เป็นที่นิยม** 이라고 하면 '…가 선호의 대상이 되다', 즉 '인기가 있다'라는 뜻입니다. 한편, 선호하다의 의미에서 발전하여 **นิยม**을 뒤에 붙이면 합성어로 '~주의'라는 뜻이 되는데, **สังคมนิยม**(사회주의) **ทุนนิยม**(자본주의) **วัตถุนิยม**(물질주의) 등이 그 예입니다. **สมัยนิยม**은 유행, 풍속도, 시류 라는 의미입니다.

1. วัยรุ่นไทย**นิยม**ฟังเพลงเกาหลี

   태국 신세대들은 한국노래 듣는 것을 좋아한다.

2. คนรุ่นใหม่**นิยม**ใช้โทรศัพท์ราคาแพง

신세대는 비싼 전화기를 사용하는 것을 선호한다.

3. สมัยนี้นักร้องนักแสดงเกาหลีเป็นที่**นิยม**มาก

요즘 한국 가수와 배우들이 굉장히 인기가 많다.

4. สมาร์ทโฟนเป็นที่**นิยม**ในหมู่วัยรุ่น

스마트폰이 신세대들 사이에서 유행이다.

นิรภัย

안전하다 / 금고: **ตู้นิรภัย**, 안전띠: **เข็มนิรภัย**

상태성 동사 **นิรภัย**는 '안전하다'라는 의미입니다. 본래 **นิร**는 접두어로 '없다, 무, 부'의 의미를 나타내며, **ภัย**는 '위험'이라는 뜻이므로 합쳐져서 '위험이 없다' 즉 '안전하다'의 의미가 됩니다. 다양한 명사의 뒤에서 수식을 하는데, 예를 들면**เข็มขัดนิรภัย**(안전벨트), **ตู้นิรภัย**(안전금고), **ถุงลมนิรภัย**(에어백) 등이 있습니다.

1. พ่อคาดเข็มขัด**นิรภัย**

아버지가 안전띠를 매었다.

2. เขาเอาของมีค่าทั้งหมดใส่ในตู้**นิรภัย**

그는 값이 나가는 물건을 모두 금고에 넣었다.

3. ถุงลม**นิรภัย**โป่งออกเมื่อรถถูกกระแทกอย่างแรง

차가 세게 부딪혔을 때 에어백이 튀어 나온다.

4. เขาใช้ฟิล์มกระจก**นิรภัย**ติดหน้าจอโทรศัพท์ของเขา

그는 그의 핸드폰 액정에 보호 유리필름을 붙였다.

น

นิรันดร์ 영원하다

상태성 동사 **นิรันดร์**는 '영원하다라'라는 뜻으로 서술어로 쓰이거나 명사를 뒤에서 수식하기도 합니다. 단독으로 쓰기도 하고, 유의어와 결합하여 **นิจนิรันดร์**으로 쓰기도 합니다.

1. ผมจะรักคุณชั่ว**นิรันดร์**

   나는 당신을 영원히 사랑 할 것이다.

2. เขาจากลูกๆ ไปชั่วนิจ**นิรันดร์**

   그는 영원히 자식들을 떠나갔다.

3. เราจะอยู่ด้วยกันชั่ว**นิรันดร์**

   우리는 영원히 함께 할 것이다.

4. ความเป็นเพื่อนของพวกเราจะคงอยู่ตราบ**นิรันดร์**

   우리들의 우정은 영원토록 지속될 것이다.

นึก 생각이 떠오르다, ~인 줄 알다 / 누군가 했네: **นึกว่าใคร**

동사 **นึก**은 '기억하다, 떠올리다, 생각이 떠오르다, ~인 줄 알다' 등의 의미를 나타냅니다. 주로 **นึกว่า...**의 형태로 쓰여 떠올리는 내용이 절의 형태로 따라 나옵니다. '생각이 나다'는 **นึกออก**, '생각이 안 나다'는 **นึกไม่ออก**으로 표현합니다. 유의어 **คิด**(생각하다)과 결합하여 **นึกคิด**(생각하다, 떠올리다) 또는 **ความรู้สึกนึกคิด**(생각과 감정) 등의 합성어 형태로도 나타납니다.

1. **นึก**ออกแล้ว เขาเป็นแฟนเก่าของเพื่อนฉันเอง

   생각났어. 그는 내 친구의 옛날 애인이야.

2. **นึก**ว่าใคร ที่แท้ก็คุณนี่เอง

   누군가 했네. 실은 당신이었군.

3. พวกเราไม่**นึก**ไม่ฝันว่าจะได้ไปเที่ยวยุโรป

우리가 유럽으로 놀러갈 것이라고 꿈에도 생각 못 했다.

4. เธอลอง**นึก**ดีๆ ว่าเอากระเป๋าสตางค์ไปวางไว้ที่ไหน

돈지갑 어디다 두었는지 잘 생각해 봐.

นึ่ง

(음식을) 찌다

타동사 **นึ่ง**은 조리동사로 한국어로 '찌다'에 대응됩니다. 증기로 식재료를 찌는 경우, 또는 물을 넣고 자작하게 요리하는 경우 모두 **นึ่ง**을 사용할 수 있습니다. 예를 들어, 찹쌀밥의 경우 태국에서는 주로 소쿠리에 불린 찹쌀을 넣은 후 아래쪽에 물을 끓여 증기로 쪄 내기 때문에 **นึ่งข้าวเหนียว**라고 표현합니다. 한편 반찬류의 경우 **นึ่ง**을 쓰면 주로 국물이 자작하게 조리하는 것으로, **ปลาหมึกนึ่งมะนาว**(라임소스를 넣고 양념하여 만드는 오징어찜), **ปลานึ่งซีอิ๊ว**(간장소스를 얹어 만드는 생선찜요리) 등의 예에서 볼 수 있습니다.

1. แม่ทำปลา**นึ่ง**มะนาว

엄마가 생선라임찜을 한다

2. คุณยาย**นึ่ง**ข้าวเหนียว

할머니가 찹쌀밥을 찐다.

3. แม่**นึ่ง**ขนม

어머니가 카놈(간식류)을 찐다.

4. เขาชอบกินปลา**นึ่ง**

그는 생선찜을 좋아한다.

นุ่ง

(하의를) 입다

타동사 **นุ่ง**은 '천을 두르다, 걸치다, 가리다'의 의미로 주로 바지나 치마 등 하의를 착용하는 것을 가리킵니다. 하의의 종류를 나타내는 다양한 명사가 목적어로 나옵니다.

1. พ่อ**นุ่ง**กางเกงใหม่ไปทำงาน

   아버지는 새 바지를 입고 일을 가신다.

2. ในโรงเรียนนักเรียนชายต้อง**นุ่ง**กางเกงและนักเรียนหญิงต้องนุ่งกระโปรง

   학교에서 남학생은 바지를, 여학생은 치마를 입어야 한다.

3. ผู้หญิงสมัยก่อน**นุ่ง**โจงกระเบน

   옛날 여성들은 쫑끄라밴을 입었다.

4. แม่**นุ่ง**ผ้าบาติกสีสันสวยงาม

   엄마는 아름답고 다채로운 바띡천을 입으신다.

นุ่ม

연하다, 부드럽다

상태성 동사 **นุ่ม**은 연하다, 부드럽다, 유연하다, 보들보들하다, 폭신폭신하다 등에 대응될 수 있습니다. 앞서 살펴본 **นิ่ม**과 의미가 매우 비슷하며 대체 사용되는 경우도 많이 있는데, **นิ่ม**에 비해 **นุ่ม**은 주로 소파, 베개, 털 등이 보들보들하거나 폭신폭신하다는 의미를 나타낼 때 많이 사용합니다. 유의어 **นิ่ม**과 함께 **นุ่มนิ่ม**(부드럽다) 이나 **นุ่มนวล**(상냥하다, 온유하다) 등의 합성어 형태로도 나타납니다.

1. ผมของหล่อน**นุ่ม**มาก

   그녀의 머리카락은 매우 부드럽다.

2. ผู้ใหญ่ชอบผู้หญิงที่มีกริยา**นุ่มนวล**

   어른들은 태도가 상냥한 여성을 좋아한다.

3. เธอดู**นุ่ม**นิ่มบอบบางเกินไป

그녀는 지나치게 부드럽고 유해 보인다.

4. เค้กชิ้นนั้น**นุ่ม**ลิ้นมาก

그 케이크는 매우 연하고 부드럽다.

เน้น

강조하다

타동사 **เน้น**은 '강조하다'라는 뜻입니다. 단독으로 쓰고 강조하는 대상이 목적어로 올 수도 있습니다. **เน้นย้ำ**(강조하다), **เน้นหนัก**(힘주어 말하다, 강조하다)과 같이 합성어로 쓰기도 합니다.

1. อาจารย์ออกเสียง**เน้น**คำศัพท์ให้นักเรียนจดตาม

교수님이 학생들이 받아 적을 수 있도록 강조하여 발음한다.

2. คุณครูบอกว่าจะ**เน้น**ออกข้อสอบเฉพาะบทนี้

선생님이이 단원을 시험에 강조해서 내겠다고 말씀하신다.

3. เขาพยายาม**เน้น**ย้ำความเข้าใจกับพนักงาน

그는 직원들에게 이해를 강조하려 노력했다.

4. ผู้บริโภค**เน้น**ว่าต้องการสินค้าที่มีคุณภาพดี

소비자는 품질이 좋은 제품을 원한다고 강조했다.

น

เน่า 부패하다, 썩다

자동사 **เน่า**는 '썩다, 부패하다'의 의미입니다. 단독으로도 사용하고, **เน่าเสีย**(썩다), **เน่าเปื่อย**(썩어 문드러지다) 등과 같이 합성어로도 사용합니다. 유의어로는 **บูด**, **เสีย**, **ผุ** 등이 있는데, **บูด**은 주로 '쉬다, 상하다, 맛이 가다', **เสีย**는 '상하다, 버리다', **ผุ**는 '부식하다' 등으로 해석됩니다. **น้ำเน่า**는 직역하면 '썩은 물, 폐수'이라는 뜻인데, **ละครน้ำเน่า**라고 하면 '막장 드라마'를 뜻합니다.

1. อาหารในตู้เย็น**เน่า**หมดเลย

   냉장고 안 음식이 전부 썩었다.

2. มีกลิ่นเหม็น**เน่า**อยู่ในห้อง

   방안에 뭔가 썩은 냄새가 난다.

3. น้ำในคลอง**เน่า**เสียส่งกลิ่นเหม็นโชยมา

   수로의 물이 썩어서 악취를 풍겼다.

4. เขาไม่นำเนื้อแช่เย็นจึงทำให้เนื้อ**เน่า**

   그는 고기를 냉장 보관 하지 않아서 고기가 부패했다.

เนื่อง 연결되다, 관계하다 / 계속해서: **อย่างต่อเนื่อง**

동사 **เนื่อง**은 '연결되다, 관계되다'의 의미를 나타냅니다. 단독으로 사용하기도 하지만 주로 합성어로 **ต่อเนื่อง**(이어지다, 연결되다) 이나 **เกี่ยวเนื่อง**(관계되다)의 형태로 더 많이 사용합니다. 관계되는 대상이 뒤에 전치사 **กับ**으로 연결됩니다. **ต่อเนื่อง**은 시간적으로 연결되는 것을 나타내기도 해서, **(อย่าง)ต่อเนื่อง**은 계속해서 라는 의미의 부사구로 쓰입니다.

1. เรื่องมัน**ต่อเนื่อง**ถึงกัน ทำอะไรไว้ก็รู้ได้

   일이라는 건 서로 연결되어 있어 무엇을 하더라도 알 수 있다.

2. เรื่องนี้**ต่อเนื่อง**กับเรื่องนั้น

이 일은 그 일과 연관되어 있다.

3. เขาทำงานอย่าง**ต่อเนื่อง**มาหลายวัน

그는 일을 며칠째 계속 해 왔다.

4. เขาสายไม่ว่าง**ต่อเนื่อง**มาเป็นชั่วโมง ๆ

그는 몇 시간째 계속해서 통화중이다.

แนบ

근접하다, 착 달라 붙다 / 첨부하다

타동사 **แนบ**은 '착 달라 붙다, 근접하다'의 의미입니다. **แนบตัว/แนบกาย**는 말 그대로 몸에 착 달라 붙어 있다는 뜻입니다. 유의어와 결합하여 **แนบชิด, แนบสนิท** 등의 형태로 '근접하다, 달라 붙어 있다'의 의미를 나타내기도 합니다. 본래 의미에서 확장되어 '파일 등을 첨부하다'의 의미로도 쓰이는데,이 경우 **แนบท้าย, แนบติด** 등의 동사성 합성어로 쓸 수 있습니다. 첨부 파일은 **ไฟล์แนบ** 또는 **เอกสารแนบ** 이라고 합니다.

1. ลูกๆ เบียดร่างเข้าไป**แนบ**กับแม่เพราะหนาว

아이들이 추워서 몸을 비집고 모여들어 엄마에게 찰싹 붙는다.

2. ฉันได้**แนบ**เอกสารส่งไปทางอีเมลแล้ว

나는 서류를 첨부하여 이메일로 송부했다.

3. หล่อนมีเขา**แนบ**กายเสมอ

그녀에게는 그가 항상 붙어있다.

4. เขาหลอกเพื่อนๆ ได้อย่าง**แนบเนียน**

그는 친구들을 완벽하게 속였다.

แนะ(นำ) 권하다, 암시하다, 제안하다

타동사 **แนะ**는 '권하다, 암시하다, 제안하다' 등으로 해석됩니다. 단독으로 쓰기도 하지만, **ชี้แนะ**(지시하다, 지적하다), **แนะนำ**(소개하다, 안내하다), **เสนอแนะ**(조언하다, 충고하다, 제언하다), **แนะแนว**(인도하다, 지침을 주다, 알선하다) 등과 같은 다양한 합성어 형태로 나타나기도 합니다.

1. เขา**แนะนำ**เพื่อนให้ฉันรู้จัก

   그는 나에게 친구를 소개했다.

2. คุณครูสั่งให้นักเรียนทุกคน**แนะนำ**ตัวหน้าห้องเรียน

   선생님이 모든 학생들에게 교실 앞에서 자기소개를 하도록 했다.

3. ครู**แนะแนว**วิธีทางแก้ไขปัญหาให้นักเรียนอยู่

   선생님이 학생에게 문제해결의 방법을 상담해 주고 있다.

4. หล่อน**เสนอแนะ**ให้ไปเรียนให้ผู้จัดการทราบ

   그녀는 과장팀에게 말씀드리라고 충고했다.

บ

บกพร่อง

결함이 있다, 부족하다 / **ข้อบกพร่อง** 결점, 결함

태국어의 **บกพร่อง**은 한국어의 '결점이 있다, 결함이 있다, 부족하다' 등에 대응됩니다. 주로 자동사로 목적어를 수반하지 않습니다. 명사형으로 쓰일 때에는 **ข้อบกพร่อง**의 형태로 사용되어 '결함'의 의미를 나타냅니다. 4음절 합성어로 **ขาดตกบกพร่อง**은 '결핍이 있는, 결함이 있는, 부족한, 미비한' 등으로 해석될 수 있습니다.

1. เขาไม่เคย**บกพร่อง**ในหน้าที่ที่ได้รับมอบหมายเลย

   그는 주어진 임무 수행에 있어서 부족함을 나타낸 적이 없다.

2. ตำรวจทำงาน**บกพร่อง** จึงทำให้คดีนั้นล่าช้า

   경찰의 업무처리 미흡으로 그 사건 처리가 늦어졌다.

3. ภูมิคุ้มกันเขา**บกพร่อง**จึงทำให้เขาเป็นหวัดบ่อยๆ

   그의 면역력이 문제가 있어서 감기에 자주 걸린다.

4. ถ้ามีอะไร**ขาดตกบกพร่อง**ก็บอกได้เลย

   부족한 점이 있다면 지체없이 말해 주세요.

บงการ 지시하다, 지휘하다, 조종하다, 명령하다

태국어의 **บงการ**은 우리말의 '지시하다, 지휘하다, 조종하다, 명령하다' 등에 대응됩니다. 타동사로 목적어가 후행할 수 있습니다. 우리말에 '~을/를'로 해석되는 직접 목적어 또는 '~에게'로 해석되는 간접 목적어 모두 올 수 있습니다. 보통은 막후 또는 배후에서 지시하거나 조종하는 부정적인 경우에 많이 사용합니다.

1. คดีนี้ผู้มีอำนาจ**บงการ**อยู่เบื้องหลัง

   이 사건은 배후에서 조종하는 권력자가 있다.

2. ตำรวจกำลังสืบหาคนที่**บงการ**การฆาตรกรรมครั้งนี้

   경찰은 이번 살인사건을 지시한 자를 추적하고 있다.

3. เจ้านายคอย**บงการ**ให้เขาทำแต่สิ่งที่ไม่ดี

   보스가 그에게 나쁜 짓만 하도록 계속 조종을 하고 있다.

4. ต่อไปนี้แม้ว่าใครจะมา**บงการ**ฉันก็ตาม จะไม่ทำอย่างเด็ดขาด

   앞으로는 누가 나에게 지시를 하든 절대로 하지 않을 것이다.

บด 찧다, 빻다, 으깨다, 가루내다

태국어의 **บด**은 타동사로서 목적어가 후행합니다. 주로 식자재를 가루로 만드는 동작을 일컫습니다. 예컨대 돼지고기의 경우 **หมูบด**(으깨서 다진 고기)은 **หมูสับ**(칼로 다진 고기)보다 더 잘게 빻는 것을 말합니다.

1. แม่**บด**ยาอยู่ในครัว

   어머니가 부엌에서 약을 빻으신다.

2. พ่อให้น้อง**บด**เครื่องแกง

   아버지가 동생에게 양념을 찧으라고 하셨다.

3. ย่าใช้ไม้**บด**แป้งเพื่อทำขนมวันไหว้พระจันทร์

할머니는 중추절 과자를 만들기 위해 절구에 밀가루를 빻으신다.

4. แม่**บด**อาหารจนละเอียด

어머니는 음식을 잘게 가루를 내신다.

บ่น

불평하다, 투덜대다, 투정하다 / **บ่นพึมพำ** 구시렁대다

태국어의 **บ่น**은 '불평하다, 투덜대다, 투정하다'의 의미를 나타냅니다. 자동사로 목적어가 후행하지 않습니다. 단독으로도 쓰이지만 동사성 합성어로 **บ่นพึมพำ**(구시렁대다)의 형태로도 쓰입니다. 안좋은 습관을 나타내는 **ขี้** 와 함께 쓰여 **ขี้บ่น**은 '투덜쟁이, 불평을 잘하다'의 의미를 나타냅니다.

1. คุณปู่**บ่น**คุณพ่อบ่อยๆว่าไม่ค่อยติดต่อมา

할아버지는 아버지에게 연락을 안한다고 자주 불평을 하신다.

2. คุณแม่**บ่น**พึมพำอยู่คนเดียวในห้อง

어머니가 방에서 혼자 구시렁대고 계신다.

3. น้องมักจะ**บ่น**ว่าการบ้านเยอะ

동생은 숙제가 많다고 투덜대곤 한다.

4. ไม่ว่าใครจะ**บ่น**ยังไงก็ตาม เขาก็ไม่เคยปรับปรุงนิสัย

누가 뭐라고 불평을 하든 그는 성격을 고치는 법이 없다.

บ

บรรจุ

담다, 채우다, 넣다, 포함하다, 임용하다

태국어의 **บรรจุ**는 맥락에 따라 '담다, 채우다, 넣다, 포함하다, 임용하다' 등의 다양한 한국어에 대응될 수 있는 어휘입니다. 타동사로 목적어가 후행할 수 있습니다. 물리적인 물체에 무언가를 담을 때 외에도 임용하다, 채용하다, 취임하다 등 사람을 충원하는 의미로도 사용될 수 있습니다.

1. ขวดใบนี้**บรรจุ**น้ำได้กี่ลิตร

   이 병은 물을 몇 리터나 담을 수 있나요?

2. เขา**บรรจุ**สัมภาระลงในกระเป๋าใบใหญ่

   그는 큰 가방에 짐을 채워 넣었다.

3. น้องได้**บรรจุ**ที่โรงเรียนต่างจังหวัด

   동생은 지방 학교에 임용됐다.

4. เลขาฯ**บรรจุ**วาระประชุมไว้จำนวนมาก

   비서가 회의 안건을 잔뜩 채워 두었다.

บรรทุก

싣다, 태우다, 운송하다

태국어 **บรรทุก**은 한국어의 '싣다, 태우다, 운송하다' 등에 대응됩니다. 주로 물건이나 짐을 싣거나, 승객을 운송하는 경우에 많이 사용되며, 타동사로 목적어가 후행합니다. **รถบรรทุก**은 화물차를, **เรือบรรทุก**은 화물선을 지칭합니다.

1. รถคันนี้**บรรทุก**เสื้อผ้าไปแจกให้กับผู้ประสบภัยน้ำท่วม

   이 차는 옷을 싣고 가서 수재민들에게 나눠준다.

2. เรือลำนี้**บรรทุก**ผู้โดยสารได้ 100 คน

   이 배는 승객 100명을 운송할 수 있다.

3. เราจะต้องไม่**บรรทุก**สินค้าเกินน้ำหนักที่กำหนดไว้

우리는 정해진 무게를 초과해서 물건을 실으면 안된다.

4. สมัยก่อนเมื่อเดินทาง จะนำสัมภาระ**บรรทุก**ไว้หลังม้า

예전에는 이동 시 말 뒤에 짐을 싣고 다녔다.

บรรเทา

경감하다, 완화하다, 풀다

태국어의 **บรรเทา**는 '경감하다, 완화하다, 풀다' 등에 대응되는 어휘입니다. 타동사로 목적어가 후행하여 '~(증상, 문제 등을)을 완화하다, 경감하다'등으로 쓰입니다.

1. ต้องทายานี้ ถึงจะ**บรรเทา**อาการเจ็บได้

이 약을 발라야 아픈 증상을 완화시킬 수 있다.

2. หมอให้ยาพาราเซตมอนเพื่อ**บรรเทา**อาการปวดศีรษะ

두통을 완화하기 위해 의사가 파라세타몰(진통제)를 주었다.

3. พอคุณครูพูดเสร็จ เขาก็รู้สึก**บรรเทา**ความเจ็บปวดได้บ้าง

선생님의 말씀이 끝나자, 그는 아픔이 다소 경감되는 느낌을 받았다.

4. รัฐบาลจ่ายเงินชดเชยความเสียหายเพื่อ**บรรเทา**ความเดือดร้อน

어려움을 경감하기 위하여 정부가 피해보상금을 지급했다.

บ

บรรยาย 강연하다, 해설하다, 강의하다

태국어 **บรรยาย**는 우리말의 '강연하다, 해설하다, 강의하다' 등에 대응되는 동사로, 주로 연사가 있고 주어진 시간 동안 일련의 주제에 대해서 말하거나 설명하는 식의 강연을 하는 경우를 말합니다. 목적어로 강연이나 설명을 하는 주제나 내용이 후행하기도 합니다. **บรรยายพิเศษ**은 '특강하다'라는 뜻입니다.

1. รุ่นพี่กำลัง**บรรยาย**วิธีการเตรียมตัวสมัครทำงานให้กับรุ่นน้อง

   선배가 후배에게 취업 준비 방법에 대해 설명하고 있다.

2. พยาบาลกำลัง**บรรยาย**วิธีการผายปอด

   간호사가 인공호흡법에 대해 강연하고 있다.

3. พ่อค้ากำลัง**บรรยาย**สรรพคุณของสินค้า

   상인이 제품의 효능에 대해서 설명하고 있다.

4. พรุ่งนี้ครูได้รับการเชิญไป**บรรยาย**ที่กรุงเทพฯ

   선생님께서는 내일 방콕에 초청강연을 하러 가신다.

บรรลุ 이루다, 달성하다, 도달하다, 성취하다

태국어 **บรรลุ**는 목표나 목적 등을 '이루다, 달성하다, 도달하다, 성취하다'의 의미를 나타내는 동사입니다. 타동사로 주로 성취하는 대상이 목적어로 후행하게 됩니다.

1. การทำวิจัยครั้งนี้**บรรลุ**ตามวัตถุประสงค์ที่วางไว้

   이번 연구는 계획한 목적에 따라 이루어졌다.

2. วันนี้ฉัน**บรรลุ**ภารกิจของฉันแล้ว

   오늘 나는 나의 임무를 달성했다.

3. ผู้ที่**บรรลุ**นิติภาวะแล้วเท่านั้นถึงจะรับมอบอำนาจได้

법적으로 성년이 된 사람만이 권리를 이양받을 수 있다.

4. หากเราพยายามก็จะ**บรรลุ**ได้ทุกประการ

우리가 노력한다면 무엇이든 성취할 수 있다.

บรรเลง 연주하다

태국어 동사 **บรรเลง**은 '연주하다'하는 뜻입니다. 연주를 하는 악기, 또는 연주하는 대상(음악 또는 노래 등)이 목적어로 후행합니다. 예삿말로 연주하다의 표현은 동사 **เล่น**이 자주 쓰이고 좀 더 격식체의 표현은 **บรรเลง**이 사용됩니다.

1. นักเรียนกำลัง**บรรเลง**ดนตรีในงานวันปีใหม่ของโรงเรียน

학생들이 학교 신년 행사에서 악기를 연주하고 있다.

2. พรุ่งนี้เราจะต้องไป**บรรเลง**เพลงไทยเดิมในงานวันสุนทรภู่

내일 우리는 쑨턴푸의 날 행사에서 태국전통음악을 연주하러 가야 한다.

3. เด็กคนนั้น**บรรเลง**ขลุ่ยได้อย่างไพเราะมาก

그 아이는 클루이(피리의 일종) 연주를 뛰어나게 한다.

4. พี่สาว**บรรเลง**เปียโนจนได้รับรางวัลชนะเลิศ

언니는 피아노 연주로 우수상을 받았다.

บ

บริการ
대접하다, 서비스하다, 시중들다

태국어 **บริการ**는 한국어의 '대접하다, 서비스하다, 시중들다' 등에 대응됩니다. 타동사로 목적어가 후행할 수 있습니다. 형태의 변형없이 명사로 바로 사용되기도 하여, **บริการดี**라고 하면 '서비스가 좋다'라는 뜻을 나타냅니다. 사람을 나타내는 접미사를 사용하여 **บริกร**은 '웨이터, 서비스를 제공하는 사람'이라는 뜻입니다.

1. พนักงานธนาคารคนนี้**บริการ**ลูกค้าดีมาก

   이 은행 직원은 고객에게 서비스가 좋다.

2. ร้านนั้น**บริการ**ไม่ค่อยดี คราวหน้าอย่าไปนะ

   그 집은 서비스가 별로 좋지 않으니까 다음에는 가지 마라.

3. บริษัทส่งของนี้**บริการ**ส่งถึงบ้านเลย

   이 택배사는 집 앞까지 배송 서비스를 한다.

4. ไม่ต้อง**บริการ**เขามากหรอก ให้เขาทำเองบ้าง

   너무 그에게 서비스를 잘해줄 필요 없어. 직접 좀 하게 놔 둬.

บริจาค
기부하다, 기증하다, 헌납하다

태국어 **บริจาค**은 '기부하다, 기증하다, 헌납하다'에 대응되는 동사입니다. 기부하는 대상물이 목적어로 후행하게 됩니다. 기부자는 **ผู้บริจาค** 이라고 합니다.

1. ฉันได้**บริจาค**เสื้อผ้าให้กับเด็กที่ยากลำบาก

   나는 어려운 아이들을 위해 옷을 기증했다.

2. พรุ่งนี้ฉันจะไป**บริจาค**เงินให้กับองค์กรการกุศล

   내일 나는 자선 단체에 돈을 기부하러 갈 것이다.

3. เขา**บริจาค**ที่ดินเพื่อสร้างมหาวิทยาลัย

그는 대학을 짓기 위해 토지를 기증했다.

4. คณาจารย์**บริจาค**เงินเพื่อช่วยเหลือผู้ประสบภัยน้ำท่วม

교수진은 수재민을 돕기 위해 돈을 기부했다.

บริโภค

먹다, 소비하다, 사용하다

태국어 동사 **บริโภค**는 '먹다, 소비하다, 사용하다' 등에 대응되는 타동사로 목적어가 후행합니다. 명사로 **ผู้บริโภค**은 '소비자'라는 뜻입니다.

1. เราต้อง**บริโภค**แต่สิ่งที่มีประโยชน์ต่อร่างกายเท่านั้น

우리는 몸에 이로운 것만 소비해야(먹어야) 한다.

2. พระสงฆ์ไม่**บริโภค**อาหารหลังเที่ยง

승려는 정오 이후에는 음식을 섭취하지 않는다.

3. ด้วยภาวะเศรษฐกิจแบบนี้ต้องไม่**บริโภค**เกินตัว

현재와 같은 경제 상황에서는 분수에 넘치는 소비를 하면 안된다.

4. ในช่วงเทศกาลกินเจ เรา**บริโภค**แต่ผักเท่านั้น

채식절 기간에는 채소만 먹어야 한다.

บ

บริสุทธิ์

순수하다, 깨끗하다, 순결하다, 흠이 없다

태국어 동사 **บริสุทธิ์**은 '순수하다, 깨끗하다, 순결하다, 흠이 없다' 등 맥락에 따라 다양한 한국어에 대응되는 자동사입니다. 경우에 따라서는 '무고하다', '거룩하다' 등으로도 해석될 수 있습니다.

1. น้ำที่**บริสุทธิ์**จะต้องไม่มีสีและกลิ่น

   순수한 물은 무색 무취여야 한다.

2. เครื่องดื่มนี้ถือว่าไม่**บริสุทธิ์** เพราะมีสารประกอบอยู่จำนวนหลายชนิด

   이 음료는 여러가지로 구성되어 있으므로 순수하다 할 수 없다.

3. จากการไต่สวนพบว่าเขายัง**บริสุทธิ์**อยู่ ไม่ได้เป็นผู้กระทำความผิดใดๆ

   심문결과 그는 아직 죄를 짓지 않은 무고한 사람으로 밝혀졌다.

4. เขาเชื่อว่าผู้หญิงที่เขาแต่งงานด้วยเป็นผู้หญิง**บริสุทธิ์**

   그는 그와 결혼한 여자가 순결한 여자라고 믿는다.

บริหาร

행정하다, 운영하다, 집행하다, 다스리다

태국어 동사 **บริหาร**는 '행정하다, 운영하다, 집행하다, 다스리다' 등에 대응될 수 있습니다. 타동사로 목적어가 후행합니다. 합성어로 **ผู้บริหาร**은 '경영진, 간부'라는 뜻입니다.

1. ประเทศไทยมีนายกรัฐมนตรีทำหน้าที่**บริหาร**ประเทศ

   태국은 총리가 국가 운영의 임무를 한다.

2. แม้ว่าเขาจะ**บริหาร**บ้านเมืองไม่ดีแต่ก็ยังคงได้รับเลือกตั้ง

   그는 나라를 잘 다스리지 못했는데도 선거에서 뽑혔다.

3. เขาได้รับคำชมว่า**บริหาร**งานได้อย่างดีเยี่ยม

그는 운영을 매우 잘한다고 칭찬을 받았다.

4. เจ้าของบริษัทสามารถ**บริหาร**กิจการของบริษัทได้อย่างดีมาก

기업주가 기업의 사업 운영을 매우 잘한다.

บวก

더하다, 추가하다, 합하다

태국어**บวก**은 '더하다, 추가하다, 합하다'라는 의미의 동사입니다. 타동사의 형태로, **บวกเลข**(숫자를 더하다)에서 처럼 목적어가 바로 후행하기도 하지만, 대부분의 경우 뒤에 전치사 **กับ**으로 연결하여 '~와 더하다'의 형태로 사용됩니다. 덧셈하다의 의미로도 사용되어 **เครื่องหมายบวก**은 덧셈부호라는 뜻입니다.

1. เมื่อเอาสองไป**บวก**กับสามจะได้ห้า

2를 3과 더하면 5가 된다.

2. เขาเป็นคนขยัน**บวก**กับความอดทนจึงทำให้เขาประสบความสำเร็จ

그는 부지런한데다 그에 더해서 인내심이 강한 사람이라서 성공을 하게 되었다.

3. พรุ่งนี้เช้านักเรียนต้องมา**บวก**เลขให้ครูดูทีละคน

내일 아침에 학생들은 한 명씩 선생님 앞에서 덧셈을 해야 한다.

4. เด็กคนนั้นมักจะ**บวก**เลขผิดเสมอๆ

그 아이는 늘상 숫자 덧셈을 틀린다.

บ

บวช

출가하다, 출가 수행하다, 승려 수업을 하다

태국어 동사 **บวช**은 '출가하다, 머리를 깎다, 승려 수업을 하다' 등의 한국어에 대응될 수 있습니다. 태국 남성들은 일생 동안 적어도 한번은 출가 수행하는 불교 풍습이 있습니다. 태국 사회에서 아들이 출가하면 그 공덕이 부모에게 돌아간다는 믿음이 있어 출가수행하는 것은 가장 큰 효도이기도 합니다. 만 20세 미만의 남성이 출가하는 것은 **บวชเป็นเณร**이라 하여 수련승 또는 사미승 출가라 하고, 만 20세 이상의 남성이 출가하는 것은 **บวชเป็นพระ**라고 부릅니다. 출가는 매우 복잡한 절차에 따라 진행이 되지만, 기간은 본인이 원하는 기간을 정하여 출가할 수 있고 비교적 출가와 환속이 자유로운 편입니다. **บวชก่อนเบียด**(결혼 전 출가)이라는 표현에서 보듯이, 출가는 남성의 통과의례 중 하나로 여겨질 정도입니다. 왕족의 출가는 **(ทรง)ผนวช**이라는 표현을 따로 씁니다.

1. ผู้ชายไทยควร**บวช**ก่อนจะแต่งงาน

   태국 남성들은 결혼 전에 출가를 해야 한다.

2. หลังจาก**บวช**แล้วเขาก็เปลี่ยนนิสัยดีขึ้น

   출가 수행 후 그는 성품이 좋아졌다.

3. เขา**บวช**เพื่อทดแทนบุญคุณพ่อแม่

   그는 부모님의 은혜에 보답하기 위해 출가했다.

4. คนที่มีคดีจะ**บวช**ไม่ได้

   사건에 연루된 자는 출가를 할 수 없다.

บอก

말하다, 이르다, 고하다

태국어 동사 **บอก**은 '말하다, 이르다, 고하다'의 의미를 나타냅니다. 타동사로 '~에게'에 해당하는 목적어가 후행하기도 합니다. 말하는 내용은 주로 문장 연결 접속사 **ว่า** 를 사용하여 **บอกว่า...**(…라고 하다)의 형태로 연결하는 것이 보통이며, 사동의 의미를 나타내는 절이 후행하여 **บอกให้...**(…하라고 하다)로도 사용됩니다.

1. พี่สาว**บอก**ให้น้องไปรับแม่ที่สนามบิน

   언니가 동생에게 공항에 어머니를 마중 나가라고 말했다.

2. ครู**บอก**ให้นักเรียนทำการบ้าน

   선생님께서 학생들에게 숙제를 하라고 하셨다.

3. เรื่องนี้จะให้ฉัน**บอก**กี่ครั้ง

   이 이야기를 내가 몇 번을 말해야 하니.

4. น้อง**บอก**ว่าเขาเป็นคนเอาขยะไปทิ้ง

   동생은 그가 쓰레기를 버린 사람이라고 말했다.

บอกกล่าว 말하다, 전달하다, 안내하다, 알려주다

태국어 동사 **บอกกล่าว**는 '말하다, 전달하다, 안내하다, 알려주다' 등에 대응되는 표현입니다. 타동사로 사용되어 알려주는 대상이 목적어로 후행할 수 있습니다.

1. ทำไมเธอไม่**บอกกล่าว**ฉันบ้างว่าจะแต่งงานวันไหน

   너는 언제 결혼을 하는지 왜 나에게는 알려주지 않니?

2. เราต้อง**บอกกล่าว**ให้เขารู้นะ ไม่งั้นเขาจะว่าเราได้

   우리는 그에게 알려줘야 해. 아니면, 그가 우리에게 뭐라 할 수 있어.

3. ไม่เห็นมีใคร**บอกกล่าว**ฉันเลย

   아무도 나에게는 알려준 사람이 없어.

4. โชคดีที่เขา**บอกกล่าว**ไว้แล้ว ฉันจึงไม่ตกใจมาก

   그가 미리 알려줘서 다행이야. 그래서 내가 많이 놀라지 않았어.

บ

บอกใบ้

암시하다, 눈짓이나 손짓으로 몰래 알리다

태국어 동사 **บอกใบ้** 는 동사 **บอก**(말하다)와 **ใบ้**(벙어리)가 합쳐진 표현으로, 말소리를 사용하지 않고 눈짓이나 손짓 등 몸짓으로 넌지시 알리거나 에둘러 암시하는 동작을 의미합니다.

1. ครู**บอกใบ้**ถึงคำตอบให้กับนักเรียน

   선생님이 학생들에게 답을 몰래 암시해주었다.

2. เธอช่วย**บอกใบ้**ให้เขาหน่อย

   네가 그에게 눈치를 좀 주거라.

3. พิธีกร**บอกใบ้**จนในที่สุดเขาก็ตอบได้

   사회자가 몸짓으로 알려주어 결국 그가 대답을 할 수 있었다.

4. แม้ว่าจะ**บอกใบ้**ไปเยอะแล้ว แต่เขาก็ตอบไม่ได้อยู่ดี

   암시를 많이 해 주었는데도 그는 결국 여전히 대답을 못한다.

บัง

가리다, 감추다, 막다, 방해하다 / **ปิดบัง** 은폐하다, 숨기다

태국어 동사 **บัง**은 '가리다, 감추다, 막다, 방해하다' 등의 한국어에 대응됩니다. 타동사로 가리는 대상이 목적어로 후행합니다. 단독으로도 사용하지만, **ปิดบัง** 의 합성어로 사용하여 '가리다, 은폐하다, 숨기다'의 의미를 나타내기도 합니다.

1. แม่เอากระดาษ**บัง**แสงแดดไว้

   어머니가 종이로 햇볕을 가려 두셨다.

2. เธอมายืน**บัง**ฉันทำไม

   너 왜 와 서서 나를 가리니?

3. เพื่อนเอามือ**บัง**คำตอบของตัวเองไว้

친구가 손으로 자신의 대답을 가려 두었다.

4. ต้นไม้นี้ช่วย**บัง**พายุได้

이 나무는 태풍을 막아줄 수 있다.

บังเกิด

발생하다, 출현하다, 생기다

동사 **บังเกิด**은 우리말의 '발생하다, 출현하다, 생기다' 등에 대응되는 말로, 타동사로서 목적어가 후행합니다. 단독으로도 사용되지만, 부동사가 **ขึ้น**후행하여 함께 쓰이는 경우가 많은데, '없던 것이 생겨나다'의 의미를 나타냅니다.

1. ในเมื่อเหตุการณ์นี้**บังเกิด**ขึ้นแล้ว เราควรหาวิธีการแก้ไข

이 사태가 발생했으니 우리는 해결할 방법을 모색해야 하겠다.

2. งานนี้**บังเกิด**ขึ้นได้ด้วยความร่วมมือจากทุกฝ่าย

이 행사는 모든 부처의 협력의 결과로 이루어질 수 있었습니다.

3. ฝน**บังเกิด**ขึ้นจากการควบแน่นของเมฆใช่หรือไม่

비는 구름의 응축으로 생겨나는 것이 맞는 거 아닌가.

4. ปัญหาต่างๆทำให้**บังเกิด**ความอดทน

여러 가지 문제는 인고를 낳는다.

บ

บังคับ

강제하다, 강요하다, 제어하다, 억제하다, 억지로 시키다, 다스리다, 지휘하다

태국어 동사 **บังคับ**은 '강제하다, 제어하다, 억제하다, 억지로 시키다, 다스리다, 지휘하다' 등 맥락에 따라 다양한 한국어로 해석될 수 있는 타동사입니다. 합성어로 **บังคับการ** 또는 **บังคับบัญชา** 는 '지휘하다, 통솔하다'라는 뜻이며, **ผู้บังคับบัญชา** 는 '지휘관, 상사'를 일컫습니다. 구문으로 **บังคับให้**… 는 '강제로 …하게 하다'라는 뜻을 나타냅니다.

1. พ่อ**บังคับ**น้องให้แต่งงานกับเจ้าของร้านทอง

   아버지가 동생에게 금은방 주인과 결혼하라고 강요했다.

2. อย่า**บังคับ**เขาเลย ปล่อยให้เขาตัดสินใจเองเถอะ

   그에게 강요하지 마. 그가 스스로 결정하도록 내버려 둬.

3. ฉันต้อง**บังคับ**ใจไม่ให้หลงไปกับอบายมุขโดยเด็ดขาด

   나는 내 자신이 절대 나쁜 짓에 빠지지 않도록 스스로를 통제해야 한다.

4. นายพล**บังคับบัญชา**พลทหารให้อยู่ในระเบียบอย่างเคร่งครัด

   장군은 사병들이 엄격한 질서 하에 있도록 지휘했다.

บัญชา

지휘하다, 명령하다, 하명하다

태국어 동사 **บัญชา**는 '지휘하다, 명령하다, 하명하다' 의 의미를 나타냅니다. 단독으로도 쓰이지만, 유의어인 **บังคับ**과 합성어로 **บังคับบัญชา** 또는 **บัญชาการ**의 형태로 쓰여 '지휘하다, 통솔하다'라는 뜻을 나타냅니다. **ผู้บัญชาการ**은 사령관이라는 뜻으로 **ผู้บัญชาการตำรวจ**(경찰 사령관), **ผู้บัญชาการทหารบก**(육군 사령관) 등으로 쓰입니다.

1. สารวัตรกำลัง**บัญชา**ให้ลูกน้องไปตรวจพื้นที่

   경찰서장이 부하직원에게 현장 조사를 지시하고 있다.

2. ทุกอย่างเกิดขึ้นเพราะ**บัญชา**จากสวรรค์

   모든 것은 하늘로부터의 명령으로 이루어진 것이다.

3. นายกรัฐมนตรี**บัญชาการ**ให้รัฐมนตรีลงไปเยี่ยมเยียนประชาชน

총리는 장관들에게 서민들을 방문해 만나도록 지시했다.

4. เธอไม่ต้องมา**บัญชาการ**ฉันหรอก ฉันทำเองได้

네가 나에게 명령할 필요 없다. 내가 스스로 할 수 있다.

บันทึก

적다, 기록하다 / 기록, 메모

태국어 동사 **บันทึก**는 '적다, 기록하다'라는 뜻의 타동사입니다. 단독으로도 쓰이고, 유의어 **จด**과 결합하여 **จดบันทึก**(기록하다)의 합성어 형태로도 쓰입니다. 형태의 변형없이 그대로 명사로 기록, 메모 라는 뜻으로도 사용되어, **บันทึกการประชุม**은 회의록을, **บันทึกประจำวัน**은 일기를 의미합니다.

1. ตำรวจ**บันทึก**คำให้การของคนร้าย

경찰이 범인의 진술을 기록했다.

2. เรื่องนี้ช่วย**บันทึก**ให้ละเอียดหน่อยนะ

이 건은 좀 자세히 기록해 주세요.

3. ฉันมักจะ**บันทึก**เรื่องราวต่างๆ ตอนที่ไปเที่ยวต่างประเทศ

나는 외국 여행을 갔을 때의 다양한 이야기를 기록하곤 한다.

4. เขาเขียน**บันทึก**ประจำวันทุกวันมาตั้งแต่ตอนอายุ 8 ขวบ

그는 여덟 살 때부터 매일 일기를 써 왔다.

บ้า

미치다, 정신이 나가다, 돌다, 열광하다

태국어 동사 **บ้า**는 자동사로, '미치다, 정신이 나가다, 돌다'의 의미를 나타내기도 하고, 타동사와 같이 목적어가 후행하면 '무언가에 푹 빠지다, 열광하다'의 의미를 나타내기도 합니다. 예컨대, **คนบ้า**는 '제 정신이 아닌, 미친 사람'을 의미하지만, 타동사의 형태로 **บ้าไอดอลเกาหลี**라고 하면 '한국 아이돌(가수)에 열광하다'라는 의미를 나타내기도 합니다.

1. เธอ**บ้า**ไปแล้ว ฉันไม่เคยพูดเรื่องนี้เลย

   너 미쳤구나. 나는 이 이야기를 한 적이 없어.

2. เขาไม่ได้**บ้า**นะ เพียงแต่เป็นคนสมาธิสั้น

   그는 미친 게 아니라 주의력이 부족한 거야.

3. เธออย่า**บ้า**ให้มากนักนะ เดี๋ยวจะไม่มีใครคบ

   너 너무 막 나가지 마. 그러다 아무도 상대 안 해 줄 거야.

4. คนนั้น**บ้า**ไปหรือเปล่า ชอบด่าแต่คนอื่น

   그 사람 미친 거 아냐? 남들 욕만 해.

บาง

얇다, 엷다, 묽다, 가늘다, 희박하다, 날씬하다

태국어 동사 **บาง**은 맥락에 따라 한국어의 '얇다, 엷다, 묽다, 가늘다, 희박하다, 날씬하다' 등에 대응될 수 있습니다. 상태동사로 자동사의 형태를 띱니다.

1. หนังสือเล่มนี้**บาง**มาก

   이 책은 매우 얇다.

2. เขาทำแป้งโรตีได้**บาง**มาก

   그는 매우 얇게 로띠 반죽을 만들 수 있다.

3. ผู้ชายคนนั้นมีรูปร่างผอม**บาง**

그 남자는 몸매가 아주 날씬하다.

4. เสื้อตัวนี้**บาง**มาก จนต้องใส่เสื้อกล้ามไว้ข้างใน

이 옷은 너무 얇아서 안에 민소매 티를 덧입어야 한다.

บาด

베다, 베이다, 저미다

동사 **บาด**은 '베다, 베이다, 저미다' 등의 의미를 나타냅니다. 주로 칼이나 유리 등 날카로운 물체에 베이는 경우에 사용하는데 목적어가 후행하는 타동사의 형태로 쓰입니다. 합성어로 **บาดเจ็บ** 또는 **บาดแผล** 는 '상처'라는 뜻입니다.

1. มีด**บาด**มือน้อง

칼이 동생의 손을 벴다.

2. เศษแก้ว**บาด**ที่เท้าฉัน

유리 조각이 내 발을 벴다.

3. ไปโดนอะไร**บาด**มา เลือดจึงไหลเยอะขนาดนี้

무엇에 베었길래 피가 이렇게 많이 나니?

4. เสื้อตัวนี้**บาด**รักแร้ขณะวิ่ง

이 옷은 뛸 때 겨드랑이가 쓸린다.

บ

บาดเจ็บ

상처입다, 부상 당하다

동사로 쓰이는 **บาดเจ็บ**은 '상처 입다, 부상 당하다'라는 뜻입니다. 자동사로 주로 쓰이며, 부상을 당한 부위를 함께 명시할 때는 전치사 **ที่** 로 연결하는 것이 보통입니다. 그대로 명사로도 쓰이기 때문에 **ได้รับบาดเจ็บ**(부상을 입다)의 형태로도 많이 씁니다.

1. ตอนนี้เขากำลัง**บาดเจ็บ**อยู่ที่โรงพยาบาล

   현재 그는 부상으로 병원에 있다.

2. ใครทำให้เธอ**บาดเจ็บ**ขนาดนี้

   누가 너에게 이런 상처를 입혔니?

3. ถ้า**บาดเจ็บ**ไม่มากก็ไม่ต้องไปหาหมอนะ

   상처를 심하게 입지 않았으면, 병원에 안 가도 된다.

4. เห็นน้อง**บาดเจ็บ** ฉันก็รู้สึกเจ็บปวดไปด้วย

   동생이 아픈 것을 보니 나도 덩달아 아픔을 느꼈다.

บาดใจ

상심하다, 에이다, 저미다

동사 **บาดใจ**는 심적 상태를 나타내는 표현으로, '상심하다, 에이다, 저미다' 등에 대응될 수 있습니다. 자동사로 볼 수 있으나, 상심하거나 가슴을 저미는 대상이 목적어처럼 바로 동사 뒤에 후행하는 경우가 많습니다.

1. เรื่องราวนั้น**บาดใจ**ฉันเหลือเกิน

   그 이야기는 너무나도 내 가슴을 에인다.

2. ภาพของเขาสองคนช่าง**บาดใจ**ฉันเหลือเกิน

   그 둘의 모습이 너무도 내 마음을 저민다.

3. คำพูดของเขา**บาดใจ**พวกเราเป็นอย่างยิ่ง

그의 말은 우리에게 지극히 상심을 안겼다.

4. เสียงร้องของเขาทำให้ฉันรู้สึก**บาดใจ**มาก

그의 곡조는 나의 가슴을 저몄다.

บาน

피다, 발하다, 피어나다, 너부데데하다, 펑퍼짐하다

태국어 동사 **บาน**은 동작동사와 상태동사로 모두 사용되는데, 동작동사로 사용될 경우에는 '피다, 발하다, 피어나다'의 의미로, 상태동사로 사용될 경우에는 '너부데데하다, 펑퍼짐하다' 등의 의미로 사용됩니다.

1. เราไปดูดอกไม้**บาน**กันที่เชียงใหม่

우리는 치앙마이에 개화를 보러 갔다.

2. ดอกซากุระจะ**บาน**เดือนไหน

벚꽃은 몇 월에 피나요?

3. ทำไมกระโปรงเธอจึง**บาน**ซะขนาดนั้นล่ะ

왜 네 치마가 그리도 펑퍼짐하니?

4. แหมวันนี้หน้า**บาน**เชียว มีข่าวดีอะไรหรือเปล่า

어머나, 오늘 얼굴이 확 폈네. 무슨 좋은 소식이라도 있니?

บิณฑบาตร 탁발하다 / 탁발

태국어 동사 **บิณฑบาตร**은 '탁발하다'라는 의미를 나타내는 자동사입니다. 태국의 승려들은 새벽녘에 주민들이 사는 마을을 맨발로 돌며 탁발을 합니다. 재가신도들은 자신들이 정성껏 준비한 음식을 가지고 나와 탁발 승려들에게 보시하고 하루의 무탈을 기원합니다. 동사 **บิณฑบาตร**은 그 자체로 명사로도 사용됩니다.

1. พระสงฆ์ไป**บิณฑบาตร**ตอนเช้าทุกวัน

   스님들은 매일 아침에 탁발을 한다.

2. เมื่อวานเจ้าอาวาสไม่ได้มา**บิณฑบาตร**

   어제 주지스님께서 탁발을 안 오셨다.

3. วันปีใหม่จะมีพระมา**บิณฑบาตร**จำนวนมาก

   새해 첫날에는 많은 승려들이 탁발을 나선다.

4. วันนี้วันเข้าพรรษาพระสงฆ์จึงไม่ได้ออกมา**บิณฑบาตร**

   오늘은 우안거 시작하는 날이라 승려들이 탁발을 나오지 않으셨다.

บิด 비틀다, 꼬다, 짜다 / **บิดเบี้ยว** 꼬이다, 뒤틀리다 **บิดเบือน** 왜곡하다

태국어 동사 **บิด**은 타동사로 '비틀다, 꼬다, 짜다'라는 뜻입니다. 예컨대 문의 문고리를 손으로 잡고 비틀거나 빨래 등을 비틀어 짜는 동작을 나타내는 동사입니다. 단독으로도 사용되지만 합성어로 **บิดเบี้ยว**(꼬이다, 뒤틀리다) 또는 **บิดเบือน**(왜곡하다, 왜곡되다) 등으로도 사용됩니다.

1. เขาชอบ**บิด**เรื่องราวให้เข้ากับประโยชน์ของตัวเอง

   그는 자주 이야기를 비틀어서 자신의 이익에 부합 되도록 한다.

2. ทำไมหน้าเธอจึงได้**บิดเบี้ยว**เช่นนั้นล่ะ

   왜 네 얼굴이 그렇게 뒤틀렸니?(찡그리고 있니?)

3. ขโมยคนนั้น**บิดเบือน**ข้อเท็จจริง

그 도둑은 사실을 왜곡했다.

4. เขาต้อง**บิดเบือน**ข้อเท็จจริง เพื่อรักษาชื่อเสียงของตนเอง

그는 자신의 명성을 유지하기 위해 사실을 왜곡해야 했다.

บิน

날다, 비행하다

태국어 동사 **บิน**은 '날다, 비행하다'의 의미를 나타내는 자동사입니다. 합성어에서 **สนามบิน**은 공항을, **เครื่องบิน**은 비행기를, **นักบิน**은 파일럿을 지칭합니다.

1. นกกำลัง**บิน**อยู่ในอากาศ

새가 공중에서 날고 있다.

2. เครื่องบินกระดาษ**บิน**อยู่ในอากาศได้นาน 15 นาที

종이 비행기가 공중에서 15분 동안이나 오래 날 수 있다.

3. เครื่องบินลำนี้**บิน**ไปญี่ปุ่นเวลาหนึ่งทุ่ม

이 비행기는 일곱 시에 일본으로 날아간다

4. ทำงานไปสักระยะเขาก็**บิน**หนีไปจากเรา

한동안 일을 하더니, 그는 비행기를 타고 우리에게서 달아났다.

บ

บีบ

죄다, 조이다, 조르다, 짜다, 짜내다, 압박하다

태국어 동사 **บีบ**은 주로 손으로 힘을 주어 대상을 꽉 누르거나 쥐거나 또는 압박하는 것으로 한국어의 '죄다, 조이다, 조르다, 짜다, 짜내다, 압박하다' 등에 대응될 수 있습니다. 타동사로서 조르는 대상이나 신체 부위가 목적어로 후행합니다. 단독으로도 쓰이며, 합성어로도 쓰이는데 **บีบบังคับ**(강제하다, 억지로 시키다), **บีบคั้น**(쥐어 짜다) 등에서 그 예를 볼 수 있습니다.

1. ช่วย**บีบ**มะนาวให้หน่อย

   라임을 좀 짜 다오.

2. เอามือ**บีบ**ที่แขนฉันแรงๆ หน่อย

   손으로 내 팔을 좀 세게 주물러 줘.

3. ฉันต้องออกจากบริษัทเพราะถูก**บีบ**จนทนไม่ไหว

   나는 압박을 견디지 못해 회사를 나와야 했다.

4. น้องสาวถูก**บีบบังคับ**ให้แต่งงาน

   여동생은 결혼을 하라고 강요를 당했다.

บุก

공격하다, 돌격하다, 습격하다 / **บุกเบิก** 개척하다
บุกรุก 침입하다, 침범하다

동사 **บุก**은 '공격하다, 돌격하다, 습격하다' 등의 의미를 가진 타동사로 목적어가 후행합니다. 단독으로도 쓰이지만 합성어에서 **บุกเบิก**(개척하다, 개발하다), **บุกรุก**(침입하다, 침범하다) 등에서도 쓰일 수 있습니다. **ผู้บุกเบิก**은 개척자 라는 의미입니다.

1. นักศึกษากลุ่มนั้น**บุก**เข้าไปในป่าสงวน

   그 대학생 집단이 보호림에 침범해 들어갔다.

2. ตำรวจ**บุก**เข้าไปจับผู้ร้าย

   경찰이 습격하여 범인을 잡았다.

3. อาจารย์เชวฺ ชังซอง **บุกเบิก**การสอนภาษาเกาหลีในประเทศไทย

최창성 교수는 태국 내 한국어 교육을 개척했다.

4. ข้าศึก**บุกรุก**เข้ามาใกล้ทุกทีๆ แล้ว

적들이 시시각각 근접해서 침입을 하고 있다.

บุบ

움푹 파이다, 쭈그러지다, 일그러지다

태국어 동사 **บุบ**은 외부의 힘에 의해 물체의 어떤 부분이 '움푹 파이다, 쭈그러지다, 일그러지다' 라는 의미를 나타내는 자동사입니다. 보통 단독으로 사용되거나 **บุบบิบ, บุบเบี้ยว, บุบสลาย** 등의 합성어로 사용되어 '일그러지다, 울퉁불퉁해지다'의 의미를 나타냅니다.

1. กระป๋องใบนี้**บุบ**ที่มุมซ้าย

이 캔은 왼쪽 모서리가 움푹 들어갔다.

2. น้องทำหมวก**บุบ**

동생이 모자를 일그러뜨렸다.

3. พนักงานตรวจสอบสินค้าว่า**บุบ**หรือไม่ก่อนจะบรรจุใส่ลัง

직원이 상품을 박스에 넣기 전 일그러진 곳이 없는지 살핀다.

4. เธอทำให้หัวใจฉัน**บุบสลาย**

너는 내 마음에 상처를 주었다(내 마음을 일그러뜨렸다).

บูชา

경배하다, 섬기다, 숭배하다, 제사하다, 참배하다

태국어 동사 **บูชา**는 한국어의 '경배하다, 섬기다, 숭배하다, 제사하다, 참배하다'에 대응될 수 있습니다. 타동사로 숭배하는 대상이 목적어로 후행합니다. 단독으로도 사용되고, **เคารพบูชา** 또는 **สักการะบูชา** 등을 사용하여 역시 비슷한 의미를 나타내기도 합니다.

1. คนไทยนิยม**บูชา**สิ่งศักดิ์สิทธิ์

   태국인들은 신성한 것을 숭배하기를 좋아한다.

2. เขานำดอกไม้ไป**บูชา**พระ

   그는 꽃을 가져다 부처님께 불공 드렸다.

3. พ่อแม่คือบุคคลที่เราจะต้อง**บูชา**

   부모님은 우리가 섬겨야 할 분들이다.

4. ครอบครัวนี้**บูชา**เจ้าแม่กวนอิม จึงไม่กินเนื้อวัว

   이 가족은 관음보살을 섬기기 때문에 소고기를 먹지 않는다.

บูด

쉬다, 상하다, 부패하다, 심통이 나다

태국어 동사 **บูด**은 음식 등이 '쉬다, 상하다, 부패하다'라는 뜻을 나타내는 자동사로, 단독으로도 쓰이고 **บูดเน่า**(상하다, 부패하다)와 같은 합성어로도 쓰입니다. 한편, 심리상태를 나타낼 때 심통이 나서 뾰로통하다, 얼굴이 붓다의 의미를 나타내기도 하는데, 이 때에는 **บูดบึ้ง**(심통이 나 얼굴이 붓다) 등의 합성어로 쓰입니다.

1. อาหารที่เตรียมไว้เมื่อคืน **บูด**แล้ว

   어젯밤에 준비해 둔 음식이 쉬었다.

2. อย่ากินอาหาร**บูด** จะทำให้ท้องเสีย

   쉰 음식을 먹지 마라, 배탈 난다.

3. ช่วยเอาขนมที่**บูด**แล้วไปทิ้งหน่อย

상한 과자를 좀 가져다 버려 다오.

4. เป็นอะไรล่ะเธอ อารมณ์**บูด**มาแต่เช้า

무슨 일이야, 아침부터 뾰로통해선.

บูรณะ

수리하다, 재건하다, 복원하다

동사 **บูรณะ**는 '수리하다, 재건하다, 복원하다'라는 뜻입니다. 보통 문화재나 유적 등을 복원하는 경우에 사용하는 동사로, 복원하는 대상이 목적어로 후행합니다. 동사로도 사용하지만 그 자체로 명사로도 쓰여서 **ทำการบูรณะ**의 형태로 사용하기도 합니다.

1. ปราสาทนี้ต้อง**บูรณะ**ให้เสร็จก่อนฤดูฝน

이 왕궁은 우기가 오기 전에 복원을 완료해야 한다.

2. สถาปนิกคนนั้นทำหน้าที่**บูรณะ**เจดีย์ของวัด

그 건축가는 사원의 불탑 복원을 맡았다.

3. ชาวบ้านรวมเงินกันเพื่อ**บูรณะ**วัดประจำหมู่บ้าน

주민들이 마을의 사원 복원을 위하여 돈을 모았다.

4. โบราณสถานแห่งนี้ได้**บูรณะ**ขึ้นเมื่อปี พ.ศ.2561

이 유적은 불기2561년에 복원되었다.

บ

บูรณาการ 종합하다, 통합하다, 융합하다, 집약하다

태국어 동사 **บูรณาการ**은 '종합하다, 통합하다, 융합하다, 집약하다'라는 의미입니다. 동사로도 쓰이고, **แบบบูรณาการ**(종합적, 통합적, 집약적)의 부사형으로도 많이 쓰입니다.

1. ในปัจจุบันการสอนจะต้อง**บูรณาการ**กับศาสตร์ต่างๆ

   오늘날 교육은 다른 학문과의 융합을 통해서 이루어져야 한다.

2. ความคิดของทั้งสองคนจะต้อง**บูรณาการ**กัน จึงจะเกิดคำตอบที่ดี

   두 사람의 아이디어를 서로 종합해야 좋은 답변을 얻을 수 있다.

3. การวิจัยครั้งนี้ได้นำไป**บูรณาการ**ใช้กับท้องถิ่น

   이번 연구는 지역에 집약하여 적용하였다.

4. พนักงานคนนั้นสามารถ**บูรณาการ**ความรู้ได้อย่างมีประสิทธิภาพ

   그 직원은 효율적으로 지식을 통합하는 능력이 있다.

เบา 가볍다, 작다, 경미하다, 옅다

태국어 상태성 동사 **เบา**는 맥락에 따라 '가볍다, 작다, 경미하다, 옅다' 등 다양한 한국어에 대응될 수 있습니다. 주로 자동사의 형태로 쓰이지만, **เบาเสียง**(소리를 줄이다, 작게 하다), **เบาตัว**(몸이 가볍다), **เบามือ**(일손을 덜다) 등에서와 같이 뒤에 목적어 명사가 후행하는 경우도 있습니다. 단독으로도 쓰지만 동사성 합성어에서 **แบ่งเบา**(경감하다, 완화하다) 등과 같이 쓰이기도 합니다.

1. กระเป๋านี้**เบา**ไป สามารถเพิ่มน้ำหนักได้อีก 10 กิโลกรัม

   이 가방은 너무 가볍다. 아직 10킬로그램은 더 넣을 수 있다.

2. นักเรียน**เบา**เสียงลงหน่อย เพื่อนๆ กำลังทำข้อสอบอยู่

   학생들 조용히 좀 해 주세요. 친구들이 시험을 보고 있습니다.

3. น้องชาย**เบา**เครื่องยนต์เมื่อถึงหน้าบ้าน

동생은 집 앞에 도착하면 엔진 출력을 줄인다.

4. เงินทุนนี้ช่วย**แบ่งเบา**ความทุกข์ของเขาได้บ้าง

이 자금은 그의 어려움을 조금은 경감해 줄 수 있다.

เบิก

열다, 펼치다, 개척하다, 꺼내다, 인출하다 / **เบิกความ** 증언하다 / **เบิกบาน** 유쾌하다, 즐겁다

동사 **เบิก**은 맥락에 따라 '열다, 펼치다, 개척하다, 꺼내다, 인출하다' 등의 다양한 한국어에 대응될 수 있습니다. **เบิกเงิน**은 '돈을 인출하다'라는 뜻입니다. 단독으로도 쓰이지만 합성어에서 **เบิกความ**(증언하다) , **เบิกบาน**(유쾌하다, 즐겁다) 등으로도 쓰입니다.

1. ช่วยไป**เบิก**กระดาษจากฝ่ายพัสดุให้หน่อยสิ

자재과에 가서 종이를 좀 받아다 다오.

2. เมื่อเธอ**เบิก**มาแล้ว จะต้องเซ็นชื่อไว้ด้วย

인출을 해 왔으면 서명을 해 두어야 한다.

3. พยานกำลัง**เบิกความ**ต่อหน้าศาล

증인이 법정에서 증언을 하고 있다.

4. อากาศวันนี้ทำให้ฉัน**เบิกบาน**มาก

오늘 날씨가 나를 기분 좋게 한다.

เบี่ยงเบน

기울다, 삐딱하다, 돌리다, 편향하다

동사**เบี่ยง**은 '기울다, 회피하다, **เบน**은 '방향을 바꾸다, 돌리다'라는 의미를 나타냅니다. **เบี่ยงเบน**와 같은 합성어로 사용하면 '기울다, 삐딱하다, 돌리다, 편향하다'라는 뜻이 됩니다. 타동사로 목적어가 후행할 수 있으며, 주로 관심이나 이야기 등 추상적인 명사가 목적어로 오는 경우가 많습니다.

1. นักข่าวกำลัง**เบี่ยงเบน**ประเด็นความสนใจของประชาชน

   기자가 국민들의 관심을 다른 데로 돌리고 있다.

2. น้องกำลัง**เบี่ยงเบน**เรื่องที่แม่ถาม

   동생은 엄마가 물어 보신 이야기를 돌리고 있다.

3. เหตุการณ์นี้ได้**เบี่ยงเบน**ความสนใจของพวกเราได้มากทีเดียว

   이 사건은 우리의 관심을 많이 편향시킨다.

4. พอมีคนถามว่าจะแต่งงานเมื่อไร เขาก็**เบี่ยงเบน**ไปพูดเรื่องอื่นทันที

   결혼은 언제 하냐고 누가 물어보면 그는 즉시 화제를 다른 이야기로 돌린다.

เบียด

밀다, 밀치다, 붐비다, 서로 부대끼다

태국어 동사 **เบียด**은 '밀다, 밀치다, 붐비다, 서로 부대끼다' 등의 의미를 나타냅니다. 단독으로도 쓰이고, **เบียดเบียน**(괴롭히다, 시달리다), **เบียดเสียด**(부대끼다, 북적대다) 등과 같이 합성어로도 쓰입니다. **บวชก่อนเบียด** 이라는 표현은 '결혼 전 출가 수행하다'라는 뜻인데, 여기서의 **เบียด**은 '서로 부대끼며 같이 산다'의 의미로 '결혼하다'라는 뜻으로 쓰였습니다.

1. ฝั่งโน้นมีที่นั่งอีกเยอะ เธอจะมา**เบียด**ฉันทำไม

   저쪽에 아직 자리가 많은데 너는 왜 나한테 밀치고 들어오니?

2. ฝนตกหนักทุกคนเลย**เบียด**กันอยู่ใต้อาคาร

   비가 많이 와서 모두들 건물 안에서 몰려 있다.

3. น้อง**เบียด**เข้าไปเพื่อชมคอเสิร์ต

동생은 콘서트를 보기 위해 밀치고 들어갔다.

4. พอเขาบวชเสร็จก็เตรียมตัวจะ**เบียด**ต่อ

그는 출가 수행을 하고 난 후에 결혼 준비를 했다.

เบี้ยว

비뚤어지다, 휘어지다, 틀어지다, 삐딱하다, 어그러지다

태국어 동사 **เบี้ยว**는 자동사로서 '비뚤어지다, 휘어지다, 틀어지다, 삐딱하다, 어그러지다' 등의 한국어에 대응됩니다. 단독으로도 쓰지만, **บิดเบี้ยว**(비틀리다, 이그러지다), **บูดเบี้ยว**(찌그러지다, 찡그리다) 등과 같이 합성어에서도 사용됩니다. 그 밖에도 **เบี้ยว**는 '약속을 어기다'라는 뜻으로도 사용됩니다.

1. เขาตัดกระดาษ**เบี้ยว** ทำให้ต้องตัดใหม่

그가 종이를 비뚤게 잘라서 다시 자르게 했다.

2. รูปที่ฝาผนัง **เบี้ยว**อยู่นิดหนึ่งนะ

벽의 그림이 약간 비뚤어 졌어.

3. พอเขาป่วยหนัก ปากก็**เบี้ยว**

그는 병세가 심해서 입도 비뚤어졌다.

4. ยืมเงินฉันไปแล้วอย่า**เบี้ยว**นะ

내 돈 빌려간 거 떼먹지 마.

บ

เบื่อ

지겹다, 질리다, 지루하다, 싫증나다, 물리다, 따분하다

동사 **เบื่อ**는 '지겹다, 질리다, 지루하다, 싫증나다, 물리다, 따분하다' 등에 해당하는 동사입니다. 주로 단독으로도 쓰이지만 **เบื่อหน่าย**와 같은 합성어 형태로도 쓰여 같은 뜻을 나타냅니다. 타동사로 목적어가 후행하기도 합니다. 예컨대 **เบื่ออาหาร**은 '음식에 물리다, 식욕이 없다'라는 뜻입니다. '…가 지겹다, 지루하다, 따분하다'라는 의미로 쓸 경우에는 …**น่าเบื่อ**의 형태로 사용하면 됩니다.

1. หนังเรื่องนี้น่า**เบื่อ**มาก

   이 영화는 너무 지루하다.

2. ถ้าเธอรู้สึก**เบื่อ**ก็ไปเที่ยวทะเลบ้างสิ

   지겨우면 바닷가라도 놀러가 봐.

3. ฉันล่ะ**เบื่อ**เธอเหลือเกินที่พูดเท่าไรก็ไม่จำ

   나는 몇 번을 이야기 해도 잊어버리는 네가 너무 지겨워.

4. **เบื่อ**อาหารเดิมๆ ที่โรงอาหาร

   구내식당의 반복되는 음식이 지겹다.

แบ่ง

나누다, 분배하다, 가르다, 할당하다

태국어 동사 **แบ่ง**은 '나누다, 분배하다, 가르다, 할당하다'라는 뜻의 타동사로 목적어가 후행합니다. **แบ่งเวลา** 는 '시간을 할애하다'라는 뜻이며, **ส่วนแบ่ง**은 할당분이라는 뜻입니다. 단독으로도 사용되지만, **แบ่งปัน**(나누다, 공유하다), **แบ่งแยก**(분리하다, 분류하다) 등과 같은 합성어로도 사용됩니다.

1. ถ้าคิดว่าทำคนเดียวไม่ไหว ต้อง**แบ่ง**งานให้คนอื่นทำบ้าง

   만약 혼자서 하기 어렵다고 생각되면 다른 사람에게 일을 좀 나눠줘야 한다.

2. มนุษย์เราต้องรู้จัก**แบ่งปัน**กัน

인간은 서로 나눌 줄 알아야 한다.

3. สมบัติของพ่อแม่เธอจะไม่**แบ่งปัน**ให้น้องๆ คนอื่นเลยหรือ

너는 부모님의 재산을 다른 동생들에게 전혀 나눠주지 않을 셈이냐?.

4. หากพวกเรา**แบ่งแยก**เป็นฝ่ายๆ งานก็จะไม่สำเร็จนะ

우리가 편을 갈라 나눠지면 일이 성사될 수 없다.

ใบ้

손짓, 발짓으로 말하다 / 벙어리

태국어 동사 **ใบ้**는 '손짓, 발짓으로 말하다'라는 뜻으로 쓰이며, 형태의 변화없이 명사로 '벙어리'라는 의미로도 사용됩니다.

1. ฉันถามเธอก็ตอบสิ ยืน**ใบ้**อยู่ทำไม

내가 물어보면 답을 해야지, 왜 말없이 서 있어?

2. เขา**ใบ้**มาตั้งแต่ตอนเด็กๆ

그는 어릴 때부터 벙어리였다.

3. เด็กคนนั้นเป็น**ใบ้** พูดไม่ได้

그 아이는 벙어리라 말을 할 수 없다.

4. พิธีกรกำลัง**ใบ้**คำตอบให้กับผู้ร่วมรายการ

사회자가 출연자들에게 정답을 마임으로 알려주고 있다.

บ

ป

ปก

덮다, 보호하다 / 책의 표지

타동사 **ปก**은 '덮다'라는 의미를 가진 동사입니다. 단독으로도 쓰지만 주로 유의어 **คลุม**(덮어 싸다, 휘감다)과 결합하여 **ปกคลุม**(덮다, 뒤덮다, 커버하다)과 같은 합성어로도 씁니다. 그 밖에 '보호하다'라는 동사로 사용하여 **ปกป้อง**(보호하다), **ปกปักรักษา**(보호하다, 수호하다)와 같은 형태로 나타나기도 합니다. 한편, 명사로는 '커버, 겉표지, 깃' 등의 의미를 나타내어, **ปกหนังสือ**(책표지), **ปกหน้า**(앞표지), **ปกหลัง**(뒷표지), **ปกใน**(속표지, 내지), **ปกเสื้อ**(상의 깃) 등과 같이 쓰입니다.

1. นักเขียนเซ็นชื่อลงบน**ปก**หนังสือ

   저자가 책 표지에 사인을 한다.

2. **ปก**เสื้อเต็มไปด้วยคราบเหงื่อ

   상의 깃이 땀 얼룩으로 가득찼다.

3. พี่**ปกป้อง**น้องจากคนอันธพาล

   형이 불량배로부터 동생을 보호한다.

4. หิมะ**ปก**คลุมไปทั่วภูเขา

   눈이 온 산을 모두 덮었다.

ปกครอง 통치하다, 지배하다

타동사 **ปกครอง**은 '통치하다, 통솔하다, 지배하다, 다스리다'의 의미입니다. 다스리는 대상이 목적어로 옵니다. 명사를 수식하기도 하는데 **ผู้ปกครอง**(학부모), **ชนชั้นปกครอง**(지배계급) 등이 그 예입니다. 명사형은 **การปกครอง**으로 나타나며 **ระบอบการปกครอง**은 '통치 체제'라는 뜻입니다.

1. พระมหากษัตริย์**ปกครอง**ประชาชนภายใต้ระบอบประชาธิปไตย

   국왕은 민주주의 체제 하에 국민을 다스린다.

2. นัก**ปกครอง**ที่ดีต้องมีความยุติธรรม

   좋은 통치자는 공정함이 있어야 한다.

3. วันนี้ที่โรงเรียนมีงานประชุม**ผู้ปกครอง**

   오늘 학교에서 학부모 회의가 있다.

4. ฝ่าย**ปกครอง**สอบสวนและทำโทษนักเรียนที่ทำความผิด

   학생부는 잘못한 학생들을 조사하여 징계를 내린다.

ปฏิบัติ 집행하다, 실행하다, 수행하다, 실천하다

타동사 **ปฏิบัติ**은 주어진 어떤 임무나 업무를 '집행하다, 실행하다, 수행하다, 실천하다' 등의 의미를 나타냅니다. **ปฏิบัติตัว/ตน**(역할을 수행하다, 실천하다), **ปฏิบัติการ**(작전을 수행하다, 실행하다), **ปฏิบัติหน้าที่**(임무를 수행하다), **ปฏิบัติราชการ**(공무를 수행하다) 등에서 보는 바와 같이 다양한 목적어가 올 수 있습니다.

1. เขา**ปฏิบัติ**ตัวเป็นพ่อที่ดี

   그는 좋은 아버지의 역할을 수행한다.

2. พนักงานทุกคนต้อง**ปฏิบัติ**ตนตามกฎระเบียบ

   모든 직원들은 규정대로 수행해야 한다.

3. ตำรวจออก**ปฏิบัติการ**โดยทันที หลังจากได้รับคำสั่ง

경찰이 지시를 하달 받은후 즉시 작전을 실행했다.

4. อาจารย์ไป**ปฏิบัติ**ราชการที่ต่างจังหวัด

교수님이 공무수행 차 지방에 가셨다.

ปฏิรูป

개혁하다, 쇄신하다, 개량하다, 혁신하다

타동사 **ปฏิรูป**은 기존의 것을 새로이 고치는 행위 즉 개혁, 쇄신, 혁신, 개량하다 등에 대응되는 표현입니다. 개혁의 대상이 목적어로 옵니다. 명사형은 **การปฏิรูป** 입니다. 아래 예시와 같이 다양한 맥락에서 사용할 수 있습니다. 유의어로 **นวัตกรรม**이 있는데 마찬가지로 '혁신'이라는 뜻입니다.

1. รัฐบาล**ปฏิรูป**ระบบการเมืองใหม่

정부는 정치 시스템을 새롭게 개혁했다.

2. กระทรวงศึกษาธิการวางแผน**ปฏิรูป**การศึกษาไทย

교육부는 태국 교육 혁신 계획을 세웠다.

3. บริษัท**ปฏิรูป**โรงงานใหม่

회사는 공장을 새로이 혁신했다.

4. คณะรัฐมนตรีมีความเห็นชอบให้**ปฏิรูป**ระบบราชการ

내각은 공무 시스템의 개혁을 찬성했다.

ปฏิวัติ

혁명하다 / 산업혁명: **ปฏิวัติอุตสาหกรรม**

동사 **ปฏิวัติ**은 '혁명하다'라는 뜻입니다. 명사형은 **การปฏิวัติ** 입니다. 태국은 군부 쿠데타가 스무차례 이상 발생한 것으로 잘 알려져 있는데, 이 때 '쿠데타'라는 의미로 **การปฏิวัติ**을 쓰거나 유의인 **รัฐประหาร**을 사용합니다. 산업혁명은 **การปฏิวัติอุตสาหกรรม**으로 표현합니다.

1. ประชาชนรวมตัวกัน**ปฏิวัติ**ให้นายกรัฐมนตรีลาออก

   국민들이 다함께 혁명을 일으켜 총리를 퇴진시켰다.

2. ประเทศไทยเกิด**ปฏิวัติ**รัฐประหารเมื่อปีที่แล้ว

   태국은 작년에 쿠데타가 있었다.

3. คณะ**ปฏิวัติ**ได้ยึดครองอำนาจจากรัฐบาล

   혁명단은 정부로부터 권력을 장악했다.

4. การ**ปฏิวัติ**อุตสาหกรรมเริ่มแรกที่สหราชอาณาจักร

   산업혁명의 첫 시작은 영국에서 있었다.

ปฏิเสธ

거부하다, 거절하다, 부정하다, 부인하다

타동사 **ปฏิเสธ**은 '거절하다, 거부하다, 부정하다, 부인하다'의 의미를 나타냅니다. 태국어 부정소는 **คำปฏิเสธ**, 부정문은 **ประโยคปฏิเสธ** 이라고 부릅니다. 누군가가 제안을 했을 때, '거절할 수 없다'는 **ปฏิเสธไม่ได้**, '거절할 수 밖에 없다'는 **จำเป็นต้องปฏิเสธ**, '거절하지는 않겠다'라는 말은 **ขอไม่ปฏิเสธ**으로 표현할 수 있습니다.

1. ฉัน**ปฏิเสธ**ที่จะไปเจอเขา

   나는 그를 만나러 가길 거부했다.

2. ดารานักแสดงต่าง**ปฏิเสธ**ว่าพวกเขาทำศัลยกรรม

   연예인들은 제각기 성형 수술했다는 것을 부인했다.

3. เขาไม่**ปฏิเสธ**คำร้องขอจากหล่อน

그는 그녀로부터의 부탁을 거절하지 않았다.

4. แม่**ปฏิเสธ**เสียงแข็งที่จะย้ายบ้านไปต่างจังหวัด

엄마는 지방으로 이사가자는 것을 강하게 거부했다.

ป่น

빻다, 가루로 빻은 것

타동사 **ป่น**은 가루로 빻는 행위 또는 빻아서 가루로 만든 것을 일컫습니다. 국물을 내거나 양념의 조미료로 주로 쓰는 고춧가루(**พริกป่น**), **ปลาป่น**(어분), **เกลือป่น**(빻은 소금) 등을 가리킬 때 씁니다. 합성어로 **ป่นปี้**는 '산산조각이 나다, 엉망이 되다, 완전히 상하다'의 의미입니다.

1. แม่ทำปลา**ป่น**

엄마가 생선을 빻는다(어분을 만든다).

2. เขาชอบกินก๋วยเตี๋ยวใส่พริก**ป่น**เยอะๆ

그는 쌀국수에 고추가루를 많이 넣어 먹는 걸 좋아한다.

3. เขาเคยทุจริตจนทำให้ชื่อเสียง**ป่น**ปี้

그는 부정부패를 저질러 명성이 엉망이 되었었다.

4. เขาใส่กุ้งแห้ง**ป่น**ลงในส้มตำเพื่อเพิ่มสีสัน

그는 다채로움을 더하기 위해 마른새우 가루를 쏨땀에 넣었다.

ป

ประกวด

겨루다, 경합하다, 경쟁하다

동사 **ประกวด**은 '경쟁에서 실력을 겨루다'의 의미를 나타냅니다. 단독으로 동사로 쓰이기도 하고, 그 자체로 명사로 쓰이기도 합니다. 보통 말하기 경시대회는 **ประกวดสุนทรพจน์**, 쓰기 경시대회는 **ประกวด(เขียน)เรียงความ** 등으로 표현합니다. **ประกวดนางงาม**은 미인 대회를 말합니다. 한편 **ประกวดราคา**는 '입찰하다'라는 의미입니다.

1. นักเรียนแข่งขัน**ประกวด**เรียงความ

   학생들이 작문 경연대회에서 겨룬다.

2. เธอเข้า**ประกวด**นางสาวไทยเมื่อปีที่แล้ว

   그녀는 태국미인선발대회에 참가했다.

3. เขาชนะเลิศการ**ประกวด**สุนทรพจน์ภาษาเกาหลี

   그는 태국어 말하기 경시대회에서 우승을 했다.

4. รัฐบาล**ประกวด**ราคาข้าวไปเมื่อเดือนที่แล้ว

   정부는 지난 달에 쌀 값 입찰을 했다.

ประกอบ

조립하다 / 만들다 / 참고하다

타동사 **ประกอบ**은 따라나오는 목적어에 따라 여러 가지 한국어에 대응될 수 있는 동사입니다. **ประกอบชิ้นส่วน**(부품을 조립하다), **ประกอบอาชีพ**(직업에 종사하다), **ประกอบอาหาร**(조리를 하다), **ประกอบธุรกิจ**(사업을 하다), **ประกอบการ**(사업을 하다) 등의 다양한 예가 있습니다. 사업에 종사하는 사람을 **ผู้ประกอบการ** 이라고 합니다. 한편, '부속'의 의미에서 **ส่วนประกอบ**(부속품), **องค์ประกอบ**(구성물) 등의 합성어로도 사용되며, '참고하다'의 의미에서 **ข้อมูลประกอบ**(참고자료), **หนังสืออ่านประกอบ**(참고 도서) 등의 형태로 사용될 수 있습니다.

1. น้อง**ประกอบ**ชิ้นส่วนคอมพิวเตอร์

   동생이 컴퓨터 부품을 조립했다.

2. เขา**ประกอบ**อาชีพเป็นทนายความ

그는 변호사를 직업으로 하고있다.

3. แม่**ประกอบ**อาหารอยู่ในครัว

엄마가 주방에서 음식을 만들고 계신다.

4. เขา**ประกอบ**ธุรกิจส่งออกอาหารทะเล

그는 해산물 수출 사업을 한다.

ประกัน 보증하다, 보장하다

타동사 **ประกัน**은 '보장하다, 보증하다'의 의미입니다. 목적어가 따라 나와 **ประกันคุณภาพ**(품질을 보장하다) **ประกันตัว**(보석을 통해 보증하다) 등의 형태로 사용할 수 있습니다. **รับประกัน**(보증하다, 보장하다), **ค้ำประกัน**(보증서다) 등과 같이 다양한 합성어로 나타나기도 합니다. **ประกันภัย**(화재보험), **ประกันชีวิต**(생명보험), **ประกันสุขภาพ**(건강보험) 등과 같이 명사로도 쓰이며, **ขายประกัน**은 '보험을 팔다'의 의미입니다. 또한, **ตัวประกัน**은 '인질'을 뜻합니다.

1. แม่ทำ**ประกัน**ให้ลูกๆ ทุกคน

엄마는 모든 아이들의 보험을 들었다.

2. พ่อ**ประกัน**ตัวลูกชายออกจากคุก

아버지는 아들이 감옥에서 나오도록 보석을 했다.

3. สินค้านั้นได้รับ**ประกัน**คุณภาพ

그 제품은 품질을 보증한다.

4. บริษัททำ**ประกันสังคม**ให้แก่พนักงาน

회사는 직원에게 사회보장 보험을 제공한다.

ป

ประกาศ
공지하다, 고시하다, 선언하다, 선고하다, 공포하다

타동사 **ประกาศ**은 '공식적으로 발표하여 대중이 알게 하다'라는 의미로, 뒤에 나오는 목적어와 맥락에 따라 발표하다, 공지하다, 공고하다, 고시하다, 선언하다, 선포하다, 선고하다, 공포하다, 공표하다, 발령하다 등 다양한 한국어에 대응될 수 있습니다. 그 자체로 '공지'라는 뜻을 가진 명사로 사용되기도 합니다.

1. บริษัท**ประกาศ**รับพนักงานใหม่

   회사는 신입직원 채용 공고를 했다.

2. รัฐบาล**ประกาศ**เตือนภัยสึนามิ

   정부는 쓰나미 경보를 발령했다.

3. ประเทศเกาหลีได้**ประกาศ**อิสรภาพจากการเป็นอาณานิคมของประเทศญี่ปุ่น

   한국은 일본의 식민지배로부터의 독립을 선언했다.

4. เขาเห็นป้าย**ประกาศ**รับสมัครงานอยู่หน้าบริษัท

   그는 회사 앞에서 신규 직원 채용공고를 보았다.

ประจบ
아부하다, 비위맞추다

타동사 **ประจบ**은 '아부하다, 비위 맞추다, 살살거리다'의 의미로 사람에게 쓰면 주로 부정적인 의미를 나타냅니다. 단독으로도 쓰고, **ประจบประแจง**과 같이 합성어로 쓰기도 합니다. 목적어는 주로 아부를 하는 대상이 옵니다. 나쁜 습성을 나타내는 **ขี้**를 앞에 붙여 **ขี้ประจบ**이라고 하면 '아부쟁이'라는 뜻입니다.

1. ลูกๆ **ประจบ**แม่เพื่อจะขอเงินไปซื้อของเล่น

   아이들이 장난감을 살 돈을 달라고 엄마에게 아부한다.

2. พนักงานคนนั้น**ประจบ**เจ้านายเก่ง

그 직원은 보스에게 아부를 잘한다.

3. หล่อนเป็นคน**ประจบประแจง**

그녀는 아부를 하는 사람이다.

4. หมาตัวนั้นน่ารักชอบ**ประจบ**เจ้าของ

그 개는 귀여워 주인에게 애교를 잘 부린다.

ประชด 비꼬다, 빈정대다

타동사 **ประชด**은 '비꼬다, 빈정대다'의 의미로 주로 비꼬는 말을 듣는 대상이 목적어가 됩니다. 또는 **ประชดใส่**의 뒤에 대상이 오는 경우도 있습니다. 비꼬는 말의 내용은 **ว่า** 다음의 절로 연결합니다. 단독으로 쓰기도 하지만 합성어로 **ประชดประชัน**(빈정거리다)의 형태로 쓰기도 하고, 부사로 **พูดประชด**(비꼬아 말하다)의 형태로 쓰기도 합니다.

1. น้องทำ**ประชด**แม่โดยการไม่ไปโรงเรียน

동생은 학교에 가지 않는 것으로 엄마에게 빈정댄다.

2. แม่พูดจา**ประชด**ประชันเวลาไม่พอใจ

엄마는 마음에 들지 않을때 비꼬는 말투를 하신다.

3. หล่อนพูด**ประชด**ใส่เขา

그녀는 그를 비꼬았다.

4. เขาพูด**ประชด**ว่าเธอผิวขาวราวสำลีเม็ดใน

그는 그녀를 솜처럼 피부가 하얗다며 비꼬았다.

ป

ประชุม 회의하다

자동사 **ประชุม**은 '회의하다'라는 뜻을 가지고 있습니다. 동사로 쓸때는 주로 뒤에 행위자가 복수임을 나타내는 부사 **กัน**이 옵니다. **มีประชุม**(회의가 있다), **เข้า(ร่วม)ประชุม**(회의에 참석하다), **จัดประชุม**(회의를 개최하다), **เลื่อนประชุม**(회의를 연기하다), **ที่ประชุม**(회의에서) 등에서처럼 '회의'라는 뜻의 명사로도 쓰입니다.

1. วันนี้ตอนเช้าพ่อมี**ประชุม**ด่วน

   오늘아침 아버지는 급한 회의가 있으셨다.

2. กรรมการทุกคนเข้าร่วม**ประชุม**วิสามัญของบริษัท

   모든 이사진들이 회사의 비정규 회의에 참석했다.

3. มหาวิทยาลัยจัดงาน**ประชุม**ทางวิชาการ

   대학이 학술회의를 열었다.

4. การ**ประชุม**เชิงปฏิบัติการเริ่มต้นขึ้นแล้ว

   워크숍이 시작되었다.

ประดับ 꾸미다, 장식하다, 치장하다 / 장식품, 장신구: เครื่องประดับ

타동사 **ประดับ**은 '꾸미다, 장식하다, 치장하다' 등의 의미를 나타냅니다. 장식하는 대상이 목적어로 옵니다. 단독으로 쓰기도 하고 **ประดับประดา**(장식하다), **ประดับตกแต่ง**(장식하다) 등의 합성어로 쓰기도 합니다. **เครื่องประดับ**은 각종 장신구를 총칭하는 말입니다.

1. แม่เก็บดอกไม้มา**ประดับ**บนโต๊ะอาหาร

   엄마는 꽃을 가져와 식탁 위에 장식했다.

2. พ่อซื้อ**เครื่องประดับ**ราคาแพงให้แม่เป็นของขวัญวันเกิด

   아버지는 엄마의 생일 선물로 비싼 장신구를 사서 주었다.

3. ห้องนี้**ประดับ**ประดาไว้อย่างสวยหรู

이 방은 화려하게 꾸며놓았다.

4. การแข่งขันครั้งนี้มีตัวเต็งแล้วพวกเราเป็นแค่ไม้**ประดับ**งาน

이번 경기는 주인공이 따로 있다. 우리는 그저 들러리일 뿐.

ประดิษฐ์ 발명하다, 만들어내다

타동사 **ประดิษฐ์**은 '발명하다, 만들다'의 의미입니다. 없던 것을 '창조해 내다'의 의미로, 만드는 대상이 목적어로 옵니다. 단독으로 쓰기도 하고 **คิดค้นประดิษฐ์**(발명, 발견하다)과 같은 합성어로 사용하기도 합니다. 발명가는 **ผู้ประดิษฐ์** 또는 **นักประดิษฐ์**으로 표현합니다. **ดูประดิษฐ์เกินงาม**은 보기 안 좋을 정도로 너무 작위적이라는 의미입니다.

1. นักวิทยาศาสตร์พยายามคิดค้น**ประดิษฐ์**เทคโนโลยีที่ล้ำสมัย

과학자들은 최첨단 기술 발명을 하기 위해 노력한다.

2. คุณครูให้นักเรียนทำ**สิ่งประดิษฐ์**จากกระดาษหนังสือพิมพ์

선생님은 학생들에게 신문지로 발명을 하도록 시켰다.

3. ตอนเด็กๆ พี่ชายชอบ**ประดิษฐ์**ของเล่นต่างๆ จากวัสดุเหลือใช้

어렸을 때 오빠는 사용하고 남은 재료들로 새로운 장난감을 만들기를 좋아했다.

4. ท่าทางของดาราคนนั้นดู**ประดิษฐ์**เกินงามดูไม่ดี

그 연예인의 행동이 너무 작위적이라 보기가 안 좋다.

ประท้วง

항의하다, 데모하다, 시위하다

ประท้วง은 동사로 '항의하다, 데모하다, 시위하다'라는 의미를 나타냅니다. 타동사로 항의나 시위를 하는 내용이 뒤에 목적어로 옵니다. **ประท้วง**과 유의어 관계에 있는 태국어 동사는 다양한데, **ชุมนุม**(집회하다, 모이다), **เดินขบวน**(시위하다, 행진하다), **ต่อต้าน**(항거하다, 반대하다), **คัดค้าน**(반대하다) 등이 있으며 맥락에 따라 적합한 동사를 사용하며 서로 대체 사용이 가능한 경우도 많습니다. .

1. พนักงาน**ประท้วง**เพื่อขอขึ้นเงินเดือน

   직원들이 임금 인상을 위해 시위를 했다.

2. เกษตรกรเดิน**ประท้วง**ราคาผลผลิตตกต่ำ

   농민들이 농산물 가격 하락으로 인해 가두 시위를 한다.

3. ประชาชน**ประท้วง**ให้รัฐบาลลาออก

   국민들이 정부 퇴진을 위해 시위하였다.

4. เขา**ประท้วง**การติดสินของคณะกรรมการที่ไม่เป็นธรรม

   그는 공정하지 못한 위원회의 결정에 대해 항의를 했다.

ประทับ

살다, 앉다, 임재하다 / 인상받다: **ประทับใจ**,
도장을 찍다: **ประทับตรา**

동사 **ประทับ**은 '있다, 살다, 앉다' 등의 의미를 나타냅니다. 보통 장소부사구가 뒤따라 오는 경우가 많습니다. 주로 '왕이 앉다, 임하다' 등의 의미로 많이 사용됩니다. **ที่ประทับ**은 '거처하시는 곳, 궁'의 의미를 나타내기도 합니다. 목적어가 바로 오는 경우도 있는데, **ประทับตรา**는 '도장을 찍다'라는 뜻으로, 어순을 반대로 하여 **ตราประทับ** 하면 '도장'이라는 뜻이 됩니다. 한편, **ประทับใจ**는 감정 동사로, '깊은 인상을 받다, 감명받다'의 의미를 나타냅니다.

1. ในหลวงทรง**ประทับ**อยู่ที่พระราชวัง

   국왕이 왕궁에 계신다.

2. เจ้าหน้าที่**ประทับตรา**มหาวิทยาลัยลงในหนังสือเชิญ

담당자는 초대장에 대학교 직인을 찍었다.

3. ผู้ชม**ประทับใจ**ในการแสดงของเขามาก

관객들은 그의 연기에 깊은 인상을 받았다.

4. พระราชา**ประทับ**บนบัลลังก์

국왕이 어좌에 임하셨다.

ประทาน (왕이) 선사하다, 하사하다

타동사 **ประทาน**은 주로 왕이나 '왕족이 하사하다'의 의미로 사용되는 동사로, 하사하는 내용물이 목적어로 옵니다. 국왕이 하사하는 경우는 더 높임 표현으로 **พระราชทาน**을 사용하기도 합니다. 한편, '먹다'의 격식체로 **รับประทาน** 에 사용되기도 합니다.

1. เจ้าชาย**ประทาน**ถ้วยรางวัลให้แก่ผู้ชนะการแข่งขันวิ่งมาราธอน

왕자는 마라톤 경기 승자에게 트로피를 하사한다.

2. ในหลวง**ประทาน**พรปีใหม่ให้แก่ปวงชนชาวไทย

왕이 태국 국민들에게 신년 축사를 하신다.

3. พิธี**ประทาน**ถ้วยรางวัลจัดขึ้นอย่างยิ่งใหญ่

트로피 하사식이 매우 성대하게 개최되었다.

4. วันนี้มีพิธี**ประทาน**ปริญญาบัตรของวิทยาลัย

오늘 대학 학위 증서 수여식이 있다.

ป

ประพันธ์ (시를) 짓다, 창작하다

타동사 **ประพันธ์**은 '글을 짓다, (작품을)쓰다, 창작하다'의 의미입니다. 일반적으로 '글을 짓다'의 경우 **เขียน** 이나 **แต่ง** 이라는 동사를 많이 쓰는데, **ประพันธ์**은 전문성을 가지고 문학 작품을 창작하는 경우를 말합니다. **นักประพันธ์**은 '작가'라는 뜻입니다. 문학작품은 **บทประพันธ์** 이라고 하며, 왕의 저작의 경우는 **พระราชนิพนธ์** 이라고 합니다.

1. เขา**ประพันธ์**บทกวีได้ไพเราะมาก

   그는 시를 매우 수려하게 짓는다.

2. เขาเป็นนัก**ประพันธ์**เพลง

   그는 작곡가이다.

3. เพื่อนคนนั้น**ประพันธ์**บทกวีได้รางวัลที่หนึ่ง

   그 친구가 시를 지어서 1등 상을 받았다.

4. บท**ประพันธ์**ของเขาได้รับรางวัล

   그의 문학 작품이 수상했다.

ประมาณ 어림잡다, 계량하다, 측정하다 / 대략

타동사 **ประมาณ**은 '어림잡다, 예측하다, 계량하다, 측정하다' 등의 의미를 나타냅니다. 여기에서 기능이 확장되어, 전치사로 '대략'의 의미를 나타내며 수사 앞에 사용됩니다. 유의어로는 **สัก** (쯤) **ราว ๆ** (대략, 대강, ~정도) 등이 있습니다. **ประมาณการณ์**은 합성어로 '예측하다'의 의미를 나타냅니다.

1. วันนี้พ่อจะกลับบ้าน**ประมาณ** 2 ทุ่ม

   오늘 아버지는 대략 저녁 8시쯤 귀가하실 것이다.

2. ฉันตื่นนอน**ประมาณ** 6 โมงเช้า

   나는 대략 오전 6시경 일어난다.

3. งานละครเวทีครั้งนี้ต้องใช้นักแสดง**ประมาณ** 30 คน

이번 연극은 약 30명 가량의 연기자가 등장한다.

4. เขา**ประมาณการณ์**เรื่องนั้นผิดไป

그는 그 일을 잘못 예측했다.

ประมาท

방심하다, 부주의하다, 경시하다

자동사 **ประมาท**은 '방심하다, 부주의하다, 경시하다' 등에 대응되는 동사입니다. 단독으로도 쓰고 다른 동사구의 뒤에서 부사로도 쓰입니다. 동사 **หมิ่น**(멸시하다)과 함께 **หมิ่นประมาท**은 '멸시하다, 모욕하다'의 의미를, **สบประมาท**은 '천시하다, 무시하다, 우습게 보다'의 의미를 나타냅니다.

1. เขาขับรถ**ประมาท**

그는 부주의하게 운전한다.

2. เขามัก**ประมาท**ไม่ระมัดระวัง

그는 종종 주의를 게을리 하고 조심하지 않는다.

3. เขาโดนข้อหา**หมิ่นประมาท**

그는 명예훼손 죄로 고발당했다.

4. เขา**สบประมาท**ผู้หญิงว่าไม่สามารถทำงานนั้นได้

그가 여자는 그 일을 할수 없을 거라며 경시하였다.

ประเมิน

어림잡다, 예상하다, 평가하다 / 평가, 실사

타동사 **ประเมิน**은 '어림잡다, 예상하다, 평가하다'의 의미를 나타냅니다. 평가하는 대상이 목적어로 뒤에 옵니다. 명사형은 **การประเมิน**이며, '평가 결과'는 **ผลการประเมิน**, '평가자'는 **ผู้ประเมิน** 등으로 표현할 수 있습니다.

1. อาจารย์**ประเมิน**ว่าเขาเรียนได้ต่ำกว่าเกณฑ์

   교수님은 그의 학업성취도가 기준에 못 미친다고 평가했다.

2. นายหน้า**ประเมิน**บ้านหลังนี้แค่ 1 ล้านบาท

   중개인은이 집의 가격을 겨우 100만 바트로 평가했다.

3. บริษัท**ประเมิน**กำไรปีนี้

   회사는 올해의 수익을 평가했다.

4. โรงเรียนนี้ไม่ผ่านการ**ประเมิน**จากกระทรวงศึกษาธิการ

   이 학교는 교육부의 평가를 통과하지 못했다.

ประยุกต์

응용하다, 적용하다 / 활용하다: **ประยุกต์ใช้**

동사 **ประยุกต์**은 '응용하다, 적용하다, 활동하다' 등으로 해석될 수 있는 동사입니다. 단독으로 쓰기도 하고 **ประยุกต์ใช้**와 같이 합성어로 사용되기도 합니다. 보통 뒤에는 '~에 적용하다, ~로 활용하다'의 의미로 **ใน**... 뒤에 응용하거나 활용하는 내용이 옵니다. '학문'을 뜻하는 **ศาสตร์**의 뒤에 붙이면 '응용학문'이라는 뜻이 됩니다.

1. แม่**ประยุกต์**เอาขนมปังมาทำเค้ก

   엄마는 빵을 응용해 케이크를 만들었다.

2. นักศึกษาลงทะเบียนเรียนวิชาคณิตศาสตร์**ประยุกต์**

   대학생들이 응용수리학 과목을 등록한다.

3. เรานำความรู้ที่เคยเรียนมา**ประยุกต์ใช้**ในชีวิตประจำวัน

우리는 배워 온 지식을 매일의 삶에 활용하여야 한다.

4. เขานำขวดน้ำมา**ประยุกต์ใช้**เป็นแจกัน

그는 물병을 꽃병으로 활용했다.

ประเวณี 성교하다

태국어 동사 **ประเวณี**는 '성관계를 하다'라는 의미의 동사입니다. 부정적인 뉘앙스를 함의하는 것이 보통입니다. **ร่วมประเวณี**는 '성교하다', **ค้าประเวณี** '매춘하다'라는 의미입니다. '간통하다'의 경우는 **ล่วงประเวณี** 또는 **ผิดประเวณี**로 표현합니다. 매춘부는 **สเภณี**라고 합니다.

1. เขาและหล่อนร่วม**ประเวณี**กัน

그와 그녀는 같이 성교를 했다.

2. เขาถูกกล่าวหาว่าล่วง**ประเวณี**พนักงาน

그는 직원과 간통 혐의를 받았다.

3. หล่อนถูกจำคุกเพราะ**ค้าประเวณี**

그녀는 매춘행위로 투옥되었다.

4. ชายหญิงคู่นั้นทำเรื่องผิด**ประเวณี**

그 남녀 커플은 간통을 저질렀다.

ป

ประสงค์

희망하다, 바라다 = **ความปรารถนา ,ความหวัง**
목적, 목표: **จุดประสงค์, วัตถุประสงค์, จุดมุ่งหมาย**

태국어 동사 **ประสงค์**은 희망하다, 바라다, 목표하다, 의도하다 등의 다양한 한국어에 대응됩니다. 주로 **ประสงค์(ที่)จะ...**의 형태로 쓰여 '…하기를 희망하다'의 의미를 나타냅니다. 뒤에 부사로 **ดี** 나 **ร้าย** 가 오면 **ประสงค์ดี**(좋은 의도를 갖다, 잘되길 바라다), **ประสงค์ร้าย**(나쁜 의도를 갖다) 등의 의미를 갖습니다. **จุดประสงค์**, **วัตถุประสงค์**등과 같이 '목적, 목표'를 의미하는 명사성 합성어로도 쓰입니다.

1. พ่อแม่ทุกคน**ประสงค์**ดีต่อลูกๆ

   모든 부모는 자식이 잘되길 바란다.

2. อาจารย์อธิบาย**จุดประสงค์**ของรายวิชา

   교수님이 교과목 목표를 설명한다.

3. เขามี**วัตถุประสงค์**อะไร ถึงได้ชวนพวกเราไปกินข้าว

   그는 어떤 목적이 있어서 우리에게 식사를 하러 가자고 권한 걸까.

4. เขาถูกปลดออกจากตำแหน่งเพราะมีผู้**ประสงค์**ร้ายมาใส่ความเขา

   그는 그에게 나쁜 의도를 가진 자가 누명을 씌어 직위해제됐다.

ประสบ

만나다, 겪다, 봉착하다 / 경험 **ประสบการณ์**

태국어 동사 **ประสบ**은 '만나다, 겪다, 봉착하다' 등의 의미를 갖습니다. 타동사로 목적어가 뒤에 옵니다. **ประสบสุข**(행복하다), **ประสบความสำเร็จ**(성공하다) 등에서 처럼 긍정적인 의미의 목적어가 오는 경우도 있으나, 주로 **ประสบภัยพิบัติ**(재해를 겪다), **ประสบอุบัติเหตุ**(사고를 당하다), **ประสบทุกข์**(고통을 겪다), **ประสบปัญหา**(문제를 겪다) 등에서 처럼 부정적인 목적어와 함께 쓰이는 경우가 더 많습니다. 명사로 '경험'은 **ประสบการณ์**으로 표현합니다.

1. เขา**ประสบ**อุบัติเหตุเมื่อวานนี้

   그는 어제 사고가 났다.

2. ขออย่าได้**ประสบ**พบเจอเขาอีกเลย

다시 그를 만나지 않길 바란다.

3. พี่สาวมี**ประสบการณ์**ใช้ชีวิตในต่างประเทศ

누나는 해외에서 생활한 경험이 있다.

4. กรุงเทพ**ประสบ**ภัยน้ำท่วมเมื่อปีที่แล้ว

방콕은 작년 홍수가 났다.

ประสาท

수여하다 / 신경
오감: **หู / ตา / จมูก / ปาก / ผิว สัมผัส** 육감: **สัมผัสที่** 6

동사 **ประสาท**은 '수여하다'의 의미를 나타냅니다. 학위 수여식은 **พิธีประสาทปริญญาบัตร** 이라고 표현합니다. 태국 대학은 크게 국립대학과 사립대학으로 나뉘는데, 국립대학의 경우 왕실에서 학위를 수여하기 때문에 주로 **พิธีพระราชทานปริญญาบัตร** 이라고 부르며, **พิธีประสาทปริญญาบัตร**은 사립대학의 학위수여식을 일컫는 말입니다. 한편, 명사로는 '신경'이라는 뜻으로, **ประสารทสัมผัส**은 '감각'으로 해석됩니다.

1. มหาวิทยาลัยกรุงเทพจัดพิธี**ประสาท**ปริญญาบัตรในวันศุกร์นี้

방콕 대학은 오는 금요일 학위 수여식을 개최한다.

2. เขาเป็นโรค**ประสาท**

그는 신경성 질환이다.

3. มนุษย์มี 5 **ประสาท**สัมผัส

인류는 오감이 있다.

4. ยาเสพติดทำให้**ประสาท**หลอน

마약은 환각을 일으킨다.

ประหยัด 절약하다

타동사 **ประหยัด**은 '아끼다, 절약하다'의 뜻입니다. 절약하는 대상이 목적어로 올 수 있습니다. **ประหยัดเงิน**(돈을 아끼다), **ประหยัดเวลา**(시간을 절약하다), **ประหยัดค่าใช้จ่าย**(지출을 줄이다) 등이 그 예입니다. 단독으로도 쓰이지만, **ประหยัดอดออม**(아끼고 저축하다), **ประหยัดมัธยัสถ์**(근검절약하다) 등의 합성어 형태로도 쓰입니다.

1. แม่สอนให้ลูกๆ **ประหยัด**อดออม

   엄마가 아이들에게 절약을 가르친다.

2. เขาเป็นคน**ประหยัด**มัธยัสถ์

   그는 근검절약하는 사람이다.

3. เราต้องใช้น้ำอย่าง**ประหยัด**

   우리는 물을 아껴 사용해야 한다.

4. การ**ประหยัด**น้ำ**ประหยัด**ไฟช่วยลดค่าใช้จ่ายในบ้านได้

   물과 전기 절약은 가정 소비를 줄일 수 있다.

ประหลาด 이상하다, 기괴하다 / 괴물, 괴수: **สัตว์ประหลาด**

상태성 동사 **ประหลาด**은 '이상하다, 기괴하다'라는 의미입니다. **ตัวประหลาด** 이라고 하면 '이상한 존재'라는 의미가 됩니다. 서술어로 사용하지만 명사 뒤에서 수식어로 사용되는 경우가 많습니다. 단독으로도 쓰이고, **แปลกประหลาด**(이상하다, 기괴하다) 등과 같이 합성어에서도 쓰입니다. 한편 감정상태를 나타낼 때 **ประหลาดใจ**라고 하면 '의아하다, 경탄하다, 경악하다' 등으로 해석할 수 있습니다.

1. แม่**ประหลาด**ใจเมื่อลูกชายกลับบ้านเร็ว

   엄마는 아들이 집에 일찍 오자 의아했다.

2. ฉันเก็บสะสมก้อนหินรูปร่าง**ประหลาด**

나는 기암괴석을 수집한다.

3. น้องชอบดูหนังสัตว์**ประหลาด**

동생은 괴수 영화 보는것을 좋아한다.

4. เขาไม่คบหากับใครจนมีคนว่าเขาเป็นคน**ประหลาด**

그가 누구와도 교제를 하지 않다 보니 그를 이상한 사람이라고 하는 사람도 생겼다.

ปรับ

조정하다, 조절하다, 벌금을 물리다 / 개선하다: **ปรับปรุง**

타동사 **ปรับ**은 '조정하다, 조절하다' 등의 의미를 나타냅니다. 조절을 하는 대상이 목적어로 옵니다. 예컨대, **ปรับเนื้อหา**는 '내용을 수정하다', **ปรับที่**는 '땅을 고르다'의 의미를 나타냅니다. **ปรับทุกข์**은 '고통을 조정하다', 즉 '하소연하다'라는 뜻이 됩니다. **ปรับตัว**는 '적응하다'의 의미입니다. 단독으로도 쓰지만 **ปรับปรุง**과 같이 합성어로 쓰여서 '개선하다'의 의미를 나타냅니다. 한편, '벌금을 물리다'의 의미도 있는데, **ฝ่าฝืนกฎจราจร ปรับ** 1,000 **บาท** 하면 '교통 법규 위반시 벌금 천 바트'라는 뜻입니다.

1. เขา**ปรับ**อุณหภูมิในห้องให้เย็นขึ้น

그는 방안의 온도를 더 시원하게 조절했다.

2. จิ้งจกสามารถ**ปรับตัว**ตามสภาพแวดล้อม

찡쪽 도마뱀은 주변환경에 따라 적응할 수 있다.

3. ร้านอาหารนั้นปิด**ปรับปรุง**มา 3 เดือนแล้ว

그 음식점은 리노베이션으로 문을 닫은 지 3개월째다.

4. หล่อนเป็นคนรับฟังความคิดเห็นของเพื่อนได้ดี จึงมีเพื่อนมา**ปรับ**ทุกข์อยู่เสมอ

그녀는 친구의 생각을 잘 들어주는 사람이라 하소연을 하러 오는 친구들이 항상 있다.

ป

ปรากฏ

나타나다, 출현하다 / 현상: **ปรากฏการณ์**

자동사 **ปรากฏ**은 '나타나다, 출현하다'의 의미입니다. 단독으로 서술어로 쓰거나 명사를 뒤에서 수식할 수 있습니다. **ตัว**와 합성하여 **ปรากฏตัว**는 '출현하다' 를, **ปรากฏการณ์**은 '현상'의 뜻을 나타냅니다. **ปรากฏว่า**...형태의 구문이 자주 사용되는데, '…로 밝혀졌다'의 의미를 표현합니다.

1. นักแสดง**ปรากฏ**ตัวบนเวที

   연기자가 무대에 나타났다.

2. เขามีความผิดจริงตามพยานหลักฐานที่**ปรากฏ**

   밝혀진 증인과 증거대로 그는 실제로 잘못이 있다.

3. เขาไม่**ปรากฏ**ตัวอีกเลย หลังจากที่ทุกคนรู้ความจริง

   모두가 진실을 알게 된 뒤부터 그는 모습을 드러내지 않았다.

4. มี**ปรากฏการณ์**เหนือธรรมชาติหลายสิ่งที่ยังพิสูจน์ไม่ได้

   아직 증명되지 않은 초자연적인 현상들이 여러가지 있다.

ปราบ

진압하다, 제압하다, 평정하다 / 제압하다, 정벌하다: **ปราบปราม**

타동사 **ปราบ**은 진압하다, 제압하다, 평정하다 등의 한국어에 대응될 수 있습니다. 진압하는 대상이 목적어로 따라 옵니다. 단독으로도 쓰지만 **ปราบปราม**의 형태로도 자주 씁니다. **มือปราบ**은 진압을 하는 사람을 가리키는 환유적 표현입니다. **มือปืน**(총잡이), **มือที่สาม**(제3자) 등의 표현도 있습니다. **สำนักงานคณะกรรมการป้องกันและปราบปรามยาเสพติด**은 태국 마약 수사국의 공식 명칭으로 줄여서 **สำนักงาน ป.ป.ส.**라고 합니다.

1. ตำรวจ**ปราบ**ผู้ร้าย

   경찰이 범인을 제압했다.

2. รัฐบาล**ปราบปราม**นักศึกษาที่มาชุมนุมกัน

정부가 집회에 참여한 대학생들을 진압했다.

3. ทหาร**ปราบปราม**ผู้ก่อเหตุ

군인이 말썽을 일으킨 사람을 제압했다.

4. มือ**ปราบ**คนนั้นจับผู้ก่อการร้ายได้อีกแล้ว

그 진압자가 테러리스트를 또 검거했다.

ปราศรัย

담화하다, 연설하다, 강연하다, 친근하게 말하다

동사 **ปราศรัย**는 '담화하다, 연설하다' 등의 의미를 나타냅니다. 단독으로도 쓰지만 보통 '말하다'라는 의미를 지닌 동사와 함께 **กล่าวปราศรัย** 또는 **ให้คำปราศรัย**의 형태로 사용합니다. 주로 격식체로 사용하는 표현입니다. 한편, '친근하게 말하다'라는 의미를 나타내기도 하는데 이때는 주로 **พูดจาปราศรัย**의 형태로 씁니다.

1. นายกรัฐมนตรีขึ้นกล่าว**ปราศรัย**ต่อหน้าประชาชน

총리가 국민들 앞에서 연설한다.

2. ผู้อำนวยการได้ให้คำ**ปราศรัย**แก่นักเรียน

이사장이 학생들에게 연설을 한다.

3. เขากล่าว**ปราศรัย**หาเสียงลือกตั้ง

그는 선거유세 연설을 했다.

4. เราอยู่ด้วยกันก็ควรจะพูดจา**ปราศรัย**กันทุกวัน

우리가 함께 살려면 매일 친근한 말투를 써야 한다.

ป

ปรึกษา(หารือ) 상담하다, 조언을 구하다

타동사 **ปรึกษา**는 '상담하다, 조언을 구하다'의 의미를 나타냅니다. 주로 상담을 하거나 조언을 구하는 대상자가 목적어로 옵니다. 상담을 하는 내용은 **ปรึกษาเรื่อง...**의 뒤에 연결됩니다. 합성어로 **คำปรึกษา**는 '상담, 조언', **ที่ปรึกษา**는 '자문(해 주는 사람)', **อาจารย์ที่ปรึกษา**는 '지도교수'를 의미합니다. 동사성 합성어로 **ปรึกษาหารือ**는 '협의하다'라는 뜻으로 격식체로 많이 씁니다.

1. นักศึกษา**ปรึกษา**หัวข้อวิทยานิพนธ์กับอาจารย์ที่**ปรึกษา**

   대학생이 지도교수에게 논문 제목에 대해 조언을 구한다.

2. ฉัน**ปรึกษา**พ่อแม่เรื่องไปเรียนต่อต่างประเทศ

   나는 유학에 대해 부모님과 상담했다.

3. คนไข้เข้ารับการ**ปรึกษา**จิตแพทย์

   환자가 정신과 의사에게 상담을 했다.

4. เหล่าพรรคฝ่ายค้าน**ปรึกษาหารือ**กันเรื่องการเปิดอภิปรายไม่ไว้วางใจ**รัฐบาลชุดปัจจุบัน**

   야당들은 현 정부 불신임 논의에 대해서 협의했다.

ปรุง 맛을 내다, 간을 맞추다 / 가공하다: **ปรุงแต่ง**

타동사 **ปรุง**은 '만들다, 조리하다, 배합하다'라는 뜻입니다. 목적어로는 주로 먹을 수 있는 음식이나 약, 또는 맛 이라는 단어 등이 오게 됩니다. **ปรุงรส**(맛을 내다), **ปรุงอาหาร**(음식의 가미를 하다), **ปรุงยา**(약을 조제하다, 배합하다) 등이 그 예입니다. 합성어로 **เครื่องปรุง**은 '양념'이라는 뜻입니다. '장식하다'라는 뜻의 **แต่ง**과 함께 쓰여 **ปรุงแต่ง**은 '가공하다, 첨가하다'의 의미를 갖습니다. 한편 동사성 합성어 **ปรับปรุง**의 형태로 쓰이면 '개정하다, 보완하다'의 의미를 나타냅니다.

1. พ่อครัวร้านนี้**ปรุง**อาหารได้อร่อยมาก

   이 집 주방장은 요리 맛을 잘 낸다.

2. ขนมไทยจะไม่นิยมใส่สาร**ปรุง**แต่ง

태국의 디저트는 보통 첨가물을 넣지 않는다.

3. หมอแผนโบราณ**ปรุง**ยาด้วยสมุนไพรต่างๆ

전통 한의학자는 여러 약재들로 한약을 조제했다.

4. สาร**ปรุง**รสมีมากในอาหารสำเร็จรูปจึงไม่ควรรับประทานมากเกินไป

인스턴트 가공 식품에는 첨가물이 많이 들어가 지나치게 많이 먹으면 안된다.

ปลด

석방하다, 방면하다, 풀다, 버리다
(유의어) = **ปล่อย, พ้น, ออกจาก, หนีจาก**

타동사 **ปลด**은 '석방하다, 풀다, 해제하다'의 의미입니다. 다양한 목적어와 쓰여 여러가지 한국어에 대응될 수 있습니다. 동사로 **ปลดปล่อย**는 '해소하다, 해방하다, 석방하다' 등의 의미를 갖습니다. **ปลดจากตำแหน่ง...** 이라고 하면, '… 직위에서 해제되다, 해직하다'의 의미가 되는데, 비슷하게 **ปลดจากทหาร**은 '군대를 제대하다'의 의미가 됩니다.

1. น้อง**ปลด**กระดุมเสื้อ

동생이 단추를 푼다.

2. เขา**ปลดปล่อย**ความเครียดโดยการร้องเพลง

그는 노래 부르는 것으로 스트레스를 해소한다.

3. ข้าราชการ**ปลด**เกษียณเมื่ออายุ 60 ปี

공무원은 60세에 정년퇴직을 한다.

4. เจ้าหน้าที่ตำรวจสั่งให้ผู้ร้าย**ปลด**อาวุธก่อนที่จะมอบตัว

경찰관이 강도에게 무기를 먼저 버린 후 자수하라고 명령했다.

ป

ปล้น

탈취하다, 약탈하다 / 겁탈하다, 강간하다: **ปล้นสวาท**

타동사 **ปล้น**은 '약탈하다, 탈취하다'의 뜻입니다. 훔치는 대상이 목적어로 옵니다. 물리적인 경우나 추상적인 경우에 모두 사용합니다. 단독으로도 사용하고, **ปล้นจี้**의 형태를 지닌 합성어로 사용하기도 합니다. **ปล้นสวาท**은 '겁탈하다, 강간하다'의 의미입니다.

1. ผู้ร้าย**ปล้น**จี้พนักงานเอาเงินในตู้เซฟไปจำนวนมาก

   강도가 직원에게 위협해 금고 안의 많은 돈을 갈취해 갔다.

2. โจร**ปล้น**ธนาคาร

   강도가 은행을 턴다.

3. ฉันเข้าใจว่าคนนั้นเป็นโจร**ปล้น**สวาท

   내가 이해하기로 그는 강간범이다.

4. เธอ**ปล้น**หัวใจเขาไปทั้งดวงแล้วตอนนี้

   그녀는 이제 그의 마음을 온전히 빼앗아 버렸다.

ปลอด

없다, 면제되다 / 안전하다: **ปลอดภัย**

동사 **ปลอด**은 '없다, 면제되다'라는 의미입니다. 의미로 보면 자동사로 보이지만 실제 쓰임에서는 목적어가 뒤따르는 타동사로 사용됩니다. **ปลอดภัย**(위험이 없는, 안전한), **ปลอดภาษี**(세금이 없는, 면세의), **ปลอดเชื้อโรค**(세균이 없는, 무균의), **ปลอดทหาร**(군사가 없는, 비무장의) 등이 그 예입니다. 한편, 합성어로 **ปลอดโปร่ง**은 '맑다, 탁 트이다, 청명하다'의 의미를 나타냅니다.

1. นักท่องเที่ยวซื้อสินค้า**ปลอด**ภาษี

   관광객이 면세품을 구입한다.

2. หมอให้คนไข้พักอยู่ในห้อง**ปลอด**เชื้อโรค

   의사는 환자에게 멸균실에서 쉬게 하였다.

3. เขากลับถึงบ้านอย่าง**ปลอดภัย**

그는 집에 안전하게 돌아갔다.

4. วันนี้อากาศ**ปลอด**โปร่ง

오늘 날씨가 맑다.

ปลอบ

위로하다 / 달래다: **ปลอบใจ**

타동사 **ปลอบ**은 '위로하다, 달래다'의 의미로 사용되는 동사입니다. 주로 달래는 대상이 목적어로 옵니다. 비슷한 의미로 다양한 합성어 **ปลอบใจ ปลอบโยน ปลอบประโลม** 등이 사용됩니다. **ปลอบขวัญ**은 직역하면 '영혼을 달래다' 인데 일반적으로는 '위안하다, 안정시키다'의 의미입니다.

1. ฉัน**ปลอบ**น้องที่โดนเพื่อนแกล้ง

나는 친구에게 괴롭힘을 당한 동생을 위로했다.

2. พยาบาล**ปลอบใจ**คนไข้ที่รู้ว่าตัวเองเป็นมะเร็ง

간호사가 자신이 암에 걸린 것을 알게 된 환자를 위로했다.

3. แม่**ปลอบ**ขวัญลูกโดยการกอด

엄마가 아이를 포옹으로 위로했다.

4. เขาได้รับการ**ปลอบ**ประโลมใจยามท้อแท้

그는 자포자기했을 때 위로를 받았다.

ปลอม

위조하다, 가짜이다 / 위장하다: **ปลอมตัว** 유사품: **ของปลอม**

동사 **ปลอม**은 한국어의 위조하다, 가짜이다, 위장하다 등에 대응됩니다. **ปลอมตัว**는 합성어로 '위장하다'의 의미로 쓰입니다. 명사의 뒤에서 수식하여 **ของปลอม, สินค้าปลอม** 하면 '모조품, 짝퉁'을 의미합니다. 반대말은 **ของแท้**(진품) 입니다. 동사성 합성어로 **ปลอมแปลง**은 '위조하다'의 의미가 되어서 **ปลอมแปลงเอกสาร**(문서를 위조하다) 등의 형태로 많이 쓰입니다.

1. ผู้ร้าย**ปลอม**เอกสารราชการ

   범죄자가 공문서를 위조한다.

2. สายลับ**ปลอม**ตัวเข้าไปในทำเนียบประธานาธิบดี

   비밀요원이 위장하여 대통령 집무실에 들어갔다.

3. ของ**ปลอม**สมัยนี้ทำได้เหมือนของจริงมาก

   현대의 모조품은 진품과 매우 비슷하다.

4. ตำรวจทลายแหล่งผลิตสินค้า**ปลอม**

   경찰관이 모조품을 생산하는 곳을 공격했다.

ปล่อย

방치하다, 풀어놓다

타동사 **ปล่อย**는 타동사로 '~을 풀어주다, 방치하다, 방류하다, 석방하다' 등의 의미를 나타냅니다. 태국의 불교도들은 명절이나 생일 등 중요한 기념일에 방생을 많이 하는데, 주로 새나 물고기를 방생하기 때문에 **ปล่อยนกปล่อยปลา**라고 표현합니다. '누가 ~하도록 놔 두다'는 **ปล่อย**다음에 **ให้** 가 이끄는 절이 보충어로 옵니다.

1. โรงงาน**ปล่อย**น้ำเสียลงแม่น้ำ

   공장에서 오염된 물을 강으로 흘려보냈다.

2. วันเกิดปีนี้ฉันตั้งใจจะไป**ปล่อย**นก**ปล่อย**ปลา

   올해 생일에 나는 새와 물고기를 방생할 계획이다.

3. ผู้ร้าย**ปล่อย**ตัวตัวประกันแล้ว

범인이 인질을 석방했다.

4. เขา**ปล่อย**ให้ตัวเองจมอยู่กับความทุกข์

그는 스스로 고통 속에 침잠하도록 놔 두었다.

ปลิว

흩날리다, 가볍게 걷다 / **ใบปลิว** 전단지

ปลิว는 바람에 흩날리는 동작을 나타내는 자동사입니다. 주로 뒤에 방향동사가 따라오는 경우가 많습니다. **ใบปลิว**는 사람에 날리는 종이, 즉 '전단지'를 의미합니다. **เดินตัวปลิว**라고 하면 '날듯이 가볍게 걷는다'는 뜻이 됩니다.

1. ผ้าที่แม่ตากไว้**ปลิว**ลอยไปไกล

어머니가 널어 놓은 빨래가 바람에 멀리 날아갔다.

2. เมื่อลมพัดมาแรงๆ เศษใบไม้**ปลิว**เข้ามาในบ้าน

바람이 강하게 불 때면 나뭇잎들이 집 안으로 날아들어 왔다.

3. เขาเดินแจกใบ**ปลิว**ข้างถนน

그는 길에서 전단지를 나눠준다.

4. หล่อนเดินตัว**ปลิว**หลังจากให้สามีถือของให้ทั้งหมด

그녀는 남편이 물건을 다 들어주자 날아갈듯 가볍게 걸어갔다.

ป

ปลื้ม(ใจ)　　기쁘다, 환희하다

자동사 **ปลื้ม**은 '기쁘다, 환희하다'의 의미입니다. 단독으로 서술어로 쓰기도 하고, **ปลื้มใจ, ปลื้มปิติ, ปราบปลื้ม** 등의 합성어로도 자주 사용됩니다. 한편 **ปลื้ม**이 타동사처럼 쓰여 뒤에 대상이 목적어로 오게 되면, '좋아하다, 총애하다' 등의 의미를 나타내기도 합니다.

1. แม่**ปลื้ม**ใจที่ลูกสอบเข้ามหาวิทยาลัยได้

   어머니는 아들의 대학 입학 합격에 기뻐하였다.

2. ประชาชนพากัน**ปลื้มปิติ**ที่ได้เห็นพระพักต์องค์พระบาทสมเด็จพระเจ้าอยู่หัว

   국민들은 국왕의 용안을 보고 다같이 기뻐했다.

3. หล่อนแอบ**ปลื้ม**เขามานาน

   그녀는 남몰래 그를 좋아해 왔다.

4. เขา**ปลื้ม**มากที่มีคนชมว่าเขาหล่อ

   그는 잘생겼다고 칭찬을 받아서 기뻐했다.

ปลุก　　깨우다 / 일깨우다: **ปลุกใจ**

타동사 **ปลุก**은 '깨우다'라는 의미를 나타냅니다. 깨우는 대상이 보통 목적어로 옵니다. **นาฬิกาปลุก**은 '알람 시계'라는 의미입니다. 주로 잠을 깨운다는 의미로 사용되지만, '일깨우다'의 의미로도 사용되어 **ปลุกใจ**는 '독려하다', **ปลุกระดม**은 '선동하다, 환기하다' 등의 의미를 나타내기도 합니다.

1. แม่**ปลุก**น้องตอนเช้าทุกวัน

   어머니는 매일 아침 동생을 깨운다.

2. เขาแต่งเพลง**ปลุก**ใจ

그는 독려하는 내용의 노래를 만들었다.

3. เขา**ปลุก**ระดมให้พนักงานออกมาประท้วง

그는 집회를 하도록 직원들을 선동했다.

4. เขานอนตื่นสายเพราะไม่มีใครคอย**ปลุก**

그는 아무도 깨워주는 사람이 없어서 늦게 일어났다.

ปลูก

심다, 재배하다 / 건설하다: **ปลูกสร้าง**

타동사 **ปลูก**은 '심다, 재배하다'의 의미입니다. 주로 꽃, 나무나 식물을 심는다는 의미로 목적어가 뒤에 나옵니다. 머리카락을 심는 경우도 **ปลูกผม**으로 표현합니다. 단독으로도 쓰고, 합성어로 **เพราะปลูก**의 형태로도 씁니다. 태국은 집을 지을 때 기둥을 박고 그 위에 짓는 주상 가옥이 발달하여 집을 짓는 것을 **ปลูกบ้าน**으로 표현합니다. 동사성 합성어로 **ปลูกสร้าง** 역시 '건설하다'의 의미가 됩니다.

1. พ่อ**ปลูก**ดอกไม้หน้าบ้าน

아버지는 집 앞에 꽃을 심었다.

2. พวกเราช่วยกัน**ปลูก**ต้นไม้เพื่อช่วยลดภาวะโลกร้อน

우리는 지구 온난화를 줄이기 위해서 함께 나무를 심었다.

3. ชาวสวน**เพาะปลูก**พืชผัก

정원사가 식물을 재배한다.

4. บริเวณนี้เป็นเขตห้าม**ปลูก**สร้างอาคาร

이 근방은 건물을 건설할 수 없는 지역이다.

ป

ปวด

아프다 / 배가 아프다: **ปวดท้อง**

동사 **ปวด**은 '아프다'라는 뜻입니다. 주로 아픈 부위가 목적어처럼 뒤에 따라 나올 수 있습니다. '아프다' 에는 여러가지 동사가 사용되는데, 앞서 살펴본 **เจ็บ**의 경우는 국소적인 부위가 찌르듯이 아픈 것을 말하여 **ปวด**은 주로 근육통처럼 욱신거리는 것을 말합니다. **ปวดขา** 가 다리 근육의 통증으로 아픈 증상을 나타낸다면, **เจ็บขา**는 다리에 상처가 나거나 해서 쓰리고 아픈 증상을 나타냅니다. 두 유의어를 함께 써서 **เจ็บปวด**이 되면 '고통스럽다'라는 뜻입니다.

1. น้อง**ปวด**ท้อง

   동생은 배가 아프다.

2. เขา**ปวด**หัวมากจนต้องกินยาแก้ปวด

   그는 머리가 너무 아파서 약을 먹어야 했다.

3. ฉัน**ปวด**ขาเพราะเดินขึ้นบันไดบ่อยๆ

   나는 계단으로 자주 올라서 다리가 아프다.

4. เขา**เจ็บปวด**หัวใจที่ถูกแฟนทิ้ง

   그는 애인에게 버림당해 가슴이 아프다.

ป่วย

병이 나다, 병을 앓다

자동사 **ป่วย**는 '병이 나다, 병을 앓다, 몸이 편찮다' 등으로 해석될 수 있습니다. 단독으로 서술어로 쓰이기도 하고, 명사 뒤에서 수식어로 쓰이기도 합니다. **ผู้ป่วย**는 '환자'라는 뜻입니다. 기본적으로 어떤 특정 신체 부위의 통증을 의미하기 보다는 어떤 병을 앓는다는 의미를 나타내기 때문에 주로 **ป่วยเป็นโรค...**(…병을 앓다) 형태로 많이 사용됩니다. 한편 합성어로 **เจ็บป่วย** 또는 **เจ็บไข้ได้ป่วย**라고 하면 '병이 나다'의 의미가 됩니다.

1. เขา**ป่วย**หนักจนต้องเข้าโรงพยาบาล

   그는 병원에 입원해야 할 정도로 아프다.

2. คุณปู่**ป่วย**เป็นโรคมะเร็ง

   할아버지는 암에 걸렸다.

3. หมอสั่งยาให้**ผู้ป่วย**

   의사가 환자에게 약을 처방하였다.

4. การรักษาสุขอนามัยจะทำให้ไม่**ป่วย**บ่อย

   건강을 돌보는 것은 자주 병치레를 하지 않게 해 준다.

ปอก

벗기다, 까다 / 껍질을 벗기다: **ปอกเปลือก**

타동사 **ปอก**은 '벗기다, 까다'의 의미입니다. 목적어로는 주로 '껍질'의 의미를 지닌 명사 **เปลือก** 또는 껍질이 있는 과일명 등이 올 수 있습니다. 관용구에서 **ปอกกล้วยเข้าปาก**은 '바나나 껍질을 벗겨 입에 넣는다'라는 뜻으로, 우리 말의 누워서 떡 먹기, 식은 죽 먹기와 같이 매우 쉬운 일을 가리킬 때 씁니다. 한편 **ปอกลอก**은 속여서 '재산을 편취하다'의 의미로 쓰입니다.

1. แม่**ปอก**ผลไม้

   어머니가 과일 껍질을 깐다.

2. คุณย่า**ปอก**เปลือกกระเทียม

   할머니가 마늘 껍질을 벗기신다.

3. เขาโดนหล่อน**ปอก**ลอกจนหมดตัว

   그는 빈털터리가 될 정도로 사기 당했다.

4. งานนี้ง่ายเหมือน**ปอก**กล้วยเข้าปาก

   이 일은 바나나를 까서 입에 넣듯 쉽다.

ป

ป้อง(กัน)

막다, 방어하다, 방지하다

타동사 **ป้อง**은 '막다, 방어하다'라는 의미입니다. 단독으로 쓰이는 경우는 거의 없으며, 주로 **ป้องกัน**의 형태로 사용됩니다. 막는 대상이 목적어로 옵니다. 명사형은 **การป้องกัน** 입니다.

1. หมอฉีดวัคซีน**ป้องกัน**ไข้หวัดใหญ่ให้น้อง

   의사가 동생에게 독감예방 주사를 놓는다.

2. พ่อติดตั้งสัญญาณกันขโมยเพื่อ**ป้องกัน**ขโมย

   아버지가 도둑을 막기 위해 도난방지시스템을 집에 설치한다.

3. เขาเรียนศิลปะ**ป้องกัน**ตัว

   그는 호신술을 배운다.

4. ป่าไม้ช่วย**ป้องกัน**กระแสน้ำป่าไหลหลากได้

   숲은 물줄기의 범람을 막아 준다.

ป้อน

먹이다, 먹여주다, 떠 먹여주다

타동사 **ป้อน**은 '먹이다, 떠 먹이다'의 의미입니다. 직접 사동의 의미를 나타내는 사동사입니다. 주로 단독으로 쓰이며 이중 목적어 동사로 **ให้** 다음에 수혜자가 간접목적어가 나타나는 것이 보통입니다. 한편, 추상적인 의미로 자료나 정보 등을 '기입하다, 입력하다'의 의미로 사용되기도 합니다.

1. แม่**ป้อน**ข้าวน้อง

   어머니가 동생에게 밥을 먹인다.

2. พยาบาล**ป้อน**ยาให้ผู้ป่วยโรคอัมพาต

   간호사가 중풍 환자에게 약을 먹여 준다.

3. เขา**ป้อน**ข้อมูลต่างๆ ลงคอมพิวเตอร์

그가 컴퓨터에 자료를 기입한다.

4. ผู้จัดการ**ป้อน**งานให้เลขาคนใหม่

매니저가 새 비서에게 일을 준다.

ปัก

꽂다, 박다 / 마음에 새겨넣다: **ปักใจ**

타동사 **ปัก**은 꽂다, 박다, 심다, 찌르다 등으로 해석되는 동사입니다. **ปักผ้า**는 '천에 수를 놓다'라는 뜻으로 쓰입니다. **ปักใจ(เชื่อ)**는 직역하면, '마음에 꽂다'라는 뜻으로, '단호하다, 결의가 굳다'라는 의미를 나타냅니다. 주로 **เชื่อ**를 함께 써서 '확고하게 믿다'라는 뜻으로 많이 쓰입니다. 4음절합성어로 **ตั้งหลักปักฐาน**은 '정착하다, 삶의 터전을 잡다'의 의미가 됩니다.

1. หล่อน**ปัก**ผมด้วยปิ่น

그녀가 머리에 핀을 꽂는다.

2. แม่**ปัก**ผ้าได้สวยมาก

엄마가 옷에 아름답게 수를 놓았다.

3. ทุกคนต่างก็**ปัก**ใจเชื่อว่าเขาเป็นคนฆ่าแฟนสาว

모든 사람들이 그가 애인을 죽였다고 굳게 믿었다.

4. คนต่างชาติจำนวนมากมาตั้งหลัก**ปัก**ฐานที่เมืองไทย

많은 외국인이 태국에 삶의 터전을 잡고 산다.

ปั่น

회전하다 –머리가 돌 정도로 바쁘다: **ยุ่งจนหัวปั่น**

타동사 **ปั่น**은 '빙빙 돌리다, 회전하다'의 의미를 나타냅니다. **ปั่นจักรยาน**은 '자전거를 타다'는 뜻입니다. 또한 **ปั่นหัว**는 '선동하다', **หัวปั่น**은 '머리가 빙빙 돌 정도로 바쁘다'라는 의미가 됩니다. 음료 중에서 이름에 **ปั่น**이 붙는 경우는 주로 믹서에 넣고 빙빙 돌려 갈아서 만든 스무디나 셰이크 류를 가리킵니다. **แตงโมปั่น**은 '수박 셰이크', **นมปั่น**은 밀크 셰이크'를 의미합니다.

1. พ่อ**ปั่น**จักรยานทุกเช้า

   그는 매일 아침 자전거를 탄다.

2. แม่**ปั่น**ผ้าในเครื่องซักผ้า

   어머니가 세탁기 안의 옷을 탈수한다.

3. เขา**ปั่น**หัวให้ทุกคนเข้าใจผิด

   그는 모두가 오해하도록 선동을 했다.

4. วันนี้พนักงานทุกคนยุ่งจน**หัวปั่น**

   오늘은 모든 직원이 정신없이 바쁘다.

ปั้น

빚다, 반죽하여 모양을 만들다 / 동상: **รูปปั้น, รูปหล่อ**

타동사 **ปั้น**은 '빚다, 반죽하여 모양을 만들다'의 의미를 나타냅니다. 빚는 대상이 목적어로 옵니다. '동상'은 주로 **รูปปั้น** 이라고 하는데, '빚어낸 형상'이라는 뜻입니다. **เครื่องปั้นดินเผา**는 '도자기'라는 뜻입니다. **ปั้นน้ำเป็นตัว**는 관용구로 '이야기를 지어내다'라는 의미입니다.

1. คุณยาย**ปั้น**ขนมเป็นรูปดอกไม้

   할머니가 꽃 모양으로 과자를 빚는다.

2. เขาซื้อ**เครื่องปั้นดินเผา**นั้นมาจากเมืองจีน

   그가 중국에서 그 도자기를 사 왔다.

3. รูป**ปั้น**พญานาคอยู่ทางเข้าโบสถ์

나가 동상이 사원 입구에 있다.

4. เขาชอบ**ปั้น**น้ำเป็นตัว โกหกไม่เว้นแต่ละวัน

그는 하루도 거르지 않고 이야기를 지어내고 거짓말하기를 좋아한다.

ปิ้ง

굽다

동사 **ปิ้ง**은 '굽다'라는 의미를 가진 타동사로 목적어가 뒤에 옵니다. 주로 재료를 작은 크기로 썰어 꼬치 등에 끼워서 직화로 구워내는 경우에 동사 **ปิ้ง**을 사용합니다. 음식을 가리키는 명칭으로 쓸 때는 재료의 뒤에 **ปิ้ง**이 붙어서, **หมูปิ้ง**(돼지고기 꼬치구이), **ไก่ปิ้ง**(닭꼬치 구이), **ไข่ปิ้ง**(구운 계란), **กล้วยปิ้ง**(바나나 구이) 등으로 부릅니다. 우리나라의 갈비 등 바비큐를 지칭할 때 **ปิ้งๆ ย่างๆ** (구이류)로 표현하기도 합니다.

1. น้องชอบกินหมู**ปิ้ง**กับข้าวเหนียว

동생은 찹쌀밥과 돼지구이꼬치를 좋아한다.

2. แม่**ปิ้ง**ขนมปังให้ลูกๆ ในตอนเช้า

어머니는 아침에 아이들에게 빵을 구워준다.

3. อาหาร**ปิ้ง**ย่างไม่ดีต่อสุขภาพ

구이 음식은 건강에 좋지 않다.

4. กล้วย**ปิ้ง**ร้านนั้นอร่อยไม่เหมือนใคร

그 집 바나나구이는 독특하게 맛있다.

ป

ปิด

닫다, 끄다, 폐쇄하다 / 붙이다

태국어 타동사 **ปิด**은 맥락에 따라 매우 다양한 한국어에 대응됩니다. 예컨대, **ปิดไฟ**(불을 끄다), **ปิดมือถือ**(휴대폰을 끄다), **ปิดตา**(눈을 감다), **ปิดหนังสือ**(책을 덮다), **ปิดร้าน**(가게를 닫다), **ปิดกิจการ**(장사를 접다), **ปิดข่าว**(뉴스를 차단하다) 등의 형태로 나타날 수 있습니다. 합성어 형태로도 나타나는데 **ปกปิด**(숨기다, 은폐하다), **ปิดกั้น**(차단하다) 등이 그 예입니다. 한편 **ปิดประกาศ**은 광고(공고문)를 붙이다의 의미로 사용되기도 합니다.

1. พ่อสั่งให้น้อง**ปิด**ประตู

   아버지가 동생에게 문을 닫으라고 시킨다.

2. ฉัน**ปิด**ไฟ

   나는 불을 껐다.

3. บริษัท**ปิด**กิจการ

   회사는 사업을 그만 두었다.

4. ห้าม**ปิด**ประกาศบริเวณนี้

   이 근방은 게시 금지 구역이다.

ปีน

(산에) 오르다, 기어 오르다

동사 **ปีน**은 '기어 오르다, 등반하다'의 의미를 나타내는 타동사입니다. 목적어로는 주로 산, 나무 등이 옵니다. 단독으로도 쓰지만 **ป่ายปีน** 또는 **ปีนป่าย**의 합성어로도 사용합니다. 유의어로는 **ไต่**가 있습니다.

1. พ่อไป**ปีน**เขา

   아버지는 산에 오른다.

2. คุณปู่ชอบ**ปีน**เขา

   할아버지는 등산을 좋아하신다.

3. น้องชอบ**ปีน**ต้นไม้

동생이 나무오르기를 좋아한다.

4. ลิงป่าย**ปีน**ไปตามกิ่งไม้

원숭이가 나무가지를 따라 나무에 오른다.

ปู

깔다 / 게

동사로 쓰이는 **ปู**는 '깔다'라는 뜻의 타동사입니다. 주로 바닥에 까는 이불, 매트, 카펫 등이 목적어로 옵니다. 한편, 더 기본적인 의미로는 명사로 '게'라는 의미가 있습니다.

1. แม่**ปู**ที่นอน

어머니가 잠자리 요를 깐다.

2. บ้านของเรา**ปู**พื้นด้วยหินอ่อน

우리집 바닥은 대리석으로 깔았다.

3. เขา**ปู**พรมเต็มพื้นห้อง

그가 카펫을 방 전체에 깐다.

4. น้องชอบกิน**ปู**

동생은 게 먹는 걸 좋아한다.

ป

เป็น

~이다 / (병에) 걸리다 / ~ 할 줄 안다 / ~로서

동사 **เป็น**은 지정사로서 '~이다'로 해석됩니다. 다른 의미로 **เป็น**은 병이나 질환에 걸리다 라는 의미를 나타내기도 합니다. **เป็นโรคหัวใจ**(심장병에 걸리다), **เป็นหวัด**(감기에 걸리다), **เป็นลม**(쓰러지다, 현기증나다, 졸도하다) 등이 그 예입니다. 또한 동사구에 뒤에 오는 **เป็น**은 가능의 의미를 나타내기도 하는데 '~을 할 줄 안다'로 해석됩니다. 예컨대, **ขับรถเป็น**(운전할 줄 안다), **ขับรถไม่เป็น**(운전 할 줄 모른다) 등이 그 예입니다. 동사구의 뒤에 **เป็น**이 오고 명사구가 오게 되면 전치사와 같은 기능으로 '~로서'의 의미를 나타내기도 합니다. 예를 들어, **พี่สาวกินไข่ต้มเป็นอาหารเช้า**는 '언니는 아침식사로 삶은 계란을 먹는다'라는 뜻이 됩니다.

1. พ่อ**เป็น**หมอ

   아버지는 의사이다.

2. เขาได้รับบทแสดง**เป็น**พระเอก

   그는 주인공의 역할을 맡았다.

3. ฉันว่ายน้ำ**เป็น**

   나는 수영을 할 줄 안다.

4. น้อง**เป็น**ลมเพราะยังไม่ได้กินข้าวตั้งแต่เช้า

   동생이 아침부터 밥을 못 먹어서 쓰러졌다.

เปรียบ(เทียบ)

비교하다, 견주어보다
유리하다: **ได้เปรียบ** 불리하다: **เสียเปรียบ** 이기적이다: **เอาเปรียบ**

타동사 **เปรียบ**은 '비교하다, 견주다'의 뜻입니다. 단독으로 보다는 주로 **เปรียบเทียบ** 이라는 합성어의 형태로 많이 사용됩니다. '~를 …와 비교하다'라고 표현할때는 주로 **เปรียบเทียบ~กับ...**의 구문을 사용합니다. 한편 다른 어휘와 함께 쓰여 다양한 의미를 나타낼 수 있는데 **ได้เปรียบ**은 '유리하다', **เสียเปรียบ**은 '불리하다', **เอาเปรียบ**은 '이익을 보려고 하다' 등의 뜻이 됩니다.

1. เราไม่ควรเอาตัวเองไป**เปรียบเทียบ**กับผู้อื่น

   우리는 자신을 타인과 비교하지 말아야 한다.

2. ผู้หญิง**เสียเปรียบ**กว่าผู้ชาย

여자는 남자보다 불리하다.

3. นักกีฬาคนนั้น**ได้เปรียบ**คู่ต่อสู้ในการแข่งขันเพราะมีรูปร่างที่สูงกว่า

그 운동선수는 키가 커서 상대방 보다 경쟁에 유리하다.

4. เขาชอบ**เอาเปรียบ**คนอื่นเวลาทำงาน

그는 일할 때 다른 사람을 이용하곤 한다.

เปรี้ยว

시다, 시큼하다

상태성 동사 **เปรี้ยว**는 '시다'의 의미입니다. 태국 음식은 다채로운 맛의 조화를 중시하기 때문에 시큼한 맛이 나는 음식이 많은데이 시큼한 맛은 주로 라임(**มะนาว**)을 사용해서 냅니다. 이러한 음식 문화에서 기인해서 우리말과 달리 태국어의 **เปรี้ยว**는 긍정적인 의미를 나타내는 경우가 많습니다. 이에 사람의 닉네임에도 자주 사용되는 어휘입니다. 한편, **แต่งตัวเปรี้ยว**라고 하면, 옷차림이 지나치게 화려하거나 야한 경우를 말하기도 하고, 보기 좋게 튀는 경우를 말하기도 합니다.

1. ต้มยำกุ้งรสชาติค่อนข้าง**เปรี้ยว**

똠얌꿍의 맛은 상당히 시큼하다.

2. ฉันอยากกินมะม่วง**เปรี้ยว**

나는 시큼한 망고를 좋아한다.

3. หล่อนเป็นผู้หญิงที่แต่งตัว**เปรี้ยว**

그녀는 야한 옷을 잘입는 여자이다.

4. อาหารค้างคืนบูดส่งกลิ่นเหม็น**เปรี้ยว**

밤 사이에 음식이 상해 시큼한 냄새를 풍긴다.

ป

เปล่า

없다, 아니다, 텅비다 / 헛되이: **เปล่า ๆ**

상태성 동사 **เปล่า**는 '없다, 아니다, 텅비다' 등의 의미를 나타냅니다. 단독으로 쓰는 경우에 질문에 대한 답으로 **เปล่า**를 쓰는 경우가 있는데 이는 '아니오'의 의미가 됩니다. 명사 뒤에서 선행 명사를 수식하는 경우도 많은데, **ตัวเปล่า**(맨몸), **มือเปล่า**(맨손), **เท้าเปล่า**(맨발), **น้ำเปล่า**(맹물) 등의 예에서 보듯이 '아무것도 없는, 가미하지 않은'의 의미를 나타냅니다. 부사로 동사구의 뒤에서 쓰이면 주로 '아무 소득없이, 헛되이'의 의미로 쓰입니다.

1. เขาลงทุนไป**เปล่าๆ** โดยไม่ได้กำไรสักบาท

   그는 단 일바트도 수익을 못내고 헛되이 투자금을 날렸다.

2. ผู้คนต่างรีบจับจองที่ดินว่าง**เปล่า**ผืนนั้น

   사람들이 서둘러 주인이 없는 그 땅을 선점했다.

3. สมัยเด็กคุณปู่เดินไปโรงเรียนด้วยเท้า**เปล่า**เป็นประจำ

   할아버지는 어렸을 때 맨발로 등교를 했다.

4. การดื่ม**น้ำเปล่า**เป็นประโยชน์ต่อสุขภาพ

   맹물을 마시는 것은 건강에 좋다.

เปลี่ยน

변하다 / 교환하다 / 변화하다: **เปลี่ยนแปลง**

동사 **เปลี่ยน**은 자동사와 타동사로 모두 사용되는 동사로, '변하다, 변하게 하다'의 의미로 해석됩니다. **เปลี่ยนคน**(사람을 교체하다), **เปลี่ยนสาย**(갈아타다), **เปลี่ยนงาน**(업무를 변경하다), **เปลี่ยนห้อง**(방을 바꾸다)에서 처럼 목적어가 따라 나오기도 하고, **เขาเปลี่ยน**(그가 변했다), **นิสัยเปลี่ยน**(성격이 변했다) 등에서 처럼 주어의 뒤에서 서술어로 사용되기도 합니다. 단독으로도 쓰지만 **เปลี่ยนแปลง** 처럼 합성어로도 자주 사용합니다. '~로 바뀌다'라는 구문은 **เปลี่ยนเป็น**~로 표현합니다.

1. แม่**เปลี่ยน**เสื้อให้น้อง

   어머니가 동생을 위해 옷을 교환한다.

2. โค้ชขอ**เปลี่ยนตัว**นักฟุตบอลเนื่องจากนักเตะในสนามได้รับบาดเจ็บ

필드에서 부상당한 선수가 있어 코치가 선수교체 신청을 한다.

3. ใบไม้**เปลี่ยน**สีในฤดูใบไม้ร่วง

가을에는 나뭇잎의 색깔이 변한다.

4. การปฏิวัติครั้งนั้นทำให้เกิดการ**เปลี่ยนแปลง**ครั้งใหญ่ทางการเมือง

그 당시의 개혁은 커다란 정치적 변화를 가져왔다.

เป่า

(입으로)불다 / 공기를 뿜어내다: **เป่าลม**

타동사 **เป่า**는 입으로 불어 공기를 뿜는 동작을 의미합니다. 주로 뒤에는 피리, 풍선 등 부는 대상이 목적어로 옵니다. 관용표현으로 **เป่าหู**는 직역하면 '귀에 바람을 불어넣다' 지만, 은유적으로 '부추기다, 계속 말해 세뇌하다'의 의미가 됩니다. 태국 어린이들의 전통 놀이 중에 **เป่ากบ**이 있는데 우리나라의 고무줄 따먹기 놀이와 유사합니다.

1. น้อง**เป่า**ลูกโป่ง

동생이 입으로 풍선을 분다.

2. พ่อ**เป่า**ลมยางรถจักรยาน

아버지가 펑크난 자전거 바퀴에 공기를 주입한다.

3. น้องหัด**เป่า**ขลุ่ย

동생이 피리 연주를 연습한다.

4. เขา**เป่า**หูผู้จัดการให้ไล่พนักงานคนนั้นออก

그가 매니저에게 그 직원을 내쫓으라고 부추겼다.

ป

เปิด

열다, 켜다 / 공개하다, 폭로하다, 밝히다: **เปิดเผย**

타동사 **เปิด**은 **ปิด**의 반댓말로 맥락에 따라 다양한 우리말로 대역이 가능합니다. 예를 들면, **เปิดประตู**(문을 열다), **เปิดหนังสือ**(책을 펴다), **เปิดตา**(눈을 뜨다), **เปิดใจ**(마음을 열다), **เปิดร้าน**(가게를 열다, 개업하다), **เปิดงาน**(행사를 개회하다, 개최하다), **เปิดเรื่อง**(이야기를 시작하다, 전개하다) 등이 있습니다. 다양한 합성어로도 쓰이는데 그 중 **เปิดเผย**는 '폭로하다, 공개하다'라는 뜻입니다.

1. ภารโรง**เปิด**ประตูและหน้าต่างทุกเช้า

   경비원이 매일 아침 문과 창문을 연다.

2. เขา**เปิด**ร้านอาหารเกาหลีแถวหน้ามหาวิทยาลัย

   그는 대학 앞에 한국 식당을 개업하였다.

3. เขา**เปิดเผย**ความลับนั้นให้ทุกคนได้รู้

   그가 모두가 알도록 그 비밀을 폭로했다.

4. ในที่สุดหล่อนก็**เปิด**ใจรับรักเขา

   마침내 그녀가 마음을 열어 그를 받아주었다.

เปื้อน

더러워지다, 얼룩지다 / 앞치마: **ผ้ากันเปื้อน**

자동사 **เปื้อน**은 '더러워지다, 얼룩이 지다'라는 의미입니다. 앞치마는 **ผ้ากันเปื้อน** 이라고 부릅니다. **ปนเปื้อน**은 불순물이 '섞여 들어가다'라는 의미인데 불순물은 **สิ่งปนเปื้อน** 이라고 표현하기도 합니다.

1. เสื้อตัวนี้**เปื้อน**โคลน

   이 옷이 진흙에 얼룩졌다.

2. น้องเล่นจนเสื้อเปรอะ**เปื้อน**ไปด้วยดินทราย

   동생이 놀다가 옷이 모래로 온통 더러워졌다.

3. แม่ใส่ผ้ากัน**เปื้อน**ทำกับข้าว

어머니가 앞치마를 두르고 밥을 한다.

4. ของหมักดองมีเชื้อโรค**ปนเปื้อน**อยู่มาก

발효 음식에는 병균이 많이 섞여 있다.

แปรง

솔질을 하다 / 칫솔: **แปรงสีฟัน**

แปรง은 타동사로 '솔질하다'라는 뜻으로도 쓰이고, 그 자체로 솔이라는 명사로도 쓰이는 어휘입니다. 솔질해서 닦는 대상이 목적어로 옵니다. 칫솔은 **แปรงสีฟัน** 이라고 부릅니다.

1. ฉัน**แปรง**ฟันทุกเช้า

나는 매일 아침 이를 닦는다.

2. แม่ซื้อ**แปรง**สีฟันอันใหม่ให้ทุกคน

어머니가 새 칫솔을 모두에게 사주셨다.

3. คุณยายใช้**แปรง**ซักผ้า

할머니가 옷솔로 옷을 빨래하신다.

4. นักโบราณคดีใช้**แปรง**ค่อยๆ ปัดฝุ่นออกจากวัตถุโบราณ

고고학자가 솔을 가지고 고대 유적물에서 먼지를 제거한다.

ป

แปล 번역하다, 해석하다

동사 **แปล**는 '번역하다, 해석하다'라는 뜻입니다. 누군가 말한 내용을 잘 이해하지 못했을 때 쓸 수 있는 의문문으로 **แปลว่าอะไร** 가 있는데, '무슨 뜻입니까'라는 의미입니다. 책을 번역하다는 **แปลหนังสือ**, 반대로 번역서는 **หนังสือแปล** 가 됩니다. '…언어로 번역하다'의 경우 전치사 **เป็น** 을 사용하여 **แปลเป็น**...로 표현하면 됩니다.

1. เขา**แปล**เอกสารจากภาษาอังกฤษเป็นภาษาไทย

   그가 영어를 태국어로 번역한다.

2. เขาเป็นนัก**แปล**หนังสือ

   그는 책 번역가이다.

3. หนังสือ**แปล**เรื่องนี้ได้รับรางวัลยอดเยี่ยม

   이 번역서는 최우수상을 수상했다.

4. เขา**แปล**ความหมายคำศัพท์ถูกต้อง

   그가 단어 의미를 올바르게 해석했다.

แปลก 이상하다, 특이하다

자동사 **แปลก**은 '이상하다, 특이하다'라는 뜻으로 주로 부정적인 의미를 함의하는 경우가 많습니다. **ทำตัวแปลก ๆ** (이상하게 행동을 한다), **เขาเป็นคนแปลก**(그는 이상한 사람이다)에서와 같이 주로 한국어의 '이상하다'에 대응됩니다. **คนแปลกหน้า**는 얼굴이 이상한 사람이 아니라 '모르는 사람, 낯선 사람, 이방인'이라는 뜻입니다.

1. เขาค่อนข้างมีนิสัย**แปลก**

   그는 성격이 상당히 특이하다.

2. หล่อนชอบกินอาหาร**แปลก**ๆ

   그녀는 특이한 음식 먹는 것을 좋아한다.

3. ฉันนอนไม่หลับเพราะ**แปลก**ที่

나는 잠자리가 바뀌어서 잠이 안온다.

4. ปกติฉันจะไม่พูดกับคน**แปลก**หน้า

보통 나는 모르는 사람과 대화를 하지 않는다.

(ตัด)แปะ

(오려서) 붙이다, 접착하다

타동사 **แปะ**는 '접착하다, 붙이다'의 의미입니다. '오려 붙이다'의 의미는 동사 **ตัด**과 결합하여 **ตัดแปะ**로 쓰이기도 합니다. 한편, 의성어로는 우리말의 찰싹, 철썩 등에 대응됩니다.

1. น้องชอบ**แปะ**กระดาษตามปกหนังสือ

동생이 책 겉면에 종이 붙이기를 좋아한다.

2. เขาเอาผ้าพลาสเตอร์ยา**แปะ**แผลไว้เพื่อป้องกันเชื้อโรค

그는 상처난 곳에 세균 침투를 막기 위해서 밴드를 붙인다.

3. คุณครูเอาสติ๊กเกอร์**แปะ**สมุดให้นักเรียน

선생님이 학생들의 공책에 스티커를 붙여 주시다.

4. เขาสร้างงานศิลปะโดยใช้กระดาษตัด**แปะ**

그가 종이를 오리고 붙여서 예술품을 만든다.

ป

โปร่ง

맑다, 청명하다, 투명하다

상태성 동사 **โปร่ง**은 '맑다, 청명하다'의 의미입니다. 하늘이 맑거나 머리가 맑다고 표현할 때 단독으로도 쓰지만 합성어로 **ปลอดโปร่ง**의 형태로 자주 씁니다. 한편 투명성은 **ความโปร่งใส**로 표현합니다.

1. วันนี้ท้องฟ้า**โปร่ง**

   오늘 하늘은 청명하다.

2. วันนี้ฉันรู้สึกสมอง**ปลอด**โปร่ง

   오늘 나의 머리속이 맑게 느껴진다.

3. ช่างตัดเสื้อเสริมผ้าซับในเพื่อไม่ให้กระโปรง**โปร่ง**บางจนดูน่าเกลียด

   옷 디자이너가 치마가 너무 얇아 보기 싫지 않도록 속치마를 추가했다.

4. เขาใส่ดอกไม้อบแห้งลงในผ้า**โปร่ง**

   그가 마른 꽃잎을 망사 천에 넣는다.

ผลัก　　　　　밀다

타동사 **ผลัก**은 '힘을 주어 밀다'라는 뜻입니다. 출입문에 '미시오'라는 푯말을 태국어로 하면 **ผลัก**이 됩니다. 미는 대상이 목적어로 옵니다. 유의어 **ดัน** 과의 합성어로 **ผลักดัน**은 '떠밀다, 추진하다, 압력을 넣다'의 의미가 됩니다.

1. เขา**ผลัก**ประตูเข้ามาในห้อง

   그가 문을 밀고 방에 들어왔다.

2. รุ่นพี่**ผลัก**หน้าอกรุ่นน้องอย่างเอาเรื่อง

   선배가 시비를 걸듯이 후배의 가슴을 밀쳤다.

3. อาจารย์**ผลักดัน**ให้เขาไปเรียนต่อต่างประเทศ

   교수가 그가 유학을 가도록 뒤를 밀어줬다(도왔다).

4. เขาถูก**ผลัก**ไสให้ออกจากกลุ่ม

   그가 단체에서 쫓겨났다.

ผลัด

갈아입다, 교대하다, 연장하다, 연체하다

타동사 **ผลัด**은 '갈아입다, 교대하다, 연장하다, 연체하다' 등의 의미를 나타냅니다. 주로 '교대로 ~ 하다' 내지는 '교대조' 자체를 의미하기도 합니다. **ผลัดเวร**은 '교대하다'라는 의미이며, **ผลัดที่**~은 교대조 중 '~조'를 가리킵니다. **วิ่งผลัด**은 릴레이 경주를 의미합니다.

1. น้องกำลัง**ผลัด**เสื้อผ้าอยู่ในห้อง

   동생이 방에서 옷을 갈아입고 있다.

2. เขา**ผลัด**ค่าเช่าห้องมาเดือนหนึ่งแล้ว

   그는 임차료 지불을 한달 연체했다.

3. เราต้อง**ผลัดเวร**กันเฝ้าตู้เก็บเงินนั้น

   우리는 교대로 그 금고를 지켜야 한다.

4. เขา**ผลัด**กันรุก**ผลัด**กันรับขณะต่อสู้กันโดยไม่มีใครยอมใคร

   들 누구 하나 양보하지 않고 공격과 방어를 이어갔다.

ผลิ

발아하다, 움트다, 돋다, 새싹이 나오다

동사 **ผลิ**는 '움트다, 발아하다, 싹이 나다'의 의미입니다. 자동사와 타동사의 형태로 모두 쓰입니다. 단독으로도 쓰이지만 **ผลิบาน** (싹이 피어나다)의 형태로 많이 쓰입니다. **ฤดูใบไม้ผลิ**는 '나뭇잎이 움트는 계절', 즉 봄을 의미합니다.

1. ดอกไม้**ผลิ**บานเต็มกิ่งก้าน

   꽃이 가지 가득 새싹이 나온다.

2. ฉันชอบฤดูใบไม้**ผลิ**

   나는 봄을 좋아한다.

3. ต้นไม้เริ่ม**ผลิ**ดอกออกผล

나무에 새싹이 발아하기 시작했다.

4. ต้นไม้ที่พ่อปลูกไว้**ผลิ**ใบแล้ว

아버지가 심으신 나무에 잎이 났다.

ผลิต

생산하다, 만들다 / 생산품: **ผลิตภัณฑ์**

타동사 **ผลิต**은 '생산하다, 제조하다, 만들다'의 의미를 나타냅니다. 주로 생산하는 물품이 목적어로 뒤에 옵니다. 합성어로 **ผลผลิต ผลิตผล ผลิตภัณฑ์**은 모두 생산물, 생산품을 의미합니다. 제조공정은 **กระบวนการผลิต**, 제조자는 **ผู้ผลิต**이라고 합니다.

1. โรงงานนั้น**ผลิต**สินค้าส่งออก

그 공장은 수출품을 생산한다.

2. แม่บ้านในชุมชนช่วยกัน**ผลิต**สินค้าพื้นเมืองออกจำหน่าย

마을 내 주부들이 마을 토산품을 함께 만들어 판매한다.

3. ลูกค้าซื้อ**ผลิตภัณฑ์**จากบริษัทเรา

고객이 우리 회사의 제품을 구매한다.

4. สบู่รักษาสิวขายดีจนบริษัท**ผลิต**แทบไม่ทัน

회사 생산이 못 따라 갈 정도로 여드름 치료 비누가 잘 팔린다.

ผสม
혼합하다, 섞다

타동사 **ผสม**은 '혼합하다, 섞다'라는 뜻입니다. 주로 **ผสม**의 뒤에는 섞는 대상이 목적어로 오면서 **กับ** 이나 **และ** 등으로 연결됩니다. 교배하다, 교미하다는 **ผสมพันธุ์**으로 표현합니다. 합성어로는 **ผสมผสาน**(혼합하다), **ผสมกลมกลืน**(동화하다, 어우러지다) 등이 쓰입니다.

1. แม่**ผสม**ช็อกโกแลตและวนิลาเข้าด้วยกัน

   어머니는 초콜릿과 바닐라를 혼합한다.

2. พ่อจับวัวตัวผู้**ผสม**พันธุ์กับวัวตัวเมีย

   아버지가 수컷소와 암컷소를 교미시킨다.

3. สัตวแพทย์สามารถ**ผสม**เทียมลูกวัวพันธุ์ใหม่ได้สำเร็จ

   수의사가 새로운 종자의 송아지 인공 교배에 성공하였다.

4. เขาเก็บเล็ก**ผสม**น้อยทุกวันจนกลายเป็นเศรษฐี

   그는 조금씩 저축하여 부자가 되었다.

ผ่อง
오점이 없다, 말끔하다, 말갛다, 하얗다

상태성 동사 **ผ่อง** 은 오점이 없다, 말끔하다, 말갛다, 하얗다 등의 우리말에 대응될 수 있습니다. **ผ่องใส ผ่องแผ้ว ผุดผ่อง ขาวผ่อง** 등과 같이 다양한 합성어 형태로 쓰입니다. 주로 피부색이나 얼굴빛을 나타낼 때 쓰지만 성격 등을 나타낼 때도 쓸 수 있습니다.

1. เด็กๆ หน้าตา**ผ่อง**ใส

   아이들은 얼굴이 말갛다.

2. วันนี้เขาหน้าตา**ผ่อง**ใสมาก

   오늘 그의 얼굴이 새하얗다.

3. หน้าตาของเธอ**ผ่อง**แผ้วไม่มีรอยแผลเป็น

그녀의 얼굴은 상처하나 없는 말끔한 얼굴이다.

4. สาวพม่ามีผิวพรรณผุด**ผ่อง**เป็นยองใย

미얀마 처녀는 부드럽고 매끈한 살결을 가지고 있다.

ผ่อน

긴장을 풀다, 쉬다 / 할부로 지불하다
완화하다: **ผ่อนคลาย** / 쉬다: **พักผ่อน**

동사 **ผ่อน**은 '긴장을 풀다, 쉬다, 늦추다' 등의 의미를 나타냅니다. 가장 많이 쓰이는 합성어로 **พักผ่อน**은 '휴식을 취하다'라는 뜻이고, **ผ่อนคลาย**는 '(긴장을) 완화하다'라는 뜻입니다. 한편 **ผ่อน**은 '할부로 지불하다'라는 뜻도 있습니다. 예컨대, '그 차 할부가 월에 얼마입니까?'라는 질문은 **รถคันนั้นผ่อนเดือนละเท่าไร**로 번역할 수 있습니다.

1. หมอสั่งให้เขานอน**พักผ่อน**

의사가 그에게 쉬라고 지시한다.

2. เขามีภาระต้อง**ผ่อน**ชำระค่าเช่าบ้านทุกเดือน

그는 매달 임차료를 지불해야하는 부담을 가지고 있다.

3. เธอ**ผ่อน**คลายจากความเครียดด้วยการฟังเพลง

그녀는 음악 감상하며 스트레스를 해소한다.

4. เครื่องซักผ้าช่วย**ผ่อน**แรงแม่ได้มากทีเดียว

세탁기는 어머니의 수고를 적잖이 덜어준다.

ผ

ผอม

마르다, 여위다, 날씬하다, 홀쭉하다

상태성 동사 **ผอม**은 '마르다, 날씬하다, 홀쭉하다' 등의 의미를 나타냅니다. 일반적으로 **ผอม**은 중립적인 의미이지만, **ผอมแห้ง**(비쩍 마르다), **ผอมโซ**(피골이 상접하다) 등에서 처럼 지나치게 마르다는 부정적인 의미로도 쓰일 수 있습니다. 날씬해지다와 같이 상태변화를 나타낼때는 주로 부동사 **ลง**을 써서 **ผอมลง**으로 표현합니다.

1. หล่อนค่อนข้าง**ผอม**

   그녀는 상당히 날씬한 편이다.

2. เขาไม่ชอบผู้หญิงที่**ผอม**แห้งแรงน้อย

   그는 비쩍 마른 여자는 좋아하지 않는다.

3. ช่วงนี้เธอดู**ผอมๆ** ไปเนื่องจากการทำงานหนัก

   요즘 그녀는 업무 과다로 인해 수척해 보인다.

4. หมาตัวนั้น**ผอม**โซเพราะขาดคนเหลียวแล

   그 개는 돌봐주는 사람이 없어 피골이 상접하다.

ผัด

볶다 / 연기하다, 미루다 / 분을 바르다

동사 **ผัด**은 타동사로 다양한 의미가 있는데, 가장 일반적으로는 '볶다'의 뜻을 나타냅니다. 볶는 재료가 목적어로 옵니다. **ข้าวผัด**(볶음밥), **ผัดผัก**(채소볶음), **หมูผัดขิง**(돼지고기 생강 볶음), **ผัดกะเพรา**(바질 볶음), **ผัดไทย**(팟타이 볶음국수) 등의 음식 이름에 자주 쓰입니다. 한편 **ผัดแป้ง**은 '분(파우더)을 바르다'라는 의미로 유의어로 **ทาแป้ง**이 있습니다. 한편, 미루다, 연기하다 라는 의미도 나타내는데, **ผัดวันประกันพรุ่ง**은 관용구로 '차일피일 미루다'의 뜻입니다.

1. แม่ทำข้าว**ผัด**กุ้ง

   어머니가 새우볶음밥을 만든다.

2. แม่ครัว**ผัด**ผักรวมได้อร่อยมาก

주방장이 야채볶음을 맛있게 만든다.

3. คุณยายชอบ**ผัด**แป้งให้หน้าขาวๆ

할머니는 하얗게 볶는 거를 좋아하신다.

4. เขาชอบ**ผัด**วันประกันพรุ่งไม่ทำอะไรให้สำเร็จเป็นอย่างๆไป

그는 하나씩 끝을 내지 않고 차일피일 미루기를 좋아한다.

ผ่า

자르다, 쪼개다 / 수술하다: **ผ่าตัด**

타동사 **ผ่า**는 '자르다, 쪼개다'의 의미를 나타냅니다. 주로 칼이나 도끼 등을 이용해서 큰 덩이를 쪼개는 동작을 말합니다. 합성어에서 **ฟ้าผ่า**는 번개라는 뜻입니다. 한편, 동사로 자르다 라는 뜻의 **ตัด**과 결합하여 **ผ่าตัด** 하게 되면 '수술하다'라는 뜻입니다.

1. พ่อ**ผ่า**ฟืน

아버지가 장작을 팬다.

2. แม่**ผ่า**แตงโมแบ่งให้ลูกๆ

어머니가 수박을 잘라 아이들에게 준다.

3. น้องเข้ารับการ**ผ่าตัด**ไส้ติ่งเมื่อเดือนที่แล้ว

동생은 지난달 맹장염 수술을 하였다.

4. ศัลยแพทย์กำลัง**ผ่าตัด**ผู้ป่วยมะเร็งเต้านม

외과 의사가 유방암 환자를 수술하고 있다.

ผ่าน

지나다, 통과하다

자동사 **ผ่าน**은 '지나다, 통과하다'라는 뜻입니다. 장소를 나타내는 말이 뒤따라 오는 경우가 많습니다. 방향동사와 함께 쓰여 **ผ่านไป**는 '지나가다', **ผ่านมา**는 '지나오다'라는 뜻입니다. 시간적으로도 **ที่ผ่านมา**라고 하면, '지난 시간 동안'이라는 뜻이 됩니다. 한편 **สอบผ่าน**은 '시험에 통과하다'라는 뜻이고, **สอบไม่ผ่าน**은 '시험에 떨어지다'라는 뜻입니다. 또한 **ผ่าน**은 '거치다'라는 의미로도 해석되어, **ทหารผ่านศึก**은 '참전 용사'라는 의미를 나타내기도 합니다.

1. เขาเดิน**ผ่าน**ไปเมื่อกี้

   그가 좀 전에 걸어 지나갔다.

2. รถเมล์ที่ไปมหาวิทยาลัย**ผ่าน**หน้าบ้านของฉัน

   대학교에 가는 버스가 우리집 앞을 지난다.

3. น้องสอบ**ผ่าน**ขึ้นชั้นมัธยมศึกษาปีที่ 4

   동생이 고등학교 진학시험에 통과했다.

4. ในที่สุดฉันก็**ผ่าน**พ้นวิกฤตครั้งนั้นไปได้

   마침내 그 위기를 지날 수 있었다.

ผาย

배출(방출)하다, 넓게 펴다 / 인공호흡하다: **ผายปอด**

타동사 **ผาย**는 주로 '기체를 배출하다', '방출하다'의 의미를 나타냅니다. 목적어로 **ลม**이 와서 **ผายลม**이 되면 '방귀를 뀌다'라는 뜻이고, **ผายปอด** 하면 '인공호흡을 하다'라는 뜻이 됩니다. 다른 의미로 '짝 펴다, 활짝 펼치다'라는 뜻을 나타내기도 합니다.

1. น้อง**ผาย**ลมในห้อง

   동생은 방에서 방귀를 뀌었다.

2. พ่อช่วย**ผาย**ปอดเด็กที่จมน้ำ

   아버지가 물에 빠진 아이에게 인공호흡을 한다.

3. เขาเดินอก**ผาย**ไหล่ผึ่ง

그는 어깨를 쫙 펴고 걸었다.

4. คุณยายบอกว่า ฉันมีสะโพก**ผาย**กำลังดี

할머니께서는 내가 엉덩이가 적당히 퍼졌다고 말씀하셨다.

ผิด

틀리다 / 어기다
실망하다: **ผิดหวัง** 약속을 어기다: **ผิดนัด** 오해하다: **เข้าใจผิด**

상태성 동사 **ผิด**은 '틀리다, 잘못되다'의 의미를 나타냅니다. 단독으로도 쓰고, 다른 동사의 뒤에서 '잘못~하다'의 의미로도 많이 씁니다. **ทำผิด**(잘못하다), **จำผิด**(잘못 기억하다), **เข้าใจผิด**(오해하다), **คิดผิด**(잘못 생각하다), **ตอบผิด**(잘못 대답하다) 등의 예가 있습니다. 한편 타동사처럼 목적어가 뒤에 오는 경우도 있습니다. **จำผิดคน**(사람을 잘못 기억하다), **ผิดกฎหมาย**(위법이다), **ผิดวินัย**(규정을 어기다), **ผิดกติกา**(규칙을 어기다), **ผิดนัด**(약속을 어기다), **ผิดหวัง**(실망하다) 등이 그 예입니다. 합성어로 **ผิดพลาด**은 '실수하다, 잘못하다'의 의미로 많이 쓰입니다.

1. น้องคิดเลข**ผิด**อยู่เสมอ

동생은 산수 계산을 항상 틀리게 한다.

2. พ่อแม่**ผิดหวัง**กับลูกที่สอบไม่ผ่าน

부모님이 시험에 통과하지 못한 아이에게 실망했다.

3. ผู้จัดการเข้าใจ**ผิด**ว่าเขาทะเลาะกับลูกค้า

매니저가 부하직원이 손님과 싸우는 것으로 오해를 했다.

4. เขาต้องออกจากราชการ เนื่องจากถูกกล่าวหาว่าทำ**ผิด**วินัยร้ายแรง

그는 공무 규정을 심히 어겼다는 혐의를 받아 공직을 사퇴해야 했다.

ผุ

낡다, 썩다 / 부식하다: **ผุพัง**

상태성 동사 **ผุ**는 '낡다, 썩다, 부식하다, 삭다' 등의 우리말에 대응될 수 있습니다. 주로 나무나 뼈가 썩거나 삭아서 부서지는 모양을 나타내기 때문에 주어는 주로 나무, 치아, 뼈, 골격 등을 기리키는 말이 옵니다.

1. ไม้กระดานนั้น**ผุ**พังไปหมดแล้ว

   그 나무판은 낡았다.

2. เด็กๆ ชอบกินขนมหวานจนทำให้ฟัน**ผุ**

   아이들이 단 것을 즐겨먹어 이가 썩었다.

3. คุณปู่เป็นโรคกระดูก**ผุ**

   할아버지는 골양증에 걸렸다.

4. บ้านหลังนั้น**ผุ**พังไปตามกาลเวลา

   그 집은 세월의 흐름에 따라 삭았다.

ผูก

묶다, 매다 / 변비: **ท้องผูก**

타동사 **ผูก**은 '묶다, 매다'라는 의미입니다. 묶는 대상이 목적어로 따라 나옵니다. 동사성 합성어로 **ผูกพัน**은 '인연을 맺다, 엮이다'의 의미를 나타내고, **ความผูกพัน**은 '인연, 유대, 연대감, 정' 등으로 해석이 가능합니다. 한편, **ท้องผูก**은 변비를 의미합니다.

1. เขา**ผูก**เชือกรัดกล่องพัสดุ

   그가 소포 상자를 끈으로 묶는다.

2. แม่**ผูก**โบว์ให้น้องก่อนไปโรงเรียน

   어머니가 동생이 등교하기 전에 리본을 묶어 주신다.

3. หมอบอกผู้ป่วยโรค**ท้องผูก**ว่าให้กินผักและผลไม้มากๆ

의사가 변비환자에게 채소와 과일을 많이 먹으라고 말한다.

4. ประเทศไทย**ผูก**สัมพันธไมตรีกับต่างประเทศ

태국은 외국과 우호관계를 맺었다.

เผชิญ

상대하다, 마주치다, 우연히 만나다 / 직면하다: **เผชิญหน้า**

동사 **เผชิญ**은 '상대하다, 마주치다, 우연히 만나다' 등의 의미를 나타냅니다. **เผชิญปัญหาต่างๆ** (각종 문제를 직면하다)에서 처럼 단독으로 목적어가 바로 뒤따라 오기도 하지만, 주로 동사의 뒤에 전치사 **กับ**이 쓰여 **เผชิญ(หน้า)กับ...**의 형태로 많이 쓰입니다. **เผชิญหน้า**는 '직면하다, 대면하다, 대치하다' 등으로 해석할 수 있습니다.

1. เป็นครั้งแรกที่เขากับหล่อน**เผชิญหน้า**กันหลังจากเลิกกันไปนาน

오래전 그가 그녀와 헤어진 후에 대면하는 것은 처음이다.

2. เขากำลัง**เผชิญ**กับความกลัว

그는 두려움에 직면해 있다.

3. ถึงเวลาแล้วที่เธอต้อง**เผชิญหน้า**กับความจริง

그녀가 현실을 직면해야만 하는 순간이 왔다.

4. เขา**เผชิญหน้า**กับศัตรูอย่างกล้าหาญ

그가 용감함 적과 대치했다.

เผ็ด
맵다, 격렬하다

상태성 동사 **เผ็ด**은 '맵다'의 의미를 나타냅니다. 단독으로 서술어로 쓰이거나 명사의 뒤에서 수식할 수 있습니다. 다른 의미로 '격렬하다'의 의미를 나타내기도 하는데 이때에는 주로 **เผ็ดร้อน** 또는 **ดุเด็ดเผ็ดมัน** 등의 형태로 쓰여 부사로 기능하는 경우가 많습니다.

1. เขาชอบทานอาหารรส**เผ็ด**

   그는 매운 맛의 음식을 즐겨먹는다.

2. อาหารนั้น**เผ็ด**เกินไปสำหรับคนต่างชาติ

   그 음식은 외국인에게는 너무 맵다.

3. ทั้ง 2 ฝ่ายต่างก็ต่อสู้ด้วยคารมกันอย่าง**เผ็ด**ร้อน

   양측 모두가 격렬히 싸운다.

4. การเลือกตั้งครั้งนี้ขับเคี่ยวกันอย่างดุเด็ด**เผ็ด**มัน

   이번 선거는 맹렬히 각축을 벌였다.

เผา
태우다, 굽다

타동사 **เผา**는 '태우다, 굽다'라는 뜻입니다. 불을 피워서 태우는 것을 주로 **เผา**라고 합니다. 목적어가 뒤따라 오기도 하고, 음식 이름 등에서는 재료 뒤에 **เผา**를 쓰기도 합니다. 예컨대, **ปลาเผา**(생선 구이), **กุ้งเผา**(새우 구이) 등이 그 예입니다. 한편, 매장보다 화장 문화가 발달한 태국에서 '화장하다'를 표현할 때 **เผาผี** 라는 표현을 쓰기도 합니다.

1. พ่อ**เผา**ขยะที่หลังบ้าน

   아버지가 집 뒤에서 쓰레기를 태운다.

2. พวกเรา**เผา**อาหารทะเลกินกันที่ชายทะเล

   우리는 바닷가에서 해산물을 구워 먹는다.

3. ตำรวจสาดกระสุนปืนเข้าใส่คนร้ายในระยะ**เผา**ขน

경찰이 지근거리에서 강도에게 총을 발사했다.

4. หล่อนร้องไห้จนน้ำตาเป็น**เผา**เต่า

그녀는 눈물을 펑펑 쏟으며 울었다.

แผ่

넓히다, 확대하다, 나누어주다

동사 **แผ่**는 '넓히다, 확장하다, 확대하다, 봉헌하다, 나누어 주다' 등 다양한 우리말에 대응될 수 있습니다. 합성어로는 **เผยแผ่** (종교 등을 전파하다) **แผ่ขยาย**(영향력 등을 확대하다, 넓히다) **แผ่กระจาย**(퍼뜨리다, 확장하다) 등이 있습니다. 4음절 합성어로 **เอื้อเฟื้อเผื่อแผ่**는 '인정을 베풀다, 양보하다, 정을 나누다'의 의미를 나타내는 말들입니다.

1. พระพุทธศาสนาถูกเผย**แผ่**เข้ามาประเทศไทยเมื่อหลายร้อยปีก่อน

불교는 수백년 전에 태국에 전파되었다.

2. จักรพรรดิในสมัยอดีตต่างบุกรุกไปตามเมืองต่างๆ เพื่อต้องการ**แผ่**อาณาจักร

과거의 왕국들은 세력 확장을 위해 여러 도시를 공격하였다.

3. เขานอน**แผ่**บนโซฟาด้วยความเหนื่อยอ่อน

그는 힘이 빠진채 쇼파에 퍼져 있다.

4. เซลล์มะเร็ง**แผ่**ลุกลามไปทั่วอวัยวะในร่างกาย

암세포가 몸 기관 전체에 전이되었다.

ผ

ฝ

ฝัง

묻다, 매장하다, 삽입하다

타동사 **ฝัง**은 주로 땅을 파서 무언가를 '묻거나 매장하다'라는 뜻입니다. 또한, 추상적인 의미로 '주입하다, 삽입하다'의 의미를 나타내기도 합니다. **หลุมฝังศพ**은 '시체를 묻는 구덩이' 즉, 묘소라는 뜻입니다. **ฝังเข็ม**은 '침을 놓다'라는 뜻입니다. 합성어 형태로 **ปลูกฝัง**(주입하다, 교육하다), **ฝากฝัง**(의탁하다, 맡기다) 등도 쓰입니다.

1. เขาขุดหลุม**ฝัง**สุนัขตัวโปรดที่เพิ่งตายไป
   그는 방금 죽은 아끼는 개를 묻어 주려 구덩이를 팠다.

2. คนสมัยโบราณมักเอาทรัพท์สมบัติใส่ไห**ฝัง**ดิน
   고대 사람들은 재산을 항아리에 넣어 땅에 묻었다.

3. ปัจจุบันการรักษาโรคด้วยวิธี**ฝังเข็ม**เป็นที่นิยมกันมาก
   현대에 침술을 이용하여 병을 치료하는 방법이 선호된다.

4. คุณปู่ฝาก**ฝัง**หลานที่ถูกทอดทิ้งให้พ่อและแม่ช่วยดูแล
   할아버지가 버림 받은 아이를 부모님에게 맡겼다.

ฝาก

맡기다, 위탁하다 / 예금하다: **ฝากเงิน**

타동사 **ฝาก**은 '맡기다, 위탁하다'라는 뜻입니다. **ฝากเงิน**(돈을 맡기다, 예금하다), **ฝากของ**(물건을 맡기다, 보관하다) 등의 예에서 보듯이 맡기는 대상이 목적어로 옵니다. **ที่รับฝากของ**은 '물품 보관소'를 의미합니다. 한편 '선물하다'라는 의미를 나타내기도 하는데, **ซื้อมาฝาก**은 직역하면 '사 와서 맡기다' 이지만 실제로는 '사다가 선물로 주다'의 의미가 됩니다. **ของฝาก**은 그래서 '선물'을 의미하는 경우가 많으며,이 때의 선물은 주로 특산품이나 기념품 등인 경우가 많습니다. **ฝากตัว**는 직역하면 '몸을 맡기다'지만 실제 의미는 '부탁하다, 의탁하다'라는 뜻입니다. 처음 만났을 때나 어떤 조직에 들어갈 때 쓰는 표현으로 **ฝากเนื้อฝากตัวด้วย**는 우리말의 '잘 부탁 드립니다' 에 해당하는 인사말입니다.

1. แม่**ฝาก**ขนมไปให้เพื่อนของฉัน

   어머니가 내 친구에게 과자를 맡겼다.

2. ฉัน**ฝาก**ของไว้ที่ตู้รับฝากของ

   나는 물품 보관함에 물건을 두었다.

3. เขา**ฝาก**เงินที่ธนาคารทุกสิ้นเดือน

   그는 매달 말 은행에 예금을 한다.

4. เขาอยากเป็นนักร้องจึงเข้าไป**ฝาก**ตัวกับศิลปินนักร้องชื่อดัง

   그는 가수가 되고 싶어서 유명한 가수에게 의탁했다.

ฝาด

떫다

상태성 동사 **ฝาด**은 맛 중에서 떫은 맛을 의미합니다. 단독으로도 쓰고, 반복해서 **ฝาด ๆ**의 형태로 쓰기도 합니다. 또는 그 자체로 **ฝาด** 이라는 나무를 지칭하는 고유명사로 사용되기도 합니다. 한편 관용구로 **ตาฝาด**은 '잘못 보다'의 의미입니다.

1. ผลไม้นั้นมีรส**ฝาด**

   그 과일은 맛이 떫다.

2. ยาสมุนไพรนั้นค่อนข้าง**ฝาด**

그 약초는 상당히 떫은 편이다.

3. ตาฉันไม่**ฝาด**แน่ๆ ฉันเห็นเขามากับผู้หญิง

내 눈을 확실히 믿을 수 없다. 나는 그가 여자와 오는 것을 봤다.

4. สีของสบงและจีวรของภิกษุได้มาโดยใช้วิธีการย้อมน้ำ**ฝาด**

승복 상의와 중의는 홧(나무껍질) 우린 물로 염색을 한다.

ฝึก(ฝน) 연습하다, 훈련하다

동사 **ฝึก**은 '연습하다, 훈련하다, 갈고 닦다'라는 의미를 나타냅니다. **ฝึกงาน**(업무 수련하다, 인턴을 하다)에서 처럼 단독으로도 쓰지만 **ฝึกอ่าน**(읽기 연습하다), **ฝึกพูด**(말하기 연습하다), **ฝึกสอน**(강의 연습하다, 교생실습하다) 등에서 처럼 주로 다른 동사구가 따라오는 경우가 많습니다. 또한 **ฝึกฝน**(훈련하다), **ฝึกหัด**(연습하다), **ฝึกอบรม**(교육하다), **ฝึกปรือ**(연습하다) 등과 같이 다양한 동사성 합성어로도 쓰입니다.

1. นักศึกษาวิชาทหารต้อง**ฝึกฝน**อย่างหนัก

대학생이 교련 수업에 많이 연습을 해야한다.

2. นักศึกษาชั้นปี 4 คณะครุศาสตร์มา**ฝึกสอน**ที่โรงเรียนของฉัน

사범대학 4학년 대학생이 우리 학교에서 교생 실습을 한다.

3. คุณครูสั่งให้นักเรียนทำ**แบบฝึกหัด**

선생님이 학생에게 연습문제를 하라고 지시했다.

4. พี่สาว**ฝึก**นั่งสมาธิก่อนนอน

언니가 자기 전에 좌선 연습을 한다.

ฝืน

마지 못해 ~하다, 억지로 ~하다 / 마음에 거슬리다: **ฝืนใจ**

동사 **ฝืน**은 '억지로~하다'라는 의미를 나타내는 말입니다. **ฉันไม่อยากฝืนเธอ**(나는 너를 강제하고 싶은 생각은 없다)에서 처럼 타동사로 목적어가 오기도 하지만, 주로 다른 동사구의 앞에 쓰여 '억지로~하다'라는 의미를 나타내는 경우가 많습니다. **ฝืนกิน**(억지로 먹다), **ฝืนทำ**(억지로 하다), **ฝืนยิ้ม**(억지로 웃다) 등이 그 예입니다. 합성어로 **ฝ่าฝืน**은 '법을 위반하다'라는 뜻입니다.

1. ฉัน**ฝืน**กินผักนั้นเพราะแม่บังคับ

   나는 어머니가 강제로 시켜서 마지못해 그 채소를 먹었다.

2. เขา**ฝืน**มาทำงานทั้งๆ ที่ยังป่วยอยู่

   그는 아직 아픈데도 불구하고 억지로 일하러 왔다.

3. หล่อนยอม**ฝืน**ใจไปทำงานต่างจังหวัดกับเพื่อนที่เคยทะเลาะกัน

   그녀는 어쩔수 없이 예전에 싸운 친구와 지방에 가서 일하게 됐다.

4. เขาฝ่า**ฝืน**กฎของบริษัทจึงโดนไล่ออก

   그는 회사 규정을 어겨서 해고 됐다.

เฝ้า

지키다, 간수하다 / 집을 지키다: **เฝ้าบ้าน**

타동사 **เฝ้า**는 '지키다, 간수하다'라는 의미입니다. 목적어가 뒤따라와 **เฝ้าบ้าน**(집을 지키다), **เฝ้าของ**(물건을 지키다) 등으로 쓰이기도 하고, 동사가 뒤에 와서 **เฝ้าดู**(망보다, 지켜보다), **เฝ้ามอง**(지켜보다), **เฝ้าระวัง**(경계하다), **เฝ้าคอย**(고대하다) 등의 의미를 나타내기도 합니다. **เฝ้าไข้**는 '환자를 지키다' 즉, 간호하다 라는 뜻입니다. 다른 뜻으로 '알현하다'의 의미를 나타내기도 해서 **เข้าเฝ้า**는 '알현하다, 문안드리다'의 의미로 쓰입니다.

1. แม่นอน**เฝ้าไข้**ลูกอยู่ข้างๆ

   어머니가 아이 곁에 누워서 간호한다.

2. ตำรวจมีนโยบายช่วย**เฝ้า**บ้านให้ประชาชนในช่วงวันหยุดยาว

   경찰은 긴 연휴에 국민을 위한 방범 정책을 펼쳤다.

3. เขา**เฝ้าดู**การแข่งขันฟุตบอลรอบชิงชนะเลิศ

   그는 결승전 축구 경기를 지켜본다.

4. พ่อแม่**เฝ้าคอย**ลูกๆ กลับมากินข้าวเย็นด้วยกัน

   부모가 아이와 저녁을 함께 먹으려고 고대하고 있다.

ฝ

พ

พ่น

분출하다, 내뿜다, 친다

타동사 **พ่น**는 액체나 기체류를 ‘뿜다, 분출하다’, 스프레이로 ‘뿌리다’ 등의 의미를 나타냅니다. 뿌려지는 대상이 목적어로 따라 나옵니다. **พ่นสี**는 스프레이로 도색한다는 뜻을 나타내며, **ยาพ่น**은 스프레이식 약을 지칭합니다.

1. นักเรียนถูกครูลงโทษเพราะ**พ่น**สีที่ข้างรั้วโรงเรียน

   학교 벽에 스프레이 칠을 한 학생이 교사에게 벌을 받는다.

2. ชาวสวนฉีด**พ่น**ย่าฆ่าแมลงที่สวนผลไม้

   농부가 과수원에 농약을 친다.

3. หมอให้ยา**พ่น**คอเนื่องจากคออักเสบ

   의사가 목안의 염증때문에 뿌리는 약을 주었다.

4. ช่าง**พ่น**เคาะสีรถจนดูเหมือนใหม่

   기술자가 도색으로 새차처럼 만들었다.

พ้น

벗어나다, 면하다 / 꺼져버려!: **ไปให้พ้น**

동사 **พ้น**은 '벗어나다, 면하다'라는 뜻입니다. **พ้นกำหนด**(기한을 넘기다), **พ้นตำแหน่ง**(직위를 면하다), **พ้นขีดอันตรา**(위험을 벗어나다) 등에서 처럼 타동사로 목적어가 바로 따라 나오기도 하고, **พ้นจาก...**의 형태로 '…로부터 벗어나다'의 의미를 나타내기도 합니다. 합성어로는 **ผ่านพ้น**(지나다, 벗어나다), **หลุดพ้น**(벗어나다), **รอดพ้น**(탈출하다) 등의 형태로 쓰입니다. **ไปให้พ้น**은 '꺼져버려!', '사라져!'라는 의미입니다.

1. เขา**พ้น**จากตำแหน่งประธาน

   그는 사장직에서 물러났다.

2. เขา**พ้น**จากคดีนั้นไปได้อย่างโล่งอก

   그는 속이 후련하게 그 소송건에서 벗어났다.

3. อาจารย์ช่วยเขาให้**พ้น**ผิดจากการลอกข้อสอบ

   교수님이 그를 시험부정행위의 벌을 면하게 해주셨다.

4. หมอบอกว่าพ่อของฉัน**พ้น**ขีดอันตรายแล้ว

   의사는 우리 아버지가 위험한 단계는 벗어났다고 말했다.

พนัน

도박하다

동사 **พนัน**은 '도박하다, 걸다, 내기하다'라는 뜻입니다. 단독으로 쓰면 주로 **พนัน(กัน)ว่า...**의 형태로 사용합니다. 명사형은 **การพนัน**으로 '도박하다'는 **เล่นการพนัน**으로 표현하기도 합니다. **ติดการพนัน**은 '도박에 중독되다'라는 뜻입니다.

1. เขาติดการ**พนัน**จนทำให้มีหนี้สินมากมาย

   그는 도박에 중독되어 빚이 매우 많아졌다.

2. พี่ชายชอบเล่น**พนัน**บอล

   형은 축구 도박을 좋아한다.

3. พนักงาน**พนัน**กันว่าใครจะถูกส่งไปทำงานที่ต่างจังหวัด

직원들이 자기들중 누가 지방으로 발령날 것인 지 내기를 했다.

4. เขาติดการ**พนัน**จนเสียผู้เสียคน

그는 주위 사람들을 잃을 정도로 도박에 중독 되었다.

พบ 만나다, 발견하다

타동사 **พบ**은 '만나다, 발견하다'라는 뜻입니다. 타동사로 만나는 대상이 목적어로 옵니다. **พบปัญหา**는 '문제를 발견하다, 직면하다'로 해석됩니다. 또한 다양한 합성어로 사용되는데, **พบปะ**(만나다), **พบเจอ**(만나다), **นัดพบ**(약속하여 만나다, 만날 약속을 하다), **ค้นพบ**(발견하다), **ขุดพบ**(발견하다, 발굴하다) 등이 그 예입니다. **พบว่า...**는 '…라는 것을 발견했다'라는 뜻이 됩니다.

1. ฉัน**พบ**เพื่อนโดยบังเอิญ

나는 친구를 우연히 만났다.

2. นักศึกษาเข้าไป**พบ**อาจารย์

학생이 교수를 만나러 간다.

3. นักโบราณคดีขุด**พบ**วัตถุโบราณ

고고학자가 고대유물을 발굴했다.

4. เขานัด**พบ**เพื่อนเก่าเพื่อเลี้ยงสังสรรค์กัน

그는 오랜 친구와 술 약속을 잡았다.

พ

พยาบาล

간호하다, 간호사 병원: **โรงพยาบาล**

동사 **พยาบาล**은 '간호하다, 간병하다'라는 뜻입니다. 그 자체로 명사로 기능하며 간호사를 뜻하기도 합니다. **โรงพยาบาล**은 '병원' 을, **ปฐมพยาบาล**은 '응급처리하다'의 의미를 나타냅니다. 간호학은 **พยาบาลศาสตร์** 이라고 합니다.

1. น้องอยากเป็น**พยาบาล**

   동생은 간호사가 되고 싶어한다.

2. พ่อพาคุณปู่ไป**โรงพยาบาล**

   아버지가 할아버지를 모시고 병원에 간다.

3. นาง**พยาบาล**ปฐม**พยาบาล**ให้ผู้ป่วย

   간호사가 환자에게 응급 처치를 한다.

4. แม่คอย**พยาบาล**พ่อในยามที่พ่อป่วยหนัก

   어머니는 아버지가 매우 편찮을 때 간호를 하셨다.

พยายาม

노력하다, 애쓰다, 힘쓰다

동사 **พยายาม**은 '노력하다, 애쓰다, 힘쓰다'라는 의미를 가진 동사입니다. 자동사나 수식어로도 쓰이고, **พยายาม(ที่จะ)** 다음에 동사구가 나와서 '~하려고 노력하다, 애쓰다'라는 의미를 나타내기도 합니다. 명사형은 **ความพยายาม**(노력) 입니다. 태국어 격언으로 **ความพยายามอยู่ที่ไหนความสำเร็จอยู่ที่นั่น**은 '노력이 있는 곳에 성공이 있다'라는 뜻으로, '뜻이 있는 곳에 길이 있다'라는 말에 대응되는 표현입니다.

1. พี่ชาย**พยายาม**ซ่อมคอมพิวเตอร์มาสองวันแล้ว

   형/오빠가 컴퓨터를 고치려고 애쓴지 이틀이 됐다.

2. เขาเป็นคนเพียร**พยายาม**และอุสาหะมาก

   그는 매우 근면하고 노력하는 사람이다.

3. น้อง**พยายาม**ขอร้องแม่ให้ซื้อของเล่นให้

동생이 어머니에게 장난감을 사달라고 설득하려 애쓴다.

4. คนเราต้องมีความ**พยายาม**ถึงจะทำอะไรได้สำเร็จ

우리는 무엇을 성공시키려면 노력해야만 한다.

พลาด

잘못하다, 놓치다 / 실패하다 / 기회를 놓치다: **พลาดโอกาส**

동사 **พลาด**은 '잘못하다, 놓치다, 실패하다' 등의 의미를 나타냅니다. 목적어가 뒤따라와 **พลาดโอกาส**(기회를 놓치다), **พลาดรถ**(차를 놓치다), **พลาดเท้า**(발을 삐끗하다, 실족하다) 등으로 쓰이기도 하고, 동사의 뒤에서 부사로 기능하여 **ทำพลาด**(실수하다)로 쓰이기도 합니다. 유의 합성어로 **ผิดพลาด**은 '실수하다, 잘못하다'의 의미를 나타내며, **ความผิดพลาด** 또는 **ข้อผิดพลาด**은 '오류, 실수'라는 의미의 명사입니다.

1. เขา**พลาด**นัดกับลูกค้าคนสำคัญ

그는 중요한 손님과의 약속을 놓쳤다.

2. เขามีปัญหาเรื่องสุขภาพจึงทำให้**พลาด**โอกาสไปศึกษาต่อต่างประเทศ

그는 몸이 안좋아 해외 유학 기회를 놓쳤다.

3. เขาทำผิด**พลาด**อย่างให้อภัยไม่ได้

그는 용서받을 수 없는 잘못을 하였다.

4. ใครๆ ก็เคยทำ**พลาด**กันทั้งนั้น

누구나 실수를 한다.

พลิก

뒤집다, 젖히다

동사 **พลิก**은 '뒤집다, 뒤집어지다, 젖히다' 등으로 해석되는 동사입니다. 타동사로 목적어가 바로 뒤따라와 **พลิกตัว**(몸을 뒤집다) **พลิกปลา**(생선을 뒤집다) 등으로 씁니다. 합성어로 **พลิกคว่ำ**은 '완전히 뒤집어 지다'라는 뜻이고, **(พูด)พลิกแพลง**은 '말을 바꾸다, 왜곡하다'라는 뜻입니다.

1. แม่**พลิก**ปลาเมื่ออีกด้านหนึ่งสุกแล้ว

   어머니가 생선의 한 면이 익자 뒤집었다.

2. พี่สาว**พลิก**ตัวไปมาทั้งคืนเพราะนอนไม่หลับ

   누나가 잠이 안와서 밤새 몸을 뒤척였다.

3. รถจักรยานยนต์สีแดง**พลิก**คว่ำอยู่ข้างทาง

   빨간색 오토바이가 길 옆에 뒤집혀 있다.

4. เขาพยายามพูด**พลิก**แพลงข้อเท็จจริงต่างๆ เพื่อให้คนอื่นมองเขาในแง่ดี

   그는 다른 사람들에게 좋게 보이기 위해 여러 사실을 왜곡하려한다

พอ

충분하다, 족하다, 적당하다 / 마음에 들다: **พอใจ**

상태성 동사 **พอ**는 '충분하다, 족하다, 적당하다' 등으로 해석됩니다. 단독으로 **พอแล้ว**(충분하다, 만족했다) 처럼 쓰이기도 하고, **นอนพอ**(충분히 자다), **เหนื่อยพอ**(충분히 피곤하다), **ดีพอ**(충분히 좋다) 등과 같이 다른 동사의 뒤에 나타나 ' 충분히~'의 의미로 쓰일 수 있습니다. 감정을 나타낼 때 **พอใจ**는 '만족하다, 마음에 들다'라는 뜻으로 쓰입니다. 합성어의 형태로 **พอดี**(딱 좋다, 알맞다), **เพียงพอ**(충분하다), **พอเพียง**(분하다, 족하다) 등의 의미를 나타내기도 합니다. 푸미폰 국왕이 제창한 **เศรษฐกิจพอเพียง**은 '자족경제'라는 뜻입니다.

1. เงินเดือนของหล่อนไม่**พอ**สำหรับค่าใช้จ่ายในแต่ละเดือน

   그녀의 월급이 매달 생활비 지출을 감당하지 못한다.

2. เขาเตรียมเงินมา**พอดี**สำหรับค่าเดินทาง

그는 교통비에 딱 맞게 돈을 준비했다.

3. หัวหน้า**พอใจ**การทำงานของเขามาก

팀장이 그의 업무 성과에 만족한다.

4. ในหลวงทรงให้ประชาชนชาวไทยยึดหลักเศรษฐกิจ**พอเพียง**

국왕이 국민들에게 자족 경제 원칙을 고수하도록 하였다.

พอง

팽창하다, 부풀다 / 뻥튀기: **ข้าวพอง**

상태성 동사 **พอง**은 '부풀다, 팽창하다, 빵빵하다' 등의 의미를 갖습니다. 단독으로도 쓰고, 명사구나 동사구의 뒤에서 수식어로 사용하기도 합니다. 뜨거운 것에 데어서 피부가 부풀어 오르거나 물집이 생기는 경우에도 사용합니다. **ข้าวพอง**은 '뻥튀기'라는 뜻입니다.

1. น้องโดนน้ำร้อนลวกหนังมือ**พอง**

동생이 뜨거운 물어 데여서 손이 부풀었다.

2. พ่อเป่าลูกโป่งให้**พอง**

어버지가 풍선을 빵빵하게 불었다.

3. เขาเป่าปี่จนแก้ม**พอง**

그는 양볼이 빵빵하게 피리를 불었다.

4. พี่ชอบกินข้าว**พอง**

그는 뻥튀기 먹는 것을 좋아한다.

พ

พัก

쉬다, 휴식하다, 멈추다, 기거하다

동사 **พัก**은 '쉬다, 휴식하다, 멈추다, 기거하다, 임시로 살다 '등의 의미를 나타냅니다. 단독으로 쓰여 **พักสิบนาที** 하면 '십분간 휴식'이라는 뜻입니다. 합성어로 **พักผ่อน**(휴식하다), **พักฟื้น**(요양하다, 추스르다) 등의 형태로도 사용됩니다. 한편, **พัก**은 '묵다', '기거하다'라는 뜻도 있어서 **คุณพักอยู่ที่ไหน**라고 하면 '어디에서 쉬느냐'라는 뜻 보다는 주로 '어디에 묵고 있느냐'의 의미가 됩니다. **โรงพัก**은 '경찰서'라는 뜻을 나타내기도 합니다.

1. เราควรออกกำลังกาย บริโภคอาหารให้ถูกสุขลักษณะ และ**พักผ่อน**ให้เพียงพอ

   우리는 건강 상태에 맞게 운동하고 음식을 먹어야하며 적당한 휴식을 취해야 한다.

2. ผู้หญิงที่คลอดลูกควร**พัก**ฟื้นประมาณ 3 เดือน

   여성은 출산 후 회복 기간을 3개월 정도 가져야 한다.

3. อาจารย์ให้นักเรียน**พัก** 10 นาที

   교수가 학생들에게 10분 휴식하도록 하였다.

4. การนอนหลับคือวิธีการ**พักผ่อน**ที่ดีที่สุด

   수면은 최고의 휴식방법이다.

พัง

부수다, 붕괴되다, 무너지다 / 망가지다

동사 **พัง**은 '부수다, 붕괴되다, 무너지다' 등으로 해석됩니다. 자동사와 타동사로 모두 쓰입니다. 즉, **พังประตู**는 '문을 부수다', **ประตูพัง**은 '문이 부서지다'의 의미를 나타냅니다. 합성어로 **พังทลาย**(부서지다, 허물어지다)가 자주 쓰입니다. 동사 **พัง**은 물리적으로 허물어지거나 부서질때에도 쓰지만, 추상적으로 일이나 계획이 '망가지다'의 의미로도 사용할 수 있습니다.

1. เขา**พัง**ประตูเข้าไปช่วยน้องสาวที่ถูกลักพาตัว

   그가 문을 부수고 들어가 납치된 동생을 구했다.

2. กำแพงถูกทำลาย**พัง**ลงมา

벽이 허물어져 내렸다.

3. หลังแผ่นดินไหวบ้านเรือนทุกหลัง**พังทลาย**ลงมา

지진이 일어난 후 모든 집이 무너져 내렸다.

4. แผนการณ์ของเขา**พัง**หมดแล้วเพราะมีคนรู้ความลับ

누군가 비밀을 알게 되어 그의 계획은 모두 망가졌다.

พัฒนา

개발하다, 발전하다

동사 **พัฒนา**는 '개발하다, 발전하다'라는 의미로, 자동사와 타동사로 모두 쓰입니다. **พัฒนาสังคม**은 '사회를 발전시키다, 개발하다' 를, **สังคมพัฒนา**는 '사회가 발전하다'의 의미를 나타냅니다. 합성어로 **ประเทศที่พัฒนาแล้ว**(선진국), **ประเทศกำลังพัฒนา**(중진국, 개발도상국), **ประเทศด้อยพัฒนา**(후진국) 등의 형태로 쓰입니다. **พัฒนาการ**은 '발달, 발전, 진보'라는 의미입니다.

1. รัฐบาล**พัฒนา**เศรษฐกิจให้ดีขึ้น

정부가 경제를 발전시킨다.

2. ประเทศไทยได้ชื่อว่าเป็นประเทศกำลัง**พัฒนา**

태국은 개발도상국이라는 이름을 얻었다.

3. เด็กๆ มีการ**พัฒนา**การเรียนรู้อย่างรวดเร็ว

아이들은 학습의 발전 속도가 빠르다.

4. เขาฟังบรรยายธรรมะเพื่อนำข้อคิดมา**พัฒนา**จิตใจ

그는 마음의 수련을 위해 설법을 듣는다.

พัด

부채질하다 / 불다
선풍기: **พัดลม** 바람이 불다: **ลมพัด**

자동사 **พัด**은 '바람이 불다, 부채질하다'라는 뜻입니다. 그 자체로 명사로 기능하여 '부채'를 가리키기도 합니다. 주로 '바람'이 주어로 오므로, **ลมพัด**(바람이 불다)의 형태로 씁니다. 어순을 반대로 하면 **พัดลม**(선풍기)이 됩니다. 동사 **พัด**의 뒤에 방향동사가 와서 **พัดไป**(불다, 불어가다), **พัดมา**(불어오다) 등으로 쓰이기도 합니다.

1. คุณยายเอา**พัด**มา**พัด**ไปมาเพราะอากาศร้อนมาก

   할머니가 날이 너무 더워서 부채를 가져다 부채질을 한다.

2. วันนี้ลม**พัด**แรง

   오늘은 바람이 강하게 분다.

3. ฉันเปิด**พัด**ลม

   나는 선풍기를 켰다.

4. เขาใช้**พัดพัด**ไฟในเตาให้ลุก

   그는 화로 안에 불이 붙도록 부채질을 한다.

พัน

감다, 감기다 / (숫자) 1000
(상처에) 붕대를 감다: **พันแผล**

동사 **พัน**은 '감다' 또는 '감기다'라는 뜻으로 자동사와 타동사로 모두 사용됩니다. 즉, **พันสาย**는 '줄을 감다', **สายพัน(กัน)**은 '줄이 감기다'로 해석될 수 있습니다. **พันแผล**는 '상처에 붕대를 감다'라는 뜻입니다. 유의어 '묶다' **ผูก**과 함께 쓰여 **ผูกพัน** 하면 '인연을 맺다, 연대하다, 정을 나누다'라는 의미입니다. 한편, 명사로는 숫자 '천'을 의미합니다.

1. ฉัน**พัน**ผ้าที่ขาไว้เพื่อห้ามเลือด

   나는 지혈을 위해 다리에 붕대를 감았다.

2. แม่ล้างและ**พัน**แผลให้น้อง

   어머니는 동생을 위해 상처를 닦고 붕대를 감았다.

3. เจ้าหน้าที่ตำรวจเกือบสาม**พัน**นายเข้าสลายม็อบผู้ประท้วง

삼천명 가까운 경찰관이 시위대를 진압에 참여했다.

4. เพื่อนสองคนนี้รักและ**ผูกพัน**กันมาก

이 두 친구는 서로 사랑하며 돈독한 관계이다.

พับ

접다, (옷을) 개다, 쪼그리다

타동사 **พับ**은 '접다, 개다, 쪼그리다' 등의 의미를 나타냅니다. **พับผ้า**(천, 옷을 개다), **พับเสื้อ**(옷을 개다), **พับผ้าห่ม**(이불을 개다) 등과 같이 목적어가 바로 나옵니다. 또는 개어놓은 천을 세는 형태사로 쓰이기도 합니다. 한편, **พับขา**는 '다리를 접다, 쪼그리다'의 의미를 나타냅니다. 태국에서 공손한 앉은 자세는 두 다리를 모아 한 쪽으로 뻗고 바르게 한 손으로 상체를 받혀 앉는 것인데 이를 태국어로 **นั่งพับเพียบ**이라고 합니다.

1. แม่**พับ**ผ้าใส่ตู้เสื้อผ้า

어머니가 옷을 개어 옷장에 넣는다.

2. หญิงสาว**พับ**เพียบกับพื้น

여성이 다소곳이 바닥에 다리를 옆으로 뉘여 앉았다.

3. แม่ฝากผ้าไหมมาให้ป้า 3 **พับ**

어머니가 3 장의 천을 아주머니에게 주었다.

4. หล่อนเป็นลมล้ม**พับ**หมดสติไปนาน

그녀는 오랫동안 정신을 잃고 쓰러졌다.

พ

พา

거느리다, 이끌다, 데리고 (가다/오다) / 유괴하다: **ลักพา**

타동사 **พา**는 '거느리다, 이끌다, 데리고 가다/오다'의 의미를 나타냅니다. 주로 방향동사가 따라 오는데, 목적어는 본동사와 방향동사 사이에 옵니다. **พา**는 공손표현이 따로 없으므로, '데리고 가다' 나 '모시고 가다'로 모두 해석이 가능합니다. 한편, 합성어로 **ลักพา(ตัว)**는 '유괴하다, 납치하다'라는 뜻입니다.

1. พ่อ**พา**น้องไปสวนสัตว์

   아버지가 동생을 데리고 동물원에 간다.

2. เขา**พา**คุณปู่ไปหาหมอ

   그는 할아버지를 모시고 병원에 간다.

3. เด็กถูก**ลักพา**ตัวที่ใต้สะพานลอย

   아이는 육교 아래에서 납치되었다.

4. น้ำพัด**พา**ขยะลงสู่ทะเลทำให้สัตว์ทะเลตายเป็นจำนวนมาก

   물이 쓰레기를 바다로 옮겨 가 많은 수의 해양생물이 죽었다.

พาย

노를 젓다, 노

타동사 **พาย**는 '노를 젓다'라는 뜻으로 목적어는 주로 **เรือ**(배) 가 옵니다. 그 자체로 명사가 되어 '노'를 가리키기도 합니다. 한편, 속담 중에서 **มือไม่พายเอาเท้ารานํ้า**은 '손으로 노를 젓지도 않고 오히려 발을 물에 넣어 막는다'라는 뜻으로, '도와주지는 못할 망정 일을 방해하다'라는 뜻입니다.

1. พ่อสอนพี่ชาย**พาย**เรือ

   아버지가 오빠에게 노 젓는 법을 가르친다.

2. คน**พาย**เรือใช้**พาย**ยันเรือออกจากบันไดท่าน้ำ

   뱃사공이 노를 사용하여 배를 밀어 포구에서 나왔다.

3. ฉัน**พาย**เรือเลาะไปตามคลอง

나는 하천을 따라 노를 저어 지나갔다.

4. คนพวกนี้ไม่ช่วยแล้วยังมายุ่งอีกเป็นพวกมือไม่**พาย**เอาเท้าราน้ำจริงๆ

이사람들은 돕지도 않으면서 간섭만 하는 사람들이다.

พิง

기대다

พิง은 타동사로 '기대다'라는 뜻입니다. 기대는 대상이 목적어로 따라옵니다. 다른 동사의 뒤에 나타나 '기대어 ~하다'라는 의미를 나타내기도 합니다. 합성어로 **พักพิง**은 '기거하다, 의탁하다'의 의미를, **พาดพิง**은 '연관되다'의 의미를 갖습니다.

1. เขายืน**พิง**เสาอยู่ตรงโน้น

그는 그 전봇대에 기대서 있었다.

2. เขานั่ง**พิง**เก้าอี้อย่างหมดแรง

그는 힘이 다 빠진듯 의자에 기대 앉았다.

3. ฉันชอบเอาหัวไป**พิง**ไหล่เพื่อน

나는 머리를 친구의 어깨에 기대는 걸 좋아한다.

4. เธอไม่มีที่พัก**พิง**อื่นใดนอกจากบ้านหลังนี้

그녀는이 집 말고는 다른 기댈 수 있는 곳이 없다.

พ

พิจารณา

검토하다, 숙고하다

동사 **พิจารณา**는 '검토하다, 심사숙고하다, 고려하다, 참작하다' 등으로 해석될 수 있습니다. 검토하는 대상이 목적어로 따라옵니다. **พิจารณาคดี**는 '사건을 심리하다'라는 뜻입니다. 명사형은 **การพิจารณา** 입니다.

1. หัวหน้า**พิจารณา**รับเธอเข้าทำงาน

   팀장이 그녀를 고용할지 검토 중이다.

2. อาจารย์**พิจารณา**คุณสมบัตินักเรียนที่มายื่นใบสมัครสอบ

   교수가 지원서를 제출한 학생의 자격을 검토한다.

3. ศาลกำลัง**พิจารณา**ตัดสินโทษจำเลย

   법원이 피고의 형을 심사하는 중이다.

4. กรรมการ**พิจารณา**แล้วตัดสินให้หนังสือเล่มนั้นได้รางวัล

   심사위원이 심사 후 그 책을 수상작으로 결정하였다.

พิมพ์

인쇄하다, 타이핑하다

타동사 **พิมพ์**은 '인쇄하다'라는 뜻입니다. '조판하다, 찍다'의 의미에서 현대에는 '타이핑하다'라는 의미까지 확장되었습니다. 목적어가 따라 나올 수 있습니다. '출판하다, 발간하다'라는 말은 **พิมพ์ จัดพิมพ์ ตีพิมพ์** 등으로 다양하게 표현됩니다. **หนังสือพิมพ์**은 '신문', **สำนักพิมพ์**은 '출판사'라는 뜻입니다.

1. ฉันนั่ง**พิมพ์**งานให้อาจารย์

   나는 앉아서 교수님의 타이핑 작업을 도와주었다.

2. ฉันไม่ชอบเรียนวิชา**พิมพ์ดีด**

   나는 타자연습 수업을 좋아하지 않는다.

3. สำนักพิมพ์**พิมพ์**หนังสือเล่มนั้นออกจำหน่ายแล้ว

출판사는 그 책의 판매를 시작하였다.

4. ในปัจจุบันจำนวนคนอ่านหนังสือ**พิมพ์**ลดลง

현재 신문을 읽는 사람의 수가 감소했다.

พิเศษ

특별하다, 특수하다, 특정하다 / (음식의) 곱배기

상태성 동사 **พิเศษ**은 '특별하다, 특수하다'라는 뜻입니다. 단독으로 서술어로 쓰이거나 명사구 혹은 동사구 뒤에서 수식어로 쓰입니다. **การปฏิบัติการพิเศษ**은 '특수 작전'이라는 뜻입니다. 음식의 뒤에 **พิเศษ**이 붙으면 '곱배기', 또는 특별히 '고명을 많이 얹은 음식 이'라는 뜻을 나타냅니다. 반대말은 **ธรรมดา**입니다.

1. วัน**พิเศษ**แบบนี้เราควรที่จะเลี้ยงฉลองกันสักหน่อย

이런 특별한 날에 우리는 파티라도 좀 해야한다.

2. ขอก๋วยเตี๋ยวต้มยำ**พิเศษ** 1 ชาม

똠얌쌀국수 곱배기 하나 주세요.

3. เขาไปทำงาน**พิเศษ**ทุกวันหลังเลิกเรียน

그는 매일 방과 후에 아르바이트를 한다.

4. เธอคือคน**พิเศษ**ของเขา

그녀는 그의 특별한 사람이다.

พ

พิสูจน์ 증명하다, 검증하다, 입증하다, 감식하다

타동사 **พิสูจน์**은 증명하다, 검증하다, 입증하다, 감식하다 등 맥락에 따라 다양한 우리말에 대응될 수 있습니다. 예시에서 보듯이 다양한 목적어가 따라 나올 수 있습니다. **พิสูจน์อักษร**은 '오탈자를 교정하다'라는 뜻입니다.

1. ตำรวจกำลัง**พิสูจน์**หลักฐาน

   경찰이 증거물을 감식하는 중이다.

2. เขา**พิสูจน์**ให้ฉันเห็นว่าเขาเป็นคนดี

   그는 그가 좋은 사람이라는 것을 내게 증명해 보였다.

3. เขาเอาพยานหลักฐานไป**พิสูจน์**ความจริงในศาล

   그는 법원에 증거를 가져가 사실을 증명했다.

4. นักวิทยาศาสตร์กำลัง**พิสูจน์**ว่าผงชูรสนั้นเป็นของแท้หรือของเทียม

   과학자는 그 조미료가 진짜인지 가짜인지를 검증하고 있다.

พึ่ง 의지하다

타동사 **พึ่ง**은 '의지하다, 기대다'의 의미입니다. **พึ่งตัวเอง/ตนเอง**(자신에게 의지하다, 독립적으로 행동하다), **พึ่งคนอื่น**(타인에게 의지하다)에서처럼 기대는 대상이 목적어로 따라 나옵니다. 한편 동사성 합성어로 **พึ่งพา**(의지하다), **พึ่งพาอาศัย**(기대다, 의지하다), **พึ่งพาอาศัยกันและกัน**(서로서로 의지하다) 등과 같은 형태로 쓰일 수도 있습니다. **ที่พึ่ง**은 '의지할 곳, 후원자'라는 의미입니다.

1. หล่อนมักจะ**พึ่ง**คนอื่นเสมอไม่เคยลงมือทำเอง

   그녀는 항상 남에게 의지하고 스스로 해본 적이 없다.

2. ตนเป็นที่**พึ่ง**แห่งตน

   나 자신이 나의 의지처이다.

3. เราควร**พึ่ง**ตัวเองก่อนที่จะ**พึ่ง**คนอื่น

우리는 남에게 의지하기 전에 먼저 스스로에게 의지해야한다.

4. เขารู้สึกโดดเดี่ยวเพราะไม่มีใครเป็นที่**พึ่ง**

그는 의지할 사람이 없어 외로워한다.

พูด

말하다 / 언행: **การพูดจาและการกระทำ**

타동사 **พูด**은 '말하다, (언어를) 하다'의 의미로 목적어가 따라 옵니다. **พูดภาษาไทยเก่ง**은 '태국어를 잘 하다', **พูดภาษาไทยไม่เก่ง**은 '태국어를 못하다'의 의미입니다. 말하기 라는 명사형은 **การพูด**으로 표현합니다. **พูดตรง ๆ** 또는 **พูดตรงไปตรงมา**는 '직설적으로 말하다', **พูดอ้อม**은 '돌려 말하다'의 의미입니다.

1. หล่อนกำลัง**พูด**อยู่กับผู้จัดการ

그녀는 팀장과 이야기 중이다.

2. หล่อน**พูดจา**ไพราะกับทุกคน

그녀는 모든 사람에게 듣기 좋게 말한다.

3. คุณครูให้นักเรียนออกมา**พูด**รายงานหน้าชั้น

선생님이 수업 시간에 학생들에게 말하기 발표를 시켰다.

4. เขา**พูด**ภาษาไทยได้อย่างคล่องแคล่ว

그는 태국어를 유창하게 한다.

เพราะ (소리) 감미롭다, 듣기 좋다 / ~때문에

동사로 사용되는 **เพราะ**는 '듣기 좋다, 감미롭다'라는 뜻입니다. 주로 자동사로 사용되지만 때에 따라 **เพราะหู**로 '(귀에) 듣기좋다'의 형태로 사용하기도 합니다. 한편, 문장 연결 접속사로 사용하면 '~때문에'라는 의미인데, 인과 관계를 나타내는 문장에서 원인절이 **เพราะ**의 뒤에 옵니다.

1. เพลงที่เขาเปิด**เพราะ**มาก

   그가 틀은 음악이 매우 감미롭다.

2. หล่อนร้องเพลงได้**เพราะ**มาก

   그녀는 노래를 매우 듣기 좋게 부른다.

3. เขาไม่มาโรงเรียน**เพราะ**ไม่สบาย

   그는 몸이 아파서 학교에 안왔다.

4. **เพราะ**ฝนตกหนักน้ำจึงท่วม

   비가 많이 와서 홍수가 났다.

เพลิดเพลิน 즐겁다, 즐기다, 황홀하다, 심취하다

자동사 **เพลิดเพลิน**은 '즐겁다, 즐기다, 황홀하다, 심취하다' 등으로 해석될 수 있습니다. 명사형은 **ความเพลิดเพลิน** 입니다. **อย่างเพลิดเพลิน** 형태의 부사로도 자주 사용됩니다.

1. เด็กๆ เล่นกันอย่าง**เพลิดเพลิน**เสมอ

   아이들은 항상 즐겁게 논다.

2. ฉันนั่งอ่านหนังสือใต้ต้นไม้อย่าง**เพลิดเพลิน**

   나는 나무 아래 앉아서 즐겁게 책을 읽는다.

3. ฉัน**เพลิดเพลิน**กับเสียงดนตรีที่กำลังฟัง

나는 지금 듣고 있는 음악 소리에 심취했다.

4. เขา**เพลิดเพลิน**กับการดูรายการเพลงในโทรทัศน์

그는 텔레비전의 음악프로그램을 즐긴다.

เพลีย

노곤하다, 피로하다, 탈진하다, 힘이 없다

자동사 **เพลีย**는 '노곤하다, 피로하다, 탈진하다, 힘이 없다' 등으로 해석됩니다. 단독으로도 쓰고, 유의어와 함께 결합하여 **อ่อนเพลีย**(피로하다, 힘이 없다, 쳐지다), **อ่อนเปลี้ยเพลียแรง**(기진맥진하다) 등의 합성로도 사용됩니다. **เพลียใจ**는 '마음이 지친다, 고달프다, 의욕이 없다'라는 의미입니다.

1. วันนี้ฉันรู้สึก**เพลีย**มาก

오늘 나는 매우 노곤하다.

2. แม่นอนไม่พอจึงทำให้เกิดอาการ**อ่อนเพลีย**

어머니께서 수면량이 충분치 않아 몸에 힘이 없다.

3. เขามีอาการท้องเสีย ร่างกายอ่อนเพลียจนต้องไปหาหมอ

그는 설사증세로 몸이 약해져 결국 병원을 가야 했다.

4. เขาอ่อนเปลี้ย**เพลีย**แรงหลังจากอดนอนติดต่อกัน 3 วัน

그는 연속으로 사흘간 잠을 못 자 기진맥진하다.

พ

เพาะ(ปลูก)

심다, 파종하다, 배양하다, 재배하다

타동사 **เพาะ**는 '심다, 파종하다, 배양하다, 재배하다' 등으로 해석됩니다. 단독으로도 사용하고, **เพาะปลูก**(재배하다), **เพาะชำ**(종자를 삽목하다), **บ่มเพาะ/เพาะบ่ม**(키우다, 배양하다, 육성하다), **เพาะเลี้ยง**(양식하다), **เพาะพันธุ์**(파종하다), **เพาะเชื้อ**(균을 배양하다) 등의 동사성 합성어로도 자주 사용됩니다.

1. แม่**เพาะ**ถั่วงอกไว้กินเอง

   어머니가 숙주를 손수 재배해 먹는다.

2. เขา**เพาะปลูก**ผลไม้ไว้หลายชนิดในสวน

   그는 과수원에 여러 종류의 과일을 재배한다.

3. ชาวสวน**เพาะ**ชำต้นกล้าไว้เป็นจำนวนมากเพื่อจำหน่าย

   농부가 팔기 위해 모종을 많이 배양하였다.

4. เด็กเปรียบเสมือนเมล็ดพันธุ์ที่ครูต้องคอยบ่ม**เพาะ**ดูแล

   아이들은 선생님이 잘 키워나가야 할 씨앗과 같다.

เพิ่ม

증가하다, 첨가하다 / 추가하다, 보충하다: **เพิ่มเติม**

타동사 **เพิ่ม**은 '증가하다, 첨가하다, 부가하다'의 의미입니다. 단독으로도 쓰고, **เพิ่มพูน**(늘리다, 배가하다), **เพิ่มเติม**(추가하다, 보충하다) 등의 동사성 합성어로도 씁니다. 주로 부동사 **ขึ้น**이 와서 **เพิ่มขึ้น**으로 사용하여 상태의 변화를 나타내기도 합니다. 한편, **มูลค่าเพิ่ม**은 '가치를 부가하다'라는 뜻으로, **ภาษีมูลค่าเพิ่ม**은 '부가가치세'를 의미합니다.

1. นักศึกษาไทยให้ความสนใจเรียนภาษาเกาหลี**เพิ่มขึ้น**มาก

   태국 대학생들이 한국어 학습에 관심이 많아졌다.

2. อาจารย์อธิบาย**เพิ่มเติม**จากเนื้อหาที่นักเรียนรายงาน

   교수님이 학생이 발표한 부분에 추가 설명을 한다.

3. เขาขอ**เพิ่ม**ข้าวอีกจาน

그가 밥 한공기를 더 추가하였다.

4. เรามีสมาชิกในบ้าน**เพิ่ม**ขึ้นมาอีกคน

그는 그의 집 식구 한 명이 더 늘었다.

แพ้

지다, 패하다

동사 **แพ้**는 고대 태국어에서는 '이기다'라는 의미로 쓰였으나, 현대어에서는 '지다, 패하다'라는 뜻입니다. 의미적으로는 자동사로 보이지만, 실제 쓰임에서는 지는 대상 또는 지는 내용이 목적어처럼 바로 따라올 수 있습니다. **แพ้พี่** (형에게 지다) **แพ้การแข่งขัน**(경기에서 지다) 등이 그 예입니다. 합성어 형태로 **พ่ายแพ้** (지다, 패배하다)로 쓰이기도 합니다. 한편, '알레르기 반응을 보이다'의 의미를 나타내기도 하여, **(โรค)ภูมิแพ้**는 '알러지'라는 의미입니다.

1. ฉันเล่นเกมกับน้องทีไร**แพ้**ทุกที

그는 동생과 게임을 하면 매번 진다.

2. ทีมฟุตบอลของโรงเรียนเรา**แพ้**การแข่งขันครั้งนี้

우리 학교 축구팀이 이번 대회에서 패배했다.

3. เขามักไม่ยอม**แพ้**กับอะไรง่ายๆ

그는 어떤 것에 쉽게 포기하지 않는다.

4. คุณย่าเป็นโรค**ภูมิแพ้**

할머니는 알레르기가 있다.

พ

แพง　　비싸다

상태성 동사 **แพง**은 '(값이) 비싸다'라는 뜻입니다. 서술어로 사용하기도 하고, 명사구의 뒤에서 수식어로 사용하기도 합니다. '비싸지다' 처럼 상태의 변화를 나타낼 때는 주로 뒤에 부동사 **ขึ้น**이 사용됩니다.

1. ราคาสินค้า**แพง**ขึ้นมาก

   상품의 가격이 오르다.

2. หล่อนชอบใช้ของ**แพง**

   그녀는 값비싼 물건을 좋아한다.

3. แม่บอกว่าโทรศัพท์เครื่องนี้ราคา**แพง**เกินไป

   어머니는이 전화기가 너무 비싸다고 말했다.

4. อุบัติเหตุครั้งนี้นับเป็นบทเรียนราคา**แพง**สำหรับเขา

   이번 사고는 그에게 있어서 매우 값비싼 교훈으로 여겨진다.

แพร่(หลาย)　　퍼지다, 확산하다, 유행하다

자동사 **แพร่**는 '퍼지다, 확산하다, 유행하다' 등의 의미를 나타냅니다. 서술어나 부사로 주로 쓰이며, 뒤에는 방향동사 **ไป** 나 **ออกไป** 가 와서 확산되는 방향을 나타내는 경우가 많습니다. 단독으로도 쓰이고, **แพร่หลาย**(확산되다), **แพร่กระจาย**(유포하다, 확산하다, 만연하다), **แพร่ระบาด**(퍼지다, 만연하다, 확산되다) 등에서 처럼 합성어로도 쓰입니다.

1. เชื้อโรคได้**แพร่กระจาย**ไปทั่วร่างกาย

   세균이 몸 전체에 퍼졌다.

2. กระแสเกาหลีได้**แพร่หลาย**เป็นที่นิยมในหมู่วัยรุ่นไทยอย่างมาก

   한류가 태국 청소년들에게 널리 확산되었다.

3. ข่าวร้ายนั้นได้**แพร่กระจาย**ออกไป

그 안좋은 소식이 퍼져나갔다.

4. นักท่องเที่ยวนิยมมาเที่ยวเกาะภูเก็ตกันอย่าง**แพร่หลาย**

푸켓을 방문하는 관광객들이 확산되었다.

ไพเราะ 듣기 좋다, 감미롭다

자동사 **ไพเราะ**는 '듣기 좋다, 감미롭다'의 의미로 유의어로는 **เพราะ** 가 있습니다. **เพราะ**와 마찬가지로 뒤에 **หู** 가 목적어 자리에 와서 **ไพเราะหู**로 사용되기도 합니다.

1. เธอพูดจา**ไพเราะ**ใครๆ ก็อยากฟัง

그녀는 말을 듣기 좋게 해서 다들 듣고 싶어 한다.

2. หล่อนร้องเพลงได้**ไพเราะ**มาก

그녀는 노래를 매우 감미롭게 부른다.

3. เสียงนกร้องตามธรรมชาติเป็นเสียงที่**ไพเราะ**มาก

지저귀는 자연의 새 우는 소리는 매우 감미로운 소리다.

4. ครูแจ้ง คล้ายสีทองขับเสภาได้**ไพเราะ**มาก

쨍 클라이씨텅 선생님은 쎄파를 매우 감미롭게 읊으신다.

 พ

ฟอก

세탁하다, 표백하다

동사 **ฟอก**은 '세탁하다, 표백하다'의 의미로 주로 빨아서 하얗게 만드는 것을 말합니다. 목적어로는 표백하는 대상이 옵니다. 합성어로 **ผงซักฟอก**은 빨래할 때 쓰는 표백제, 또는 세제를 뜻합니다. 액체로 된 세제의 경우 **น้ำยาซักผ้า**라고 부릅니다. 한편, **ฟอกไต**는 '신장을 투석하다'라는 의미입니다.

1. แม่**ฟอก**ผ้าด้วยน้ำยาขจัดคราบ

   어머니가 표백제를 사용하여 세탁을 한다.

2. น้องไปซื้อ**ผงซักฟอก**ให้แม่

   동생이 세제를 사다가 어머니에게 드린다.

3. คนข้างบ้านฉันต้องไป**ฟอก**ไตทุกอาทิตย์

   우리 옆집 사람은 매주 신장 투석을 하러 가야 한다.

4. สมัยนี้มีวิวัฒนาการ**ฟอก**ผิวให้ขาว

   요즘 피부를 하얗게 만드는 기술이 발전했다.

ฟ้อง

이르다, 고소하다, 고발하다

동사 **ฟ้อง**은 '이르다, 고소하다, 고발하다'라는 뜻입니다. 이중 목적어 동사의 속성을 가지고 있어서 직접목적어와 간접목적어 모두 올 수 있습니다. **ฟ้องเพื่อน**은 '친구를 이르다' 또는 '친구에게 이르다'로 해석될 수도 있습니다. **ฟ้องศาล**은 '법원에 고소하다'라는 뜻입니다. **ฟ้องร้อง**(고소하다), **ยื่นฟ้อง**(제소하다), **ยกฟ้อง**(소송을 기각하다) 등의 합성어 형태로 쓰일 수도 있습니다.

1. เพื่อนๆ ไป**ฟ้อง**ครูว่าเขาแอบลอกข้อสอบ

   친구들이 그가 시험답안지를 배꼈다고 선생님께 일러 바쳤다.

2. สามีภรรยา**ฟ้องร้อง**กันเรื่องทรัพย์สมบัติ

   남편과 아내가 재산 문제로 서로 고소하였다.

3. เขา**ฟ้อง**ศาลแรงงานเรื่องนายจ้างไม่จ่ายค่าแรง

   그는 노동 법원에 고용주의 임금 체불 건으로 고소를 했다.

4. เขาถูก**ฟ้อง**ให้เป็นบุคคลล้มละลาย

   그는 개인 파산 신청을 당했다.

ฟัง

듣다 / 알아 듣다: **ฟังออก**

타동사 **ฟัง**은 '듣다'라는 뜻입니다. 부동사가 와서 부가적인 의미를 나타내는 경우가 있는데, **ฟังทัน**(제때 알아듣다) / **ฟังไม่ทัน**(너무 빨라서 못 알아듣다), **ฟังออก**(알아듣다, 이해하다) / **ฟังไม่ออก**(못 알아듣다, 이해를 못 하다) 등이 그 예입니다. 다른 동사와 결합하여 **รับฟัง**(듣다, 새겨듣다), **เชื่อฟัง**(말을 듣다, 따르다) 등의 형태로 쓰이기도 합니다.

1. ฉันชอบ**ฟัง**เพลง

   나는 노래 듣는 거를 좋아한다.

2. พ่อ**ฟัง**วิทยุทุกวันก่อนไปทำงาน

   아버지는 매일 일하러 나가시기 전에 라디오를 듣는다.

3. นักศึกษา**ฟัง**การบรรยายเรื่องการปฏิรูปการศึกษาไทย

대학생이 교육 개정에 대한 설명회를 듣는다.

4. คนต่างชาตินั้น**ฟัง**ภาษาไทยออก

그 외국인은 태국어를 알아듣는다.

ฟัน

칼로 내리치다 / 이, 치아

타동사 **ฟัน**은 '칼이나 도끼 등으로 내려치다, 쪼개다'의 의미입니다. 유의어 **ฝ่า**와 결합하여 **ฟันฝ่า** 또는 **ฝ่าฟัน** 이라고 '하면, 맞서다, 헤쳐나가다, 대항하다' 등의 의미가 됩니다. 한편, 명사로 **ฟัน**은 '이빨, 치아'라는 뜻입니다.

1. นักเทควันโดเอาสันมือ**ฟัน**อิฐหักเป็นท่อนๆ

태권도 선수가 수도치기로 벽돌을 조각냈다.

2. น้อง**ฟัน**ผุ 2 ซี่

동생은 충치가 두 개 있다.

3. พวกเราฝ่า**ฟัน**อุปสรรคต่างๆ มาด้วยกัน

우리는 함께 어려움을 헤쳐 왔다.

4. เขาใช้ขวาน**ฟัน**ต้นไม้

그는 도끼로 나무를 내려친다.

ฟ

ฟื้น

소생하다, 부활하다 / 회복하다, 복구하다: **ฟื้นฟู**

ฟื้น은 자동사로 '소생하다, 부활하다, 돌아오다'의 의미를 나타냅니다. 단독으로 쓰기도 하고, **ฟื้นฟู**(회복하다, 복구하다) **ฟื้นคืน**(회생하다, 부활하다, 되돌리다), **พักฟื้น**(쉬며 회복하다, 요양하다) 등과 같은 합성어 형태로 쓰이기도 합니다. **ฟื้นคืนชีพ**은 '다시 살아 돌아오다, 부활하다'의 의미입니다. 목적어가 뒤에 와서 **ฟื้นตัว**(회복하다, 깨어나다), **ฟื้นสติ**(깨어나다, 의식이 돌아오다), **ฟื้นความทรงจำ**(기억을 회복하다) 등과 같이 타동사 구문의 형태로 쓰이기도 합니다.

1. เขา**ฟื้น**แล้วหลังจากที่หมดสติไปนาน

   그는 오랫동안 정신을 잃고 있다가 깨어났다.

2. หล่อน**ฟื้น**ความทรงจำได้แล้วหลังจากที่ศีรษะถูกกระทบอย่างแรง

   그녀는 머리에 큰 충격을 받은 후에 잃어버렸던 기억이 돌아왔다.

3. พี่สาวใช้ครีม**ฟื้นฟู**สภาพผิว

   누나가 피부 재생 크림을 사용한다.

4. หมอให้พ่อไปพัก**ฟื้น**ที่บ้าน

   의사는 아버지를 집에서 쉬게 하였다.

ฟุ่มเฟือย

풍부하다, 부유하다 / 낭비하다, 사치하다, 과용하다, 헤프다

자동사 **ฟุ่มเฟือย**는 주로 '사치하다, 낭비하다'의 의미로 많이 쓰이는 자동사입니다. 단독으로 사용하기도 하고, 명사구나 동사구의 뒤에서 수식어로 사용하기도 합니다. **สินค้าฟุ่มเฟือย**는 '사치품'이라는 뜻입니다. 비슷한 말로, **สุรุ่ยสุร่าย, สิ้นเปลือง** 등이 있습니다.

1. เขาใช้เงิน**ฟุ่มเฟือย**

   그는 돈을 낭비한다.

2. พี่เป็นคนใช้จ่าย**ฟุ่มเฟือย**สุรุ่ยสุร่าย

   형은 낭비가 심한 사람이다.

3. เขาใช้ถ้อยคำ**ฟุ่มเฟือย**เวลาพูดในที่ประชุม

그는 회의 중에 불필요한 말을 길게 한다.

4. ในยุคที่เศรษฐกิจตกต่ำควรลดการบริโภคสินค้า**ฟุ่มเฟือย**

경제 불황인 시기에는 사치품 소비를 줄여야 한다.

ฟ

ภักดี

충성하다

동사 **ภักดี**는 '충성하다'라는 뜻으로, 주로 충성하는 대상은 전치사 **ต่อ** 나 **กับ** 등을 사용해서 연결합니다. 단독으로도 쓰이지만 **จงรักภักดี** 라는 합성어로 더 많이 씁니다. 명사형은 **ความ(จงรัก)ภักดี** 입니다.

1. ประชาชนชาวไทยมีความ**จงรักภักดี**ต่อพระมหากษัตริย์

   태국 국민들은 국왕에 대한 충성심이 있다.

2. พนักงานต่างก็**จงรักภักดี**กับเจ้านาย

   직원들은 모두 상사에게 충성한다.

3. สุนัขได้ชื่อว่าเป็นสัตว์ที่**ภักดี**ต่อเจ้าของ

   개는 주인에게 충성하는 동물로 이름나 있다.

4. ใครที่**จงรักภักดี**กับเราจงรักษาเขาเอาไว้ให้ดี

   누군가 우리를 잘 따른다면 그 사람을 잘 유지해야 한다.

ภาวนา 기도하다, 염원하다

동사 **ภาวนา**는 '기원하다, 기도하다, 염원하다'의 의미입니다. '~하기를 기원하다'라는 표현은 주로 **ภาวนา** 다음에 **ให้** 또는 **ว่า** 가 이끄는 절이 나옵니다. 한편, 종교에서 '기도하다'는 주로 **อธิษฐาน**을 사용합니다.

1. คุณยายสวดมนต์**ภาวนา**ทุกคืนก่อนนอน

   할머니는 매일 밤 자기 전에 기도문을 외운다.

2. พวกเราได้แต่**ภาวนา**ให้สงครามยุติโดยเร็ว

   우리는 그저 전쟁이 빨리 끝나기만을 기도했다.

3. ฉัน**ภาวนา**ให้พ่อหายป่วยเร็วๆ

   나는 아버지의 병이 빨리 낫길 기도한다.

4. คำ**ภาวนา**ของเขาประสบผลเพราะในที่สุดแม่ก็หายป่วย

   마침내 어머니의 병이 나았기에 그의 기도가 이루어 진 것이다.

ม

มอง

바라보다, 주시하다, 쳐다보다, 응시하다

타동사 **มอง**은 '바라보다, 응시하다'라는 뜻입니다. 일반적으로 **ดู**와 비교할 때, **ดู**는 집중하여 내용을 파악하면서 보는 것인데 비해 **มอง**은 단순히 시각적으로 인지하는 것을 뜻합니다. 유의어들과 결합하여 **มองดู**(바라보다), **จ้องมอง**(쳐다보다) 등의 합성어 형태로 쓰이기도 합니다. **หันมามอง**은 '돌아보다'의 의미이고, **เหม่อมอง**은 '멍하니 쳐다보다'라는 뜻입니다. 한편, **มองข้าม**은 직역하면 '넘어다 보다'라는 뜻으로, '간과하다'라는 의미가 됩니다.

1. ฉันนั่ง**มอง**เด็กๆ เล่นกันในสนามเด็กเล่น
   나는 앉아서 놀이터에서 놀고 있는 아이들을 바라보았다.

2. ฉัน**มองดู**หน้าเขาด้วยความสงสาร
   나는 불쌍한 눈으로 그의 얼굴을 바라보았다.

3. เขาหันมา**มอง**เมื่อหล่อนเรียกชื่อเขา
   그녀가 그의 이름을 부르자 그가 고개를 돌려 그녀를 바라보았다.

4. แม่นั่งเหม่อ**มอง**ออกไปนอกห้องไม่รู้กำลังคิดอะไร
   어머니는 무슨 생각을 하는지 알 수 없이 멍하니 방 밖을 바라본다.

มอบ

주다, 선사하다

타동사 **มอบ**은 '주다, 선사하다, 제공하다'라는 뜻입니다. 일련의 임무나 권한을 '위임하다, 맡기다'의 의미로도 사용됩니다. 이중 목적어 동사이므로 직접 목적어가 먼저 오고 그 뒤에 **ให้**로 연결되어 간접 목적어가 옵니다. 누군가에게 어떠한 일을 위임하다의 경우도 비슷한 구문으로 쓰이며 간접목적어 자리에 절이 오게 됩니다. 동사성 합성어로 **มอบหมาย**(위탁하다, 일을 주다), (**ได้**)**รับมอบ**(위탁 받다, 일을 할당받다), **มอบอำนาจ**(권한을 위임하다) 등이 쓰일 수 있으며, **หนังสือมอบอำนาจ**은 '위임장'이라는 뜻입니다. 한편, **มอบตัว**는 '자수하다'라는 뜻입니다.

1. ผู้อำนวยการโรงเรียน**มอบ**ทุนการศึกษาให้นักเรียนยากจน

   교장 선생님이 가난한 학생에게 장학금을 전달한다.

2. คุณปู่**มอบ**มรดกส่วนหนึ่งให้เขา

   할아버지가 유산의 일부분을 그에게 준다.

3. เจ้าหน้าที่ออกไป**มอบ**ถุงยังชีพช่วยเหลือผู้ประสบภัยน้ำท่วม

   공무원이 홍수 피해자들에게 구조물품을 주러 나간다.

4. ในที่สุดผู้ร้ายก็ยอม**มอบ**ตัว

   마침내 범인이 자수하였다.

มั่น

견고하다, 확실하다
안정되다: **มั่นคง** 확신하다: **มั่นใจ**

자동사 **มั่น**은 '고하다, 확실하다'라는 의미입니다. 단독으로도 쓰이지만 주로 **มั่นคง**(견고하다, 안정되다), **มั่นใจ**(확신하다, 자신감 있다), **มุ่งมั่น**(매진하다, 확신하다) 등의 함성어로 더 많이 씁니다. **มั่นใจ**의 경우는 주로 **มั่นใจว่า**...의 구문으로 사용되는데 확신하는 내용이 **ว่า** 다음에 절의 형태로 나타납니다.

1. เขา**มุ่งมั่น**ที่จะทำงานนั้นให้สำเร็จลุล่วงให้ได้

   그는 그 일을 반드시 성공시킬 거라고 자신한다.

2. พวกเขา**มั่นใจ**ว่าจะต้องชนะทีมคู่ต่อสู้

   그들은 상대팀을 반드시 이길거라고 확신한다.

3. อาชีพข้าราชการเป็นอาชีพที่**มั่นคง**

   공무원은 안정된 직업이다.

4. หล่อนมีความ**มั่นใจ**ในตัวเองสูง

   그녀는 스스로에 대한 자신감이 매우 높다.

มัว

흐리다, 희미하다, 뿌옇다, 침침하다

상태성 동사 **มัว**는 '흐리다, 희미하다, 뿌옇다, 침침하다' 등으로 해석될 수 있습니다. **มัว**는 단독으로도 사용하지만 **มัวสลัว มืดมัว มัวซัว พร่ามัว**등과 같이 합성어 형태로 쓰여 비슷한 의미를 나타냅니다.

1. ท้องฟ้า**มัว**

   하늘이 흐리다.

2. นัยน์ตาของคุณปู่พร่า**มัว**ไปมาก

   할아버지의 눈동자가 매우 침침해지셨다.

3. หล่อน**มัว**แต่คุยโทรศัพท์เลยไม่ได้ยินเสียงกดกริ่งหน้าบ้าน

   그녀는 통화에만 집중한 나머지 집 앞 초인종 소리를 듣지 못했다.

4. ไฟในห้องสลัวๆ ทำให้เห็นหน้าหล่อน**มัว**ๆ

   방 안의 불이 침침해서 그녀의 얼굴이 흐릿하게 보인다.

ม

มา

오다
마중나오다: **มารับ** 전송하다: **มาส่ง**

태국어의 자동사 **มา**는 단독으로 서술어로 쓰일 수 있습니다. 또는 **มารับ**(데리러 오다), **มาซื้อ**(사러 오다) 등에서와 같이 동사 선행어로 사용되어 본동사의 동작을 행하기 위해 움직이는 방향을 나타내기도 합니다. 본동사 다음에 나오는 **มา**는 부동사로 기능하면서 공간적 또는 시간적 방향을 나타냅니다. 예컨대 **เดินมา**는 '걸어오다'로 공간적 방향을 나타내지만, **เรียนภาษาไทยมา**는 '태국어를 배워오다'로 시간적 방향을 나타내면서 지속상의 의미를 나타내키기도 합니다.

1. วันนี้เขา**มา**ทำงานสาย

   오늘은 그는 회사에 늦게 출근하였다.

2. พ่อและแม่**มา**ส่งฉันที่สนามบิน

   부모님이 날 공항까지 바래다 주신다.

3. แหวนวงนี้เป็นมรดกตกทอดกัน**มา**ถึงรุ่นลูกรุ่นหลาน

   이 반지는 자손 대대로 물려 내려온 유산이다.

4. เขานั่งรถไฟใต้ดิน**มา**ทำงาน

   그는 지하철을 타고 출근한다.

มาก

많다, 많이, 매우

상태성 동사 **มาก**은 '많다'라는 뜻으로 주어 뒤에서 서술어의 기능을 할 수 있습니다. 한편 부사로도 많이 사용되어 동사구 뒤에 나타나는 **มาก**은 '많이, 매우, 대단히'의 의미를 나타냅니다. **มากมาย**또는 **มากมายมหาศาล** 처럼 합성어의 형태로도 사용됩니다.

1. ต้มยำนี้เผ็ด**มาก**

   이 똠얌수프는 매우 맵다.

2. กรุงเทพฯ ตอนนี้มีประชากรหนาแน่น**มาก**เกินไป

   지금 방콕에는 인구밀도가 너무 높다.

3. ฉันชอบอ่านนิยาย**มาก**กว่าการ์ตูน

   나는 만화보다 소설을 더 즐겨 읽는다.

4. พ่อรักแม่**มาก**

   아버지는 어머니를 매우 사랑한다.

มี

소유하다, 존재하다
사람이 있다: **มีคน** 가치있다: **มีค่า**
나이가 있다: **มีอายุ** 매력적이다: **มีเสน่ห์**

동사 **มี**는 '소유' 또는 '존재'의 의미를 나타내는 존재사입니다. 소유나 존재 대상은 구체적인 사물이 올 수도 있고 추상물이 올 수도 있습니다. 예컨대, **มีบ้าน**(집이 있다), **มีรถ**(차가 있다), **มีเพื่อน**(친구가 있다), **มีเงิน**(돈이 있다), **มีอายุ**(나이가 있다), **มีเวลา**(시간이 있다), **มีนัด**(약속이 있다) 등이 그 예입니다. 존재사 **มี** 구문에서는 다른 동사가 하나 더 나타날 수 있는데, **มีสถานีรถไฟฟ้าอยู่หน้าบ้าน**(집 앞에 지상철 역이 있다), **มีร่มมาเผื่อฝนตก**(비가 올 지 몰라서 우산을 가져왔다) 등에서 그 예를 볼 수 있습니다.

1. ในห้องประชุม**มี**คนอยู่

   회의실 안에 사람이 있다.

2. คุณตา**มี**อายุมากแล้ว เดินไปไหนไม่ค่อยสะดวก

   할아버지가 연로하셔서 어디를 걸어다니시기 불편하다.

3. นั่นเป็นสมบัติชิ้นเดียวที่**มี**ค่าของฉัน

   그것은 내게 유일하게 가치 있는 재산이다.

4. เขาเป็นคน**มี**เสน่ห์

   그는 매력이 있는 사람이다.

ม

มึน　　　　어지럽다, 현기증이 나다

동사 **มึน**은 머리가 '띵하다, 어질어질하다, 현기증이 나다'라는 뜻입니다. 의미에 따라 목적어는 주로 '머리'라는 뜻의 **หัว** 나 **ศีรษะ**가 옵니다. 단독으로도 쓰기도 하지만 **มึนงง**(헷갈리다, 어리둥절하다), **มึนเมา**(취하다, 몽롱하다), **มึนซึม**(나른하다) 등에서 처럼 합성어로 쓰기도 합니다.

1. วันนี้อ่านหนังสือมากเกินไปชัก**มึน**หัว

   오늘 책을 너무 많이 읽어서 머리가 어지러울 지경이다.

2. คุณยาย**มึน**ศีรษะมาตั้งแต่เมื่อวาน

   할머니는 어제부터 머리에 현기증을 느끼셨다.

3. พอดื่มเหล้าเข้าไปแก้วเดียวหล่อนก็รู้สึก**มึน**เมา

   그녀는 술을 한잔만 마셨는데도 어지러움을 느꼈다.

4. ฉัน**มึน**งงกับคำพูดเขามาก

   나는 그의 말에 어리둥절하였다.

มืด　　　　어둡다

상태성 동사 **มืด**은 '어둡다'라는 뜻입니다. 단독으로 서술어로도 쓰지만, **มืดมน**(어둡다) **มืดมัว**(어두컴컴하다) **มืดครึ้ม**(우중충하다), **มืดสนิท**(캄캄하다), **มืดมิด**(깜깜하다), **มืดทึบ**(깜깜하다) 등의 합성어 형태로도 쓰입니다. 한편, **หน้ามืด**은 우리말로 '눈 앞이 캄캄해지다', '하늘이 노래지다'라는 뜻입니다.

1. ฤดูหนาวฟ้าจะ**มืด**เร็วว่าฤดูร้อน

   겨울의 하늘은 여름보다 빨리 어두워진다.

2. ไม่ควรอ่านหนังสือในที่**มืด**เพราะจะทำให้สายตาเสีย

   시력을 상하게 하기 때문에 어두운 곳에서 책을 읽지 말아야한다.

3. **มืด**แล้วทำไมไม่เปิดไฟ

어두운데 왜 불은 안켜니?

4. คนจิตใจ**มืด**บอดไม่เคยเมตตาปรานีใคร

선하고 밝은 것을 보지 못하는 사람은 다른 사람들에게 자비를 베푼 적이 없다.

เมา

취하다 / 차멀미하다: **เมารถ**

동사 **เมา**는 '취하다'라는 뜻으로 해석됩니다. 보통 '술에 취하다'는 **เมาเหล้า**로 표현합니다. '멀미하다'의 의미로도 사용할 수 있는데, **เมารถ**은 '차멀미하다', **เมาเรือ**는 '배멀미하다 라'는 뜻입니다. **ขี้เมา**는 '술을 많이 마시는 사람', '술에 잘 취하다' 또는 '술주정뱅이'라는 뜻입니다. 음식이름에도 **ก๋วยเตี๋ยวผัดขี้เมา**라고 하는 쌀국수가 있습니다.

1. เขา**เมา**เหล้า

그는 술에 취했다.

2. ฉันชอบ**เมา**รถเวลานั่งรถไกลๆ

나는 멀리 차를 타고 가면 멀미가 잘 난다.

3. ผม**เมา**จนจำไม่ได้ว่าเกิดอะไรขึ้นบ้างเมื่อคืนนี้

나는 어제 일어난 일이 기억나지 않을 정도로 취했다.

4. เขาเล่นการพนันอย่าง**เมา**มันไม่สนใจครอบครัว

그는 가족은 아랑곳하지도 않고 도박에 혈안이 돼 있다.

เมื่อย

저리다, 아프다, 뻐근하다

동사 **เมื่อย**는 '저리다, 아프다, 뻐근하다'라는 뜻입니다. 주로 근육 등을 많이 사용해서 저린 상태를 나타내며, 아픈 부위가 목적어로 따라오게 됩니다. **เมื่อยแขน**(팔이 저리다), **เมื่อยขา**(다리가 저리다), **เมื่อยปาก**(입이 아프다), **เมื่อยตัว**(몸이 뻐근하다) 등이 그 예입니다. 한편 유의어 **ปวด**과 함께 쓰여서 **อาการปวดเมื่อย**는 '아픈 증상', '통증'이라는 뜻이 됩니다.

1. คุณยาย**เมื่อย**หลังจึงให้หลานนวดให้

   할머니의 어깨(등)가 뻐근해 손자가 주물러 달라고 했다.

2. ฉันยืนรอเขาจน**เมื่อย**ขา

   나는 다리가 아플 정도로 서서 그를 기다렸다.

3. ฉันรู้สึก**เมื่อย**ไปทั้งตัวหลังจากออกกำลังกายเมื่อวาน

   나는 어제 운동을 한 이후에 온 몸이 뻐근해졌다.

4. แม่บ่นลูกๆ จน**เมื่อย**ปาก

   어머니가 아이들에게 입이 아플 정도로 불평을 했다.

โม้

허풍을 떨다, 과장하여 말하다 / 허풍쟁이: **ขี้โม้**

동사 **โม้**는 '과장하다, 허풍을 떨다'라는 의미입니다. 단독으로도 써서 **อย่าโม้สิ**는 '허풍떨지 마!'라는 뜻입니다. 나쁜 습성을 나타낼 때 쓰는 **ขี้**를 붙여서 **ขี้โม้**는 '허풍을 잘 떠는' 또는 '허풍쟁이'라는 뜻입니다.

1. เขาคุย**โม้**ว่าที่บ้านมีรถสปอร์ต

   그는 집에 스포츠 카가 있다고 허풍을 떨었다.

2. ฉันฟังเพื่อนคนนั้น**โม้**มาหนึ่งชั่วโมงเต็มๆ

   나는 그 친구의 허풍을 한 시간 동안이나 들었다.

3. ฉันไม่ชอบคนขี้**โม้**

나는 허풍쟁이를 싫어한다.

4. คนขี้**โม้**ส่วนใหญ่เป็นคนมีปมด้อย

허풍쟁이는 보통 열등감을 가진 사람이다.

โมโห

화를 내다

동사 **โมโห**는 '화를 내다'라는 뜻의 타동사로, 화를 내는 대상이 목적어로 옵니다. 화를 내는 내용이 오는 경우는 **โมโหที่...** 또는 **โมโหเรื่อง...** 등으로 표현할 수 있습니다. 나쁜 습성을 나타낼 때 쓰는 **ขี้**를 붙여서 **ขี้โมโห**라고 하면 화를 잘 내는 사람, 또는 화를 잘 내는 습성을 이야기합니다.

1. แม่**โมโห**น้อง

어머니가 동생에게 화를 낸다.

2. เขาเป็นคน**โมโห**ง่าย

그는 화를 잘 내는 사람이다.

3. พ่อเป็นคนขี้**โมโห**

아버지는 툭하면 화를 내는 사람이다.

4. แม่สอนว่าตื่นเช้ามาต้องทำใจให้แจ่มใสไม่**โมโห**ใคร

어머니는 매일 아침 누구에게도 화를 내지 않고 밝은 마음을 갖도록 다짐하라고 가르치신다.

ยก

들어 올리다 / 예를 들다: **ยกตัวอย่าง** / 취소하다: **ยกเลิก**
높이 받들다: **ยกย่อง** 제외하다: **ยกเว้น**

타동사 **ยก**은 '높이 들어올리다'의 의미를 나타냅니다. **ยกมือ**(손을 들다), **ยกแขน**(팔을 들다)이 그 예입니다. **ยกโทษ**은 '용서하다', **ยกตัวอย่าง**은 '예를 들다', **ยกกำลังสอง** '은 제곱하다', **ยกธง(ขาว)**는 '항복하다'를 의미합니다. 한편 **ยกย่อง**(추앙하다), **ยกยอ**(추켜세우다), **ยกเลิก**(취소하다), **ยกเว้น**(제외하다, 면제하다) 등에서 보는 바와 같이 다른 동사와 결합하여 다양한 의미를 나타냅니다. **ยกเว้น**의 경우 **ประเทศญี่ปุ่นยกเว้นวีซ่าให้กับนักท่องเที่ยวชาวไทย**는 '일본은 태국인 관광객에게 비자를 면제해 준다'로 해석할 수 있습니다.

1. พนักงานโรงแรม**ยก**กระเป๋าขึ้นรถ

   호텔 직원이 가방을 들어 차에 싣는다.

2. อาจารย์อธิบายโดย**ยกตัวอย่าง**ให้นักเรียนเข้าใจง่ายขึ้น

   교수님이 학생들이 쉽게 이해하도록 예를 들어 설명한다.

3. ประธาน**ยกเลิก**งานเลี้ยงประจำปีของบริษัท

   회장/대표가 회사의 정규 행사를 취소하였다.

4. อาจารย์ท่านนั้นเป็นคนที่น่า**ยก**ย่องมาก

   그 교수님은 매우 존경할 만한 분이다.

ยอด

최고이다, 탁월하다: **ยอดเยี่ยม** / 정상, 꼭대기

상태성 동사 **ยอด**은 '최고이다, 정상이다, 탁월하다'라는 뜻입니다. 단독으로 서술어로 쓰이며, 유의어와 결합하여 합성어로 **สุดยอด**(최고다), **ยอดเยี่ยม**(탁월하다, 우수하다, 뛰어나다) 등과 같이도 사용됩니다. 명사로는 '정상, 꼭대기'라는 의미도 있어 **ยอดเขา**는 '산 정상' 을, **ยอดผัก**은 '채소나 나물 가지의 가장 높은 부분의 어린 순'을 말합니다. **ยอดฮิต**은 '최고로 히트하다'라는 뜻입니다.

1. ฝีมือทำอาหารของพ่อครัวคนนั้น**ยอด**เยี่ยมมาก

   주방장의 요리솜씨가 굉장히 탁월하다.

2. เขาปีนขึ้นไปจนถึง**ยอด**เขา

   그는 산의 정상에 올랐다.

3. คุณยายเก็บ**ยอด**ผักริมรั้ว

   할머니가 울타리 옆의 나물 순을 딴다.

4. 'โตแล้วอยากเป็นอะไร' เป็นคำถาม**ยอด**ฮิตของผู้ใหญ่ที่มักจะถามเด็กๆ

   "커서 뭐가 되고 싶니?'는 어른들이 아이에게 하는 단골 질문이다.

ย้อน

되돌리다

동사**ย้อน**은 '되돌리다'라는 뜻을 나타냅니다. 타동사로 기능하여 **ย้อนเวลา** 하면 '시간을 되돌리다', **ย้อนรอย**는 '발자취를 되짚다'라는 뜻입니다. 유의어와 결합하여 **ย้อนหลัง**(소급하다, 되돌리다), **ย้อนกลับ**(되돌리다, 복귀하다) 등으로도 쓰입니다. **พูดย้อน**은 '말대꾸를 하다'라는 뜻입니다.

1. พ่อขับรถ**ย้อน**ศร

   아버지는 역방향으로 운전을 한다.

2. เขาขับรถ**ย้อนกลับ**ไปบริษัทเพราะลืมเอกสารสำคัญ

그는 중요한 서류를 두고 와서 차를 돌려 회사로 갔다.

3. เขาพูด**ย้อน**แม่อยู่บ่อยๆ

그는 어머니에게 자주 말대답을 한다.

4. ฉันอยาก**ย้อน**เวลากลับไปเป็นเด็กอีก

나는 시간을 되돌려 다시 어린 시절로 돌아가고 싶다.

ยอม

인정하다, 승락하다, 받아들이다 / 패배를 인정하다: **ยอมแพ้**

동사 **ยอม**은 '인정하다, 승락하다, 받아들이다'의 의미입니다. **ยอมรับ**은 '인정하다', **ยินยอม**은 '허용하다, 받아들이다', **ยอมจำนน**은 '굴복하다', **ยอมแพ้**는 패배를 "인정하다 라는 뜻입니다. **ยอม** 뒤에 목적어가 바로 오기도 하고, **ให้** 가 이끄는 절이 와서 '누가 ~ 하는 것을 허락하다, 인정하다'의 의미를 나타내기도 합니다.

1. เขา**ยอมรับ**เด็กคนนั้นเป็นลูก

그는 그 아이를 자식으로 받아들였다.

2. เขา**ยอม**ทำตามใจหล่อน

그는 그녀가 원하는 대로 했다.

3. แม่**ยอม**ให้น้องไปเที่ยวกับเพื่อน

엄마는 동생이 친구와 놀러가는 걸 허락했다.

4. ลุง**ยอม**แพ้ความในศาล

아저씨는 법원에서 패배를 인정했다.

ย่อม 당연하다, 마땅하다 / 작다, 저렴하다

동사 **ย่อม**은 '당연하다, 마땅하라, 모름지기~하다'의 의미를 나타냅니다. 전치 조동사로 본동사의 앞에서 함께 쓰이는 경우가 많습니다. 한편, 상태성 동사로는 '크기가 작다, 가격이 저렴하다' 등의 의미를 나타내기도 해서 **บริษัทขนาดกลางและขนาดย่อม**은 '중소기업'을 가리키는 말이며, **ราคาย่อมเยา**는 '가격이 저렴하다'는 뜻입니다.

1. คนคิดดีทำดี**ย่อม**ได้ดี

   좋은 생각과 행동을 한 사람은 마땅히 좋은 것을 받게 된다.

2. สัตว์ทั้งปวงเกิดมาแล้ว**ย่อม**ตาย

   모든 생물은 태어나고 죽는다.

3. แม่อยากได้กระเป๋าใบขนาด**ย่อมๆ** เอาไว้ใส่เหรียญ

   어머니가 동전을 넣을 크기의 작은 가방을 가지고 싶어한다.

4. สินค้าประเทศจีนราคา**ย่อมเยา**กว่าประเทศไทย

   중국의 상품 가격은 태국 보다 싸다.

ย้อม 염색하다

타동사 **ย้อม**은 '염색하다'라는 뜻으로 목적어를 취하여**ย้อมสี**(염색하다) **ย้อม(สี)ผม**(머리카락을 염색하다) **ย้อมผ้า**(천을 염색하다) 등의 형태로 사용합니다. 염색을 하는 기법 중 매듭을 지어 염색하는 것은 **มัดย้อม** 이라 부릅니다. **ย้อมใจ**는 '격려하다', '용기를 북돋아 주다'라는 의미로 쓰입니다.

1. แม่เอาผ้าม่านไป**ย้อม**สีให้ดูใหม่ขึ้น

   어머니가 커튼을 가져가 새것처럼 보이도록 염색한다.

2. ฉัน**ย้อม**สีผม

   나는 머리를 염색한다.

3. เขามักกินเหล้า**ย้อม**ใจ

   그는 술을 마셔 기분이 좋아지곤 한다.

4. เขาชอบใส่เสื้อผ้ามัด**ย้อม**

   그는 염색된 옷을 좋아한다.

ย่อย

소화하다, 미세하다, 분해하다/ 음식을 소화하다: **ย่อยอาหาร**

타동사 **ย่อย**는 '소화하다, 미세하다, 분해하다'라는 의미입니다. 의미에 따라 목적어는 주로 **อาหาร**(음식)류 등이 옵니다. **ระบบย่อยอาหาร**은 소화체계를 가리키는 말입니다. 한편, 의미가 확장되어 '미세하다, 작다'의 의미도 있습니다. **กลุ่มย่อย**(소그룹), **รายละเอียดปลีกย่อย**(세부내용) 등이 그 예입니다. 동사성 합성어로 **ย่อยยับ**은 '산산조각나다, 피폐하다, 심각하다'라는 뜻입니다.

1. เนื้อสัตว์**ย่อย**ยากกว่าผักและผลไม้

   육류는 채소와 과일류보다 소화가 어렵다.

2. ระบบ**ย่อย**อาหารของฉันไม่ค่อยดี

   나는 음식 소화를 잘 못한다.

3. กิจการของเขาขาดทุน**ย่อย**ยับ

   그의 사업이 심각하게 적자가 났다.

4. นักเรียนแบ่งกลุ่ม**ย่อย**กันทำรายงาน

   학생들이 소그룹으로 나눠서 과제를 한다.

ยับ
주름지다, 구겨지다

자동사 **ยับ**은 '구겨지다, 구깃구깃하다, 주름지다'의 의미입니다. **กระโปรงยับ**(치마가 구겨지다)에서 처럼 단독으로 서술어로 기능할 수 있습니다. 한편 **ยับเยิน**(산산조각나다, 작살나다), **ยับย่น**(주름이 지다, 쪼글쪼글하다), **ย่อยยับ**(와해되다, 붕괴되다) 등에서 처럼 다양한 합성어 형태로 나타날 수 있습니다. 또 **ยับยั้ง(ชั่งใจ)**는 '마음을 억제하다, 참다'의 의미로 쓰입니다.

1. เขาใส่เสื้อ**ยับ**มาทำงานทุกวัน

   그는 매일 구겨진 옷을 입고 출근을 한다.

2. น้องทำหนังสือ**ยับ**หมดเลย

   동생이 책을 전부 구겨버렸다.

3. รถถูกชนพัง**ยับเยิน**

   차가 부딪혀 완전히 망가졌다.

4. หญิงคนนั้นหน้า**ยับ**ย่นจึงต้องไปทำศัลยกรรมใบหน้า

   그 여자의 얼굴에 주름이 쪼글쪼글해서 성형을 하러 갔다.

ยั่ว
자극하다, 유발하다, 약올리다 / 유혹하다: **ยั่วยวน**

동사 **ยั่ว**는 '자극하다, 유발하다, 약을 올리다' 등으로 해석될 수 있습니다. 단독으로 써서 목적어가 뒤따라 오기도 하고, **ยั่วยุ**(자극하다, 꼬드기다), **ยั่วยวน**(유혹하다, 꼬리치다) 등에서 처럼 합성어로 쓰이기도 합니다.

1. เด็กคนนี้**ยั่ว**โมโหครูจริงๆ

   이 아이는 정말 선생님을 약올린다.

2. อย่ามา**ยั่ว**ให้โมโหได้ไหม

   그만 약올리면 안되겠니?

3. เพื่อนร่วมงาน**ยั่ว**ยุให้หัวหน้าไล่หล่อนออก

직장 동료가 그녀를 해고하도록 팀장을 꼬드겼다.

4. หล่อนทำหน้า**ยั่วยวน**ใส่เขา

그녀는 유혹하는 표정을 그에게 지어 보인다.

ยาก(จน) 어렵다, 빈곤하다, 가난하다

상태성 동사 **ยาก**은 '어렵다'라는 뜻입니다. 서술어로 쓰이거나 형용사로 쓰여 뒤에서 명사를 꾸미기도 하고, 부사로 쓰여 뒤에서 동사를 수식하기도 합니다. **ภาษาไทยยาก**(태국어는 어렵다), **ภาษาไทยเป็นภาษายาก**(태국어는 어려운 언어다), **ภาษาไทยเรียนยาก**(태국어는 배우기 어렵다) 등에서 그 예를 볼 수 있습니다. 한편, **ยาก**은 '형편이 어렵다'라는 의미를 나타내기도 해서 **ยากจน**(가난하다), **ยากลำบาก**(형편이 어렵다, 곤란하다), **ยากไร้**(궁색하다, 쪼들리다) 등의 형태로 쓰이기도 합니다.

1. ข้อสอบปลายภาค**ยาก**มาก

기말고사 시험 문제가 어렵다.

2. เขาเป็นคน**ยากจน**

그는 가난한 사람이다.

3. ลุงคนนั้นใช้ชีวิตอยู่**ยากลำบาก**ไม่มีคนดูแล

그 아저씨는 돌봐주는 사람이 없이 어렵게 산다.

4. ฉันก็พูด**ยาก**เพราะนั่นเป็นน้องแท้ๆ ของฉัน

나는 그 사람이 내 친동생이라서 말하기 어렵다.

ย่าง

굽다, 바베큐하다 / 걷다, 발걸음을 내딛다

타동사 **ย่าง**은 '굽다, 바베큐구이를 하다'라는 뜻입니다. 일반적으로 직화 또는 팬에 굽는 것을 일컬을 때 쓰는 동사로 음식이름에 자주 등장합니다. 음식 이름에 쓸때는 **หมูย่าง**(돼지고기 구이, 돼지 갈비), **ไก่ย่าง**(닭구이), **ปลาย่าง**(생선구이)에서 처럼 식재료의 뒤에 **ย่าง**이 붙게 됩니다. 어순을 반대로 하면 **ย่างปลา** (생선을 굽다)로 의미가 바뀝니다. 한편, 다른 의미로 '발을 내딛다, 걷다, 진입하다' 등의 의미가 있어, **ย่างเท้า**는 '걸어서 진입하다'라는 뜻이 됩니다.

1. เขาชอบกินไก่**ย่าง**

   그는 닭구이를 즐겨먹는다.

2. พ่อกำลัง**ย่าง**ปลา

   아버지가 생선을 굽고 있다.

3. เขาชอบเนื้อที่**ย่าง**สุกพอดี

   그는 적당히 익혀서 먹는 고기를 즐겨 먹는다.

4. ฉันจะไม่มีวัน**ย่างเท้า**เข้าที่นี่อีก

   나는 다시는 여기에 발을 들이는 날이 없을 것이다.

ย้าย(ออก)

옮기다, 이사하다

타동사 **ย้าย**는 '옮기다, 이사하다'의 의미를 나타냅니다. 타동사로 목적어를 취하여 **ย้ายบ้าน**(집을 옮기다), **ย้ายห้อง**(방을 옮기다), **ย้ายงาน**(직장을 옮기다), **ย้ายที่อยู่**(주소를 옮기다) 등의 형태로 사용합니다. 동사성 합성어로 **ขนย้าย**(물건 등을 들어 옮기다), **เคลื่อนย้าย**(이전하다, 이동하다), **โยกย้าย**(이관하다, 경질하다) 등과 같은 형태로도 쓰입니다.

1. เขา**ย้าย**บ้านไปอยู่กรุงเทพฯ

   그는 방콕으로 이사했다.

2. แม่**ย้าย**ของในบ้านไปมาทั้งวัน

   어머니는 하루 종일 집안에 물건을 옮긴다.

3. ฉัน**ย้าย**ออกจากที่ทำงาน

   나는 직장을 나와 옮겼다.

4. นางระบำ**ย้าย**สะโพกไปมาตามจังหวะดนตรี

   댄서가 음악 박자에 맞춰서 엉덩이를 흔든다.

ยาว

길다, 길이가 ~이다, 오래되다

상태성 동사 **ยาว**는 '길다'라는 뜻입니다. 주어 뒤에서 단독으로 쓰이거나 명사를 뒤에서 수식합니다. **ผมยาว**(머리가 길다, 긴 머리), **เล็บยาว**(손톱이 길다, 긴 손톱), **กระโปรงยาว**(치마가 길다, 긴 치마) 등에서 처럼 구조적 중의성을 갖기도 합니다. 한편, 부사로도 쓰여, '길게, 오래'의 의미를 나타냅니다. **คุยยาว**(오래 이야기를 하다), **นอนยาว**(쭉 자다) 등이 그 예입니다. 합성어로는 **ยาวนาน**(오래되다), **ยืดยาว**(장황하다) 등이 있습니다.

1. หน้าร้อนกลางวัน**ยาว**กว่ากลางคืน

   여름에는 낮이 밤보다 길다.

2. โรงเรียนออกกฎให้นักเรียนผู้หญิงใส่กระโปรง**ยาว**

   학교에서 여학생은 더 긴 치마를 입도록 하는 규칙을 만들었다.

3. หล่อนอธิบายเสียยืด**ยาว**แต่ไม่มีใครฟังเข้าใจ

   그녀는 장황하게 설명했지만 아무도 이해하는 사람이 없다.

4. ไม้บรรทัดอันนี้**ยาว** 2 ฟุต

   이 자는 길이가 2 풋이다.

ยิง

쏘다, 사격하다

타동사 **ยิง**은 '쏘다, 사격하다'라는 뜻으로, 의미에 따라 목적어는 주로 총(**ปืน**) 이나 활(**ธนู**) 등이 오거나, 사격하는 대상이 옵니다. 속담으로 **ยิงปืนนัดเดียว ได้นกสองตัว**는 '총을 한 발 쏴서 새를 두 마리 얻다'라는 뜻으로 '일거양득, 일석이조'라는 뜻입니다.

1. ตำรวจ**ยิง**ผู้ร้าย

   경찰이 총으로 범인을 쐈다.

2. เขาเป็นนักกีฬา**ยิง**ธนู

   그는 양궁 선수이다.

3. ตำรวจ**ยิง**ปืนแม่นมาก

   경찰이 사격을 매우 정확하게 한다.

4. งานนี้เท่ากับ**ยิง**ปืนนัดเดียวได้นกสองตัวเลยทีเดียว

   이 일은 일석이조인 셈이다.

ยิ้ม

미소짓다

자동사 **ยิ้ม**는 '웃다, 미소짓다'라는 뜻입니다. **ยิ้มเก่ง**은 '잘 웃는다'라는 뜻입니다. 명사형은 **รอยยิ้ม**(미소)을 사용합니다. 합성어로는 **ยิ้มแย้ม**(미소짓다, 웃다) 등이 쓰입니다.

1. หล่อน**ยิ้ม**ให้เขาทุกวัน

   그녀는 매일 그에게 미소를 짓는다.

2. คนไทย**ยิ้ม**ง่ายจนได้สมญาว่า 'สยามเมืองยิ้ม'

   태국 사람들은 '미소의 나라 싸얌'이라는 별명을 얻을 정도로 잘 웃는다.

3. **รอยยิ้ม**ของเขามีเสน่ห์

그의 미소에는 매력이 있다.

4. เด็กที่กินอม**ยิ้ม**บ่อยๆแล้วไม่แปรงฟันจะทำให้ฟันผุ

막대사탕을 자주 먹고 이를 닦지 않는 아이는 충치가 생긴다.

ยึด

꽉 붙잡다, 점령하다, 압수하다, 강점하다 / 신봉하다, 따르다: **ยึดถือ**

동사 **ยึด**은 '고정하다, 꽉 붙들다'의 의미를 나타냅니다. 목적어가 따라와 '~을 고정하다'의 의미로 쓰입니다. 목적어는 구체적인 대상 뿐 아니라 추상적인 것도 쓰입니다. **ยึดทรัพย์**은 '재산을 압수하다', **ยึดอำนาจ**은 '권력을 장악하다'라는 뜻입니다. 합성어로는 **ยึดถือ**(신봉하다, 따르다, 수호하다), **ยึดครอง**(점령하다, 강점하다), **ยึดมั่น**(확신하다, 확고하다), **ยึดติด**(집착하다) 등의 형태로 쓰입니다.

1. พ่อตอกตะปู**ยึด**รูปภาพนั้นไว้ไม่ให้หล่น

아버지가 그 그림이 떨어지지 않도록 못질을 해서 고정한다.

2. เราควร**ยึดถือ**ในขนบธรรมเนียมประเพณี

우리는 전통을 따라야 한다.

3. รถของเขาถูก**ยึด**เพราะไม่ผ่อนมาหลายงวด

할부금을 수차례 미납하여 그의 차가 압류당했다.

4. คนยากไร้**ยึด**พื้นที่ใต้สะพานลอยเป็นบ้าน

가난한 사람이 다리 밑 구역을 거처로 점령했다.

ยืด

늘어나다, 연장하다 / (말이) 장황하다: **ยืดเยื้อ**

자동사 **ยืด**은 '늘어나다, 늘어지다, 늘리다, 연장하다'의 의미입니다. **ยืดเวลา**(시간을 연장하다, 늘리다), **ยืดยาว**(길다, 장구하다), **ยืดเยื้อ**(장황하다), **ยืดหยุ่น**(유연하다, 신축성이 있다) 등이 그 예입니다. 유사한 의미를 **มีความยืดหยุ่น**으로 표현할 수도 있습니다. **ยืดเส้นยืดสาย** 또는 **ยืดแขนยืดขา**는 장기간 움직이지 않고 일하는 사람에게 '팔다리도 펴고, 몸을 좀 움직이다'라는 의미로 하는 말입니다. 한편, **ยางยืด**은 고무밴드를 지칭합니다.

1. กางเกงตัวนั้นเอว**ยืด**จนใส่ไม่ได้

   그 바지는 허리가 늘어나서 입을 수 없다.

2. ฉันชอบใส่เสื้อ**ยืด**กับกางเกงยีนส์

   나는 청바지와 티셔츠 입는 걸 좋아한다.

3. อาจารย์**ยืดเวลา**ส่งรายงานไปจนถึงอาทิตย์หน้า

   교수님이 다음주까지 과제 제출 기한을 연장했다.

4. ผู้จัดการพูด**ยืดเยื้อ**จนน่าเบื่อ

   팀장은 지루할 정도로 말이 장황하다.

ยื่น

건네다, 내밀다, 제출하다

타동사 **ยื่น**은 '내밀다, 건네다, 제출하다' 등을 의미합니다. 다양한 목적어가 올 수 있습니다. **ยื่นมือ**는 '손을 내밀다(주로 도움의 손길을 내밀다)'라는 뜻입니다. **ยื่นคำร้อง**은 '청원하다', **ยื่นคำขาด**은 '최후통첩을 하다'라는 뜻입니다. 한편 **ฟันยื่น**은 뻐드렁니를 가리키는 말입니다.

1. เขา**ยื่น**ดอกกุหลาบให้หล่อน

   그는 그녀에게 장미꽃을 내밀었다.

2. เขา**ยื่น**เอกสารสมัครงาน

   그가 입사지원 서류를 제출한다.

3. หล่อน**ยื่น**หน้าออกไปที่หน้าต่างเพราะได้ยินใครเรียกชื่อหล่อน

누가 이름 부르는 것을 듣고 그녀는 창 밖으로 얼굴을 내밀었다.

4. รัฐบาล**ยื่น**คำขาดให้กลุ่มผู้ประท้วงเปิดถนนแก่ผู้สัญจรไปมา

정부가 시위대에게 도로를 막지 않도록 최후통첩을 하였다.

ยืม

꾸다, 빌리다

타동사 **ยืม**은 '꾸다, 빌리다'라는 뜻입니다. 주로 도서관에서 책을 빌리거나 친구에게 지우개를 빌리는 경우를 말합니다. 돈을 빌리는 경우에는 주로 이자가 없이 빌렸다가 돌려주는 경우에 사용합니다. 차용하다 라는 뜻의 **กู้** 와 함께 써서 **กู้ยืม**의 형태로 쓰기도 합니다. **ยืม**의 반댓말은 **คืน** 입니다.

1. ฉัน**ยืม**หนังสือที่ห้องสมุด

나는 도서관에서 책을 빌린다.

2. เธอไป**กู้ยืม**เงินมากจากธนาคาร

그녀가 은행에서 대출을 한다.

3. ขอ**ยืม**ปากกาหน่อยได้ไหม

볼펜 좀 빌려줄 수 있니?

4. เขาคืนเงินที่**ยืม**ไปได้ทันเวลา

그는 빌려간 돈을 제때 갚았다.

ยุ่ง

바쁘다 / 끼어들다 / 일이 바쁘다: **งานยุ่ง**

자동사 **ยุ่ง**은 '바쁘다'라는 의미를 나타냅니다. **งานยุ่ง**과 같이 주로 주어의 뒤에서 서술어로 사용됩니다. 한편, '끼어들다, 참견하다'의 의미로 쓰이기도 합니다. 이 때는 타동사로 목적어를 받기도 하고, **ยุ่งกับ...** 형태로 '…에게 참견하다'의 의미를 나타내기도 합니다. **อย่ามายุ่งกับฉัน**은 '내 일에 참견 마'라는 뜻입니다. 합성어로 **ยุ่งเกี่ยว**(참견하다, 간섭하다)로 쓰이기도 합니다. 한편, **ยุ่ง**은 머리가 '헝클어지다'라는 뜻도 있습니다. **ยุ่งเหยิง**(번잡하다, 덥수룩하다, 부스스하다)의 합성어로 쓰기도 합니다.

1. พ่อทำงาน**ยุ่ง**มาก

   아버지는 일이 매우 바쁘다.

2. เขามีงาน**ยุ่ง**ตลอดทั้งวัน

   그는 하루종일 일이 바빴다.

3. อย่าเข้ามา**ยุ่ง**กับฉันได้ไหม

   내게 참견하지 말아 줄 수 있니?

4. ผมของหล่อน**ยุ่ง**พันกันเพราะไม่เคยหวี

   그녀는 빗질을 한 적이 없어 머리카락이 잔뜩 엉켰다.

ยุบ

움푹 꺼지다, 축소하다, 해산하다, 폐지하다

타동사 **ยุบ**은 '움푹 꺼지다, 축소하다, 해산하다, 폐지하다' 등의 우리말에 대응됩니다. 목적어에 따라 다양하게 해석할 수 있습니다. 의원내각제인 태국에서 **ยุบสภา**는 '의회를 해산하다'라는 뜻입니다.

1. หล่อนออกกำลังกายทุกวันจนหน้าท้อง**ยุบ**ไปเยอะ

   그녀가 매일 운동해서 배가 많이 들어갔다.

2. โครงการของเขาถูก**ยุบ**ไปนานแล้ว

그의 프로젝트가 오래 전에 취소되었다.

3. รัฐบาลมีแผน**ยุบ**โรงเรียนแถวชนบท

정부는 시골의 학교를 폐쇄할 계획을 가지고 있다.

4. รัฐบาลมีมติ**ยุบ**สภาหลังถูกอภิปรายไม่ไว้วางใจ

불신임안 토론 이후에 정부는 의회를 해산하기로 결의했다.

เย็น

서늘하다, 시원하다 / 저녁 / 진정하다: **ใจเย็น**

상태성 동사 **เย็น**은 '시원하다, 서늘하다'라는 뜻입니다. 날씨나 온도를 나타낼 때 모두 써서 **อากาศเย็น**은 '날씨가 시원하다', **กาแฟเย็น**은 '냉커피'라는 뜻입니다. '시원하다'의 의미에서 확장되어 날씨가 선선해지는 저녁 시간을 의미하기도 합니다. 그래서 오후 4시는 **4 โมงเย็น**고 하고 저녁식사는 **อาหารเย็น**, 저녁 때는 **ตอนเย็น** 이라고 합니다. **ใจ**와 함께 쓰이면 **ใจเย็น**으로 '냉정하다' 라기 보다는 '침착하다, 사려깊다'라는 긍정적인 의미를 나타냅니다. 반댓말인 **ใจร้อน**은 '성격이 급하다'로 부정적인 의미입니다.

1. ช่วงนี้อากาศ**เย็น**

요즘 날씨가 시원하다.

2. วันนี้อากาศ**เย็น**สบาย

오늘 날씨가 시원하다.

3. เขาเป็นคนใจ**เย็น**แต่เธอเป็นคนใจร้อน

그는 침착한 사람이지만 그녀는 성격이 급한 사람이다.

4. ตอน**เย็น**เขาไปออกกำลังทุกวัน

매일 저녁에 그는 운동을 한다.

เย็บ 꿰매다, 봉합하다

타동사 **เย็บ**은 '(실로) 꿰매다, 봉합하다'라는 뜻입니다. 의미에 따라 주로 옷가지나 천 등이 목적어로 옵니다. 관용표현으로 **เย็บปาก**은 '입을 꿰매다' 즉, '입을 다물게 하다'라는 뜻이 됩니다. **ตัดเย็บ**은 '재단하다'라는 뜻입니다.

1. แม่**เย็บ**กระโปรงที่ขาดให้ฉัน

   어머니가 내 찢어진 치마를 꿰매 주신다.

2. หมอ**เย็บ**แผลอย่างชำนาญ

   의사가 상처를 솜씨있게 잘 꿰맨다.

3. ผู้หญิงสมัยก่อน**เย็บ**ปักถักร้อยเก่ง

   옛날 여자들은 바느질을 잘했다.

4. เขาบอกให้เธอ**เย็บ**ปากไว้ห้ามบอกความลับแก่ใครเด็ดขาด

   그가 누구에게도 절대 비밀을 말하지 말라며 그녀에게 입단속을 시켰다.

เยอะ(แยะ) 많다

상태성 동사 **เยอะ**는 '많다'라는 뜻으로, 서술어 또는 수식어로 사용됩니다. 유의어와 결합하여 **เยอะแยะ**(많다)로 사용하기도 합니다. 비슷한 의미의 **มาก(มาย)**는 격식체 표현입니다.

1. อาหารในงานเลี้ยงมี**เยอะ**มากจนกินไม่หมด

   행사 음식이 너무 많아서 다 먹지 못했다.

2. หล่อนมีเงิน**เยอะ**

   그녀는 돈이 많다.

3. ฉันมีงานต้องทำ**เยอะแยะ**ไม่มีเวลาคุยกับเธอ

   나는 할일이 너무 많아서 그녀와 이야기할 시간이 없다.

4. พอเป็นดาราแล้วเธอเรื่อง**เยอะ**ไม่พอใจอะไรไปเสียทุกสิ่ง

   연예인이 되자 그녀는 일이 많아져서 매사가 다 불만이다.

เยี่ยม

방문하다 / 최고다, 빼어나다

동사 **เยี่ยม**은 크게 두 가지 의미를 나타냅니다. 첫째는 '방문하다'의 의미로 타동사로 기능하면서 방문하는 대상이나 장소가 목적어로 옵니다. 동사 선행어가 와서 **ไปเยี่ยม มาเยี่ยม** 등으로 함께 쓰이는 경우가 많습니다. 합성어로는 **เยี่ยมเยียน เยี่ยมเยือน** 등의 형태로 쓰입니다. **เยี่ยมไข้**는 '환자를 방문하다', 즉 '병문안 하다'라는 뜻입니다. 두번째 의미는 자동사로 기능하면서 '뛰어나다, 특출하다, 최고이다'의 의미를 나타냅니다. 서술어나 형용사로 사용됩니다. 단독으로도 쓰고, **ยอดเยี่ยม เยี่ยมยอด** 등과 같이 합성어로도 쓰입니다.

1. พ่อแม่ไป**เยี่ยม**คุณตาคุณยายที่ต่างจังหวัด

   부모님께서 지방으로 조부모님을 뵈러 간다.

2. พ่อไป**เยี่ยม**ไข้ลุงที่ป่วยอยู่โรงพยาบาล

   아버지께서 병원에 입원해 있는 아저씨를 병문안 간다.

3. เขาเป็นนักเล่นเทนนิสฝีมือ**เยี่ยม**คนหนึ่งของเมืองไทย

   그는 태국의 뛰어난 테니스 선수 중 한명이다.

4. มีคนแปลกหน้ามา**เยี่ยมๆ** มองๆ อยู่หน้าบ้าน

   낯선 사람이 집앞에서 기웃거리며 서성이고 있다.

เยือน 방문하다

동사 **เยือน**은 '방문하다'라는 뜻으로 방문하는 대상이나 장소가 목적어로 옵니다. 유의어 **เยี่ยม**과 비교할 때 **เยือน**이 더 격식체로 쓰입니다. 단독으로도 사용하고 유의어와 함께 **เยี่ยมเยือน**으로 사용하기도 합니다.

1. ประธานาธิบดีสหรัฐอเมริกาเดินทางมา**เยือน**ประเทศไทยอย่างเป็นทางการ

   미국 대통령이 태국을 공식방문 한다.

2. เขากลับมา**เยือน**บ้านเกิด

   그는 고향으로 돌아왔다.

3. ปีนี้ลมหนาวมา**เยือน**เร็วกว่าปีที่แล้ว

   올해에는 찬바람이 작년보다 빨리 찾아왔다.

4. ในหลวงเสด็จพระราชดำเนิน**เยือน**ต่างประเทศ

   국왕께서 해외를 방문하신다.

แย่ 나빠지다, 곤란하다, 형편없다

상태성 동사 **แย่**는 '나쁘다, 곤란하다'라는 뜻입니다. 단독으로 써서 **แย่แล้ว**!는 '큰일났다'라는 표현입니다. 명사의 뒤에서 서술어나 형용사로 쓰기도 하고, 동사구의 뒤에서 부사로 쓰기도 합니다.

1. อาการคนไข้**แย่**ลงมาก

   환자의 상태가 나빠졌다.

2. คุณทำงานได้**แย่**มาก

   당신은 정말 일을 매우 못한다.

3. ปีนี้เศรษฐกิจ**ย่ำแย่**มาก

   올해 경제가 매우 안좋다.

4. บ้านเมืองคง**แย่**กว่านี้ถ้ามีแต่คนจ้องทำลาย

   해를 끼치려는 사람만 있다면 나라가 더 엉망이었을 것이다.

แยก

나누다, 분류하다, 분할하다, 구분하다

타동사 **แยก**은 '나누다, 분류하다, 분할하다, 구분하다' 등의 우리말에 대응될 수 있습니다. 목적어가 와서 **แยกส่วน**(부분을 나누다, 분할하다), **แยกทาง(กัน)** (갈라서다, 헤어지다, 이혼하다), **แยกกลุ่ม**(그룹을 나누다), **แยกทีม**(팀을 나누다) 등의 형태로 쓰일 수 있습니다. **แยกจากกัน**(헤어지다), **แยกแยะ**(분류하다, 구분하다), **แบ่งแยก**(나누다), **แตกแยก**(분열하다), **แยกย้าย**(흩어지다) 등과 같이 동사성 합성어로도 사용됩니다.

1. อาจารย์สั่งให้นักเรียน**แยก**กลุ่มอภิปรายเกี่ยวกับหัวข้อนั้น

   교수님이 학생들에게 그 주제에 관해서 조별 발표를 시킨다.

2. แม่**แยก**ขนมเป็นถุงๆ

   어머니가 과자를 봉지에 나눈다.

3. ผู้จัดการสั่งให้พนักงาน**แยก**ย้ายกันไปทำงาน

   팀장이 직원들에게 흩어져서 일하도록 지시한다.

4. พ่อและแม่ของเขา**แยก**ทางกัน

   부모님이 서로 갈라섰다.

แย้ง

거스르다, 반론하다, 반박하다, 갈등하다, 모순되다

동사 **แย้ง**은 '거스르다, 반론하다, 반박하다, 갈등하다, 모순되다' 등의 다양한 한국어에 대응됩니다. 단독으로 쓰기도 하고 부사로 쓰기도 합니다. **พูดแย้ง**은 '반론을 말하다'라는 뜻입니다. 한편 **โต้แย้ง**(반박하다), **ขัดแย้ง**(갈등하다, 모순되다) 등에서와 같이 합성어 형태로도 쓰입니다. 특히, **ขัดแย้ง**은 '갈등하다'라는 의미와 '모순되다'라는 의미를 모두 나타내기 때문에 맥락을 보고 의미를 판단해야 합니다. 명사형은 **ความขัดแย้ง**(모순, 갈등) 입니다.

1. หัวหน้าและเขามักมีความเห็น**แย้ง**กันเสมอ

   상사와 그는 의견이 늘 서로 안 맞곤 한다.

2. เขาพูด**แย้ง**ขึ้นมาในที่ประชุม

   그가 회의중에 반대 의견을 말했다.

3. เขามักมีเรื่อง**ขัดแย้ง**กับพนักงานคนอื่น

   그는 보통 다른 직원들과 갈등이 생기곤 한다.

4. เขามีข้อ**โต้แย้ง**เกี่ยวกับการตัดไม้ทำลายป่าเพื่อสร้างเขื่อน

   그는 댐 건설을 위한 벌목과 삼림훼손에 반대한다.

โยน

던지다

타동사 **โยน**은 '던지다'라는 뜻입니다. 던지는 대상이 목적어로 옵니다. 목적어는 구체적인 사물이 될 수도 있고, 추상적인 개념이 될 수도 있습니다. **โยนโบว์ลิ่ง**은 '볼링을 치다'라는 뜻입니다. **โยนความผิด**은 '남 탓을 하다', **โยนกลอง**은 '책임을 전가하다'라는 의미입니다.

1. พ่อ**โยน**กระเป๋าลงบนโซฟา

   아버지가 지갑을 소파위로 던진다.

2. นักเรียนเล่น**โยน**ลูกบอล

   학생이 공을 던지고 논다.

3. หล่อนมัก**โยน**ความผิดให้คนอื่นเสมอ

그녀는 항상 남 탓을 하곤 한다.

4. หล่อนไม่เคยรับผิดชอบงานกลุ่มคอยแต่เกี่ยง**โยน**กลองให้เพื่อนทำ

그녀는 공동업무를 책임지지 않고 눈치만 보면서 다른 사람에게 책임을 전가한다.

รด

물을 주다, 물을 뿌리다

타동사 **รด**은 '물을 주다, 물을 뿌리다'라는 의미를 가진 동사로, 그 의미에 따라 목적어는 주로 물(**น้ำ**)이 옵니다. 동사 **รด**은 물을 위에서 아래로 가만히 뿌려주는 동작을 말합니다. 태국의 최대 명절인 쏭끄란은 태국식 설 명절로, 고향의 어른들을 찾아뵙고 축수식을 합니다. 어른들의 손에 향유를 섞은 물을 뿌려드리면서 덕담을 듣는 것을**รดน้ำดำหัว**(물을 뿌리고 머리를 담그다), 또는 **รดน้ำขอพร**(물을 뿌리고 덕담을 듣다) 이라고 부릅니다.

1. พ่อ**รด**น้ำต้นไม้ทุกเย็น

   아버지는 매일 저녁 나무에 물을 준다.

2. วันสงกรานต์เด็กๆ **รด**น้ำให้ผู้ใหญ่

   쏭끄란(새해)에 아이들이 어른들께 축수식을 한다.

3. เขาฉี่**รด**ที่นอนตั้งแต่เด็กจนโต

   그는 어렸을 때부터 다 커서까지도 잠자리에 오줌을 지린다.

4. ประเพณี**รด**น้ำดำหัวเป็นประเพณีไทยที่ดีงามควรรักษาไว้

   축수식 롯남담후아는 계승해야 할 아름다운 전통이다.

รบ

전투하다, 싸우다 / 폐를 끼치다: **รบกวน** / 졸라대다: **รบเร้า**

타동사 **รบ**은 '전투하다, 싸우다'라는 뜻입니다. **นักรบ**(전사), **สู้รบ**(전투하다, 교전하다), **สนามรบ**(전장) 등에서 처럼 합성어의 형태로도 쓰입니다. 또 다른 의미로 '조르다'라는 뜻도 있습니다. 합성어 **รบกวน**(폐를 끼치다, 귀찮게 하다), **รบเร้า**(떼를 쓰다, 졸라대다) 등이 그 예입니다. 특히 **รบกวน**의 경우 짧게는 **กวน** 이라고도 하는데, '신경쓰이게 하다, 귀찮게 하다'라는 뜻입니다. 비속어로 **กวนตีน**(발을 귀찮게 하다)는 '매우 짜증하게 하다' 또는 짜증나게 하는 사람을 일컫는데, 발을 천시하는 태국문화의 단면을 나타내는 언어표현입니다.

1. ทหารไปรบกับข้าศึกที่ชายแดน

   군인이 국경으로 적들과 싸우러 간다.

2. ฉันรบกวนเขาให้ช่วยไปซื้อยา

   나는 그에게 약을 사달라고 요청한다.

3. น้อง**รบ**เร้าให้แม่ซื้อแผ่นเกมให้

   동생이 어머니에게 게임을 사달라고 애원한다.

4. พระเจ้าตากสินทรงเชี่ยวชาญในการ**รบ**

   딱신 대왕은 전투에 정통했다.

ร่วง

떨어지다, (낙엽이) 지다, (머리털이) 빠지다

자동사 **ร่วง**은 '떨어지다'라는 뜻으로 주로 위에 붙어 있던 물건이 뽑히거나 이탈하여 아래 방향으로 떨어지는 것을 뜻합니다. 의미에 따라 주로 방향동사 **ลง**이 따라옵니다. **ฤดูใบไม้ร่วง**은 '나뭇잎이 떨어지는 계절' 즉 가을을 의미합니다. 합성동사로 **ร่วงโรย**는 '쇠망하다, 쇠퇴하다, 초췌하다'의 의미가 됩니다.

1. ใบไม้**ร่วง**เต็มพื้นถนน

   도로 위 전체에 나뭇잎이 떨어졌다.

2. เขาผม**ร่วง**เพราะเครียดจัด

그는 너무 스트레스를 받아서 머리가 빠졌다.

3. ดอกไม้แห้งเหี่ยว**ร่วง**โรย

꽃이 시들어 떨어 진다.

4. สวนหน้าบ้านยายมีใบไม้แห้งร่วงหล่นเต็มไปหมดเลย

할머니의 정원에 낙엽이 가득 떨어져 있다.

รวบ 모으다, 합하다

타동사 **รวบ**은 '모으다, 합하다'라는 뜻입니다. 목적어가 후행해서 **รวบผม**은 '머리를 묶다', **รวบยอด**은 '총계를 내다'라는 뜻입니다. **รวบอำนาจ**은 '중앙집권하다'라는 뜻으로 **ระบบ/ลัทธิรวบอำนาจเบ็ดเสร็จ**은 '전체주의'라는 뜻입니다. 이렇게 단독으로도 사용되고 다른 동사와 함께 사용되기도 하는데, 주로 **รวบรวม**(모으다, 합하다)이 자주 사용됩니다.

1. นักเรียนที่ผมยาวต้อง**รวบ**ผมให้เรียบร้อย

머리가 긴 학생은 머리를 단정하게 묶어야한다.

2. เจ้าหน้าที่ตำรวจเข้า**รวบ**ตัวผู้ต้องหา

경찰이 용의자를 검거했다.

3. หัวหน้าห้อง**รวบรวม**สมุดการบ้านไปส่งคุณครู

반장이 과제물을 모아서 선생님께 전달한다.

4. น้อง**รวบรวม**เงินเพื่อจะเอาไปซื้อของเล่น

동생이 장난감을 사기 위해 돈을 모은다.

รวม

합하다, 모이다, 모으다, 결집하다

동사 **รวม**은 자동사와 타동사로 모두 쓰여, '모으다 또는 모이다'의 의미를 나타낼 수 있습니다. **รวมมือ**(손을 모으다, 협력하다), **รวมหัว**(머리를 모으다), **รวมตัว**(몸을 모으다, 결집하다), **รวมเงิน**(돈을 모으다) 등에서 처럼 타동사로 목적어를 동반하기도 하고, ~**รวมกัน** (서로 모이다) 등에서 처럼 자동사로 쓰이는 경우도 있습니다. 합성어로는 **รวบรวม** (모으다, 합치다)이 많이 쓰입니다.

1. สินค้านั้น**รวม**ทั้งหมดแล้วราคาประมาณ 3 หมื่นกว่าบาท

   그 상품은 전부 합쳐 가격이 약 3만 바트 남짓이다.

2. พ่อค้าแม่ค้า**รวม**ตัวกันประท้วงรัฐบาล

   상인들이 모여서 정부에 항의 시위를 한다.

3. วันนี้อาจารย์สอนสำนวนที่ว่า '**รวม**กันเราอยู่แยกหมู่เราตาย'

   오늘은 교수님이 '뭉치면 살고 흩어지면 죽는다'라는 속담을 가르쳐 주셨다.

4. ครู**รวบรวม**เงินบริจาคให้แก่นักเรียนยากไร้

   선생님이 기부금을 모아 형편이 어려운 학생에게 준다.

ร่วม

참여하다, 협동하다, 공조하다 / 공동의
마음을 합하다, 협심하다: **ร่วมใจ** 협력하다: **ร่วมมือ**

타동사 **ร่วม**은 '참여하다'의 의미를 가지고 있습니다. **ร่วมงาน**(행사에 참여하다), **ร่วมประชุม**(회의에 참여하다), **ร่วมโครงการ**(프로젝트에 참여하다) 등의 예에서 처럼 뒤에 바로 목적어가 동반됩니다. **มีส่วนร่วม**(일조하다), **เพื่อนร่วมงาน**(동료), **คำแถลงร่วม**(공동 성명) 등과 같이 명사 뒤에서 수식할 수도 있습니다. **ร่วมมือ**는 '협력하다, 협업하다'의 의미로 **ร่วมมือร่วมใจ(กัน)** 하면 '협조하다, 협심하다'라는 뜻입니다. 명사형은 **ความร่วมมือ** 입니다. 형태가 비슷한 **รวม**과 비교할 때, **รวม**은 '모으다, 집결하다'의 의미가 강하고 **ร่วม**은 '참여하다'의 의미가 강하다고 볼 수 있는데, 둘을 대체 사용이 가능한 경우도 있습니다.

1. เขาเข้า**ร่วมงาน**สัมมนานานาชาติ

그는 국제 세미나에 참석한다.

2. มหาวิทยาลัยสองแห่งลงนามความ**ร่วมมือ**ทางวิชาการ

양 대학은 학술교류협정에 조인했다.

3. นักเรียน**ร่วม**ใจกันไปปลูกป่าชายเลน

학생들이 협심하여 홍수림을 조성했다.

4. ซากดึกดำบรรพ์ที่ขุดพบนั้นมีอายุ**ร่วม** 1,000 ปี

발굴된 고대인의 유골은 합쳐서 나이가 1,000년에 이른다.

รวย

부유하다, 유복하다, 돈이 많다, 넉넉하다의

상태성 동사 **รวย**는 '부유하다, 유복하다, 돈이 많다, 넉넉하다'의 의미입니다. 단독으로 서술어로 기능하기도 하고, 수식어로 명사를 뒤에서 꾸미기도 합니다. 합성어로는 **ร่ำรวย**(유복하다) 가 쓰이며, 유의어로는 **มั่งคั่ง**(유복하다), **ฐานะดี**(형편이 좋다) 등이 있습니다.

1. เขาเป็นคน**รวย**

그는 부자이다.

2. เขาไม่ได้**รวย**ที่เงินอย่างเดียวแต่ยังเป็นคนรวยน้ำใจอีกด้วย

그는 돈이 많을 뿐만 아니라 인정도 많은 부자이다.

3. หล่อนเป็นคน**ร่ำรวย**และไม่ถือตัว

그녀는 부자면서도 겸손하다.

4 เขา**รวย**เป็นเศรษฐีพันล้าน

그는 억대 부자(십억 부자)이다.

รอ

기다리다

동사 **รอ**는 '기다리다'라는 뜻입니다. **รอคุณ**(당신을 기다리다), **รออาจารย์**(교수님을 기다리다), **รอเพื่อน**(친구를 기다리다) 등과 같이 타동사로 기다리는 대상이 목적어로 동반됩니다. 단독으로 쓰기도 하고, 유의어와 결합하여 **รอคอย**(기다리다), **เฝ้ารอ**(고대하다) 등으로 쓰기도 합니다.

1. ฉัน**รอ**เขามา 2 ชั่วโมงแล้ว

   나는 그를 기다린 지 두 시간 됐다.

2. แม่เฝ้า**รอ**วันที่พี่จะกลับมาเยี่ยมบ้าน

   어머니가 형이 집으로 돌아오기만을 고대한다.

3. เขา**รอ**คอยเอกสารตอบรับเข้าทำงานอย่างใจจดใจจ่อ

   그가 입사 지원서에 대한 회신을 애타게 기다린다.

4. เขา**รอ**เวลาที่จะเข้าห้องผ่าตัดอย่างตื่นเต้น

   그가 긴장한 채로 수술실에 들어갈 때를 기다린다.

รอง

밑에 깔다, 받치다 / 차순위, 부 / 구두: **รองเท้า**

타동사 **รอง**은 '받치다, 보조하다, 깔다' 등의 의미를 나타냅니다. 타동사로 목적어가 동반되어 **รองน้ำ**(물을 받치다, 받다), **รองเท้า**(발을 받치는 것, 신발), **ที่รองแก้ว**(컵 받침) 등과 같이 쓰입니다. 확장된 의미로, '덜하다, 다음 가다'라는 뜻으로 쓰이기도 합니다. **ถ้าเป็นเรื่องการร้องเพลง เขาไม่รองใครแน่นอน**은 '노래 부르는 것으로는, 그는 누구에게도 뒤지지 않는다'라는 뜻입니다. 또한, '차순위의, 보조, 부차적인'이라는 의미로 있어, **รองลงมา**(다음으로), **รองนายกรัฐมนตรี**(부총리), **อันดับรอง**(2위), **รองชนะเลิศ**(차석, 준우승) 등과 같이 사용됩니다. 동사성 합성어로는 **รองรับ**(받치다, 부응하다), **รับรอง**(증명하다, 추천하다) 등이 있습니다. **รองท้อง**은 '요기를 하다, 배고픔을 달래다'라는 뜻입니다.

1. เขาปูเบาะ**รอง**นั่งบนพื้นให้ลูกค้า

   그가 방석을 손님에게 깔아준다.

2. พี่สาวซื้อ**รองเท้า**คู่ใหม่

언니가 새 신발을 샀다.

3. เขาได้เลื่อนตำแหน่งเป็น**รอง**ประธานบริษัท

그는 회사 부사장으로 승진했다.

4. เขาขอหนังสือ**รับรอง**จากอาจารย์ที่ปรึกษา

그는 지도교수에게 추천서를 요청했다.

ร้อง

외치다 / 노래하다 / 울다: **ร้องไห้**
청원하다, 탄원하다: **ร้องเรียน**, 호소하다: **เรียกร้อง**

동사 **ร้อง**은 '울다'라는 뜻의 자동사 입니다. **นกร้อง**(새가 울다), **กบร้อง**(개구리가 울다) **ฟ้าร้อง**(천둥이 치다)에서 처럼 서술어로 쓰일 수 있습니다. 특정 목적어와 함께 쓰이면 **ร้องเพลง** 에서와 같이 '노래하다'라는 의미가 됩니다. 다른 동사와 결합하여 여러가지 의미를 나타내는데, **ร้องไห้**(사람이 울다), **ร้องเรียน**(호소하다, 탄원하다, 진정하다), **ร้องเรียก**(큰 소리로 부르다, 소리쳐 부르다), **เรียกร้อง**(요청하다, 요구하다, 촉구하다), **ร้องขอ**(요청하다, 청구하다), **ขอร้อง**(부탁하다, 호소하다) 등이 그 예입니다.

1. น้องจะมานั่ง**ร้องไห้**ที่ใต้ต้นไม้เป็นประจำ

동생은 늘 나무 아래에서 앉아서 운다.

2. เขาของ**เรียกร้อง**ความเป็นธรรมให้ครอบครัวเขา

그는 그의 가족에 대한 공정성을 호소하였다.

3. นักร้องที่ดีต้อง**ร้อง**ให้เต็มเสียงและร้องได้ทุกแบบ

좋은 가수는 소리가 풍성해야 하고, 다양한 장르를 소화해야 한다.

4. มีประชาชน**ร้อง**เรียนให้ตรวจสอบคดีทุจริตของอดีตประธานาธิบดีเป็นจำนวนมาก

국민 다수가 전직 대통령의 부정부패 사건에 대한 조사를 청원했다.

รอด

벗어나다, 면하다

동사 **รอด**은 '벗어나다, 면하다, 살아나다'라는 뜻입니다. 목적어가 바로 오기도 해서 **รอดตัว**(면하다, 피하다), **รอดชีวิต**(살아나다, 죽음을 면하다) 처럼 쓰이기도 합니다. **เพื่อความอยู่รอด**은 '생존을 위하여'라는 뜻이고 **เอาตัวรอด**은 '생존하다, 살아남다'라는 뜻입니다.

1. เขาเป็น**ผู้รอดชีวิต**จากเหตุการณ์แผ่นดินไหว

   그는 지진 사태의 생존자이다.

2. เขามีเรื่องชกต่อยฟันแทงอยู่บ่อยๆ แต่ก็เอาตัว**รอด**มาได้เสมอ

   그는 자주 폭력 문제에 휘말렸으나 늘 목숨은 부지했다.

3. ฉันคิดว่าสองคนนั้นไปไม่**รอด**แน่ๆ

   나는 그 두사람이 오래가지 못할 거라고 생각한다.

4. เขา**รอด**จากการถูกครูทำโทษ

   그는 선생님의 벌에서 벗어났다.

ร้อน

덥다, 뜨겁다, 성급하다, 서두르다

자동사 **ร้อน**은 '덥다, 뜨겁다'의 의미입니다. **อากาศร้อน**(날씨가 덥다), **กาแฟร้อน**(커피가 뜨겁다)과 같이 날씨가 더운 경우나 음식이 뜨거운 경우에 모두 쓸 수 있습니다. **สดๆ ร้อน ๆ** (신선하고 뜨거운)은 방금, 최신의 라는 뜻입니다. 한편 일년 내내 더운 태국에서 뜨거움은 부정적인 의미로 성급함, 초조함의 감정을 나타내기도 합니다. **ใจร้อน**은 '성격이 급하다, 성급하다'라는 뜻이고, **ร้อนตัว**는 '초조하다, 안절부절하다'라는 뜻입니다. 태국어 속담으로 **กินปูนร้อนท้อง**(석회를 먹고 배가 뜨겁다)은 우리말의 '도둑이 제발 저리다'라는 의미입니다.

1. อากาศ**ร้อน**มาก

   날씨가 무덥다.

2. ข้าวต้มกำลัง**ร้อนๆ** รีบกินเสียซิ

죽이 따뜻하니, 얼른 먹어라.

3. ฉันรู้สึก**ร้อนๆ** หนาวๆ

나는 더웠다 추웠다 한다.

4. เขา**ร้อน**ตัวทันทีเมื่อผู้จัดการถามถึงเหตุทะเลาะวิวาท

팀장이 다툼에 대해서 묻자 그는 즉시 초조해졌다.

ระงับ

막다, 억제하다, 저지하다, 제지하다 / 진정제: **ยาระงับประสาท**

동사 **ระงับ**은 '막다, 억제하다, 저지하다' 등의 의미를 나타냅니다. 타동사로 막는 대상을 목적어로 동반하므로, **ระงับอารมณ์**(감정을 억제하다), **ระงับเหตุการณ์**(사태를 저지하다), **ระงับบัญชี**(계정을 막다, 계정 사용을 중단하다), **ระงับความโกรธ**(화를 억제하다) 등과 같이 사용됩니다. **ยาระงับประสาท**은 신경안정제를 의미합니다.

1. เขาเป็นคน**ระงับ**อารมณ์ได้ดีมาก

그는 감정을 잘 통제하는 사람이다.

2. ฉันพยายาม**ระงับ**ใจไม่ให้ฟุ้งซ่าน

나는 덜렁대지 않도록 마음을 다스리려 노력한다.

3. คุณปู่ทานยา**ระงับ**ประสาท

할아버지가 진정제(신경안정제)를 드신다.

4. สถานีโทรทัศน์ถูก**ระงับ**การออกอากาศชั่วคราว

방송국은 방송이 일시 중단 됐다.

ระบาด

분산하다, 확산하다, 전염되다, 유행하다
– 전염병: **โรคระบาด**

동사 **ระบาด**은 자동사로, 어떤 현상이나 소식이나 병 등이 전염되거나 확산되는 것을 의미합니다. 단독으로 사용하거나 **แพร่ระบาด**(퍼지다, 확산되다)에서 처럼 합성어로 사용하기도 합니다. **โรคระบาด**은 '전염병'이라는 뜻이며, **ระบาดวิทยา**는 '역학'이라는 뜻입니다.

1. ข่าวลือ**ระบาด**ไปทั่วหมู่บ้าน

   루머가 마을 전체에 퍼졌다.

2. ช่วงนี้ไข้เลือดออกแพร่**ระบาด**ไปทั่ว

   최근 출혈열이 전국적으로 번졌다.

3. อหิวาตกโรคเป็นโรค**ระบาด**ชนิดหนึ่งที่เคยรุนแรงมากในอดีต

   콜레라는 과거에 매우 심각했던 전염병 중 하나이다.

4. หมอมาฉีดวัคซีนป้องกันโรคไข้หวัดใหญ่ที่กำลัง**ระบาด**

   의사가 유행하고 있는 독감 예방 주사를 놓아주러 왔다.

ระบาย

빼다, 내보내다, 방출하다, 배수하다 / (색을) 칠하다

타동사 **ระบาย**는 '빼다, 방출하다, 채색하다' 등의 의미를 나타냅니다. 목적어에 따라 **ระบายน้ำ**(물을 빼다, 배수하다), **ระบายสี**(색칠하다), **ระบายอากาศ**(공기를 빼다, 환기하다), **ระบายสินค้า**(제품을 빼다, 정리하다), **ระบายความทุกข์**(고통을 내보내다, 넋두리를 하다) 등과 같이 다양한 우리말에 대응됩니다. **ท่อระบายน้ำ**은 '배수관' 또는 '하수구'라는 뜻입니다.

1. โรงงาน**ระบาย**น้ำเสียทิ้ง

   공장에서 오염된 물을 배수한다.

2. น้องชอบ**ระบาย**สี

   동생은 색칠하기를 좋아한다.

3. แม่เปิดหน้าต่างเพื่อ**ระบาย**อากาศ

어머니가 공기 환기를 위해 창문을 연다.

4. โรงงานพยายาม**ระบาย**สินค้าออกจำหน่าย

공장에서 상품을 모두 팔아 치우려고 노력한다.

ร

ระบุ

명기하다, 명시하다, 기록하다, 언급하다

타동사 **ระบุ**는 '명기하다, 언급하다' 등의 의미를 나타냅니다. 명기하는 내용이나 대상이 목적어로 동반되는데, **ระบุชื่อ**는 '이름을 명기하다, 명시하다'의 의미입니다. **ไม่ระบุชื่อ**는 '익명으로 하다'라는 뜻입니다.

1. กรุณา**ระบุ**ชื่อผู้รับบนซองจดหมาย

편지 봉투 위에 수신인을 명기해 주세요.

2. เขา**ระบุ**ชื่อพยานลงในเอกสาร

그는 서류에 증인 이름을 명기한다.

3. กรุณา**ระบุ**ตำแหน่งที่ต้องการสมัคร

지원서에 지원하고자 하는 직무를 명기해주세요.

4. หัวหน้า**ระบุ**ชื่อผู้ไปเข้าร่วมการประชุม

상사가 회의 참여자 이름을 명시한다.

ระเบิด 폭발하다, 터지다 / 폭탄

동사 **ระเบิด**은 '폭발하다, 터지다' 또는 명사로 '폭탄'이라는 뜻으로도 사용됩니다 자동사로 주어의 뒤에서 서술어로 쓰입니다. **ระเบิด**을 명사로 써서 '폭탄을 터뜨리다, 폭탄을 설치하다'는 **วางระเบิด**으로 표현합니다. 폭탄의 종류를 나타내는 말로, **ลูกระเบิด**(수류탄), **ระเบิดมือ**(수류탄), **ระเบิดน้ำตา**(최루탄), **ระเบิดเวลา**(시한폭탄), **ระเบิดนิวเคลียร์**(핵폭탄) 등이 있습니다.

1. โรงไฟฟ้า**ระเบิด**หลายระลอก

   발전소가 여러 차례 폭발했다.

2. เมื่อปีที่แล้วมีข่าวคลังเก็บอาวุธ**ระเบิด**มีผู้บาดเจ็บจำนวนมาก

   몇년 전에 무기고가 폭발해서 많은 부상자가 발생한 소식이 있었다.

3. ประเทศอินโดนีเซียเกิดภูเขาไฟ**ระเบิด**บ่อยครั้ง

   인도네시아에는 자주 화산 폭발이 일어난다.

4. **ระเบิด**เป็นอาวุธร้ายแรงชนิดหนึ่ง

   폭탄은 위험한 무기 중 하나이다.

ระมัด(ระวัง) 주의하다, 유의하다, 조심하다

상태성 동사 **ระมัด**은 '주의하다, 조심하다'라는 의미로, 단독으로 쓰는 경우는 거의 없고 주로 유의어와 함께 **ระมัดระวัง**의 형태로 사용합니다. 부사형으로 쓸 때는 **อย่างระมัดระวัง** 또는 **ด้วยความระมัดระวัง** 등이 쓰입니다. **ใช้จ่ายอย่างระมัดระวัง**의 형태로 사용하여 '절약하다, 아끼다'의 의미를 나타낼 수도 있습니다.

1. ทหารเดินตรวจตราอย่าง**ระมัดระวัง**

   군인이 예의주시하며 경계 근무를 선다.

2. แม่ตกแต่งหน้าเค้กอย่าง**ระมัดระวัง**

   어머니가 조심스레 케익 장식을 한다.

3. หล่อน**ระมัดระวัง**ตัวเป็นพิเศษเวลาเดินผ่านทางเปลี่ยว

그녀는 한적한 길을 지나갈 때 특별히 조심한다.

4. เขาใช้อาวุธปืนอย่าง**ระมัดระวัง**ไม่ให้พลาดพลั้ง

그는 실수하지 않도록 조심하며 총을 사용한다.

ระลึก

기억하다, 기념하다, 기리다 / 기념품: **ของที่ระลึก**

타동사 **ระลึก**은 '기억하다, 기념하다, 기리다'의 의미입니다. 목적어가 동반되어 **ระลึก เหตุการณ์**(사건을 기념하다) 등처럼 쓰일 수 있고, 전치사 **ถึง**으로 연결하기도 합니다.

1. พวกเรา**ระลึก**ถึงอาจารย์เสมอ

우리는 교수님을 항상 기억한다.

2. พวกเราร่วมสดุดี**ระลึก**ถึงคุณงามความดีของทหารรับใช้ชาติที่ได้ล่วงลับไปแล้ว

우리는 국가와 민족에 몸을 바쳐 헌신한 군인들의 공덕을 기린다.

3. ฉันซื้อของที่**ระลึก**จากประเทศเกาหลีมาฝากอาจารย์

나는 한국에서 기념품을 사가지고 와서 교수님께 드렸다.

4. เขาอยาก**ระลึก**ชาติได้

그는 전생을 기억하고 싶어 한다.

รัก 사랑하다

동사 **รัก**은 매우 '아끼다, 좋아하다, 사랑하다'라는 뜻입니다. 타동사로 주로 사랑하는 대상이 목적어로 동반됩니다. **รักเธอ**(너를 사랑해), **รักสัตว์**(동물을 사랑하다), **รักพ่อแม่**(부모를 사랑하다), **รักประเทศไทย**(태국을 사랑하다), **รักการอ่าน**(독서를 사랑하다) 등이 그 예입니다. **รักสนุก**(즐거운 것을 좋아하다), **รักสวยรักงาม**(아름다운 것을 애호하다) 등과 같이 예외적으로 뒤에 상태성 동사가 오기도 합니다. **ที่รัก**은 합성어로 '자기, 내 사랑'이라는 의미이고, **หลงรัก**은 '사랑에 빠지다'라는 표현입니다. **น่ารัก**은 '사랑스럽다, 귀엽다'로 해석됩니다.

1. ผม**รัก**คุณ

   나는 당신을 사랑한다.

2. เขาเป็น**ที่รัก**ของเพื่อนๆ

   그는 친구들의 사랑을 받는 사람이다.

3. เขาหลง**รัก**เธอตั้งแต่แรกเห็น

   그는 그녀를 처음 본 순간부터 사랑에 빠졌다.

4. เขาเป็นคน**รัก**สนุก

   그는 재미있는 것을 즐기는 사람이다.

รักษา 치료하다, 지키다, 유지하다

타동사 **รักษา**는 '치료하다, 지키다, 유지하다' 등으로 해석됩니다. 동반하는 목적어에 따라 적절하게 해석해야 합니다. **รักษาโรค**(병을 치료하다), **รักษาตัว**(치료하다, 치료를 받다), **รักษาสัญญา**(약속을 지키다), **รักษาคำพูด**(한 말을 지키다), **รักษาเวลา**(시간을 엄수하다), **รักษากฎหมาย**(법을 지키다) 등과 같이 다양한 의미를 나타냅니다. 한편, **รักษาหน้า**는 '체면을 지켜주다'라는 뜻을 나타내는 은유적 표현이며, **รักษาน้ำใจ**는 '인정을 지켜주다'라는 뜻으로 '사려 깊다'라는 의미입니다.

1. หมอกำลัง**รักษา**คนไข้

   의사가 환자를 치료하는 중이다.

2. คุณยาย**รักษา**ตัวอยู่ที่โรงพยาบาล

할머니가 병원에서 치료를 받고 있다.

3. เขา**รักษา**เวลาในการทำงานได้ดีมาก

그는 일하는 데에 있어서 시간을 잘 엄수한다.

4. เขา**รักษา**สัญญาเสมอ

그는 항상 약속을 지킨다.

รังเกียจ 싫어하다, 혐오하다

동사 **รังเกียจ**은 '혐오하다'라는 의미로 일반적으로 '싫다'의 의미로 쓰이는 **ไม่ชอบ**보다 더 부정적인 감정을 표현하는 말입니다. 보기 싫다, 혐오스럽다는 **น่ารังเกียจ** 이라고 표현합니다. 유의어로는 **เกลียด**이 있습니다.

1. หล่อน**รังเกียจ**ที่จะแต่งงานกับเขา

그녀는 그와 결혼하는 것이 너무도 싫다.

2. พ่อแม่ของหล่อน**รังเกียจ**ที่เขาจน

그녀의 부모님은 그가 가난해서 싫어한다.

3. เขาเป็นโรคติดต่อร้ายแรงจนคนรอบข้าง**รังเกียจ**

그는 주변 사람들이 혐오할 정도로 심각한 전염병을 앓고 있다.

4. หล่อนมักทำตัวน่า**รังเกียจ**เสมอ

그녀는 항상 혐오스러운 행동을 한다.

รังแก

괴롭히다, 못살게 굴다

타동사 **รังแก**는 '괴롭히다, 못살게 굴다'라는 뜻입니다. 유의어와 함께 **รังแกเบียดเบียน**(괴롭히다) 또는 **ข่มเหงรังแก**(괴롭히다, 학대하다) 등으로 사용하기도 합니다. 학교폭력 문제에서 '친구를 괴롭히다'라는 표현은 **รังแกเพื่อน** 이라고 합니다. 괴롭힘을 당하다는 **ถูกรังแก**로 표현합니다.

1. น้องโดนพี่**รังแก**อยู่เป็นประจำ

   동생이 오빠에게 항상 괴롭힘을 당한다.

2. ฉันเห็นรุ่นพี่**รังแก**รุ่นน้อง

   나는 선배가 후배를 괴롭히는 것을 보았다.

3. พ่อสอนว่าอย่า**รังแก**คนที่ไม่มีทางสู้

   아버지는 대항할 방법이 없는 약자를 괴롭히지 말라고 가르쳤다.

4. เพื่อนบ้านแจ้งตำรวจ โดยกล่าวหาว่าเด็กคนนั้น ถูกพ่อแม่**รังแก**

   그 아이가 부모로부터 학대를 받았다며 이웃이 경찰에 신고를 했다.

รัด

조르다, 죄다, 졸라매다, 압축하다 / 줄이다, 긴축하다

타동사 **รัด**은 '조르다, 죄다, 꽉 졸라매다, 압축하다' 등의 의미입니다. 옷이 **รัดตัว** 혹은 **รัดรูป**하다는 것은 '몸에 꽉 끼다'는 뜻입니다. 합성어에서 **รัดกุม**은 '간명하다, 간단명료하다'라는 의미이고, **กะทัดรัด**은 '간략하다, 딱 맞다, 간결하다'라는 뜻입니다.

1. แม่เอายาง**รัด**ถุงสองรอบ

   어머니는 고무줄로 봉지를 2 번 묶었다.

2. พี่ชอบใส่กางเกง**รัดรูป**

   언니는 몸에 딱 맞는 바지를 좋아한다.

3. แม่**รัด**ของจนแน่นก่อนที่จะยกออกไปขาย

어머니는 물건을 팔러 나가기 전에 꽉 묶었다.

4. เจ้าหน้าที่ตำรวจทำงานอย่าง**รัดกุม**

경찰관이 간명하게 일처리를 한다.

ร

รับ

받다, 응하다
고용되다: **รับจ้าง** 시중들다, 떠받치다: **รับใช้**
(말로) 약속하다: **รับปาก** 보장하다: **รับรอง**

타동사 **รับ**은 '받다, 얻다, 응하다' 등의 의미를 가지며 맥락에 따라 다양한 우리말에 대응될 수 있습니다. 단독으로도 쓰이고 유의어와 함께 **ได้รับ**(받다, 얻다)의 형태로 쓰이기도 합니다. 목적어와 결합하여 다양한 의미를 나타내는데 **รับจดหมาย**(편지를 받다), **รับเงินเดือน**(월급을 받다), **รับงาน**(일을 받다), **รับกรรม**(업보를 받다, 고통을 당하다) 등이 그 예입니다. **รับปาก**은 직역하면 '입을 받다' 이지만 '구두로 약속하다'라는 뜻으로 쓰입니다. 한편, 동사와 연결되어 다양한 의미를 나타내는데, **รับจ้าง**(고용을 받다, 고용되다), **รับใช้**(쓰임을 받다, 수발을 들다), **รับประกัน**(보장하다, 보증하다), **รับรอง**(보장하다, 추천하다, 확신하다) 등이 그 예입니다.

1. เงินเดือนที่เขา**รับ**จะโอนเข้าบัญชีพ่อหมด

그가 받은 월급은 모두 아버지 계좌로 이체된다.

2. หล่อนทำงาน**รับจ้าง**เป็นแม่บ้านมาหลายปีแล้ว

그녀는 가사도우미로 일한 지 몇 년이 됐다.

3. พ่อ**รับปาก**ว่าจะกลับมากินข้าวเย็นนี้

아버지는 오늘 저녁에 집에 와서 밥먹겠다고 약속했다.

4. สินค้าในบริษัทเรา**ได้รับ**การ**รับรอง**จากหน่วยงานของรัฐ

우리 회사의 상품은 정부기관으로부터 인증을 받았다.

รั่ว(ไหล)

새다 / 누설되다

자동사 **รั่ว**는 '새다, 새어 나가다'의 의미입니다. 새 나갈 수 있는 다양한 개체가 주어로 올 수 있습니다. **น้ำรั่ว**(물이 새다), **ฝนรั่ว**(비가 새다), **แกสรั่ว**(가스가 새다) 등과 같이 구체적인 것 뿐 아니라, **เงินรั่ว**(돈이 새다), **ข่าวรั่ว**(소식이 새다), **ความลับรั่ว**(비밀이 새다) 등처럼 추상적인 것에도 쓸 수 있습니다. 합성어로 **รั่วไหล**(새다, 줄줄 새다) 도 쓰입니다.

1. หลังคาบ้าน**รั่ว**

   집의 지붕에 물이 샌다.

2. เพราะเสียงตะโกนว่าแก๊ส**รั่ว**ทำให้ผู้คนวิ่งกันอลหม่าน

   누가 가스가 샌다고 외친 탓에 사람들이 혼비백산했다.

3. ข่าวที่**รั่ว**ออกมานั้นไม่เป็นความจริง

   누설된 소식은 사실이 아니다.

4. อาจารย์ทำข้อสอบ**รั่ว**

   교수님이 (실수로) 시험문제를 유출했다.

รา

줄이다, 정지하다, 그만두다 / 곰팡이

รา는 동사로는 '줄이다, 정지하다, 그만두다'라는 뜻을 나타냅니다. **ทั้งสองฝ่ายรากันไป**는 '양측이 서로 중단했다'라는 뜻이며, **ไฟราจนดับลงไปเอง**은 '불이 사그라들다가 저절로 꺼졌다'라는 뜻입니다. 한편 더 많이 쓰이는 뜻은 명사로 '곰팡이'를 가리킵니다. '곰팡이가 피다'는 **ขึ้นรา** 또는 **ราขึ้น**으로 표현합니다.

1. เขา**รา**ไฟในเตา

   그가 가스불을 줄였다.

2. ขนมปังขึ้น**รา**

   빵에 곰팡이가 피었다.

3. ราขึ้นเค้กก้อนนั้นเต็มไปหมด

그 케이크 조각에 온통 곰팡이가 피었다.

4. เขาเป็นเชื้อ**รา**ขึ้นบนศีรษะ

그의 머리 위에 균이 생겼다.

ร

ร่า(เริง)

활짝 열다, 쾌활하다, 매우 기쁘다

상태성 동사 **ร่า**는 단독으로 쓰이는 경우는 주로 동사의 뒤에서 '활짝'이라는 부사로 쓰입니다. **หัวเราะร่า**(활짝 웃다), **ยิ้มร่า**(활짝 미소짓다), **ประตูเปิดร่า**(문이 활짝 열렸다) 등이 그 예입니다. 한편, 기쁘다, 쾌활하다의 의미로 쓰이는 경우는 주로 합성어 **ร่าเริง**의 형태로 쓰입니다.

1. เด็กๆ ดู**ร่าเริง**

아이들이 쾌활해 보인다.

2. เธอมักจะ**ร่าเริง**ตอนที่อยู่กับเขาเท่านั้นแหละ

그녀는 그와 있을 때만 매우 쾌활해 보이곤 한다.

3. ฉันมีนิสัย**ร่าเริง**

나는 쾌활한 성격을 가지고 있다.

4. เด็กน้อยยิ้ม**ร่า**เมื่อได้ของเล่นถูกใจ

아이가 마음에 드는 장난감을 갖게 되자 활짝 웃었다.

ราด

끼얹다, 뿌리다

동사 **ราด**은 '끼얹다, 뿌리다'라는 뜻입니다. 타동사로 목적어가 동반됩니다. 주로 액체류를 끼얹는 경우에 많이 쓰기 때문에 **ราดน้ำ**(물을 뿌리다), **ราดหน้า**(소스를 끼얹어 먹는 국수류) 등의 표현에서 볼 수 있습니다. **ข้าวราดแกง**은 국물이 조금 있는 반찬을 얹어서 먹는 덮밥을 일컫는 표현입니다. 한편, **ราด** 이라는 동사의 의미에서 관련되어, 다른 동사의 뒤에서 **ฉี่ราด**(오줌을 지리다), **ขี้ราด**(똥을 지리다) 등으로도 쓰입니다.

1. เด็กคนนั้นกลัวจนฉี่**ราด**

   그 아이는 무서워서 오줌을 지렸다.

2. เขาสั่งข้าว**ราด**แกง

   그는 덮밥을 주문하였다.

3. ฉันชอบกินก๋วยเตี๋ยว**ราด**หน้ามาก

   나는 꾸워이띠어우 랏나를 매우 좋아한다.

4. เขา**ราด**ช็อกโกแลตลงบนไอศกรีม

   그가 초콜릿을 아이스크림 위에 뿌린다.

ราบ

평평하다 / 순조롭다: **ราบรื่น**

자동사 **ราบ**은 '평평하다, 매끄럽다'라는 뜻입니다. 술어로 쓰이지만, 주로 명사나 동사의 뒤에서 수식어로 쓰이는 경우가 더 많습니다. **ที่ราบ** 또는 **ที่ราบลุ่ม**은 '평야지대, 분지, 저지대' 등을 일컫습니다. **นอนราบ**은 '바닥에 드러눕다'라는 의미입니다. 합성어로 **ราบรื่น**은 '원활하다, 순조롭다'라는 뜻인데, 부사형으로 **อย่างราบรื่น** 도 많이 쓰입니다.

1. พื้นที่ภาคกลางส่วนใหญ่ของประเทศไทยเป็นที่**ราบ**

   태국 중부지방의 대부분은 평야지대이다.

2. เขานอน**ราบ**ลงกับสนามหญ้า

그는 잔디밭 마당 위에 누웠다.

3. เขาทำงานวันแรกผ่านไปได้อย่าง**ราบรื่น**

그는 근무 첫날을 순조롭게 보냈다.

4. คนไทยชอบตั้งถิ่นฐานบริเวณที่**ราบ**ลุ่ม

태국 사람들은 저지대 평야에 주로 터전을 마련했다.

ร้าย

나쁘다, 사납다

자동사이자 상태성 동사인 **ร้าย**는 '나쁘다, 심하다, 해롭다, 사납다' 등 다양한 부정적인 의미를 나타냅니다. 단독으로도 쓰이고 다양한 맥락에서 다른 어휘와 함께 사용됩니다. 다양한 합성어나 구의 형태로 나타나는데, **ใจร้าย**(못됐다, 마음씨가 나쁘다), **ทำร้าย**(해하다, 가해하다, 폭행하다), **ใส่ร้าย**(누명을 씌우다), **ก่อการร้าย**(테러를 행하다) 등에서 그 예를 볼 수 있습니다. 또한 동사성 합성어로 **เลวร้าย**(험악하다, 흉악하다, 최악이다), **ชั่วร้าย**(악하다, 흉악하다), **ดุร้าย**(난폭하다, 사납다), **ร้ายกาจ**(흉악하다), **ร้ายแรง**(심각하다) 등도 많이 쓰입니다.

1. เขา**คิดร้าย**กับทุกคน

그는 모는 사람에게 악의를 품었다.

2. เสือเป็นสัตว์ดุ**ร้าย**

호랑이는 사나운 동물이다.

3. เขาเป็นคน**ร้าย**กาจกว่าที่คิด

그는 생각보다 흉악한 사람이다.

4. หล่อนเป็นคนมองโลกในแง่**ร้าย**

그녀는 세상을 부정적으로 보는 사람이다.

รำ

춤추다 / (쌀의) 겨, 눈

동사 **รำ**은 '춤추다'라는 동사입니다. 단독으로 쓰기도 하고 다른 동사와 함께 사용하기도 합니다. 춤추다라는 동사는 춤의 종류에 따라서 다양한데, **รำ**은 일반적으로 태국 전통무용을 가리키는 경우가 많아, **รำไทย** 만 해도 태국전통무용을 의미합니다. **เต้นรำ**과 같이 합성어로 쓰이면 주로 서양식 춤을 지칭하는 경우가 많습니다. 한편, 박자가 느린 북부 전통 춤은 **ฟ้อน(รำ)** 이라고 하며, 박자가 경쾌하고 군무로 추는 춤은 주로 **ระบำ**이라고 합니다. 한편 명사로는 '쌀겨, 쌀눈'의 의미도 있습니다.

1. เขาขอเธอ**เต้นรำ**

   그가 그녀에게 함께 춤추길 요청한다.

2. อาชีพดาราเคยถูกมองว่าเป็นอาชีพเต้นกิน**รำ**กิน

   연예인이라는 직업이 광대라고 취급되던 적이 있었다.

3. นักแสดงคนนั้นที่กำลัง**รำ**อยู่ หน้าตาสวยมาก

   지금 춤을 추고 있는 댄서의 얼굴이 매우 이쁘다.

4. หมูชอบกิน**รำข้าว**

   돼지는 쌀겨를 즐겨먹는다.

รีด

다리다, 다림질 하다

타동사 **รีด**은 '다리다, 다림질하다'라는 뜻입니다. 의미에 따라 목적어는 주로 '옷, 천' 등이 옵니다. 다리미는 **เตารีด** 입니다. 세탁소는 **ร้านซักรีด**(빨아서 다려주는 가게)라고 부릅니다. '젖을 짜다'라는 의미는**รีดนม**으로 표현합니다. 한편 은유적인 의미로 '돈을 짜내다, 착취하다'라는 뜻으로도 쓰입니다.

1. แม่**รีด**ชุดทำงานให้พ่อ

   어머니가 아버지의 작업복을 다림질 한다.

2. ฉันไม่ชอบ**รีด**ผ้า

나는 옷다리는 걸 싫어한다.

3. หล่อนถูกแฟน**รีด**ไถเงินเป็นประจำ

그녀는 애인에게 돈을 자주 빼앗긴다.

4. คนส่วนใหญ่ชอบใช้เตา**รีด**ไอน้ำ

대부분의 사람은 스팀 다리미를 즐겨 사용한다.

รีบ

서두르다

동사 **รีบ**은 '서두르다'라는 뜻입니다. 주로 다른 동사의 앞에서 '서둘러 ~하다'라는 의미로 자주 쓰입니다. 예컨대, **รีบกิน**(서둘러 먹다), **รีบไป**(서둘러 가다), **รีบซื้อ**(서둘러 사다), **รีบทิ้ง**(서둘러 버리다) 등이 그 예입니다. 다른 동사와 결합하여 **รีบร้อน**(서두르다), **รีบเร่ง/เร่งรีบ**(조급하다, 서두르다), **รีบด่วน**(긴박하다, 급박하다) 등의 합성어도 쓰입니다.

1. เขา**รีบ**ทำงานให้เสร็จก่อนเที่ยง

그는 정오가 되기 전에 서둘러 일을 한다.

2. ไม่ต้อง**รีบ**กินขนาดนั้น เดี๋ยวจะติดคอ

그렇게 급하게 먹지마라, 목에 걸린다.

3. เขาทำงาน**รีบเร่ง**อยู่ตลอดเวลา

그는 항상 서둘러 일한다.

4. เขา**รีบ**ตื่นแต่เช้าเพราะกลัวรถติด

그는 차가 막히는 것이 두려워 일찍 일어난다.

รื้อ

헐다, 철거하다, 분해하다

동사 **รื้อ**는 '헐다, 철거하다, 헤집다, 분해하다'의 의미를 나타냅니다. 주로 건축물이나 정리된 물건 등을 철거하거나 헤집어 놓는 것 뿐만 아니라, 과거의 기억이나 묻혔던 일을 다시 끄집어 내어 생각하거나 이야기 하는 것 등의 의미를 포함합니다. 타동사로 목적어가 동반됩니다. **รื้อถอน**(집을 철거하다), **รื้อฟื้น**(들추다, 다시 꺼내다, 회생시키다) 등의 합성어로도 쓰입니다.

1. น้อง**รื้อ**ข้าวของกระจุยกระจาย

   동생이 물건을 이리저리 어질렀다.

2. แม่**รื้อ**ของเก่าออกไปขาย

   어머니가 옛날 물건을 가져다 팔았다.

3. เขาพยายาม**รื้อ**ฟื้นความทรงจำให้เธอ

   그는 그녀의 기억을 되살려 주려 노력했다.

4. ศาล**รื้อ**คดีนั้นมาพิจารณาใหม่

   법원에서 그 소송건을 다시 재검토를 하였다.

รุกราน

침입하다, 침공하다

동사 **รุกราน**은 '침략하다, 침입하다, 침공하다'의 의미입니다. 동사 **รุก** 만으로도 '침략하다'의 의미를 나타내어, **ฝ่ายรุก**은 공격하는 쪽을 말하고 **ฝ่ายรับ**은 방어하는 쪽을 말합니다. **รุกราน**은 타동사로 침략하는 대상이 목적어로 옵니다.

1. อาณาจักรเรากำลังถูกข้าศึก**รุกราน**

   우리 왕국이 적의 침략을 받고 있다.

2. ประเทศที่พัฒนาแล้ว**รุกราน**ประเทศที่ด้อยพัฒนาด้วยกำลังทหารที่มากกว่า

   선진국이 더 많은 군사력을 이용해 후진국을 침략한다.

3. เจ้าหน้าที่รัฐ**รุกราน**พื้นที่ทำกินของชาวบ้าน

정부 관리들이 서민들의 생업 지역을 침입한다.

4. เราจะไม่ยอมให้ใครมา**รุกราน**เอกราชของชาติไทย

우리는 누가 태국의 독립을 침해하는 것을 용인하지 않을 것이다.

รุนแรง

심하다, 격렬하다, 맹렬하다, 급진적이다

자동사 **รุนแรง**은 심하다, 극심하다, 격렬하다, 급진적이다 등 다양한 우리말에 대응됩니다. 술어로도 사용하고, 다른 동사구나 명사의 뒤에서 수식어로 사용하기도 합니다. **ความรุนแรง**은 폭력이라는 뜻으로, **ความรุนแรงในครอบครัว**(가정폭력), **ความรุนแรงในโรงเรียน**(학교폭력), **การใช้ความรุนแรง**(폭행, 폭력 행사) 등과 같이 쓰입니다.

1. หล่อนปวดท้อง**รุนแรง**มาก

그녀는 배가 극심하게 아프다.

2. เขาใช้ความ**รุนแรง**กับหล่อนเมื่อโมโห

그는 화가 날 때 그녀를 폭행한다.

3. พ่อแม่รู้สึกผิดหวังอย่าง**รุนแรง**ที่ลูกทำตัวเกเร

부모님은 자식이 못된 짓을 할 때 매우 실망한다.

4. อุทกภัยครั้งนี้ก่อความเสียหาย**รุนแรง**

이번 홍수는 극심한 피해를 가져왔다.

รู้

알다 / (사람을) 알다: **รู้จัก**
깨닫다: **รู้ตัว** / 알아 듣다: **รู้เรื่อง**

동사 **รู้**는 '알다, 이해하다'라는 동사입니다. 목적어가 명사구로 동반되기도 하고, **ว่า** 가 이끄는 절의 형태로 나타나 **รู้ว่า...**(…인지 알다), **ไม่รู้ว่า...** (…인지 모르다)와 같이 쓰이기도 합니다. **รู้ตัว**는 '자각하다, 깨닫다'라는 뜻으로 **โดยไม่รู้ตัว**는 '나도 모르게, 자신도 모르게'의 의미입니다. **รู้เรื่อง**은 '내용을 이해하다, 알아 듣다 라는 뜻으로 **คุยไม่รู้เรื่อง** 이라고 하면 '말이 안 통하다'로 해석될 수 있습니다. 한편, **รู้จัก**은 주로 '누군가를 알다, 면식이 있다, ~하는 방법을 알다' 등의 의미로 쓰이며 **รู้**와 대체 사용이 가능한 경우도 있습니다.

1. เธอ**รู้**ที่อยู่บ้านเขาไหม

   너 그의 집 주소를 알고 있니?

2. ฉัน**รู้จัก**เขามาหลายปีแล้ว

   난 그를 여러 해 알고 지냈다.

3. เขาไม่**รู้ตัว**ว่ากำลังเผชิญอยู่ในอันตราย

   그는 지금 위험에 맞닥뜨린 것을 자각하지 못한다.

4. เราเป็นเพื่อนที่**รู้**ใจกันมานาน

   우리는 오랫동안 서로의 마음을 이해하는 친구사이다.

รู้สึก

느끼다, 감지하다

동사 **รู้สึก**은 '느끼다, 감지하다'라는 뜻입니다. 단독으로도 많이 쓰이고, 감정을 나타내는 다른 동사에 선행하여 '~한 감정을 느끼다'라는 의미를 나타내기도 합니다. **รู้สึกดีใจ**(기쁘다), **รู้สึกเสียใจ**(속상하다), **รู้สึกเขิน**(부끄럽다), **รู้สึกดี**(좋은 느낌이다), **รู้สึกโกรธ**(화가 난다) 등이 그 예입니다. 명사형은 **ความรู้สึก** 입니다. **รู้สึกตัว**는 '자각하다, 의식을 찾다'의 의미로, **ไม่รู้สึกตัว**는 '의식이 없다, 인사불성이다'라는 뜻입니다. **รู้สึกว่า**~는 '~한 느낌이다, ~한 것 같다'는 뜻으로, 추측을 나타낼 때 쓸 수 있습니다.

1. วันนี้**รู้สึก**ร้อนกว่าเมื่อวาน

   오늘은 어제 보다 더운 느낌이다.

2. พวกเรา**รู้สึก**ซาบซึ้งในบุญคุณของอาจารย์

   우리는 교수님의 은혜에 감동했다.

3. เขานอนหลับเป็นตายไม่**รู้สึกตัว**

   그는 아무 것도 느끼지 못하고 죽은 듯 잠을 잔다.

4. ฉัน**รู้สึก**ว่าสินค้าเกษตรจะมีราคาตกต่ำในปีนี้

   내 생각엔 올해 농산품의 가격이 떨어질 것 같다.

รูด

훑다, 긁다, 채우다

타동사 **รูด**은 뭔가를 잡아서 당기거나, 긁어 내리거나, 훑는 동작을 나타내는 말입니다. 예컨대 **รูดซิป**은 지퍼를 올리는 동작을 말하며, **รูดม่าน**은 커튼을 당겨 치는 동작을, **รูดบัตรเครดิต**은 신용카드를 기계에 대고 긁는 동작을 말합니다. 의미에 따라 해당 목적어가 후행합니다. 한편 은유적인 표현으로 **รูดทรัพย์**은 강도 등에 '돈을 다 털리다, 갈취당하다'라는 뜻입니다.

1. เขา**รูด**ผ้าม่านขึ้นให้แสงแดดส่องเข้ามา

   그는 햇볕이 들어오도록 커튼을 열어 제꼈다.

2. คุณยาย**รูด**ชะอม เตรียมไว้ใส่ไข่เจียว

   할머니가 계란 부침에 넣을 차옴을 훑어냈다.

3. หล่อนโดนโจร**รูด**ทรัพย์จนหมดตัว

   그녀는 강도에게 모든 금품을 빼앗겼다.

4. เขา**รูด**บัตรเครดิตเพื่อใช้ซื้อของ

   그는 물건을 사기 위해 신용카드를 긁었다.

เร็ว 빠르다, 이르다

자동사 **เร็ว**는 '빠르다, 이르다'라는 뜻입니다. 단독으로도 쓰고 **รวดเร็ว**와 같은 합성어 형태로도 씁니다. 동사구의 뒤에서 부사로 수식하는 경우도 많습니다.

1. รถไฟ**เร็ว**กว่ารถเมล์

   기차가 버스보다 빠르다.

2. เขาเดิน**เร็ว**

   그는 빨리 걷는다.

3. หายป่วย**เร็วๆ** นะ

   빨리 낫길 바래.

4. เขาจะมาถึง**เร็วๆ** นี้

   그가 곧 도착할 것이다.

เริ่ม 시작하다, 개시하다

타동사 **เริ่ม**은 '시작하다, 개시하다'라는 뜻으로 시작하는 대상이 명사로 따라와 목적어로 사용됩니다. 또한 다른 동사구에 선행하여 '~하기 시작하다'의 의미로 쓰기도 합니다. **เริ่มงาน**(일을 시작하다)와 **เริ่มทำงาน**(일 하기 시작하다) 가 모두 사용 가능한 표현입니다. 단독으로도 쓰이고 유의어와 함께 **เริ่มต้น**(시작하다)로 쓰이기도 합니다.

1. ฉัน**เริ่ม**เรียนภาษาเกาหลี

   나는 한국어 공부를 시작했다.

2. เขา**เริ่ม**ลงมือทำงาน

   그는 일을 시작했다.

3. ร้านอาหารไทยในปารีสจะ**เริ่ม**เปิดกิจการในเดือนหน้า

파리의 태국음식점이 다음 달에 개업한다.

4. งานจะ**เริ่ม**พิธีเปิดตอน 10 โมงเช้า

오전 10시에 개회식이 시작한다.

เรียก 부르다

동사 **เรียก**은 '부르다'라는 뜻입니다. 타동사로 부르는 대상이 목적어로 옵니다. **คำเรียกขาน**은 '호칭어'라는 뜻입니다. 이름 뿐 아니라 차를 부르거나(**เรียกรถ, เรียกแท็กซี่**) 가격을 부르다(**เรียกราคา**) 등에도 쓸 수 있습니다. 유의어와 결합하여**เรียกร้อง**(요청하다, 요구하다) 등의 합성어 형태로도 쓰입니다.

1. เขาตะโกน**เรียกชื่อ**หล่อนเสียงดัง

그는 그녀의 이름을 크게 불렀다.

2. แม่**เรียก**น้องให้ตื่นไปโรงเรียน

어머니가 동생을 깨워 등교시킨다.

3. ครูประจำชั้น**เรียกชื่อ**นักเรียนทีละคน

담임선생님이 학생들 하나하나 출석을 체크한다.

4. เขาร้อง**เรียก**ให้คนช่วยแต่ไม่มีใครได้ยิน

그는 사람들에게 도와달라고 요청했으나 아무도 듣지 못했다.

เรียง

늘어세우다, 나열하다

동사 **เรียง**은 '나열하다, 줄 세우다'의 뜻입니다. 타동사로 목적어가 동반됩니다. **เรียงแถว**는 '줄을 서다' 또는 '줄을 세우다', **เรียงลำดับ**은 '순서를 정하다', '순서대로 배열하다'라는 뜻입니다. **เรียงความ** 또는 **ความเรียง**은 '작문, 산문'이라는 뜻입니다. 한편 유의어와 결합하여 **เรียบเรียง**(편집하다, 편찬하다, 구성하다)과 같은 합성어로도 쓰입니다.

1. คุณครูสั่งให้เด็กนักเรียนจัดแถวหน้ากระดาน**เรียง**สอง

   선생님이 학생들에게 칠판 앞에 두 줄로 서라고 지시했다.

2. เจ้าหน้าที่ช่วยกัน**เรียง**แฟ้มเอกสารไว้ในตู้

   직원들이 함께 서류 보관함 안의 서류철을 정리한다.

3. เด็กๆ ยืน**เรียง**แถวเป็นระเบียบ

   아이들이 질서 있게 줄을 선다.

4. เขา**เรียงลำดับ**ตัวเลขจากน้อยไปมาก

   그가 적은 것부터 큰 순서대로 숫자를 배열한다.

เรียน

배우다, 학습하다 / 아뢰다, 말씀드리다

타동사 **เรียน**은 '배우다, 학습하다, 공부하다'의 의미입니다. **เรียนภาษาไทย**(태국어를 배우다), **เรียนคณิตศาสตร์**(수학을 공부하다), **เรียนภาษาอังกฤษ**(영어를 배우다)에서 처럼 목적어로 명사가 오기도 하고, **เรียนเล่นเปียโน**(피아노 치는 것을 배우다), **เรียนตีเทนนิส**(테니스 치는 것을 배우다)에서 처럼 동사구가 목적어처럼 오기도 합니다. 합성어로 **เรียนรู้**는 '학습하다'라는 뜻입니다. 한편, 다른 의미로 '아뢰다, 말씀드리다'의 의미도 있습니다. 목적어로는 아뢰는 대상이 옵니다. 편지나 공문을 작성할 때 '~께'에 해당하는 말은 **เรียน** ~로 표현합니다.

1. ผม**เรียน**ภาษาไทย

   나는 태국어를 공부한다.

2. นักเรียนทุกคนต้องตั้งใจ**เรียน**

모든 학생은 열심히 공부해야한다.

3. ฉันจะนำเรื่องนั้นไป**เรียน**ท่านประธาน

나는이 문제를 가지고 사장님께 말씀드릴 것이다.

4. ขอ**เรียน**ให้ทุกท่านทราบว่าปีนี้บริษัทของเราจะจัดงานเลี้ยงปีใหม่เร็วขึ้น

우리 회사는 올해 신년 행사를 앞당겨서 개최할 것임을 알려 드립니다.

ไร้

없다, 결핍하다

동사 **ไร้**는 '없다, 결핍하다, 빈곤하다' 등의 의미를 나타냅니다. **ไม่มี** 보다 격식체인데 늘 대체 가능한 것은 아닙니다. 타동사로 목적가 동반되어, **ไร้เหตุผล**(이유가 없다, 논리가 없다, 비합리적이다), **ไร้ความสามารถ**(실력이 없다, 무능하다), **ไร้(คุณ)ค่า**(가치가 없다), **ไร้สติ**(정신이 없다, 정신이 나갔다), **ไร้สาระ**(내용이 없다, 쓸데없다) 등의 형태로 쓰입니다. 합성어로 **ยากไร้**는 '가난하다, 형편이 어렵다'의 의미입니다.

1. พี่เป็นคนที่**ไร้**เหตุผลมาก

오빠는 매우 합리적이지 못하다.

2. นักโทษนั่งเหม่อลอยเหมือนคน**ไร้**สติ

죄수가 정신나간 사람처럼 멍하니 앉아 있다.

3. หล่อนชอบคิดว่าตัวเอง**ไร้**ความสามารถ

그녀는 스스로가 무능하다고 생각하는 경향이 있다.

4. เขาช่วยเหลือคน**ยากไร้**ให้มีที่อยู่

그는 가난한 사람들이 집을 가지도록 도와준다.

ล

ลง

내려가다, 내리다
착수하다: **ลงมือ** 벌주다: **ลงโทษ**

동사 **ลง**는 '내리다, 내려가다'의 의미를 나타냅니다. 자동사와 타동사로 모두 쓰이는데, 서술어로 **หมอกลง**(안개가 내리다), **เครื่องบินลง**(비행기가 내리다) 등처럼 쓰이기도 하고, 내리는 대상이 목적어로 동반되어 **ลงรถ**(차에서 내리다), **ลงบันได**(계단을 내려오다) 등으로 쓰이기도 합니다. 부동사로 본동사 뒤에 위치하여 공간적 방향 뿐 아니라 심리적 방향 또는 상태의 변화를 나타내기도 하는데, 주로 감소하거나 부정적인 변화에서 쓰여 **ผอมลง**(날씬해 지다, 몸무게 하락), **ถูกลง**(값이 싸지다, 가격 하락), **แย่ลง**(나빠지다, 부정적 변화) 등에 쓰입니다. 한편 **ลง**은 목적어에 따라 다양한 의미를 나타내는데, **ลงบทความ**(논문을 게재하다), **ลงมือ**(착수하다, 실행하다), **ลงโทษ**(벌을 내리다), **ลงทุน**(자본을 투입하다) 등과 같이 쓰입니다.

1. พ่อเดิน**ลง**บันไดไปชั้นล่าง

   아버지가 계단을 내려간다.

2. เขา**ลง**รถเมล์หน้าบริษัท

   그는 회사 앞 버스정류장에서 하차한다.

3. พวกเขาช่วยกัน**ลง**มือทำความสะอาดห้องเรียน

   그들은 함께 교실 청소에 돌입했다(실제로 하기 시작했다는 뜻)

4. คุณครู**ลงโทษ**นักเรียนที่มาสาย

   선생님이 지각한 학생에게 벌을 준다.

ลด

줄이다, 감소하다, 경감하다

동사 **ลด**은 자동사와 타동사로 모두 사용됩니다. **ไข้ลด**(열이 내리다), **อุณหภูมิลด**(기온이 하락하다), **ความนิยมลด**(선호도가 줄다), **จำนวนลด**(수가 줄다) 등은 자동사로 사용된 예입니다. 부동사 **ลง**이 뒤에 와서**ลดลง**(줄어들다, 감소하다)으로 쓰이는 경우도 있습니다. 합성어 **ลดหอน**은 '완화하다, 경감하다'의 의미입니다. 타동사인 '줄이다, 낮추다'의 의미로 쓰일 때는 목적어가 동반되어, **ลดน้ำหนัก**(무게를 줄이다, 다이어트 하다), **ลดความเร็ว**(속도를 줄이다), **ลดราคา**(가격을 낮추다, 인하하다), **ลดต้นทุน**(원가를 줄이다), **ลดภาระ**(부담을 줄이다), **ลดรูป**(형태를 줄이다, 생략하다) 등의 형태로 쓰입니다.

1. หล่อนกำลัง**ลด**น้ำหนัก

   그녀는 다이어트 중이다.

2. น้องไข้**ลด**ไปมากจากเมื่อวาน

   동생의 열이 어제보다 많이 내려갔다.

3. เขา**ลด**ความเร็วลงเมื่อขับรถผ่านกล้องวงจรปิด

   그는 감시 카메라를 지날 때 차 속도를 줄였다.

4. แม่ชอบซื้อสินค้า**ลด**ราคา

   어머니는 할인 상품 구매하는 걸 좋아한다.

ลบ

빼다, 닦다, 지우다 / 마이너스, 뺄셈
말소하다, 취소하다, 상쇄하다: **ลบล้าง**

동사 **ลบ**은 '빼다, 지우다'라는 뜻입니다. 타동사이므로 빼거나 지우는 대상이 뒤에 목적어로 옵니다. 명사 뒤에서 수식어로 쓰이기도 하는데 **ยางลบ**은 지우는 고무, 즉 '지우개'라는 뜻입니다. 단독으로도 쓰이고 합성어로도 쓰입니다. **ลบล้าง**은 '상쇄하다', **ลบรอย**는 '흔적을 지우다', **ลบหลู่**는 '폄하하다, 무시하다'의 의미입니다.

1. นักเรียน**ลบ**กระดานดำ

   학생이 칠판을 지운다.

2. เขา**ลบ**ภาพถ่ายเก่าๆ ออกจากกล้องถ่ายรูป

그가 카메라의 옛날 사진을 삭제했다.

3. เขาพยายามทำดีเพื่อ**ลบ**ล้างความผิดที่เคยทำไว้

그는 지난 잘못을 상쇄하기 위해 좋은 일을 하려고 노력한다.

4. เขาไม่สามารถ**ลบ**ภาพความทรงจำในอดีตได้

그는 과거의 기억을 지울 수 없다.

ล

ล้ม

넘어지다, 자빠지다
파산하다: **ล้มละลาย** 오뚜기: **ตุ๊กตาล้มลุก**

자동사 **ล้ม**은 '넘어지다'라는 뜻입니다. 단독으로도 쓰이고 **หกล้ม**(넘어지다)과 같은 합성어로도 사용합니다. 단독으로 쓸 때는 방향동사 **ลง**이 함께 사용되기도 합니다. 동사성 합성어로 **ล้มละลาย**는 '부도나다, 파산하다'라는 뜻이고 **ล้มลุก**은 '넘어졌다가 (오뚜기처럼) 일어나다', **ล้มเลิก**은 '취소하다, 포기하다' 등의 의미를 나타냅니다.

1. คุณย่า**ล้ม**ลงในห้องน้ำ

할머니가 화장실에서 넘어지셨다.

2. บริษัทของเขา**ล้มละลาย**เพราะขาดทุนต่อเนื่องมาหลายปี

수년간 이어진 적자에 그의 회사는 부도가 났다.

3. เขา**ล้มลุก**คลุกคลานมานานจนกว่าจะประสบความสำเร็จ

그는 오랫동안 넘어지고 일어서는 걸 반복하여 마침내 성공했다.

4. เพื่อนๆ ซื้อตุ๊กตา**ล้มลุก**เป็นของขวัญวันเกิดให้ฉัน

친구들이 오뚜기 인형을 내 생일 선물로 사주었다.

ลวก

(끓는 물에) 데치다, 데이다 / 반숙하다

타동사 **ลวก**은 '데치다'라는 뜻입니다. 계란의 경우 **ลวกไข่**는 수란이나 반숙란을 의미합니다. 또는 신체 부위가 불에 데이는 것도 **ลวก** 이라고 표현합니다. 한편, 부사로 **ลวก** 또는 **ลวก ๆ**은 '설렁설렁하다, 허투루하다, 대강하다'라는 의미입니다.

1. น้องถูกน้ำร้อน**ลวก**

   동생이 끓는 물에 데었다.

2. แม่**ลวก**ไข่เป็นอาหารเช้าให้พวกเรา

   어머니가 우리에게 아침식사로 수란을 만들어 주셨다.

3. เขาเป็นคนทำงาน**ลวกๆ**

   그는 부주의하게 일하는 사람이다.

4. เขา**ลวก**เส้นก๋วยเตี๋ยวนานเกินไปจนเส้นเละ

   그가 쌀국수 면을 너무 오래 데쳐서 면이 다 퍼졌다.

ลวง

속이다 / 꾀다 (**หลอกลวง**)

타동사 **ลวง**은 '속이다, 꾀이다, 현혹하다'라는 뜻입니다. 타동사로 목적어와 함께 서술어로 나타나며, 유의어인 **หลอก**과 함께 **หลอกลวง**과 같은 동사성 합성어로도 쓰입니다. **ภาพลวงตา**는 눈을 속이는 사진이나 그림, 또는 환영, 환상을 의미합니다.

1. ทหารขุดหลุมพราง**ลวง**ข้าศึก

   군인들이 적을 속일 함정을 판다.

2. หล่อนถูก**หลอกลวง**ให้ไปทำงานที่กรุงเทพฯ

   그녀가 속아서 방콕으로 일하러 가게 됐다.

3. เขาเป็นคน**หลอกลวง**ไว้ใจไม่ได้

그는 사기꾼이라 믿을 수 없다.

4. ภาพ**ลวง**ตานั้น เป็นที่มุมกล้อง ไม่ได้ทำโฟโต้ชอป

그 눈속임 사진은 카메라 앵글의 문제지 포토샵을 한 것이 아니다.

ล

ล่วง

지나다, 앞서다
미리 앞서 알다: **ล่วงรู้** 미리, 앞서: **ล่วงหน้า**

동사 **ล่วง**은 '지나다, 앞서다'라는 뜻입니다. 타동사로 목적어와 함께 **ล่วงเวลา**(시간이 지나다) **ล่วงกำหนด**(기한을 넘기다) 등의 형태로 쓰이기도 하고, **ล่วงหน้า**(미리), **ล่วงเลย**(경과하다, 지나다), **ล่วงรู้**(예견하다), **ล่วงเกิน**(불경스러운 행위를 하다), **(สำเร็จ)ลุล่วง**(성공하다, 달성하다) 등에서 처럼 합성어 형태로 쓰이기도 합니다.

1. เขาออกเดินทาง**ล่วงหน้า**ไปก่อนแล้ว

그가 미리 앞서 출발했다.

2. เวลาผ่าน**ล่วงเลย**ไปหลายปี

시간이 몇 년이나 지나갔다.

3. หมอดูคนนี้**ล่วงรู้**อนาคตที่จะเกิดขึ้น

이 점쟁이는 앞으로 일어날 일을 예견한다.

4. กว่าพ่อจะกลับบ้านก็**ล่วงเ**ลยไปถึงเที่ยงคืนแล้ว

아버지가 귀가하기까지 자정이 넘어갔다.

ล่อ

유혹하다, 꾀이다 / 현혹시켜 속이다: **ล่อลวง**

타동사 **ล่อ**는 '유혹하다, 꾀다'의 의미입니다. 목적어가 동반됩니다. **ล่อลวง**, **หลอกล่อ** 등의 형태로 쓰여 '간교하다, 꾀다, 유혹하다' 등의 의미를 나타낼 수 있습니다.

1. เด็ก ๆ เอาน้ำตาล**ล่อ**มด

   아이들이 설탕으로 개미를 꾀고 있다.

2. หล่อนถูกเพื่อนผู้ชาย**ล่อลวง**ให้ไปทำงานในเมือง

   그녀는 남자 친구들에게 속아 도시로 일하러 간다.

3. เขาทำลับๆ **ล่อๆ** อยู่หลังบริษัท

   그가 회사 뒤에서 어슬렁거리고 있다.

4. พ่อเอาเหยื่อมา**ล่อ**ปลาให้ติดเบ็ด

   아버지가 먹이로 물고기를 꾀어 낚시바늘에 걸리도록 한다.

ล้อ

놀리다, 조소하다, 비웃다 / 놀리다: **ล้อเล่น** 농담하다: **พูดเล่น**

동사 **ล้อ**는 '놀리다, 비웃다'라는 의미를 나타내는데 놀리는 대상이 목적어로 동반되는 타동사입니다. **พูดล้อ**(말로 놀리다), **ล้อเล่น**(농담하다, 장난치다), **ล้อเลียน**(조롱하다, 풍자하다) 등의 형태로 쓰입니다.

1. เขาชอบ**ล้อ**เรื่องรูปร่างของเธอเป็นประจำ

   그는 늘 그녀의 외모를 가지고 놀린다.

2. หล่อนมักถูกเพื่อนๆ **ล้อ**เรื่องแฟน

   그녀는 애인 이야기로 친구들에게 놀림을 당한다.

3. เขาชอบพูด**ล้อเล่น**จนไม่รู้ว่าคำไหนจริงคำไหน**ล้อเล่น**

그는 뭐가 진짜인지 뭐가 농담인지 모를 정도로 농담을 자주한다.

4. เขาทำแกล้ง**ล้อเลียน**เสียงผู้จัดการ

그는 팀장의 목소리를 비웃으며 흉내낸다.

ลอก

복사하다, 베끼다, 떼다 / 컨닝하다

타동사 **ลอก**은 '베끼다, 떼다'의 의미를 나타냅니다. 시험답안이나 숙제를 컨닝하거나 베껴쓰다의 의미를 나타내기도 합니다. **คัดลอก**은 '필사하다'라는 뜻입니다. 다른 뜻으로는 '벗겨내다, 떼다, 탈피하다' 등의 의미가 있어 **ลอกคราบ**(허물을 벗다) 등의 형태로도 사용됩니다.

1. เพื่อนๆ**ลอก**การบ้านเขาเป็นประจำ

친구들이 맨날 그의 숙제를 베낀다.

2. นักเรียนคนนั้น**ลอก**ข้อสอบเพื่อน

그 학생은 친구 시험 답안을 컨닝한다.

3. งูตัวนั้นกำลัง**ลอก**คราบ

그 뱀은 허물을 벗고 있다.

4. น้อง**ลอก**สติ๊กเกอร์ลายการ์ตูนติดสมุด

동생은 만화 그림 스티커를 떼다가 공책에 붙였다.

ล็อค

채우다, 잠그다

동사 **ล็อค**은 영어 차용어로 '잠그다, 채우다'라는 뜻입니다. 타동사로 목적어가 동반됩니다. '자물쇠를 채우다'는 **ล็อคกุญแจ** 또는 **ใส่กุญแจ**로 표현합니다. **ปลดล็อค**은 '락을 풀다'라는 뜻으로, 주로 휴대폰 등에서 잠금화면을 해제한다는 뜻으로 사용됩니다.

1. พ่อ**ล็อค**ประตูบ้านอย่างแน่นหนา

   아버지가 문을 굳게 걸어 잠근다.

2. หล่อนถูกโจรเมายาบ้าจับ**ล็อค**คอเป็นตัวประกัน

   그녀는 마약을 한 강도에게 인질로 붙잡혔다.

3. ตำรวจ**ล็อค**ล้อรถยนต์คันที่จอดบริเวณห้ามจอด

   경찰이 주차 금지 구역에 주차된 차의 바퀴를 잠근다.

4. นักมวย**ล็อค**คอคู่ต่อสู้แน่นจนเขาหายใจไม่ออก

   권투 선수가 상대방이 숨을 쉴 수 없을 정도로 팔로 목을 조인다.

ลอง

시도하다, 해보다

동사 **ลอง**은 '시도하다'라는 뜻입니다. **ลองสิ**(한번 해봐)에서 처럼 단독으로도 사용하지만, 주로 다른 동사의 앞에서 쓰여 '~해보다'라는 의미를 부여합니다. 부동사 **ดู**가 함께 쓰여서 **ลองกินดู**(먹어보다) **ลองใส่ดู**(입어보다, 착용해보다) **ลองทำดู**(해보다) 등의 구문으로 쓰이기도 합니다. 목적어가 바로 와서 **ลองเสื้อ** 하면 '옷을 입어보다'의 뜻이 됩니다.

1. ฉัน**ลอง**กินอาหารเกาหลี

   나는 한국 음식을 먹어봤다.

2. พ่ออยากให้แม่**ลอง**ทำขนมไทยบ้าง

   아버지는 어머니가 태국 카놈(간식류)를 시도해 보길 원한다.

3. น้อง**ลอง**เสื้อที่แม่ซื้อมาให้

동생이 어머니가 사온 옷을 입어본다.

4. **ลอง**ชวนเขาไปเที่ยวซิ อาจจะไปก็ได้นะ

그에게 놀러가자고 권유해봐. 갈 수도 있잖아.

ล้อม(รอบ) 둘러싸다, 에워싸다

동사 **ล้อม**은 '둘러싸다, 포위하다, 에워싸다'의 의미입니다. 단독으로도 둘러싸는 대상을 목적어로 하여 쓰일 수 있으나 주로 합성어로 많이 쓰입니다. **ล้อมรอบ(ไป)ด้วย...**는 '…로 둘러싸이다'라는 뜻입니다. 한편, **ปิดล้อม โอบล้อม ห้อมล้อม** 등의 형태로도 쓰이는데, '포위하다 에워싸다'의 의미입니다.

1. บ้านเขาถูก**ล้อมรอบ**ไปด้วยต้นไม้ขนาดใหญ่

그의 집은 큰 나무들로 둘러 싸여 있다.

2. ไร่นั้นถูก**ล้อมรอบ**ไปด้วยลวดหนาม

그 밭은 가시 철망으로 둘러 싸여 있다.

3. นายกรัฐมนตรีถูก**ล้อมรอบ**ไปด้วยคณะผู้ติดตาม

총리가 수행원들에게 둘러 싸여 있다.

4. เจ้าชายถูกหญิงสาวราย**ล้อม**อยู่เต็มห้อง

왕자가 방 안 가득한 여성들에게 둘러 싸여 있다.

ลอย

뜨다, 부상하다 / 마음이 들뜨다: **ใจลอย**

동사 **ลอย**는 '뜨다 또는 띄우다'의 의미를 나타냅니다. 즉, 자동사로 **ตัวลอย**(몸이 뜨다), **ลูกโป่งลอยขึ้น**(풍선이 떠오르다)과 같이 쓰기도 하고, 타동사로 **ลอยกระทง**(끄라통을 띄우다)과 같이 쓰기도 합니다. **ลอยกระทง**은 직역하면 '끄라통을 띄우다'라는 뜻인데, 태국식 음력 12월 보름에 열리는 태국의 전통 축제 중 하나입니다.

1. พ่อพาครอบครัวไป**ลอย**กระทงในวัน**ลอย**กระทง

   아버지가 가족들을 데리고 러이끄라통 축제에 간다.

2. เขาดู**ล่องลอย**ตั้งแต่ถูกเธอทิ้งไป

   그가 그녀에게 버림받은 때 부터 방황하고 있다.

3. ลูกหมาตัวนั้น**ลอยคอ**อยู่ในคลองนานมากแล้ว

   그 강아지가 목만 물 밖으로 내 놓고 하천에 떠 있는지 오래됐다.

4. หล่อนนั่ง**ใจลอย**คิดถึงเขา

   그녀는 그가 보고 싶어 마음이 다른 곳에 가 있다.

ละเลย

간과하다, 방치하다, 내버려두다, 무시하다 / 직무유기

타동사 **ละเลย**는 목적어에 따라 '간과하다, 방치하다, 내버려두다, 무시하다, 소홀히하다, 유기하다, 경시하다' 등 다양한 우리 말에 대응되는 어휘입니다. 맥락을 고려하여 적절히 헤석하면 됩니다.

1. เขา**ละเลย**คำสั่งเจ้านาย

   그가 상사의 명령을 무시했다.

2. เขา**ละเลย**ภรรยาและลูกๆ ที่อยู่ต่างจังหวัด

   그가 지방에 있는 아내와 아이들을 등한시했다.

3. ตำรวจ**ละเลย**หน้าที่ในการจับผู้กระทำผิด

경찰이 범법자를 검거하는 의무를 소홀히 했다.

4. แม้เขาจะรักสนุกแต่ก็ไม่เคย**ละเลย**หน้าที่

그는 즐기는 것을 좋아하지만 의무를 소홀히 하진 않는다.

ล

ละลาย 녹다, 용해되다

동사 **ละลาย**는 자동사로 '녹다, 용해되다'의 뜻이며 타동사로는 녹이다' 등의 의미를 나타냅니다. 대부분의 경우에는 **น้ำแข็งละลาย**(얼음이 녹다), **วิตามินเอละลายในไขมัน**(비타민 에이는 지방에 녹는다) 등에서 처럼 자동사로 쓰입니다. 방콕의 주요 도로 중 하나인 씰롬에는 **ซอยละลายทรัพย์** 이라는 골목이 있는데 직역하면 '재산이 녹는 골목'이라는 뜻입니다. 이는 살 것이 많아서 돈이 줄줄 샌다는 뜻으로 지어진 이름입니다. 한편, **(หัว)ใจละลาย**는 '마음이 녹다, 너무 좋아서 애간장이 녹다'로 해석할 수 있습니다.

1. น้ำแข็ง**ละลาย**เร็วเพราะอากาศร้อน

날씨가 무더워 얼음이 빨리 녹는다.

2. น้องถือไอศกรีมจน**ละลาย**เลอะเสื้อผ้าไปหมด

농생이 들고 있는 아이스크림이 녹이시 옷에 묻었다.

3. น้ำแข็งขั้วโลกเหนือเริ่ม**ละลาย**แล้ว

북극의 얼음이 녹기 시작했다.

4. หัวใจเธอแทบ**ละลาย**เมื่อได้พบพระเอกในดวงใจ

마음에 품은 남자 배우를 만나서 그녀의 마음이 거의 녹아내렸다.

ละเอียด

(가루가) 곱다, 세밀하다, 세심하다, 자세하다, 면밀하다

상태성 동사 **ละเอียด**은 '세밀하고 곱다'라는 뜻으로 맥락에 따라 다양한 한국어로 해석할 수 있습니다. 서술어 또는 수식어로 사용됩니다. 부사형으로 쓸 때는 **อย่างละเอียด**을 사용합니다. 합성어로 **ละเอียดถี่ถ้วน**(면밀하다, 자세하다), **ละเอียดรอบคอบ**(면밀하고 신중하다, 빠뜨림이 없다) 등이 쓰일 수 있습니다. **ละเอียดอ่อน**은 '세밀하다'라는 뜻도 있지만, '민감하다'라는 의미도 있습니다.

1. แม่ตำพริกแกงจน**ละเอียด**

   어머니가 고추를 곱게 빻는다.

2. แป้งเนื้อ**ละเอียด**มาก

   밀가루 반죽이 곱다.

3. เธอเป็นคน**ละเอียด**รอบคอบมาก

   그녀는 매우 세심하고 신중한 사람이다.

4. อาจารย์ตรวจข้อสอบอย่าง**ละเอียด**เพื่อไม่ให้เกิดความผิดพลาด

   교수님이 실수가 없도록 시험 답안을 세밀히 채점한다.

ลัก

몰래 ~하다 / 훔치다

타동사 **ลัก**은 '몰래~하다, 훔치다'라는 뜻입니다. '훔치다'의 의미로 쓰일 때는 주로 목적어가 뒤에 오고 (**ลักทรัพย์** 등) '몰래 하다'의 의미로 사용될 때는 동사구가 뒤에 옵니다. **ลักพาตัว**는 '납치하다'라는 뜻입니다.

1. เด็กคนนั้นชอบ**ลัก**เล็กขโมยน้อยจนเป็นนิสัย

   그 아이는 소소한 물건 훔치는 버릇이 있다.

2. เขา**ลัก**ขโมยมะม่วงข้างบ้านอยู่เป็นประจำ

   그는 옆집 망고를 늘상 훔친다.

3. เด็กๆ **ลัก**กินขนมในห้องสมุด

아이들이 몰래 도서관에서 과자를 먹는다.

4. เขาโดนจับข้อหา**ลัก**ทรัพย์

그는 절도죄로 붙잡혔다.

ล

ลัด

가볍게 툭치다 / 지름길로 가다
지름길: **ทางลัด** 속성으로 배우다: **เรียนลัด**

동사 **ลัด**은 '가볍게 툭 치다, 지름길로 가다, 속성으로 질러 가다' 등의 의미를 나타냅니다. 단독으로도 쓰이지만 주로 다른 동사의 뒤에 쓰여서, '지름길로/속성으로~하다'의 의미를 나타냅니다. **เดินลัด เรียนลัด** 등이 그 예입니다. 합성어로 **ทางลัด**은 '지름길'이라는 뜻인데, **ทางรัฐ**(국도)와 발음이 유사합니다.

1. เด็กๆ ชอบเดิน**ลัด**สนาม

아이들이 운동장 지름길로 가는 것을 좋아한다.

2. เขาเรียน**ลัด**จนเข้ามหาวิทยาลัยเร็วกว่าเพื่อนๆ

그는 속성으로 교육을 받아 친구들 보다 빨리 대학에 들어갔다.

3. พ่อขับรถไปทาง**ลัด**เพื่อประหยัดเวลา

아버지가 시간을 아끼기 위해 지름길로 운전해간다.

4. เขาบิน**ลัด**ฟ้าไปเรียนไกลถึงอเมริกา

그는 하늘을 가로질러 미국까지 공부를 하러 날아갔다.

ลับ

갈다, 연마하다 / 숨다 / 비밀: **ความลับ**

동사 **ลับ**은 '갈다, 연마하다'의 의미입니다. 주로 목적어로 **มีด**(칼)이 옵니다. 또한 '숨다'의 의미도 있어서 **ความลับ**하면 비밀이라는 뜻이 됩니다.

1. ลุงมีอาชีพรับจ้าง**ลับ**มีด

   아저씨는 칼을 갈아주는 직업을 가지고 있다.

2. เขาเก็บ**ความลับ**ของเพื่อนเก่งมาก

   그는 친구의 비밀을 잘 간직한다.

3. เขาทำ**ลับๆ** ล่อๆ อยู่หน้าห้องหล่อน

   그는 그녀의 방 앞에서 기웃거리고 있다.

4. เขามี**ความลับ**ที่ไม่กล้าบอกใคร

   그는 남에게 말하지 못할 비밀을 가지고 있다.

ลา

떠나다, 작별하다 / 당나귀
안녕!: **ลาก่อน** 퇴직하다: **ลาออก**

동사 **ลา**는 '작별하다, 이별을 고하다, 떠나다'라는 의미입니다. **อำลา**라고도 합니다. 뒤에 바로 목적어가 와서 '~에게 작별 인사를 하다'로 쓸 수 있습니다. **ลาอาจารย์**하면 '교수님께 인사 드리다'라는 뜻이 됩니다. 다른 동사와 결합하여 **ลาออก**(직장은 관두다), **ลาจาก**(작별하다, 하직하다) 등의 형태로 쓰이기도 합니다.

1. หล่อน**ลาออก**จากงาน

   그녀는 퇴사하였다.

2. เพื่อนๆ มา**ลา**เขาก่อนที่เขาจะเดินทางไปต่างประเทศ

   친구들이 해외 유학길에 오르는 친구와 작별하러 왔다.

3. พ่อของเขาได้**ลา**จากโลกนี้ไปแล้ว

그의 아버지는이 세상을 떠났다.

4. **ลา**เป็นสัตว์คล้ายม้าแต่ตัวเล็กกว่า

당나귀는 말과 비슷하지만 몸집이 작다.

ล

ล่า

퇴각하다, 후퇴하다 / 사냥하다 / 최근의: ล่าสุด
더디다: ล่าช้า

동사 **ล่า**는 '사냥하다'라는 타동사로도 쓰이고, '후퇴하다'의 자동사로도 쓰입니다. **ล่าสัตว์**(동물사냥하다), **ล่าปลาวาฬ**(포경하다, 고래사냥하다) 등은 타동사로 사용된 예입니다. **ล่าอาณานิคม**은 '식민지를 사냥하다'라는 의미이며 **ยุคล่าอาณานิคม**은 '식민지시대'라는 뜻입니다. 합성어로는 **ล่าสุด**(최근, 최신의), **ล่าช้า**(지체되다, 늦다, 연착되다) 등의 형태로 사용됩니다.

1. พ่อของเขาชอบ**ล่า**สัตว์

그의 아버지는 사냥을 좋아한다.

2. เราต้อง**ล่า**ถอยจากการค้นหาผู้รอดชีวิตเนื่องจากพายุที่พัดกระหน่ำอย่างแรง

우리는 극심한 대풍으로 인해 생존자 수색을 접어야 했다.

3. รถยนต์รุ่นนี้เป็นรุ่นใหม่**ล่าสุด**จากต่างประเทศ

이 차는 해외에서 최신 모델이다.

4. เครื่องบินออก**ล่าช้า**กว่ากำหนดเนื่องจากปัญหาสภาพอากาศ

기상 문제 때문에 비행기가 예정보다 늦게 출발한다.

ล้า

힘이 빠지다, 느리다, 뒤처지다 / 시대에 뒤처지다: **ล้าสมัย**

동사 **ล้า**는 '힘이 빠지다, 느리다, 뒤쳐지다'라는 뜻입니다. 합성어로 **เหนื่อยล้า เมื่อยล้า** 등과 같이 쓰이기도 하고, **ล้าสมัย**(시대에 뒤쳐지다), **ล้าหลัง**(후지다, 낙후되다) 등의 형태로도 쓰입니다.

1. เธอแต่งตัว**ล้าสมัย**มาก

   너 참 옷을 촌스럽게 입는다.

2. เขา**ล้า**หลังมากในเรื่องของเทคโนโลยี

   그는 테크놀로지에 있어서 시대에 뒤떨어져 있다.

3. วันนี้ทำงานทั้งวันสมอง**ล้า**ไปหมดแล้ว

   오늘 하루 종일 일해서 뇌 전체가 매우 피로하다.

4. เขารู้สึกเหน็ดเหนื่อย**เมื่อยล้า**กับการทำงานวันนี้มาก

   그는 오늘 일이 너무나 지치고 힘들었다.

ลาก

끌다, 당기다

타동사 **ลาก**은 '끌다, 당기다'의 의미를 나타냅니다. **ลากเส้น**은 '줄/선을 긋다'라는 뜻입니다. 뒤에 오는 목적어에 따라 차나 사람, 동물 등을 '끌고 가다'의 의미를 나타낼 수 있습니다.

1. คุณสามารถใช้ปากกานี้**ลากเส้น**บนหน้าจอได้เลย

   당신은이 펜을 사용해서 화면에 바로 선을 그을 수 있다.

2. เพื่อนๆ **ลาก**ฉันไปดูงานนิทรรศการ

   친구들이 날 끌고 전시회에 데려간다.

3. รถเขาเสียจึงต้องรอรถมา**ลาก**ไปอู่ซ่อม

그의 차가 고장나서 카센터까지 끌고 가 줄 견인차를 기다렸다.

4. เขา**ลาก**เส้นผ่านจุดให้เป็นรูปต่างๆ

그가 점을 지나는 선을 그어 다양한 모양을 만든다.

ล

ล้าง

씻다, 세척하다 / 소멸시키다 / 현상하다: **ล้างรูป**

타동사 **ล้าง**은 '씻다, 닦다, 세척하다'라는 뜻입니다. **ล้างหน้า**(세수하다), **ล้างมือ**(손을 씻다), **ล้างเท้า**(발을 씻다), **ล้างจาน**(설거지를 하다), **ล้างรถ**(세차를 하다) 등 다양한 목적어가 동반될 수 있습니다. **ล้างรูป**은 '사진을 현상하다', **ล้างบาป**은 '정죄하다, 죄를 씻어 없애다'라는 뜻이며, **ล้างสมอง**은 '세뇌하다'의 의미입니다.

1. ฉัน**ล้าง**จานทุกวันหลังกินข้าวเย็นเสร็จ

나는 매일 저녁 식사 후에 설거지를 한다.

2. เขา**ล้าง**รูปแต่งงานจำนวนมาก

그가 결혼 사진을 많이 현상한다.

3. พ่อ**ล้าง**รถทุกวันอาทิตย์

아버지는 매주 일요일 세차를 한다.

4. ระเบิดนิวเคลียร์สามารถทำลาย**ล้าง**ทุกสิ่งได้

핵폭탄은 모든 것을 파괴할 수 있다.

ลามก

외설스럽다, 음탕스럽다, 추잡하다

상태성 동사 **ลามก**은 '음탕하다, 외설스럽다, 추잡하다'라는 의미로 부정적이 뜻으로 쓰입니다. 단독으로 서술어나 수식어로 쓰기도 하고, **ลามกอนาจาร**(음란하다, 추잡하다)과 같이 합성어로 쓰기도 합니다.

1. เขามีนิสัย**ลามก**ชอบแอบดูผู้หญิงอาบน้ำ

   그는 여자가 샤워할 때 몰래 엿보는 음란한 성격을 가지고 있다.

2. เขามักพูดจา**ลามก**

   그는 외설스런 말을 자주 한다.

3. เขาซื้อหนังสือ**ลามก**ไว้แอบดูในห้อง

   그가 방에서 몰래 보려고 음란한 책을 샀다.

4. ตำรวจบุกทลายแหล่งผลิตสื่อ**ลามก**

   경찰이 음란물 생산지를 급습하였다.

ลำบาก

어렵다, 곤란하다

동사 **ลำบาก**은 '어렵다, 곤란하다'의 의미를 나타냅니다. 육체적으로 힘들고 어렵거나, 정신적으로 힘들고 어려운 경우 모두 쓸 수 있으며, 경제적으로 힘든 경우에도 쓸 수 있습니다. 주로 자동사로 쓰지만 **ลำบากเขา**(그를 곤란하게 하다, 어렵게 하다) 등에서 처럼 타동사처럼 사용하기도 합니다. 다른 동사의 뒤에서 부사로 '~하기 어렵다'의 의미로도 자주 쓰입니다. **ลำบากใจ**는 '마음이 어렵다', 즉 '곤란한 심정이다'라는 뜻입니다.

1. เพื่อนคนนั้นได้รับทุนการศึกษาเนื่องจากฐานะทางบ้าน**ลำบาก**

   그 친구는 가정 형편이 어려워 장학금을 받았다.

2. ทางเข้าบ้านเขา**ลำบาก**มากเพราะถนนลูกรัง

   집 입구 도로가 자갈 밭이라 진입이 어렵다.

3. สมัยตอนเด็กพวกเรา**ลำบาก**มาก

어렸을 때 그들은 매우 어려웠다.

4. ฉันตัดสินใจ**ลำบาก**มากว่าจะทำงานต่อหรือลาออกดี

나는 일을 계속 해야할지 그만 둬야할지 결정하기 매우 어렵다.

ล

ลึก

깊다

상태성 동사 **ลึก**은 '깊다'라는 뜻입니다. 우리 말의 '깊다'에 해당하는 대부분의 경우에 대응될 수 있으나, '속이 깊다'의 경우 **ใจลึก**으로 사용하지는 않습니다. 합성어로는 **ลึกลับ(ซับซ้อน)**(미스테리하다, 비밀스럽다), **ลึกซึ้ง**(깊다, 깊이 있다) 등이 쓰입니다.

1. เขาถูกแทงบาดแผล**ลึก**มาก

그는 찔린 상처가 매우 깊다.

2. แม่น้ำนี้กว้างและ**ลึก**

이 강은 넓고 깊다.

3. ซอยบ้านเธอ**ลึก**มาก

그녀의 집 골목길은 깊다.

4. เขาเป็นคน**ลึก**ลับไม่มีใครรู้ว่าเขาอยู่ที่ไหน

그는 비밀스러운 사람으로 아무도 그의 거처를 모른다.

ลื่น 미끄럽다

자동사 **ลื่น**은 '미끄럽다'라는 뜻입니다. 도로가 미끄러운 경우 **ทางลื่น, ถนนลื่น**으로 표현합니다. 다른 동사와 함께 **ลื่นไหล ลื่นล้ม ลื่นไถล** 등으로도 쓰입니다.

1. คุณปู่**ลื่น**ล้มลง

   할아버지가 미끄러워 넘어졌다.

2. รถยนต์คันนั้นเสียหลัก**ลื่น**ไถลตกคูน้ำข้างทาง

   그 차는 중심을 잃고 도로 옆 냇가에 미끄러져 떨어졌다.

3. หิมะตกทำให้ถนน**ลื่น**

   눈이 내려 도로가 미끄럽다.

4. เขา**ลื่น**ตกลงไปในคลอง

   그가 미끄러져 하천으로 떨어졌다.

ลืม 잊다, 망각하다 / (눈을) 뜨다: **ลืมตา**

동사 **ลืม**은 '잊어버리다'라는 뜻으로, 잊은 물건이나 내용이 목적어로 동반됩니다. 격식체에서는 **ลืมเลือน**의 형태로 '망각하다'라는 의미를 나타내기도 합니다. **ขี้ลืม**은 '잘 잊어버리다, 건망증이 심하다'라는 의미입니다. **ลืมไม่ลง** 하면 '잊을 수 없다'라는 뜻입니다. 다른 뜻으로 **ลืมตา**는 '눈을 뜨다'라는 뜻입니다.

1. ฉันเกือบ**ลืม**เรื่องนี้ไปแล้ว

   나는 거의이 일을 망각할 뻔했다.

2. คุณตามักขี้**ลืม**อยู่บ่อยครั้ง

   할아버지는 자주 잊어버리신다.

3. แม่**ลืม**กุญแจไว้ในบ้าน

어머니가 집 안에 열쇠를 놓고 나왔다.

4. เขา**ลืม**ตาไม่ได้เพราะทรายเข้าตามาก

그가 눈에 모래가 많이 들어 가서 눈을 뜰 수가 없다.

ล

ลือ

소문나다, 이야기하다

동사 **ลือ**는 '소문이 나다, 이야기가 돌다'라는 뜻입니다. 여러 사람이 함께 참여하는 동작이므로, 주로 뒤에 **กัน**이 붙어서 **ลือกัน**으로 표현합니다. 명사로 '소문'은 **ข่าวลือ** 입니다.

1. เขาถูก**ลือ**ว่าเป็นคนไม่ดี

그는 나쁜 사람이라고 소문이 났다.

2. ข่าว**ลือ**ส่วนใหญ่ มักมีข้อมูลความจริงอยู่ไม่น้อย

루머는 대부분 사실을 기반으로 하지 않은 경우가 적지 않다.

3. เขา**ลือ**กันว่าปีนี้จะเกิดน้ำท่วมครั้งใหญ่

그들은 올해 큰 홍수가 날 거라고 했다.

4. อาหารขึ้นชื่อ**ลือ**ชาของไทยคือต้มยำกุ้ง

태국의 유명한 음식으로는 똠얌꿍이 있다.

ลุก

일어나다, 발기하다 / 타오르다

자동사 ลุก '일어나다'라는 뜻을 가지고 있습니다. 사람이 일어나는 경우도 사용하고, **ไฟลุก**(불이 일다, 불이 나다), **ตาลุก**(눈빛이 일다), **ขนลุก**(털이 일어나다, 소름이 돋다) 등의 경우에도 사용합니다. 주로 부동사로 **ขึ้น**이 후행하여 **ลุกขึ้น**의 형태로 많이 쓰입니다.

1. เขา**ลุก**เดินได้เป็นปกติแล้ว

   그는 일어나 정상적으로 걸어 다닌다.

2. ไฟ**ลุก**ไหม้ตลาดสดตอนตี 3

   새벽 3시에 재래시장에서 불이 났다.

3. เมื่อประธานเดินเข้ามา ทุกคน**ลุก**ขึ้นเพื่อแสดงความเคารพ

   사장이 걸어들어 올 때 모두가 일어나서 존경을 표했다.

4. หล่อนตา**ลุกวาว**เมื่อเห็นเพชรเม็ดโต

   큰 보석을 보자 그녀의 눈동자가 빛났다.

ลุย

짓뭉개다, 쳐부수다, 헤치고 나아가다, 진격하다

타동사 ลุย는 장애 등을 헤치고 나아 가거나 쳐부수며 나아가는 것을 의미합니다. **ลุยน้ำ**(물을 건너 나아가다), **ลุยไฟ**(불을 헤치고 나아가다), **ลุยป่า**(숲을 헤치고 나아가다) 등에서 처럼 목적어가 동반됩니다.

1. เขาเดิน**ลุย**น้ำที่ท่วมขัง

   그가 홍수난 곳을 진격해 걸어갔다.

2. เขาขับรถ**ลุย**เข้าไปในฝูงคน

   그는 사람 무리쪽으로 차를 진격해 갔다.

3. หัวหน้าสั่งให้ลูกน้อง**ลุย**งานให้เสร็จภายในเวลาที่กำหนด

   상사가 부하직원에게 규정된 기간안에 차질없이 일을 끝내도록 지시했다.

4. เธอเป็นหญิงห้าวสามารถ**ลุย**ไปได้ทุกพื้นที่

   그녀는 어딜 가든 무리없이 해내는 용감한 여성이다.

ล

ลูบ

쓰다듬다, 어루 만지다

타동사 **ลูบ**은 '쓰다듬다, 어루만지다'라는 뜻입니다. 쓰다듬는 부위가 목적어로 동반되는데, 주로 머리나 털, 볼 등이 목적어로 오는 경우가 많습니다. 단독으로도 쓰이기도 하고 **ลูบคลำ ลูบไล้**와 같은 경우 다른 동사와 결합하여 합성어로 쓰여 '어루만지다'의 의미를 나타냅니다.

1. เธอ**ลูบ**หัวลูกสุนัข

   그녀가 개의 머리를 쓰다듬는다.

2. คุณย่า**ลูบ**หัวหลานอย่างเอ็นดู

   할머니가 사랑스럽게 손자의 머리를 어루 만진다.

3. เขาเอาแต่**ลูบ**คลำกล้องถ่ายรูปตัวใหม่นั้น ไม่ตัดสินใจซื้อสักที

   그는 그 카메라를 만지고만 있고 당췌 구매 결정을 하지 않는다.

4. แมวชอบให้เจ้าของ**ลูบ**ขนนุ่มๆของมัน

   고양이는 주인이 자신의 고운 털을 만져주길 좋아한다.

เล่น

놀다, 장난치다 / (운동이나 연주를) 하다
농담반 진담반

동사 **เล่น**은 '놀다, 장난치다'의 의미입니다. **ของเล่น**은 장난감이라는 뜻입니다. 영어 play 에 대응되는 표현으로 쓰이는 경우가 많습니다. 예컨대 **เล่นฟุตบอล**(축구를 하다), **เล่นไอซ์ฮอกกี้**(아이스 하키를 하다), **เล่นเปียโน**(피아노를 치다), **เล่นไวโอลีน**(바이올린을 연주하다) 등이 그 예입니다. **การละเล่น**은 '놀이'라는 뜻으로, 주로 어린이들의 놀이를 가리키는 말입니다. 그 외에도 다른 목적어를 동반하여 **เล่นละคร**(연극을 하다), **เล่นการพนัน**(도박을 하다) 등의 표현을 나타냅니다. **พูดทีเล่นทีจริง**은 '농담반 진담반으로 말하다'라는 뜻입니다.

1. เด็กๆ **เล่น**ฟุตบอล

   아이들이 축구를 한다.

2. เด็กๆ **เล่น**ในห้องเรียนจนถูกคุณครูทำโทษ

   아이들이 교실 안에서 장난을 치다가 선생님한테 벌을 받았다.

3. เขาชอบพูดที**เล่น**ทีจริง

   그는 농담반 진담반하는 걸 좋아한다.

4. หล่อน**เล่น**ละครเป็นนางเอก

   그녀는 연극에서 여주인공 역을 한다.

เลย

통과하다, 지나다

동사 **เลย**는 '지나다, 통과하다'라는 의미입니다. 타동사로 쓰이는 경우 지나는 대상이 목적어로 동반됩니다. 공간적 이동과 시간적 이동의 의미를 모두 나타낼 수 있습니다. 한편'지나다'라는 '경과, 초과'의 의미에서 수식어로 '너무, 매우'의 의미를 나타내기도 합니다. 긍정과 부정에서 모두 쓰이는데, 긍정의 경우는 부사를 수식하고, 부정의 경우는 동사를 바로 수식합니다. 즉, **อร่อยมากเลย**(아주 맛있다), **ไม่อร่อยเลย**(전혀 맛이 없다)와 같은 형태로 나타납니다. 그 외에도 인과 관계를 나타내는 문장에서 선행문과 후행문을 연결해주는 접속사로 사용되는데 결과를 나타내는 후행문의 주어 다음에 위치합니다. **ไม่สบาย เลยไม่ได้ไป**(몸이 안 좋아서 못 갔다)가 그 예인데 선행문의 주어와 후행문의 주어가 같을 경우에 후행문의 주어는 생략됩니다.

1. พ่อขับรถ**เลย**บ้านเพื่อนไปแล้ว

   아버지가 운전하다가 친구 집앞을 지나 갔다.

2. **เลย**เวลาเที่ยงไปตั้งนานแล้ว ทำไมยังไม่ไปกินข้าวอีก

   정오가 지난지 오래 되었는데 왜 아직 밥을 먹으러 가지 않지?

3. รถเมล์จอด**เลย**ป้าย

   버스가 정류장을 지나서 정차했다.

4. ฉันไม่อยากจะเชื่อ**เลย**ว่าเขาจะทำอย่างนั้นได้ลงคอ

   나는 그가 태연하게 그런 짓을 했다는 게 믿어지지 않는다.

ล

เลวร้าย

좋지않다, 나쁘다

동사 **เลว**와 **ร้าย**는 '나쁘다'라는 의미를 나타내는 유의어 관계로, 결합하여 합성어로 사용할 수 있습니다. 서술어로 쓰이거나, 명사나 동사에 뒤에 위치하여 수식사로 사용됩니다. 부동사가 함께 쓰여 상태 변화를 나타낼 수 있으며, **สถานการณ์เลวร้ายลง**은 '상황이 악화되다'라고 해석할 수 있습니다.

1. เขา**เลวร้าย**มากที่ฆ่าลูกแท้ๆ ของตัวเอง

   그는 그의 친자식을 죽인 나쁜 놈이다.

2. ถึงผู้หญิงคนนั้นจะ**เลวร้าย**ขนาดไหน เธอก็ยังรักลูกของเธออยู่

   그녀가 아무리 나쁘다 해도 그녀는 여전히 자기 자식을 사랑한다.

3. ผู้ชายคนนั้น**เลวร้าย**มากถึงขนาดทุบตีแม่ตัวเอง

   그 남자는 자신의 어머니를 폭행할 정도로 나쁜 놈이다.

4. จงหยุดทำพฤติกรรมที่**เลวร้าย**เพื่อความสงบสุขของสังคม

   사회 안정을 위해 나쁜 행동을 삼가하시오.

เล่า

말하다, 진술하다 / 들려주다: **เล่าให้ฟัง**

타동사 **เล่า**는 '말하다'라는 뜻입니다. 유의어 **พูด** 이나**บอก** 등과 비교하면 **เล่า**는 어떤 '들려주다'의 의미로 [**เล่า** +(내용) + **ให้** + (대상) + **ฟัง**]의 구문으로 자주 쓰이며, **เล่า**의 뒤에 들려주는 내용이 오고 그 뒤에 **ให้**가 이끄는 절의 형태로 올 수 도 있습니다. **เรื่องเล่า**는 '이야기'라는 명사입니다. 다른 쓰임으로 **~แล้ว ~เล่า**는 '반복하다' 또는 '~하고 또 ~하다'의 의미가 됩니다.

1. พ่อ**เล่า**ให้ฟังว่าจีบแม่อย่างไร

   아버지가 어머니를 어떻게 만나게 되었는지 들려주었다.

2. น้องชอบให้แม่**เล่า**นิทานให้ฟังก่อนนอน

   동생은 자기 전에 어머니가 들려주는 동화를 듣는 걸 좋아한다.

3. เขา**เล่า**เรื่องชีวิตของเขาให้พวกเราฟัง

   그는 그의 삶에 대한 이야기를 우리에게 들려준다.

4. แม่พูดแล้วพูด**เล่า**เกี่ยวกับเรื่องที่พ่อไม่ยอมเลิกสูบบุหรี่

   어머니는 아버지가 담배를 끊으려 하지 않는 것을 계속 얘기하신다.

เลิก

헤어지다, 끊다, 그만두다, 끝나다, 끝내다

동사 **เลิก**는 자동사와 타동사로 모두 쓰입니다. 자동사의 경우 **เลิกกัน**의 형태로, '헤어지다', '끝내다'라는 뜻입니다. 타동사로 쓰이는 경우는 목적어에 따라 다양한 우리말에 대응되는데, **เลิกงาน**(일이 끝나다, 퇴근하다), **เลิกเรียน**(수업이 끝나다, 하교하다), **เลิกเหล้า**(술을 끊다), **เลิกบุหรี่**(담배를 끊다), **เลิกกิจการ**(사업을 관두다, 정리하다) 등의 예가 있습니다. 한편, 다른 동사의 앞에 나타나 **เลิกติดต่อ**(연락을 끊다), **เลิกเขียน**(그만 쓰다), **เลิกอ่าน**(그만 읽다), **เลิกจ้าง**(고용을 철회하다) 처럼 '그만하다, 끝내다'의 의미로 쓰이기도 합니다. 합성어 **ยกเลิก**은 '취소하다'의 의미입니다.

1. หล่อน**เลิก**กับเขาแล้วหลังจากที่คบกันได้ไม่นาน

   그녀는 그와 사귄지 얼마 안돼 헤어졌다.

2. พ่อ**เลิก**งานตอน 6 โมงเย็น

아버지는 오후 6시에 퇴근한다.

3. เขา**เลิก**บุหรี่แล้ว

그는 담배를 끊었다.

4. หลักธรรมของทุกศาสนาสอนให้ละลด**เลิก**การก่อกรรมทำเข็ญ

모든 종교의 주요 원칙은 죄악을 저지르지 말라는 것이다.

ล

เลีย 핥다

타동사 **เลีย** 는' 핥다'라는 뜻으로, 목적어를 동반합니다. 관용구로 **เลียแข้งเลียขา**(정강이를 핥다)는 개가 주인의 사랑을 받기 위해 발이나 다리를 핥는 것에 비유하여'아첨하다', '아부하다'의 의미로 사용하는 말입니다.

1. แมวชอบ**เลีย**ขนตัวเอง

고양이는 자신의 털을 핥는 것을 좋아한다.

2. น้องกินเค้กจนเกลี้ยงแทบจะ**เลีย**จาน

동생이 접시까지 핥아먹을 기세로 케익을 다 먹었다.

3. ริมฝีปากแห้งเลยต้อง**เลีย**บ่อยๆ

입술이 말라서 자주 핥아야 한다.

4. เธอเป็นคนชอบ**เลีย**แข้ง**เลีย**ขาเจ้านายมาก

그녀는 상사에게 아부하는 것을 좋아하는 사람이다.

เลี่ยง

피하다, 회피하다

동사 **เลี่ยง**은 '피하다, 회피하다'라는 뜻으로 목적어가 동반되는 타동사입니다. **เลี่ยงเส้นทาง**(길을 회피하다, 돌아가다, 선회하다) 등으로 쓰이기도 하고, **เลี่ยงที่จะ...**(…하기를 회피하다) 등으로도 쓰일 수 있습니다. 단독으로도 쓰지만 **หลีกเลี่ยง**, **หลบเลี่ยง** 등과 같이 합성어로 써서 '회피하다'의 의미를 나타냅니다.

1. ถนนเส้นนั้นรถติดมากควร**หลีกเลี่ยง**เส้นทางนั้น

   이 도로는 차가 너무 막혀서 피해가야 한다.

2. เขา**เลี่ยง**ที่จะไม่เจอหน้าหล่อน

   그는 그녀와 만나기를 회피한다.

3. เธอ**เลี่ยง**ที่จะรับฟังความคิดเห็นของคนอื่น

   그녀는 다른 사람의 의견 듣는 것을 피한다.

4. เขาหลีก**เลี่ยง**การปะทะคารมกับคนพาล

   그가 불한당과의 충돌을 피한다.

เลี้ยง

돌보다, 기르다 / 접대하다, 한턱내다

เลี้ยง은 타동사로 '기르다, 먹여 키우다'의 의미를 나타냅니다. **เลี้ยงลูก**(자식을 키우다), **เลี้ยงหมา**(개를 키우다), **เลี้ยงกระต่าย**(토끼를 키우다), **เลี้ยงหลาน**(손주를 키우다) 등에서 볼 수 있듯이 주로 단독으로 쓰면서 목적어를 동반합니다. **สัตว์เลี้ยง**은 집에서 기르는 '가축'이라는 뜻입니다. 친부모가 아닌 키워준 부모, 양부모의 경우는 **พ่อเลี้ยง**(양부, 계부), **แม่เลี้ยง**(양모, 계모)으로 표현합니다. 한편, '먹이다'의 의미에서 **เลี้ยง**은 '대접하다, 밥을 사주다, 한턱 내다'의 의미로도 쓰입니다. **เลี้ยงข้าว**(식사를 대접하다), **เลี้ยงอาหารเกาหลี**(한국 음식을 대접하다) 등이 그 예입니다.

1. ฉัน**เลี้ยง**งานวันเกิดที่บ้าน

   나는 생일파티를 집에서 한다.

2. ฉัน**เลี้ยง**สุนัข 2 ตัว แมว 2 ตัว

나는 개 두 마리와 고양이 두 마리를 키운다.

3. พ่อแม่**เลี้ยง**ดูลูกด้วยความรัก

부모님이 아이를 사랑으로 기른다.

4. วันนี้ฉันจะ**เลี้ยง**ข้าวพวกเธอเอง

오늘은 내가 너희들에게 한턱 낸다.

เลียน(แบบ) 흉내내다, 모방하다

동사 **เลียน**은 '모방하다, 흉내내다'라는 뜻입니다. **เลียนแบบ**은 ''형태, 모양을 흉내내다 라는 뜻이고, **เลียนเสียง**은 '소리를 모방하다', **เลียนท่าทาง**은 '동작을 모방하다'는 뜻으로, **คำเลียนเสียง**은 의성어, **คำเลียนท่าทาง**은 '의태어'라는 의미입니다.

1. วัยรุ่นไทยชอบเต้น**เลียนแบบ**นักร้องเกาหลี

태국 청소년들이 한국 가수 노래 커버댄스를 좋아한다.

2. เธอแต่งตัว**เลียนแบบ**ดาราดังอยู่เสมอ

그녀는 항상 유명한 연예인 처럼 옷을 입는다.

3. เขา**เลียนแบบ**ท่าเดินของผู้จัดการ

그는 팀장의 걸음걸이를 흉내낸다.

4. เด็กๆมักทำพฤติกรรม**เลียนแบบ**ผู้ใหญ่

아이들은 어른들의 행동을 따라하곤 한다.

เลี่ยน

느끼하다

자동사 **เลี่ยน**은 '느끼하다' 또는 '기름지다'라는 뜻입니다. 주로 단독으로 서술어로 쓰입니다. 말 그대로 먹을 것에 기름이 많이 들어가 느끼한 경우에도 사용하고 비유적으로 듣기에 거북하거나 낯간지러운 느낌을 나타내는 심리동사로도 사용합니다.

1. อาหารจีนค่อนข้าง**เลี่ยน**

   중국음식은 상당히 느끼하다.

2. เค้กชิ้นนี้**เลี่ยน**มาก

   이 케익은 매우 느끼하다.

3. แกงใส่กะทิข้นมากมันจน**เลี่ยน**

   깽에 코코넛밀크를 너무 많이 넣어 느끼하다.

4. เธอพูดชมฉันมากจนฟังดู**เลี่ยน**ๆ

   그녀는 내 칭찬을 심하게 해서 듣기 거북할 정도다.

เลี้ยว

돌다, 회전하다

동사 **เลี้ยว**는 '돌다, 회전하다'라는 뜻입니다. 주로 좌우 방향을 나타내는 말과 함께 쓰여 **เลี้ยวซ้าย**(좌회전하다), **เลี้ยวขวา**(우회전하다) 등의 형태로 나타나기도 하고 방향동사가 따라 나와 **เลี้ยวเข้าไป**(돌아서 진입하다) 등과 같이 사용합니다.

1. สี่แยกนี้มีป้ายบอกว่า**เลี้ยว**ซ้ายผ่านตลอด

   이 사거리에는 좌회전 상시 가능 표지판이 있다.

2. เขาหักพวงมาลัย**เลี้ยว**ขวาอย่างกะทันหัน

   그가 급하게 우회전을 하려고 핸들을 꺾었다.

3. เขาเดิน**เลี้ยว**เข้าซอย

그가 골목길로 걸어 들어갔다.

4. ตรงแยกข้างหน้ามีทางให้**เลี้ยว**เข้าไป

앞의 갈림길에 진입 가능한 도로가 있다.

เลือก(สรร)

고르다, 선택하다, 선별하다, 선출하다 / 선거하다: **เลือกตั้ง**

타동사 **เลือก**은 '고르다, 선택하다'라는 뜻입니다. 목적어가 동반됩니다. 단독으로도 쓰이고 **เลือกสรร**(선별하다), **เลือกตั้ง**(선거하다, 선출하다), **คัดเลือก**(선택하다, 뽑다) 등과 같이 합성어로도 쓰입니다. 선택되다, 뽑히다의 경우 **ถูกเลือก** 또는 **ได้รับเลือก** 등으로 표현합니다.

1. แม่**เลือก**ชุดให้น้องใส่ไปเที่ยว

어머니가 동생이 입고 놀러 갈 옷을 골라준다.

2. เขาถูก**เลือก**ให้เป็นหัวหน้าห้อง

그는 반장으로 선출되었다.

3. เขาถูก**คัดเลือก**ให้เป็นนักกีฬาโรงเรียน

그는 학교 대표 운동 선수로 선발되었다.

4. แม่**เลือกสรร**แต่อาหารดีๆ มีประโยชน์ให้ลูก

어머니가 유익한 음식만을 선별해서 아이에게 먹인다.

เลื่อน

움직이다, 이동하다 / 진급하다, 승진하다 / (시간을) 연기하다

동사 **เลื่อน**은 '움직이다, 이동하다'의 의미를 나타냅니다. **เลื่อนเก้าอี้**(의자를 옮기다), **ประตูเลื่อน**(미닫이 문), **เลื่อนนัด**(약속을 연기하다), **เลื่อนประชุม**(회의를 연기하다)□서 처럼 공간적인 이동이나 시간적인 이동에 모두 사용할 수 있습니다. 시간적 이동의 의미를 나타낼 때에 우리말과 달리 **เลื่อน**은 뒤에 함께 오는 방향 동사와 함께 쓰여 앞으로 당기거나(**เลื่อนเข้ามา**) 뒤로 미루는(**เลื่อนออกไป**) 것 모두를 표현할 수 있습니다.

1. โรงเรียนประกาศ**เลื่อน**เปิดเทอม

   학교가 개학일을 연기했다.

2. เขาถูก**เลื่อน**ตำแหน่งให้เป็นผู้อำนวยการ

   그가 이사장으로 승진되었다.

3.ฉันไปลงคะแนนเสียงเลือกตั้ง

   나는 선거하러 간다.

4.พ่อเลื่อนเดินทางไปต่างประเทศไปอีกสองวัน

   아버지는 해외로 가는 날짜를 이틀 더 미루셨다.

เลื่อย

(톱으로) 자르다, 톱질하다 / 톱

동사 **เลื่อย**는 '톱질하다'라는 뜻입니다. 명사로 '톱' 자체를 지칭하기도 합니다. 관용적 표현으로 **เลื่อยขาเก้าอี้**는 직역하면 '의자의 다리를 톱질하다'라는 뜻인데 '어떤 직위에 있는 사람을 끌어내리다'라는 의미가 됩니다.

1. พ่อ**เลื่อย**ไม้ด้วย**เลื่อย**ไฟฟ้า

   아버지가 전기톱으로 나무를 자른다.

2. เขา**เลื่อย**ต้นไม้ไม่สำเร็จ

   그가 톱질을 성공하지 못했다.

3. ชาวบ้านชวนกัน**เลื่อย**ต้นไม้ที่ขวางทางเข้าออกหมู่บ้าน

마을 주민들이 마을 입구를 막고 있는 나무를 자르자고 권유한다.

4. มีคนพยายาม**เลื่อย**ขาเก้าอี้แย่งชิงตำแหน่งของเขา

그의 직위를 차지하려고 그를 끌어 내리려 하는 무리들이 있다.

แล

보다

동사 **แล**는 '보다'라는 뜻인데, 단독으로 일반 구어체에서 사용되는 경우는 드물고, 주로 다른 유의어와 함께 **แลดู**, **แลเห็น**의 형태로 쓰여 '보다, 보이다'라는 뜻을 나타냅니다. 한편 합성어 **ดูแล**는 '돌보다', **เหลียวแล**는 '거들떠 보다, 관심 갖다'라는 뜻이 됩니다.

1. ฉัน**แลเห็น**เขาอยู่ลิบๆ

나는 그가 저멀리 보인다.

2. เมื่อขึ้นไปบนยอดเขาจะ**แลเห็น**วิวในเมืองสวยมาก

산정상에 올랐을 때 그는 아름다운 도시 풍경을 보았다.

3. สายตาเขา**แลดู**มาทางเธอเหมือนชื่นชมเธอมาก

그녀를 보는 그의 시선이 그녀를 매우 좋아하는 것 같다.

4. เขาป่วยหนักแต่ไม่มีใคร**เหลียวแล**

그의 상태가 매우 위중했지만 아무도 돌보는 사람이 없다.

แลก

바꾸다, 교환하다
환전하다: **แลกเงิน** 교환하다: **แลกเปลี่ยน**

타동사 **แลก**은 '교환하다, 바꾸다'라는 뜻입니다. 목적어를 동반하여 **แลกเงิน**(환전하다), **แลกหมัด**(주먹을 교환하다, 권투 경기 등에서 치고 받다) 등으로 쓰일 수 있습니다. 또한 동사성 합성어로 **แลกเปลี่ยน**은 '교환하다, 교류하다, 공유하다'라는 뜻으로, **แลกเปลี่ยนประสบการณ์**은 '경험을 공유하다', **แลกเปลี่ยนความคิดเห็น**은 '견해를 공유하다, 생각을 교환하다', **การแลกเปลี่ยนทางวิชาการ**은 '학술 교류' 등의 의미를 나타냅니다.

1. ฉันไป**แลก**เงินที่ธนาคาร

   나는 은행에 환전하러 간다.

2. อัตรา**แลกเปลี่ยน**วันนี้เงินบาทไทยดูแข็งค่าขึ้นจากเมื่อวาน

   오늘 태국 바트의 환율이 어제보다 올랐다.

3. แม่นำเสื้อผ้าเก่าไป**แลก**ไข่ไก่ได้มา 1 แผง

   어머니가 헌옷을 가져가 달걀 한 판과 교환하였다.

4. เราพูดคุย**แลกเปลี่ยน**ประสบการณ์กัน

   우리는 대화하며 서로 경험을 공유했다.

แล้ง

마르다, 가뭄들다

동사 **แล้ง**은 '마르다, 건조하다, 가물다'라는 뜻입니다. **ฤดูแล้ง / หน้าแล้ง**은 '건기'라는 뜻입니다. 단독으로도 쓰고, 유의어와 함께 **แห้งแล้ง**의 형태로도 씁니다. 의미적으로 자동사로 보이나, 예외적으로 **แล้งฝน**(비가 마르다, 가물다), **แล้งน้ำ**(물이 마르다, 가물다), **แล้งน้ำใจ**(인정이 마르다, 인정머리가 없다)와 같이 명사를 동반하여 타동사 형태로 쓰이는 경우도 있습니다.

1. ภาคอีสานกำลังประสบภัย**แล้ง**อย่างรุนแรง

   동북부지방은 심각한 가뭄을 겪고 있다.

2. ฤดู**แล้ง**ทำให้น้ำในแม่น้ำลดลงไปอย่างมาก

건기에는 강의 수위가 매우 낮아진다.

3. เขานอนฝัน**ลมๆแล้งๆ**เป็นประจำ

그는 잘 때 의미 없는 개꿈을 꾼다.

4. เขาเป็นคน**แล้ง**น้ำใจไม่เคยช่วยเหลือใครเลย

그는 인정머리가 없는 사람이라 그 누구도 돕는 일이 없다.

แลบ

(혀를) 내다, 내밀다 / (번개가) 치다: **ไฟแลบ**

동사 **แลบ**은 기존의 위치에서 '어긋나거나 어긋나게 하다'라는 의미에서 확장하여, '혀를 날름대다, 내밀다'의 의미를 표현하기도 합니다. 타동사로 쓸 때는 주로 **แลบลิ้น**(혀를 날름대다, 메롱하다)로 쓰입니다. 한편 **ไฟแลบ**은 '번개 치다'의 뜻입니다.

1. ไฟฟ้าลัดวงจรทำให้เกิดประกายไฟ**แลบ**ออกมา

합선이 발생해서 불꽃이 튀었다.

2. เด็กคนนั้น**แลบ**ลิ้นใส่เขา

그 아이는 그를 향해 혀를 날름거렸다.

3. แขนเสื้อชั้นในของหล่อน**แลบ**ออกมา

그녀의 속옷 팔 부분이 비죽 튀어 나왔다.

4. ฝนตกฟ้า**แลบ**แปลบปลาบน่ากลัวมาก

비가 오고 번개가 무섭게 내리친다.

แล้ว

끝나다, 지나다, 완료하다 / 그리고, 그리고 나서, 그런데

동사 **แล้ว**는 동사로 사용하면 '끝나다, 지나가다'라는 뜻을 가지고 있습니다. 그래서 **เรื่องมันแล้ว ให้มันแล้วไป** 하면 '지나간 일이니, 그냥 지나가게 두어라'라는 뜻이 됩니다. 여기에서 의미가 확장되어, '완료되다'의 의미를 나타내는 조동사로 쓰입니다. 조동사로 완료상을 나타내는 경우는 주로 동사의 뒤에 나타나게 됩니다. 한편, 문장 연결 접속사로 기능하게 되면 후행문 앞에 나타나면서 문맥에 따라 '그리고 나서', '그러면', 그런데' 등의 의미를 나타내기도 합니다.

1. นักเรียนเลิกเรียน**แล้ว**

   학생들의 수업이 끝났다.

2. ฉันกินข้าว**แล้ว**

   나는 밥을 먹었다.

3. วันหยุดพี่สาวกิน**แล้ว**นอนทั้งวัน

   휴일에 누나는 하루종일 먹고 잔다.

4. เขาอ่านหนังสือเสร็จ**แล้ว**กลับบ้าน

   그는 책을 다 읽고 집에 돌아갔다.

โล่ง

훤하다, 뻥 뚫렸다, 한숨 돌리다, 후련하다

동사 **โล่ง**은 상태성 동사로, '훤하다, 뻥뚫리다, 한적하다'라는 의미를 나타내며 문맥에 따라 '후련하다'라는 뜻을 나타내기도 합니다. 단독으로도 쓰지만 주로 **โล่งอก โล่งใจ** 등의 형태로 써서 마음이 '후련하다, 한숨 돌리다, 안심하다'의 의미를 나타내기도 합니다. 다른 신체부위가 와서 **โล่งคอ**(목이 시원하다) **โล่งจมูก**(코가 뻥 뚫리다) 등의 의미로도 씁니다.

1. วันอาทิตย์ถนนในเมือง**โล่ง**มาก

   일요일에 도심 도로는 매우 한적하다.

2. พ่อตัดหญ้าหน้าบ้านจน**โล่ง**

아버지가 집 앞 잔디를 말끔히 잘랐다.

3. เขา**โล่ง**อกมากที่สอบสัมภาษณ์งานผ่าน

그는 면접 시험을 통과해서 가슴이 후련했다.

4. แม่**โล่ง**ใจที่เห็นลูกๆ กลับมาอย่างปลอดภัย

어머니는 아이들이 무사히 돌아와서 마음이 놓였다.

ไล่

뒤쫓다 / 쫓아 버리다: ไล่ออก / 해고하다

동사 **ไล่**는 '뒤쫓다' 또는 '쫓아 버리다'의의 의미를 나타냅니다. 주로 방향동사 **ออก**(나다, 나가다, 내보내다)이 따라 나와 **ไล่ออก** (내쫓다)의 형태로 자주 쓰입니다. 합성어로 **ขับไล่** 하면 '퇴출하다, 내쫓다'의 의미가 됩니다.

1. เขาถูก**ไล่**ออกจากงาน

그는 직장에서 쫓겨났다.

2. นักเรียนกลุ่มนั้นถูก**ไล่**ออกจากห้องเรียน

그 학생들은 교실에서 쫓겨났다.

3. พ่อกำลัง**ไล่**งูออกจากบ้าน

아버지가 뱀을 집 밖으로 내쫓고 있다.

4. เขาใช้น้ำส้มควันไม้**ไล่**แมลงในแปลงเกษตร

그는 목초산을 이용해서 경작지의 벌레들을 몰아낸다.

วัด

재다, 측정하다

동사 **วัด**은 타동사로 '재다, 측정하다'의 의미입니다. 주로 재는 대상이나 내용이 목적어로 동반됩니다. 예로 **วัดส่วนสูง**(키를 재다), **วัดส่วนยาว**(길이를 재다), **วัดสายตา**(시력을 재다), **วัดตัว**(신체 사이즈를 재다), **วัดความรู้**(지식을 가늠하다) 등이 있습니다. 한편, 명사로는 '사원'이라는 뜻도 있어 주로 사원 이름의 맨 앞에 위치합니다.

1. พยาบาล**วัด**ส่วนสูงน้อง

   간호사가 동생의 키를 잰다.

2. หล่อนให้ช่าง**วัด**ตัวเพื่อตัดชุดแต่งงาน

   그녀가 재단사에게 웨딩드레스를 만들기 위한 치수를 재게 했다.

3. พ่อ**วัด**ขนาดห้องเพื่อจะเปลี่ยนกระเบื้องใหม่

   아버지는 타일을 교체하기 위해 방의 크기를 잰다.

4. เขาไป**วัด**สายตาก่อนตัดแว่นตา

   그는 안경을 맞추기 전에 시력 검사를 했다.

ว่า

말하다 / 타이르다, 꾸짖다

동사 **ว่า**는 '말하다'라는 의미를 나타냅니다. 의미가 확장되어 '꾸짖다, 또는 생각하다'의 의미를 나타내기도 합니다. **อย่าไปว่าเขา**(그에게 뭐라고 하지 마라), **ผมว่ามันไม่ถูกต้อง**(제 생각에 그건 아닌것 같습니다) 등이 그 예입니다. 한편, 접속사로 사용되어 주절과 종속절을 이어주기도 하는데,이 때에는 '~라고, ~인지(아닌지)' 등의 의미를 나타냅니다. 따라서 주절에서는 주로 '말하다, 묻다, 대답하다, 생각하다, 알다, 모르다' 등의 의미를 지닌 동사가 사용됩니다.

1. แม่บอก**ว่า**วันนี้จะทำปูผัดผงกระหรี่

   어머니가 오늘은 게 카레 볶음을 만들거라고 말한다.

2. เขาพูด**ว่า**อะไรนะ

   그가 뭐라고 하든?

3. อาจารย์ถาม**ว่า**ใครยังไม่ส่งการบ้าน

   교수님이 누가 아직 과제를 제출하지 않았는지 물었다.

4. เขาต่อ**ว่า**พนักงานคนนั้นที่ทำงานช้า

   그는 그 직원에게 일처리가 늦다고 나무랐다.

ว้าเหว่

쓸쓸하다, 고독하다

상태성 동사 **ว้าเหว่**는 '쓸쓸하다, 고독하다'라는 뜻입니다. 주로 서술어로 사용되거나 동사나 명사를 수식합니다. 명사형은 **ความว้าเหว่**(쓸쓸함)입니다.

1. พอเย็นลงรู้สึก**ว้าเหว่** คิดถึงบ้าน

   저녁이 되자 쓸쓸해서 집이 그리워졌다.

2. เด็กคนนั้นดู**ว้าเหว่**ไม่สดใสเลย

   그 아이는 쓸쓸하고 기운이 없어 보인다.

3. ยายถูกลูกหลานทิ้งให้อยู่อย่าง**ว้าเหว่**เพียงลำพัง

할머니는 자손들로부터 버림당해 혼자 적적하게 산다.

4. น้องไปเรียนอยู่ต่างประเทศ บ่นว่ารู้สึก**ว่าเหว่**มาก

동생이 유학을 가 있는데, 적적하다고 불평을 많이 한다.

ว

วาง

내려놓다, 두다 / 규정하다 / 마음 놓다, 안심하다: **วางใจ**
계획을 수립하다: **วางแผน** 손을 놓다: **วางมือ** 착수하다: **ลงมือ**

동사 **วาง**은 '두다, 놓다'라는 뜻입니다. 구체적인 사물을 놓는 것부터 추상적인 내용을 규정하거나 수립하는 것에도 사용할 수 있습니다. 예컨대, **วางกระเป๋า**(가방을 두다), **วางของ**(물건을 두다) 등처럼 두는 대상이 구체적인 사물이 오기도 하고 **วางใจ**(마음을 두다, 신뢰하다) 처럼 추상 명사가 오기도 합니다. **วางใจ**는 유의어 **ไว้**(두다)와 결합하여 **ไว้วางใจ** 형태로 사용되기도 합니다. 추상적 내용의 규정이나 제정의 의미로 사용되는 경우는 **วางแผน**(계획을 세우다), **วางกฎ**(규칙을 세우다) 등의 예가 있습니다. 한편, '거두다'의 의미도 있어서 **วางตา**는 '시선을 거두다, 시선을 돌리다', **วางมือ**는 '손을 거두다', 즉 '그만두다, 손을 떼다'의 의미가 됩니다.

1. แม่**วาง**ขนมลงบนโต๊ะ

어머니가 식탁에 과자를 놓는다.

2. พวกเราช่วยกัน**วาง**แผนการทำงานจนประสบความสำเร็จ

우리는 일이 성공할수 있도록 서로 도와 계획을 짰다.

3. หัวหน้า**วางใจ**ที่จะให้เขาทำงานนี้

상사는 믿고 그에게이 일을 하라고 지시한다.

4. เขา**วางมือ**จากธุรกิจ

그는 사업에서 손을 뗐다.

ว่าง (시공간이) 비다, 공허하다 / 한가하다

동사 **ว่าง**은 '비다'라는 뜻입니다. **ห้องว่าง**(빈 방), **ที่ว่าง**(빈 자리, 자리가 나다), **โต๊ะว่าง**(빈 테이블, 테이블이 나다) 등처럼 물리적으로 어떤 장소나 공간이 비어있는 경우에도 쓰이고, **มีเวลาว่าง** (여유 시간이 있다, 시간이 나다) 등과 같이 추상적인 경우에도 쓰입니다. 단독으로 쓰일 때에는 주로 '시간이 나다'의 의미로 사용되는데 **พรุ่งนี้ไม่ว่างเลย**는 '내일은 시간이 전혀 안난다'라는 뜻이 됩니다. **ของว่าง**은 '간식'이라는 뜻입니다. **ว่างงาน**은 합성어로 '일이 없다, 실직하다'의 의미로 **อัตราการว่างงาน**은 실직률을 의미합니다.

1. วันนี้**ว่าง**ไหม ไปกินข้าวด้วยกัน

   오늘 시간이 있니? 같이 밥먹으러 가자.

2. เขาบอกว่าอพาร์ทเมนต์นั้นมีห้อง**ว่าง**

   그가 말하길 저 아파트에 빈 방이 있다.

3. เขาอยู่**ว่างๆ** ไม่รู้จะทำอะไร

   그는 뭘해야 할지 몰라 한가히 있다.

4. แม่ทำของ**ว่าง**ให้เด็กๆ

   어머니가 아이에게 간식을 만들어 준다.

วาด 그리다

타동사 **วาด**은 '그리다'라는 뜻으로 주로 목적어로는 그림 등이 와서 **วาดภาพ**(그림을 그리다), **วาดรูป**(그림을 그리다), **วาดลวดลาย**(무늬를 그리다, 솜씨를 발휘하다) 등의 형태로 쓰입니다. 추상적으로 **วาดฝัน**은 '꿈을 꾸다, 상상을 한다'라는 뜻입니다.

1. น้อง**วาด**รูปสวยมาก

   동생이 그림을 잘 그린다.

2. นักเรียนกำลัง**วาด**ภาพสีน้ำ

학생이 색칠 그림을 하고 있다.

3. หล่อน**วาด**ฝันว่าสิ้นปีนี้จะได้โบนัส 2 เท่าของเงินเดือน

그녀는 올해 말에 월급의 두배를 보너스로 받는 꿈을 꾼다.

4. นักเต้นคนนั้น**วาด**ลวดลายบนเวทีได้งดงามมาก

그 댄서는 무대 위에서 무늬를 그리듯이 아름답게 퍼포먼스를 한다.

ว

ว่าย(น้ำ) 헤엄치다, 수영하다

동사 **ว่าย**는 '헤엄치다, 수영하다'라는 뜻입니다. 주로 물에서 수영하는 것을 의미해서 **ว่ายน้ำ**의 형태로 쓰이지만, 간혹 비행하다(**ว่ายฟ้า**), 둘러보다(**ว่ายตา**)의 의미를 나타내기도 합니다. 한편 수영 방법을 가리킬 때는 **ท่า**~로 표현해서 **ว่ายน้ำท่าผีเสื้อ**는 '접영을 하다'의 의미입니다.

1. ฉันชอบ**ว่าย**น้ำ

나는 수영을 좋아한다.

2. เด็กๆ **ว่าย**น้ำกันอย่างสนุกสนาน

아이들이 신나게 수영을 한다.

3. เขาเป็นนัก**ว่าย**น้ำทีมชาติไทย

그는 태국 국가대표 수영선수이다.

4. เขาชอบ**ว่าย**น้ำในคลองหน้าบ้าน

그는 집 앞 하천에서 수영하는 것을 좋아한다.

วิเคราะห์

관찰하다, 분석하다, 분해하다

동사 **วิเคราะห์**는 '분석하다'의 의미를 나타냅니다. 타동사로 분석하는 내용이나 대상이 목적어로 옵니다. **นักวิเคราะห์**는 '분석가', **จิตวิเคราะห์**는 '정신 분석', **ผลการวิเคราะห์**는 '분석 결과'라는 뜻입니다. **ผลการวิเคราะห์พบว่า...**하면 '분석 결과, …로 밝혀졌다'의 의미를 나타냅니다.

1. นักลงทุน**วิเคราะห์**ว่าปีนี้ราคาหุ้นไทยจะต่ำที่สุดในรอบสิบปี

   투자가는 올해 태국 주가가 최근 십년간 최하위일 것으로 분석했다.

2. อาจารย์ให้นักเรียน**วิเคราะห์**ข่าวมาส่งเป็นการบ้าน

   교수님이 학생에게 뉴스를 분석해오라는 과제를 주었다.

3. นักวิชาการช่วยกัน**วิเคราะห์**สถานการณ์การเมืองไทยในปัจจุบัน

   학자들이 함께 현재 태국의 정치 상황을 분석한다.

4. อาจารย์กำลังนั่ง**วิเคราะห์**คะแนนของนักเรียน

   교수님이 학생들의 점수를 분석하고 있다.

วิ่ง

달리다, 뛰다

자동사 **วิ่ง**은 '뛰다, 달리다'라는 뜻입니다. **วิ่งมา**(뛰어 오다), **วิ่งเล่น**(뛰어 놀다) 등과 같이 다른 동사와 함께 쓰이는 경우도 많습니다. **วิ่งราว**는 '낚아채다'라는 뜻이며, **วิ่งผลัด**은 '이어달리기'를 의미합니다. **วิ่งม้า**는 경주마를 달리게 해서 돈을 거는 것, 즉 '경마'를 일컫는 말인데 **แข่งม้า**라고도 합니다.

1. น้อง**วิ่ง**เล่นในสนามเด็กเล่น

   동생이 놀이터에서 놀고 있다.

2. พ่อ**วิ่ง**ออกกำลังทุกเช้า

   아버지가 매일 아침 조깅을 한다.

3. เขาลงแข่งขัน**วิ่ง**มาราธอน

그는 마라톤 경기에 참가했다.

4. หล่อนถูกโจร**วิ่งราว**สร้อยคอ

그녀는 목걸이를 강도에게 도둑 맞았다.

ว

วิจารณ์

논평하다, 비평하다, 평론하다 / 판단력: **วิจารณญาณ**

동사 **วิจารณ์**은 '논평하다, 비평하다, 평론하다' 등의 의미를 나타냅니다. 타동사로 비평하는 대상이 목적어로 오게 됩니다. 단독으로 쓰기도 하지만 **วิพากษ์วิจารณ์**(비평하다, 평론하다)의 합성어로도 자주 쓰입니다.

1. หนังเรื่องนั้นถูก**วิจารณ์**อย่างหนัก

그 책은 거세게 비판 받았다.

2. เขา**วิจารณ์**บทความทางวิชาการ

그가 학술 논문을 논평한다.

3. โปรดใช้**วิจารณญาณ**ในการรับชม

시청에 있어서 신중한 판단을 기하시기 바랍니다.

4. เขาเป็นนัก**วิจารณ์**ภาพยนตร์ชื่อดังระดับชาติ

그는 전국적으로 유명한 영화 비평가이다.

วิเศษ

우수하다, 신기하다, 탁월하다

상태성 동사 **วิเศษ**은 '신기하다, 탁월하다' 등의 의미를 나타냅니다. '특별하다'라는 뜻의 **พิเศษ**과 같은 어원입니다. 주로 어떤 상황이나 상태가 '아주 좋다'라는 의미를 나타내어 서술어로 쓰이기도 하고, 어떤 물건이나 대상이 일반적인 효능을 넘어서서 탁월하고 신기하다는 의미를 바탕으로 한 수식어로 쓰이기도 합니다. 예로, **ดาบวิเศษ**(요술검), **พรมวิเศษ**(마법의 양탄자), **ของวิเศษ**(신기한 물건), **ถุงวิเศษ**(요술 주머니) 등으로 주로 동화 등에서 많이 나타납니다.

1. อาหารร้านนี้**วิเศษ**มาก

   이 가게는 음식맛이 탁월하다.

2. ยานี้**วิเศษ**มาก หลังจากกินเข้าไปไม่นานก็หายปวด

   이 약은 아주 잘 들어서 먹은 지 얼마 안돼 통증이 사라진다.

3. แม่เล่านิทานอะลาดินกับตะเกียง**วิเศษ**ให้น้องฟัง

   어머니가 동화 알라딘과 요술주전자 이야기를 동생에게 들려준다.

4. โดเรมอนมีของ**วิเศษ**มากมาย

   도라에몽은 신비로운 물건을 많이 가지고 있다.

วุ่น

바쁘다, 분주하다 / 복잡하다, 혼란하다: **วุ่นวาย**

상태성 동사 **วุ่น**은 '바쁘다, 분주하다'라는 뜻입니다. 단독으로도 쓰이지만 **วุ่นวาย**의 형태로 '복잡하다, 혼란스럽다'의 의미를 나타냅니다. 심리적 상태를 나타낼 때도 쓰여 **วุ่นวายใจ หัวใจว้าวุ่น** 하면 '마음이 혼란스럽다'라는 의미가 됩니다.

1. หล่อนดู**วุ่นๆ** ตั้งแต่เช้า

   그녀는 아침부터 분주해 보인다.

2. เขาชอบไป**วุ่นวาย**กับเรื่องของคนอื่น

   그는 다른 사람 문제에 끼어드는 걸 좋아한다.

3. งานเยอะมากจนสมอง**วุ่น**ไปหมด

일이 너무 많아 머리가 복잡하다.

4. แม่**วุ่นวาย**อยู่กับการเตรียมสิ่งของให้ลูกไปโรงเรียน

어머니가 학교에 보낼 아이의 물건들을 챙기느라 분주하다.

ว

เว้น

제거하다, 선별하다, 빠뜨리다, 간격을 두다
칸을 띄우다: **เว้นวรรค** 제외하다: **เว้นแต่, ยกเว้น**

동사 **เว้น**은 '제거하다, 간격을 두다'의 의미를 나타냅니다. 타동사로 목적어가 동반됩니다. 예컨대, **เว้นวรรค**(칸을 띄우다, 띄어쓰다), **เว้นระยะ**(거리를 두다, 띄우다) 등이 그 예입니다. **ยกเว้น**은 합성어로 '예외로 하다'라는 뜻으로 **ยกเว้นภาษี**는 '세금을 면제하다'라는 의미로 해서됩니다. 명사형은 **การยกเว้น**(면제, 제외), **ข้อยกเว้น**(예외) 등이 있으며 **โดยไม่มีการยกเว้น**은 '예외없이'라는 뜻입니다. 다른 표현으로 **เว้นแต่** …는 '…를 제외하고'라는 뜻으로 쓰입니다.

1. คุณครูให้นักเรียนนั่ง**เว้น**ระยะห่างเพื่อจะได้มีช่องทางเดิน

선생님이 학생에게 지나다닐 공간이 있도록 띄어 앉으라고 하였다.

2. เด็กๆ ได้รับการ**ยกเว้น**ค่าเข้าชมนิทรรศการ

아이들은 전시회 무료 입장 혜택을 받는다.

3. พนักงานทุกคนต้องตรวจสุขภาพก่อนเข้าทำงาน**เว้น**แต่ได้รับการ**ยกเว้น**

직원들은 특별한 경우를 제외하고는 근무 시작 전 건강검진을 받아야 한다.

4. ภาษาเกาหลีต้องเขียน**เว้น**วรรคระหว่างคำ

한국어는 단어 사이에 띄어쓰기를 꼭 해야한다.

เวียน

주위를 돌다, 회전하다 / (머리가) 어지럽다: **เวียนหัว**

동사 **เวียน**은 '회전하다, 주위를 돌다 '라는 의미를 나타냅니다. **เวียนหัว**는 '머리가 어지럽다', 즉 '현기증이 나다'라는 뜻이고, **เวียนเทียน**은 합장하면서 불당이나 불탑 주위를 오른쪽으로 도는 것으로 탑돌이를 의미합니다. 한편 동사성 합성어로 **หมุนเวียน**(순환하다, 돌다, 유통하다), **ไหลเวียน**(유통하다, 순환하다) 등도 쓰입니다. **เวียนว่ายตายเกิด**은 '윤회하다'라는 뜻입니다.

1. พ่อ**เวียน**หัวมากหลังจากที่ทำงานตากแดดตลอดวัน

   아버지가 땡볕에서 하루종일 일을 하고 나서 현기증이 나신다.

2. แม่ไป**เวียน**เทียนวันวิสาขบูชาทุกปี

   어머니는 매년 석가탄신일에 사원 탑돌이를 가신다.

3. พ่อขับรถ**เวียน**ไป**เวียน**มาหลายรอบเหมือนหลงทาง

   아버지가 길을 잃은 듯 같은 곳을 여러번 돌았다.

4. เขาเดิน**เวียน**ไปมาอยู่หลายรอบก่อนเข้าห้องท่านประธาน

   그가 사장실에 들어가기 전에 주위를 왔다갔다 했다.

แวะ

들르다

동사 **แวะ**는 '들르다'라는 뜻입니다. 단독으로도 사용하고 다른 동사들과 함께 사용하기도 합니다. **แวะมา**(와서 들르다, 들르러 오다), **ไปแวะ**(가서 들르다, 들르러 가다), **แวะซื้อ**(사러 들르다, 들러서 사다), **แวะเยี่ยม**(방문하러 들르다, 들러 방문하다), **แวะเที่ยว**(들러서 놀다, 놀러 들르다) 등이 그 예입니다.

1. เขา**แวะ**มาบ้านฉัน

   그가 우리 집에 잠시 들렀다.

2. แม่**แวะ**ซื้อกับข้าวทุกวันหลังเลิกงาน

   어머니는 매일 퇴근 후 귀갓길에 반찬을 사러 들른다.

3. เขา**แวะ**เติมน้ำมันรถระหว่างเดินทาง

그는 가는 길에 주유소에 들러 기름을 넣었다.

4. พี่**แวะ**เที่ยวตลอดทางก่อนจะถึงที่หมาย

형은 목적지에 다다르기 전에 계속 중도에 들러 놀러다녔다.

ว

ไว้

두다, 해두다 / (머리를) 기르다 / 신뢰하다: **ไว้ใจ**

동사 **ไว้**는 두다 라는 의미를 가지고 있습니다. 단독으로 사용하면 타동사로서 목적어를 동반하기도 하지만(**ไว้ผม** 머리를 기르다), 주로 다른 본동사 다음에 부동사로 나타나면서 '~해 두다'의 의미로 많이 쓰입니다. **เก็บไว้**(보관해 두다), **วางไว้**(놓아 두다), **ซื้อไว้**(사두다), **จำไว้**(외워 두다, 기억해두다) 등이 그 예입니다. 한편 **ไว้ใจ**는 '신뢰하다, 믿다'라는 뜻인데 유의어와 함께 **ไว้วางใจ** 로도 많이 쓰입니다.

1. แม่เก็บเงิน**ไว้**ในตู้เสื้อผ้า

어머니는 돈을 옷장에 보관해 두었다.

2. โรงเรียนอนุญาตให้นักเรียนหญิง**ไว้**ผมยาว

학교에서 여학생들에게 머리를 기를 수 있게 허락했다.

3. ผู้จัดการ**ไว้ใจ**ให้เขาทำงานนั้น

팀장이 그를 신뢰하여, 그 일을 하게 했다.

4. แม่บอกน้องว่าใช้กรรไกรแล้วให้เอา**ไว้**กับที่ด้วย

어머니는 가위를 사용하면 제자리에 돌려놓으라고 말씀하셨다.

ศักดิ์สิทธิ์ 신성하다, 영험하다

동사 **ศักดิ์สิทธิ์**은 '신성하다, 영험하다'라는 뜻으로, 자동사입니다. 서술어로 단독으로 쓰이기도 하지만, 명사를 꾸며주는 형용사로 사용되는 경우가 많습니다. **สิ่งศักดิ์สิทธิ์**은 '영험한 것, 신물'이라는 의미입니다.

1. การเคารพสิ่ง**ศักดิ์สิทธิ์**เป็นความเชื่อทางจิตใจ

   신성한 것에 대한 경배는 심적 믿음에 관한 것이다.

2. เขานับถือวัตถุมงคล**ศักดิ์สิทธิ์**

   그는 영험한 물건을 믿는다.

3. พ่อไหว้สิ่ง**ศักดิ์สิทธิ์**ที่บ้านก่อนออกเดินทางไกล

   아버지가 장거리 여행을 하기 전에 영험한 신물에 절을 한다.

4. พระพุทธรูปองค์นี้เป็นสิ่ง**ศักดิ์สิทธิ์**ที่เขาบูชา

   이 불상은 그가 경배하는 영험한 것이다.

เศร้า 상심하다, 슬퍼하다

상태성 동사 **เศร้า**는 '상심하다, 슬퍼하다'라는 뜻입니다. 단독으로 감정의 상태를 나타내는 서술어로 사용하거나 수식어로 사용될 수 있으며, **เศร้าโศก/โศกเศร้า**(슬프다, 애통하다), **เศร้าสลด**(비통하다), **เศร้าหมอง**(침울하다), **ซึมเศร้า**(우울하다) 등의 합성어 형태로 사용되기도 합니다. 특히 **ซึมเศร้า** 에서 **โรคซึมเศร้า**는 '우울증'이라는 뜻입니다.

1. น้อง**เศร้า**ที่ถูกแม่ดุ

   동생이 어머니에게 혼이 나서 슬퍼한다.

2. พี่สาว**เศร้า**ที่สุนัขตัวโปรดถูกรถชนตาย

   언니는 아끼던 강아지가 차에 치여 죽어서 슬퍼하고 있다.

3. ฉันมีเรื่อง**เศร้า**จะบอกเธอ

   나는 네게 전할 슬픈 소식이 있다.

4. ทุกคนในครอบครัวต่าง**เศร้า**โศกที่ต้องสูญเสียคุณพ่อ

   가족 모두 아버지를 잃은 것에 슬픔을 감추지 못한다.

ส

สกปรก

더럽다, 불결하다, 지저분하다

상태성 동사 **สกปรก**은 '더럽다, 지저분하다, 불결하다'라는 뜻입니다. 구체적인 대상에도 사용할 수 있지만, **จิตใจสกปรก**(불결한 마음), **พูดจาสกปรก**(불결한 언행) 등에서 처럼 은유적인 의미로도 쓰입니다. 단독으로 서술어나 수식어로 기능하기도 하고, 다른 동사 뒤에 나타나 부사로 쓰이기도 합니다.

1. เขาเป็นคน**สกปรก**

   그는 더러운 사람이다.

2. แม่ล้างจาน**สกปรก**พวกนั้นจนหมด

   어머니는 그 지저분한 접시들을 다 닦았다.

3. เด็กคนนั้นแต่งตัว**สกปรก**มอมแมมเพื่อนๆจึงไม่เล่นด้วย

   그 아이는 꾀죄죄한 옷차림이라 친구들이 같이 놀아주질 않는다.

4. แม่ใช้ผงซักฟอกชนิดเข้มข้นพิเศษซักผ้าขาวที่**สกปรก**

   어머니가 강도 높은 특별한 세제를 사용해서 더러운 흰옷을 빤다.

ส่ง

보내다, 파견하다 / 촉진하다, 진흥하다: **ส่งเสริม**

동사 **ส่ง**은 '보내다'의 의미입니다. 단독으로 타동사로 쓰이기도 하고, 다른 동사와 함께 쓰이기도 합니다. **ส่งของ**(물건을 보내다), **ส่งจดหมาย**(편지를 부치다), **ส่งข่าว(สาร)**(소식/뉴스를 전하다), **ส่งกลิ่น**(냄새를 풍기다) 등처럼 목적어가 동반되기도 하고, **ไปส่ง**(환송하러 가다, 배웅가다), **มาส่ง**(환송하러 오다, 배웅오다), **เลี้ยงส่ง**(송별회를 하다), **ส่งเสริม**(촉진하다, 진흥하다) 등과 같이 다른 동사와 함께 쓰이기도 합니다. **ขนส่ง**은 '운송하다'라는 뜻이며, **คมนาคมขนส่ง**(교통, 운수, 운송) 등처럼 합성어로도 쓰입니다. **บขส** 는**บริษัทขนส่ง**의 준말로 운수회사를 의미합니다.

1. หล่อน**ส่ง**จดหมายถึงแม่

   그녀가 어머니에게 편지를 보낸다.

2. โรงเรียน**ส่งเสริม**ให้นักเรียนรักการอ่าน

   학교는 학생들에게 독서를 권장한다.

3. เพื่อนคนนั้นถูก**ส่ง**ให้ไปทำงานที่สาขาต่างจังหวัด

   그 친구는 지방 사무실로 전출 보내졌다.

4. เขาได้รับพัสดุที่**ส่ง**มาจากเกาหลีใต้แล้วเมื่อเช้านี้

   그는 오늘 아침 대한민국에서 보내 온 소포를 받았다.

สงบ

고요하다, 조용하다

상태성 동사 **สงบ**은 '고요하다, 조용하다'라는 뜻입니다. 단독으로 서술어로 기능하기도 하고 다른 동사와 함께 쓰이기도 하는데, 그 예로 **สงบเรียบร้อย**(정숙하다, 단정하다), **เงียบสงบ**(고요하다), **สงบเหงี่ยม**(정숙하다, 언행을 삼가다) 등을 들 수 있습니다. 고요한 것은 주로 '평화'의 의미와 연결되어, **สงบศึก**은 직역하면 '전투를 고요히 하다' 인데 실제 의미는 '정전하다, 전쟁을 멈추다'의 의미가 됩니다.

1. เขารอจนพายุ**สงบ**แล้วค่อยขับรถกลับบ้าน

   그는 태풍이 고요해지길 기다린 후에 차를 몰아 집에 갔다.

2. เขาใช้ชีวิตอยู่อย่าง**สงบ**กับครอบครัวที่ต่างจังหวัด

그는 가족과 지방에서 조용한 삶을 보내고 있다.

3. เขานั่ง**สงบ**สติอารมณ์อยู่ในห้องคนเดียว

그는 조용히 방에 혼자 앉아서 마음을 고요히 한다.

4. เขาทำตัว**สงบ**เสงี่ยมเมื่ออยู่ต่อหน้าผู้อำนวยการ

그는 대표이사 앞에서 정숙하게 행동한다.

ส

สงวน 지키다, 보존하다

동사 **สงวน**은 '지키다, 보존하다, 아껴두다' 등의 의미를 나타냅니다. 타동사로 지키는 대상이 목적어로 동반되는데, 주로 **สงวนป่า**(숲을 보호하다), **สงวนสิทธิ์**(권리를 지키다), **สงวนพันธุ์**(종을 보존하다), **สงวนลิขสิทธิ์**(저작권을 보호하다) 등의 형태로 사용됩니다. **ป่าสงวน**(보호림), **อาชีพสงวน**(보호직업) 등에서 처럼 수식어로 쓰이는 경우도 많습니다. 관용구로 **รักนวลสงวนตัว**는 전통적 가치관에서 여성이 자신의 몸을 아끼로 지키는 것, 즉 '정절을 지키다'의 의미를 나타냅니다.

1. เขาขอ**สงวน**สิทธิ์ไว้ใช้คราวหน้า

그가 자신의 권리를 이껴 다음번에 행사하겠다고 한다.

2. คนโบราณ สอนกันว่าผู้หญิงต้องรักนวล**สงวน**ตัว

옛날 사람들은 여자라면 정절을 지켜야 한다고 가르치곤 했다.

3. ประเทศไทยมีป่า**สงวน**หลายแห่ง

태국에는 보호림이 여러 곳 있다.

4. สัตว์ป่า**สงวน**หลายชนิดเริ่มสูญพันธุ์มากขึ้น

여러 야생동물들 중 멸종위기종이 증가하기 시작했다.

สงสัย

의심하다, 의혹을 갖다

동사 **สงสัย**는 '의심하다, 의혹을 품다'라는 의미입니다. 주로 부정적인 의미에 사용하기 때문에, 단순한 호기심의 경우는 **ความอยากรู้อยากเห็น**로 표현합니다. 단독으로 목적어를 동반하는 타동사로 사용하거나, 의심하는 내용이 **ว่า** 가 이끄는 절로 연결되어 **สงสัยว่า**…의 형태로 사용합니다. **ขี้สงสัย**는 의심이 많은 사람을 말합니다.

1. แม่**สงสัย**พ่อที่กลับบ้านดึกทุกคืน

   어머니는 아버지가 매일 늦게 귀가하는 데에 의심을 가지고 있다.

2. อาจารย์**สงสัย**นักเรียนคนนั้นว่าจะขโมยของของเพื่อนในห้อง

   교수님은 그 학생이 반 친구의 물건을 훔친 사람이라고 의심했다.

3. ผม**สงสัย**ว่าทำไมเขาถึงลาออกจากงานทั้งที่กำลังประสบความสำเร็จ

   나는 성공가도를 달리는 그가 왜 일을 그만 두었는지가 궁금하다.

4. ตำรวจพยายามจับพิรุธผู้ต้อง**สงสัย**รายนี้

   경찰이이 용의자의 의심스러운 부분을 파헤치려 노력중이다.

สงสาร

동정하다, 불쌍해하다

동사 **สงสาร**은 '동정하다, 불쌍해하다'라는 뜻입니다. 주로 타동사로 동정하는 대상이 목적어로 옵니다. 단독으로도 쓰이지만 앞에 **รู้สึก**이 선행하여 **รู้สึกสงสาร**(연민을 느끼다, 측은함을 느끼다)의 형태로도 자주 씁니다. 자동사의 형태로 사용하려면 주로 **น่าสงสาร**의 형태로 씁니다.

1. เห็นเด็กๆ ที่อดอยากแล้วรู้สึก**สงสาร**

   굶주린 아이를 보자 가엽게 느꼈다.

2. ฉัน**สงสาร**เขาที่บ้านถูกไฟไหม้

   나는 그의 집에 화재가 나서 불쌍하게 느꼈다.

3. เขา**สงสาร**เธอที่ถูกหัวหน้าดุ

그는 상사에게 꾸짖음을 당한 그녀가 측은하게 느껴졌다.

4. เด็กน้อยผู้น่า**สงสาร**คนนั้นได้รับการช่วยเหลือแล้ว

그 불쌍한 아이는 구호를 받았다.

สด

신선하다, 선명하다
상쾌하다: **สดชื่น** 청명하다: **สดใส**

동사 **สด**은 '신선하다'의 의미를 나타냅니다. 단독으로 쓰여 '신선하다' 외에 '생~, 날~ 등'의 의미를 나타내는데, **ผักสด**(신선한 채소), **ปลาสด**(생선), **ถ่ายทอดสด**(라이브 중계하다), **ร้องสด**(라이브로 부르다) 등이 그 예입니다. **เงินสด**은 현금이라는 뜻입니다. 한편, 합성어 형태로 **สดใส**(맑다, 청명하다), **สดชื่น**(상쾌하다) 등이 쓰입니다.

1. แม่ซื้อปลา**สดๆ** มาจากตลาด

어머니가 싱싱한 생선을 시장에서 사왔다.

2. อากาศในต่างจังหวัด**สด**ชื่นกว่าที่กรุงเทพฯ

지방의 날씨는 방콕 보다 상쾌하다.

3. เขาดู**สดใส**ขึ้นมากหลังจากที่หายป่วย

그가 병에서 낫자 얼굴이 밝아 보인다.

4. หลังจากอาบน้ำแล้วพ่อดู**สด**ชื่นขึ้นมาก

샤워를 한 후에 아버지가 상쾌해 보인다.

สนใจ

관심을 갖다

동사 **สนใจ**는 '관심을 갖다, 관심을 두다'라는 뜻을 나타내며 단독으로 타동사처럼 쓰이기도 하고 전치사 **ใน**로 연결해서 관심을 두는 대상이 명사절로 오거나, 바로 동사구로 오기도 합니다. 예컨대 **สนในภาษาเกาหลี สนใจเรียนภาษาเกาหลี สนใจในการเรียนภาษาเกาหลี**는 모두 '한국어(학습)에 관심이 있다'라는 뜻입니다.

1. นักเรียน**สนใจ**เรียนภาษาเกาหลีมากขึ้น

   학생들이 한국어 공부에 관심이 많아졌다.

2. เขาไม่**สนใจ**หล่อนเลย

   그는 그녀에 대해 관심이 없다.

3. น้อง**สนใจ**วิชาคณิตศาสตร์มาก

   동생은 수학에 관심이 매우 많다.

4. ชาวไทยจำนวนไม่น้อย**สนใจ**ติดตามข่าวคราวของดาราเกาหลี

   적지 않은 태국 사람들이 한국 연예인 뉴스를 관심갖고 본다.

สนทนา

대화하다

동사 **สนทนา**는 '대화하다'라는 뜻입니다. **บทสนทนา**는 대화문, **คู่สนทนา**는 대화상대 라는 뜻입니다. **สนทนากับ...**은 '…와 대화하다', **สนทนากันในเรื่อง(เกี่ยวกับ)...**는 '…(와 관련한)내용에 관해 대화하다'라는 뜻입니다.

1. พวกเขากำลัง**สนทนา**เกี่ยวกับเรื่องการเมือง

   그들은 지금 정치에 대해 대화하고 있다.

2. เขา**สนทนา**กับผู้บริหารของบริษัท

   그가 회사 경영진과 대화한다.

3. เขาพูดจาโต้ตอบ**สนทนา**เป็นภาษาอังกฤษอย่างคล่องแคล่ว

그가 영어로 유창하게 대화한다.

4. นักการเมือง**สนทนา**ปัญหาบ้านเมืองกันในร้านกาแฟแห่งหนึ่ง

정치인들이 한 카페에서 정치 문제에 대해서 대화한다.

สนอง

회답하다, 보답하다 / 부응하다

동사 **สนอง**은 보답하다, 회답하다, 부응하다 등의 우리말에 대응됩니다. 타동사의 형태로 목적어가 동반되어 **สนอบความต้องการ**(요구에 부응하다), **สนองเจตนารมณ์**(의도에 부응하다) 등으로 쓰이기도 합니다. 단독으로도 쓰지만 **ตอบสนอง**(부응하다, 보답하다)와 같이 합성어로 쓰기도 합니다.

1. ร่างกายของเขาไม่**ตอบสนอง**ต่อการรักษาแล้ว

그의 몸은 치료에 아무런 반응이 없다.

2. เด็กคนนี้มีการ**ตอบสนอง**ที่ค่อนข้างช้า

그 아이는 반응이 매우 느리다.

3. ลูกๆควร**ตอบสนอง**บุญคุณพ่อแม่

아이들은 부모님의 은혜에 보답해야한다.

4. เขา**สนอง**เจตนารมณ์ของคุณแม่โดยยอมเรียนตามที่แม่ต้องการ

그는 어머니의 뜻에 따라 어머니가 원하는 공부를 하기로 하였다.

สนับสนุน 지원하다, 지지하다, 후원하다

동사 **สนับสนุน**은 '지원하다, 지지하다, 후원하다' 등의 뜻을 나타냅니다. 맥락을 고려하여 적절한 우리말로 해석하면 됩니다. 예컨대, 자금이나 장학금을 지원, 후원하거나, 의견을 지지하거나, 병력을 지원하는 등의 경우에 다양하게 쓸 수 있습니다. **ผู้สนับสนุน**은 후원자 라는 뜻입니다.

1. เขา**สนับสนุน**ทุนการศึกษาให้นักเรียนคนนั้น

   그는 그 학생에게 학자금을 지원해 주었다.

2. พ่อ**สนับสนุน**ให้ลูกเป็นนักกีฬาฟุตบอล

   아버지는 자식이 축구 선수가 되도록 지원한다.

3. โรงเรียนแห่งนี้ได้รับการ**สนับสนุน**จากพรรคการเมืองพรรคหนึ่ง

   이 학교는 한 정당으로부터 후원을 받는다.

4. เขา**สนับสนุน**ให้น้องเรียนเปียโน

   그는 동생이 피아노를 배우도록 지지했다.

สนุก 재미있다

동사 **สนุก**은 '재미있다, 즐겁다'라는 뜻입니다. 주로 서술어나 수식어로 쓰입니다. 단독으로도 쓰이지만, **สนุกสนาน** (즐겁다, 재밌다)의 형태로도 많이 쓰입니다. 유의어로 '웃기다'는 주로 **ตลก** 으로 표현하는데, 사람의 성향을 표현할 때 '재미있는 사람이다'의 경우는 주로 **มีอารมณ์ขัน**(유머가 있다)로 표현합니다.

1. หนังเรื่องนั้น**สนุก**

   그 영화는 재미있다.

2. เขาเป็นคน**สนุกสนาน**

   그는 재미있는 사람이다

3. ภาษาเกาหลี**สนุก**แต่ยาก

한국어는 재미는 있는데 어렵다.

4. ผู้ชายชอบดูภาพยนตร์ที่**สนุก**ตื่นเต้นมากกว่าเรื่องรักโรแมนติก

그 남자는 로맨스 영화보다는 재밌고 신나는 영화를 좋아한다.

สบาย

편안하다: **สบายใจ** / 쉽다, 용이하다

ส

동사 **สบาย**는 '편안하다'라는 뜻입니다. 태국인의 국민성을 논할 때 자주 인용되는 표현으로 **สบาย ๆ**(편하다, 편하게)라고 말하는데, 편안함을 좋아한다는 뜻입니다. **สบายดี**는 '잘 지낸다, 평안하다'라는 뜻으로 태국어의 인사 **สวัสดี** 라는 말이 사용되기 이전부터 사용하던 인사말입니다. 요즘도 많이 쓰이고 있는데 라오스어에서 '안녕'이라는 뜻으로 사용하고 있는 말이기도 합니다. **สบายใจ**는 '마음이 편하다', 라는 뜻이며, **สบายกาย**는 '몸이 편안하다'는 뜻입니다. 유의어와 함께 **สะดวกสบาย**로 쓰면 '편리하다, 편하다'라는 뜻이 됩니다. **ตามสบาย**는 '편하게, 원하는대로'라는 뜻입니다.

1. พ่อแม่**สบายดี**ไหม

부모님은 안녕하신가?

2. ฉันกำลังหางานที่**สบายๆ** และเงินเดือนดี

나는 편하고 돈도 많이 주는 일을 찾고 있다.

3. เขา**สบาย**ใจขึ้นมากหลังจากที่พ่อหายป่วย

그는 아버지가 병환에서 회복하신 후에 마음이 많이 편해졌다.

4. เวลาอยู่บ้านเขาจะทำตัวตาม**สบาย**

집에 있을 때는 그는 편안하게 있는다.

สม

적합하다, 어울리다
마땅하다: **สมควร** 합리적이다, 이치에 맞다: **สมเหตุ สมผล**
꼴좋다: **สมน้ำหน้า** 소원을 이루다: **สมหวัง** 실망하다: **ผิดหวัง**

동사 **สม**은 '맞다, 어울리다'라는 뜻입니다. 단독으로도 쓰고, **เหมาะสม**의 형태로도 씁니다. '어울리다'라는 의미는 주로 대상이 둘 이상이 와야 하므로 의미에 따라 주로 행위자가 복수임을 나타내는 부사 **กัน**이 와서 **สมกัน**으로 쓰입니다. 그 외에 합성어로 **สมควร**(마땅하다), **สมน้ำหน้า**(쌤통이다, 당할만 하다, 꼴 좋다), **สมหวัง**(희망대로 되다, 뜻을 이루다), **สมเหตุสมผล**(합리적이다, 이성적이다) 등의 형태로도 사용됩니다.

1. เขากับเธอ**สม**กันดีนะ

   그와 그녀는 잘 어울리는 것 같애.

2. เธอ**สมควร**ที่จะได้รับตำแหน่งนี้

   그녀는 그 직위에 오를만 하다.

3. มัน**สมเหตุสมผล**ที่หัวหน้าจะขึ้นเงินเดือนให้เขา

   팀장이 그의 월급을 올려주는 것은 이치에 맞는 일이다.

4. แม่**สมหวัง**ที่น้องสอบเข้ามหาวิทยาลัยได้

   동생이 대학 입학시험에 합격을 해서 엄마가 소원을 성취했다.

สมบูรณ์

완벽하다, 풍부하다, 풍족하다

동사 **สมบูรณ์**은 완벽하다, 완전하다, 풍부하다, 풍족하다 등의 우리말에 대응됩니다. 유의어로 **บริบูรณ์**(완전하다, 풍족하다, 부유하다)가 있습니다. 서술어로 쓰이거나 명사나 동사 뒤에서 수식어로 사용되기도 합니다. **สมบูรณ์แบบ** 역시 '완벽하다, 완전하다'라는 뜻이며, **อุดมสมบูรณ์**은 '풍족하다, 풍부하다 '라는 의미입니다.

1. เขามีร่างกาย**สมบูรณ์**แข็งแรงเพราะออกกำลังกายเป็นประจำ

   그는 늘 운동을 해서 신체가 매우 건강하고 좋다.

2. ประเทศไทยเป็นประเทศที่อุดม**สมบูรณ์**ไปด้วยทรัพยากรธรรมชาติ

태국은 자연자원이 풍부한 나라다.

3. แผนการที่เขาวางไว้**สมบูรณ์**แบบมาก

그가 계획한 것은 아주 완벽한 계획이었다.

4. ช่วงนี้เธอดู**สมบูรณ์**ขึ้นนะ

너 요즘 살이 좀 찐 것 같다?

ส

สมรส 결혼하다

동사 **สมรส**은 '결혼하다'라는 뜻으로, 유의어 **แต่งงาน**과 비교할 때 더 공식적이고 격식체의 표현입니다. 관련 용어로 **คู่สมรส**(신랑신부 커플), **เจ้าบ่าว**(신랑), **เจ้าสาว**(신부), **จดทะเบียนสมรส**(혼인신고하다), **พิธีสมรส**(결혼식) 등이 있습니다.

1. ท่านประธาน**สมรส**กับภริยาตั้งแต่อายุยังน้อย

사장님은 사모님과 아직 어릴 때 결혼을 하셨다.

2. โรงแรมนี้รับจัดงานมงคล**สมรส**

이 호텔은 예식장으로 쓰인다.

3. เขากับเธอจดทะเบียน**สมรส**กันแล้ว

그들은 혼인신고를 했다.

4. คู่**สมรส**คู่นี้เหมาะสมกันราวกิ่งทองใบหยก

이 (신랑신부) 커플은 아주 잉꼬부부다.

สมัคร

지원하다, 가입하다
아마추어의: **(มือ)สมัครเล่น** (회사에) 지원하다: **สมัครงาน**

동사 **สมัคร**은 '지원하다, 자원하다, 가입하다' 등의 의미입니다. 타동사로 뒤에 명사가 목적어로 옵니다. 예컨대, **สมัครงาน**(입사지원하다), **สมัคร(ลง)เลือกตั้ง**(선거에 출마하다), **สมัคร(เป็น)สมาชิก**(회원 가입하다) 등의 형태로 사용됩니다. **ผู้สมัคร**은 '지원자'라는 뜻이고, **อาสาสมัคร**은 '봉사자'라는 뜻입니다. **(ด้วยความ)สมัครใจ**는 '자원해서'의 의미를 나타냅니다. **มือสมัครเล่น**은 '아마추어'로 해석됩니다.

1. เขา**สมัคร**งานที่บริษัทโฆษณา

   그는 광고회사에 지원했다.

2. ฉัน**สมัคร**เป็นสมาชิกของห้องสมุดแห่งชาติ

   나는 국립도서관에 회원 가입을 했다.

3. เขาเป็น**มือสมัครเล่น**ยิงปืน

   그는 아마추어 사격 선수다.

4. น้อง**สมัคร**เรียนภาษาอังกฤษที่สถาบันภาษา

   동생은 언어교육원에서 영어 수업을 신청했다.

สม่ำเสมอ

꾸준하다, 일정하다, 고르다 / 항상, 언제나

동사 **สม่ำเสมอ**는 '꾸준하다, 일정하다'의 의미를 나타내는데, '시간적으로 꾸준히 무언가를 지속적으로 하거나 상태를 유지하다'의 의미가 됩니다. 주로 부사로 사용하는 경우가 많아 **อย่างสม่ำเสมอ**의 형태로 사용합니다. 명사형은 **ความสม่ำเสมอ**입니다.

1. เขาเป็นคน**สม่ำเสมอ**มานานแล้ว

   그는 오래전부터 한결같은 사람이었다.

2. เธอมีความ**สม่ำเสมอ**ในการออกกำลังกาย

   그녀는 운동을 꾸준히 한다.

3. แม่มีความ**สม่ำเสมอ**ในการมาเรียนทำอาหาร

엄마는 요리를 꾸준히 배우고 있다.

4. คนที่เก่งด้านภาษาจะต้องหมั่นทบทวนศัพท์อย่าง**สม่ำเสมอ**

언어를 잘 하는 사람은 꾸준히 어휘를 복습함을 게을리 하지 않는다.

สร้าง

만들다, 세우다, 건립하다 / 자수성가하다: **สร้างตัว**

ส

동사 **สร้าง**은 '만들다, 세우다'라는 뜻입니다. 타동사로 목적어가 동반되는데 **สร้างตึก**(건물을 짓다), **สร้างบ้าน**(집을 짓다), **สร้างโรงเรียน**(학교를 짓다), **สร้างโรงพยาบาล**(병원을 짓다) 등에서 처럼 구체적인 대상이나 건물 등이 오기도 하고, **สร้างเครือข่าย**(네트워크를 형성하다), **สร้างมิตรสัมพันธ์**(우호관계를 수립하다), **สร้างภาพ**(이미지를 만들다), **สร้างภาระ**(부담을 주다), **สร้างความปั่นป่วน**(혼란을 야기하다)에서 처럼 추상적인 대상이 오기도 합니다. **สร้างตัว**는 '자립하다, 자수성가하다'라는 뜻으로, **ก่อร่างสร้างตัว**의 4음절 합성어로 사용하기도 합니다.

1. บ้านหลังนี้**สร้าง**เสร็จภายใน 6 เดือน

이 집은 6개월 내로 완공될 것이다.

2. พวกเราบริจาคเงิน**สร้าง**โรงเรียนในชนบท

우리는 시골에 학교를 짓는 데에 돈을 기부했다.

3. เขา**สร้าง**ความปั่นป่วนให้กับทีมเป็นอย่างมาก

그는 소속팀에 막대한 혼란을 야기했다.

4. เขา**สร้าง**ตัวมาจากธุรกิจขนาดเล็กจนเติบโตเป็นธุรกิจขนาดใหญ่

그는 작은 사업체에서 시작하여 대기업으로 성장했다.

สรุป 결론짓다, 요약하다

동사 **สรุป**은 '결론짓다, 요약하다'라는 뜻입니다. 타동사로 기능하기도 하고 명사나 동사의 뒤에서 수식어로 사용하기도 합니다. **บทสรุป**(결론), **ข้อสรุป**(결론) 등의 합성어에서 사용하기도 하고, '요약하자면, 결론적으로…'라는 표현으로 **สรุปว่า สรุปแล้ว กล่าวโดยสรุปแล้ว สรุปโดยรวมแล้ว** 등이 사용되기도 합니다.

1. อาจารย์ให้**สรุป**เอกสารนั้น

   교수님이 그 문서를 요약하라고 하셨다.

2. จากการสำรวจ**สรุป**ได้ว่าคนไทยอ่านหนังสือปีละไม่ถึง 10 เล่ม

   조사결과, 태국인은 일년에 책을 열 권도 채 안 읽는다는 결론을 낼 수 있다.

3. นักวิจัย**สรุปว่า**การขาดอาหารก่อให้เกิดการเปลี่ยนแปลงในกระแสเลือด

   연구자는 영양실조가 혈관에 변화를 야기한다고 결론내렸다.

4. นักศึกษา**สรุป**ผลการวิจัยส่งอาจารย์

   학생이 연구 결과를 종합하여 교수님께 제출한다.

สลบ 정신을 잃다, 기절하다

동사 **สลบ**은 '정신을 잃다, 기절하다'라는 뜻입니다. 주로 자동사로 사용합니다. 비슷한 뜻으로 **หมดสติ**(정신을 잃다, 혼절하다)가 있습니다. 부동사로 **ไป**가 쓰여 **สลบไป**의 형태가 자주 쓰이는데, 여기서 **ไป**는 완료상을 나타냅니다.

1. เธอ**สลบ**ไปนานมากแล้ว

   그녀가 기절한 지 너무 오래 됐다.

2. นายทหารคนนั้นไม่ได้ตาย เขาเพียง**สลบ**ไปเท่านั้น

   그 장교는 죽은 게 아니라 그냥 정신을 잃은 것 뿐이다.

3. เธอถูกทำร้ายจน**สลบ**ไป

그녀는 폭행을 당해 기절했다.

4. หลังจากโหมงานหนักเขาก็กลับมานอน**สลบ**ไสล

과로를 하고 난 후 그는 귀가하여 정신없이 잤다.

สละ

포기하다, 버리다, 희생하다 / 희생하다: **เสียสละ**

ส

타동사 **สละ**는 '포기하다, 버리다, 희생하다'라는 뜻입니다. 목적어가 바로 따라 나와 **สละสิทธิ์**(권리를 포기하다), **สละชีพ**(목숨을 희생하다), **สละราชสมบัติ**(퇴위하다, 양위하다) 등의 형태로 쓰입니다. 주로 단독으로 쓰지만, **เสียสละ**(희생하다)의 형태로도 자주 씁니다.

1. ทหาร**สละ**ชีวิตเพื่อประเทศชาติ

군인은 국가를 위해 희생한다.

2. พี่**เสียสละ**ให้น้องได้เสมอ

형이 아우를 위해 늘 희생한다.

3. เขายอม**สละ**ทุกสิ่งทุกอย่างเพื่อครอบครัว

그는 가족을 위해 모든 것을 희생할 것을 감수한다.

4. พระราชาธิบดีแห่งประเทศภูฏาน**สละ**ราชสมบัติให้พระราชโอรส

부탄의 왕이 황태자에 양위했다.

สละสลวย

수려하다, 미려하다

자동사 **สละสลวย**는 '수려하다, 미려하다'라는 뜻입니다. 물리적인 어떤 대상이 수려하거나 아름답다는 뜻으로도 사용하지만 언어나 말, 수사 등이 수려하다라는 의미로도 자주 씁니다. 서술어로 쓰이거나 수식어로 사용됩니다.

1. ผมเธอยาว**สลวยสวย**มาก

   그녀는 머리카락은 길고 아름답다.

2. การใช้ถ้อยคำที่**สละสลวย**ช่วยทำให้งานเขียนน่าอ่าน

   수려한 어휘의 사용은 글을 읽고 싶게 만든다.

3. พ่อแต่งกลอนได้**สละสลวย**มาก

   아버지는 시를 수려하게 쓰신다.

4. เธอเขียนบทความโดยใช้ภาษาที่**สละสลวย**

   그녀는 미려한 언어로 글을 쓴다.

สลับ

교체하다, 교차하다, 뒤섞다, 엇갈리다
복잡하게 엉켜 있다: **สลับซับซ้อน**

타동사 **สลับ**은 교체하다, 교차하다, 뒤섞다, 뒤바뀌다, 엇갈리다 등 다양한 우리말에 대응됩니다. 목적어가 바로 따라 나와 **สลับไพ่** (카드를 섞다), **สลับสี**(색깔을 뒤섞다, 여러 색을 배치하다) 등과 같이 쓰이기도 하고, 동사의 뒤에서 **นั่งสลับ(กัน)**(섞여 앉다), **ยืนสลับ(กัน)**(엇갈리게 서다, 섞여서 서다) 등으로 쓰이기도 합니다. 동사의 앞에 쓰이면 '교대로 하다'의 의미가 돼서 **สลับ(กัน)ทำ**은 '교대로 하다'의 의미를 나타냅니다. 동사성 합성어로 **สลับซับซ้อน**은 '복잡하다, 겹겹이' 등의 뜻을 나타냅니다.

1. คุณครูให้นักเรียนนั่ง**สลับกัน**ระหว่างผู้ชายและผู้หญิง

   선생님은 남녀 학생이 섞어 앉도록 하셨다.

2. แม่สั่งทำสร้อยทับทิม**สลับ**เพชร

엄마는 루비와 보석이 섞여 박힌 목걸이를 만드신다.

3. เส้นทางไปบ้านเขาที่ต่างจังหวัด**สลับซับซ้อน**มาก

지방에 있는 그의 집을 가는 길은 아주 복잡하다.

4. ทิวเขาที่**สลับซับซ้อน**นั้นช่วยเพิ่มบรรยากาศให้น่ามองยิ่งขึ้น

그 첩첩산중은 분위기를 장관으로 만들어 낸다.

ส

สลาย

녹다, 녹이다, 용해하다, 용해되다, 해산하다

동사 **สลาย**는 '녹다, 녹이다, 용해하다, 용해되다, 해산하다' 등의 의미를 나타냅니다. 자동사와 타동사로 모두 사용되는 동사입니다. 예컨대, **สลายการชุมนุม**에서는 타동사로 '집회를 해산하다'의 의미를, **การชุมนุมสลายไป** 에서는 자동사로 '집회가 해산했다, 해산됐다'의 의미를 나타냅니다. 물리적이거나 추상적 경우에 모두 쓰일 수 있습니다. **สลายตัว**는 주로 화학에서 '(물질이) 용해되다, 분해되다'의 의미를 나타냅니다.

1. เมื่อพระอาทิตย์ขึ้นหมอกก็**สลาย**จางไป

태양이 떠오르면 안개는 흩어져 사라진다.

2. รัฐบาล**สลาย**การชุมนุมของผู้ประท้วง

정부가 시위자들의 집회를 해산시켰다.

3. เพื่อนคนนั้นทำศัลยกรรม**สลาย**ไขมันที่ต้นขา

그 친구는 허벅지 지방 분해 수술을 했다.

4. พ่อทำให้ความฝันของลูกๆ **สลาย** เมื่อบอกว่าวันหยุดนี้ไม่ได้พาไปเที่ยว

아빠가 이번 휴일에 데리고 놀러가지 못한다고 말했을때 자식들의 꿈은 산산히 깨졌다.

สวดมนต์ 염불하다, 주문을 외다

동사 **สวดมนต์**은 주로 불교에서 '염불하다, 주문을 외다' 등의 의미를 나타냅니다. 유의어로 **อธิษฐาน**은 '기도하다'라는 뜻으로 씁니다. 또 **ภาวนา**는 '원하다, 구하다'라는 뜻으로 다른 동사와 함께 많이 씁니다.

1. แม่**สวดมนต์**ก่อนนอนทุกคืน

   엄마는 잠들기 전 주문을 외신다.

2. เขา**สวดมนต์**ภาวนาให้ภรรยาหายป่วยเร็วๆ

   그는 부인이 하루빨리 완쾌하기를 기도한다.

3. เด็กๆ **สวดมนต์**ตอนเช้าหน้าเสาธง

   아이들이 아침에 깃대 앞에서 기도를 한다.

4. คนไทยนิยม**สวดมนต์**เป็นภาษาบาลีสันสกฤต

   태국인은 팔리산스크리트어로 주문을 외는 것을 선호한다.

สวน 엇갈리다 / 심문하다, 수사하다 / 정원, 공원, 뜰

동사 **สวน**은 크게 두 가지의 의미를 나타내는데, '엇갈리다'의 의미를 나타내는 경우, **สวนทาง**(길이 엇갈리다), **สวนไปมา**(엇갈려 오가다), **สวนทวาร**(항문을 통해 관장하다) 등의 예에서 볼 수 있습니다. 다른 의미로 동사 **สวน** 은 '심문하다, 수사하다'라는 의미를 나타내기도 해서, **สืบสวนสอบสวน** 등의 합성어로도 사용됩니다. 한편 명사로는 '공원' 이나 '뜰'을 지칭하기도 합니다.

1. เขา**สวน**ทางกันกับเพื่อนคนนั้น

   그는 그 친구와 길이 엇갈렸다.

2. แม่บอกน้องว่าเวลาข้ามถนนให้ระวังรถ**สวน**ไปมา

   엄마가 길을 건널때는 오가는 차들을 조심하라고 동생에게 당부한다.

3. หมอเอาสาย**สวน**ทวารผู้ป่วย

의사가 호스를 이용해 환자에게 관장을 한다.

4. ตำรวจกำลัง**สอบสวน**ผู้ต้องหาคดียาเสพติด

경찰이 마약 사건의 용의자를 심문하고 있다.

สวม 입다, 신다, 덧씌우다

동사 **สวม**은 착용 동사로서, 우리말의 입다, 신다, 쓰다, 씌우다 등에 대응될 수 있습니다. 유의어 **ใส่**와 비교하면 조금 더 격식체로 쓰이는 경향이 있고, 의미적으로는 '덮어쓰다, 덮어씌우다'의 의미가 조금 더 강하며, 두 동사를 함께 **สวมใส่**로 사용하기도 합니다. 한편, **สวมบท**은 '배역을 맡다'의 의미이며, **สวมรอย**는 '가장하다'의 뜻을 나타냅니다.

1. อากาศหนาวมากจึงต้อง**สวม**เสื้อผ้าหลายชั้น

날이 추워서 옷을 여러겹 입어야 한다.

2. เขา**สวม**รองเท้าที่เพิ่งซื้อมาเมื่อวาน

그는 어제 사온 신발을 신는다.

3. ครู**สวม**บทบาทเป็นพ่อแม่ ดูแลเด็กทุกคนเมื่อมาทุกโรงเรียน

선생님은 부모의 역할을 하고 학교에 오는 모든 학생들을 돌본다.

4. โจร**สวม**รอยเป็นชาวบ้านแล้วออกปล้นคนในหมู่บ้าน

강도가 이웃으로 가장해서 동네 사람들을 대상으로 절도했다.

สวย

예쁘다, 아름답다

상태성 동사 **สวย**는 '예쁘다'의 의미입니다. 주로 외관이 예쁜 경우에 사용하는 말로, 단독으로 서술어나 수식어로도 쓰고 **สวยงาม**(예쁘다, 아름답다)와 같이 합성어 형태로 사용하기도 합니다. 합성어로 **ข้าวสวย**는 '흰쌀밥'이라는 뜻입니다. 한편, 속담에서 **สวยแต่รูป จูบไม่หอม**은 직역하면 '모양만 예쁘고 입맞춤하면 향기가 없다'라는 뜻으로 외관만 예쁘고 실제 성격이나 행실 등은 좋지 않은 경우를 빗대어 표현한 말입니다.

1. ผู้หญิงคนนั้นสวย

   그 여자는 예쁘다.

2. บ้านหลังนี้ สวยงามมาก แต่ราคาแพงเหลือเกิน

   이 집은 정말 아름답지만 가격이 너무 비싸다.

3. ดอกกุหลาบช่อนั้นสวยมาก

   그 장미꽃은 아주 예쁘다.

4. แม่ชมว่าพี่สาวหุงข้าวสวยดี ไม่ดิบ ไม่แฉะ

   엄마는 언니가 밥을 설익지도 질지도 않게 잘했다고 칭찬했다.

สว่าง

밝다, 환하다

상태성 동사 **สว่าง**은 '밝다, 환하다'라는 뜻입니다. 단독으로 서술어로 쓰거나 명사나 동사의 뒤에서 형용사나 부사의 역할을 하기도 합니다. 또는 다른 동사와 함께 **ส่องสว่าง**(밝게 비추다), **สว่างไสว**(밝게 빛나다, 화사하다) 등의 형태로 사용되기도 합니다. 관용구 **ตาสว่าง**은 두 가지 의미가 있는데, 첫째로는 "잠을 이루지 못하고 뜬눈으로 밤을 지새다 라는 뜻이고, 두번째로는 '눈이 트이다'라는 뜻으로, '세상물정을 알게 되다'라는 의미를 나타내는 은유적 표현입니다.

1. แม่เปิดไฟ**สว่าง**ทั่วบ้าน

   엄마가 불을 켜서 집안 곳곳이 밝다.

2. เธอแต่งหน้าเก่งทำให้หน้าดู**สว่าง**ขึ้น

그녀는 화장을 잘 해서 얼굴이 밝아 보인다.

3. เขาตา**สว่าง**ขึ้นเมื่อได้รู้ความจริง

그는 진실을 알고 나서 눈이 밝아졌다.

4. ครูเปรียบเสมือนแสงเทียนส่อง**สว่าง**ทางปัญญา

스승은 지혜를 밝히는 촛불과 같다.

ส

ส่อ

나타내다, 표시하다, 비치다

동사 **ส่อ**는 '나타내다, 표시하다' 등의 의미를 나타냅니다. 주로 **ส่อแวว** 또는 **ส่อให้เห็น**의 형태로의 형태로 '암시하다', 나타내다'의 뜻을 표현합니다.

1. โครงการแต่งงานของเขา**ส่อแวว**จะล่ม

그의 결혼 계획은 실패할 기미가 보인다.

2. น้อง**ส่อ**แววเป็นหมอตั้งแต่เด็กๆ

동생은 어릴 때부터 의사가 될 기미가 보였다.

3. ผู้จัดการ**ส่อ**แววทุจริตเรื่องการประมูลซื้อวัตถุดิบ

과장은 원자재 가격 입찰에서 부정부패 행위를 보였다.

4. การกระทำของเขา**ส่อ**ไปในทางลามกอนาจาร

그의 행동은 음란한 쪽으로 비쳐진다.

ส่อง

비추어 보다, 비치다, 비추다

동사 ส่อง은 '비추다, 비치다'의 의미입니다. **แดดส่อง**(볕이 비추다)□서와 같이 자동사로 쓰이기도 하고, **ส่องกระจก**(거울에 비춰보다), **ส่องกล้อง**(카메라/현미경/망원경 등을 비춰보다), **ส่องไฟ(ฉาย)** (불빛을 비추다), **ส่องแสง**(빛을 비추다) 등에서 처럼 타동사로 사용되기도 합니다.

1. แม่ปิดผ้าม่านเพราะแดด**ส่อง**

   햇볕이 비처서 엄마는 커튼을 닫았다.

2. น้อง**ส่อง**ไฟฉายให้พ่อที่กำลังซ่อมท่อน้ำ

   동생은 수도관을 수리하시는 아버지를 위해 플래쉬를 비춰드렸다.

3. หมอ**ส่อง**กล้องตรวจดูภายในร่างกายของผู้ป่วย

   의사는 환자의 신체 내부를 내시경으로 비춰보았다.

4. น้อง**ส่อง**กระจกดูความงามของใบหน้าเกือบทั้งวัน

   동생은 하루종일 자신의 얼굴의 아름다움을 거울에 비춰보고 있다.

สอด

삽입하다, 끼워넣다
일치하다, 부합하다: **สอดคล้อง**

동사 **สอด**은 '삽입하다, 끼워넣다'로 해석됩니다. 타동사로 목적어가 동반되어 **สอดจดหมาย**(편지를 끼워넣다), **สอดขาเข้าไปในกางเกง**(바지에 다리를 집어넣다) 등처럼 쓰입니다. 합성어로 사용하여 **สอดคล้อง(กัน)** 하면 '부합하다, 일치하다'라는 뜻입니다. **สอดรู้(สอดเห็น)**은 남의 일을 알고 싶어서 들춰보고 간섭하는 것을 일컫는 부정적인 표현입니다. 한편, 합성어로**สอดคล้อง**은 '부합하다'의 의미이며 **สินสอด**은 혼담이 오갈 시에 신랑 측에서 신부 측에 지급해야 하는 양육사례금을 일컫는 말입니다.

1. บุรุษไปรษณีย์**สอด**จดหมายไว้ใต้ประตู

   우체부가 문에 편지를 끼워놓는다.

2. พี่เอาที่คั่นหนังสือ**สอด**คั่นหน้าที่อ่านค้างไว้

언니는 책의 읽다 만 부분에 책갈피를 끼워 둔다.

3. คุณครูจำเป็นจะต้องจัดทำแผนการสอนให้**สอดคล้อง**กับการเรียนรู้ของนักเรียน

선생님은 학생의 학습과 부합하도록 강의계획을 세워야 한다.

4. แม่ฝ่ายหญิงเรียก**สินสอด**จากฝ่ายชายแพงมาก

신부 측 엄마가 신랑측에 양육사례금을 너무 비싸게 요구했다.

สอน 가르치다

동사 **สอน**은 이중목적어 동사로 직접목적어와 간접목적어가 순서대로 와서 **ครูสอนภาษาเกาหลีเรา**(선생님이 우리에게 한국어를 가르치신다)와 같이 쓰일 수 있습니다. 문맥에 따라 둘 중 하나의 목적어만 나타나는 경우도 많습니다. 유의어 동사와 함께 쓰여 **อบรมสั่งสอน**은 '교육하다, 훈육하다'라는 뜻입니다. 한편, 속담 중에 **สอนจระเข้ว่ายน้ำ**는 직역하면 '악어에게 헤엄을 가르치다'로, 우리말의 '공자 앞에서 문자 쓴다'에 해당하는 표현입니다.

1. อาจารย์**สอน**ภาษาไทย

교수님은 태국어를 가르치신다.

2. พ่อ**สอน**ฉันว่ายน้ำ

아버지는 나에게 수영을 가르쳐 주신다.

3. คุณครู**สอน**เสมอว่าเป็นเด็กต้องมีสัมมาคารวะต่อผู้ใหญ่

선생님은 항상 어른을 공경해야 한다고 가르치셨다.

4. พ่อแม่อบรมสั่ง**สอน**ให้ลูกเป็นคนดี

부모는 자식이 좋은 사람이 되라고 훈육한다.

สอบ

시험보다, 응시하다 / 조사하다
시험에 합격하다: **สอบได้** 시험에 떨어지다: **สอบตก**

동사 **สอบ**은 '시험보다, 응시하다'라는 뜻입니다. 타동사로 목적어가 바로 동반됩니다. '시험을 대비하다, 시험공부를 하다'의 표현은 **เตรียมสอบ**, **อ่านหนังสือสอบ** 등이 쓰일 수 있습니다. 그 외에 **สอบได้**(시험에 합격하다), **สอบผ่าน**(시험에 합격하다), **สอบตก**(시험에 떨어지다), **สอบบรรจุ**(임용시험을 보다) 등의 표현이 쓰입니다. **สอบข้อเขียน**은 '필기시험을 보다', **สอบสัมภาษณ์**은 '면접을 보다'라는 뜻입니다.

1. นักเรียนกำลัง**สอบ**วิชาภาษาไทย

   학생이 태국어 과목 시험을 본다.

2. เขา**สอบ**ได้ที่หนึ่งทุกเทอม

   그는 매 학기 시험에서 수석을 한다.

3. น้อง**สอบ**ตกจึงทำให้ต้องเรียนซ้ำชั้น

   동생은 시험에 탈락하여 한 학년을 재수강했다(꿇었다).

4. เขา**สอบ**บรรจุเป็นข้าราชการได้

   그는 공무원 시험에 합격했다.

สะดวก

편리하다

동사 **สะดวก**은 '편리하다'라는 뜻입니다. 단독으로 쓰기도 하고, **สะดวกสบาย**와 같이 합성어로 쓰기도 합니다. 혼자 서술어로 기능하기도 하지만, 다른 동사에 선행해서 '~하기에 편하다, 지장이 없다'의 의미를 나타내기도 해서 **สะดวกคุย**(이야기 나눌 수 있다, (주로 전화에서) 통화할 수 있다), **สะดวกไปด้วยกัน**(같이 갈 수 있다), **สะดวกพบ**(만날 수 있다) 등과 같이 쓰이기도 합니다. 명사로 **ร้านสะดวกซื้อ**는 편의점을 지칭하며, **อำนวยความสะดวก**은 '편의를 제공하다'라는 뜻입니다.

1. เธอไม่**สะดวก**มาพบเขา

   그녀는 그를 만날 형편이 안 된다.

2. นักเรียนไปซื้อของที่ร้าน**สะดวก**ซื้อหลังเลิกเรียนทุกวัน

학생이 매일 방과 후 편의점에 물건을 사러 간다.

3. พวกเราเดินทางไปไหนมาไหน**สะดวก**เพราะมีรถยนต์

우리는 차가 있어서 어디를 다니든 편리하다.

4. ปัจจุบันการคมนาคม**สะดวก**และทันสมัยมากขึ้น

오늘날 교통통신은 편리하고 현대화 되었다.

ส

สะท้อน

반영하다, 반사되어 비치다, 역행하다

동사 **สะท้อน**은 '반영하다, 반사되다' 등의 의미를 나타냅니다. 명사의 뒤에서 **แสงสะท้อน**(반사광), **ภาพสะท้อน**(그림자), **เสียงสะท้อน**(메아리) 등의 합성어로 쓰이기도 하고, 타동사로 목적어가 동반되어 **สะท้อนสังคม**(사회를 반영하다), **สะท้อนสภาพปัจจุบัน**(현실 상황을 반영하다) 등으로 쓰이기도 합니다. **สะท้อนให้เห็นว่า**는 '~는 '~라는 것을 반영하다'라는 표현입니다.

1. มีแสง**สะท้อน**บนถนนทำให้มองข้างหน้าไม่ค่อยชัด

도로에 빛이 반사돼서 앞쪽이 분명히 안 보인다.

2. ฉันพูดแล้วได้ยินเสียง**สะท้อน** เดี๋ยวโทรไปใหม่ได้ไหม

내가 말하니까 자꾸 메아리가 들리는데 다시 전화해도 될까?

3. นวนิยายเรื่องนั้น**สะท้อน**สังคมในอดีตได้ดี

그 소설은 과거의 사회상을 잘 반영한다.

4. เขามองเห็นเงา**สะท้อน**ขึ้นจากผิวน้ำ

그는 수면에 비친 그림자를 보았다.

สะพาย

어깨에 걸치다

타동사 **สะพาย**는 '어깨에 걸치다'라는 뜻입니다. 의미에 따라 주로 목적어로는 가방, 배낭, 줄 등이 옵니다.

1. น้อง**สะพาย**กระเป๋าไปโรงเรียนทุกวัน

   동생은 매일 가방을 매고 학교에 간다.

2. เขา**สะพาย**เป้ออกเดินทางไปต่างจังหวัด

   그는 배낭을 메고 지방으로 출발했다.

3. เขา**สะพาย**กระเป๋าให้หล่อน

   그는 그녀의 가방을 (대신) 매 준다.

4. กระเป๋าใบนี้**สายสะพาย**ขาด ต้องซื้อใบใหม่แล้ว

   이 가방은 줄이 끊어져서 새 가방을 살 때가 됐다.

สะสม

수집하다, 모으다, 축적하다, 퇴적하다

동사 **สะสม**은 '모으다, 수집하다'라는 뜻입니다. 수집하는 대상이 목적어로 옵니다. 또는 동사의 뒤에 쓰여서 '~한 것이 누적되다, 축적되다'의 의미를 나타내기도 합니다. 비슷한 의미의 격식체로는 **สั่งสม**이 있으며, **สั่งสมประสบการณ์**은 '경험을 쌓다'라는 뜻입니다.

1. น้อง**สะสม**แสตมป์เป็นงานอดิเรก

   동생은 취미로 우표를 수집한다.

2. พี่**สะสม**เงินเพื่อซื้อเครื่องสำอาง

   언니는 화장품을 사려고 돈을 모은다.

3. พ่อชอบ**สะสม**ของเก่า

아버지는 골동품 수집을 좋아하신다.

4. เธอโหมงาน**สะสม**มาหลายสัปดาห์ จนต้องล้มป่วยในที่สุด

그녀는 몇 주동안 계속 과로가 누적이 되어서 결국 병원신세를 지게 됐다.

สะอาด 깨끗하다, 청결하다

ส

상태성 동사 **สะอาด**은 '깨끗하다, 청결하다'의 의미입니다. 단독으로 서술어나 수식어로 쓰기도 하고, 합성어로 **สะอาดสะอ้าน**와 같은 형태로 쓰기도 합니다. **ทำความสะอาด**은 '청소를 하다'라는 뜻입니다.

1. พ่อทำความ**สะอาด**บ้าน

아빠가 집안 청소를 하신다.

2. เราควรดื่มน้ำ**สะอาด**

우리는 깨끗한 물을 마셔야 한다.

3. น้องใส่เสื้อผ้า**สะอาด**ทุกวัน

동생은 매일 깨끗한 옷을 입는다.

4. ภารโรงกวาดพื้นหน้าโรงเรียนจน**สะอาด**

경비아저씨가 학교 앞 바닥을 깨끗이 쓸어요.

สั่ง

명령하다, 주문하다
훈육하다: **สั่งสอน** 처방전: **ใบสั่งยา**

동사 **สั่ง**은 '명령하다, 주문하다'라는 뜻입니다. 명령을 받는 대상 또는 주문하는 내용이 목적어로 옵니다. **คำสั่ง**은 '명령', **ใบสั่งยา**은 '처방전'이라는 뜻의 합성어입니다. 한편, **สั่งน้ำมูก** 하면 '코를 풀다'의 의미가 됩니다.

1. ฉัน**สั่ง**ข้าวผัดและต้มยำกุ้ง

   나는 볶음밥과 똠얌꿍을 시켰다.

2. แม่**สั่ง**สอนลูกให้เป็นคนดี

   엄마는 아이에게 좋은 사람이 되라고 훈육한다.

3. หมอออก**ใบสั่งยา**ให้คนไข้ไปซื้อที่ร้านขายยา

   의사가 환자가 약국에 가서 약을 사도록 처방전을 써 준다.

4. คุณครู**สั่ง**ให้นักเรียนทำการบ้านมาส่งพรุ่งนี้

   선생님이 학생에게 내일 숙제를 내라고 지시했다.

สังกัด

소속하다, 관할 하에 있다

동사 **สังกัด**은 '소속하다, 소속되다, 관할이다' 등의 의미를 나타냅니다. 유사한 표현으로는 **ขึ้นต่อ**..가 있습니다. 명사로 '소속'은 **ต้นสังกัด**으로 표현합니다.

1. โรงเรียนของรัฐ**สังกัด**ในกระทรวงศึกษาธิการ

   공립학교는 교육부 소속이다.

2. เขาทำงานไม่มี**สังกัด**

   그는 소속이 없이 일한다(프리랜서다).

3. เขา**สังกัด**อยู่พรรคประชาธิปัตย์

그는 민주당 소속이다.

4. กรมส่งเสริมการลงทุนเป็นหน่วยงาน**สังกัด**สำนักนายกรัฐมนตรี

투자청은 총리실 소속 기관이다.

สังเกต

관찰하다, 주목하다 / 주시하다

ส

동사 **สังเกต**은 '관찰하다, 주목하다'라는 뜻의 타동사입니다. 목적어가 명사가 오는데 **สังเกตว่า**~와 같이 목적절이 오는 경우에 **ว่า**로 연결 됩니다. 합성어로 **สังเกตการณ์**은 '주시하다, 지켜보다'라는 뜻이며, **ผิดสังเกต**은 '이상하다'라는 뜻이 됩니다. **ผู้สังเกตการณ์**은 '관찰자, 옵저버'라는 뜻입니다.

1. ฉันไม่ได้**สังเกต**ว่าวันนี้เขาใส่ชุดอะไรมาทำงาน

나는 그가 오늘 무슨 옷을 입고 출근했는지 못 봤다.

2. เขาทำเครื่องหมาย**สังเกต**ไว้ว่านี่คือของใช้ของเขา

그는 이것이 자신의 물품이라고 보이게 표시를 해 두었다.

3. นักข่าว**สังเกตการณ์**อยู่หน้าบ้านนายกรัฐมนตรี

기자들이 총리 자택 앞에서 주시하고 있다.

4. ยามรักษาความปลอดภัยเดิน**สังเกตการณ์**บริเวณรอบๆอาคารที่พักว่ามีโจรผู้ร้ายหรือไม่

경비원이 자택 건물 주변에서 강도가 있지는 않은지 순찰을 하고 있다.

สั่น

흔들리다, 떨다, 진동하다

동사 **สั่น**은 '떨다, 떨리다, 흔들다, 흔들리다'의 의미가 있으며 자동사와 타동사로 모두 쓰입니다. **ตัวสั่น**은 '몸이 흔들리다, 덜덜 떨리다'의 의미로 추울때나 무서울 때에 사용합니다. 태국어의 '춥다'라는 뜻의 **หนาว**은 '무섭다'의 의미를 나타내기도 합니다. 타동사로 사용되는 경우의 예는 **สั่นกระดิ่ง**(종을 흔들다), **สั่นหัว**(고개를 젓다, 도리도리 젓다) 등이 있습니다. 합성어로 **สั่นคลอน**(불안정하다, 흔들리다), **สั่นสะเทือน**(울리다, 흔들리다, 요동치다) 등이 사용됩니다.

1. อากาศหนาวจนตัว**สั่น**

   날이 너무 추워서 몸이 덜덜 떨린다.

2. น้องกลัวเขาจนตัว**สั่น**

   동생은 그가 무서워서 덜덜 떨었다.

3. คุณครู**สั่น**กระดิ่งบอกสัญญาณว่าได้เวลาเข้าเรียนแล้ว

   선생님은 수업 시작을 알리는 종을 치셨다.

4. นักเรียน**สั่น**หัวเมื่อไม่เข้าใจที่คุณครูพูด

   학생은 선생님 말씀이 이해가 안 가서 고개를 저었다.

สั้น

짧다

상태성 동사 **สั้น**은 '짧다'라는 뜻입니다. 서술어나 수식어로 쓰여, **กระโปรงสั้น**(치마가 짧다, 짧은 치마), **กางเกงขาสั้น**(바지가 짧다, 짧은 바지), **เสื้อแขนสั้น**(반팔 티), **ผมสั้น**(머리가 짧다, 짧은 머리) 등의 형태로 사용할 수 있습니다. 또한 **สายตาสั้น**(근시이다) 등에서도 쓸 수 있습니다. **ในเวลาอันสั้น**은 '단기간에'라는 뜻으로 부사입니다.

1. นักเรียนชายใส่กางเกงขา**สั้น**

   남학생이 반바지를 입었다.

2. นักเรียนหญิงต้องตัดผม**สั้น**ทุกคน

여학생은 모두 머리를 짧게 잘라야 했다.

3. เขามีสายตา**สั้น**มาตั้งแต่เด็กจึงต้องใส่แว่นตลอดเวลา

그는 어릴때부터 근시라 늘 안경을 써야 했다.

4. หน้าหนาวกลางวัน**สั้น**กว่ากลางคืน

겨울에는 낮이 밤보다 짧다.

ส

สับ

잘게 썰다
혼란하다, 복잡하다: **สับสน**

타동사 **สับ**은 주로 조리동사로 '잘게 다지다'라는 뜻입니다. **หมูสับ**은 다진 돼지고기를 말합니다. 한편, **สับสน**에서는 혼란스럽다의 의미를 나타내기도 합니다.

1. พ่อค้า**สับ**หมูเป็นชิ้นๆ

상인 돼지고기를 조각내 다진다.

2. แม่**สับ**มะละกอทำส้มตำ

엄미는 피파야를 썰어 쏨땀을 만드신다.

3. ฉัน**สับสน**ว่าฝาแฝดสองคนนี้ใครเป็นพี่ใครเป็นน้อง

나는이 쌍둥이들 중 누가 형이고 누가 아우인지 헷갈린다.

4. หล่อนถูกแม่เลี้ยงโขก**สับ**ด่าตลอด

그녀는 계모에게 늘 심한 욕설을 들었다.

สาธิต

시범을 보이다 / 시범학교, 부속학교: **โรงเรียนสาธิต**

동사 **สาธิต**은 '시범을 보이다'라는 뜻으로, 목적어로 명사구가 주로 옵니다. **สาธิตการทำอาหารไทย**(태국 요리를 시연하다), **สาธิตการสอน**(시범강의하다) 등과 같은 형태로 사용됩니다. 한편 **โรงเรียนสาธิต**은 '부설학교'를 일컫는 말입니다.

1. อาจารย์**สาธิต**การทำขนมไทยในห้องเรียน

   교수님이 교실에서 태국 카놈을 만드는 시범을 보이신다.

2. ร้านอาหาร**สาธิต**วิธีการทำอาหารไทยให้ชาวต่างชาติดู

   식당에서 외국인을 대상으로 태국음식 조리 시연을 한다.

3. ลูกของเขาเรียนอยู่ที่โรงเรียน**สาธิต**จุฬาลงกรณ์มหาวิทยาลัย

   그의 아이는 쭐라롱껀대학교 부설 학교에서 공부한다.

4. เขาสร้างแปลงนา**สาธิต**เพื่อเป็นแหล่งเรียนรู้ให้แก่เด็กๆ

   그는 아이들의 학습용으로 시범논을 조성했다.

สาปแช่ง

저주하다

동사 **สาปแช่ง**은 '저주하다'라는 뜻입니다. 타동사로 저주하는 대상이 목적어로 동반되며, 저주하는 내용이 올 때는 주로 **สาปแช่งให้**...의 형태가 됩니다. 명사로 '저주'는 **คำสาปแช่ง**입니다.

1. ฉันขอ**สาปแช่ง**ให้พวกเขาได้รับผลกรรมในเร็ววัน

   나는 그가 하루빨리 업보의 결과를 받도록 저주한다.

2. ชาวบ้าน**สาปแช่ง**ผู้ร้ายที่ข่มขืนหญิงสาวคนนั้น

   주민들은 그 여성을 강간한 범인을 저주했다.

3. ผู้คนต่าง**สาปแช่ง**โจรที่ขโมยเศียรพระในวัดไป

사람들은 모두 사원의 불상 머리를 훔쳐 간 강도를 저주했다.

4. คาถา**สาปแช่ง**ต่างๆมักมีที่มาจากพวกพ่อมดหมอผี

저주의 주문은 주술사와 무당들로부터 유래했다.

สาบาน

선서하다, 맹세하다

동사 **สาบาน**은 '맹세하다, 선서하다'라는 뜻입니다. 단독으로도 쓰지만 주로 **สาบานตน/ตัว**의 형태로도 많이 씁니다. 선서나 맹세를 하는 내용이 올 때는 주로 **สาบานว่าจะ....** **สาบาน(ที่)จะ....** 등의 형태가 됩니다. 명사형으로는 **การสาบาน**(선서함), **คำสาบาน**(선서) 등이 쓰입니다.

1. ผมขอ**สาบาน**ว่าจะซื่อสัตย์ต่อภรรยาของผมคนเดียว

저는 제 아내 단 한사람에게만 충실하기로 맹세합니다.

2. เรา**สาบาน**เป็นพี่น้องกัน

우리는 형제가 되기로 맹세했다.

3. พวกเรา**สาบาน**จะเป็นเพื่อนรักกันตลอดไป

우리는 영원히 사랑하는 벗이 되기도 맹세했다.

4. พวกที่ชอบสบถ**สาบาน**มักไม่จริงใจ

맹세하기를 좋아하는 인간들은 주로 진실되지 못하다.

ส่าย

좌우로 흔들다, 까딱거리다, 흔들거리다

동사 **ส่าย**는 '젓다, 좌우로 흔들다, 까딱거리다' 등의 의미를 나타냅니다. 흔드는 부위를 목적어로 받아서 **ส่ายตา**(눈을 굴리다), **ส่ายหน้า/ส่ายหัว**(고개를 젓다, 흔들다), **ส่ายเอว**(허리를 흔들다) 등으로 쓸 수 있습니다. 좌우로 한 차례 이상 흔드는 행위를 의미하므로 '이리저리'의 의미로 **ส่ายไปมา** 등 방향동사가 함께 사용되기도 합니다.

1. เขาขับรถ**ส่าย**ไป**ส่าย**มา

   그는 좌우로 왔다 갔다 운전을 했다.

2. ว่าว**ส่าย**เพราะลมแรง

   강한 바람에 연이 나부꼈다.

3. เขา**ส่าย**หัว ไม่เข้าใจที่หัวหน้าพูด

   그는 팀장의 말이 이해가 안 가 고개를 저었다.

4. เขาเต้น**ส่าย**เอวไปมาตามจังหวะเพลง

   그는 노래의 박자에 맞춰 허리를 이리저리로 흔들며 춤을 췄다.

สารภาพ

자백하다, 고백하다, 시인하다

동사 **สารภาพ**은 '자백하다, 고백하다'의 의미입니다. **สารภาพรัก**(사랑을 고백하다), **สารภาพบาป**(죄를 고해하다), **สารภาพผิด**(잘못을 시인하다) 등의 표현에서 처럼 목적어를 동반합니다. 명사로 '고백'은 **คำสารภาพ**을 씁니다.

1. ผู้ต้องหา**สารภาพ**ผิด ศาลจึงลดโทษให้ครึ่งหนึ่ง

   피의자가 죄를 자백하여 법정은 반으로 감형해 주었다.

2. เขา**สารภาพ**รักฉันเมื่อวาน

   그가 어제 나에게 사랑 고백을 했다.

3. เขา**สารภาพ**ว่าเป็นผู้อยู่เบื้องหลังการฆ่าในครั้งนี้

   그는 이번 살해에 배후가 자신이라고 시인했다.

4. ชาวคริสต์**สารภาพ**บาปต่อหน้าไม้กางเขนในโบสถ์

   기독교인들은 교회의 십자가 앞에서 죄를 고백한다.

สำคัญ

중요하다, 주요하다

ส

상태성 동사 **สำคัญ**은 '중요하다, 주요하다'라는 뜻입니다. 단독으로 서술어로 쓰기도 하고, 명사나 동사에 후행하여 수식어로 사용하기도 합니다.

1. ท่านประธานเรียกพนักงานทุกคนประชุมด่วนเพราะมีเรื่อง**สำคัญ**จะแจ้งทุกคน

   사장님이 중요한 공지 사항이 있다고 긴급회의에 모두를 소집했다.

2. ปัจจัย**สำคัญ**ที่ทำให้ชาวต่างชาตินิยมมาลงทุนในเมืองไทยเพราะว่าเมืองไทยมีทรัพยากรธรรมชาติอุดมสมบูรณ์

   외국인이 태국에 투자하게 하는 중요한 요인은 풍부한 천연자원이다.

3. สมเด็จพระนเรศวรมหาราชเป็นบุคคล**สำคัญ**ทางประวัติศาสตร์ไทย

   나레쑤안 대왕은 태국 역사상 중요한 인물이다.

4. วันมาฆบูชา เป็นหนึ่งในวัน**สำคัญ**ทางพระพุทธศาสนา

   마카부차(만불절)는 불교적으로 중요한 날 중 하나다.

สำนึก
생각하다, 뉘우치다, 자각하다

동사 **สำนึก**은 생각하다, 뉘우치다, 자각하다 등의 우리말에 대응됩니다. 주로 생각하거나 뉘우치는 내용이 **สำนึก**의 뒤에 전치사 **ใน**로 연결됩니다. **สำนึกผิด**은 "잘못을 뉘우치다 라는 뜻입니다. 합성어로 **จิตสำนึก**은 '의식' 을, **จิตใต้สำนึก**은 '무의식' 또는 '잠재의식'을 의미합니다. **สามัญสำนึก**은 '상식'이라는 뜻입니다.

1. เขา**สำนึก**ผิดในสิ่งที่ทำไป

   그는 자신이 저지른 잘못을 뉘우쳤다.

2. ฉัน**สำนึก**ในบุญคุณของพ่อแม่เสมอ

   그는 늘 부모님의 은혜를 생각한다.

3. คนทำผิดแล้ว**สำนึก**ในความผิด เป็นคนที่น่าให้อภัย

   잘못을 한 뒤 자신의 잘못을 뉘우치는 사람은 용서할 만 하다.

4. เขาไม่มี**จิตสำนึก**ในการอนุรักษ์สิ่งแวดล้อม

   그는 환경보호에 대한 개념이 없다.

สำรวจ
조사하다, 탐사하다, 탐험하다.

동사 **สำรวจ**은 조사하다, 탐사하다, 탐험하다 등의 우리말에 대응될 수 있습니다. 조사하는 대상이 목적어로 동반됩니다. **สำรวจตลาด**은 '시장조사하다'라는 뜻이며, **แบบสำรวจ**은 '설문지' 라는 뜻입니다.

1. นักธรณีวิทยากำลัง**สำรวจ**แหล่งแร่ในบริเวณนั้น

   지질학자들이 그 지역의 광물원을 조사중이다.

2. พวกเราเดินทางมา**สำรวจ**ป่าร่วมกับเจ้าหน้าที่ป่าไม้

   우리는 삼림 관계자와 함께 삼림 조사 차 왔다.

3. อาจารย์คัดเลือกกลุ่มตัวอย่างในการทำแบบ**สำรวจ**

교수님은 설문조사를 위해 표본집단을 선별 중이다.

4. นัก**สำรวจ**จากประเทศไทยออกเดินทาง**สำรวจ**รอบโลกแล้ว

태국의 탐험가가 세계 탐험을 나섰다.

สำรอง

예비해두다, 준비해두다

ส

동사 **สำรอง**은 '예비하다, 준비하다'라는 뜻입니다. 타동사로 예비하는 대상이 목적어로 올 수 있고, 수식어로 명사의 뒤에서 '예비~' '보조~'의 의미로 쓰이기도 합니다. **(นักกีฬา)ตัวสำรอง**(예비 선수), **ทุนสำรอง**(예비 자금), **กรรมการสำรอง**(후보 위원) 등이 그 예입니다.

1. อาจารย์**สำรอง**จ่ายค่าใช้จ่ายในการทำวิจัยไปก่อน

교수님은 연구에 필요한 비용을 먼저 예비해 두셨다.

2. เขาเป็นนักกีฬาตัว**สำรอง**

그는 후보 선수다.

3. เราควร**สำรอง**อาหารไว้เผื่อเกิดเหตุฉุกเฉิน

우리는 비상사태에 대비해 식량을 예비해 두어야 한다.

4. เขาใช้แบตเตอรี่**สำรอง**ชาร์จโทรศัพท์

그는 보조배터리로 전화기를 충전했다.

สำเร็จ

완성하다, 성공하다
완제품: **สำเร็จรูป** 성공하다: **ประสบความสำเร็จ**

동사 **สำเร็จ**은 '완성하다, 성공하다'의 의미입니다. 합성어에서 **อาหารสำเร็จรูป**은 완조리식품을, **อาหารกึ่งสำเร็จรูป**은 반조리식품을 의미합니다. 명사형은 **ความสำเร็จ** 이며, **ประสบความสำเร็จ**은 '성공하다'라는 뜻입니다. 한편, **สำเร็จการศึกษา**는 '학업을 완수하다' 즉, '졸업하다'라는 뜻입니다.

1. งานครั้งนี้**สำเร็จ**ได้ก็เพราะความร่วมมือจากทุกๆ ท่าน

   이번 행사는 여러분의 협조로 성공적으로 치뤄졌습니다.

2. ท่านประธานประสบ**ความสำเร็จ**ในการทำธุรกิจอย่างมาก

   사장님은 사업에서 크게 성공하셨다.

3. อาหาร**สำเร็จรูป**มักไม่ค่อยดีต่อสุขภาพ

   완조리식품은 건강에는 별로 좋지 않다.

4. งานวิจัยนั้น**สำเร็จ**ลุล่วงไปได้ด้วยดี

   그 연구는 매우 성공적으로 완수됐다.

สิ้น

끝내다, 다하다 / 절망하다: **สิ้นหวัง**

동사 **สิ้น**은 '끝나다, 끝내다, 다하다'라는 뜻입니다. 타동사로 쓰여서 **สิ้นลม(หายใจ)**은 '숨이 다하다', 즉 '절명하다', '죽다'라는 뜻이며, **สิ้นหวัง**은 '희망이 다하다' 즉 '절망하다 라'는 뜻입니다. 유의어들과 함께 **สิ้นสุด เสร็จสิ้น หมดสิ้น** 등의 형태로 쓰여 '다하다, 끝나다, 완료되다'의 의미를 나타냅니다. 시간적으로 쓰이는데, **สิ้นปี**는 '연말', **สิ้นเดือน**은 '월말'이라는 뜻입니다.

1. งานนั้นเสร็จ**สิ้น**ไปได้ด้วยดี

   그 일은 잘 끝났다.

2. เขากลายเป็นคน**สิ้นเนื้อประดาตัว**

   그는 알거지가 되었다.

3. เขา**สิ้น**หวังมากเพราะกิจการขาดทุน

그는 사업이 적자가 나서 절망했다.

4. **สิ้น**ปีนี้พวกเราจะย้ายบ้านไปอยู่เชียงใหม่

올해 말에 우리는 치앙마이로 이사를 할 것이다.

สี

찧다 / 색 / 마찰하다: **เสียดสี**

ส

동사 **สี**는 '찧다, 마찰하다'의 의미를 나타냅니다. 의미에 따라 목적어는 주로 '찧다'에서 **สีข้าว**(정미하다), 또는 '켜다', '마찰하다' 에서 **สีซอ**(악기 '써'를 켜다), **สีไวโอลีน**(바이올린을 켜다) 등과 같이 쓰입니다. 유의어와 함께 동사합성어로 **เสียดสี**는 '마찰하다'라는 뜻입니다. 명사로는 '색, 색깔'을 의미합니다.

1. ลมพัดแรงทำให้ไม้ไผ่**สี**กันไปมา

바람이 세게 불어 대나무가 서로 부대낀다.

2. คนงานกำลัง**สี**ข้าวอยู่ที่**โรงสี**

작업자가 정미소에서 쌀을 정미하고 있다.

3. เธอชอบพูดจาเสียด**สี**เขาว่าเป็นคนบ้านนอก

그녀는 그에게 촌놈이라고 비아냥거리길 좋아한다.

4. น้องไม่ชอบ**สี**ชมพู

동생은 분홍색을 안 좋아한다.

สึก

마모되다, 닳다 / 환속하다 / 느끼다

동사 **สึก**은 크게 세 가지 의미로 쓰이는데, 첫번째로는 '닳다, 마모되다'의 의미로 단독으로 쓰이거나 유의어와 함께 **สึกกร่อน** 등의 형태로 쓰입니다. 두번째 의미는 '환속하다'의 의미로 사용됩니다. 세번째 의미는 '느끼다'라는 뜻으로 단독으로는 쓰지 않고 주로 **รู้สึก**의 형태로 사용합니다.

1. รองเท้าของหล่อน**สึก**หมดแล้ว

   그녀의 신발은 다 닳았다.

2. เขา**สึก**จากการเป็นพระแล้ว

   그는 승려에서 환속했다.

3. เครื่องจักร**สึก**หรอไปมากเพราะผ่านการใช้งานมานาน

   설비가 오랫동안 사용을 해서 다 마모됐다.

4. เขาสวมรองเท้าคู่เก่ามานานจนส้นรองเท้า**สึก**

   그는 예전 신발을 하도 오래 신어서 뒷꿈치가 다 닳았다.

สืบ

전하다, 찾다 / 계승하다: **สืบทอด** 심문하다: **สืบสวน**
수사관: **นักสืบ**

동사 **สืบ**은 크게 두 가지의 의미로 쓰이는데, 첫째는 '전하다, 계승하다'의 의미로서 주로 **สืบทอด**의 합성어로 씁니다. 둘째는 '찾다, 심문하다, 염탐하다' 등의 의미로서 주로 **สืบสวน** 등의 합성어 형태로 쓰입니다. 명사로 **นักสืบ**은 '탐정, 형사'라는 뜻입니다.

1. พวกเราช่วยกัน**สืบ**ว่าเขาเป็นใคร

   우리는 그가 누구인지 함께 염탐을 했다.

2. พ่อได้รับทำธุรกิจ**สืบ**ทอดต่อจากคุณปู่

   아버지는 할아버지의 사업을 물려받아서 하신다.

3. เจ้าหน้าที่ตำรวจกำลัง**สืบสวน**พยานในเหตุการณ์

경찰관이 사건의 증인을 심문하신다.

4. เขาเป็น**นักสืบ**

그는 탐정이다.

สุก

익다, 성숙하다

자동사 **สุก**은 '익다, 성숙하다'라는 뜻입니다. 주로 식물, 열매, 과일, 농작물 등이 익는 경우나 조리하는 음식물이 익는 경우에 사용할 수 있습니다. 합성어로는 **สุกงอม**이 많이 쓰입니다.

1. ข้าว**สุก**แล้ว

밥이 다 익었다.

2. ฉันชอบกินมะม่วง**สุก**มากกว่ามะม่วงดิบ

나는 그린 망고보다 익은 망고를 더 좋아한다.

3. ข้าวในนา**สุก**เกี่ยวได้แล้ว

논의 벼가 익어서 추수할 때가 됐다.

4. สร้อยคอทองคำเส้นนี้**สุก**ปลั่งมาก

이 금 목걸이는 아주 반짝반짝 빛난다.

สุข

행복하다

상태성 동사 **สุข**은 '행복하다'라는 뜻입니다. 단독으로 쓰이거나 **สุขใจ, มีความสุข**(행복하다)의 형태로 자주 쓰입니다. 같은 어원에서 파생된 **สุขา**는 '화장실, 해우소'라는 뜻입니다. **สาธารณสุข**은 '공중보건'이라는 의미로, **กระทรวงสาธารณสุข**은 '보건부'를 말합니다.

1. ครอบครัวของฉันมี**ความสุข**มาก

   우리 가족은 너무 행복하다.

2. พวกเราเคยร่วมทุกข์ร่วม**สุข**มาด้วยกัน

   우리는 생사고락을 함께 한 사이이다.

3. ผม**สุข**ใจทุกครั้งที่ได้เห็นหน้าลูก

   저는 자식의 얼굴을 볼 때면 늘 행복합니다.

4. ขอให้มี**ความสุข**มากๆ นะคะ

   행복하세요!

สุภาพ

예의 바르다 / 신사: **สุภาพบุรุษ**, 숙녀: **สุภาพสตรี**

상태성 동사 **สุภาพ**은 '예의바르다'라는 뜻입니다. 단독으로 서술어로 쓰이거나 명사나 동사 뒤에서 수식어로 쓰이기도 합니다. 합성어로 **สุภาพบุรุษ**은 신사를, **สุภาพสตรี**는 숙녀를 가리킵니다. 유의어와 함께 **สุภาพเรียบร้อย**(점잖다, 예의바르다, 공손하다), **สุภาพอ่อนโยน**(다소곳하다) 등의 형태로도 쓰입니다.

1. เขาเป็นคน**สุภาพ**

   그는 예의바른 사람이다.

2. หล่อนแต่งกาย**สุภาพ**

   그녀는 단정하게 옷을 입는다.

3. เขาพูดจา**สุภาพ**มากต่อหน้าผู้ใหญ่

그는 어른 앞에서 공손한 말투를 쓴다.

4. ขอขอบคุณท่าน**สุภาพบุรุษ**และ**สุภาพสตรี**ทั้งหลายที่ได้สละเวลามาร่วมงานในครั้งนี้

이번 행사에 시간을 내서 참석해 주신 여러 신사숙녀 여러분께 감사드립니다.

สุ่ม

무작위로 고르다: สุ่มเลือก

타동사 **สุ่ม**은 '무작위로 고르다'의 의미입니다. 고르는 대상이 오는데, **สุ่มตัวอย่าง**는 '무작위로 견본을 고르다'라는 뜻이 됩니다. 동사구의 앞에 쓰여서 '무작위로 ~하다'의 의미를 나타내기도 합니다. 관용구로 **สุ่มสี่สุ่มห้า**는 '무책임하게 하다, 생각없이 행동하다'라는 뜻입니다.

1. หัวหน้า**สุ่ม**รายชื่อพนักงานให้ไปอบรมที่ต่างจังหวัด

팀장이 지방에 가서 교육받을 직원을 무작위로 선정한다.

2. คุณครู**สุ่ม**รายชื่อนักเรียนที่จะเป็นตัวแทนโรงเรียนไปเข้าร่วมกิจกรรมในกรุงเทพฯ

선생님이 방콕에서 있을 활동에 학생 대표로 참석할 학생의 이름을 무작위로 뽑는다.

3. เขา**สุ่ม**ถามเพื่อนๆ ว่าใครจะไปเที่ยวกับเขาบ้าง

그는 자기와 놀러 갈 친구가 있는지 무작위로 친구들에게 물어봤다.

4. เขาทำวิจัยโดยใช้การ**สุ่ม**อย่างง่าย

그는 단순 샘플링의 방법으로 연구를 진행했다.

สู้

싸우다, 맞서다, 저항하다 / 필사적으로 싸우다: **สู้ตาย**

동사 **สู้**는 '싸우다, 대항하다, 맞서다' 등의 의미를 나타냅니다. **สู้หน้า**(대면하다), **สู้คดี**(소송에 맞서다), **สู้ความ**(변호하다) 등에서 처럼 목적어가 바로 따라 옵니다. 다른 동사와 함께 **สู้ตาย**(죽도록 싸우다), **ต่อสู้**(투쟁하다), **สู้รบ**(전투하다) 등에서 처럼 쓰이기도 합니다. 구문으로 **สู้… ไม่ได้** 는 '…를 이기지 못하다', '못배기다'의 의미가 됩니다. 한편 **สู้ ๆ**라고 하면 우리 말의 '화이팅!'과 같이 응원하거나 격려하는 표현입니다.

1. นักมวยสองคนนั้น**สู้**กันอย่างดุเดือด

   그 두 권투 선투는 맹렬히 싸웠다.

2. สติปัญญาของฉัน**สู้**เขาไม่ได้จริงๆ

   나의 지혜로는 도저히 그를 이기지 못한다.

3. ทหาร**สู้**ตายจนนาทีสุดท้าย

   군인이 마지막 순간까지 장렬히 싸웠다.

4. แม้ร่างกายของเขาจะถูกโรครุมเร้าแต่ใจยัง**สู้**ไม่ยอมแพ้

   비록 그의 몸은 병으로 잠식됐지만 마음은 포기하지 않고 싸웠다.

สูง

높다, 키가 크다

상태성 동사 **สูง**은 '높다, 키다 크다'라는 뜻입니다. 단독으로 서술어로 쓰이거나 수식어로 쓰입니다. 반의어는 크게 두 가지가 되는데, '높다'의 경우 반의어는 **ต่ำ**(낮다)'키가 크다'의 경우 반의어는 **เตี้ย**(키가 작다) 에 대응됩니다.

1. คนไข้มีไข้ขึ้น**สูง**

   환자가 열이 높다.

2. ในบรรดาเพื่อนๆ เขา**สูง**ที่สุด

   친구들 중에 그가 키가 제일 크다.

3. หญ้าขึ้น**สูง**มากจนไม่สามารถเดินเข้าไปได้

풀이 높게 자라서 걸어 들어갈 수가 없을 정도다.

4. เขาเป็นคนที่มีความสามารถ**สูง**

그는 능력이 출중한 사람이다.

สูญ

없어지다, 상실하다 / 멸종되다: สูญพันธุ์

동사 **สูญ**은 '없어지다, 소멸되다, 상실하다' 등의 의미에 대응됩니다. **สูญพันธุ์**(멸종하다)에서처럼 목적어가 동반될 수 있습니다. 동사성 합성어로 **สูญเสีย**(잃다, 소실하다), **สูญเปล่า**(허비하다, 덧없다), **สาบสูญ(หายไป)**(실종되다, 사라지다), **สูญสิ้น**(실각하다, 사멸하다), **สูญสลาย**(몰락하다, 허물어지다) 등이 있습니다.

1. ไฟไหม้บ้านทำให้ทรัพย์สมบัติทั้งหมด**สูญ**ไปในกองเพลิง

집에 화재가 나서 재산이 모두 불길 속으로 사라졌다.

2. เด็กคนนั้น**สูญ**หายไปจากบ้านนานกว่า 2 เดือนแล้ว

그 아이가 집에서 실종된 지 두 달이 됐다.

3. นกเงือกกำลังจะ**สูญ**พันธุ์ไปจากประเทศไทย

고뿔새는 태국에서 멸종 위기다.

4. พ่อต้องยอม**สูญเสีย**ลูกที่เพิ่งคลอดเพื่อรักษาชีวิตของแม่เอาไว้

아버지는 어머니의 생명을 구하기 위해 갓 태어난 아기를 포기해야 했다.

เสนอ

제안하다 / 보도하다, 소식을 전하다: **เสนอข่าว**

타동사 **เสนอ**는 '제안하다, 제시하다' 등의 의미를 나타냅니다. **เสนอข่าว**(뉴스를 보도하다), **เสนองานวิจัย**(연구를 발표하다), **เสนอแผนงาน**(계획/기획을 제안하다), **เสนอราคา**(가격을 제안하다), **เสนอความคิดเห็น** (의견을 제시하다)에서 처럼 다양한 목적어가 동반됩니다. 합성어로 **เสนอแนะ**는 '제안하다'라는 뜻이며, **ข้อเสนอแนะ**는 '제안'이라는 뜻입니다.

1. เขากำลัง**เสนอ**แผนงานให้หัวหน้าฟัง

   그는 사업 기획을 팀장에게 제안하고 있다.

2. อาจารย์**เสนอ**งานวิจัยในงานสัมมนานานาชาติ

   교수님은 국제학술대회에서 연구 발표를 하셨다.

3. ปีใหม่นี้แม่**เสนอ**ไปเที่ยวเกาะพีพี

   엄마가 올해는 피피섬에 놀러 가자고 제안하신다.

4. ผู้ประกาศข่าว**เสนอ**ข่าวเครื่องบินตกได้ทันเหตุการณ์

   기자가 비행기 추락사고를 바로바로 보도하였다.

เสมอ

똑같다, 비기다 / 항상, 늘

동사 **เสมอ**는 '똑같다, 비기다'의 의미입니다. 서술어로 쓰이는 **เสมอกัน**은 서로 '비기다'라는 뜻입니다. 주로는 부사로 쓰여서 '늘, 항상, 언제나'라는 뜻을 나타냅니다. **เสมอต้นเสมอปลาย**는 '처음과 끝이 같다' 즉, '초지일관 변함이 없다'라는 뜻입니다. **สม่ำเสมอ**(늘, 변함없다)와 같이 합성어로 형태로 자주 씁니다.

1. น้องไปโรงเรียนสาย**เสมอ**

   동생은 늘 학교에 지각한다.

2. การแข่งขันฟุตบอล**เสมอ**กัน 1: 1

   축구 경기가 1: 1로 비겼다.

3. เขาเป็นคนเสมอต้น**เสมอ**ปลาย

그는 초지일관하는 사람이다.

4. ความหลังของเราจะอยู่ในใจฉัน**เสมอ**

우리의 추억은 늘 내 마음 속에 있을 것이다.

เสร็จ

끝내다, 마치다

ส

동사 **เสร็จ**은 '끝나다, 끝내다, 마치다'의 의미입니다. 자동사와 타동사로 모두 쓰여 **เสร็จงาน**은 '일을 마치다', **งานเสร็จ**은 '일이 끝나다'로 해석될 수 있습니다. 홀로 쓰기도 하지만, 주로 다른 동사의 뒤에서 많이 쓰여 **กินข้าวเสร็จ**(밥을 다 먹다) **ทำการบ้านเสร็จ**(숙제를 다 하다) **ทำความสะอาดเสร็จ**(청소를 다하다) **ประชุมเสร็จ**(회의를 마치다) 등의 형태로 많이 볼 수 있습니다.

1. เด็กๆ ทำการบ้าน**เสร็จ**แล้วคุณครูเลยให้ออกไปที่สนามเด็กเล่น

아이들이 숙제를 다 해서, 선생님이 놀이터에 나가도록 했다.

2. พอ**เสร็จ**งานเขาก็กลับบ้าน

일이 끝나자 그는 귀가했다.

3. พอหัวหน้าพูด**เสร็จ**ก็ลุกเดินออกไปจากห้อง

팀장은 말을 마치고는 일어나 방에서 걸어 나갔다.

4. เมื่อพ่อสะสางงาน**เสร็จ**แล้วก็พาลูกๆไปฉลอง

아버지께서는 일을 다 처리하신 후 아이들을 데리고 가서 축하했다.

เสริม

강화하다, 보강하다 / 미용실: **ร้านเสริมสวย**

동사 **เสริม**은 '강화하다, 보강하다'의 의미입니다. 단독으로 타동사로 쓰여 **เสริมกำลัง**(힘을 보강하다)의 형태로 나타날 수 있으며, 다른 동사와 함께 **ส่งเสริม**(진흥하다), **เสริมสร้าง**(육성하다), **เสริมสวย**(미용하다) 등처럼 쓰일 수도 있습니다. 명사로 **อาหารเสริม**은 '영양제'라는 뜻입니다.

1. เด็กคนนั้นเรียนภาษาอังกฤษ**เสริม**หลังเลิกเรียนทุกวัน

   그 아이는 매일 방과 후에 영어 과외(보충학습)를 한다.

2. อาจารย์นัดนักศึกษาสอน**เสริม**วันเสาร์นี้

   교수님은 이번 주 토요일에 보강을 하기로 학생들과 시간을 잡았다.

3. คุณปู่ทานวิตามิน**เสริม**หลังอาหาร

   할아버지께서는 식사 후에 비타민을 드신다.

4. แม่ไปร้าน**เสริม**สวยทุกวัน

   엄마는 매일 미용실에 가신다.

เสรี

자유롭다 / 자유: **เสรีภาพ**

상태성 동사 **เสรี**는 '자유롭다'라는 뜻입니다. 단독으로 서술어로 쓰이거나 명사구나 동사구에 후행하여 수식어로 쓰입니다. 혼자도 쓰이지만 유의어와 함께 **อิสรเสรี**의 형태로도 쓰입니다. 명사형은 **เสรีภาพ** 입니다.

1. เขาไปไหนมาไหนได้อย่าง**เสรี**เพราะยังไม่มีครอบครัว

   그는 아직 결혼을 안 해서 어딜 가든 자유롭게 다닐수 있다.

2. ประเทศเกาหลีใต้ได้เปิด**เสรี**ทางการค้ามากขึ้น

   한국은 자유무역을 점차 확대하고 있다.

3. ประเทศไทยเป็นประเทศที่มี**เสรีภาพ**ทางความคิด

태국은 사상의 자유가 있는 나라다.

4. คนเราเกิดมามี**เสรี**ที่จะเลือกหนทางของตนเอง

인간은이 세상에 태어나 자신의 길을 선택할 수 있는 자유가 있다.

เสีย

파손되다, 상하다 / 잃다, 손해보다 / 지불하다
유감이다: **เสียใจ** 아깝다, 아쉽다: **เสียดาย**
체면을 잃다: **เสียหน้า** 손해를 입다: **เสียหาย**

ส

동사 **เสีย**는 문맥에 따라 매우 다양한 우리말에 대응될 수 있는 동사입니다. 자동사로는 고장나다, 상하다에 대응되는데 **อาหารเสีย**(음식이 상하다), **มือถือเสีย**(휴대폰이 고장나다), **น้ำเสีย**(물이 상하다, 오수, 폐수) 등의 예에서 볼 수 있습니다. 타동사로는 쓰다, 잃다, 내다, 상하다 등에 대응될 수 있으며 그 예로, **เสียเงิน**(돈을 쓰다), **เสียภาษี**(세금을 내다), **เสียค่าปรับ**(벌금을 내다), **เสียเวลา**(시간을 허비하다, 쓰다), **เสียพ่อ**(아버지를 여의다) 등이 있습니다. 한편 은유적으로 **เสียหน้า**는 '체면이 상하다'라는 뜻입니다. 감정을 나타내는 경우, **เสียใจ**(마음이 상하다, 슬프다, 유감이다, 애썩하다), **เสียดาย**(아깝다) 등의 표현이 사용됩니다.

1. นาฬิกา**เสีย**

시계가 고장났다.

2. พ่อ**เสีย**ภาษีทุกปี

아버지는 매년 세금을 내신다.

3. เขา**เสียดาย**มากที่สอบเข้ามหาวิทยาลัยรัฐบาลไม่ได้

그는 국립대학을 못 들어간 것이 너무 아쉽다.

4. เธอ**เสีย**หน้ามากที่ถูกเพื่อนปฏิเสธ

그녀는 친구에게 거절당한 것 때문에 체면이 상했다.

เสียดสี

마찰하다 / 비꼬다, 빈정대다

동사 **เสียดสี**는 '마찰하다, 비꼬다'라는 뜻입니다. 명사형은 **การเสียดสี**로 마찰 또는 풍자로 해석될 수 있습니다.

1. เธอชอบพูดจา**เสียดสี**ผู้อื่นอยู่เสมอ
   그녀는 늘 남들에게 비아냥대는 말투를 한다.
2. หล่อนไม่ชอบเขา จึงพูดจา**เสียดสี**เขาอยู่เสมอ
   그녀는 그를 싫어해서 늘 그에게 비꼬는 말투로 말한다.
3. แม่สอนว่าอย่าพูดจา**เสียดสี**ทำร้ายจิตใจใคร
   엄마는 누구에게도 비꼬는 말투로 기분 상하게 하지 말라고 가르치셨다.
4. นักข่าวเขียนข่าว**เสียดสี**ดาราดัง
   기자가 유명 연예인을 비꼬는 기사를 썼다.

เสียบ

찔러넣다 / 전기 플러그를 꽂다: **เสียบปลั๊ก**

동사 **เสียบ**은 '찔러넣다, 삽입하다'의 의미입니다. 주로 좁은 공간에 무언가를 넣거나 꽂는 경우에 사용합니다. 목적어는 삽입하는 물건이 오게 됩니다.

1. เขา**เสียบ**ปากกาไว้ที่กระเป๋าเสื้อเชิ้ตเสมอ
   그는 늘 셔츠 주머니에 펜을 꽂아 둔다.
2. อาจารย์เอานามบัตร**เสียบ**เหล็ก**เสียบ**กระดาษ
   교수님이 종이꽂이에 명함을 꽂으셨다.
3. ช่วย**เสียบ**ปลั๊กไฟให้หน่อย
   전기 플러그 좀 꽂아 주세요

4. ครูใช้ลวด**เสียบ เสียบ**ข้อสอบกับกระดาษคำตอบไว้ด้วยกัน

선생님이 클립으로 시험지와 답지를 함께 꽂아 두신다.

เสื่อม

퇴보하다, 쇠퇴다다
질이 떨어지다: **เสื่อมคุณภาพ** 몰락하다: **เสื่อมโทรม**

상태성 동사 **เสื่อม**은 '퇴보하다, 쇠퇴하다'의 의미입니다. 주로 시간이 지나 기능이 노후한 경우, 품질이 하락하는 경우, 도덕이나 윤리가 타락하는 경우 등에 쓰여 부정적인 의미를 나타냅니다. **โรคความจำเสื่อม**은 기억이 쇠퇴하는 병, 즉 '치매'를 의미합니다. 동사로 **เสื่อมถอย เสื่อมโทรม เสื่อมทราม** 등으로 쓰이기도 합니다.

1. คุณยายเป็นโรคความจำ**เสื่อม**

할머니는 치매에 걸리셨다.

2. เมื่อความเจริญทางวัตถุสูงขึ้น คุณธรรมของคนก็**เสื่อม**ลง

물질적 발전이 가속되면 인간의 윤리는 쇠퇴한다.

3. การเก็บสินค้าไว้นานๆ ทำให้สินค้า**เสื่อม**คุณภาพได้

상품을 오래 보관하면 상품의 질이 떨어지게 된다.

4. ภาวะเศรษฐกิจปีนี้**เสื่อม**ถอยลงกว่าปีที่แล้วมาก

올해 경제 상황이 작년에 비해 매우 악화되었다.

แสดง

표시하다, 표현하다, 나타내다

동사 **แสดง**은 '표시하다, 표현하다, 나타내다' 등의 의미를 갖습니다. 타동사로 목적어가 따라옵니다. 또는 '연기하다'로 해석되기도 해서 **นักแสดง**은 '배우'라는 뜻입니다. 구문으로 **แสดงให้เห็น**...는 '…를 나타내다'라는 뜻입니다.

1. อาจารย์ทำเครื่องหมาย**แสดง**สัญลักษณ์ให้นักเรียนได้เห็นชัดเจนขึ้น

   교수님은 학생들이 확실히 볼 수 있도록 표시를 해 주셨다.

2. เขา**แสดง**สีหน้าเครียดเมื่อได้รู้ปัญหานั้น

   그는 그 문제를 알게 되자 긴장한 얼굴을 했다.

3. หล่อน**แสดง**ละครเรื่องสโนไวท์กับคนแคระทั้ง 7

   그녀는 백설공주와 일곱난장이 연극을 공연했다.

4. น้อง**แสดง**ท่าทางเลียนแบบตัวละครได้เหมือนมาก

   동생은 배우 흉내를 아주 똑같이 낸다.

แสบ

따끔따끔 아프다, 쓰리다, 쓰라리다

동사 **แสบ**은 '쓰라리다'라는 뜻입니다. 주로 아픈 부위가 동반되어 **แสบตา**(눈이 쓰라리다), **แสบหน้า**(얼굴이 쓰라리다), **แสบผิว**(피부가 쓰라리다) 등의 형태로 쓰입니다. 은유적으로 **ตัวแสบ**은 '골칫덩어리, 애물단지'를 의미합니다.

1. แสงแดดส่องทำให้**แสบ**ตา

   햇볕이 내리 쬐어 눈이 시리다.

2. น้อง**แสบ**หน้าเพราะตากแดดนาน

   동생은 햇볕에 오래 노출이 돼서 얼굴이 따끔거린다.

3. น้อง**แสบ**ผิวเพราะถูกน้ำร้อนลวก

동생은 뜨거운 물에 데어서 피부가 쓰라리다.

4. เขาใช้คำพูดเสียดแทงฝ่ายตรงข้ามอย่างเจ็บ**แสบ**

그는 쓰라리고 아프게 상대방을 찌르는 말투를 쓴다.

แสวง

좇다, 뒤쫓다, 추구하다: **แสวงหา**

ส

동사 **แสวง**은 '뒤쫓다, 추구하다'라는 뜻을 나타냅니다. 단독으로 써서 **แสดงโชค**(모험하다, 행운을 좇다), **แสวงบุญ**(성지순례하다), **แสวงสุข**(행복을 추구하다) 등의 표현에 쓰기도 하고 **แสวงหา**(추구하다)와 같은 합성어의 형태로 쓰기도 합니다.

1. นักเดินเรือสมัยก่อนชอบเดินทาง**แสวง**โชคไปเรื่อย

과거 항해사들은 모험을 위한 여행을 계속했다.

2. เขา**แสวงหา**โชคไปตามวัดต่างๆ

그는 여러 사원을 다니며 복을 구한다.

3. คนเราทุกคนต่าง**แสวงหา**ความสุขกันทุกคน

우리 모두는 자신의 행복을 추구한다.

4. ชาวมุสลิมเดินทางไป**แสวง**บุญที่ประทศซาอุดิอารเบีย

무슬림은 사우디아라비아로 성지 순례를 간다.

ใส

맑다, 투명하다

상태성 동사 **ใส**는 '맑다, 투명하다'라는 뜻입니다. 자 단독으로 서술어나 수식어로 쓰여 **หน้าใส**(얼굴이 청초하다), **น้ำใส**(물이 맑다), **ฟ้าใส**(하늘이 청명하다) 등의 형태로 나타나기도 하고, **สดใส**(밝다, 쾌활하다), **แจ่มใส**(맑다, 청량하다, 상쾌하다), **โปร่งใส**(투명하다), **ใสสะอาด**(말갛다) 등과 같이 합성어 형태로 나타나기도 합니다.

1. วันนี้ท้องฟ้า**สดใส**

   오늘은 하늘이 맑다.

2. น้ำในลำธารนี้**ใส**มาก

   이 개천의 물은 매우 맑다.

3. ประตูกระจกนี้**ใส**มากจนมองไม่ออกว่ามีประตูอยู่

   이 유리문은 너무 투명해서 문이 있다는 것 조차 구분이 안 된다.

4. เด็กสาวคนนั้นหน้า**ใส**มาก

   그 소녀는 얼굴이 아주 말갛다.

ใส่

입다, 걸치다, 넣다, 뿌리다, 채우다

타동사 **ใส่**는 '입다, 넣다'의 의미입니다. 넣는 대상이 목적어로 와서 **ใส่เสื้อ**(옷을 입다), **ใส่รองเท้า**(신을 신다), **ใส่แว่น(ตา)**(안경을 끼다), **ใส่น้ำตาล**(설탕을 넣다) 등과 같이 사용됩니다. 유의어와 함께 **สวมใส่**의 형태로 쓰이기도 합니다. 추상적인 의미로 **ใส่ร้าย(ป้ายสี)**는 '누명을 씌우다'라는 뜻이고, **ใส่ใจ**는 '관심을 쏟다, 배려하다'의 뜻입니다.

1. วันนี้พ่อ**ใส่**รองเท้าคู่ใหม่ไปทำงาน

   오늘 아버지는 새로 산 신발을 신고 일하러 가셨다.

2. น้องกรอกน้ำ**ใส่**ขวด

   동생이 병에 물을 따라 넣는다.

3. แม่**ใส่**พริกไทยลงบนอาหาร

엄마가 음식위에 후추를 뿌린다.

4. หล่อน**ใส่**ร้ายเพื่อน

그녀는 친구를 모함했다.

ส

ห

หด

오므라 들다, 수축하다

동사 **หด**은 '오므리다, 오므라들다, 수축하다, 줄어들다'의 의미입니다. 자동사와 타동사로 모두 사용됩니다. **หดตัว**는 '수축하다'라는 뜻으로, 구체적인 대상이 오그라드는 것 외에도 경제적 상황이나 규모가 축소 되는 등의 추상적인 경우에도 사용되는 용어입니다.

1. เสื้อตัวนี้ซักแล้ว**หด**เหลือตัวนิดเดียว

   이 옷은 빨고 났더니 줄어들어서 조그만해 졌다.

2. ผู้ชายคนนั้น**หด**ขาให้ฉันเดินผ่านไป

   그 남자는 다리를 오므려 내가 지나가게 해 주었다.

3. หล่อนกลัวสามีจนหัว**หด**

   그녀는 남편이 무서워서 머리를 움츠렸다.

4. เต่า**หด**หัวเข้าไปในกระดอง

   거북이가 껍질 안으로 머리를 쏙 집어 넣었다.

หนวก

들리지 않다, 거슬리다 / 귀에 거슬리다: **หนวกหู**

동사 **หนวก**은 '들리지 않다, 거슬리다'라는 뜻으로, **หูหนวก**은 '귀머거리'라는 뜻입니다. 어순이 반대로 되어 **หนวกหู** 가 되면 '귀에 거슬리다, 시끄럽다'라는 뜻이 됩니다.

1. ผู้ชายคนนั้นหู**หนวก**มาตั้งแต่เด็ก

   그 남자는 어릴때부터 귀가 안 들린다.

2. หู**หนวก**หรือไง เรียกตั้งหลายทีไม่ยอมตอบ

   귀머거리야 뭐야? 여러번 불렀는데 왜 대답이 없어.

3. เสียงเพลงดัง**หนวก**หูมาก

   노랫 소리가 너무 커서 정말 시끄럽다.

4. เขาฟังเพลงเสียงดังจนเป็นโรคหู**หนวก**

   그는 노래를 너무 크게 들어서 결국 귀가 먹었다.

หนา

두껍다, 진하다

상태성 동사 **หนา**는 '두껍다, 진하다'라는 뜻입니다. 단독으로 서술어나 수식어로 사용되기도 하고, **หนาแน่น/แน่นหนา**(꽉 차다, 밀집하다) **หนาทึบ**(빽빽하다, 울창하다) 등의 합성어로도 쓰입니다. **ความหนาแน่น**은 밀도 라는 뜻의 명사입니다.

1. หล่อนห่มผ้า**หนา**มากเพราะอากาศหนาว

   그녀는 날씨가 추워서 두꺼운 이불을 덮었다.

2. ผู้ชายผิวเข้มหนวดเครา**หนา**ดูท่าทางน่ากลัว

   남자는 피부색이 진하고 수염이 잔뜩 나 아주 사납게 보인다.

3. น้องสายตาสั้นเลยต้องสวมแว่นตา**หนา**มาก

동생은 근시라서 아주 두꺼운 안경을 써야 한다.

4. พื้นบ้านของเขาทำด้วยไม้กระดานแผ่น**หนา**

그의 집 바닥은 두꺼운 나무합판으로 만들었다.

หนาว 춥다

상태성 동사 **หนาว**는 '날씨가 춥다'라는 뜻입니다. 서술어나 수식어로 사용됩니다. 계절 중 **ฤดูหนาว** 또는 **หน้าหนาว**는 겨울이라는 의미입니다. 한편, 춥다는 '느낌은 무섭다'라는 의미와도 연관되어 **หนาว** 가 '무섭다, 간담이 서늘하다'라는 뜻을 나타내기도 합니다.

1. วันนี้อากาศ**หนาว**

오늘은 날이 춥다.

2. ภาคเหนือปีนี้**หนาว**กว่าปีที่แล้ว

북부는 올해가 작년보다 더 춥다.

3. เขารู้สึกร้อนๆ**หนาวๆ**เหมือนจะไม่สบาย

그는 몸이 안 좋을 듯이 추웠다 더웠다 한다.

4. เราควรสวมเสื้อหนาๆในฤดู**หนาว**

겨울에는 두꺼운 옷을 입어야 한다.

ห

หนี

달아나다, 도망가다

동사 **หนี**는 '달아나다, 도망치다'라는 뜻입니다. 우리말 대응으로 보면 자동사처럼 보이지만 실제 **หนี**의 쓰임은 타동사로 피하는 대상이 목적어로 옵니다. 태국 속담 **หนีเสือปะจระเข้**는 '범을 피하고 악어를 만나다'라는 뜻입니다.

1. เขา**หนี**ออกจากบ้านไปตั้งแต่ยังเด็ก

   그는 어릴 때 부터 가출을 했다.

2. แรงงานพม่า**หนี**เข้ามาทำงานในเมืองไทยมากขึ้นทุกวัน

   태국에 취업하러 밀입국하는 미얀마 노동자들이 나날이 증가하고 있다.

3. เขาวิ่ง**หนี**ผู้ร้ายสุดชีวิต

   그는 죽을 힘을 다해 괴한에게서 달아났다.

4. ผู้ก่อการร้าย**หนี**การจับกุม

   테러리스트가 검거망을 피했다.

หนีบ

끼우다, 집다

หนีบ은 끼우다, 집다 라는 의미의 동사입니다. 주로 타동사로 쓰이면서 끼우거나 집는 대상이 목적어로 옵니다. 명사 **ไม้หนีบผ้า**는 '빨래집게'라는 뜻입니다.

1. น้องถูกประตู**หนีบ**

   동생이 문에 끼었다.

2. เลขานุการ**หนีบ**เอกสารเป็นชุดๆ เพื่อที่จะหาได้ง่าย

   비서가 찾기 쉽도록 서류를 세트별로 철을 해 둔다.

3. เขาถูกปู**หนีบ**จนนิ้วบวม

그는 게한테 집혀서 손가락이 부었다.

4. เขาใช้เครื่อง**หนีบ**ผมทำให้ผมตรง

그는 고데기로 머리카락을 똑바로 편다.

ห่ม

덮다 / 이불: **ผ้าห่ม**

타동사 **ห่ม**은 '덮다, 씌우다'의 의미입니다. 주로 **ห่มผ้า**는 '이불을 덮다'라는 뜻으로 쓰입니다. 명사에서 **ผ้าห่ม**은 '이불', **เครื่องนุ่งห่ม**은 '의복'이라는 뜻입니다.

1. แม่**ห่ม**ผ้า**ห่ม**ให้ลูกๆ

엄마가 아이들에게 이불을 덮어 준다.

2. ถ้าอากาศหนาวๆ ควร**ห่ม**ผ้าหนาๆ จะได้ไม่เป็นหวัด

날씨가 추우면 따뜻한 이불을 덮어야 감기에 안 걸린다.

3. พระสงฆ์ไทย**ห่ม**จีวรสีเหลือง

태국의 승려들은 황색 승복을 두른다.

4. เขาใช้ผ้า**ห่ม**ไหมพรม**ห่ม**เวลาหนาว

그는 추울 때는 털실 이불을 덮는다.

หมด 다하다, 끝나다, 소진되다 / 모두, 완전히

동사 **หมด**은 '다하다, 끝나다, 소진되다'라는 뜻입니다. 서술어로 기능하거나 동사 뒤에서 부사로 사용되는 경우가 많습니다. 예컨대, **เงินหมด**(돈이 다 됐다), **ของกินหมด**(음식이 다 떨어졌다) 등과 같이 자동사로 쓰이거나, **กินข้าวหมด**(밥을 다 먹다), **ใช้เงินหมด**(돈을 다 쓰다)□서와 같이 부사로 쓰이기도 합니다. 한편, 타동사의 형태로 쓰이는 경우도 있는데 **หมดกำลังใจ**(의욕이 다했다), **หมดปัญญา**(방법이 없다), **หมดกังวล**(걱정이 가셨다) 등이 그 예입니다.

1. น้องกินขนม**หมด**

   동생이 카놈을 다 먹었다.

2. ขนมที่เหลือฉันขอเหมา**หมด**เลย

   남은 카놈은 내가 다 해치우겠다.

3. อาหารที่สั่ง**หมด**ทุกอย่างเลยค่ะ

   주문한 음식을 다 먹었어요.

4. พ่อแม่**หมด**ปัญญาที่จะส่งลูกเรียนต่อมหาวิทยาลัย

   부모는 자식을 대학에 보낼 길이 없다.

หมอบ 엎드리다, 웅크리다

동사 **หมอบ**은 '엎드리다, 웅크리다'의 의미입니다. 주로 방향동사 **ลง**이 후행하여 **หมอบลง**의 형태로 많이 씁니다. 단독으로 서술어로 쓰이기도 하고, 다른 유의어와 결합하여 **หมอบกราบ**(엎드려 절하다), **หมอบคลาน**(부복하다) 등의 형태로 쓰이기도 합니다.

1. ลูกๆ ล้มลง**หมอบ**กราบเท้าพ่อและแม่

   자식들이 부모의 발에 엎드려 절을 한다.

2. เมื่อแผ่นดินไหวควร**หมอบ**อยู่ใต้โต๊ะ

   지진이 나면 책상 아래에 엎드려야 한다.

3. น้องตกใจเสียงฟ้าร้องเลย**หมอบ**ตัวอยู่ใต้ผ้าห่ม

동생은 천둥 소리에 놀라 이불 아래에 엎드려 있었다.

4. ในสมัยรัชกาลที่ 5 ได้มีการประกาศยกเลิกประเพณี**หมอบ**คลาน

라마5세 시대에 부복제를 철폐했다.

หมัก

담가두다, 발효시키다

동사 **หมัก** 은 담가두다, 발효하다, 양념에 재다, 숙성하다 등의 우리말에 대응될 수 있습니다. 김치와 같은 발효식품은 명사로 **อาหารหมักดอง** 이라 부릅니다.

1. กิมจิเป็นอาหาร**หมัก**ดองชนิดหนึ่ง

김치는 발효식품의 일종이다.

2. ชาวสวน**หมัก**ปุ๋ยชีวภาพใช้เองทำให้ประหยัดค่าใช้จ่าย

농민들이 직접 바이오 비료를 제조해서 씀으로써 비용이 절감된다.

3. ไวน์ที่ดีต้อง**หมักบ่ม**ในอุณหภูมิที่พอเหมาะ

양질의 와인은 적절한 온도에서 숙성해야 한다.

4. แม่**หมัก**หมูแล้วทอดให้เด็กๆ

엄마가 돼지고기를 재웠다가 튀겨서 아이들에게 준다.

หมั้น

약혼하다 / 약혼자: **คู่หมั้น**

동사 **หมั้น**은 '약혼하다'라는 뜻입니다. 약혼자는 명사로 **คู่หมั้น**, 약혼반지는 **แหวนหมั้น** 이라고 합니다. 파혼하는 것은 **ถอนหมั้น** 이라고 표현합니다.

1. เดือนหน้าเขาและหล่อนจะ**หมั้น**กัน

   다음달에 그와 그녀는 약혼을 한다.

2. พ่อของเขาได้**หมั้น**หมายคู่ครองไว้ให้เขาแล้ว

   그의 아버지는 이미 그의 짝을 점지해 두셨다.

3. เขาสองคนเป็น**คู่หมั้น**กัน

   그들 둘은 약혼한 사이다.

4. หญิงสาวขอถอน**หมั้น**หลังจากที่เห็นคนรักนอกใจ

   여자는 자신의 애인이 바람피운 것을 알고 파혼했다.

หมาย

뜻하다: **หมายความ, ความหมาย**

동사 **หมาย**는 '뜻하다, 의미하다'라는 뜻입니다. **หมายความ**은 '내용을 의미하다', 즉 '뜻하다'라는 뜻이고 어순을 반대로 하면 **ความหมาย**는 추상명사로 '의미'라는 뜻이 됩니다. 동사 **หมาย**는 명사로는 '영장'이라는 뜻도 있어서 **หมายศาล**(법원 영장), **หมายจับ**(체포영장), **หมายค้น**(수색영장) 등의 형태로 쓰입니다. 명사로 **กฎหมาย**는 법, 법률을 의미합니다.

1. ประโยคนี้**หมายความ**ว่าอย่างไร

   이 문장은 무슨 뜻입니까?

2. **ความหมาย**ของเพลงนั้นลึกซึ้งมาก

   그 노래의 의미는 아주 심오하다.

3. เจ้าหน้าที่ตำรวจยื่น**หมาย**ค้นให้เขาก่อนที่จะขอค้นบ้าน

경찰관이 집을 수색하기 전 그에게 수색영장을 제시했다.

4. นักการเมืองคนนั้นโดน**หมายเรียก**เรื่องทุจริตคอรัปชั่น

그 정치인은 부정부패혐의로 소환됐다.

หมุน

돌다, 회전하다
순환, 유통: **หมุนเวียน** 자금을 회전시키다: **หมุนเงิน**

동사 **หมุน**은 '돌다, 회전하다'라는 뜻입니다. 주로 제자리에서 어떤 축을 중심으로 도는 것을 의미하여 **หมุนตัว** 하면 '회전하다'라는 뜻입니다. 유의어와 결합하여 **หมุนเวียน**은 '순환하다, 유통하다'라는 뜻으로 쓰입니다.

1. น้อง**หมุน**เข็มนาฬิกาเล่น

동생이 시계 바늘을 돌리며 논다.

2. ลูกๆ **หมุนเวียน**สับเปลี่ยนกันมาเฝ้าไข้พ่อ

자식들이 교대로 돌아가면서 아버지의 간호를 한다.

3. ฉันเอาสร้อยคอทองคำไปจำนำเพื่อนำเงินมา**หมุน**ใช้

나는 자금 회전을 위해서 금목걸이를 저당 잡혔다.

4. โลก**หมุน**รอบตัวเองใช้เวลา 24 ชั่วโมง

지구가 자전하는데 24시간이 걸린다.

ห

หยอด

집어 넣다, 조금씩 떨어 뜨려 넣다

타동사 **หยอด**은 '집어 넣다, 조금씩 떨어뜨리다'의 의미를 나타내는 동사입니다. 목적어로는 넣거나 떨어뜨리는 대상이 옵니다. **ทองหยอด**은 계란 노른자를 주 재료로 하여 만드는 태국 음식으로 후식으로 많이 먹습니다.

1. น้อง**หยอด**กระปุกออมสินทุกวัน

   동생은 매일 저금통에 돈을 넣는다.

2. ฉัน**หยอด**น้ำตาเทียมเพราะตาแห้ง

   나는 눈이 건조해서 인공눈물을 넣는다.

3. ฉันไม่ค่อยชอบกิน**ทองหยอด** เพราะหวานเกินไป

   나는 너무 달아서 텅엿을 별로 안 좋아한다.

4. เขา**หยอด**คำหวานชมภรรยาว่าสวยทุกวัน

   그는 부인에게 늘 예쁘다고 칭찬을 날렸다.

หย่อน

드리우다, 집어 넣다, 처지다 / 늦추다, 경감하다

หย่อน은 자동사와 타동사로 모두 쓰입니다. **หย่อนของ**은 '물건을 드리워 내리다', **หนังตาหย่อน**은 '눈꺼풀이 쳐지다'로 해석할 수 있겠습니다. **หย่อนใจ** 은 편하게 휴양을 하며 긴장을 푸는 것을 이야기하며 주로 **พักผ่อนหย่อนใจ**의 합성어 형태로 많이 씁니다.

1. คนงาน**หย่อน**ของลงมาจากตึกสูง

   일꾼이 고층건물에서 물건을 드리워 내렸다.

2. เมื่อแก่ตัวลงผิวหนังก็ย่อม**หย่อน**ยานไปตามอายุ

   나이가 들면 피부도 나이에 따라 점점 처지게 된다.

3. เขาผูกตาข่าย**หย่อน**ไป

그는 네트를 묶어 드리웠다.

4. ว่าง ๆ ชอบฟังเพลงเพื่อเป็นการพักผ่อน**หย่อน**ใจ

시간이 날때는 휴식을 위해 노래 듣는 걸 좋아한다.

หย่า

이혼하다 / 중지하다, 끊다

ห

동사 **หย่า**는 '이혼하다'라는 뜻입니다. 단독으로도 쓰고 **หย่าร้าง** 같은 합성어로도 씁니다. 보통 행위자가 복수로 나타나므로 부사 **กัน**이 같이 쓰이며, 이혼하는 대상이 올 때는 전치사**กับ**으로 연결합니다. 이혼율은 **อัตราการหย่าร้าง**으로 표현합니다. 비슷한 의미로 **แยกทางกัน**(갈라서다)이라는 표현도 사용됩니다. 한편, '끊다, 중단하다'의 의미로도 쓰여, 태국어로 **หย่านม**은 '젖을 떼다'라는 의미입니다.

1. ผม**หย่า**กับภรรยานานแล้ว

나는 와이프와 이혼한 지 오래다.

2. เขาจดทะเบียน**หย่า**กับภรรยาแล้ว

그는 부인과 이혼신고를 했다.

3. ปัญหาการ**หย่า**ร้างเป็นปัญหาใหญ่ของสังคมที่กำลังเพิ่มขึ้นอย่างรวดเร็ว

이혼 문제는 급증하고 있는 심각한 사회 문제다.

4. อัตราการ**หย่า**ร้างในประเทศไทยเพิ่มขึ้นเรื่อยๆ

태국 내 이혼율은 점차적으로 증가하고 있다.

หยาบ
거칠다, 난폭하다, 천하다

상태성 동사 **หยาบ**은 '거칠다, 난폭하다, 천하다' 등의 의미를 나타냅니다. 물리적으로 어떤 대상의 표면이 거칠거칠한 경우 뿐 아니라, 성향이나 상황이 거칠고 난폭한 경우에도 사용할 수 있는 표현입니다. 합성어로 **หยาบคาย**는 '천하다, 상스럽다'라는 뜻으로, **คำหยาบคาย**는 은어나 비속어를 말합니다.

1. แม่ฝ่ามือ**หยาบ**มากเพราะทำงานบ้านหนัก

   엄마는 고된 집안 일로 인해 손바닥이 거칠다.

2. วัยรุ่นสมันนี้พูดจา**หยาบคาย**ไม่สุภาพ

   요즘 청소년들은 말이 거칠고 무례하다.

3. เขาเป็นคน**หยาบ**กระด้าง

   그는 거친 사람이다.

4. เขาใช้ทราย**หยาบ**ผสมปูนซีเมนต์เทพื้น

   그는 거친 모래와 시멘트를 섞어 바닥에 쏟았다.

หยิก
꼬집다 / 곱슬곱슬 하다

동사 **หยิก**은 크게 두 가지 의미가 있습니다. 자동사로는 '곱슬거리다'라는 뜻으로 주어가 주로 **ผม**(머리카락)이 옵니다. 반곱슬 머리는 **หยักศก** 이라고 표현합니다. 타동사로는 '꼬집다'의 의미로 꼬집는 대상이 목적어로 옵니다.

1. น้องถูกแม่**หยิก**เพราะซน

   동생은 말썽을 부리다가 엄마한테 꼬집혔다.

2. พี่แอบ**หยิก**น้อง

   언니가 몰래 동생을 꼬집는다.

3. เขาผม**หยิก**

그는 머리가 곱슬이다.

4. หล่อนไปดัดผม**หยิก**ที่ร้านเสริมสวย

그녀는 미용실에 파마를 하러 갔다.

หยิ่ง

건방지다, 오만하다, 자만하다

상태성 동사 **หยิ่ง**은 '건방지다, 오만하다'라는 뜻입니다. 단독으로 서술어나 수식어로 쓰거나 **หยิ่งยโส หยิ่งผยอง เย่อหยิ่ง** 등의 동사성 합성어로도 사용되는데, 모두 '오만하다, 도도하다, 으스대다, 거들먹거린다'의 의미를 나타냅니다.

1. ดาราคนนั้นดังแล้ว**หยิ่ง**

그 연예인은 뜨고 나니 건방을 떤다.

2. หล่อน**หยิ่ง**ไม่คบเพื่อนจนๆ เพราะที่บ้านมีฐานะดี

그녀는 집안에 돈이 많다는 이유로 오만을 떨며 친구를 가려 사귄다.

3. เขา**หยิ่ง**ไม่ยอมพูดกับใคร

그는 건방져서 아무와도 이야기를 하지 않는다.

4. เขาเป็นคน**หยิ่ง**ยโส

그는 도도한 사람이다.

หยิบ

집다, 줍다

동사 **หยิบ**은 '집다, 줍다'라는 뜻입니다. 타동사로 집는 대상이 목적어로 옵니다. 주로 물리적으로 손을 사용해 집어 드는 동작을 가리킵니다. 추상적인 경우, **หยิบยก** 에서 처럼 '어떤 주제나 안건을 끄집어 내다'의 의미를 나타내기도 합니다. 주로 부동사로 **ขึ้น(มา)**이 함께 사용되는 경우가 많습니다.

1. แม่**หยิบ**เงินให้น้องก่อนไปโรงเรียน

   엄마는 동생이 학교 가기 전에 돈을 집어 주었다.

2. เขาชอบ**หยิบ**ของคนอื่นไปโดยไม่ได้รับอนุญาต

   그는 허락도 받지 않고 남의 것을 집어 가기를 잘한다.

3. หล่อน**หยิบ**เงินบนพื้นแล้วถามว่านี่เงินใครหล่นอยู่ที่นี่

   그녀는 바닥에 있는 돈을 집어서는 누구 돈이 여기 떨어져 있냐고 물었다.

4. แม้จะลำบากแต่เขาก็ไม่ขอ**หยิบ**ยืมเงินจากใคร

   형편이 어려워도 그는 누구에게 빚을 지지 않았다.

หยุด

멈추다 / 쉬다 / 일을 쉬다, 파업하다: **หยุดงาน**

동사 **หยุด**은 '멈추다, 쉬다' 등을 뜻합니다. 타동사로 목적어가 동반되어 **หยุดงาน**(일을 쉬다), **หยุดกิจการ**(장사/사업을 멈추다) 등의 형태로 씁니다. 동사의 뒤에서 '~하는 것을 멈추다'라는 뜻을 나타내기도 합니다. 명사로 **วันหยุด**은 휴일이라는 뜻이며, **วันหยุดราชการ**은 공휴일을, **วันหยุดติดต่อ**는 연휴를 말합니다.

1. เขาพูดไม่**หยุด**

   그는 쉬지 않고 말한다.

2. วันนี้เป็น**วันหยุด**ของเขา

   오늘은 그의 휴일이다.

3. คนงาน**หยุด**งานประท้วง

일꾼들이 파업 시위를 했다.

4. เขาตัดสินใจ**หยุด**กิจการเพราะทำต่อไปมีแต่จะขาดทุน

그는 적자 뿐인 사업을 그만 접기로 결심했다.

หรูหรา

화려하다, 호화롭다

상태성 동사 **หรูหรา**는 '화려하다, 호화롭다, 현란하다'라는 뜻입니다. 단독으로 서술어로 쓰이기도 하고, 동사의 뒤에서 부사로도 사용합니다. **แต่งตัวหรูหรา**는 '화려하게 옷을 입다 라'는 뜻입니다. 명사형은 **ความหรูหรา** 입니다.

1. บ้านของเขาดู**หรูหรา**มากตกแต่งด้วยเฟอนิเจอร์นำเข้าจากต่างประเทศ

그의 집은 해외에서 수입한 가구로 장식해 화려해 보인다.

2. กระเป๋าใบนั้น**หรูหรา**มากเหมาะกับคุณหญิงคุณนาย

그 가방은 아주 화려해서 사모님들에게나 어울린다.

3. โรงแรมนี้**หรูหรา**มากสมกับที่เป็นโรงแรม 5 ดาว

이 호텔은 5성급 호텔이라는 것에 걸맞게 매우 화려하다.

4. เขาทำตัว**หรูหรา**ทั้งๆที่มีรายได้น้อย

그는 소득이 적은 데도 화려한 척 했다.

หลง

빠지다, 잃다, 도취하다
자아도취되다: **หลงตัวเอง** 속임수에 넘어가다: **หลงเชื่อ**
길을 잃다: **หลงทาง**

동사 **หลง**은 빠지다, 잃다, 도취하다 등의 우리말에 대응됩니다. **หลงทาง**은 '길을 잃다', **หลงกล**은 '계략에 빠지다', **หลงตัวเอง**은 자아도취에 '빠지다', **หลงรัก**은 '사랑에 빠지다', **หลงเสน่ห์**는' 매력에 빠지다'라는 뜻입니다. **หลงเชื่อ**는 '분별 없이 맹신하다'라는 의미가 됩니다.

1. เรา**หลง**รักเธอตั้งแต่แรกพบ

   난 널 처음 봤을때부터 사랑에 빠졌어.

2. ผู้จัดการเป็นคน**หลง**ตัวเองมากจนพนักงานเอือมระอา

   과장은 제 잘난 맛에 사는 사람이라 직원들이 아주 질려버렸다.

3. ฉัน**หลง**ทางเข้าซอยผิด

   나는 길을 잃고 다른 골목에 잘못 들어갔다.

4. เธอ**หลงเชื่อ**หมอดูมากเกินไป

   그녀는 점쟁이를 너무 맹신한다.

หลบ

피하다, 도피하다 / 탈세하다: **หลบภาษี**

동사 **หลบ**은 '피하다, 도피하다'라는 의미입니다. 유의어 **หนี**와 유사하게, '~을 피하다'의 뜻을 지니고 있습니다. **หลบฝน**(비를 피하다), **หลบตา**(눈을 피하다), **หลบพ่อแม่**(부모를 피하다), **หลบตำรวจ**(경찰을 피하다), **หลบภาษี**(세금을 피하다, 탈세하다) 등의 형태로 사용됩니다. 유의어와 결합하여 **หลบหนี**(도피하다), **หลบซ่อน**(피해 숨다) 등의 형태로도 쓰입니다.

1. น้อง**หลบ**แม่อยู่ใต้เตียง

   동생은 엄마를 피해 침대 아래에 숨었다.

2. โจร**หลบ**ตำรวจอยู่ในป่า

   강도가 경찰을 피해 숲에 숨어 있다.

3. นักธุรกิจคนนั้น**หลบหนี**ภาษี

그 사업가는 탈세를 했다.

4. เขา**หลบหนี**การจับกุม

그는 검거를 피했다.

หลวม

헐렁하다, 느슨하다

상태성 동사 **หลวม**은 '헐렁하다, 느슨하다'의 의미입니다. 자동사의 형태로 서술어로 쓰이거나 명사나 동사 뒤에서 수식어로 사용됩니다. 합성어 **หละหลวม**은 '부주의하다, 허술하다'라는 뜻입니다.

1. เสื้อตัวนี้**หลวม**มากจนฉันใส่ไม่ได้

이 옷은 너무 커서 내가 입을 수 없다.

2. การรักษาความปลอดภัยของโรงแรมนี้**หละหลวม**มาก

이 호텔은 방범이 너무 허술하다.

3. เขา**หลวม**ตัวเข้าไปทำงานผิดกฎหมาย

그는 휘말려 들어서 불법 노동을 하게 됐다.

4. เขาลดน้ำหนักจนกางเกง**หลวม**

그는 다이어트를 해서 바지가 헐렁해졌다.

ห

หล่อ

주조하다 / 잘생기다: **รูปหล่อ** / 부드럽게 하다, 윤활하다

동사 **หล่อ**는 크게 세 가지의 의미가 있습니다. 첫째로 자동사로는 '외모가 잘생기다'의 의미를 나타내서 **หน้าตาหล่อ รูปหล่อ** 등의 형태로 사용합니다. 둘째로 타동사로는 '주조하다, 주물하다'의 의미를 나타내는데, 주로 철강류를 주조할 때 사용하는 동사입니다. **โรงหล่อเหล็ก**는 '제철소'를 의미합니다. 추상적으로 **หล่อหลอม**은 (훈육, 계몽 등을 통해) '만들다, 조성하다'의 의미를 나타내기도 합니다. 셋째로는 '윤활하다, 부드럽게 하다'라는 의미로 **น้ำมันหล่อลื่น**은 '윤활유'라는 뜻입니다.

1. เด็กคนนั้นหน้าตา**หล่อ**

   그 아이는 얼굴이 잘생겼다.

2. ดาราคนนั้นรูป**หล่อ**มาตั้งแต่เด็ก

   그 스타는 어릴 때부터 인물이 좋았다.

3. ชาวบ้านช่วยกัน**หล่อ**พระพุทธรูป

   주민들이 힘을 모아 불상을 주조한다.

4. ผู้หญิงส่วนใหญ่ชอบผู้ชาย**หล่อ** แต่ฉันไม่ชอบ

   대부분의 여자들이 잘생긴 남자를 좋아하지만 난 아니다.

หลอก

속이다

타동사 **หลอก**은 '속이다'라는 뜻입니다. 속이는 대상이 주로 목적어로 옵니다. **หลอกลวง**(기만하다, 속이다), **หลอกล่อ**(계략을 써서 속이다) 등의 합성어로도 씁니다. **หลอกตัวเอง**은 '자기 자신을 속이다, 자신을 기만하다'라는 뜻입니다. **โดนหลอก**은 '사기 당하다'라는 의미입니다.

1. ผู้หญิงคนนั้น**หลอก**ขายของปลอมว่าเป็นของแท้

   그 여자는 가품을 진품으로 속여 팔았다.

2. เขา**หลอก**เงินหล่อนไปหลายบาท

그는 그녀를 속여 돈을 적잖이 가져갔다.

3. พ่อ**หลอก**แม่ว่ามีประชุมที่บริษัทแต่จริงๆ แล้วแอบไปเที่ยวกับเพื่อน

아빠는 회사 회의가 있다고 엄마를 속였지만 사실 친구랑 놀러갔다.

4. หล่อนโดน**หลอก**ไปขายตัว

그녀는 속아서 매춘을 하게 됐다.

ห

หลับ

(눈을) 감다, 자다 / 눈을 감다: **หลับตา**

동사 **หลับ**은 '잠이 들다' 또는 '눈을 감다'라는 뜻입니다. 유의어인 **นอน**과 비교해보면 **หลับ**은 눈을 감고 잠자는 것을 의미하는데 비해 **นอน**은 눕는 것을 의미합니다. 대부분 잠자기 위해 눕기 때문에 **นอน**이 '잠자다'라고 해석되는 경우가 많습니다. 잠자리에 들다는 **เข้านอน**으로 표현합니다. 한편, **นอนไม่หลับ**은 '자려고 눕긴 누웠는데 잠이 안 온다'의 의미가 됩니다. **หลับ ๆ ตื่น ๆ**은 '자다 깨다 하다'라는 뜻입니다. 유의어와 함께 **นอนหลับ**의 형태로도 자주 쓰며 **ยานอนหลับ**은 '수면제'라는 뜻입니다.

1. ฉันนอนไม่**หลับ**

나는 잠이 안 온다.

2. พ่อ**หลับ**สนิทมากแม่เรียกหลายครั้งก็ไม่ได้ยิน

아버지는 잠이 깊이 들어서 엄마가 몇 번을 불러도 못 들었다.

3. ฉัน**หลับตา**ลงคิดถึงเรื่องวันวาน

나는 눈을 감고 과거의 추억을 회상했다.

4. เด็ก**หลับ**ง่ายกว่าผู้ใหญ่

아이들은 어른보다 쉽게 잠이 든다.

หลีก

피하다 / (길을) 터주다
회피하다: **หลีกเลี่ยง**

동사 **หลีก**은 '피하다, (길을) 터 주다'라는 뜻입니다. **หลีกทาง**은 '길을 비켜주다'라는 뜻이 됩니다. 단독으로도 사용하지만 주로 **หลีกเลี่ยง**의 합성어 형태로 '피하다, 회피하다'라는 의미를 나타내는 경우가 많습니다.

1. ฉัน**หลีก**ทางให้เขาเดินไปก่อน

   나는 그가 먼저 걸어가도록 길을 터 주었다.

2. ฉันขับรถ**หลีก**สิ่งกีดขวาง

   나는 방해물을 피해 운전한다.

3. กรุณา**หลีกเลี่ยง**เส้นทางนี้ในเวลา 17.00-19.00น.

   17: 00-19: 00시 본 도로 우회 바랍니다.

4. เขา**หลีกเลี่ยง**การปะทะคารมกับคนพาล

   그는 불한당과의 충돌은 피한다.

หลุด

빠지다
끈이 풀어지다: **แก้เชือก**

동사 **หลุด**은 자동사로' 빠지다'라는 뜻입니다. 타동사로는 사용되지 않습니다. 구체적인 어떤 대상이 빠지는 경우도 쓰고, 추상적인 대상인 경우에도 사용합니다. 예컨대, **ฟันหลุด**(이가 빠지다, **ของหลุด** (물건이 빠지다) 등은 구체적인 대상의 예시이고, **หลุด(พ้น)จากตำแหน่ง**(직책에서 해임되다) 등은 추상적인 대상입니다. **หลุดปาก**은 '실언하다'라는 의미이며, **หลุดมือ**는 '손에서 놓치다'라는 의미가 됩니다.

1. ฉันสามารถ**หลุด**พ้นปัญหานั้นได้เพราะคุณช่วยไว้

   당신이 도와 준 덕에 그 문제에서 벗어날 수 있었다.

2. เขา**หลุด**จากตำแหน่งผู้บริหารกลางคัน

그는 임원직에서 중도 하차했다.

3. นก**หลุด**ออกจากกรง

새가 새장에서 풀려났다.

4. เขาแก้เชือกที่ผูกเอาไว้จน**หลุด**

그는 묶여있는 밧줄을 결국 풀었다.

ห

หวง

보호하다, 소중히 여기다, 애지중지하다

동사 **หวง**은 '보호하다, 애지중지하다'라는 뜻입니다. 중립적인 의미로 쓰일 때도 있지만 주로 '지나치게 아끼다'라는 의미를 나타내며 부정적인 의미를 나타내는 경우가 많습니다. 합성어로 **หวงแหน**은 '사랑하고 보호하다'라는 뜻입니다.

1. พ่อ**หวง**ลูกสาวมากไม่ยอมให้ไปเรียนต่างจังหวัด

아버지는 딸을 애지중지해서 다른 지방으로 유학을 못 보낸다.

2. เขา**หวง**แหวนวงนั้นมากเพราะเป็นสมบัติเก่าแก่

그는 오래된 보물이라 그 반지를 너무나 아낀다.

3. เราควรช่วยกัน**หวง**แหนธรรมชาติไว้ให้รุ่นลูกรุ่นหลาน

우리는 후손들을 위해 모두 함께 자연을 아끼고 보호해야 한다.

4. เขา**หวง**ที่ดินผืนนั้นเพราะเป็นมรดกที่ได้รับจากพ่อ

그는 그 땅이 아버지로부터 물려받은 것이라서 너무나 아낀다.

ห่วง

근심하다, 걱정하다: **ห่วงใย**

동사 **ห่วง**은 '걱정하다, 근심하다'라는 뜻입니다. 타동사로 사용하기도 하고, 명사처럼 써서 **เป็นห่วง**…의 형태로도 자주 씁니다. 합성어로는 **ห่วงใย**(걱정하다, 염려하다) 가 있습니다.

1. พ่อแม่**ห่วง**ลูกเสมอ

   부모는 늘 자식 걱정이다.

2. ฉัน**ห่วง**เขาว่าทำไมป่านนี้แล้วยังไม่กลับมาอีก

   나는 왜 이시간이 되도록 아직 안 오는지 그가 걱정된다.

3. พ่อแม่**ห่วงใย**ดูแลลูกๆ อย่างใกล้ชิด

   부모는 자식들을 걱정하며 가까이 돌본다.

4. เขาเป็น**ห่วง**สถานการณ์บ้านเมืองที่วุ่นวายในขณะนี้

   그는 현재 불안정한 국내 상황이 걱정된다.

หวัง

희망하다, 기대하다

동사 **หวัง**은 '희망하다, 기대하다'라는 뜻입니다. 주로 **หวังว่า**...의 형태로 써서 …'하기를 바랍니다'로 해석되는 경우가 많습니다. 명사형은 **ความหวัง** 또는 **หวัง** 자체를 명사로 써서 '희망'이라는 뜻으로 사용합니다. **สมหวัง**(소망한 바대로 이루다), **ผิดหวัง**(실망하다), **สิ้นหวัง**(절망하다), **หมดหวัง**(희망이 사라지다) 등 다양한 형태로 쓰입니다. 동사성 합성어로 **มุ่งหวัง**(의도하다), **คาดหวัง**(기대하다) 등도 사용됩니다.

1. เขา**หวัง**ว่าหล่อนจะตอบรับการขอแต่งงาน

   그는 그녀가 청혼에 응답해 주기를 희망하고 있다.

2. **หวัง**ว่าทุกคนคงสบายดี

   다들 잘 지내고 계시기를 바랍니다.

3. ผม**หวัง**ว่าจะได้เลื่อนตำแหน่งในปีนี้

저는 올해 안으로 승진하기를 기대합니다.

4. เขาได้เป็นครูตามที่**มุ่งหวัง**

그는 자신이 희망한 바와 같이 선생님이 되었다.

หวาน (맛이) 달다

상태성 동사 **หวาน**은 '맛이 달다'라는 뜻입니다. 서술어로 쓰이거나 수식어로 쓰입니다. '달다'라는 것은 주로 기분이 좋거나 듣기 좋은 것과 연관이 되어, **ปากหวาน**은 '달콤한 말을 하다' 즉, '듣기 좋은 말을 하다, 칭찬하다, 인사치레하다'라는 뜻입니다. 한편 속담 중에 **หวานเป็นลมขมเป็นยา**는 직역하면 '달면 바람이고, 쓰면 약이다'로 해석할 수 있으며, 우리말로는 '입에는 쓰나 몸에는 좋다'라는 뜻입니다.

1. เค้กชิ้นนี้**หวาน**มาก

이 케익은 너무 달다.

2. แม่เป็นคนชอบทานของ**หวาน**ทำให้เป็นโรคเบาหวาน

엄마는 단 것을 너무 좋아하셔서 당뇨에 걸리셨다.

3. เขาชอบพูดจา**หวาน**กับผู้หญิงสวย ๆ เสมอ

그는 이쁜 여자한테는 늘 달콤한 말을 한다.

4. เขากินน้ำแข็งไสราดนมข้น**หวาน**

그는 연유를 뿌린 빙수를 먹는다.

ห่อ

포장하다 / 푸대, 보따리

타동사 **ห่อ**는 '포장하다'라는 뜻입니다. 목적어로 포장하거나 싸는 대상이 옵니다. **ห่อของขวัญ**은 '선물을 포장하다'라는 의미입니다. 명사로는 포장한 물건 자체를 가리키기도 합니다.

1. น้องกำลัง**ห่อ**ของขวัญวันเกิดให้พ่อ

   동생이 아버지께 드릴 생일 선물을 포장하고 있다.

2. พ่อซื้อผัดไท**ห่อ**กลับบ้าน

   아빠가 팟타이를 포장해서 오셨다.

3. เขา**ห่อ**พัสดุอย่างหนาแน่นก่อนส่งไปรษณีย์

   그는 우편으로 보내기 전에 단단히 소포를 포장했다.

4. น้องแกะ**ห่อ**ของขวัญที่เพื่อนให้ในวันเกิด

   동생은 친구들이 생일에 준 선물 포장을 풀어본다.

หอม

향기롭다 / 볼에 뽀뽀하다: **หอมแก้ม** / 파: **ต้นหอม**, 양파: **หัวหอม**

상태성 동사 **หอม**은 '향기롭다, 향기가 나다'라는 뜻입니다. 그 자체로 서술어로써 기능하거나 수식어로 기능합니다. **กล้วยหอม**(바나나의 일종), **ต้นหอม**(파), **หอมใหญ่** 또는 **หัวหอม** (양파) 등 채소나 과일의 이름에 많이 쓰입니다. **น้ำหอม**은 '향수'라는 뜻입니다. 한편, 형태적으로 타동사처럼 쓰이는 경우도 있는데,이 때에는 '향기를 맡다'라는 뜻이 되어 **หอมแก้ม**은 직역하면 '볼의 향기를 맡다'인데, 볼에 입맞춤하는 것을 가리키는 말입니다.

1. เธอตัว**หอม**มากเพราะใส่น้ำหอมเป็นประจำ

   그녀는 늘 향수를 써서 몸에서 향기가 난다.

2. คู่บ่าวสาว**หอม**แก้มกันอย่างมีความสุข

   신랑신부가 행복하게 뽀뽀를 했다.

3. เขาไม่ชอบกินหัว**หอม**

그는 양파를 잘 안 먹는다.

4. แม่เอา**ต้นหอม**ใส่ต้มยำกุ้ง

엄마는 똠얌꿍에 파를 넣으셨다.

หัก

부러지다, 꺾이다, 부러뜨리다 / 체념하다: **หักใจ**
배반하다: **หักหลัง**
굴절하다: **หักเห**

동사 **หัก**은 '자동사와 타동사로 모두 쓰입니다. 예컨대, **กิ่งไม้หัก** 에서는 자동사로 '나뭇가지가 부러지다'라는 뜻이고, **หักกิ่งไม้** 에서는 타동사로 '나무가지를 부러뜨리다'라는 뜻입니다. 구체적 사물외에도 추상적인 대상이 깎이거나 부러지는 경우에도 쓰여, **หักเงินเดือน**(월급을 깎다), **หักใจ**(마음을 자제하다), **หักคะแนน**(점수를 깎다) 등의 표현에서 볼 수 있습니다. 한편 **อกหัก**은 직역하면 '가슴이 부러지다'로 '실연하다'라는 뜻이며, **หักหลัง**은 직역하면 '등을 꺾다'로 '배신하다'라는 뜻의 은유적 표현입니다.

1. เขาถูก**หัก**เงินเดือนเพราะลางานเกินจำนวนวันที่กำหนดไว้

그는 규정일을 초과해서 휴가를 써서(결근해서) 봉급이 깎였다.

2. ฉันต้อง**หัก**ใจจากแฟนเก่า

나는 옛 애인으로부터 마음을 정리해야 한다.

3. เขา**หัก**หลังเพื่อนได้ซึ่งๆ หน้า

그는 면전에서 친구를 배신했다.

4. เขา**หัก**เหความสนใจของทุกคนไปที่เขา

그는 모든 이의 관심을 그에게로 돌렸다.

ห

หัด

훈련하다, 연습하다

동사 **หัด**은 '훈련하다, 연습하다'라는 뜻입니다. 단독으로도 쓰이지만 주로 동사 앞에 나타나서 '~하는 것을 훈련하다'라는 의미로 자주 쓰입니다. **หัดเขียน**(쓰기연습하다), **หัดร้องเพลง**(노래연습하다), **หัดเดิน**(걸음마 연습하다), **หัดเล่นเครื่องดนตรี**(악기연주를 연습하다), **หัดทำอาหารไทย**(태국음식만들기를 연습하다) 등이 그 예입니다. **แบบฝึกหัด**은 연습문제 라는 뜻입니다.

1. เด็กคนนั้นกำลัง**หัด**เดิน

   그 아이는 걸음마 연습 중이다.

2. ฉันกำลังเรียน**หัด**ขับรถทุกวัน

   나는 매일 운전 연습을 하는 중이다.

3. น้อง**หัด**เล่นกีต้าร์

   동생은 기타를 연습한다.

4. เขา**หัด**ทำขนมไทย

   그는 태국식 카놈 만드는 연습을 한다.

หัน

향하다, 전향하다

동사 **หัน**은 '향하다, 전향하다'라는 뜻입니다. 뒤에 방향을 나타내는 말이 와서 **หันซ้าย**(왼쪽으로 향하다, 돌리다), **หันขวา**(오른쪽으로 향하다, 돌리다) 등으로 쓰입니다. 구령에서는 어순이 반대가 되어**ซ้ายหัน**(좌향좌) **ขวาหัน**(우향우)으로 사용됩니다. **หันหน้า**는 '고개를 돌리다'라는 뜻입니다. 주로 방향동사가 뒤에 와서 **หันไปทาง**...(…쪽으로 고개를 돌리다), **หันมามอง**(고개를 (참조점 방향으로) 돌려 바라보다) 등의 형태로 쓰입니다.

1. ฉัน**หัน**ซ้ายและขวาก่อนข้ามถนน

   나는 길을 건너기 전 좌우를 살폈다.

2. ฉันไม่อยากเผชิญหน้ากับเขาจึงแกล้ง**หัน**หน้าไปทางอื่น

나는 그를 대면하기 싫어 다른 쪽을 보는 척 했다.

3. เขาไม่เคย**หัน**มามองฉันสักที

그는 당췌 나를 바라보지 않는다.

4. แม่**หัน**หน้ามาทางนี้หน่อย มีอะไรจะให้ดู

엄마이 쪽을 좀 보세요. 보여 드릴게 있어요.

ห

หั่น

(잘게) 썰다, 조각내다

타동사 **หั่น**은 '썰다, 조각내다 '라는 뜻입니다. 주로 칼로 써는 것을 의미합니다. 유의어와 함께 **หั่นซอย**는 '채를 썰다'라는 의미로 사용됩니다.

1. แม่กำลัง**หั่น**หมู

엄마는 돼지고기를 써는 중이다.

2. แม่ครัว**หั่น**ผักเตรียมทำผัดผัก

주방장이 채소볶음용으로 채소를 썬다.

3. แม่ปอกเปลือกผลไม้และ**หั่น**เป็นชิ้นๆไว้ให้ลูกๆ

엄마는 아이들을 위해 과일 껍질을 벗겨 조각으로 썰어 둔다.

4. แม่**หั่น**ขิงเป็นแว่นๆ

엄마는 생강을 편으로 썬다.

หัวเราะ 웃다

동사 **หัวเราะ**는 소리내어 크게 웃는 동작을 나타냅니다. 단독으로 서술어로 기능하는 경우가 많습니다. '미소짓다'는 **ยิ้ม**으로 표현합니다.

1. เด็กๆ เล่นพลาง**หัวเราะ**พลาง

   아이들이 놀며 웃는다.

2. พวกเขา**หัวเราะ**เสียงดังมาก

   그들은 아주 큰 소리로 웃었다.

3. เพื่อนๆ **หัวเราะ**เสียงดังที่เขานั่งตกเก้าอี้

   친구들은 그가 의자에서 떨어지자 큰 소리로 웃었다.

4. ผู้ชม**หัวเราะ**นักแสดงตลก

   관객이 코미디언을 보고 웃었다.

หา 찾다, 구하다 / 못찾다: **หาไม่เจอ**

선거유세하다: **หาเสียง** 돈을 벌다: **หาเงิน**

동사 **หา**는 '찾다, 구하다'라는 뜻입니다. 타동사로 목적어가 따라 나옵니다. **หาเงิน**(돈을 구하다) **หาของ**(물건을 찾다) **หาเสียง**(선거유세하다) **หาคู่**(짝을 찾다) 등의 예에서 볼 수 있듯이, 구체적인 사물이나 추상적인 내용 등 다양한 목적어가 올 수 있습니다. 방향동사가 선행하여 **ไปหา**(찾아가다), **มาหา**(찾아오다)의 형태로도 쓰입니다.

1. เขามา**หา**ฉันที่บ้าน

   그는 집으로 나를 찾아왔다.

2. ฉัน**หา**แว่นไม่เจอสงสัยจะทำหาย

   나는 안경을 못찾겠다. 아마 잃어버린 듯 하다.

3. ผู้สมัครเลือกตั้งเดิน**หา**เสียงตามหมู่บ้าน

선거 후보가 마을을 다니며 유세를 한다.

4. พี่สาวเพิ่งเรียนจบกำลัง**หา**งานทำ

언니는 얼마전 졸업을 하고 구직을 하는 중이다.

หารือ

의논하다, 논의하다, 협상하다 **ปรึกษาหารือ**

동사 **หารือ**는 '의논하다, 논의하다, 협상하다, 대화하다' 등으로 해석됩니다. 의미적 속성 상 행위자가 복수임을 나타내는 부사 **กัน**이 사용됩니다. 단독으로도 쓰지만 **ปรึกษาหารือ**(논의하다, 의논하다)의 형태로도 자주 씁니다. 회담은 **การหารือ**라고 하는데, 양자회담은 **การหารือทวิภาคี**, 다자회담은 **การหารือพหุภาคี**로 표현합니다.

1. อาจารย์**หารือ**กันที่จะส่งตัวแทนนักศึกษาไปประกวดสุนทรพจน์

교수들은 말하기 경연에 학생 대표를 보내는 것을 논의한다.

2. กรรมการในบริษัท**ปรึกษาหารือ**เรื่องการผลิตสินค้าตัวใหม่

회사 이사들은 신제품 생산 건을 논의한다.

3. พ่อกับแม่**ปรึกษาหารือ**เรื่องการเรียนต่อของลูกๆ

아빠와 엄마가 자식들의 유학에 대해서 의논한다.

4. นักศึกษา**หารือ**กันเกี่ยวกับการนำเสนอผลงาน

대학생들이 레포트 발표에 대해 논의한다.

ห่าง

떨어져 있다, 흩어져 있다
멀리 떨어져 있다: **ห่างไกล**

자동사 **ห่าง**은 '떨어져있다, 멀리있다'라는 의미입니다. 유의어와 함께 **ห่างไกล**의 형태로도 자주 씁니다. '~로부터 떨어져있다'의 경우 전치사를 사용하여 **ห่าง(ไกล)จาก...**으로 표현합니다. '거리'는 명사로 **ระยะห่าง**으로 표현합니다.

1. บ้านของฉันอยู่**ห่าง**จากโรงเรียนประมาณ 5 กิโลเมตร

   우리 집은 학교에서 5킬로미터 가량 떨어져 있다.

2. แม่เอาแป้งปั้นเป็นก้อนวางไว้**ห่างๆ** กันก่อนนำไปนึ่ง

   엄마는 밀가루 반죽을 덩어리로 빚어 굽기 전에 서로 붙지 않게 떨어뜨려 놓아 두었다.

3. เขาเป็นญาติ**ห่างๆ** ของแม่

   그는 엄마는 먼 친척이다.

4. โรงเรียนนี้อยู่**ห่างไกล**ความเจริญมาก

   이 학교는 발전과는 거리가 멀다.

ห้าม

금하다 / 브레이크: **ห้ามล้อ**

동사 **ห้าม**은 '금하다'라는 뜻입니다. 주로 **ห้าม** 뒤에 동사구 또는 절이 와서 '~하는 것을 금하다'라는 의미를 나타냅니다. **เขตต้องห้าม**은 '금지구역'이라는 뜻입니다.

1. **ห้าม**สูบบุหรี่

   흡연 금지

2. สถานที่ส่วนบุคคล **ห้าม**บุคคลภายนอกเข้า

   사유지. 외부인 출입 제한

3. เขา**ห้าม**ล้ออย่างกะทันหัน

그는 급정지를 했다.

4. ป่าสงวนเป็นเขตหวง**ห้าม**

보호림은 통제구역이다.

หาย

없어지다, 사라지다

동사 **หาย**는 '없어지다, 사라지다'라는 뜻입니다. **ของหาย**는 '물건이 분실되다, 없어지다'라는 뜻이고 **หายตัว(ไป)**는 '실종되다, 사라지다'라는 뜻입니다. **หายป่วย**는 '병이 낫다'라는 의미입니다. 한편, **ใจหาย**는 직역하면 '마음이 사라지다'라는 뜻이지만, 한국어로 하면 '가슴이 철렁 내려앉다, 서운하다, 쓸쓸하다' 등으로 해석될 수 있습니다.

1. ฉันทำสร้อยคอ**หาย**

나는 목걸이를 잃어버렸다.

2. เขา**หาย**ตัวออกจากบ้านไปเป็นเวลานาน

그는 오래전에 집에서 나가 사라졌다.

3. แม่**หาย**ป่วยแล้ว

엄마는 병이 나았다.

4. เขารู้สึกใจ**หาย**ที่หล่อนจากไป

그는 그녀가 떠난다는 것에 가슴이 철렁했다.

หาร

나누다

동사 **หาร**은 '나누다'라는 뜻입니다. '나눗셈을 하다'라는 의미로, 사칙연산은 **บวกลบคูณหาร**(더하기 빼기 곱하기 나누기)으로 표현합니다. 나누는 대상이 목적어로 옵니다. "6을 2로 나누면 3이다"라는 표현을 태국어로 하게 되면 "**หก หารด้วย สอง เท่ากับ สาม**"이 됩니다.

1. พวกเรา**หาร**ค่าอาหารกลางวันกัน

   우리는 점심값을 더치페이 했다.

2. คุณครูสอนการ**หาร**ให้นักเรียน

   선생님이 학생들에게 나누기를 가르친다.

3. พวกเรากินข้าวด้วยกันและ**หาร**ค่าอาหารทุกครั้ง

   우리는 함께 식사를 하고 돈은 매번 나눠 낸다.

4. นักเรียนกำลังเรียนเรื่องการ**หาร**ด้วยตัวเลขสองหลัก

   학생이 두 자리 수 나누기를 배우는 중이다.

หิว

배고프다

동사 **หิว**는 '배고프다'라는 뜻입니다. 의미적으로 자동사인데 **หิวข้าว**(밥이 먹고싶다, 배 고프다), **หิวน้ำ**(목마르다), **หิวท้อง**(배고프다), **หิวนม**(젖이 먹고싶다, 아이가 배고프다) 등에서처럼 타동사의 형태로 사용됩니다. 합성어로 **หิวโหย**는 '허기지다, 갈구하다'의 의미입니다. 관용구로 **ไส้แห้ง**은 직역하면 '창자가 말랐다'로, '배가 몹시 고프다, 먹을것이 없을 정도로 가난하다'라는 의미가 됩니다.

1. เด็กๆ**หิว**ข้าวมาก

   아이들은 너무 배가 고프다.

2. ฉัน**หิว**มากเพราะไม่ได้กินข้าวกลางวัน

   나는 점심을 못 먹어서 너무 배가 고프다.

3. เด็กทารก**หิว**นม

아기가 젖이 고프다.

4. เด็กเร่ร่อน**หิว**โหยเพราะยากจน

가난때문에 떠돌이 아이가 배를 곯는다.

หึง

질투하다, 시샘하다 / 부러워 하다: **อิจฉา**

ห

동사 **หึง**은 '질투하다, 시샘하다'라는 뜻입니다. 단독으로도 쓰고 **หึงหวง** 형태로도 씁니다. 주로 이성 친구나 애인, 부부 사이 등에서 질투를 하는 경우를 의미합니다. **ขี้หึง**은 질투가 심한 사람을 지칭하는 말입니다.

1. เขาเป็นคนขี้**หึง**มาก

그는 질투쟁이다.

2. เขา**หึง**แฟนที่ไปเที่ยวกับเพื่อนผู้ชาย

그는 남사친과 놀러 간 애인에 질투를 느꼈다.

3. เธอ**หึง**หวงแฟน

그녀는 남자친구를 독점하고 싶어한다.

4. เขาเลิกกับแฟนเพราะทนความขี้**หึง**ของเธอไม่ไหว

그는 애인의 질투에 못 견디고 결국 헤어졌다.

หุง

(밥을) 짓다: **หุงข้าว**

타동사 **หุง**은 '밥을 짓다'라는 뜻입니다. 목적어는 주로 **ข้าว** 가 오게 됩니다. 명사로 **หม้อหุงข้าว**는 '밥솥'이라는 뜻입니다. **หุงต้ม**은 '짓고 끓이다', 즉 '밥을 하다, 요리를 하다'라는 뜻입니다. **ก๊าซหุงต้ม**은 가정에서 사용하는 프로판 가스를 가리키는 말입니다.

1. พ่อชอบ**หุง**ข้าว

   아빠는 밥 짓는 걸 좋아하신다.

2. ถ้าจะ**หุง**ข้าวเหนียวให้นุ่มต้องนำไปแช่น้ำก่อน**หุง**15 นาที

   찰밥을 부드럽게 짓고 싶으면 밥 하기 전에 15분 정도 물에 불려라.

3. วันนี้แม่**หุง**ข้าวแฉะ

   오늘은 엄마 밥이 질게 됐다.

4. เขาหุงข้าวโดยใช้หม้อ**หุง**ข้าวไฟฟ้า

   그는 전기 밥솥으로 밥을 짓는다.

เห็น

보다, 보이다 / 여기다
이기적이다: **เห็นแก่ตัว** 동정하다: **เห็นใจ** 동의하다: **เห็นด้วย**

동사 **เห็น**은 '보다, 보이다'라는 뜻입니다. 의지를 가지고 들여다 보는 동작 보다는 주로 시각적으로 인지되는 경우에 많이 씁니다. '보다'라는 동작의 시각적 인지는 '알다'라는 인지 경험과 연관되는 경우가 많아, **เห็น**은 '생각하다'라는 의미로도 자주 사용됩니다. **เห็นว่า...**는 '…라고 본다, 또는 '…라고 생각한다'라는 뜻이고, **ความ(คิด)เห็น**은 '견해'라는 뜻입니다. **เห็นด้วย**는 '찬성하다', **ไม่เห็นด้วย**는 '반대하다'라는 뜻입니다. 한편, **เห็นใจ** 또는 **เห็นอกเห็นใจ**는 직역하면 '마음이 보이다, 마음을 보다' 이지만, 한국어로 대역하면 '마음을 알아 주다' 또는 '연민을 느끼다'라는 뜻입니다.

1. ฉัน**เห็น**เขามาหาหล่อนทุกวัน

   나는 그가 매일 그녀를 찾아오는 걸 봤다.

2. เพื่อนคนนั้นเป็นคน**เห็น**แก่ตัวมากจนไม่มีใครคบด้วย

그 친구는 하도 이기적이라 아무도 사귀고 싶어하는 친구가 없다.

3. ฉัน**เห็น**ด้วยกับแม่ที่ปีใหม่นี้จะไปเที่ยวเกาะพีพี

나는 올해 피피섬에 놀러가자는 엄마 제안에 찬성한다.

4. ฉัน**เห็น**ใจเขาที่เขาตกงานโดยไม่รู้สาเหตุ

나는 이유도 없이 실직을 당한 그의 마음을 안다.

เหนียว

끈끈하다, 질기다, 찰지다 / 인색하다

상태성 동사 **เหนียว**는 '끈끈하다, 질기다, 찰지다' 등의 의미를 나타냅니다. 서술어로 쓰이거나 명사나 동사 뒤에서 수식어로 사용됩니다. **ข้าวเหนียว**는 찹쌀(찰밥) 이라는 뜻입니다. 한편 **เหนียว**는 '구두쇠다, 인색하다'라는 의미를 나타내기도 해서 **ขี้เหนียว**(구두쇠), **เหนียดหนืด**(짠돌이다, 인색하다) 등의 합성어로도 쓰입니다.

1. น้องเล่นจนเหงื่อออก**เหนียว**ตัวไปหมด

동생은 노느라 온 몸이 땀으로 끈끈해 졌다.

2. แม่เอาแป้งผสมน้ำกวนจน**เหนียว**

엄마가 전분을 물에 섞어 끈적해지도록 젓는다.

3. หมูทอดนี้**เหนียว**มากจนฉีกไม่ขาด

이 돼지고기 튀김은 잘라지지 않을 정도로 질기다.

4. เขาเป็นคนขี้**เหนียว**

그는 아주 구두쇠다.

เหนื่อย 피곤하다

상태성 동사 **เหนื่อย**는 '피곤하다'라는 뜻입니다. **เหน็ดเหนื่อย**(피곤하다), **เหนื่อยอ่อน**(지치다), **เหนื่อยล้า**(피로하다) 등의 합성어 형태로도 씁니다. **เหนื่อยเปล่า**는 '헛고생하다'라는 뜻입니다.

1. วันนี้พ่อเข้านอนเร็วเพราะ**เหนื่อย**

   오늘은 아버지가 피곤하셔서 일찍 잠자리에 드셨다.

2. เขา**เหนื่อย**ที่ต้องทำงานหนักหาเลี้ยงครอบครัว

   그는 열심히 일해 가족들을 부양하느라 피곤하다.

3. แม่**เหนื่อย**ใจกับลูกๆ

   엄마는 자식들때문에 마음이 고달프다.

4. เขาเป็นโรคหัวใจจึง**เหนื่อย**ง่าย

   그는 심장병이 있어서 쉽게 피로를 느낀다.

เหม็น 냄새가 나다, 냄새가 고약하다

동사 **เหม็น**은 '냄새가 나다'라는 뜻으로, 주로 불쾌한 냄새가 날 때에 쓰는 표현입니다. 중립적인 '냄새'라는 뜻을 지닌 명사 **กลิ่น**과 함께 **กลิ่นเหม็น**(악취) 으로도 사용합니다. 서술어로 사용하기 위해서는 동사를 앞에 써서 **มีกลิ่นเหม็น ส่งกลิ่นเหม็น** 등과 같이 씁니다. 냄새에도 여러 종류가 있는데, **เหม็นคาว**(비린내가 나다), **เหม็นเขียว**(풋내가 나다), **เหม็นเปรี้ยว**(쉰내가 나다) 등의 표현이 있습니다.

1. อาหารบูดส่งกลิ่น**เหม็น**

   음식이 상해 고약한 냄새를 풍긴다.

2. เขาใส่เสื้อ**เหม็น**อับ

   그는 쉰내 나는 옷을 입었다.

3. หลายคนบอกว่าทุเรียนมีกลิ่น**เหม็น**

많은 사람들이 두리얀이 악취가 난다고 한다.

4. เวลาป่วยเขาจะรู้สึก**เหม็น**เบื่ออาหารทุกชนิด

그는 몸이 아플 때는 어떤 음식도 먹고 싶지가 않다.

เหมา

(차를) 대절하다 / 모두 합해서 계산하다 / 전부 사버리다: **เหมาซื้อ**

동사 **เหมา**는 '뭉뚱그려 처리하다, 한꺼번에 계산하다, 대절하다' 등 맥락에 따라 다양하게 해석될 수 있습니다. 음식을 먹다가 조금 남았을때, 네가 다 먹어라 라는 표현을 **เหมาเลย**라고 할 수 있습니다. 또 **เหมาจ่าย**는 세목을 나누지 않고 덩어리로 지불하는 것, **รับเหมา**는 주문을 받아 일괄처리해 주는 대행업 등을 가리킵니다.

1. พ่อทำอาชีพ**รับเหมา**ก่อสร้าง

아버지는 건설 협력업을 하신다.

2. ซื้อเสื้อผ้า**เหมา**โหลน่าจะถูกกว่าซื้อเป็นตัวๆ

옷을 묶음으로 사는 것은 한벌씩 사는 것 보다 저렴하다.

3. ฉัน**เหมา**ซื้อผลไม้ทั้งเข่ง

나는 대바구니의 과일을 떨이했다.

4. เขา**เหมา**กุหลาบไปมอบให้คนรักในวันวาเลนไทน์

그는 발렌타인데이에 장미를 전부 사서 애인에게 주었다.

เหมาะ

적합하다, 적절하다, 알맞다, 어울리다: **เหมาะสม**

상태성 동사 **เหมาะ**는 '맞다, 적합하다, 적절하다, 어울리다' 등의 의미를 나타냅니다. 서로 '어울리다'의 경우는 부사 **กัน**이 뒤에서 수식하여 **เหมาะกัน** 또는 **เหมาะสมกัน**으로 표현합니다. **เสื้อตัวนี้เหมาะกับเธอ**라고 하면 '이 옷은 너와 어울린다'의 표현이 됩니다. 한편 '~를 하기에 적절하다, 적합하다'라고 할 때에는 **เหมาะ(สม)ที่จะ...**형태로 표현합니다.

1. ตอนนี้ยังไม่**เหมาะ**ที่จะเข้าไปพบท่านประธาน

   지금은 아직 사장님을 뵈러 가기는 적절치 않다.

2. เขา**เหมาะ**ที่จะทำงานนั้น

   그는 그 일이 잘 어울린다.

3. ผู้หญิงคนนั้น**เหมาะสม**ที่จะเป็นนางสาวไทย

   그 여자는 미스 타일랜드가 되기에 적합하다.

4. ดาราสาวคนนั้นแต่งตัวไม่**เหมาะสม**กับกาลเทศะ

   그 여자 스타는 때와 장소에 맞지 않는 옷차림을 했다.

เหมือน

닮다, 같다, 마찬가지로

동사 **เหมือน**은 '같다, 닮다'라는 뜻입니다. '~와 같다, 닮다'라고 표현할 때 태국어 **เหมือน**은 바로 목적어를 받을 수 있습니다. 또는 전치사 **กับ**을 써서 닮은 대상을 연결하기도 합니다. 부사구 **~เหมือนกัน**을 동사 뒤에 사용하면 '마찬가지로'의 의미를 나타냅니다. 명사형은 **ความเหมือน**(공통점) 입니다.

1. น้องหน้า**เหมือน**พ่อ

   동생은 얼굴이 아빠 닮았다.

2. เขาสองคนชอบแต่งตัว**เหมือนกัน**อย่างกับฝาแฝด

   그들 둘은 쌍둥이처럼 똑같은 옷을 입기를 좋아한다.

3. เขาสั่งข้าวผัดกะเพรา**เหมือน**หล่อน

그는 그녀와 마찬가지로 팟까파오 덮밥을 주문했다.

4. เมื่อทำงานเสร็จเขาก็รู้สึกโล่งใจ**เหมือน**ยกภูเขาออกจากอก

일을 마치자 그는 마치 가슴에서 산을 들어낸 것 처럼 속이 시원했다.

เหยียบ

밟다, 숨기다

ห

타동사 **เหยียบ**은 '밟다'라는 뜻입니다. 밟는 대상이 목적어로 옵니다. **เหยียบย่าง**은 '발을 들여 놓다'라는 뜻입니다. 다른 의미로 **เหยียบ**은 '비밀을 숨기다'의 의미를 나타내기도 합니다.

1. เขาเดิน**เหยียบ**หญ้าบนสนาม

그는 잔디밭의 잔디를 밟으며 걸었다.

2. หล่อนเดิน**เหยียบ**เท้าฉันแล้วจากไปโดยไม่ขอโทษ

그녀는 내 발을 밟고 사과도 없이 지나갔다.

3. ฉันเล่าความลับนั้นให้เธอฟังแล้วต้อง**เหยียบ**ไว้เลยนะ

내가 그 비밀을 이야기해 주면 꼭 덮어 두어야 한다.

4. เขา**เหยียบ**เบรกอย่างกะทันหันเมื่อมีสุนัขเดินตัดหน้ารถ

갑자기 개가 차 앞으로 뛰어 들어와서 그는 갑작스레 브레이크를 밟았다.

เหลือ

남다 / 너무, 매우 / 지나치다: **เหลือเกิน**

동사 **เหลือ**는 '남다'라는 뜻입니다. 주로 서술어나 수식어로 사용됩니다. 한편 유의어와 함께 **เหลือเกิน**으로 쓰이면 '지나치게, 너무'라는 뜻입니다.

1. ตอนนี้ฉันมีเงิน**เหลือ**อยู่สองร้อยบาท

   이제 나는 돈이 200바트 밖에 안 남았다.

2. แม่ทำอาหาร**เหลือ**เยอะมาก

   엄마가 음식을 너무 많이 해서 남았다. (많이 남게 음식을 했다)

3. อากาศเย็น**เหลือเกิน**

   날씨가 너무나 차다.

4. เขามีทรัพย์สิน**เหลือเฟือ**

   그는 차고도 남게 재산이 많다.

เหลือง

노랗다, 노랗게 되다

동사 **เหลือง**은 색채어로 '노랗다', 또는 '노랗게 되다'의 의미를 나타내는 자동사입니다. **สีเหลือง** 은 '노란색'이라는 뜻입니다. 색채어는 단순반복을 하게 되면 의미가 약해지게 되어, **เหลือง ๆ**은 '샛노랗다' 가 아니라 '노르스름하다'라는 의미가 됩니다.

1. น้องชอบสี**เหลือง**

   동생은 노란색을 좋아한다.

2. เขาป่วยเป็นโรคดีซ่านตัว**เหลือง**ไปทั้งตัว

   그는 황달에걸려 온 몸이 누렇게 됐다.

2. ต้นมะลิต้นนั้นขาดปุ๋ยมานานทำให้ต้น**เหลือง**ทั้งต้น

그 자스민 나무는 비료를 오래 안 줘서 나무 전체가 누래졌다.

4. คนไทยมักสวมเสื้อสี**เหลือง**ในวันพ่อแห่งชาติ

태국인은 아버지의 날에 주로 노란색 티셔츠를 입니다.

เห่า

짖다 / 코브라: **งูเห่า**

동사 **เห่า**는 '(동물이) 짖다'라는 뜻입니다. 짖는 대상이 목적어로 옵니다. 한편, 명사로 **งูเห่า**는 코브라 라는 뜻입니다.

1. สุนัขตัวนั้น**เห่า**เสียงดังน่ารำคาญมาก

그 개는 큰 소리로 짖어대서 아주 거슬린다.

2. สุนัข**เห่า**คนแปลกหน้าทุกคนที่เดินผ่านหน้าบ้าน

개가 앞을 지나가는 모든 낯선 이에게 짖어댄다.

3. สุนัขชอบ**เห่า**เวลาเห็นคนแปลกหน้า

개는 낯선 사람을 보면 잘 짖는다.

4. **งูเห่า**มีพิษร้ายแรงมากถ้าถูกกัดอาจถึงตายได้

코브라는 맹독이 있어서 물리면 죽을 수도 있다.

เหี่ยว(แห้ง)

시들다, 마르다 / 생기가 없다, 쓸쓸하다

동사 **เหี่ยว**는 '시들다'라는 뜻입니다. 주로 시들거나 마른 경우에 쓰기 때문에 '건조하다'라는 뜻의 **แห้ง**과 함께 **เหี่ยวแห้ง**의 형태로 많이 사용합니다. **ใจคอเหี่ยวแห้ง**은 '마음이 쓸쓸하다, 허전하다'라는 뜻입니다.

1. ใบไม้**เหี่ยวแห้ง**

   나뭇잎이 시들었다.

2. อากาศร้อนมากทำให้ต้นมะม่วงที่ปลูกไว้**เหี่ยวแห้ง**ไปทั้งสวน

   날씨가 너무 더워서 과수원에 심은 망고 나무가 다 말랐다.

3. ช่วงนี้ฉันรู้สึกจิตใจ**เหี่ยวแห้ง**ไม่มีชีวิตชีวา

   요즘 나는 생기가 없고 마음이 허전하다.

4. เพราะดินไม่ดีหญ้าจึง**เหี่ยวแห้ง**

   흙이 안 좋아서 풀이 마른다.

แห้ง

마르다, 건조하다: **แห้งแล้ง**

동사 **แห้ง**은 '마르다, 건조하다'라는 뜻입니다. 서술어나 수식어로 자주 쓰입니다. 유의어 **แล้ง**과 함께 **แห้งแล้ง**(건조하다) 로도 자주 쓰입니다. **ผิวแห้ง**은 건성피부를 말합니다. 말린 식품 등의 경우 뒤에 **แห้ง**을 붙여 표현하는 경우가 많은데 **ปลาแห้ง**(건어), **กุ้งแห้ง**(건새우), **ปลาหมึกแห้ง**(건오징어) 등이 있습니다. **ตากแห้ง**은 '볕에 말리다'라는 뜻입니다.

1. ผิว**แห้ง**มากจึงต้องทาครีมบำรุง

   피부가 너무 건조해서 영양크림을 발라야 한다.

2. แม่บอกให้ไปเก็บผ้า**แห้ง**ที่ราวตากผ้า

   엄마가 빨랫줄에서 마른 빨래를 걷어오라고 하셨다.

3. ภาคอีสาน**แห้ง**แล้งกว่าภาคอื่นๆในประเทศไทย

이싼(동북부)지역은 태국의 다른 지역에 비해 더 건조하다.

4. น้ำในแม่น้ำ**แห้ง**ขอดในฤดูแล้ง

건기에 강의 물이 말라붙었다.

แหลม

뾰족하다 / 예리하다 / 반도 / 황금반도: **แหลมทอง**

ห

동사 **แหลม**은 뾰족하라는 뜻입니다. 칼 끝이나 가시 등 구체적인 대상의 성질을 나타내기도 하고, 소리 등 눈에 보이지 않는 대상의 성질을 나타내기도 합니다. 또한 '예리하다'는 의미로도 확장이 되어, **หลักแหลม เฉียบแหลม แหลมคม** 등은 '예리하다, 총명하다, 영특하다' 등의 의미를 나타내기도 합니다. 한편, 명사로는 '반도'라는 뜻으로 쓰입니다.

1. เด็กๆ ห้ามแตะมีดปลาย**แหลม**ในครัวโดยเด็ดขาดนะ

아이들은 부엌에서 끝이 뾰족한 칼은 건드리면 절대 안된다.

2. หนามของทุเรียน**แหลม**มาก

두리안의 가시는 매우 뾰족하다.

3. หล่อนพูดเสียง**แหลม**มาก

그녀는 목소리가 아주 날카롭다.

4. ในอดีตประเทศไทยเคยได้ชื่อว่า**แหลม**ทองรูปลักษณะคล้ายขวานโบราณ

과거 태국은 도끼같이 생긴 황금 반도라고 불리웠었다.

โหด(ร้าย)

잔인하다, 흉악하다

동사 **โหด(ร้าย)**는 '잔인하다, 흉악하다, 흉폭하다' 등의 의미를 나타냅니다. 서술어로 쓰이기도 하고, 명사구나 동사구의 뒤에서 수식어로 사용되기도 합니다.

1. พ่อเลี้ยง**โหดร้าย**มากทุบตีลูกเลี้ยงตลอดเวลา

   흉폭한 계부가 양자를 항상 때렸다.

2. เขา**โหดร้าย**มากที่ฆ่าภรรยา

   자신의 부인을 죽이다니 그는 정말 흉악하다.

3. ความ**โหดร้าย**ของโชคชะตาทำให้เขาต้องสู้ชีวิต

   운명의 잔인함으로 그는 투쟁의 삶을 살아야 했다.

4. เด็กกำพร้าคนนั้นมีโชคชะตาที่**โหดร้าย**

   그 고아는 잔인한 운명을 가졌다.

ให้

주다 / ~하게 하다 / ~에게 / 용기를 주다: **ให้กำลังใจ**
아이구!: **ให้ตายซิ**

동사 **ให้**는 태국어의 대표적인 다기능어로서 어순에 따라 다양한 의미와 기능을 나타냅니다. 먼저 본동사로 **ให้**는 '주다'라는 의미로 직접 목적어와 간접 목적어를 동반합니다. '봉사' 또는 '수혜'의 의미를 나타내는 부동사로 사용되는 경우에는 본동사 뒤에 나타나 '~해주다'의 의미로 쓰입니다. 또한 사동사로 기능하는 경우에는 목적어가 절의 형태로 와서 '~하게 하다'의 의미를 나타내기도 합니다. 끝으로 부사화소로 사용되는 경우에는 뒤에 오는 성분을 부사화 시켜 '~하도록, 하게'의 의미를 지닌 부사구를 만들어 주기도 합니다.

1. พ่อ**ให้**เงินค่าขนมฉันทุกวัน

   아버지는 매일 나에게 과자값을 주신다.

2. ลูกๆ ซื้อดอกไม้**ให้**แม่

   자실들이 어머니에게 꽃을 사 드린다.

3. หัวหน้า**ให้**เขาไปทำงานที่สาขาต่างจังหวัด

팀장이 그를 지방 분점으로 전출시켰다.

4. เขา**ให้**กำลังใจภรรยาที่กำลังป่วยเป็นโรคมะเร็ง

그는 암투병 중인 부인을 격려했다.

ใหญ่ 크다

상태성 동사 **ใหญ่**는 '크다'라는 뜻입니다. 서술어나 수식어로 사용됩니다. 단독으로도 쓰지만, **ยิ่งใหญ่**(위대하다, 거대하다, 훌륭하다), **ใหญ่โต**(거대하다, 큼직하다) 등과 같은 동사성 합성어로도 사용됩니다.

1. แตงโมลูกนั้น**ใหญ่**มาก

그 수박은 아주 크다.

2. เขามีบ้านหลัง**ใหญ่**

그는 대저택이 있다.

3. เกิดเรื่อง**ใหญ่**แล้ว ท่านประธานไล่เขาออก

큰일 났다. 사장님이 그를 해고했어.

4. หนุ่มกล้าม**ใหญ่**คนนั้นเป็นนักแสดงชื่อดัง

그 근육질의 남성은 유명 배우다.

ใหม่

새롭다, 다시, 또

상태성 동사 **ใหม่**는 '새롭다'의 의미로 서술어로 쓰거나 수식어로 사용됩니다. 특히 부사로 쓰이는 경우 **ใหม่**는 '새로이'의 의미에서 '다시, 또, 한번 더'의 의미를 나타내기도 합니다.

1. แม่ซื้อเสื้อ**ใหม่**ให้น้อง

   엄마가 동생에게 새 옷을 사 주셨다.

2. เธอได้งาน**ใหม่**แล้ว

   그녀는 새 직장을 구했다.

3. คุณครูสั่งให้นักเรียนทำการบ้านมา**ใหม่**

   선생님이 학생들에게 숙제를 다시 해 오라고 했다.

4. เราคงได้พบกัน**ใหม่**

   우리는 아마도 다시 만날 것이다.

ไหม้

불에 타다

동사 **ไหม้**는 '불에 타다, 불타다'라는 뜻입니다. 자동사로만 사용됩니다. **ข้าวไหม้หมดแล้ว**는 '밥이 다 탔다'라는 뜻입니다. **ไฟไหม้**는 '불이 나다, 화재가 나다'라는 의미로 쓰이는 표현입니다.

1. บ้านเขาถูกไฟ**ไหม้**

   그의 집에 불이 났다.

2. น้องตากแดดทั้งวันจนผิว**ไหม้**

   동생은 하루 종일 햇볕을 쬐더니 피부가 다 탔다.

3. ฉันทอดปลา**ไหม้**

나는 생선을 튀기다 태웠다.

4. แม่เคี่ยวน้ำตาลจน**ไหม้**

엄마가 설탕을 졸이다가 태웠다.

ไหล

흐르다 / 물이 안나오다: **น้ำไม่ไหล**

동사 **ไหล**는 자동사로 '흐르다'라는 뜻입니다. 주로 액체류나 전기, 또는 추상물 등의 흐름을 나타낼 때 사용되는 동사입니다. **หลั่งไหล**(흐르다), **ไหลเวียน**(순환하다, 유통하다), **รั่วไหล**(새서 흘러 나오다, 누수/누전되다), **ไหลพราก**(줄줄 흐르다) 등과 같이 다른 동사와 함께 쓰이기도 합니다. **ปลาไหล**는 장어를 지칭합니다.

1. น้ำในแม่น้ำ**ไหล**เชี่ยว

강의 물이 세차게 흐른다.

2. ฝนตกหนักติดต่อมาหลายวันทำให้น้ำ**ไหล**ท่วมเข้ามาในหมู่บ้าน

며칠 간 계속된 폭우로, 물이 흘러 넘쳐 마을로 들어왔다.

3. ที่บ้านน้ำไม่**ไหล**มาหลายวันแล้ว

집에 물이 며칠 째 단수가 됐다.

4. เขาร้องไห้น้ำตา**ไหล**ไม่หยุด

그는 눈물이 멈추지 않았다.

ไหว

떨리다, 진동하다 / 참을수 있다

동사 **ไหว**는 '떨리다, 진동하다'라는 뜻입니다. **แผ่นดินไหว**는 '지진'이라는 뜻의 합성명사입니다. 단독으로 쓰이기도 하고, **หวั่นไหว**(흔들리다, 동요하다), **สั่นไหว**(흔들리다, 진동하다) 등에서와 같이 다른 동사와 함께 쓰이기도 합니다. 한편, 본동사 뒤에서 부동사로 사용될 때 '견딜 수 있다, 더~할 수 있다'의 의미를 나타내기도 합니다. 예컨대, **ขับรถไม่ไหว**는 '더 이상 운전을 할 수 없다'는 뜻입니다.

1. เกิด**แผ่นดินไหว**ที่ประเทศจีน 7 ริกเตอร์

   중국에서 진도 7의 지진이 발생했다.

2. คุณยายเดิน**ไหว**ไหมคะ

   할머니 걸으실 수 있으시겠어요?

3. ฉันทนเขาไม่**ไหว**แล้วนะ

   나는 도저히 그를 견딜 수 없다.

4. ลมพัดทำให้ดอกไม้พลิ้ว**ไหว**สวยงาม

   바람이 불어 꽃이 아름답게 흔들린다.

ไหว้

합장배례하다, 두 손을 모아 인사하다

동사 **ไหว้**는 두 손을 합장하여 인사하는 태국식 인사법, 또는 그렇게 '인사하다'라는 의미입니다. 합장하여 하는 인사는 아랫사람이 윗사람에게 먼저 하는 것이 예의인데, 인사를 하는 것은 **ไหว้**, 인사를 받는 것은 **รับไหว้**라고 합니다. 일상적인 '인사'라는 의미로도 쓰이고, 나아가서는 '경배하다, 신에게 제를 지내다'의 의미로도 쓰여 **ไหว้เจ้า**(신에게 제를 올리다), **ไหว้บรรพบุรุษ**(조상신을 모시다, 제사를 지내다) 등의 표현도 쓰입니다. **ไหว้ครู**는 '스승에게 절하다'라는 뜻으로, **วันไหว้ครู**(스승의 날)에서 처럼 일반적으로 스승에게 감사를 표하는 인사를 뜻합니다. 또한, 태국 전통 무술인 무에타이(**มวยไทย**)에서 경기 시작 전에 하는 선수가 몸을 푸는 동작을 의미하는데 이는 자신에게 기술을 가르쳐 준 스승에게 감사의 뜻을 표하고 아울러 신에게 승리를 기원하는 의식이기도 합니다.

1. ลูกๆ**ไหว้**พ่อแม่ก่อนไปโรงเรียน

   자식들이 학교에 가기 전에 부모님께 인사를 한다.

2. ฉัน**ไหว้**พระก่อนนอน

   나는 자기 전에 불상에 절을 한다.

3. การ**ไหว้**เป็นเอกลักษณ์อย่างหนึ่งของคนไทย

   '와이'는 태국인의 주체성 중 하나다.

4. เขาน้อม**ไหว้**ญาติผู้ใหญ่อย่างสวยงาม

   그는 공손히 몸을 숙여 어른들께 아름답게 인사를 한다.

อ

อด(ทน)

참다, 견디다 / 생각을 금할수 없다: อดคิดไม่ได้

동사 **อด**은 '참다, 견디다'라는 뜻입니다. 타동사로 참는 대상이 동반되어 **อดข้าว**(밥을 굶다), **อดอาหาร** (음식을 굶다) 등과 같이 쓰입니다. 유의어와 함께 **อดทน**의 형태로 쓰이기도 합니다. **มีความอดทนสูง**은 '인내심이 많다'라는 뜻입니다. **อดคิดไม่ได้**는 생각을 참을 수 없다, 즉, '생각이 난다'라는 뜻이 됩니다.

1. เขาประท้วง**อด**อาหารมา 3 วันแล้ว

   그는 단식 투쟁을 한지 3일이 되었다.

2. เขา**อดทน**กับหล่อนมากจริงๆ

   그는 그녀를 많이 참아 준다.

3. พ่อบอกลูกๆให้**อดทน**กันไปก่อน เดือนหน้าจะได้โบนัสก้อนใหญ่

   아버지가 아이들에게 다음 달에 큰 보너스를 받으니 좀 참으라고 한다.

4. ฉัน**อด**คิดถึงเขาไม่ได้

   나는 그가 보고 싶지 않을 수 없다.

อธิบาย 설명하다

타동사 **อธิบาย**는 '설명하다'라는 뜻입니다. 설명하는 대상이나 내용이 목적어로 바로 오기도 하고, 전치사 **ถึง** 이나 접속사 **ว่า**로 연결되기도 합니다. **คำอธิบาย**는 '설명'이라는 뜻입니다.

1. คุณครู**อธิบาย**สมการคณิตศาสตร์ให้นักเรียนฟังอีกรอบ
   선생님이 수학 공식을 다시 한 번 학생들에게 설명한다.

2. หมอ**อธิบาย**วิธีการรักษาคนไข้ให้ญาติฟัง
   의사는 환자 돌보는 방법에 대해서 친인척에게 설명한다.

3. เขาพยายาม**อธิบาย**ถึงสาเหตุที่เขามาสาย
   그는 그가 늦은 이유에 대해서 설명하려고 노력한다.

4 ครู**อธิบาย**ปรากฏการณ์จันทรุปราคาและสุริยุปราคาให้นักเรียนฟัง
   선생님이 일식과 월식 현상에 대해서 학생들에게 설명을 한다.

อธิษฐาน 기도하다, 기원하다

동사 **อธิษฐาน**은 '기도하다, 기원하다'라는 뜻입니다. 기원하는 내용이 **ให้** 가 이끄는 절의 형태로 오게 됩니다. **คำอธิษฐาน**은 '기도'라는 뜻입니다.

1. ฉัน**อธิษฐาน**ให้เขาหายป่วย
   나는 그가 낫게 해달라고 기도했다.

2. เขา**อธิษฐาน**ให้ครอบครัวมีความสุข
   그는 가족이 행복하게 해달라고 기원했다.

3. ฉัน**อธิษฐาน**ให้ลูกๆเดินทางกลับมาโดยปลอดภัย
   나는 애들이 무사히 귀가하게 해달라고 기도했다.

4. เขา**อธิษฐาน**ให้ครอบครัวมีความสุขก่อนเป่าเค้กวันเกิด

   그는 생일 케익 촛불을 끄기 전에 가족이 행복하게 해달라고 기도했다.

อนุญาต 허가하다, 승락하다

동사 **อนุญาต**은 '허락하다, 허가하다'의 의미를 나타냅니다. 주로 뒤에 절이 오거나 동사구가 와서 '~하도록 허락하다'의 의미가 됩니다. **ใบอนุญาต/บัตรอนุญาต**은 '허가증'이라는 의미입니다. 구문으로 **ขออนุญาต...**은 말하는 사람이 듣는 이에게 공손하게 허락을 구할 때 쓰는 표현입니다. 예컨대 **ขออนุญาตปิดแอร์นะครับ**(에어컨을 좀 끄겠습니다), **ขออนุญาตเรียนให้ทราบความเป็นมาของโครงการโดยคร่าว ๆ นะคะ**(간략히 프로젝트의 배경에 대해서 말씀드리겠습니다) 등에서 볼 수 있습니다.

1. เขา**ได้รับอนุญาต**ให้เข้าร่วมการสัมมนาในครั้งนี้

   그는 이번 세미나 참가 허가를 받았다.

2. อาจารย์**อนุญาต**ให้นักศึกษาเปิดพจนานุกรมระหว่างสอบวิชาการแปล

   교수님이 학생들에게 번역 시험 중에 사전 사용을 허용했다.

3. ฉันได้รับ**อนุญาต**ให้ไปเที่ยวกับเพื่อนๆในช่วงปิดเทอม

   나는 방학 때 친구들과 놀러가도 된다는 허락을 받았다.

4. แม่สอนว่าห้ามหยิบของของผู้อื่นก่อนได้รับ**อนุญาต**

   어머니는 타인의 물건에 허락없이 손대지 말라고 가르쳤다.

อนุมัติ

인가하다, 허가하다, 결제하다

동사 **อนุมัติ**은 '인가하다, 허가하다, 결제하다'라는 뜻입니다. **อนุญาต**과 비교할 때 **อนุมัติ**은 더 공식적이고 절차적인 의미를 표현합니다. 타동사로 바로 명사구가 목적어가 오기도 하고, **ให้** 가 이끄는 절의 형태가 오기도 합니다. **ขออนุมัติ**은 '재가를 신청하다, 결제를 올리다'의 의미입니다.

1. หัวหน้า**อนุมัติ**ให้ฉันไปทำงานที่สาขาต่างประเทศ

   상사는 나의 해외 지사 발령을 승인했다.

2. รัฐบาลได้**อนุมัติ**งบประมาณในการสร้างรถไฟความเร็วสูง

   정부가 고속철도 건설 예산을 인가했다.

3. คณบดี**อนุมัติ**ให้อาจารย์ท่านนั้นลาไปศึกษาต่อต่างประเทศ

   학장이 그 교수의 해외 유학을 승인해주었다.

4. ธนาคาร**อนุมัติ**เงินกู้ให้นักธุรกิจรายใหญ่

   은행이 대기업 사업가에게 대출 승인을 해주었다.

อนุรักษ์

보호하다, 보존하다, 계승하다, 유지하다 / 보수적이다

타동사 **อนุรักษ์**은 '보호하다' 등의 의미를 나타내는 동사입니다. **รักษา ป้องกัน ปกป้อง** 등 비슷한 의미를 가진 유의어 들이 많은데, 이 중에서 **อนุรักษ์**은 주로 목적어로 환경, 자연, 야생동물 또는 문화, 전통 등이 오는 경우가 많습니다. 한편, '수구하다, 수호하다'라는 뜻도 있어서, **อนุรักษ์นิยม**은 '보수주의'라는 뜻입니다.

1. ชาวบ้านช่วยกัน**อนุรักษ์**ป่าชายเลน

   마을 사람들이 함께 홍수림을 보호한다.

2. เด็กๆ ช่วยกัน**อนุรักษ์**ธรรมชาติโดยการช่วยกันปลูกป่าทดแทน

   아이들이 함께 대체림을 조성함으로써 자연을 보존한다.

3. เราต้องช่วยกัน**อนุรักษ์**ความเป็นไทยให้คงอยู่ต่อไป

   우리는 태국의 전통을(태국적임을) 계승해 한다.

4. ครูพานักเรียนไปเข้าค่าย**อนุรักษ์**สิ่งแวดล้อม

   선생님이 학생들을 데리고 자연보호 캠프를 간다.

อภิปราย

토론하다, 토의하다

동사 **อภิปราย**는 '토론하다, 토의하다'라는 뜻입니다. 주로 토론 주제나 내용이 뒤에 목적어로 오거나, **ถึง, เรื่อง** 등으로 연결됩니다. **ผู้อภิปราย**는 '토론자'라는 뜻입니다. **อภิปรายไม่ไว้วางใจ**는 '불신임안 토론'이라는 뜻입니다.

1. รัฐมนตรีว่าการกระทรวงศึกษาธิการจัด**อภิปราย**ถึงสาเหตุที่ต้องยุบโรงเรียนขนาดเล็ก

   교육부 장관이 소규모 학교 폐쇄와 관련된 이유에 대한 토론을 마련했다.

2. กลุ่มนักอนุรักษ์ช้างไทยจัด**อภิปราย**แนวทางในการร่วมอนุรักษ์ช้าง

   태국 코끼리 보호운동가들이 태국 코끼리 보호 방향에 대한 토론을 마련했다.

3. นักศึกษาจัด**อภิปราย**เรื่องแนวทางในการใช้ชีวิตในมหาวิทยาลัยอย่างไรให้เป็นสุข

   대학생들이 행복한 대학생활 방법에 대해 토론 자리를 마련했다.

4. นักการเมืองฝ่ายค้าน**อภิปราย**ไม่ไว้วางใจฝ่ายรัฐบาล

   야당 의원이 정부 불신임안에 대한 토론을 한다.

อ

อม

입속에 물다, 숨기다 / 사탕: **ลูกอม**

타동사 **อม**은 '입에 물다'라는 뜻을 가지고 있습니다. **ยาอม**은 캔디형으로 된 빨아먹는 약을 말합니다. **ลูกอม**은 '사탕'이라는 뜻입니다. '물다'라는 뜻에서 색을 나타낼때의 **อม**은 '머금다'의 의미를 갖게 되고, '숨기다, 횡령하다'라는 의미로도 확장이 되어 **อมเงิน**은 '돈을 횡령하다'라는 뜻입니다.

1. น้อง**อม**ลูก**อม**

   동생은 사탕을 입속에 물고 있다.

2. แม่กินยา**อม**แก้เจ็บคอ

   어머니는 목이 아픈 증상을 낫게 하는 약을 물고 있다.

3. ต้นไม้เปลี่ยนสีเป็นสีเขียว**อม**เหลือง

   나뭇잎 색깔이 노란 빛을 머금은 초록색으로 변했다.

4. ทุกคนต่างคิดว่าเขา**อม**เงินบริษัท

   다들 그가 회사 돈을 물고 있다고(횡령했다고) 생각한다.

อยาก

바라다, 하고 싶다

동사 **อยาก**은 '바라다, ~ 하고 싶다'라는 뜻입니다. 단독으로 **ความอยาก**(욕구)와 같이 쓰이기도 하지만, 주로 다른 동사 앞에 나타나 함께 쓰입니다. **อยากไป**(가고 싶다), **อยากกินข้าว**(밥 먹고 싶다), **อยากพบ**(만나고 싶다), **ไม่อยากเรียน**(배우고 싶지 않다), **ไม่อยากทำงาน**(일하고 싶지 않다) 등이 그 예입니다. 명사가 목적어처럼 와서 **อยากน้ำอยากอาหาร**(음식을 먹고 싶다)처럼 쓰이는 경우도 있습니다.

1. ฉัน**อยาก**ให้พ่อกับแม่คืนดีกัน

   나는 어머니와 아버지가 서로 화해하길 바란다.

2. พ่อกับแม่**อยาก**ให้ฉันเรียนคณะอักษรศาสตร์

어머니와 아버지는 내가 인문대학에서 공부하길 원하신다.

3. ฉันไม่**อยาก**เจอเขา

나는 그를 만나고 싶지 않다.

4. ฉัน**อยาก**กินอาหารเกาหลี

나는 한국음식을 먹고 싶다.

อยู่

살다, 있다 / ~하고 있다, ~해 있다.

동사 **อยู่**는 자동사로 '살다, 있다'라는 뜻입니다. 주로 장소부사구가 따라 나옵니다. 본동사가 아니라 조동사로 기능하는 **อยู่**는 본동사 뒤에 위치하는데 '~하고 있다'의 의미로 진행상을 나타냅니다. **เรียนอยู่**(공부하고 있다), **เขียนอยู่**(쓰고 있다), **อ่านอยู่**(읽고 있다), **ดูหนังอยู่**(영화를 보고 있다), **กินข้าวอยู่**(밥을 먹고 있다) 등이 그 예입니다. 또한, **ไปอยู่อเมริกา**(미국에 가 있다), **นั่งอยู่**(앉아 있다), **ยืนอยู่**(서 있다) 등에서 처럼 동작의 결과나 어떤 상황이 지속되는 지속상을 나타내기도 합니다.

1. ฉัน**อยู่**บ้านทุกวัน

나는 집에 매일 있다.

2. เขาอาศัย**อยู่**กับน้องชาย

그는 남동생과 함께 살고 있다.

3. เขา**อยู่**ที่บริษัท

그는 회사에 있다.

4. เขามีความเป็น**อยู่**อย่างแร้นแค้นยากลำบาก

그는 매우 가난하고 어려운 삶이다.

อร่อย 맛있다

상태성 동사로 '맛있다'는 의미를 나타냅니다. 서술어로 쓰이거나 수식어로 사용됩니다. 주로 단독으로도 쓰지만 **เอร็ดอร่อย** 처럼 합성어로도 쓰기도 합니다.

1. อาหารไทยมีรสชาติ**อร่อย**

   태국음식은 맛이 있다.

2. อาหารร้านนี้**อร่อย**และราคาถูก

   이 가게는 맛있고 가격이 저렴하다.

3. แม่ทำอาหาร**อร่อย**

   어머니는 음식을 맛있게 한다.

4. เขาเลือกรับประทานอาหารที่**อร่อย**และราคาไม่แพง

   그는 맛도 있고 가격도 저렴한 음식을 골라 먹는다.

อวด 자랑하다, 뽐내다

동사 **อวด**은 '자랑하다, 뽐내다'라는 뜻입니다. 타동사로 사용되면 목적어는 자랑을 하는 사람(대상)이 옵니다. 자랑하는 내용이 절의 형태로 오면 **ว่า** 에 의해 목적절이 연결됩니다. 다른 형태소와 결합하여 **โอ้อวด**(잘난체하다), **อวดเก่ง**(재능을 자랑하다, 잘난체 하다), **อวดภูมิ**(아는 체하다) 등의 형태로도 쓰입니다.

1. เขาชอบ**อวด**ว่าฐานะที่บ้านร่ำรวย

   그는 자신의 집이 부유하다고 뽐내기를 좋아한다.

2. ผู้หญิงนั้นพูดโอ้**อวด**ว่าตัวเองทำธุรกิจอะไรบ้าง

   그 여자는 자신이 무슨 무슨 사업을 하는지 자랑한다.

3. น้องเอาของเล่นไป**อวด**เพื่อนๆ

동생이 장난감을 친구들에게 자랑한다.

4. น้องเล่นตุ๊กตาบาร์บี้**อวด**เพื่อน

동생이 바비인형 가지고 노는 것을 친구에게 자랑한다.

อ้วน

뚱뚱하다, 살이 찌다

상태성 동사 **อ้วน**은 '뚱뚱하다, 살이 찌다'라는 뜻입니다. 주로 단독으로 서술어나 명사 수식어로 쓰입니다. **ช่วงนี้ฉันอ้วนมากเลย**라고 하면 '요즘 나 살이 너무 쪘어'로 해석할 수 있습니다.

1. ผู้หญิงคนนั้น**อ้วน**มาก

그 여자는 매우 뚱뚱하다.

2. อาหารที่มีไขมันสูงจะทำให้**อ้วน**

지방이 많은 음식은 살을 찌게 한다.

3. คน**อ้วน**ส่วนใหญ่มักไม่ชอบออกกำลังกาย

뚱뚱한 사람은 대부분 운동을 싫어한다.

4. ความ**อ้วน**ทำให้เกิดโรคมากมาย

비만은 여러가지 질병을 유발한다.

ออก

나다, 나오다, 나가다 / 운동하다: **ออกกำลังกาย**
아이를 낳다: **ออกลูก**

동사 **ออก**은 '나가다, 나오다'라는 의미의 자동사로 사용되며, 나타내고자 하는 의미에 따라 방향 동사가 함께 쓰이는 경우가 많습니다. **เงินเดือนออก**(월급이 나오다), **เหงื่อออก**(땀이 나다), **ผลสอบออก**(시험 결과가 나오다) 등이 그 예입니다. 한편 타동사로도 사용되는데, **ออกลูก**은 '자식을 내다' 즉, (주로 동물이) 새끼를 놓다의 의미이고, **ออกกำลังกาย**는 '몸의 힘을 내다', 즉 '운동하다'라는 뜻입니다. **ออกเงิน**은 '돈을 내다'라는 의미이며, **ออกหมายจับ**은 '구속영장을 발부하다', **ออกเรือ**는 '배를 출항시키다'라는 뜻입니다.

1. เขาเดิน**ออกมา**จากห้องประชุม

   그가 회의실에서 나왔다.

2. ฉัน**ออก**กำลังกายทุกวัน

   나는 매일 운동을 한다.

3. วัวตัวนั้น**ออกลูก**เมื่อเช้านี้

   그 소는 오늘 아침에 새끼를 낳았다.

4. เขา**ออก**จากงานมาได้สักพักหนึ่งแล้ว

   그는 일을 그만 둔지 좀 되었다.

อ่อน

약하다, 연하다
상냥하다: **อ่อนหวาน** / 연약하다: **อ่อนแอ**

상태성 동사 **อ่อน**은 '약하다, 연하다'라는 의미입니다. 단독으로 서술어로 사용하거나 수식어로 명사나 동사를 수식합니다. **ตัวอ่อน**은 '유충'이라는 뜻입니다. 합성어 형태로 **อ่อนแอ**(약하다, 나약하다) **อ่อนโยน**(부드럽다) **อ่อนช้อย**(선이 곱다, 부드럽다) **อ่อนหวาน**(상냥하다, 부드럽다) 등과 같이 쓰이기도 합니다. **หัวอ่อน**은 '머리가 말랑하다' 즉, '남의 말에 잘 휘둘린다'는 뜻이며, 반대말로 '고집이 세다'는 **หัวแข็ง**으로 표현합니다.

1. ผู้หญิงคนนั้นเป็นคน**อ่อนหวาน**มากจนใครๆหมายปอง

   그 여자는 누구라도 흠모할 만큼 상냥한 사람이다.

2. เขา**อ่อนแอ**เกินไปที่จะทำงานนี้

그는이 일을 하기에는 너무 연약하다.

3. พายุดีเปรสชั่น**อ่อน**กำลังลงแล้วก่อนที่จะพัดเข้าสู่ประเทศไทย

열대성 태풍이 태국으로 진입하기 전에 약해지고 있다.

4. น้องเป็นคนหัว**อ่อน**จึงโดนหลอกอยู่บ่อยๆ

동생은 남의 말을 잘 믿어서 사기를 잘 당한다.

อัด

누르다, 압축하다 / 공기를 압축하다: **อัดลม**

동사 **อัด**은 '누르다, 압축하다'라는 뜻입니다. 타동사로 목적어가 동반됩니다. **อัดเสียง**(녹음하다), **อัดรูป**(사진을 현상하다), **อัดลม**(공기를 압축하다, 탄산을 넣다), **อัดสำเนา**(사본을 찍다) 등의 형태로도 사용됩니다.

1. พวกเรานั่ง**อัด**กันไปในรถเพื่อไปกินข้าวกลางวัน

우리들은 차 안에 끼어 타고 점심을 먹으러 갔다.

2. เด็กๆ ไม่ควรดื่ม**น้ำอัดลม**

아이들은 탄산음료를 먹지 말아야 한다.

3. ฉัน**อัด**รูปแต่งงานใส่อัลบั้มรูป

나는 결혼사진을 현상해 앨범에 넣었다.

4. พ่อ**อัด**ลมลูกโป่งให้เด็กๆ

아버지가 아이에게 풍선에 바람을 넣어준다.

อัศจรรย์ 놀랍다, 신기하다, 기적적이다.

상태성 동사 **อัศจรรย์**은 놀랍다, 경이롭다, 신기하다, 기적적이다 등의 우리말에 대응됩니다. 대응어에서 볼 수 있듯이, 주로 긍정적인 놀라움을 나타냅니다. 단독으로 쓰이는 경우는 주로 명사를 수식하는 형용사로 사용되고, 감정을 나타낼때는 주로 **อัศจรรย์ใจ**(놀랍다, 경이롭다, 신비하다)의 형태로 사용됩니다. 서술어로 쓸 때는 **เป็นเรื่อง, สิ่งน่าอัศจรรย์**의 형태로 나타납니다.

1. เขารอดตายจากเหตุการณ์เครื่องบินตกได้อย่างน่า**อัศจรรย์**

   그는 기적같이 추락한 비행기에서 살아 남았다.

2. เจดีย์สถานนี้ถือได้ว่าเป็นสิ่ง**อัศจรรย์**แห่งหนึ่งในประเทศไทย

   이 불탑은 태국의 불가사의 중 하나라는 이름을 얻었다.

3. งานศิลปะชิ้นนั้นได้ชื่อว่าเป็นศิลปะ**อัศจรรย์**

   이 예술품은 놀라운 예술품이라는 이름을 얻었다.

4. เขารู้สึก**อัศจรรย์**ใจอย่างยิ่งที่รอดชีวิตจากอุบัติเหตุ

   그는 사고에서 살아남은 것이 기적이라고 느꼈다.

อ้าง(อิง) 인용하다 / 핑계대다 / 이핑계 저핑계: อ้างโน่นอ้างนี่

동사 **อ้าง**은 '인용하다, 핑계를 대다'의 뜻을 나타냅니다. 타동사로 목적어가 동반됩니다. **ข้ออ้าง**은 '핑계'라는 뜻이며, **เอกสารอ้างอิง**은 '참고 문헌'을 의미합니다.

1. เขา**อ้าง**ว่ารถเสียจึงมาทำงานสาย

   그는 차가 고장 나서 출근이 늦었다는 핑계를 댔다.

2. เขามี**ข้ออ้าง**เสมอเวลามาสาย

   그는 지각한 것에 대해 항상 핑계를 댄다.

3. เขา**อ้างอิง**บทความวิจัยของอาจารย์ในบทความ

그는 교수님의 연구논문을 (자신의) 논문에 인용하였다.

4. เขามักจะ**อ้าง**โน่น**อ้าง**นี่เสมอเวลาหัวหน้าขอให้มาทำงานในวันหยุด

그는 상사가 휴일에 근무를 하라고 요청하면이 핑계 저 핑계를 대곤 한다.

อาเจียน 구토하다

자동사 **อาเจียน**은 '구토하다'라는 뜻입니다. 단독으로 서술어로 사용합니다. **อาเจียน**은 격식체에 주로 쓰이며, 더 구어체 표현으로는 **อ้วก**이 있습니다.

อ

1. น้อง**อาเจียน**ทั้งคืนเพราะอาหารเป็นพิษ

동생이 식중독으로 밤새 토했다.

2. ฉันรู้สึกคลื่นไส้เหมือนจะ**อาเจียน**

나는 속이 메스꺼워 토할 것 같은 느낌이다.

3. หล่อน**อาเจียน**บ่อยเพราะแพ้ท้อง

그녀가 입덧 때문에 구역질을 자주한다.

4. ผลไม้รสเปรี้ยวช่วยลดการ**อาเจียน**ได้

시큼한 과일은 구토 증세를 완화시킨다.

อ่าน 읽다

타동사 **อ่าน**은 '읽다'라는 뜻입니다. 의미에 따라 목적어는 주로 출판물이 옵니다. 한편 **อ่านใจ**는 '마음을 읽다, 의중을 파악하다'라는 뜻입니다. 명사형으로는 **การอ่าน**(읽기)을 씁니다.

1. เขา**อ่าน**หนังสือทบทวนบทเรียนทุกครั้ง

   그는 매번 배운 것을 복습한다.

2. พ่อ**อ่าน**หนังสือพิมพ์ตอนเช้า

   아버지가 아침에 신문을 읽는다.

3. เด็กคนนั้น**อ่าน**กลอนได้ไพเราะมาก

   그 아이는 시조를 감미롭게 읊는다.

4. เขา**อ่าน**ใจของเธอถูกว่าเธอไม่ชอบคนพูดมาก

   그는 그녀가 말이 많은 사람을 좋아하지 않는다는 것을 읽었다.

อาบ 목욕하다, 바르다

동사 **อาบ**은 무언가에 '푹 담그다'라는 뜻이 있습니다. 목적어에 따라 **อาบน้ำ**은 '물에 담그다', 즉 '목욕하다'의 의미를 나타내고 **อาบแดด**은 '햇볕에 담그다', 즉 '일광욕하다'라는 뜻입니다. **อาบน้ำตา**는 '눈물을 철철 흘리다'는 뜻입니다.

1. ฉัน**อาบน้ำ**ทุกวันก่อนไปโรงเรียน

   나는 매일 학교 가기 전에 목욕을 한다.

2. น้อง**อาบน้ำ**ให้สุนัข

   동생이 개를 목욕 시켜준다.

3. ในสมัยก่อนทหารจะยิงข้าศึกโดยใช้ลูกศร**อาบ**ยาพิษ

예전에 군인은 독화살을 적에게 쏘았다.

4. น้องร้องไห้จนน้ำตาไหล**อาบ**แก้ม

동생은 얼굴에 눈물 범벅이 될 정도로 울었다.

อาย

부끄럽다, 부끄러워하다, 수줍어하다

동사 **อาย**는 '부끄럽다, 부끄러워하다, 수줍어하다' 등으로 해석됩니다. 주로 자동사로 '부끄러워서 하다'라는 뜻으로 사용되지만, 부끄러운 대상이 목적어처럼 와서 **อายเขา**(사람들에게 부끄럽다), **อายคนอื่น**(남들에게 부끄럽다) 등으로 쓰이기도 합니다. 좋지 않은 습성을 나타내는 **ขี้**와 함께 쓰여 **ขี้อาย**는 부끄러움이 많은 사람을 지칭합니다. 유의어와 함께 **เขินอาย**(수줍어하다, 부끄러워하다)의 형태로도 쓰입니다.

1. เขาเป็นคนขี้**อาย**มาก

그는 매우 수줍음이 많은 사람이다.

2. ฉัน**อาย**ที่พ่อเป็นโจร

나는 아버지가 도둑인 것이 부끄럽다.

3. เธอ**อาย**จนหน้าแดงเมื่อเขามอบช่อดอกกุหลาบให้

그가 장미꽃다발을 주자 그녀는 얼굴을 붉히며 수줍어했다.

4. เธอไม่**อาย**ที่ไม่มีเสื้อผ้าสวยๆใส่

그녀는 예쁜 옷이 없는 것에 대해 부끄러워 하지 않는다.

อาศัย

거주하다, 체류하다 / 의존하다
주소: **ที่อยู่อาศัย**

동사 **อาศัย**는 '거주하다, 살다, 체류하다'의 의미입니다. 단독으로도 쓰지만 주로 유의어 **อยู่**와 함께 **อาศัยอยู่**의 형태로 사용하며, 장소부사구가 따라옵니다. **ที่อยู่อาศัย** 또는 **ที่พักอาศัย**는 '주소, 거주지'라는 뜻입니다. 한편, 동사 **อาศัย**는 '의존하다, ~에 달려있다'라는 의미로도 쓰입니다. **อาศัยความรู้**(지식에 의존해야 한다, 지식에 달려 있다), **อาศัยความน่าจะเป็น**(가능성에 의존해야 한다, 가능성에 달려 있다) 등이 그 예입니다.

1. ฉัน**อาศัย**อยู่ที่บ้านหลังนี้มาหลายสิบปี

   나는이 집에서 몇십년 째 살고 있다.

2. เขาพัก**อาศัย**อยู่ต่างประเทศ

   그는 해외에서 거주 중이다.

3. กระท่อมหลังน้อยนี้คือที่อยู่**อาศัย**ของเขา

   이 작은 오두막이 그가 묵는 곳이다.

4. งานนี้ต้อง**อาศัย**ความเชี่ยวชาญ

   이 일은 전문성을 요하는 것이다.

อาสา

자원하다, 자발적으로 나서다 / 자원하다: **อาสาสมัคร**

동사 **อาสา**는 '자원하다, 자발적으로 하다'라는 뜻입니다. 단독으로 쓰이는 경우 주로 **อาสา(ที่)จะ**…의 형태로 많이 나타납니다. **อาสาสมัคร**은 '자원하다' 또는 '자원봉사자'라는 뜻입니다. 봉사하다의 다른 표현으로 **จิตอาสา** 라는 표현도 많이 쓰입니다.

1. เขา**อาสา**จะขับรถไปส่งฉันที่บ้าน

   그는 자발적으로 나를 집에 데려다 주었다.

2. พวกเรา**อาสา**จะไปช่วยสร้างห้องสมุดในโรงเรียนชนบท

   그들은 자원해서 시골 학교에 도서관을 지어주러 간다.

3. พวกเขาเป็น**อาสาสมัคร**มาจากประเทศเกาหลี

그들은 한국에서 온 자원봉사자 들이다.

4. หญิงสาวคนนั้นเป็นครู**อาสา**พัฒนาชนบทอยู่บนดอย

그 여자는 산 속 촌락 발전을 위한 자원봉사 선생님이다.

อำนวย

제공하다 /집행하다 / 편의를 제공하다: **อำนวยความสะดวก**

동사 **อำนวย**는 타동사로 목적어가 동반됩니다. **อำนวยพร**은 **อวยพร**과 같은 의미로 '복을 주다'라는 뜻이 됩니다. 주로 격식체 표현으로 사용됩니다. **อำนวยความสะดวก**(편의를 제공하다), **อำนวยประโยชน์**(혜택을 제공하다) 등이 그 예입니다. **อำนวยการ**은 '주관하다, 주최하다'의 의미로, **ผู้อำนวยการ**은 '원장, 소장, 이사장' 등으로 해석될 수 있습니다.

1. โรงเรียน**อำนวย**ความสะดวกให้แก่ผู้ปกครองที่มารับนักเรียน

학교가 아이를 데리러 온 학부모들에게 편의를 제공한다.

2. เจ้าหน้าที่**อำนวย**ความสะดวกให้ประชาชน

공무원이 국민에게 편의를 제공한다.

3. โรงแรมนี้มีสิ่ง**อำนวย**ความสะดวกครบครัน

이 호텔은 편의 시설을 모두 갖췄다.

4. เครื่องซักผ้าเป็นสิ่ง**อำนวย**ความสะดวกที่จำเป็นอย่างหนึ่งในปัจจุบัน

세탁기는 현대에서 편의를 제공하는 필수적인 것 중 하나이다.

อิจฉา

부러워하다, 시기하다, 샘내다

동사 **อิจฉา**는 '부러워하다, 시기하다, 샘내다'라는 뜻입니다. 타동사로 시기하는 대상이 목적어로 옵니다. **ขี้อิจฉา**는 시샘을 잘 내는 사람, 또는 그런 성향을 말합니다. **ริษยา**는 '시기하다, 시샘하다'라는 뜻으로, **อิจฉา**와 결합하여 **อิจฉาริษยา** 로도 쓰입니다.

1. หล่อน**อิจฉา**ผู้หญิงคนนั้นที่สวยกว่า

   그녀는 자기보다 더 아름다운 그 여자를 질투한다.

2. พี่**อิจฉา**น้องที่ได้ของเล่นมากกว่า

   오빠가 장난감을 더 많이 받은 동생을 샘낸다.

3. เขา**อิจฉา**เพื่อนๆ ที่มีพ่อแม่มาส่งที่โรงเรียนทุกวัน

   그는 부모님이 매일 학교에 데려다 주는 친구들이 부럽다.

4. ความ**อิจฉา**ริษยาทำให้คนเป็นทุกข์

   시기 질투는 사람을 고통스럽게 만든다.

อิ่ม

배부르다
만족하다: **อิ่มใจ** 포만하다, 포화하다: **อิ่มตัว**

자동사 **อิ่ม**은 '배부르다'라는 뜻입니다. 주로 단독으로 쓰이지만, **อิ่มท้อง**(배가 부르다), **อิ่มตัว**(포화하다, 포만하다), **อิ่มใจ**(만족스럽다) 등에서 처럼 타동사의 형태를 취하기도 합니다.

1. ฉันกินข้าว**อิ่ม**มาก

   나는 밥을 매우 배불리 먹었다.

2. ช่วงนี้ เขาทำงานหนักมาก กินข้าวเท่าไรก็รู้สึกไม่**อิ่ม**

   요즘 그는 일이 너무 많아서 밥을 아무리 많이 먹어도 배가 안 부르다.

3. ฉัน**อิ่ม**อก**อิ่ม**ใจทุกครั้งที่ได้ทำบุญ

나는 공덕을 쌓을 때마다 마음이 편해진다.

4. ไขมัน**อิ่มตัว**ทำให้เกิดคอเรสเตอรอลในร่างกาย

불포화지방이 체내 콜레스트롤을 발생시킨다.

อิสระ

자유롭다, 독립하다, 독립적이다 / 자유: **อิสรภาพ**

상태성 동사 **อิสระ**는 '자유롭다, 독립적이다'라는 의미입니다. 유의어로 **เสรี** 가 있는데, 두 어휘는 대체 가능한 경우도 많이 있지만 의미적으로 **อิสระ**는 구속이나 속박에서 벗어나 '독립하다라'는 어감이 더 강하게 나타납니다. 명사형은 **อิสรภาพ** 또는 **ความเป็นอิสระ**로 사용합니다.

1. ชีวิตวัยเด็กเป็นชีวิตที่มี**อิสระ**ที่สุด

어렸을 때가 가장 자유로운 때이다.

2. เขาได้รับ**อิสรภาพ**แล้วหลังจากที่ถูกจำคุกมา 5 ปี

그는 5년 교도소 복역 생활 후에 자유를 얻었다.

3. การมี**อิสระ**ทางความคิดก่อให้เกิดความคิดสร้างสรรค์

자유로운 생각이 창의적인 생각을 가능하게 한다.

4. ประชาชนในระบอบประชาธิปไตยมี**อิสรเสรี**ทางความคิด

민주(제도)국가의 국민들은 생각의 자유를 가진다.

อ

อุ่น

따뜻하게 하다, 덥히다 / 따뜻하게 데워 주세요: **อุ่นให้หน่อย**

상태성 동사 **อุ่น**은 '따뜻하다'라는 뜻입니다. 날씨나 사물에 모두 사용하여 **อากาศอุ่น**(날씨가 따뜻하다) 이나 **ข้าวอุ่น**(밥이 따뜻하다) 처럼 모두 쓸 수 있습니다. **อุ่นข้าว**는 '밥을 데우다, 덥히다'라는 뜻으로 타동사와 같이 쓰입니다. 자동사로 사용할 경우 **อบอุ่น**(따뜻하다)과 같이 쓰입니다. 감정을 나타낼때는 **อุ่นใจ**(마음이 따뜻하다, 푸근하다)로 사용가능합니다.

1. ฤดูใบไม้ผลิอากาศ**อบอุ่น**

   봄은 날씨가 따뜻하다

2. แม่**อุ่น**กับข้าวในเตาไมโครเวฟ

   어머니가 전자렌지에 반찬을 데운다.

3. คุณช่วย**อุ่น**แกงจืดนี้ให้หน่อยได้ไหม

   이 깽쯧 국을 좀 데워주실 수 있어요?

4. เราต้อง**อบอุ่น**ร่างกายก่อนออกกำลังกายเสมอ

   우리는 운동 전 항상 준비운동을 해야한다.

อุบัติ

발생하다, 발발하다 / 우발사고: **อุบัติเหตุ**

อุบัติ은 자동사로 '발생하다, 발발하다'라는 의미입니다. 단독으로 서술어로 쓰이며, 보통 '없던 것이 생겨나다'라는 뜻을 표현할 경우에는 부동사 **ขึ้น**이 뒤에 옵니다. **พระพุทธเจ้าทรงอุบัติขึ้นบนโลก** 이라고 하면, '부처께서이 세상에 오셨다'라는 의미가 됩니다. 한편, 합성어로 **อุบัติเหตุ**(사고)가 많이 쓰이는데, 서술 형식을 갖추기 위해 **เกิดอุบัติเหตุ**, **อุบัติเหตุเกิดขึ้น**(사고가 발생하다) 또는 **ประสบอุบัติเหตุ** (사고를 당하다) 등과 같은 형태로 쓰입니다.

1. สงครามโลกครั้งที่สอง**อุบัติ**ขึ้นในปีค.ศ.1939

   제2차 세계대전은 서기 1939년에 발발하였다.

2. .เกิด**อุบัติเหตุ**รถบรรทุกชนรถยนต์บนท้องถนน

도로 위에 자동차와 트럭이 충돌하는 사고가 발생했다.

3. พ่อของเขาประสบ**อุบัติเหตุ**เครื่องบินตกเสียชีวิตเมื่อเดือนที่แล้ว

그의 아버지는 탑승했던 비행기가 추락해 지난달 돌아가셨다.

4. เขาประสบ**อุบัติเหตุ**ได้รับบาดเจ็บ

그는 교통사고로 인해 부상당했다.

อุ้ม

들어안다, 끌어안다.

타동사 **อุ้ม**은 '끌어안다, 안아 올리다'의 의미를 나타냅니다. 주로 사람이나 동물이 목적어로 옵니다. **อุ้มบาตร**은 '발우를 끌어안다'라는 뜻이고, **อุ้มท้อง**은 '임신하다, 수태하다'라는 뜻입니다.

1. แม่**อุ้ม**น้องเดินไปมา

어머니가 동생을 안고 걸어다닌다.

2. เขาช่วย**อุ้ม**คนเจ็บไปส่งโรงพยาบาล

그는 부상당한 사람을 업고 병원으로 이송했다.

3. พยาบาลสอนวิธี**อุ้ม**ลูก

간호사가 아기를 안는 법을 가르친다.

4. เด็กกำพร้าได้รับการ**อุ้ม**ชูเลี้ยงดูอย่างดี

고아가 좋은 환경에서 양육을 받았다.

เอา

가지다, 취하다
진심으로 하다: **เอาจริงเอาจัง** / 극복하다, 이기다: **เอาชนะ**

동사 **เอา**는 '가지다, 취하다'의 의미를 나타내는 동사입니다. 기본적으로 사물 등을 가지고 가다나 오다의 경우에는 부동사 **ไป**나 **มา**가 뒤에 함께 나타납니다. 또한 **เอา**는 우리말의 '하다'와 같이 특정한 상황에서 사용하는 동사 대신 쓰는 특정상황동사 대행 기능을 하여 맥락에 따라 다양한 의미를 나타냅니다. 한편, 관용구에서도 많이 쓰이는데, **เอาชนะ**(극복하다, 이기다), **เอาใจ(ใส่)**(비위를 맞추다, 관심을 갖다), **เอาล่ะ**(자, 좋다), **เอาจริงเอาจัง**(진심으로 하다, 성실히 하다) 등의 예가 있습니다.

1. ฉัน**เอา**เสื้อผ้าที่ใส่ไม่ได้ไปบริจาค

   나는 입을 수 없는 옷을 기부하였다.

2. เขาเป็นคนเห็นแก่ตัวจึงไม่มีใคร**เอา**

   그는 이기적인 사람이라 아무도 그를 원하지 않는다.

3. เธอเป็นคน**เอา**จริง**เอา**จังกับการทำงานมาก

   그녀는 열과 성을 다해 일하는 사람이다.

4. เขาสามารถ**เอาชนะ**นักมวยรุ่นพี่ได้สำเร็จ

   그는 선배 권투 선수를 이겼다.

เอื้อเฟื้อ

호의를 나타내다, 배려하다, 원조하다, 양보하다, 나눠주다

동사 **เอื้อเฟื้อ**는 '배려하다, 양보하다, 원조하다' 등의 의미를 나타냅니다. 타동사로 **เอื้อเฟื้อ** 뒤에 나눠주는 내용, 예컨대 **ที่นั่ง** 등이 목적어로 올 수 있습니다. 단독으로도 쓰이고, **เอื้อเฟื้อเผื่อแผ่**(정을 나누다), **เอื้อเฟื้อเกื้อกูล**(배려하다, 구호하다), **เอื้อเฟื้อเกื้อหนุน**(구호하다, 나눠주다) 등 다양한 합성어로 나타날 수도 있습니다.

1. เขาเป็นคน**เอื้อเฟื้อ**ต่อเพื่อนร่วมงานเสมอ

   그는 항상 직장 동료를 배려하는 사람이다.

2. อาจารย์เป็นคนใจดีมาก ท่าน**เอื้อเฟื้อ**และเห็นอกเห็นใจนักศึกษาเสมอ

교수님은 학생에게 공감하고 배려해 주시는 좋은 분이시다.

3. โปรด**เอื้อเฟื้อ**ที่นั่งให้พระสงฆ์ คนชราและสตรีมีครรภ์

승려와 노인과 임산부에게 자리를 양보합시다.

4. คนไทยเป็นคนมีน้ำใจ**เอื้อเฟื้อเผื่อแผ่**

태국 사람은 서로 배려하고 인정을 나누는 사람들이다.

แอบ

숨다 / 몰래~하다

동사 **แอบ**은 '숨다, 숨기다'의 의미로 쓰일 수 있습니다. 타동사로 쓰이는 경우 목적어로 숨기는 대상이 옵니다. 또한 다른 동사의 앞에서 쓰이면 '몰래 ~하다'의 의미가 되는데**แอบกิน**(몰래 먹다), **แอบชอบ**(몰래 좋아하다), **แอบมอง**(몰래 쳐다보다), **แอบซื้อ**(몰래 사다) 등이 그 예입니다.

1. พ่อ**แอบ**เงินแม่ที่ใต้ที่นอน

어버지가 침대 아래 몰래 어머니 돈을 숨겼다.

2. เด็กๆกำลังเล่นซ่อน**แอบ**

아이들이 숨바꼭질을 한다.

3. เขา**แอบ**เข้ามาในห้องหล่อน

그는 그녀의 방에 몰래 들어갔다.

4. ลูกสาวของเขาใจแตก **แอบ**หนีไปเที่ยวกลางคืนประจำ

그의 딸은 바람이 들어서, 맨날 밤에 몰래 놀러 나간다.

โอน

전환하다, 이양하다

타동사 **โอน**은 '전환하다, 송금(이체)하다, 이양하다' 등의 다양한 우리말에 대응됩니다. 다양한 목적어를 동반하여 **โอนเงิน**(돈을 송금하다), **โอนสิทธิ**(권리를 이양하다), **โอนสัญชาติ**(국적을 전환하다, 귀화하다), **โอนลิขสิทธิ์**(저작권을 이양하다) 등의 형태로 사용됩니다. 한편, 동사성 합성어로도 많이 쓰이는데, **โอนย้าย**(전출하다, 옮기다), **ถ่ายโอน**(인계하다), **โอนเอน**(흔들흔들하다), **โอนอ่อน**(순종하다, 복종하다) 등의 예가 있습니다.

1. พ่อ**โอน**เงินให้พี่

   아버지가 형에게 돈을 보내신다.

2. คุณปู่**โอน**กรรมสิทธิ์ที่ดินทั้งหมดให้คุณพ่อ

   할아버지가 땅의 소유권을 아버지에게 양도하였다.

3. หล่อนแต่งงานกับคนเกาหลีและ**โอน**สัญชาติเป็นชาวเกาหลี

   그녀는 한국 사람과 결혼하고고 국적도 한국인으로 귀화하였다.

4. โรงเรียนประจำจังหวัดรับ**โอนย้าย**ครูหลายตำแหน่ง

   도립 학교가 전출 선생님을 여러명 받았다.

ไอ

기침하다 / 가스, 김, 증기

동사 **ไอ**는 '기침하다'라는 뜻입니다. 단독으로 서술어로 기능하는 경우가 많습니다. **กระแอมกระไอ**는 '헛기침하다'라는 뜻입니다. 한편, 명사로 사용될 경우에는 '김, 증기'라는 뜻으로 **ไอน้ำ**은 수증기라는 뜻입니다.

1. น้องไม่สบาย**ไอ**ตลอดคืน

   동생이 몸이 안 좋아 밤새 기침을 했다.

2. แม่ซื้อยาแก้**ไอ**ให้น้อง

   어머니가 동생에게 기침약을 사주셨다.

3. เขา**ไอ**เสียงดังมากจนทำให้คนข้างๆ รำคาญ

그가 옆 사람들을 짜증나게 할 정도로 크게 기침을 했다.

4. **ไอ**ความร้อนออกมาจากเครื่องจักร

뜨거운 수증기가 기계에서 나온다.

태한동사구문학습

바이블

พจนานุกรมกริยา

ไทย-เกาหลี

태한동사구문학습 바이블

초판 인쇄	2019년 3월 4일
초판 발행	2019년 3월 11일
지은이	박경은, Supaporn Boonrung 정환승, Parit Yinsen
발행인	김인철
총괄 · 기획	가정준 Director, University Knowledge Press
편집장	신선호 Executive Knowledge Contents Creator
도서편집	박현정 Contents Creator
전자책편집	인은주 e-Contents Creator
재무관리	강현주 Managing Creator
사전 · 출판	정준희 Contents Creator
마케팅 파트장	백승이 Chief Marketing Creator
마케팅	이현진 Marketing Creator
발행처	한국외국어대학교 지식출판콘텐츠원 02450 서울특별시 동대문구 이문로 107 전화 02)2173-2493~7 팩스 02)2173-3363 홈페이지 http://press.hufs.ac.kr 전자우편 press@hufs.ac.kr 출판등록 제6-6호(1969. 4. 30)
디자인 · 편집	(주)이환디앤비 02)2254-4301
인쇄 · 제본	네오프린텍 02)718-3111

ISBN 979-11-5901-454-3 13730 정가 30,000원

*잘못된 책은 교환하여 드립니다.

HUINE은 한국외국어대학교 지식출판콘텐츠원의 어학도서, 사회과학도서, 지역학 도서 Sub Brand이다. 한국외대의 영문명인 HUFS, 현명한 국제전문가 양성(International +Intelligent)의 의미를 담고 있으며, 휴인(携引)의 뜻인 '이끌다, 끌고 나가다'라는 의미처럼 출판계를 이끄는 리더로서, 혁신의 이미지를 담고 있다.